2020

中国社会科学院创新工程学术出版资助项目

CASS 中国社会科学权威报告

CISS CASS
中国社科院世界社保研究中心

CHINA PENSION REPORT 2020

中国养老金发展报告2020

——养老基金与资本市场

郑秉文 主编

经济管理出版社
ECONOMY & MANAGEMENT PUBLISHING HOUSE

图书在版编目（CIP）数据

中国养老金发展报告 . 2020：养老基金与资本市场 / 郑秉文主编 . —北京：经济管理出版社，2020.12

ISBN 978-7-5096-7660-8

Ⅰ . ①中…　Ⅱ . ①郑…　Ⅲ . ①退休金—劳动制度—研究报告—中国—2020

Ⅳ . ① F249.213.4

中国版本图书馆 CIP 数据核字（2020）第 245218 号

组稿编辑：张永美

责任编辑：张永美　梁植睿

责任印制：黄章平

责任校对：张晓燕

出版发行：经济管理出版社

（北京市海淀区北蜂窝 8 号中雅大厦 A 座 11 层　100038）

网　　址：www. E-mp. com. cn

电　　话：（010）51915602

印　　刷：唐山昊达印刷有限公司

经　　销：新华书店

开　　本：880mm×1230mm/16

印　　张：29

字　　数：952 千字

版　　次：2020 年 12 月第 1 版　2020 年 12 月第 1 次印刷

书　　号：ISBN 978-7-5096-7660-8

定　　价：298.00 元

《中国养老金发展报告2020》编委会

前言

《中国养老金发展报告2020》以养老基金与资本市场为主题，重点研究探讨各层次养老基金与资本市场发展的互动关系。本书有90余万字，包括两篇特稿、一篇主报告和35篇分报告。

博鳌亚洲论坛副理事长、中国金融学会会长周小川为本书撰写了“导读”，对当下养老金制度和未来养老金发展前景做出了重要判断。证监会原主席肖钢在提供的“新形势下中国资本市场变革与养老金发展”的特稿中指出：党中央非常重视资本市场建设，而资本市场建设离不开发展养老金，新形势下中国资本市场面临五大变革。重庆市副市长、中国经济50人论坛成员李波在另一篇特稿中探讨了“提升养老金制度的财富储蓄性质　助力长期资本形成”的议题。这两篇特稿都指明了积累制、长期性养老基金的重要性，对解决企业融资难、成本高和促进金融市场结构转型意义重大，应将养老金体系作为经济发展中的内生变量来对待。

本书分报告有理论篇、中国篇和国际案例篇三大部分，分别由6篇、15篇和14篇分报告组成。主要研究内容和基本结论如下：

“理论篇”主要在理论上探讨养老基金与资本市场的互动关系。从文献综述来看，对于养老基金与资本市场的互动发展国外有大量定性和定量研究，包括养老基金与资本市场良性互动的作用机理、互动所需的先决条件和相关改进措施等主题，已得到比较可信的结论；而国内对这个问题的研究则相对不足，有待提升。从养老基金分类来看，有社保基金、职业养老金和个人养老金等不同形态，不同类型养老金投资策略不同，对资本市场的依赖和要求条件也不一样。从与经济增长的关系来看，养老基金通过影响国内储蓄、资本市场发展与劳动力配置效率等渠道，成为经济发展的贡献因素。从公司治理角度来看，主权养老基金离不开外部管理人，养老基金对提升公司治理效率具有明显作用。从国外实证情况来看，在实行强制性企业年金的北欧三国，企业年金对促进金融市场发展具有显著影响；在全球低利率时代环境下，养老金资产配置方式呈现了一些结构变化，一些新的投资工具和理念值得关注。

“中国篇”集中分析中国多层次养老基金投资和资本市场发展的相关问题。有三篇分报告探讨了中国养老基金、公募基金和证券投资基金与资本市场的关系问题，主要结论有：养老基金需要借助资本市场以更好地实现保值增值，它是推动资本市场健康发展的长线资金；公募基金等证券投资基金是各类养老金市场化投资的主力军，养老金推动了公募基金规模的增长和投研能力的提高，两者形成相互促进、共同发展之势，但各类资管机构未来在养老金体系中的作用仍有待提高，未来需要在改革完善养老金制度、提高投资能力、树立长期投资理念、优化考核方式、创新基金产品、加强投资者教育等方面做出努力，促进养老金行业健康稳健发展。有八篇分报告探讨了中国三支柱养老基金的投资问题：在第一支柱基本养老保险基金投资方面，基金投资面临着规模、约束与政府选择等问题，需要从解决长期资金来源、完善委托投资方式、促进市场化投资方式、拓宽投资渠道和完善监管体系等方面，促进长期可持续的投资。在第二支柱年金投资方面，2013 年以来企业年金产品的引入成为年金资产配置的一个重要方式；目前职业年金投资已启动，但仍面临着“虚账”运行、委托代理链过于复杂、投资政策受限等问题，需要在未来加以突破。在第三支柱个人养老金方面，国外经验表明自愿性第三支柱养老金发展面临一些局限性因素，在中国有待完善政策试点。来自业内四家基金公司的四篇分报告提供了四个案例研究，分别探讨了养老目标基金投资、资产配置、基金业参与养老金投资业务、智能投顾参与养老金融方面的主题。

“国际案例篇”有 14 篇分国别（地区）报告。其中一篇分报告对 37 个 OECD 国家养老基金参与资本市场的情况进行了整体分析，两篇分报告介绍美国养老基金与资本市场的良性互动经验，一篇分报告对澳大利亚的养老金基金与资本市场进行研究，六篇分报告对欧洲英国、德国、法国、瑞典、丹麦和爱尔兰的养老基金投资进行分析，其余四篇分报告分别对俄罗斯、日本、新加坡和智利的典型经验进行了介绍。总体上看，国际经验表明，在多层次养老金体系中，私人养老金体系较为发达的英美国家、北欧国家以及澳大利亚等国家，养老基金相对发达，与资本市场也呈现出良性的互动发展关系；在引入积累制养老金的发展中国家，资本市场也相对发展较快；而在对第一支柱公共养老金依赖度较高的传统欧洲大陆国家，养老基金规模较低，资本市场发展也受到抑制。

总目录

下篇 国际案例篇

分目录

中篇　中国篇

下篇 国际案例篇

导读*

博鳌亚洲论坛副理事长、
中国金融学会会长
周小川

我过去参加过若干次关于养老保障体制的会议，多数情况下都是从经济角度分析为什么当前体制不可持续、需要改革。实际上，这些经济分析真正达成全面共识是很不容易的，无论什么时候总有争议。因为有人会从长期的角度看，有人会从短期的角度看，有人会从不同部门的可行性看，有人会从不同的利益集团角度看，完全统一并不容易。假定这些分析大致上达成了共识，那么我们需要做哪些事情？我有以下几个方面的思考。

计算养老金缺口和发挥养老金缴费制度的激励作用非常重要

应对老龄化提出的严峻挑战，有关计算是非常重要的。第一，要更加精确计算未来养老金缺口有多大。这个计算取决于有关假设，比如未来人均预期寿命。这些假设也可以是一种分布，有正态分布的顶点，同时也有两边的概率分布，加上几种可能的政策作用，未来分析的结论会是一个区间。严格来说，方法上应使用动态系统模拟（simulation）来测算，而不是典型意义上的保险精算（actuary）。

第二，构建企业和个人的激励机制。我们现在面临的问题是，在今年经济下行压力以及总的减税方针下降低了养老金缴费率。按理说，老龄化情况下，养老金缺口在扩大，本应该提高缴费率、增加收入，之所以要降费率，是因为在现行体制下，养老金不能作为企业对劳动者的报酬；作为个人来讲，它也没有体现劳动报酬的激励机制。激励作用下降，导致生产率下降，表现为企业活力下降。尽管养老金缺口正在扩大，有些省份开始出现“窟窿”，但仍不得不下调养老金缴费率。也就是说，在机制设计时，养老金在企业活力、激励方面的重要作用应该考虑在内。

提高个人账户在养老金三支柱中所占的比重

应该大幅度增加个人账户在养老金三支柱中所占的比重。充分发挥个人账户的激励作用：一是对生产率的激励，二是对个人供款的激励，避免再次出现中国传统计划经济体制下吃“大锅饭”的道德风险。三支柱的定义和划分及比例关系是很重要的。在此可能需要注意到，我国目前官方对三支柱口径的定义与国际通行理解（如来自世界银行、经济合作与发展组织的定义）是有所不同

* 此文来自周小川会长 2019 年 12 月 3 日在重庆出席“养老金改革：国际经验与中国方案”国际研讨会时的演讲，后发表于《中国金融》2020 年第 19–20 期。谨以此作为第 10 部《中国养老金发展报告》的导读，希望《中国养老金发展报告》能为中国养老金改革事业继续贡献力量。

的，这使在国际上比较容易出现误解。

用历史还原法处理代际差异以实现养老金体制过渡

要考虑借助过去住房改革经验，采用历史还原的办法，来处理过去不同年代的人和不同工作岗位的人个人账户“空缺”的问题。未来的体制究竟什么样是好的，国际上还是比较有共识的，但是，养老保障体系是跨代的，从一种体制过渡到另外一种体制，存在过渡性的困难。

中国以往老年人、中年人、各种不同年代的人处于不同体制下，造成了扩大推行个人账户的体制过渡的实际困难。有些住房改革的经验，是根据工作年限、所处职位计算出一个分数，这个分数某种程度上相当于过去应该得到的住房购买力。通过折算，可以使相当一部分已经工作几十年的人能够低价或者无偿拿到“房改房”。这个思路和欧洲几个国家推行的“名义个人账户”（NDC）也是接近的。如果不采用历史还原的办法折算个人账户，或者如果做不好这件事情，则扩大推行个人账户占比存在公平性和合理性问题，自然导致很多人反对扩大个人账户的推行。

中国还有一个特殊情况就是，在推行“名义个人账户”的时候，对农民需要特殊处理。一直以来，中国的政策是，没有进城的农民，他的养老有土地承包权和宅基地这两块管着，外加低保。如果某位农民种了若干年地，后来又进城打工也不再回乡了，可以从他开始打工的时候进行“名义个人账户”的计算。这样做可以防止农民工“两边都占”，财政部一直对这个问题有所考虑。

应明确企业和个人缴费全部供入个人账户

应该重新理顺养老金公司缴费和个人账户的关系。过去是企业交 20%，个人交 8%。企业 20% 的部分实在坚持不下去了，就往下减，现在减到 16%。8% 理论上缴到个人账户，但是在不少地方养老金体系有亏空，8% 也保不住实账，个人账户只是名义上属于个人，在实际运行中往往被挪用来填补同期养老金支出的缺口，被称为“空账”。而且，个人账户究竟做了什么投资、有什么经营回报，透明度也不高。

企业缴费的 20%（现 16%）未供入个人账户，仅照顾到了现收现付的需求，显著忽视了对生产率的激励作用。其原因是，这里既有对政策工具理解不够深入，也有部门立场的偏差，政策设计上属于“偷懒”的表现，觉得这么做比较简单，实际上大幅度降低了养老体制中的激励作用，制造了不透明，降低了人们对养老体制的信心。因此，应该明确企业供款部分和个人供款部分都应该供入个人账户，同时这两者等比例为好。

划拨国有资本做实个人账户

如果个人账户得到了还原计算和认可，下一步应可划拨国有资本做实个人账户。中国有大量的国有企业、国有资产，且中央已经决定要划拨部分国有企业股权充实养老金。这件事，不容易下决心。遗憾的是，大约在 21 世纪初，国家几乎要下决心划转国有资本充实社保基金的时候，略有偶然性的因素，最后没有做成。现在决定先划拨国有资本 10% 是正确的、务实的。据说，划拨过程中也还存在很多问题。从宏观总量来说，要真正把账算清楚，才知道大概需要划拨多少国有资本才能解决这个问题。从微观角度来说，划拨国有资本不仅要解决统筹方面所存在的少量缺口，还应该考虑填充“名义个人账户”缺口，使未来的个人账户具有更强的可信度和激励作用。这个划拨比例肯定少不了，10% 解决不了。另外，划转国有资本充实社保基金、做实个人账户也涉及国有企业混合所有制改革等内容。

用 N 对 1 支付的做法解决劳动力流动的问题

现在交通发达，劳动力流动越来越普遍，农民工进城在多个地方工作过。养老金管理过去都是在省一级统筹，有的省是地市一级统筹。按照若干年前提出的办法，养老金体制中的预筹积累资金，应具有可携带性。实际上，与提高养老金可携带性相比，不如用 N 对 1 账户支付更简易。某个职工在 N 个地方工作过，退休时，不同地区的养老金管理者按照其工作年限中的供款向退休者支付该阶段的退休资金，包括投资运营回报（需有透明度）。从金融角度来看，由于 IT 科技的发展，N 对 1 账户支付的做法变得相当容易，是可以实现的。

这跟当时东莞“打工仔”“打工妹”离开所带走的资金不一样，因为当时只允许带走养老缴费个人账户部分，而大头还是公司上交的统筹部分。其实两部分都应该通过历史还原的计算方法放入个人账户，但可以不搞携带性。携带性在操作上问题很多，很容易出现由于信息不对称而使职工个人吃亏的问题。

此外，将来预筹积累养老金究竟是一家经营，负责保值增值；还是若干家经营，使其保值增值和透明度有一定的竞争压力，也是需要考虑的问题。如果是几家保值增值，那么这些机构之间就存在竞争和改进关系，有的机构会搞得好，有的机构会搞得差。如果仅有一家经营，搞得很差或者出现腐败等问题，基本上不会暴露也没有人能检验。比如，假如出现回报率低的问题，他说这已经做得很好了，你拿他也没有办法。如果存在几家机构经营，则需要解决未来对具体个人退休金的多头支付问题，也可采用未来 N 对 1 支付的做法，来解决劳动力流动所带来的问题。

实现养老金的高透明度

为了使养老金体系更加有效，特别是缴费的激励机制更加有效，需要实现全面的透明化。每个人都能够清清楚楚且方便地通过网络查询养老金个人账户。如果在几个地方工作过，也可以清楚地查到在几个地方养老金账户的余额，以及经营回报情况。同时也可以给参保职工选择权，选择委托哪家机构负责养老金资金经营，而且回报随时能够看得见。大家都知道，随着科技的发展，这种回报甚至可以看到小数点后几位数的变化，即可以看到增值的情况。不像以前，查询这些信息成本会比较高。但说实话，养老金是长期的，并不需要非常及时地看到投资回报情况。

认真设计统筹账户在养老金三支柱中所占的比重

在统筹部分要认真地设计一下，在中国当前情况下，统筹账户在三支柱中应占的比例以及覆盖面。统筹占比需要进行比较综合的考虑，要和第二、第三支柱统一考虑。而且，统筹部分也涉及中央和地方财政之间的关系。在统筹方式上，目前有对农村的低保和对城镇设计的统筹退休金。其实，国际上有多种实现统筹的政策工具，包括对支持个人账户的保收益底线的有关政策等。

应给予第二、第三支柱足够的税收激励政策

在第二、第三支柱的计划中，总的感觉是我国在税收方面给予的激励机制不够。中国养老涉及大量的老年人口。这个体制搞好了，对国家长治久安、对人民的福祉都是非常重要的。财税政策既然要支持建立一个合理的体制，就应该下本钱给予足够的激励机制，可以参考国际上的各种经验，出台合理的税收安排。税收激励应针对不同支柱（甚至支柱内的分项）而做出不同的设计论证。

建立合理的预筹养老金经营体制

要建立合理的养老金经营体制，与资本市场发展进行很好的配合。尽管资本市场存在波动，特别是新兴市场，泡沫破灭的时候会给大家带来很大的疑问，预筹积累的养老金在资本市场投资到底合不合算？但从更长的历史阶段来看，保值增值很大的可能性还是要依靠资本市场。一方面，养老金投资对资本市场发展有很大好处；另一方面，养老金投资有几十年的跨度，从长期看，这个回报对养老金体系可持续性是很重要的。如果没有这个回报，养老金缴费率需要明显提高。根据不同的假设情景，投资回报对养老金体系的支撑作用是可以算出来的，但也存在风险，需要设计风险共担机制。因此，用好资本市场，中间有一些制度安排做好了，对养老金改革是一件非常重要的事，对整个国家保持繁荣、保持强盛也是一件很重大的事。另外，资本市场提供了一些工具，这些工具有助于在还原计算“名义个人账户”的基础上，利用资本市场工具用现在的国有资本对个人账户进行填充和回补。

特稿（一）
新形势下中国资本市场变革与养老金发展

肖　钢　全国政协委员　证监会原主席

党的十八大以来，习近平总书记对我国资本市场的改革和发展做出一系列部署。2018 年 12 月，中央经济工作会议明确指出："资本市场在金融运行中具有牵一发而动全身的作用，要通过深化改革，打造一个规范、透明、开放、有活力、有韧性的资本市场。"2020 年 4 月，《中共中央国务院关于构建更加完善的要素市场化配置的体制机制的意见》（以下简称《意见》）正式颁布，改革力度之大，前所未有。《意见》进一步明确了一系列要求和部署，特别是对资本市场提出了要求：完善股票市场基础制度，坚持市场化、法治化改革方向，改革完善股票市场发行、交易、退市等制度，鼓励和引导上市公司现金分红，完善投资者保护制度。这一切为我国资本市场的改革和发展指明了方向。

一、党中央为什么如此重视资本市场建设

党中央如此强调资本市场改革的重要性，有以下三方面原因：

第一，中国经济从高速增长阶段转向高质量发展阶段，经济增长的动力从过去的要素驱动、债务驱动，逐步向创新驱动转变。

中国经济正在经历转型升级、结构优化的关键阶段。我国"三新"经济近年来快速发展，其规模占 GDP 的比重已超过 16%。研发投入占 GDP 的比重也已超过 2%。2019 年，我国"独角兽"企业数量达 206 家，首次超过美国，位居全球第一。我国高端制造和智能制造产业的发展促进了经济结构的调整，数字经济也在迅猛发展。

我国以银行为主导的间接融资体系，是在特定的历史条件下形成并发展起来的。在一定的发展阶段，靠商业银行配置金融资源具有明显的优势——依靠国家信用和银行信用，可以高效地动员储蓄和配置资金。特别是在投融资信息不对称、法制不健全、契约关系不牢固、诚信体系建设不完善的时期，商业银行间接融资体系可以很好地解决投融资信息不对称的问题，有利于高效配置资金，促进经济发展。但同时也应看到，在多年的经济发展中，以银行为主导的间接融资体系导致债务风险持续积累，也造成了产业结构不合理、发展质量不高、资本产出效率下降等问题。

所以，进入工业化的中后期，资本市场的优势就凸显出来。靠资本市场来配置金融资源可以对未知的风险进行定价，并且可以为经济结构转型和产业升级，特别是科技创新，提供一个激励相融的制度设计，形成风险共担、利益共享的机制。

另外，资本市场对公司治理、公众监督的要求也比较高，所以资本市场的直接融资体系在工业化中后期有利于促进资本要素向创新的经济集聚，有利于促进我国经济转型，实现高质量发展。因此，我国经济发展要实现从要素驱动、债务驱动向创新驱动、效率驱动的转型，就必须加快资本市场的发展。

第二，全球发展面临"百年未有之大变局"，当前各种逆全球化的思潮、民粹主义、单边主义、保护主义进一步兴起，给各国的政治经济发展和治理带来巨大的挑战。

中国已深度融入全球经济，中美之间的博弈和竞争不断加剧，而实际上，两国竞争的核心是科技和金融的竞争。金融的竞争包括货币竞争、金融机构竞争和金融市场竞争。金融素有"第二国防"之称，资本市场在金融运行中又具

有"牵一发而动全身"的作用，从一定意义上说，资本市场的发达程度可以反映一个国家的经济发展水平。我国资本市场30年的发展取得了巨大的成就，我们用30年的时间走过了西方国家上百年的发展历程。但也要看到，我国资本市场具有明显的新兴加转轨的特征，市场发育先天不足，市场结构不平衡，资源配置效率不高，市场波动过大。因此，要解决市场发展的问题，必须进一步实行改革开放。

最近上交所发布的《全球资本市场竞争力报告（2020）》，从四个维度来衡量一个国家资本市场的核心竞争力，分别是制度环境、市场规模、市场功能和市场质量。在市场规模、市场流动性和活跃度这些重要指标上，我国排名靠前。但是，我国市场功能的波动较大，比如IPO数量和筹资额等，特别是在法治指数、营商便利指数上，我国排名靠后。尽管在很短的时间内中国资本市场的地位得到了显著提升，但总体而言，通过多个维度的衡量，我国仍然处在第二梯队。因此，要进一步发展资本市场，就必须进一步推进改革开放，只有靠改革开放才能打造一个有活力、有韧性的资本市场。

第三，新冠疫情的全球蔓延将深刻改变全球经济金融体系及运行规则，并且疫情可能会长期化，带来很大的复杂性。

2020年上半年疫情蔓延期间，全球金融市场出现了剧烈震荡。股票、债券、外汇、期货、黄金、原油等多项大类资产价格大幅波动，给经济金融造成极大的负面影响。本次全球疫情导致的全球经济衰退显著区别于以往经济金融危机，其波及范围更广，持续时间更长，应对难度也更大。此次全球金融市场的动荡，体现出市场的脆弱性不仅来自宏观面和基本面，还与市场结构、交易机制、杠杆水平、工具创新等因素密切相关。其中，市场本身的结构性问题仍然比较严重，比如杠杆资金、量化对冲、高频交易方面，加之被动型基金规模巨大，使自动化交易的数量占整个成交量的比重过高，很容易造成庞大交易群体的交易行为空前一致，而且速度惊人，这势必引发"羊群效应"，导致相互踩踏，甚至市场坍塌。本次美股十天内四次熔断就说明了除外生因素、基本面、宏观面的影响之外，市场本身的结构性问题也非常突出。所以，要研究疫情对市场的影响，不仅要研究宏观面、基本面，还要深入研究市场结构的运行机理。

受疫情影响，我国金融市场也发生了一些波动。但与全球的资本市场相比，中国金融市场包括股票市场、债券市场、黄金市场、外汇市场、原油市场等，体现出较好的稳定发展态势和较强韧性。总体来讲，我国上半年的发展是不错的。

二、资本市场建设离不开发展养老金

我国养老金由全国社保基金、基本养老金、企业年金、职业年金、个税递延养老金构成，可投资的大类资产主要包括银行存款、债券、股票和资产管理产品，部分养老金还可以投资股权、信托贷款、衍生品等，对权益性资产投资设置上限，全国社保基金为40%，其他养老金为30%。

养老基金是重要的长期机构投资者，对于发展资本市场、服务实体经济具有十分重要的作用。一是促进直接融资特别是股权融资发展，养老金能够为资本市场提供长期资金，是资本市场稳定发展的中坚力量。实证研究表明，养老金占GDP比重较高的国家，投资股权的比例较高，上市公司市值占GDP的比重也较高，资本市场发展水平通常较好。二是促进创新经济发展。创新发展的基础支撑是创新资本的形成与流通的能力，科技创新往往始于技术，成于资本。养老金投资资本市场，不仅可以增强创新资本形成能力，而且可以通过投资私募股权投资基金，支持各类创新型企业发展，还有利于增强资本市场的活力与韧性，提高抗风险能力。三是促进社会整体财富水平提升。养老金投资能够发挥长期保值增值的重要作用，经过较长的时间积累，让老百姓获得较好的回报，提升个人财富积累水平，拉动居民消费。特别是老龄社会需要安全生命周期的财富分配结构，年轻时收入不断积累，退休后消费不降，扩大养老消费市场，催生"银发经济"。还可适当降低养老金缴纳比例，降低企业经营成本，用增加的投资收益改善养老金发放水平。

当前，我国正处于养老金全面开展投资管理的新时期。2001年全国社保基金启动投资运营，拉开了我国养老金投资管理的序幕，取得了显著成效。企业年金、基本养老金、职业年金相继于2007年、2015年、2018年启动了投资管理，个税递延养老金也于2018年开始试点。但总体来看，专业化、市场化的投资运营机制尚未完全建立，基本养老金由于现收现付制带来的资金支付压力，实际投资运作比全国社保基金更强调本金安全，难以贯彻长期投资理念。企业年金、职业年金本应比公共养老金具有更高的风险承受能力，但个人没有自主选择权，实际投资计划统一制定，投资限制比公共养老金更加严格，导致权益资产配置过低，可配资产不丰富、不广泛，极大地影响了投资收益，养老金的投资作用得不到充分发挥。这些问题都需要在新时期深化改革中逐步加以解决。

党的十九大报告提出了全面建设多层次养老保障体系的要求，国家出台了一系列举措发展补充养老金，必将进一步扩大我国养老金投资规模，促进资本市场健康发展。为了推动未来养老金投资转型，需要采取以下措施：

第一，从投资不足转向全面投资。大力发展私人养老金，建立统一、开放的个人养老金账户体系，以个人账户为基础完善企业年金制度，逐步放开个人选择权，并打通第二、第三支柱，扩大私人养老金覆盖面。

第二，从注重组合投资转向注重资产配置。完善养老金投资管理框架，把资产配置作为提高收益和管理风险的主要手段，特别是持有低相关性或负相关性的资产可以降低投资组合的风险，增加单位风险所能获得的超额收益。要提高养老金投资的专业能力，核心是资产定价能力与资产配置能力。进一步放松对投资范围的限制，提高权益资产投资上限，支持投资私募股权基金，发展公募 REITs，支持开展境外投资。年金受托人要切实履行整体资产配置的职责，资产管理机构要积极开发以资产配置为核心的多样化养老产品，投资顾问要提供专业的资产配置服务。

第三，从行政化转向市场化、专业化。厘清政府和市场的边界，减少投资环节的行政干预，减少事前审批，加强事中事后监管，构建开放竞争、有序合作的投资生态，让各类市场机构基于各自分工优势发挥作用，真正实现优胜劣汰。要转变投资理念，承担风险是获取收益的来源，养老金投资要通过管理风险而不是回避风险来获取收益，健全投资考核评价机制，严格投资制度与投资纪律，避免短期行为，取消短期保本要求，推进养老金投资的市场化进程，提升投资专业性以及投资者的信任度和市场认可度。

第四，从机构化转向机构与个人并重。随着第三支柱的建立和企业年金逐渐放开个人选择权，个人将会自行选择与风险收益特征匹配的产品，参与私人养老金投资程度不断加深，养老金投资服务也将更多地面向个人。因此，必须建立以信义义务为基础的个人养老金账户体系，大力发展投资顾问服务，增加简明、灵活和个性化、定制化、差异化的养老金投资服务，加大对个人投资者的保护力度。

三、加快资本市场变革具有重要意义

总之，在当前形势下，加快中国资本市场变革的重要意义可归纳为四句话：一是促进我国经济结构转型升级、实现创新驱动和高质量发展的迫切需要；二是增强国家竞争能力、维护国家经济金融安全的迫切需要；三是建设现代金融体系、深化金融供给侧结构性改革、调整现有金融体系和融资结构、防范和化解系统性金融风险的迫切需要；四是推进国家治理体系和治理能力现代化的迫切需要。资本市场是金融治理的天然主战场。资本市场变革依赖制度建设。资本市场是金融治理的天然主战场。资本市场的发展对公司治理、信息披露、风险定价、市场预期、社会监督等具有多重功能。发展资本市场有利于促进我国现代企业制度的建设，也可以优化风险管理模式。

资本市场的发展依赖制度建设。之所以制度建设对中国资本市场的发展具有基础性、关键性的作用，有下列两个原因：

第一，资本市场是一个资金场、信息场、名利场，但归根结底是一个法治市场。资本市场是一个资金场，里面有投资、有资金；资本市场也是一个信息场，里面充满着各种信息；资本市场还是一个名利场，在里面有人赚钱、有人亏本。但归根结底，资产市场是一个法治市场。资本市场参与主体众多，需求也多样。要办好一个资本市场，必须要求所有参与主体具有基本的民事行为能力。也就是说，交易必须按照自愿、公平、等价、有偿和诚实信用的原则进行。无论是投资者、融资者还是监管者，都要把规则放在第一位。

第二，资本市场的发展需要宏观环境的建设，也需要资本市场本身的制度建设。一方面是宏观环境或条件，如保持宏观经济稳定发展，健全法治环境，建立高效的监管制度，大力培育诚信社会。这些都是资本市场发展所必需的生态环境。另一方面是资本市场本身的制度建设，资本市场的制度条件决定资本市场发展的质量。比如发行制度、退市制度、交易制度、信息披露制度、市场基础设施制度等，这些都是事关一个资本市场是否规范、有活力、有弹性、有韧性，风险定价是否符合实际，是否符合市场需求的重要条件。

实际上，这事关资本市场配置资源的效率和质量，资本市场的发行、退市、交易等制度的不断变革是驱动市场发展的关键因素。回顾过去 30 年我国资本市场的发展历程，在资本市场制度的设计和建设中，我们始终坚持一条主线，即坚持市场化、法治化、国际化的取向。尽管某些制度的设计和措施的出台可能会有所偏离，有时候也出现摇摆，但纵观 30 年的发展，始终是沿着市场化、法治化和国际化这条主线前行的，这是 30 年来制度建设的宝贵经验中最重要的一条。同时，这项任务仍在路上，尚未完成，也是我们目前资本市场发展的“短板”，更是未来的改革方向。所以，要研究未来资本市场改革发展，构建和明晰未来的发展思路，仍然要继续坚持市场化、法治化、国际化的取向。

四、新形势下中国资本市场面临五大变革

变革一：深化注册制改革探索符合国情的退市制度。

注册制和退市制，前者是发行，后者是准入；前者是进，后者是出。全球股票市场大多数实行注册制，其表面上是一个发行制度，但实际上涉及整个资本市场的生态建设。股票发行注册制改革是资本市场制度变革的一项“牛鼻子”工程，不把注册制改革搞好，退市制度的实行就很困难。资本市场的注册制改革，各国模式不尽相同，没有统一的做法，但有一些基本的共同特征：

第一，企业是否公开发行股票、何时发行、发行价格如何，基本由市场决定，由发行人、承销商和投资者等市场主体博弈决定。

第二，股票发行注册制需要审核，这一审核以信息披露为中心，以投资者的需求为导向。这个理念与我们核准制的审批不同。

第三，在审核中，审核机关主要对文件的齐备性、一致性和可理解性负责，不对上市公司进行背书。上市公司是否具有投资前景和价值，审核机关对此难以做出判断，要交给市场主体做判断。此外，在审核中市场要有稳定的预期，上市公司从递交申请开始到最后能否上市，市场主体包括上市公司、投资者、中介机构对注册耗时是可预期的，不是行政审核机关说了算。这一点虽然只是细节，但是意义重大，稳定的市场预期非常重要。

第四，各市场主体归位尽责，发行人是信息披露第一责任人，中介机构承担把关责任，投资者自担投资风险。

第五，强有力的监管执法，监管者行使事中事后的监管，严厉惩罚违法违规行为。2018 年科创板的开设是我国资本市场发展的一个重要里程碑，也是一项重大的制度创新。推出科创板的同时也试点了注册制，取得很好的效果。经过一年的时间，创业板也推出了注册制改革，这是个“牵一发而动全身”的“牛鼻子”的工程。在注册制改革的引领和带动下，期待我国整个资本市场生态体系得到显著的改善。

在注册制出台下，进一步加大退市制度改革的条件就比较成熟了。上市条件宽容、以信息披露为中心、市场预期稳定等特征形成一个良性循环。公司上市后如果不符合要求，优胜劣汰，可由市场解决退出问题。目前，我国的退市率比较低，其原因是多方面的。结合境外的退市制度，下一步应不断探索符合我国国情的退市制度，进一步加大退市执行力度，形成优胜劣汰的市场环境。

变革二：提高上市公司质量筑牢实体经济基本盘。

上市公司是资本市场的基石，是中国经济的基本盘。我国上市公司共有 7000 多家，包括 A 股上市、中概股和境外上市的公司。这 7000 多家上市公司涵盖了我国国民经济绝大部分行业，是国家经济的骨干，特别是在盈利能力较强的企业中，上市公司的地位更加明显。

提高上市公司质量是我国市场发展最重要的基础之一。良好的公司治理是上市公司长期健康发展、资本市场高质量发展的基础条件，离开公司治理这个条件，资本市场就会失去支撑。所以，要发展资本市场，必须加大力度改革上市公司，促进上市公司高质量的发展。在提高上市公司质量方面，有两方面需要进一步明确：

一是进一步加大分红。近年来，我国上市公司现金分红意愿、回报率和稳定性都有长足的进步，但我国上市公司现金分红的吸引力仍然较低，相当多公司的股息率低于存款利率和商业银行理财产品收益率，一些公司甚至连续多年不进行现金分红，成为名副其实的“铁公鸡”。

因此，应进一步加大上市公司分红的力度，同时改进上市公司回报股东的方式。目前，单靠分红模式也比较单一，上市公司回报股东的方式要日益多元化，比如股份回购就是一种灵活的安排。

二是并购重组，这是上市公司优化资源配置、实现价值发现的重要渠道，是提升上市公司质量的重要途径。近年来，并购重组的快速发展起到积极作用，特别对符合国家战略和产业政策、有利于创新发展的重要资产项目重组起到重要作用。下一步，还应进一步加大政策支持力度，同时进一步优化市场化定价机制，提供灵活的定价空间，减少不必要的行政干预，丰富并购重组中支付工具和创新融资方式。当然，我国在并购重组中也出现过问题，比如“忽悠式重组”使投资者利益受损，这些情况应加以避免、规范和纠正。

变革三：充分发挥资本市场枢纽作用，坚定不移推进双向开放。

国际化既是我国资本市场改革发展的方向之一，也是近年来资本市场研究的一个热门话题。国际经验表明，一个有活力、有韧性的资本市场，一定是一个开放包容的市场。通过开放，可以引入优质资源，提供良性竞争环境。

以开放倒逼市场改革，有利于提高我国资本市场配置

全球资源和服务开放型经济的能力。下一阶段，资本市场要充分发挥枢纽作用，进一步畅通国内国际循环，进一步加大对外开放的力度。2013 年党的十八届三中全会《中共中央关于全面深化改革若干重大问题的决定》首次提出"推动资本市场双向开放，有序提高跨境资本和金融交易可兑换程度"。近年来，金融的改革开放进一步提速，资本市场的开放也进一步加快，在"引进来"和"走出去"两方面都取得了重大进展。

由于我国目前还是一个新兴加转轨的市场，对外开放必然会带来一些不稳定因素，这对我国金融监管形成一定挑战，比如跨境资金大幅进出可能造成金融市场大幅波动的风险，以及近年来备受关注的核心金融资产定价权可能旁落的风险和核心资产被收购的问题，这些事关我国经济金融安全。如何引导和规范境外资金，促进国内市场的稳定，是我国金融监管面临的新挑战。

资本市场的开放不能单兵突进，它与资本项下可兑换、人民币国际化、汇率机制改革等相互关联。所以，要把资本市场的开放放到整个经济金融开放的格局中统筹协调，加强开放中金融监管能力的建设，积极参与国际金融治理，加快完善跨境监管的协作机制。

变革四：数字资本市场引领未来发展方向。

数字经济正迎来新的发展契机。疫情之前数字经济就发展迅速，通过这次疫情，各国充分认识到发展数字经济的重要性和紧迫性，都在加大投入。未来数字经济和数字金融的竞争势必更加激烈。我国数字经济、数字金融的发展走在世界前列，资本市场在数字和数据的运用方面也走在前面。20 世纪 90 年代，我国资本市场就是无纸化交易，这超越了其他国家特别是发达国家上百年的"打手势"、纸质股票这种传统交易模式，体现出我国的后发优势。不可否认，未来在发展数字资本市场方面，我们仍然面临不少挑战：

第一，全球化竞争的挑战。与国外发达国家的证券公司、基金管理公司相比，我国证券和基金机构在 IT 方面的投入不足。

第二，资本市场与数字货币的融合面临挑战。目前不少国家都在研发法定数字货币，但未来法定数字货币发行后，如何与资本市场融合？将带来哪些根本性变化？这些问题值得深入考虑。

第三，科技与金融混业的挑战。我国资本市场中一些科技型企业与金融机构混业的问题越来越突出。一方面，不少科技公司从事着资本市场业务和金融业务；另一方面，金融机构包括证券和基金公司也要实现数字化转型，有些金融机构实际上要转变为科技公司，从而导致两者相互融合、相互竞争、相互混业的情况比比皆是，这对我国金融市场发展和金融风险防范提出了新的课题。

第四，监管的新挑战。在数字经济、数字金融特别是数字资产市场的发展下，我们面临着与传统市场监管不同的新形势，需要形成新的监管框架、监管手段、监管工具和监管方法。

第五，消费者和投资者的保护。在数字金融、数字资本市场的发展下，一些产品和业务的边界越来越模糊，而我们的法律法规并没有完全跟上，投资者与消费者保护的任务愈加繁重。

第六，组织变革的挑战。未来势必会出现全新的机构和组织，如虚拟资产交易所，如何对待这样的组织机构变革也是我们会遇到的问题。另外，金融机构要实现数字化转型，其内部组织结构也要改变。对证券、基金和期货行业来说，传统的内部组织架构和业务运行的流程和模式必须再造，必须以客户为中心，而不是现在以产品和以账户为核心，这些方面势必会发生很大的变化。

对于数字资本市场的发展，目前还有很多争论，如垄断问题、发展路径问题、"去中介化"问题、信息披露问题、投资者普惠性与适当性的平衡问题。这些问题都是我们在研究和发展数字资本市场中需要进一步明确和探讨的。

未来发展数字资本市场，有四个原则需要进一步达成共识：

一是必须坚持开放、包容、共享、公平的原则，按照数字化的思维建设数字资本市场，不能关起门来搞发展；

二是要积极拥抱新技术，审慎创新业务模式，融合互联网公司和国际同行的经验，加快资本市场与科技的融合；

三是要促进数据互联互通，营造公平的市场环境；

四是要紧紧围绕实体经济需求进行数字化创新。

与传统的资本市场相比，数字资本市场虽然在技术、模式、手段上有很大创新，但它的本质没有发生改变，资本市场要服务于企业、服务于投资者。数字资本市场的发展，最终要给企业、实体经济、融资者、投资者带来实惠和便利，促进经济的发展，这是发展数字资本市场的根本目的。

变革五：加大资本市场法治建设力度，加强金融监管统筹协调。

依法治市是资本市场稳定发展的重要基础，是保障市场长治久安的关键抓手，一个成熟的资本市场必然是一个高度依赖法治的市场。因此，我们要进一步加大资本市场法治建设的力度。历时五年多修订的新《中华人民共和国证券法》于 2020 年 3 月 1 日起正式施行，这是中国资本市场法治建设中里程碑的事件，对未来资本市场的改革发展必将起到重要的指导作用。

同时也应该看到，当前困扰资本市场改革发展的法治问题依然不少：行政管理介入过度，同类市场活动制度规则统一性不够，不同层次市场的法律制度安排相互混淆，有关市场整体结构、长远发展的顶层制度设计不足，法律制度规则完善机制不够健全等。

下一步加强法治建设的重点包括：理顺多层次资本市场的法律逻辑，在现有法律体系下完善相关制度安排；弘扬我国优秀的法治传统，借鉴英美法系有益经验，优化资本市场的法律体系；建立适合我国国情的证券集体诉讼制度，强化投资者的保护；进一步发挥投资银行的枢纽作用等。

需要特别强调的是，要为投资银行的发展壮大提供法治条件。目前，我们对投资银行的法律限制规定比较多，其功能受到较大限制，不太容易发展壮大。所以，下一步要对相关的法律法规进行有必要的调整，让投资银行依法壮大自身的业务功能，在直接融资体系下发挥重要作用。有人说，间接融资找商业银行，直接融资找投资银行，投资银行就是我们进一步的重点。

五、监管者要甩掉“父爱主义”，应依法监管并一以贯之

中国资本市场上存在的诸多问题，无论是理念上、思想认识上的问题，还是制度建设、执行层面上的问题，很多问题今天仍然存在。由此可见，观念的转变、机制的转变和法治的推行不是一件容易的事情。

监管者出于多元化的目标，总是怀有“父爱主义”，就像父亲对待自己的孩子一样，但事实上监管者不应该有“父爱主义”。

然而，我们的市场恰恰相反。一个最突出的体现就是 IPO 停发问题。资本市场 30 年的发展中有 9 次叫停 IPO，确实形成了路径依赖。9 次暂停累计的时间按交易日算起来有 5 年，相当于 30 年资本市场发展只有 25 年在运行，有 5 年是停滞的。这对市场、预期和创新的影响是难以估量的。

比如在创新方面，只要市场停发 IPO，其上游 PE、VC 无法退出，会直接影响许多对于创新的投入。另外，较好的股市流动性表现在可以随时以某种价格变现，股市的价格发现功能非常重要，配置资源主要靠价格引导，但在叫停的五年时间里，没有价格信号，这对全市场、全社会、整个经济的影响是无法估量的。

因此，IPO 停发是相当大的问题。现在，我们 IPO 不再停发，即使市场再困难也没有暂停，这是很不容易的，也是非常重要的进步。

笔者也衷心希望“IPO 不停发”的制度能够坚持下去。除不可抗力的因素之外，交易所不能停发，也不能停止交易。因此，监管者应该聚焦主业，如果监管者目标太多元，其行为可能就会扭曲。

监管者的“父爱主义”行为也表现在对一些违法违规行为没有一以贯之地解决和纠正。2015 年时，杠杆融资现象比较普遍，存在场内杠杆和场外杠杆等各种形式的杠杆资金。当时证监会发现了这个问题，并对证券公司的融资业务开展了两次检查。2015 年初，证监会对开展融资融券业务的 90 多家证券公司分两批进行了全面检查，检查过程中发现证券公司的融资融券业务存在违法违规行为。

当时，证监会出手处罚了头部证券公司，这对市场造成了很大震动。处罚决定是周五闭市后发布的，周一开市当天上证综指跌了 7.4%，这对当时来说是巨大的跌幅，很重要的原因就是证监会在周五宣布了对证券公司的处罚。

除了证券公司融资，其他方面的杠杆融资也迅速发展，实际上这是对整个市场的强烈警示和信号，即对杠杆资金的监管控制。但是，由于当天跌幅过大，在此之前很多年都没有如此跌幅，证监会为此承受了很大压力。于是，周一晚上，证监会发布公告称处罚证券公司不是打压股市，是为了规范融资业务，把不是打压股市的态度亮明。市场投资者也非常聪明，知道证监会在这个问题上会留有余地。果不其然，证监会之后对杠杆融资的监管就不再严厉了。回顾来看，当时其实是杠杆融资“踩踏”风险的一次预演。如果当时从 1 月开始就一直严格控制杠杆融资，那 6 月股指或许也冲不了那么高，当然之后也不会跌得那么惨。“山有多高，谷有多深”，涨得越高可能跌得就越猛。

因此，监管者一定要甩掉“父爱主义”，不要总觉得“孩子”好像没长大、长不大，同时还要一以贯之地依法监管，这对市场的长期稳定健康发展非常重要。

特稿（二）

提升养老金制度的财富储蓄性质　助力长期资本形成

李　波　中国经济 50 人论坛成员

陈安弟　清华五道口金融学院博士

郑秉文　中国社会科学院世界社保研究中心主任

养老金具有长期缴费、延期支付的特点，是一个国家可以利用的长期资本，对国民财富的生产和分配具有“蓄水池”效应。我国现行的养老金制度本质上是依靠代际人口红利转移应对当前的支出需求，在人口老龄化迅速发展的情况下不具备可持续性。我国城镇职工基本养老保险基金积累规模大大低于 OECD 国家的平均水平，与我国经济总量世界排名第二的地位很不成比例，存在巨大反差。2018 年 OECD 成员国养老基金资产占 GDP 的简单平均比例为 49.7%，加权平均为 126%；2008 年有 5 个国家的养老金资产超过其 GDP，2018 年超过 GDP 的国家增加到 8 个。本文指出，我国养老金改革应当将养老金作为经济系统的内生变量来考虑：养老金作为长期的国民储蓄，如果制度设计得当，将有助于解决我国长期资本的制度性缺位问题，不仅可以为我国的经济发展提供长期资本金股本支持，养老金也可以分享社会经济发展的成果，进而提高保障能力。在我国经济发展进入新阶段、经济增长越来越需要创新推动的情况下，我国养老金改革应当将基本养老金、个人账户养老金、企业年金和其他自愿的养老储蓄产品都放入统一的政策框架考虑，通过建立必要的激励机制，提高广义养老金的储蓄意愿和存量；通过建立合理的养老金投资管理体制，促进养老储蓄向长期资本的转化，形成经济发展、资本市场、养老保障相互促进的良性局面，支持科技创新和投融资结构的优化，以储蓄型养老金体系应对未来的各种挑战。

自 19 世纪 80 年代俾斯麦在德国建立强制性社会养老保险制度以来，经过一百几十年发展，全世界一百几十个国家建立了强制性养老金制度。建立强制性养老金制度的初始目的是为老年人口建立一个社会共济的收入保障机制，确保普通人退休后可以从养老保险中持续获得相当于工作期间一定“替代率”的持续收入，从而避免因劳动能力退化而陷入经济困顿。为达到向退休人口持续支付养老金的目标，各国政府根据不同的理念和具体情况制订了各种不同的养老金计划。

按照正常人口情况估算，个人养老金缴费从参加工作时即开始，直至退休领取养老金，缴费年限可长达 40 年，支付年限也在 10 年以上。从个人养老金账户的资金流动情况看，必然是前期逐渐积累，后期逐渐流出；从养老金体系看，由于养老金计划的参与者多、时间跨度长，单个养老金账户的缴费汇总起来就形成了社会财富的“蓄水池”，对社会财富在时空上的生产和分配形成长期储蓄效应，对世界各国的经济发展具有重要的影响。

由于世界各国在养老金制度的具体设计上差异很大，本文仅就中国现行养老金制度面临的问题以及养老金制度与国内长期资本的关系进行讨论。

一、我国现行养老金制度强调集体保障

我国现行的养老金制度是在借鉴现代福利国家制度的

基础上建立起来的，又考虑了中国当代的具体国情，有非常强的中国特色。主要体现在以下几个方面：

（一）强调集体保障是我国现行养老金制度的主要特点

和某些发达国家的三支柱养老金体系不同，我国的养老金体系具有非常强烈的“集体保障”的特点。在基本养老金的设计上，美国经济学家马丁·费尔德斯坦认为[①]，中国的养老保障制度属于一种独特的养老保险制度，即积累制与现收现付制相结合。具体而言，构成基本养老金的缴费端由社会统筹账户和个人账户记账构成，其中，社会统筹账户的缴费是个人账户缴费额度的2~2.5倍；在基本养老金的支出端，社会统筹账户采取现收现付制，实际上是一种代际转移的集体所有制度；而个人账户的支付水平则与个人的缴费储蓄有关。因此，三个支柱中最强调“社会保障”性质的基本养老金得到了国家的强力推动和发展，在国家层面进行了专门的立法[②]。基本养老金在征收、管理和发放上都由专门法律规定并有专职的政府机构经办。据《2019年人力资源和社会保障事业发展统计公报》，全国参加基本养老保险人数为9.67亿，考虑到同期全国就业人口仅为7.7亿，基本养老保险的覆盖率已经很高了。

通常意义的第二支柱养老金——企业年金在我国的实施依据是《企业年金办法》，由人力资源和社会保障部、财政部负责政策制定[③]，属于行政规章，其法律地位远低于基本养老金所依据的《中华人民共和国社会保险法》。企业年金没有强制性，由企业自行主办、职工自愿参加，税收优惠上也设定了上限。从企业年金的覆盖范围看，2019年我国参加企业年金的职工人数仅为2548万，约占同期城镇企业职工基本养老保险参保人数的5.8%；领取年金的职工人数仅有180万左右，不到同期领取基本养老金的城镇职工人数的2%[④]。

同时，作为第三支柱的商业养老保险等产品也一直没有得到足够的重视，在养老金制度中没有正式地位，而是由银保监会作为金融业监管部门协调财政、税务等部门在保险产品的层面给予一定的税收优惠[⑤]。因此，商业养老保险（第三支柱）规模也一直非常小。

从养老金存量资产的数量看，截至2019年末，基本养老金结存6.2万亿元（如果加上全国社保基金管理的储备基金约2万亿元，总量约在8万亿元），企业年金1.8万亿元，商业养老保险规模约在数千亿元。因此，我国养老金资产的绝大部分来自基本养老金（第一支柱），补充养老金（企业年金、养老险产品）占比很小。

反观发达国家的养老金体系，三个支柱养老金的法律地位基本平等，都是社会保障体系的一部分。以美国的养老金体系为例，强制性的第一支柱基本养老金的依据是《社会保障法案》；而第二、三支柱养老金则分别有《雇员收入保障法》《国内税收法》等法律、法规予以保障[⑥]。在相对平等的制度安排下，具有个人储蓄性质的第二、三支柱养老金得到了充分的发展。从美国养老金资产的占比看，第一支柱基本养老金约占10%；第二、三支柱约占90%。

综上所述，从不同的立法层次和养老金资产所占比例中可以看出，我国的养老金制度在法律设计上并没有将三支柱并列，企业年金和商业养老保险等以个人保障为特点的补充养老金在制度安排中没有作为社会保障的一部分予以定位，而是作为个人养老规划的补充事项，在政策上给予有限的优惠。

（二）中国养老金体系目前的积累十分有限，并且将很快消耗殆尽

由于我国基本养老金融资方式主要采取现收现付制，目前积累十分有限。我国处于15~64岁的劳动力人口从2000年的8.89亿上升至2011年的10亿，尽管近年来小幅下降，到2019年末仍有9.8亿；65岁以上老年人口从2000年的8800万上升至2019年的1.75亿。正是上述两部分人口在过去20年的缴费积累[⑦]，基本养老金的累计结存从2000年的不足1000亿元，上升到2019年的5.5万亿元。但根据预测，未来10年，领取养老金的人口将从2019年的1.02亿人，到2025年和2035年分别上升到1.37亿人和1.90亿人，到2050年上升到2.78亿人；相比之下，我国养老基金储备却很不成比例，例如，在企业缴费率为14%的情景下，养老基金累计余额到2024年达到峰值4.62万亿元，占GDP的4.2%，到2031年可能消耗殆尽[⑧]。其实，为保市场主体和保就业，在今年突如其来

① ［美］马丁·费尔德斯坦：《重建中国的社会保障体系》，《财经》2004年第18期，第58–59页。

② 参见《中华人民共和国社会保险法》，中国政府网。

③ 参见《企业年金办法》，人力资源和社会保障部官网。

④ 《2019年度人力资源和社会保障事业发展统计公报》，人力资源和社会保障部官网。

⑤ 2018年4月，银保监会、财政部等五部门共同发布了《关于开展个人税收递延型商业养老保险试点的通知》（财税〔2018〕22号）和配套政策。目前仅在部分城市试点，而且税前抵扣的金额不超过1.2万元/年。

⑥ 吴孝芹：《美国补充养老金计划税收优惠政策经验及启示》，《山东工商学院学报》2018年第2期，第87–95页。

⑦ 2000~2019年新增的约1亿退休人口在过去19年中也在持续缴费。

⑧ 郑秉文：《中国养老金精算报告2019–2050》，中国劳动社会保障出版社2019年版。

的疫情期间再次大幅实施"减免缓"养老保险缴费政策，企业养老基金缴费全年减收将高达 1.5 万亿元，根据有关部门官方预测①，今年底城镇企业职工基本养老保险基金累计结余就将首次低于 4 万亿元，这个拐点提前来临了。

由于现行养老金体制储备太少，且个人账户基本为空账，公众对我国养老金体系的安全感不足，被迫采取预防式储蓄以应对养老需求。因此，我们看到，我国居民存款（约 82 万亿元）中扣除居民户贷款（约 54 万亿元，主要是购房贷款）后②，还有约 28 万亿元的净储蓄；而且除银行存款外，居民部门还是约 25 万亿元银行理财产品的主要持有者。两者相加，居民部门的金融资产净储蓄应该不低于 50 万亿元。很多居民买房投资，也是一种储蓄行为，用于抵御养老风险。

我国居民目前的总储蓄率并不低，但储蓄结构存在明显缺陷：绝大部分居民储蓄都是银行存款或房地产，导致三方面问题：第一，大量储蓄没有形成长期资本，而是通过银行转化为贷款，科技创新缺乏股本支持；第二，企业融资大量依赖贷款，股权融资严重不足，企业杠杆率高，经济金融面临的波动风险大；第三，大量居民储蓄进入房地产市场，导致房价高企，增加了经济和金融的风险，降低了实体经济的竞争力和活力。

（三）我国养老基金储备与发达国家相比存在巨大差距

OECD 成员国的养老基金规模具有代表性，但同时也体现出不均衡性。在非洲大陆，南非的养老基金规模首屈一指，超过了 2000 亿美元；纳米比亚排名第二，养老基金占其 GDP 的 50%。在拉丁美洲，巴西和智利的养老基金规模排名分别位列第一和第二，而智利养老金相对于其 GDP 规模比例而言排名第一。

在 OECD 目前的 36 个成员国中，养老基金规模高达 42 万亿美元。其中有七国养老基金规模合计占全部 OECD 养老基金的 90% 以上，它们排名分别是：美国拥有全球最大的养老基金市场，排名第一，2018 年的养老基金总计 27.5 万亿美元，占 OECD 全部养老基金的 65%；英国排名第二，养老基金规模为 2.8 万亿美元，占 7%；加拿大排名第三，总计 2.5 万亿美元，占 GDP 的 6%；澳大利亚排名第四，总计 1.9 万亿美元，占 GDP 的 5%；荷兰排名第五，拥有 1.5 万亿美元，占 GDP 的 4%；日本排名第六，总计 1.4 万亿美元，占 GDP 的 3%；瑞士排名第七，将近 1 万亿美元，占 GDP 的 2%。其余 29 个成员国分享其余的 9% 养老基金（见图 1）。

OECD 养老基金规模排名前 7 名的国家常被业内称为 P7。

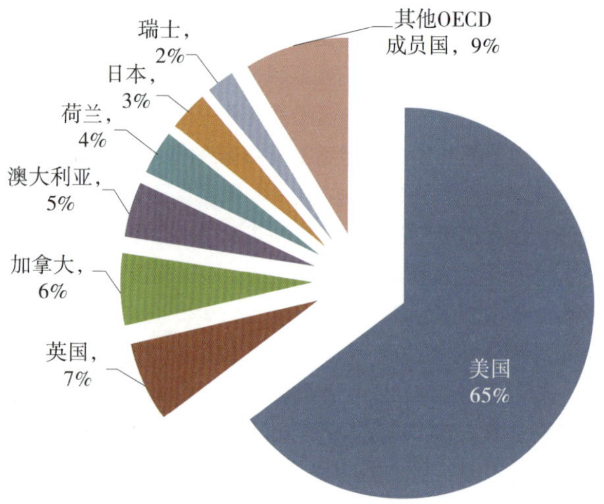

图 1　2018 年 OECD 成员国养老基金地理分布

资料来源：Pension Markets in Focus 2019，OECD，20 Oct. 2019：12，figure 1.2.

当我们对 2008 年国际金融危机以来 10 年的养老基金发展变化进行对比时会发现，OECD 很多国家养老基金规模都增长十分明显，有的增加了将近 1 倍，有的翻了一番，有的甚至翻了两番以上，只有很少几个国家的养老基金规模呈下降趋势，这些国家有芬兰、匈牙利、日本、西班牙四个（见表 1）。

表 1　2008~2018 年 OECD 成员国养老基金变化　　单位：百万美元

国家和地区	2008 年	2009 年	2010 年	2011 年	2012 年	2013 年	2014 年	2015 年	2016 年	2017 年	2018 年
澳大利亚	1095339	867429	1017082	1437784	1426024	1482946	1681786	1517613	1532849	1838865	1921756
奥地利	17460	20259	20333	19103	21514	25173	23276	22393	21980	26772	24533

① 《人社部 2020 年第二季度新闻发布会》，2020 年 7 月 21 日，参见人社部官网，http：//www.mohrss.gov.cn/SYrlzyhshbzb/dongtaixinwen/buneiyaowen/202007/t20200721_380113.html。

② 中国人民银行 2019 年度统计：《其他存款性公司资产负债表》。

续表

国家和地区	2008年	2009年	2010年	2011年	2012年	2013年	2014年	2015年	2016年	2017年	2018年
比利时	15875	19879	17783	20225	22753	27213	27561	26337	30612	64437	56038
加拿大	1391903	1711494	2068887	2157882	2324632	2405772	2446199	2225732	2378020	2721976	2524309
智利	74313	118052	148437	134962	162021	162988	165432	154711	174480	210512	193110
捷克	9909	11753	12395	12413	14337	14951	14854	15028	15684	20920	21754
丹麦	501015	528882	553049	581495	636211	661173	655857	598574	611895	721674	677088
爱沙尼亚	1282	1687	1772	1806	2326	2843	3087	3226	3656	4839	4978
芬兰	183160	214595	219258	128723	141541	159314	148855	132905	134867	162380	151947
法国	168895	222564	225935	224217	241799	271357	226372	212254	242592	293235	280678
德国	165634	187938	187280	192912	221112	236932	236204	220177	227312	270925	267557
希腊	47	65	71	95	113	1350	1322	1236	1254	1605	1584
匈牙利	13662	18142	19001	4406	5029	5506	5043	4819	7040	8770	7968
冰岛	14679	15460	18199	18579	19892	24547	24244	26651	32359	40256	38796
爱尔兰	88399	104011	100883	93549	106212	126188	136535	122324	107781	127770	125746
以色列	80751	94678	112423	112840	130095	153613	154305	165228	177293	215030	203224
意大利	88422	107690	113502	119887	141035	163359	162889	154991	165238	200850	197817
日本	1601330	1569730	1754619	1843824	1704407	1442168	1328686	1349618	1343612	1389477	1400143
韩国	62333	87652	161459	192246	249408	292753	326909	343315	364634	445618	455985
拉脱维亚	1065	1643	1785	1826	2192	2650	2813	2917	3340	4448	4660
立陶宛	—	—	1515	1564	1887	2221	2330	2376	2713	3613	3739
卢森堡	542	1215	1067	1076	1190	1323	1801	1572	1659	1941	1853
墨西哥	98125	116944	146062	142650	181574	194770	195521	175939	156503	185638	194031
荷兰	932779	979401	1015666	1055652	1229054	1335092	1282009	1266434	1360625	1631230	1536269
新西兰	15384	12371	19275	23929	28406	33831	40496	39729	45370	53975	54481
挪威	21934	30310	33135	33627	39454	40908	37380	34210	36899	42103	40013
波兰	47493	64137	75846	67590	89244	102911	47052	40470	41038	57642	47987
葡萄牙	30421	33686	28262	18546	20433	22268	22469	21288	21092	45601	44543
斯洛伐克	4417	5713	6523	7503	8994	9926	9645	8750	9523	11965	12038
斯洛文尼亚	2006	2582	2828	2882	2995	3209	3110	2927	2963	3591	3595
西班牙	175805	192369	179583	172642	180437	199630	183600	168044	164241	189361	173285
瑞典	236822	242122	280019	322190	377350	399517	383674	374146	389264	505464	470566
瑞士	506274	581203	661168	664571	734001	907735	880703	892586	909681	1022637	997422
土耳其	4185	6047	7652	7291	11005	11877	15694	15886	16547	21073	17541
英国	1412247	1820742	2018041	2232598	2529995	2810564	2784630	2741924	2607820	2998182	2809112
美国	13939060	16196135	17939210	18110746	19954891	22753702	23957984	24005591	25339850	28453792	27549363

资料来源：Pension Markets in Focus 2019，OECD，20 Oct.2019：70，Table A B.2.

从养老基金占 GDP 比重来看，2008 年只有加拿大、丹麦、冰岛与荷兰四个国家的养老基金规模超过了其 GDP 的 100%，但 2018 年达到八个国家，增加了澳大利亚、瑞士、英国和美国。大家会注意到，在 P7 里，只有日本的养老基金没有超过 GDP 的 100%，由于体量的原因，虽然丹麦、冰岛的养老基金超过 GDP 的 100%，但从规模的角度看却没有进入 P7。

从 P7 或其他养老基金发达的经济体中可以看到这样一个规律，凡是建立多支柱养老金体系并且第二、三支柱养老金发达的国家，尤其是第二、三支柱从传统的 DB 型现收现付制向 DC 型完全积累制转型较快的国家，养老基金规模增长都非常迅速。反之，养老基金规模就比较小，有的国家甚至从零开始。例如，希腊养老金制度是单支柱的，与很多其他欧洲国家相比，希腊养老金制度很不合理，第一支柱的公共养老金负担沉重。为改变这种结构畸形的失衡状况，希腊 2002 年开始建立第二支柱自愿型养老金“职业保险基金”，由雇员和雇主共同缴费，采用的是 DC 型积累制，但发展缓慢，到 2007 年参与人数仅为 1.18 万[①]，占 492 万劳动人口的 0.2%；全部资产仅为 2460 万欧元，占当年 2289 亿欧元 GDP 的 0.01%，在 OECD 成员国中倒数第一，就连土耳其还占 1.2%。在 2010 年爆发欧洲主权债务危机之后，希腊加快了发展第二支柱的步伐，在 2013 年占 GDP 比例才达到 0.5%，到 2018 年提高到 0.7%，在 OECD 成员国里还是“垫底”的。

把中国的多支柱养老金数据与 OECD 相比会发现，2008 年中国企业年金基金大约有 3000 亿元，大约占当年 31 万亿元 GDP 的 1%；2018 年年金基金达 1.47 万亿元，占当年 90 万亿元的 1.63%。第三支柱个税递延型商业养老保险于 2018 年 5 月开始进行试点，总量很小，到年底大约只有 1 亿元，可忽略不计。投资于公开市场的公募养老目标基金 2018 年也是刚开始进行试点，但尚未实施税优政策，不在统计之列[②]。由此看来，中国多层次养老基金储备与 OECD 国家相比只略好于希腊，远远落后于其他所有国家，差距非常大。2019 年底，我国三个支柱养老保险基金积累合计余额占 GDP 的 8%，到 2020 年底将降至 7%，大大低于 OECD 国家的平均水平。2018 年 OECD 成员国养老基金资产占 GDP 的简单平均比例为 49.7%，加权平均为 126%；2008 年有 5 个国家的养老金资产超过其 GDP 的 100%，2018 年超过 GDP 的国家增加到 8 个。很显然，无论从哪个角度看，我国养老基金资产规模大大落后于 OECD 国家的平均水平，与我国经济总量世界排名第二的地位很不成比例，存在巨大反差（见表 2）。

表 2　2008~2018 年 OECD 成员国养老基金占 GDP　　单位：%

国家和地区	2008 年	2009 年	2010 年	2011 年	2012 年	2013 年	2014 年	2015 年	2016 年	2017 年	2018 年
澳大利亚	96.7	84.8	91.7	94.5	93.3	104.1	111.7	121.6	124.2	135.5	140.7
奥地利	4.3	4.9	5.1	4.8	5.1	5.6	5.8	6.0	5.9	6.0	5.5
比利时	3.2	4.0	3.6	4.1	4.5	5.0	5.7	5.9	6.8	12.2	10.9
加拿大	102.3	114.5	123.5	123.7	126.6	134.5	142.3	154.8	157.4	159.5	155.2
智利	49.8	61.8	62.3	57.7	59.7	61.9	67.6	68.6	68.7	71.9	70.2
捷克	4.8	5.5	5.9	6.1	6.7	7.3	7.9	8.1	8.4	8.8	9.2
丹麦	147.0	159.4	171.4	180.9	190.0	185.5	202.6	200.8	205.5	205.7	198.6
爱沙尼亚	5.6	8.3	9.0	8.4	9.8	10.9	12.7	14.3	16.0	17.1	16.9
芬兰	67.9	82.3	87.7	50.5	53.7	56.8	59.7	58.1	59.2	60.5	57.2
法国	6.1	8.0	8.5	8.4	8.8	9.3	8.7	8.9	10.3	10.7	10.4
德国	4.6	5.3	5.4	5.5	6.1	6.1	6.6	6.6	6.8	6.9	6.9
希腊	0.0	0.0	0.0	0.0	0.0	0.5	0.6	0.6	0.7	0.7	0.7
匈牙利	9.4	12.9	14.6	3.7	3.9	3.9	4.0	4.0	5.8	5.9	5.3
冰岛	112.4	118.6	125.2	129.7	139.3	144.8	148.4	150.6	146.6	160.6	161.0

① 郑秉文：《中国养老金发展报告 2011——欧债危机与人口老龄化成本》，经济管理出版社 2011 年版。

② 郑秉文：《商业保险参与多层次社会保障体系的方式、作用与评估——基于一个初步的分析框架》，《辽宁大学学报》（双月刊）2019 年第 6 期，第 1–21 页。

续表

国家和地区	2008 年	2009 年	2010 年	2011 年	2012 年	2013 年	2014 年	2015 年	2016 年	2017 年	2018 年
爱尔兰	33.8	42.4	45.0	42.3	46.0	50.9	57.7	42.7	37.6	35.9	33.9
以色列	39.6	43.8	45.7	46.0	48.9	50.4	54.1	55.2	55.6	58.6	57.4
意大利	3.9	4.8	5.3	5.7	6.6	7.4	8.3	8.6	9.3	9.7	9.8
日本	27.9	29.5	28.6	29.2	29.8	30.2	31.2	30.6	29.3	28.8	28.3
韩国	7.1	8.9	14.5	16.6	19.4	21.6	24.2	25.7	26.8	27.6	28.5
拉脱维亚	3.1	6.1	7.4	6.9	7.6	8.4	9.8	11.0	12.7	13.7	13.8
立陶宛	—	—	40.	3.9	4.3	4.6	5.2	5.8	6.6	7.1	7.2
卢森堡	1.0	2.3	2.0	1.9	2.0	2.1	3.0	2.8	3.0	2.9	2.7
墨西哥	10.8	12.6	13.5	13.6	14.9	15.6	16.5	16.3	16.1	16.8	16.2
荷兰	103.6	108.8	118.9	125.4	142.7	146.6	157.2	168.6	182.2	184.3	173.3
新西兰	10.4	11.6	14.0	15.4	16.3	18.6	21.4	22.8	24.1	26.7	27.4
挪威	5.9	7.2	7.5	7.2	7.4	8.1	8.8	9.7	10.2	10.5	9.8
波兰	10.9	13.3	15.6	14.7	17.0	18.7	9.6	8.8	9.2	10.1	8.5
葡萄牙	12.2	13.3	11.8	8.1	9.2	9.5	10.7	10.9	10.7	19.5	19.3
斯洛伐克	4.6	6.2	7.2	8.2	9.4	9.7	10.4	10.2	11.1	11.8	11.7
斯洛文尼亚	3.8	5.0	5.8	6.0	6.3	6.4	6.8	6.9	7.0	7.0	6.8
西班牙	11.3	12.4	12.4	12.5	13.2	14.1	14.6	14.3	13.9	13.5	12.5
瑞典	54.5	52.3	53.3	60.6	66.5	68.0	75.3	75.2	80.4	90.6	88.0
瑞士	89.7	101.6	102.0	100.7	107.4	126.8	134.1	135.3	140.0	149.2	142.4
土耳其	0.6	0.9	1.0	1.0	1.2	1.4	1.8	2.0	2.2	2.6	2.5
英国	61.3	73.1	81.2	87.8	94.6	96.9	96.7	97.6	107.6	108.3	104.5
美国	94.7	112.1	119.7	116.5	123.2	135.6	136.7	131.8	135.5	146.0	134.4

资料来源：Pension Markets in Focus 2019，OECD，20 Oct.2019：72，Table A B.3.

二、新时代我国养老金制度应该向资本红利型积累制养老金转变

长期资本不足越来越成为制约我国科技创新、妨碍发挥增长潜力、加大经济周期性波动的重要因素。从各国经验看，养老金是长期资本的最重要来源。要实现养老金的长期资本功能，必须提升养老金的储蓄性质，增加养老金积累，并建立市场化的养老金投资体制。

（一）提升我国养老金的储蓄性质是应对老龄化高峰、建设社会主义现代化强国的迫切需要

如前文所述，基本养老金建立首要的目标是保证退休人员养老金的及时足额发放。在我国现行养老制度建立的初期（2000 年前后），早期城镇职工退休工资标准很低，仅能维持基本的生活水平。即便如此，由于没有积累，很多省份负责支出任务的统筹账户还处于月收月清的“月光”状态，甚至挪用了个人账户资金，形成了制度空账。在这种情况下，养老金制度必然强调集体保障。

过去 20 年，人口红利支持了我国刚性保障的现收现付型基本养老金体制。从 2005 年开始，我国连续 16 年提高养老金待遇，我国基本养老金的支付水平已经从温饱线提高到小康水平。根据 2019 年人社部统计公报[①]，城镇离退休职工 1.2 亿人，对应基本养老金支出 4.9 万亿元，人均养老金收入约 4 万元 / 年，而同期全国城镇居民人均可支配收入为 3.92 万元，两者水平大致相当。基本养老金的当期保障功能似乎已经完美地实现。

① 《2019 年度人力资源和社会保障事业发展统计公报》，人力资源和社会保障部官网。

但是，现有的保障本质上是人口红利代际集体转移的结果。考虑到人口的结构性因素，如果养老金制度仍然只强调保障不进行其他改革，那么在老龄化高峰即将到来的未来，我国的养老金制度必然难以完成其保障使命。另外，随着我国经济发展，人民生活水平已经进入了全面小康时代，对未来养老金的保障水平也将提出更高的要求，加剧了支付的压力。

在此情况下，如果养老金政策制定者仅考虑当期的支出保障，满足于眼前“不饿肚子”，显然是短视的，这也是我国现行养老金制度最需要改革的方面。因此，如何从人力资源红利型的现收现付的集体保障的养老金向资本红利型的积累制养老金体系转型是摆在我们面前的紧迫课题，对建设社会主义现代化强国意义重大。因此，站在历史的高度看，未来的发展趋势是，从 DB 型现收现付制养老金体制转向储蓄型的 DC 型积累制养老金体制过渡是根本出路。

（二）我国经济发展进入新阶段，对长期资本提出了更高的要求

2012 年以前，我国经济发展的主要动力对内来自城镇化，对外来自经济全球化。2012 年以后，我国经济增长进入了降速、提质的新阶段，发展动能面临结构性调整，在供给侧需要更多地依靠创新驱动，在需求侧更需要依靠消费拉动；从全球经济发展的大环境看，2015 年以后经济全球化明显放缓，国与国之间的投资和贸易摩擦加剧；2020 年的新冠疫情更是加速了全球产业链调整的进程。

反观我国现行的社会融资体制，高度依赖各种形式的债务融资。在中国人民银行公布的社会融资存量中，各种类型的债权融资占 97%；上市公司发行股票融资占 3%；未上市的股权融资则未列入统计。一般而言，债权融资具有短期、收益固定、到期还本的特点，比较适合支持大型基础设施的项目融资和企业经营性现金周转等场景，不适合作为长期资本金使用。因此，中国企业存在一个非常典型的现象，即中国非金融企业的负债率整体长期偏高，股东的分红率偏低；以银行为主体的金融企业资本回报却明显高于社会平均水平。企业“融资难、融资贵”的问题长期难以解决，抑制了经济体系的内在创新动力。

形成反差的是，改革开放 40 多年来，外资大量进入中国，充分利用中国的市场和人力资源获得了丰厚的资本红利。除了来中国投资办厂的大量外国公司，中国新经济的代表企业包括阿里巴巴、腾讯、京东、百度、字节跳动（今日头条和抖音的母公司）等控股公司也多是外国资本，这些资本的背后很多就是国外的养老金。

这种情况说明我国的融资体制没有跟上经济发展的内在需要。中国内部市场巨大的经济利益，除了解决国内劳动力人口的就业，为银行体系贡献有限的固定收益外，增值能力最强的股权资本很大程度上为外资所占据。举例而言，目前仅阿里巴巴和腾讯两家上市公司的股权价值就接近 10 万亿元，几乎相当于目前全部 A 股公司市值总和（约 65 万亿元）的 15%。而 A 股公司几乎包括了中国的金融、能源、交通、制造、房地产、消费品生产等国民经济各个重要行业的主要企业。正是由于国内长期资本的制度性缺位，客观上为外国的长期资本提供了优厚的回报空间。换句话说，由于欧美等发达国家通过养老金体系形成长期资本的能力远远强于我国，这些国家为我国过去 40 年的发展提供了重要的股本，也享受了丰厚的回报。

从融资的微观角度看，企业发展需要资金投入，尤其是在高速成长阶段最需要的不是短期债权资金而是长期股权资金。在中国经济高速成长环境下，绝大部分企业都需要外部的长期资本金的支持。如果离开长期资本的支持，这些企业的创新发展就是无本之木、无源之水。

在如此明显的长期资本缺位情况下，我国养老金体系如果还抱守支出保障的制度定位，忽略养老金的长期储蓄功能，等于将经济增长最有价值的部分拱手送人。

反观美国的养老金体系，除了占比 10% 的基本养老金不允许投资风险资产外，占比 90% 的企业年金和商业养老险产品都可以在一定范围内配置风险资产，其中大约有 10%~15% 配置到各种长期股权资本中。

（三）储蓄型养老金与良性资本市场相辅相成

如果说建立储蓄型养老金体系刻不容缓、势在必行，那么有人会问，现在已有的养老金存量（基本养老金、社保基金和企业年金、养老险产品）运作情况如何？如果再建立规模更大的储蓄型养老金，如何保证合理回报？

由于监管理念和资本市场不成熟的原因，我国养老金，除全国社保基金理事会管理的约 2 万亿元按照长期储备基金理念进行资产配置外（实际上，这部分基金 90% 以上的资产也都属于高度可流动的无风险资产），其他约 8 万亿元养老金（基本养老金、企业年金、养老保险产品）几乎都是按照可当期给付的标准来制定投资政策。换言之，这些资金必须保持高度流动性，确保随时可以以现金方式支取。有一句形象的话描述了我国养老金的投资配置现状，就像“长跑运动员不断进行着短跑训练”。正是监管理念的短期性导致了现有长期资金配置上的短期化。

熟悉金融的人都知道一个基本道理：微观上，资产收

益率与期限和风险相关；宏观上，资本的产出效率由全要素生产率决定，而全要素生产率的提高主要来自人力资本的积累和技术进步。因此，在现实中我们看到，经济发达的大型经济体往往都是教育（人力资本）和研发（技术创新）投入较高的国家。储蓄型养老金如果长期处于高流动性配置状态，就无法将宏观意义上的储蓄转化为长期投资，就无缘分享经济增长中最具价值的部分，在某种程度上也失去了其储蓄的意义。

需要特别指出的是，理论界往往容易忽略长期资本与短期资本的区别，以及股权资本市场与股票市场的区别。尽管近年来有关资本市场改革的讨论不少，但相关的议题往往笼统地讲发展资本市场、发展直接融资。各界关注的重点是企业发行股票和上市公司的监管这类涉及散户投资者利益的问题；缺乏对股权资本市场，尤其是国内长期资本金供给机制的深入讨论：很少探讨长期股权资本市场如何在企业创建、发展、破产和重组的各个环节发挥资源配置作用，以及长期股权资本市场和股票市场的相互关系。严格地说，在股票市场的投资资金除了少量认购新发股票的转化为长期资本进入实体经济外，其他大部分资金都是以股票和资金交易的方式在证券资产的层面循环，对于实体经济并不产生直接的贡献。股票市场不等于资本市场。

随着我国市场经济体制的逐步深化，我国政府提出要发挥市场在资源配置中的决定性作用，而资本市场正是长期资本配置的关键场所。对于我国经济体系而言，储蓄型养老金就像是燃烧热值高的高标号汽油，资本市场就像发动机，宏观经济则像开行的汽车。秩序良好的资本市场发动机可以将“高标号汽油燃烧”（生产要素）产生的动力源源不断地提供（配置）给宏观经济这部“汽车”；反过来，如果没有发动机的转化，汽油也无法发挥其功能。

储蓄型养老金建立后，配置的最佳去处之一就是资本市场，尤其是长期股权市场。随着我国资本市场良性秩序的逐步建立，养老金投资于资本市场的系统风险将进一步降低。可以说，我国储蓄型养老金和资本市场相生相长的时代正在到来。

三、应跳出保障看我国养老金改革并将之作为生产要素改革的一部分

养老金改革不仅事关社会保障的长期治理，也是中国特色主义市场经济长期生产要素改革的一个重要部分。由于我国现行的人口红利型现收现付制养老金体系不可持续，养老金改革在所难免。不少学者从增收和借支两个方向提出了不少现实的建议。如延长退休年限、提高征收比例、减少支付水平、增加补偿性基金的规模等；也有人提出应当扩大第二、三支柱养老金或者基本养老金个人账户所占比重，提高缴费激励，做大“蛋糕”。

在理论探讨中，也有人提出，个人账户养老金和企业年金等具有储蓄特点的养老金，自我保障属性较强，与第一支柱基本养老金的共济性质（尤其是统筹账户资金）和社会财富的再分配在方向上不一致，认为鼓励做大储蓄型养老金会加剧社会的不公。这种顾虑看似有一定道理，但忽略了两个基本问题：一是我国当前以“集体保障”为主的养老金体系是在起步时“一穷二白”条件下的不得已的选择。如果继续沉溺于当前保障的幻觉，无视人口老龄化、未来代际红利为负的事实，不考虑通过积累、储备和增值建立真正可持续养老金制度，必将在未来陷入老龄化的集体困境。二是目前第一支柱养老金存在约8万亿元的结余，说明前期的人口红利已经产生相当规模的累积效应。按照现行的法规，20年来，这些资金的绝大部分仅获取低风险的债权收益，失去了长期资金本应分享的经济高速增长的成果，实际上是一种很大的浪费。

由于制度性缺位，我国的经济体系实际上处于长期资本的赤字状态：一方面，中国现有的养老金结余既没有分享中国经济高速增长的成果，也没有用于当期支付，处于一种沉淀和闲置状态；另一方面，中国经济发展极缺的长期资本又无法在原有的体系中得到足额的补充；导致经济处于长期资本赤字状态。具体表现是，我国金融体系每隔若干年来一次系统性的债转股操作，根本原因正是没有长期股本金的补充机制。这种系统性的债转股容易鼓励道德风险，隐含了较大的制度成本，对社会正常的生产活动也容易造成不必要的扰动。

从2013年左右开始大规模开展的银行资产管理业务中，不少银行将理财资金进行“资金池”运作，将部分短期资金配置到长期资产中以获得更高的理财产品投资收益。在高峰期30万亿元的理财产品总规模中，配置到长期股权的规模估计在万亿数量级。资金池的运作模式，客观上起到了将短期小额资金汇聚成长期资本的效果；但这种做法存在较大的流动性风险，影响金融体系的稳定，被监管机构叫停。2018年实施资管新规后，银行理财产品必须期限和产品匹配。结果是，投资人很少会购买长期的理财产品，人民币的长期股权资金来源几乎断流。过去几年银行理财市场的实践表明，如果没有一个合理的制度安排，再多的短期资金也难以自发汇集成长期资本，就像无

法将众多小舢板依靠捆绑做成航空母舰一样。

因此，养老金改革不仅是社会保障体系的进化，也是涉及社会主义市场经济长期生产要素改革的重要命题。对此，周小川一针见血地指出“养老金是资本市场长期稳定资金的重要来源，对金融资源有效配置至关重要；……养老金改革主要与生产率密切相关，还关系到我国能否顺利跨越中等收入陷阱”[①]。

总的来看，养老金改革不能仅仅就保障谈保障，必须站在整个社会经济发展所必需的长期储蓄需求和长期资本供给的角度看问题；站在中国社会经济进入新的历史阶段需要更有效的生产要素市场的角度看问题，才能登高望远、全局谋划，真正解决问题。

四、对我国养老金改革的四项建议

如前所述，养老金具有长期属性并具有财富储蓄的特点，是最优质的长期资本，政府应该通过合理的制度安排引导养老金的积累和向长期资本的转化。为此，对养老金改革我们提出如下具体建议：

（一）要在制度安排上扩大养老金涵盖范围和做大养老金的存量规模

首先，从制度安排上扩大养老金体系的涵盖范围，做大养老金的存量规模。除狭义社会保障性质的基本养老金外，将企业年金、养老保险产品，甚至可以由商业银行理财公司开发养老金产品正式纳入养老金的制度框架。为进一步厘清各方职责、强化激励，建议采用世界银行的分类方法对我国的养老金体系进行重新分类。比如，将由中央负责兜底的基本养老金统筹部分作为第一支柱，将做实的基本养老金个人账户作为第二支柱，将所有自愿性的并有税优政策支持的企业年金、税延商业养老保险和养老目标基金作为第三支柱，将其他储蓄型养老产品作为第四支柱，据此设定体系化的监管政策和框架。

其次，除税收递延等优惠外，可以考虑更多的激励机制，按照自愿的原则，提高广义养老金的储蓄意愿和累积存量。基本养老金和个人账户养老金是强制储蓄，如果缴费比例过高，必然挤占企业和个人的其他可支配收入，不利于经济发展；企业年金、养老险及其他养老产品是自愿储蓄，只要能通过制度设计将这种储蓄界定为养老目的，那么整个社会养老金存量就有大幅提高的可能，这是应对老龄化高峰的必然选择。至于有些人担心的分配问题，可以通过制度设计，在养老金支付环节进行二次调节，只要规则透明，相信个人会做出理性选择。事实上，在目前基本养老金的运行过程中，就存在省际地区差异和调节的问题，说明这个问题在技术上可以解决。总之，做大养老金存量规模的解决之道从根本上看在于从现收现付制向预筹积累制转型，长期看，这是中国养老金制度安排的理想选择。当然，加拿大 CPP 式的“DB 型部分积累制”作为一个新范式也可达到做大养老基金存量规模的目的[②]，这也是一个选项，同样需要极大付出，砥砺前行。

（二）要高度重视养老金除保障功能之外的社会储蓄功能

站在社会生产要素的组织和长期资本增值的高度，必须重视养老金除保障功能之外的社会储蓄功能，合理制定养老金的投资政策。如周小川所指出，养老金改革是一个多维复杂的系统[③]。随着中国经济的发展，养老金问题不能将其视为经济发展的外生变量；其长期储蓄性质和巨大的规模效应，已经成为经济体系的内生变量。养老金制度设计将对整个社会的经济产出产生重大影响。这种影响反过来也会影响养老金的社会保障功能。因此，面对新的形势，政策制定者必须直面真正的长期保障需求，结合国内长期资本的制度安排，重新审视养老金（尤其是储备型养老金）的投资政策。也就是说，长期看，既要重视养老金的保障功能，又要高度重视养老金的社会储蓄功能，而储蓄功能的实现和发挥，就需要养老金制度逐渐从待遇确定型（DB）向缴费确定型转型（DC），同时从现收现付制向预筹积累制转型，否则，养老金的社会储蓄功能就难以真正发挥。兼顾了保障功能和储蓄功能，就基本可以解决长期资本制度性缺位问题，进而解决我国经济发展的后劲和长期资本金支撑的难题。反过来，良好的经济发展环境和资本市场条件又可“反哺”养老基金的增长，养老基金就可以分享社会经济发展的成果，为应对人口老龄化提供物质保障，这样，促进养老保障、资本市场、经济发展形成良性循环。

（三）待条件成熟时逐渐做实个人账户并发挥其储蓄功能

20 多年前，决策者们将城镇企业职工基本养老保险设计成社会统筹和个人账户相结合的制度，旨在既要发挥社会共济和再分配的功能，又要“楔入”实账积累的功能，调动个人积极性，提高制度的财务可持续性。但由于种种

①③ 周小川：《养老金改革考验我们经济学的功底和智慧》，《金融研究》2020 年第 1 期，第 1–8 页。

② 郑秉文：《加拿大养老金“DB 型部分积累制”新范式 20 年回望与评估——降低养老保险费率的一个创举》，《经济社会体制比较》2017 年第 6 期，第 87–117 页。

原因，特别是由于GDP高速增长带动社会平均工资高速增长，各级政府均无做实账户的积极性，因为这样的发展阶段和增长背景意味着不能满足艾伦条件①，做实个人账户将面临巨大福利损失。虽然2000年到2012年十几个省份先后加入做实个人账户试点，但最终仍不尽如人意。针对这个现状，2013年中央作出决定，将“做实个人账户”转变为“完善个人账户”，将实账的FDC转变为记账凭证的NDC②。展望未来，随着经济增速逐渐放缓，社会平均工资增速也必将逐渐进入稳态，待条件成熟时，终有一天空账做实的问题将提上议事日程。如果因为目前不能做实个人账户就取消个人账户，那就意味着未来养老金储蓄功能的载体被人为丢弃。鉴于此，目前统账结合的制度结构应坚持下去，不应取消个人账户。相反，应抓紧研究如何实现个人账户的储蓄功能，为将来有一天终将做实个人账户做好准备。事实上，为增强制度激励性和提高储蓄功能，个人账户规模和比例应逐渐提高，而不是缩小③。事实上，要实现养老金制度从DB型现收现付制向DC型预筹积累制转变，做实个人账户是关键一步。

（四）建立合理的投资管理体制，支持养老金储蓄向长期资本的转化

做实个人账户的目的是实行市场化投资体制，博取风险回报，提高养老金制度的财务可持续性和提高个人替代率。事实证明，在养老金全球改革趋势中，建立和改革养老基金投资体制越发显示出其重要作用。先看我国的全国社保基金理事会。由于投资收益的原因，自2000年建立全国社保基金至2018年，全国社保基金年均收益率7.82%，资产已经翻了一番：截至2018年底④，全国社保基金的财政性净拨入9131亿元，但累计投资收益额就高达9552亿元，超出了本金投入额，在1.87万亿元资产中，投资收益占比高达51.1%。再看加拿大养老基金（CPPIB）投资的重要作用⑤：1997年之前加拿大养老金计划（CPP）的基金投资策略是购买国债，总缴费是6.10%（雇主3.05%、雇员3.05%），但由于老龄化的原因，缴费率将不断提高，预测到2030年将提高到15.43%才能满足收支平衡。但1997年实施市场化和国际化的投资体制改革之后，总缴费率设定为9.90%（雇主4.95%、雇员4.95%），这个费率水平可一直持续到2030年而无须提高缴费率。也就是说，投资的市场风险回报为加拿大参保人“降低”了缴费率，为抵御人口老龄化发挥了重要贡献。加拿大自1997年改革至今已有23年，这23年来，加拿大养老基金制度运行各个参数良好，与23年前的预测十分吻合，甚至要略好于当年的预测。我国的全国社保基金和加拿大养老基金的两个案例显示，包括国家基本养老保险基金在内的各类养老基金均应尽早建立起一个专业化和市场化的投资管理体制，这是我国建立多支柱养老金体系和提高养老金制度财务可持续能力的一个重要途径，对吸引一部分银行存款和房地产资金“搬家”到个人账户并转化为长期资本具有战略意义。

强制性基本养老保险由社会统筹基金和个人账户基金组成，社会统筹基金属于“缴费型”主权养老基金⑥，委托全国社保基金理事会投资，但个人账户基金具有鲜明的个人资产属性，投资管理体制的制度设计应体现为这样三个特征：一是市场化，可选择20~30家有资质的基金管理公司来管理做实的个人账户；二是竞争性，可由省级政府来负责招标，每个省级政府在20~30家管理机构中选择3~5家负责管理本省居民的个人账户养老金；三是有限选择性，每家管理机构均可提供2~4种养老金产品供居民选择，每种产品都要符合国家养老金强制标准，兼顾安全性、收益性和退休之后的流动性。

参考文献

[1]《中华人民共和国社会保险法》，中国政府网。

[2]《企业年金办法》，人力资源和社会保障部官网。

[3]《2019年度人力资源和社会保障事业发展统计公报》，人力资源和社会保障部官网。

[4]《全国社会保障基金理事会社保基金年度报告（2018年度）》，全国社保基金理事会官网。

① 根据艾伦条件，作为生物收益率的社会平均工资增长率与人口自然增长率两者之和大于实际利率时，DC型完全积累制的养老金制度就必定是不可取的，这时，DB型现收现付制则是有效率的，可实现资源配置的代际帕累托最优。

② 郑秉文：《中国养老金发展报告2014——向名义账户制转型》，经济管理出版社2014年版。

③ 郑秉文：《中国养老金模式选择、路径依赖与前景展望》，《北大金融评论》2020年第1期，第43-47页。

④《全国社会保障基金理事会社保基金年度报告（2018年度）》，参见全国社保基金理事会官网。

⑤ 郑秉文：《加拿大养老金“DB型部分积累制”新范式20年回望与评估——降低养老保险费率的一个创举》，《经济社会体制比较》2017年第6期，第87-117页。

⑥ 郑秉文：《主权养老基金的比较分析与发展趋势——中国建立“外汇型”主权养老基金的窗口期》，《国际经济评论》2019年第3期，第9-30页。

［5］马丁·费尔德斯坦:《重建中国的社会保障体系》,《财经》2004 年第 18 期，第 58–59 页。

［6］吴孝芹:《美国补充养老金计划税收优惠政策经验及启示》,《山东工商学院学报》2018 年第 2 期，第 87–95 页。

［7］郑秉文:《中国养老金发展报告 2011——欧债危机与人口老龄化成本》，经济管理出版社 2011 年版。

［8］郑秉文:《中国养老金发展报告 2014——向名义账户制转型》，经济管理出版社 2014 年版。

［9］郑秉文:《加拿大养老金“DB 型部分积累制”新范式 20 年回望与评估——降低养老保险费率的一个创举》,《经济社会体制比较》2017 年第 6 期，第 87–117 页。

［10］郑秉文:《中国养老金精算报告 2019–2050》，中国劳动社会保障出版社 2019 年版。

［11］郑秉文:《商业保险参与多层次社会保障体系的方式、作用与评估——基于一个初步的分析框架》,《辽宁大学学报》(双月刊) 2019 年第 6 期，第 1–21 页。

［12］郑秉文:《中国养老金模式选择、路径依赖与前景展望》,《北大金融评论》2020 年第 1 期，第 43–47 页。

［13］郑秉文:《主权养老基金的比较分析与发展趋势——中国建立“外汇型”主权养老基金的窗口期》,《国际经济评论》2019 年第 3 期，第 9–30 页。

［14］周小川:《养老金改革考验我们经济学的功底和智慧》,《金融研究》2020 年第 1 期，第 1–8 页。

［15］中国人民银行 2019 年度统计:《其他存款性公司资产负债表》，中国人民银行官网。

［16］Pension Markets in Focus 2019，OECD，20 Oct. 2019.

主报告
夯实应对人口老龄化社会财富储备与构建“资产型”养老金制度 *

党的十九届五中全会通过的《中共中央关于制定国民经济和社会发展第十四个五年规划和二〇三五年远景目标的建议》提出“发展多层次、多支柱养老保险体系”，并正式提出“实施积极应对人口老龄化国家战略”。2020年初，中共中央国务院印发了《国家积极应对人口老龄化中长期规划》，该规划从五个方面部署了应对人口老龄化的工作任务，其中，第一项就是“夯实应对人口老龄化的社会财富储备”。发展多支柱养老保险体系和夯实社会财富储备是贯彻落实党的十九大关于两阶段发展安排的宏伟目标，积极应对人口老龄化，近期至2022年、中期至2035年、远期展望至2050年中国养老保障体系改革的一个战略性、方向性、前瞻性的制度安排。

构建多层次养老金体系是养老金制度模式的选择，夯实养老财富储备是养老金制度模式的结果，前者是构筑养老财富储备的制度载体，后者是应对老龄化的物质基础；构建多层次养老金体系和夯实养老财富储备是积极实施应对人口老龄化国家战略的一个重要举措；养老金资产储备是应对人口老龄化社会财富储备的主要组成部分。根据这个要求，中国三支柱养老保险的改革取向应是以基金积累为基础的“资产型”养老金制度模式，逐渐替代以现收现付为主要融资方式的“负债型”的养老金制度模式。

接下来，本报告就夯实应对人口老龄化社会财富储备的理论基础、中国养老资产储备规模存在的差距、构建多层次多支柱养老金体系的改革路径、面临的约束和转型方式等进行论述。

一、引子：“资产型”养老金制度的优势及其理论基础

（一）“资产型”养老金制度的概念诠释

在养老金经济理论中，资产型养老金制度是指缴费确定型完全积累制（DC FF，简称“DC 型积累制”），负债型养老金是指待遇确定型现收现付制（DB PAYGO，简称“DB 型现收现付制”）。很显然，本报告提出的构建资产型养老金体系是广义上的一个综合概念，指中国各个类型养老金制度应建立在养老资产积累为主要模式和导向的基础之上，包括做大做强主权养老储备基金，不断扩容国家举办的统账结合式第一支柱养老金的统筹基金规模和逐渐做实个人账户，扩大企业和单位举办的第二支柱养老金参与率，尽快推进个人和家庭建立的第三支柱养老金的改革进程，总体上明显提高养老基金在GDP中的比重，到2035年养老资产储备和经济发展水平均同时达到中等发达国家水平，改变其养老资产储备规模与中国GDP全球排名第二的地位不相匹配的落后状态。

同样，所谓负债型养老金制度也是一个广义的概念描述，意指养老基金战略储备很小（例如，全国社保基金仅够支付几个月）、第一支柱养老金的统筹基金规模不大和个人账户长期处于空账即总体看现收现付的融资方式占主导地位，DC 型积累制的第二、三支柱发展缓慢和参与率很低，养老基金规模占GDP比重长期处于世界排名末位的窘境。毋庸置疑，作为世界第一人口大国，在负债型养

* 本报告由郑秉文执笔。

老金体系下，中国的养老金隐性债务（IPD）也将是世界排名第一，随着人口结构逆转的不断加剧，其天量的隐性债务将会是 GDP 的数倍，既不利于积极应对人口老龄化，也不利于经济发展。

负债型养老金制度向参保人提供的是一种承诺，其待遇供给属于“权益预期型”；资产型养老金制度是“资产建设型”社会保障制度，它以相应的物质基础为前提，受益人的福利保障来自其所对应的资金池。

（二）“资产型”养老金制度的理论基础

资产建设型社会保障制度的理论基础源自美国华盛顿大学（圣路易斯）迈克尔·谢若登（Michael Sherraden）教授于 1988~1990 年提出的著名的“资产建设理论”（Assets-building Theory）[①]。资产建设理论的主要政策主张是为每人建立一个“个人发展账户”（IDAs），这是资产为主的福利政策的载体，实则就是一种普及的个人退休账户，正如谢若登教授所言，“参加的人越多，国家就越强大”。所不同的是，政府应为穷人提供一定的配比补贴，通过这个账户投资让他们能够获得资产积累。因此，以资产为主的社会保障政策是指大规模促进公民和家庭的资产形成以提高其创造性金融的潜力和增进其福利获取能力的一系列政策规则、法律法规。建立个人账户将有助于反贫困，传统的社会救助是以收入再分配为目的，提高的是穷人的收入消费水平，而不是他们的资产积累能力；注重收入消费的社会保障政策难以持久地改善穷人的生活，这就意味着对穷人发放补贴不是唯一的方式，并且，面对人口老龄化和政府开支入不敷出等诸多挑战，以收入为主的福利政策应转向以资产为主的福利政策，这既可防止穷人的双脚永远地站在制度化资产积累的门外，也可防止对福利的过度依赖性，因为资产与补贴最大的区别在于，资产可通过经营而获得收益。

谢若登教授建立的社会保障资产建设的理论对美国社会保障制度改革和推广普及建立第二、三支柱养老金发挥了重要影响[②]。2001 年小布什总统决定对美国纯粹的 DB 型现收现付制第一支柱养老金制度（OASDI）进行改革，试图引入一个个人账户[③]，为此建立了一个“拯救社会保障总统委员会”，2001 年 10 月谢若登教授应邀为该委员会做了题为“资产与穷人：个人账户与社会保障的含义”的证词[④]；2005 年谢若登教授为参议院的社会保障与家庭政策委员会“低收入家庭的资产建设”听证会做了题为“资产建设的包容性”的证词[⑤]。

（三）“资产型”养老金制度的社会实践

谢若登教授创建的“资产建设理论”影响很大，美国和世界很多国家进行“以资产为主”的试点经验。例如，美国 40 多个州的试点结果显示，与“以收入为主”相比，“以资产为主”的优势是可以促进小型创业，2001~2007 年每提高 1 个百分点的创业率，这个州的贫困率就下降 2 个百分点[⑥]。鉴于谢若登教授对推动美国账户养老金做出的杰出贡献，他在 61 岁时入选 2010 年度美国《时代周刊》“世界最具影响力 100 人”。

谢若登教授的“资产建设理论”及其实践显示，资产积累可改变人格，改变的性质表现在诸多方面，例如，在个人方面，可改变人们的思维方式和社会互动方式，激励追求人生长期目标促进人力资本的开发，为个人创造未来新取向和新职业；在家庭方面，可促进家庭稳定，在生病、失业和婚变时减少收入波动，增加后代的福利水平等；在社会方面，“有恒产者有恒心”，更多地关心和爱护社会稳定，有利于社会均衡、社会祥和与社会进步；在国际比较方面，越是社会资产丰厚的国家，其家庭财富在国民财富

---

① 1988 年发表的论文是：Sherraden M，Rethinking Social Welfare：Toward Assets，Social Policy，1988，18（3）：37–43。1989 年发表的论文是：Individual Development Accounts，Entrepreneurial Economy Review，1989，8（5）：1–22；Corporation for Enterprise Development，Washington，D.C.，1989。1991 年出版的名著是：Assets and the Poor：A New American Welfare Policy，Armonk，NY：M.E.Sharpe，1991。该著作的中文版是：［美］迈克尔·谢若登：《资产与穷人——一项新的美国福利政策》，高鉴国译，商务印书馆 2005 年版。

② 谢若登教授的一些名著已有中文版，例如：［美］迈克尔·谢若登：《穷人能攒钱吗：个人发展账户中的储蓄与资产建设》，孙艳艳译，商务印书馆 2017 年版；《美国及世界各地的资产建设》，《山东大学学报》2005 年第 1 期，第 23–29 页；等等。

③ 小布什引入个人账户的改革详见郑秉文：《美国社保改革：迈向股票市场的一跃》，《改革》2003 年第 2 期，第 118–127 页。

④ Assets and the Poor：Implications for Individual Accounts and Social Security，Invited Testimony to the President's Commission on Social Security，Washington，D.C.，Michael Sherraden，PhD Benjamin E，Youngdahl Professor of Social Development Director，Center for Social Development，Washington University in St. Louis，October 18，2001.

⑤ Inclusion in Asset Building，Michael Sherraden，PhD，Benjamin E，Youngdahl Professor of Social Development，Director，Center for Social Development，Washington University in St. Louis，Testimony for Hearing on "Building Assets for Low-Income Families"，Subcommittee on Social Security and Family Policy，Senate Finance Committee，April 28，2005.

⑥ Stephen Slivinski，*Increasing Entrepreneurship is a Key to Lowering Poverty Rates*，in Policy Report，No.254，by Goldwater Institute，November 13，2012.

占比就越高，账户制养老基金占比就越高，社会就越稳定。新加坡是一个案例。1993 年，新加坡总理李光耀对谢若登教授说，新加坡建立中央公积金制的目的，“主要是基于社会和政局稳定的考虑”，有了个人账户制度，“人们就会对这个国家更忠诚”[①]。第二次世界大战后，美国国内之所以几乎没有发生过任何全国范围的社会行动和不稳定现象，美国家庭财富结构以及个人养老金的占比等这些因素被认为是主要原因之一。

二、“资产型”养老金制度的一般性特征及其存在的差距

第二次世界大战后，尤其第一次石油危机以来，随着人口老龄化的加剧和婴儿潮即将进入退休年龄的脚步声不断逼近，发达国家加快了制度转型和构筑养老财富储备的步伐。第二次世界大战后 75 年来发达国家的实践显示，实行资产型养老金制度的国家一般来说其养老财富储备十分丰盈，这些国家的养老金制度往往具有一些相同的特征：第一支柱养老金制度替代率都较低，第二、三支柱养老金十分发达，并且，账户制养老金普及率比较高。

在参考世界银行关于三支柱养老金划分的基础上[②]，本报告将三支柱养老金规定为，第一支柱是国家举办的强制性基本养老金制度，第二支柱为企业自愿举办的补充养老金制度（世界银行所指的第二支柱为强制性储蓄型制度），第三支柱为个人或家庭为单位自愿建立的账户制养老金制度。三支柱养老金均由税收优惠政策支持。按国际惯例，第一支柱养老金通常也称为公共养老金（Public Pension），第二、三支柱养老金统称为私人养老金（Private Pension），第三支柱还常常被称为个人养老金（Individual Pension）。

中国现代养老金制度是改革开放的产物，第一支柱发端于 20 世纪 90 年代初，第二支柱企业年金始建于 2004 年，第三支柱于 2018 年才在商业保险业开始实施税优试点，至今试点还未结束，尤其是，第一支柱采取的是现收现付融资方式，统账结合中的个人账户基本是空账，虽然 2000 年建立起战略储备基金“全国社保基金”，但总体看，养老金资产规模十分有限，与人口结构急剧逆转的趋势相比，应对老龄化的养老财富储备规模显得很不相称；与经济总量在世界各国排名第二的地位严重不匹配，与发达国家相比存在差距十分悬殊。

（一）“资产型”养老金制度的特征描述

第一，第一支柱强制性养老金替代率高的国家，养老资产储备都很低。例如，奥地利、希腊、卢森堡、土耳其第一支柱强制性的现收现付制养老金的替代率分别是 76.6%、95.7%、87.4%、64.5%[③]，他们的养老基金占 GDP 的比重分别只有 5.6%、0.75%、2.8%、2.5%[④]。相反，第一支柱强制性养老金替代率低的国家，养老资产储备一般都较高。例如，澳大利亚、冰岛、荷兰、瑞士、英国、美国的替代率分别是 11.8%、15.0%、29.2%、34.5%、31.9%、39.4%，他们的养老资产储备占 GDP 的比重均超过 100%，名列前茅，分别是 140.7%、161.0%、173.3%、142.4%、104.5%、134.4%。之所以出现这样的现象，是因为第一支柱替代率高，其缴费率必然也很高，既“挤占”了第二、三支柱缴费资源，同时也降低了参保人对第二、三支柱的需求意愿，所以，第二、三支柱发展空间很小，养老资产储备就发展不起来。

第二，养老财富储备丰厚的国家往往第二、三支柱养老金十分发达。在绝大多数发达国家，由于历史等原因，国家举办的第一支柱养老金是传统的现收现付制，基金积累不多，法律规定其支付月数往往只有几个月，多则十几个月。因此，凡是养老资产储备雄厚的国家，其企业建立的第二支柱和个人建立的第三支柱养老金都十分发达，其基金积累规模合计往往是第一支柱的 10 倍甚至十几倍，例如，美国的第二、三支柱养老金储备规模是第一支柱的近 10 倍，而瑞士是几十倍，这是资产型养老金制度的基本特征。相反，希腊是典型的负债型制度，现收现付的第一支柱养老金支出规模十分庞大，替代率超过 90%，但第二、三支柱的建立则刚刚起步，养老金体系表现出明显的负债型特征，隐性债务巨大。

第三，养老财富储备丰厚的制度往往是与账户制养老金联系在一起的。引入和建立个人账户的养老金制度一般均为 DC 型基金积累制养老金，除个别国家以外，一般情况下，没有账户的 DB 型养老金资产储备规模不是很大，且整体养老金体系的负债型特征十分明显。账户制养老金从财产属性上讲是私人财产，但从功能上讲具有公共品性

① 以上资料引自：[美]迈克尔·谢若登：《资产与穷人——一项新的美国福利政策》，高鉴国译，商务印书馆 2005 年版。

② 世界银行：《防止老龄危机——保护老年人及促进增长的政策》，劳动部社会保险研究所译，中国财政经济出版社 1996 年版。

③ OECD（2011），Pensions at a Glance 2011：Retirement-income Systems in OECD and G20 Countries，OECD Publishing，Paris.

④ OECD（2019），Pensions at a Glance 2019：OECD and G20 Indicators，OECD Publishing，Paris.

质，属于广义的应对老龄化的社会财富。从这个角度说，账户制养老金属于资产型养老金制度，凡是账户制养老金发达的国家，其养老资产储备都十分雄厚。

（二）中国养老基金规模占 GDP 比重很低，仅相当于斯洛伐克

2019 年底，全国社保基金为 2.1 万亿元（去重后）；第一支柱城镇职工和城乡基本养老保险基金为 6.3 万亿元；第二支柱企业年金为 2.5 万亿元，职业年金为 0.7 万亿元；第三支柱税延型商业养老保险只有几亿元保费收入，本报告忽略不计，同为第三支柱的养老目标基金因没有赋予税优政策，不能锁定退休日领取，属于普通公募基金，按国际惯例不在本报告统计范围之内。按可比口径，2019 年各类养老金总计大约 11.6 万亿元[①]，在 99.1 万亿元的 GDP 总量中[②]，仅占 11.7%，相当于斯洛伐克的比例（11.7%）[③]。上述数据显示，中国的养老基金总量构成中大约 3/4 来自战略储备基金和第一支柱养老金，第二、三支柱占比很少，仅占 1/4 强。而发达国家的养老金存量构成中正好相反，“各类养老金总量”的数据难以整理齐全。基于数据可获性的原因，本报告用外国第二、三支柱养老金总量与中国各类养老金总量进行比较。2018 年 OECD 的数据显示，在其 36 个成员国中，养老基金平均占 GDP 比重为 49.7%，有 8 个国家超过 100%，依次是丹麦（198.6%）、荷兰（173.3%）、冰岛（161.0%）、加拿大（155.2%）、澳大利亚（140.7%）、瑞士（142.4%）、美国（134.4%）、英国（104.5%）。从中国 GDP 和养老金分别占全球 GDP 和全球养老金比重来看，相差也十分悬殊。以美国为例，2019 年其 GDP 为 21.4 万亿美元，占全球 GDP 87.7 亿美元的 24.4%[④]；当年全球各类养老金约 60 万亿美元[⑤]，美国各类养老金总计 35.1 万亿美元（包括第一支柱）[⑥]，占全球养老金比重高达 58.5%；相比之下，中国 GDP 总量位居全球第二，占全球 GDP 的 16.3%，但各类养老基金仅为 1.66 万亿美元，占全球各类养老金比重仅为 2.8%，与中国经济总量排名第二的地位很不匹配。

（三）中国养老基金规模人均水平很低，只有美国的 1/100

如果以领取养老金人数来平均，由于中国实际每年平均退休年龄仅为 53 岁，人均数量就更低。虽然 2019 年 60 岁及以上人口为 2.53 亿，但领取养老金的人数是 2.83 亿（占全国人口的 20.2%）[⑦]，所有养老基金加总之后，人均仅为 4.1 万元。2018 年美国 60 岁及以上人口是 7500 万人[⑧]，但由于退休年龄延迟等原因，领取养老金的人数仅为 4800 万人（仅占全国人口的 14.6%），人均养老基金达57.2万美元，相当于400万元人民币，是中国的近100倍。以上是各类养老基金加总之后在领取养老金群体中平均的结果。下面再看看战略储备基金在全体国民中平均的结果：全国社保基金作为战略储备基金为 2.1 万亿元，14 亿国民人均仅为 0.15 万元；挪威的战略储备养老基金是“全球政府养老基金（GPFG）”，2019 年底是 1.15 万亿美元[⑨]，543 万国民人均 21 万美元，折合成人民币约为 147 万元，是中国的近千倍（980 倍）。1998 年至 2020 年 6 月底，挪威的全球政府养老基金实行市场化投资策略，资产实行全球配置，年均毛回报率为 5.8%，大约 50% 的市值来自投资收益（见表 0–1）。

① 中国各类养老金数据分别引自《全国社会保障基金理事会社保基金年度报告（2019 年度）》和《基本养老保险基金受托运营年度报告（2019 年度）》，参见全国社保基金理事会官网；《2019 年度人力资源和社会保障事业发展统计公报》和《全国企业年金基金业务数据摘要（2019 年度）》，参见人社部官网。

② 《2019 年国民经济和社会发展统计公报》，参见国家统计局官网。

③ 以下养老金占比数据引自 OECD（2019），Pensions at a Glance 2019：OECD and G20 Indicators，OECD Publishing，Paris。

④ World Bank Open Data，Indicator GDP (current US$)，Indicator Market Capitalization of Listed Domestic Companies.

⑤ 2019 年 OECD 对 90 个主要国家第二、三支柱养老金总计 50.9 万亿美元（OECD 成员国 49.2 万亿美元，其他 63 个国家 1.7 万亿美元），参见 OECD，Pension Markets in Focus 2020，5 Nov. 2020。考虑再加上美国、日本、中国、韩国、加拿大、英国和巴西等国家第一支柱养老金和十几个国家的非缴费型主权养老基金，笔者估算大约有 9 万多亿美元，故全球各类养老金有 60 万亿美元。

⑥ 2019 年美国第一支柱养老金 2.90 万亿美元，引自 Board of Trustees of the Federal Old–Age and Survivors Insurance and Disability Insurance Trust Funds，The 2020 Annual Report of the Board of Trustees of the Federal Old–Age and Survivors Insurance and Disability Insurance Trust Funds，Washington，D.C. April 22，2020：2。第二、三支柱养老金 32.2 万亿美元，引自 OECD，Pension Markets in Focus 2020，5 Nov. 2020：11。

⑦ 《2019 年度人力资源和社会保障事业发展统计公报》，参见人社部官网。

⑧ Board of Trustees of the Federal Old–Age and Survivors Insurance and Disability Insurance Trust Funds，The 2020 Annual Report of the Board of Trustees of the Federal Old–Age and Survivors Insurance and Disability Insurance Trust Funds，Washington，D.C. April 22，2020：2.

⑨ 以下数据引自挪威全球政府养老基金（GPFG）官网，https：//www.nbim.no/。

表 0–1 1998~2020 年挪威全球政府养老基金（GPFG）规模和投资回报率变化 单元：美元，%

年份	1998	2000	2002	2004	2006	2008	2010	2012	2014	2016	2018	2020
回报率	9.26	2.49	–4.74	8.94	7.92	–23.3	9.62	13.42	7.58	6.92	–6.12	–3.4
年化回报率	9.26	7.98	3.19	5.29	6.21	2.94	5.04	5.05	5.81	5.7	5.47	5.79
基金规模	230	440	880	1680	2860	3250	5290	6860	8580	8730	9530	10780

注：2020 年数据截止到 2020 年 6 月底。

资料来源：挪威全球政府养老基金官网，https：//www.nbim.no/en/。

（四）中国养老金在家庭财富净值构成中几乎为零，可以忽略不计

发达国家的家庭财富净值构成中养老金具有重要份额，但在中国则非常少，甚至可以忽略不计。根据国际惯例，各国在家庭财富净值构成中只统计“私人养老金”（指第二支柱的企业补充养老金和第三支柱的个人养老金），而不包括第一支柱养老金，因为第一支柱养老金一般为现收现付制，没有个人账户。也就是说，第一支柱养老金终生积累的是“权益”，对个人和家庭而言并未形成真实的养老资产，人去世后不能继承和转让。中国的第一支柱虽是统账结合，但个人账户基本为空账，虽可继承，但比例很小，考虑到“名义账户”提供名义资产的复杂性，这里遵循国际惯例，仅将以账户制为主要形式的第二、三支柱养老金视为家庭财富净值构成中的养老金，因此，这个统计结果比上述两个测算维度还要低。我们这里将家庭财富净值构成分为四类即不动产、动产（实物财产）、金融资产、养老金。根据央行今年 4 月公布的调查数据[①]，在将养老金分离出来之后，中国城镇居民家庭资产构成是：不动产占 59.1%，动产占 20.5%，金融资产占 19.3%，养老金仅为 1.1%。相比之下，美国的不动产占 26.7%，动产占 5.2%，金融资产高达 43.2%，养老金为 24.8%；英国的这四组数据依次是 36.8%、11.6%、13.7% 和 37.9%；加拿大是 49.6%、5.9%、17.1% 和 23.9%。在家庭财富净值构成中，中国的养老金占比是 1.1%，但由于第二支柱仅覆盖 5500 万人（第三支柱太小，忽略），仅占城镇常驻人口的 12%，这说明公平性存在问题，如果将城乡居民也纳入统计范围，这个比例就更低了（见表 0–2）。

表 0–2 2019 年英国、加拿大、美国和中国（城镇）家庭财富净值构成的比较

国家		家庭财富净值	不动产	实物财产	金融资产	私人养老金
英国（全国）	价值（万亿英镑）	14.6	5.1	1.3	2.1	6.1
	占比（%）	100	34.8	9.0	14.5	41.7
加拿大（全国）	价值（万亿加元）	11.7	5.8	0.7	2.0	2.8
	占比（%）	100	49.6	5.9	17.1	23.9
美国（全国）	价值（万亿美元）	111.8	29.9	5.8	48.4	27.7
	占比（%）	100	26.7	5.2	43.2	24.8
中国（户均）	价值（万元人民币）	289.0	170.8	59.2	55.5	3.5
	占比（%）	100	59.1	20.5	20.2	0.2

注：①英国为 2018 年数据，其三国为 2019 年数据。②中国第二、三支柱私人养老金指 2018 年的企业年金和职业年金之和，税延型商业养老保险数量很小，忽略不计。中国户均家庭资产净值 289 万元指“城镇居民”家庭，私人养老金占比 0.2% 是指全国“城乡居民”家庭均值。

资料来源：英国数据引自英国国家统计局（Office for National Statistics – Wealth and Assets Survey，https：//www.ons.gov.uk/）；加拿大数据引自议会预算办公室（Office of the Parliamentary Budget Officer，Estimating the Top Tail of the Family Wealth Distribution in Canada，June 17，2020，https：//www.pbo–dpb.gc.ca/en）；美国数据引自美联储（Board of Governors of the Federal Reserve System，Z.1. Financial Accounts of the Unites States，September 21，2020：144. B.101.h Balance Sheet of Households）；中国的数据引自中国人民银行调查统计司城镇居民家庭资产负债调查课题组：《2019 年中国城镇居民家庭资产负债情况调查》，2020 年 4 月，http：//finance.sina.com.cn/money/lczx/2020–04–24/doc–iirczymi8099086.shtml。

---

① 中国人民银行调查统计司城镇居民家庭资产负债调查课题组：《2019 年中国城镇居民家庭资产负债情况调查》，参见新浪网，http：//finance.sina.com.cn/money/lczx/2020–04–24/doc–iirczymi8099086.shtml。

三、从“负债型”向“资产型”养老金制度转型的条件、意义及其改革路径

（一）建立“资产型”养老金制度的外部条件有望逐渐具备

1966 年美国经济学家亨利·艾伦发表了一篇著名论文《社会保险悖论》[①]，他在萨缪尔逊教授 1958 年提出“生物收益率”论的基础上，进一步对实施 DC 型积累制和 DB 型现收现付制的条件进行了比较，说“在本报告中，我给出了一个相关定理的证据：如果人口增长率与真实工资增长率之和超过利率的话，这种社会保险（指 DB 型现收现付制——笔者注）就能提高每个人的福利”。学界后来将艾伦提出的这个“相关定理的证据”称为“艾伦条件”。通常说来，经济高速增长必然带动社会平均工资高速增长；反之，经济增速趋缓、下降甚至进入稳态，社会平均工资增长率也随之进入稳态。换言之，根据艾伦条件，在经济高速增长和出生率很高时，负债型的现收现付制养老金是有效率的，资产型的积累制养老金制度就是低效并面临巨大福利损失。

如果将经济发展粗略地假定为三个阶段即高速增长、中速增长、稳态增长，相对应的 DB 和 DC 型养老金制度的效率评估和适应性就应该大致是：在高速增长阶段，工资增长率和出生率都很高，劳动力丰裕，存在人口红利，资本市场欠发达，生物收益率明显高于资产回报率，养老金制度实行 DB 型现收现付制具有明显优势；在中速增长阶段，GDP 增速放缓带来工资增长也开始下降，如果出生率同时也出现下滑，人口红利开始丧失，这时，生物收益率逐渐与资产回报增长率逐渐趋向吻合或相等，在效率上 DB 和 DC 型制度就难分伯仲，但 DC 型制度将可获得养老资产储备，有益于经济发展；在稳态增长阶段，经济增速和工资增长率稳定在发达国家的平均水平上，出生率很低，人口自然增长率甚至出现负增长，资产价格围绕经济增速和工资增长率的波动而变化，从理论上讲，积累制具有明显优势，但第一支柱养老金天量的隐性负债使其从现收现付制转向积累制十分困难[②]，甚至不可逾越，几乎无一成功[③]，而自愿性第二、三支柱的 DC 型制度不存在转型成本问题，资产型制度将成为改革的最佳选项，这就是为什么近几十年来，欧美发达国家第一支柱转型有心无力、第二、三支柱账户制养老金蓬勃发展的主要原因之一[④]。

改革开放以来，中国经济高速增长，1979~2011 年 GDP 年均增速为 10.0%（名义增长率，下同），社会平均工资增长率为 13.6%，人口自然增长率为 10.2‰，生物收益率高达 14.6%。根据艾伦条件，建立资产型养老金制度必将面临挑战；第一支柱养老金个人账户大部分为空账，在做实个人账户试点的 2000~2012 年，社会平均工资达 14.4%，生物收益率更是高达 14.9%，做实账户自然遭到各级政府的冷遇，因为在银行协议存款利率为 3% 的预期下，做实账户的财政补贴面临的福利损失将高达 12.0% 左右，个人账户蜕变为名义账户（NDC）大势所趋，实属无奈。2012 年经济发展进入新常态，虽然全国范围实施持续的大规模降税降费，但 GDP 增长率从前述的年均 10.0% 下降到 2013~2015 年的年均 7.4%，2016~2019 年再次下降到年均 6.6%；进而，2013~2019 年工资增长率从 2000~2012 年的年均 14.4% 下降到年均 10.1%，生物收益率从年均 14.6% 下降到 10.6%[⑤]。

① Henry J. Aaron, The Social Insurance Paradox, in The Canadian Journal of Economics and Political Science, Aug., 1966, 31（3）: 371-374.

② OECD 和 IMF 于 2004 年曾分别对一些发达国家现收现付制隐性债务进行过测算，其结果是加拿大的隐性债务相当于其 GDP 的 121% 和 94%，法国分别是 216% 和 265%，意大利是 242% 和 357%，英国是 156% 和 117%，美国是 113% 和 106%。参见 Robert Holzmann, Robert Palacios and Asta Zviniene, Implicit Pension Debt：Issues, Measurement and Scope in International Perspective, Social Protection Discussion Paper Series No.0403, Social Protection Unit, Human Development Network, the World Bank, March 2004。美国著名经济学家、诺贝尔经济学奖获得者普雷斯科特教授 2004 年测算结果是：2004 年美国第一支柱现收现付制度 OASDI 的隐性债务相当于当年国民收入总值（GNI）的 4.64 倍，改革的第一年就高达 2.3 倍。参见 Prescott E C（July 2004）, Why Do Americans Work So Much More Than Europeans?, Federal Reserve Bank of Minneapolis Quarterly Review, 2004, 28（1）: 11.

③ 最著名的转型案例是小布什总统于 2001 年发起的向“部分 DC 型”转制（引入个人账户，三个缴费方案，缴费比例在 2%~4% 不等），最终于 2005 年宣告无疾而终。参见郑秉文：《围绕美国社会保障“私有化”的争论》，《国际经济评论》2003 年第 1 期，第 31-36 页。

④ Ebbinghaus B and M.Gronwald, The Changing Public-private Pension Mix in Europe：From Path Dependence to Path Departure, in Ebbinghaus B（eds）, The Varieties of Pension Governance：Pension Privatization in Europe, Oxford University Press, 2011：23-53.

⑤ 以上 GDP、人口自然增长率、社会平均工资增长等数据分别引自 2001 年、2010 年和 2020 年的《中国统计年鉴》电子版，生物收益率据此由笔者计算得出，参见国家统计局官网。

新常态意味着经济发展从过去 33 年 10% 的高速增长转为 7% 左右的中高速新平台，生物收益率的明显回落表明中国经济换挡回落，正由高速增长阶段转向高质量发展阶段，标志着第一支柱养老金做实个人账户的外部环境正在逐步接近“艾伦条件”，构建资产型多支柱养老金体系的条件正在走向成熟，我们应做好思想和制度上的准备。20 世纪 90 年代初，当加拿大刚出现经济和工资增长率出现换挡下滑迹象时，加拿大政府就提前对养老金改革前途举行社会大辩论并制订了“一揽子”改革计划①，1997 年成功地实施了“DB 型部分积累制”的制度创新②，顺利地完成了从传统的“DB 型现收现付制”向资产型养老金制度的过渡。

“十四五”正是这样一个重要的历史转折时期，为此，中央提出夯实应对人口老龄化社会财富储备是非常及时和必要的，它为 2035 年和 2050 年养老金改革指出了方向。

（二）“资产型”养老金对经济发展和资本市场的重要意义

建立和发展资产型养老金制度不仅有助于可持续的社会发展，也有利于可持续的经济发展。从有利于可持续的社会发展来看，负债型现收现付制养老金在劳动力群体占比不断缩小、工资总额增长缓慢的趋势下，生物收益率的逐年下降将导致养老金面临入不敷出的压力，相较而言，资产型积累制养老金实施市场化投资，在几十年的复利作用下，退休时养老资产规模中个人缴费本金只占很小一部分，投资收益往往是缴费本金的数倍，可提高个人养老金的替代率和制度的财务可持续性，有利于防止老年贫困和社会稳定，成为一个民生安全网。反过来，规模庞大的养老金入市有益于资本市场的繁荣成熟，为养老金带来丰盈收益。

从有利于可持续的经济发展来看，由于老龄化的原因，人口红利逐渐消失，人口红利型社会结构将对经济发展带来负面影响，这时，资本红利型经济结构应尽快成为发展战略替代，以提高可持续的经济发展。资产型养老金是可利用的长期资本，甚至是一个生产要素，为资本市场注入新鲜血液，以服务实体经济。党的十九届五中全会通过的《中共中央关于第十四个五年规划和二〇三五年远景目标的建议》要求“加快构建以国内大循环为主体、国内国际双循环相互促进的新发展格局”，这是对“十四五”时期和我国长远发展和长治久安做出的重要战略部署。与负债型养老金相比，资产型养老金对加快构建“双循环”新发展格局具有战略意义。

第一，有利于发挥资本市场推动技术创新，发挥科技自立自强在畅通双循环中的枢纽作用。在发达国家，资产型养老金制度对经济发展和构建创新型国家做出了特殊贡献。据我的预测③，“十四五”后期（2024 年或 2025 年），中国将正式跨越“中等收入陷阱”，进入高收入国家行列。在高收入经济体中，除一些以出口专属自然资源立国的国家（如石油输出国）以外，其余基本为科技创新型发达国家。在踏入高收入国家门槛之后，尤其在双循环新发展格局中，国内需求结构和生产函数都将发生较大变化，内循环不畅和供求脱节现象更加突出，诸多“卡脖子”的关键性科技“瓶颈”要解决，核心技术和关键零部件长期受制于人的窘境要扭转，内循环要求经济发展向创新驱动型国家转型，以提高供给质量和水平，将改革创新作为增长的根本动力，推动科技创新在畅通循环中发挥关键作用，为强化企业创新主体地位创造外部条件，补齐产业链和供应链的诸多“短板”，带动和推动外循环，这是大国经济所必须具备的创新驱动型增长特征。

资产型养老金是长期资本，在我国社会融资体制和资本市场中长期缺位，外国长期资本因此而获得了优厚空间，诸多新经济和新技术（例如，BAT）背后均可看到发达国家长期资本的影子，在这些长期资本背后也可看到发达国家养老基金的影子。中国的风险投资和创业投资需要长期资本，需要直接融资尤其是股权融资风险共担、利益共享机制独特的推动作用，需要中国本土化的资产型养老金制度的资金供给，这是资本市场服务创新驱动的战略性制度安排。

第二，有利于供给侧结构性改革，降低企业杠杆率。长期以来，由于资本市场不发达，中国社会融资体制以间接融资为主，例如，截至 2020 年 9 月底，我国社会融资存量中直接融资 79.8 万亿元，仅占社会融资规模总量的 29%④；从社会融资的增量看，多年来，90% 以上的为间接融资，直接融资一般仅占几个百分点。由此看来，中国社会融资体制高度依赖各种形式债务融资，呈典型的债务

① ［加拿大］布鲁斯·利特尔：《拯救未来：加拿大养老金“1997 改革”纪实》，郑秉文等译，张笑丽校译，中国劳动社会保障出版社 2017 年版。

② 关于加拿大创造性地完成了“DB 型部分积累制”的制度创新，详见郑秉文：《加拿大养老金“DB 型部分积累制”新范式 20 年回望与评估——降低养老保险费率的一个创举》，《经济社会体制比较》2017 年第 6 期，第 87–117 页。

③ 郑秉文：《“中等收入陷阱”与中国发展道路——基于国际经验教训的视角》，《中国人口科学》2011 年第 1 期，第 2–15 页。

④ 吉强：《提高直接融资比重，倒逼资本市场“长本事”》，《新华日报》2020 年 12 月 7 日第 11 版。

驱动型经济增长模式特征。在这种融资体制下，企业的发展必然要承受居高不下的负债，杠杆率不高企业就难以维持下来，难以扩大再生产，企业债务风险逐渐向银行集聚，而银行要管控金融风险就需控制企业债务，这又使经济发展承受下行的巨大压力。供给侧结构改革中实施的“三去一降一补”，虽然“去杠杆、降成本”取得了明显成效，但债务驱动型经济增长的本质特征仍然未得到根本扭转。走出这个“怪圈”的战略性制度安排就是大力发展资本市场，引入长线资金，提高直接融资比重，培育和壮大股权资本，变债务驱动型为股权驱动型，这是降低企业杠杆率的根本措施。

陈元先生指出，在中国经济发展中“出现了泛债务化的经济循环”，“经济当中最多的是债务，最少的是资本和股本”，“中国经济的股本金短缺、股本金赤字的问题变得非常突出”，“只靠债权在运转，经济运转到最后会出现很多严重的问题”[①]。中国资本市场的长期资金渠道窄，规模小，是导致“股本金赤字”的主要原因之一，而构建资产型养老金体系可带来长期资金和股权资金，改善资本市场投资者结构，提高机构投资者占比，不仅有利于资本市场的稳定，还有利于引领长期投资和价值投资理念；有了源源不断的长期资金就会自然产生长期投资主义；反之，缺乏长期资金就必然出现“泛债务化”和高杠杆率。中国是国民储蓄率最高的国家之一，2018 年高达 44.9%[②]，最具备建立资产型养老金体系（指第二、三支柱）的客观条件，如果庞大的银行储款没有转化为养老基金，它就是债权资金的主要源头，债务驱动就会主导经济发展；如果将银行储蓄转化为资产型养老金，就将提高直接融资比重，成为资本市场的股权资金的源泉，另外，还可提高养老金的回报率，这是一个“双赢”的养老金体系，正是从这个角度看，养老金制度是一种生产要素。

第三，有利于金融供给侧结构性改革，建立多层次资本市场，提高养老基金在资本市场的占比。以国内大循环为主体的双循环必然要求加快金融供给侧结构性改革，提升金融为实体经济服务能级，完善资本市场基础制度，进而要求不断优化资本市场机构投资者结构，健全多层次资本市场体系，完善金融供给侧结构性改革，引导长线资金入市，为股市提供长期稳定的资金来源。中国银保监会郭树清先生日前撰文指出[③]，“加快养老保险第二和第三支柱建设，推动养老基金在资本市场上的占比达到世界平均水平”。养老金融资产储备是应对老龄化社会财富储备的主要财富储备形式，而第二、三支柱养老金作为市场化投资的主要对象是养老金融资产储备的核心资产，如果将第二、三支柱养老金或各类养老金在资本市场的占比作为一个衡量指标，既可将测度养老金融资产作为应对老龄化社会财富储备的一个指标，也可将其视为衡量中国资本市场并将其与发达国家资本市场进行跨国比较的一个指标。因此，考察养老基金在资本市场占比的世界平均水平是非常有意义的。既然到 2035 年中国经济发展水平达到了中等发达国家水平，那么中国养老金储备是否能达到世界平均水平呢？这就需要首先对第二、三支柱养老金在资本市场占比的世界平均水平进行考察。

第四，各类养老金在资本市场占比的世界平均水平测算，在四组国家的平均水平测算。经对可获得的 2018 年 68 个经济体可比口径数据的梳理，发现 68 国第二、三支柱养老基金规模 43.8 万亿元，它们在资本市场的平均占比是 21.5%。从某个角度看，68 国第二、三支柱养老金在资本市场 21.5% 的占比可被认为是“世界平均水平”，因为 68 国的第二、三支柱养老金约占 2018 年全球第二、三支柱养老金总量 47 万亿元（估计数）的 93% 左右，尽管 68 国 61 万亿美元的 GDP 总量仅占全球 GDP 的 70.6%。其中，第二、三支柱养老金在资本市场占比最高的两个国家分别是澳大利亚（66.4%）和加拿大（37.2%），占比最低的两个国家分别是埃及（0.20%）和印度尼西亚（0.63%）；在资产配置中持有股票比例最高的两个国家或地区分别是博茨瓦纳（67.23%）和中国香港（57.53%）。

除上述“世界平均占比水平”以外，我们还可将第二、三支柱养老金在资本市场占比水平按升序划分为四组国家：一是 OECD 国家，其占比平均水平为 24.5%；二是 GDP 七强，其占比平均水平为 25.3%；三是养老金七强，其占比平均水平为 29.4%；四是盎格鲁圈六国，其占比水平平均为 29.8%。从包括 68 国到六国的五组数据可看出这样一些规律（见表 0–3）：GDP 强国几乎均为养老金强国，养老金强国几乎无一不是养老金入市比例最高的国家，养老金入市比例高的国家几乎都是资本市场十分发达和成熟的国家，而资本市场发达的国家几乎都是 GDP 大国，是科学技术世界领先的创新型国家。

① 陈元：《中国出现了泛债务化的经济循环》，《经济导刊》2018 年第 9 期，第 20–23 页。
② 世界银行官网，https：//databank.worldbank.org/reports.aspx?source=2&series=NY.GDS.TOTL.ZS。
③ 郭树清：《坚定不移打好防范化解金融风险攻坚战》，《中国银行保险报》2020 年 8 月 17 日第 001 版。

表 0–3 2018 年中国与五组国家第二、三支柱养老金占资本市场平均水平 单位：亿美元、%

国家组或国家		1.GDP 总量	2. 养老基金总资产	3. 养老基金总资产占 GDP	4. 上市公司市值	5. 养老基金持有的股票资产	6. 养老基金在股市市值占比	7. 养老基金投资股票占全部投资的比例
全球（68 国）	总计	610084.41	438385.28	—	512558.22	110038.65*	—	—
	平均	8971.83	6446.84	34.54	14644.52	1790.39	21.47	23.30
OECD 国家（36 国）	总计	525800.16	425280.68	—	439406.28	107696.71*	—	—
	平均	14605.56	11813.35	49.67	19104.62	3315.78	24.51	24.68
GDP 七强（G7）	总计	386912.50	350415.36	—	368787.03	93118.47*	—	—
	平均	55273.21	50059.34	64.25	92196.76	13878.90	25.25	19.75
养老金七强（P7）	总计	331139.36	387383.75	—	350781.77	103046.77*	—	—
	平均	47305.62	55340.54	125.54	87695.44	15872.55	29.38	25.26
盎格鲁圈（六国）	总计	271304.79	349847.67	—	338333.03	100776.87*	—	—
	平均	45217.46	58307.95	99.34	67666.61	17218.25	29.79	28.70
中国（亿元人民币）	总计	990865.00	32000.00	3.20	583789.18	8000.00	1.37	25.00

注：①中国数据为 2019 年数据，其他国家为 2018 年数据，其中，中国的 1 列数据引自国家统计局官网，2 列数据中不包括第三支柱税延商业养老保险，试点期间保费收入只有几亿元人民币，忽略不计；不包括目标日期基金，因为尚未执行税优政策。4 列数据为 2019 年 12 月 20 日数据，引自 Wind，5 列数据由 7 列假定持仓比例 25% 计算得出，6 列数据由 5 列除以 4 列得出。② GDP 七强为全球排名，依次是美国、日本、德国、英国、法国、意大利、加拿大，不包括中国；养老金七强为全球排名，依次是美国、英国、加拿大、澳大利亚、荷兰、日本、瑞士；盎格鲁圈六国依 GDP 排名分别是美国、英国、加拿大、澳大利亚、爱尔兰、新西兰。

资料来源：① 2 列、3 列和 7 列数据截至 2018 年底，引自 OECD，Pension Markets in Focus 2019，20 Oct. 2019：70，72，82，Table A B.2，Table A B.3，Table A B.8；② 1 列、4 列数据截至 2018 年底，转引自 World Bank Open Data，Indicator GDP（current US$），Indicator Market capitalization of listed domestic companies；③ 5 列由笔者通过 2 列和 7 列计算得出，6 列根据 4 列和 5 列数据计算得出，6 列的"平均值"根据 4 列和 5 列的总计值计算得出（剔除数据无效国家）；④"—"表示与此无关，"*"表示该数据计算时已将没有 4 列数据的国家剔除，未剔除时数据为 121746.73 亿美元、119224.25 亿美元、97152.31 亿美元、111107.82 亿美元、103309.48 亿美元；⑤计算 4 列"平均值"时已将数据缺失的国家剔除，以免数据失真；⑥中国第二、三支柱数据引自《全国企业年金基金业务数据摘要（2019 年度）》，参见人社部官网，其中，第三支柱税延商业养老保险试点期间保费收入只有几亿元人民币，忽略不计。

第五，中国各类养老金在资本市场占比的差距，四个板块养老金共同发展的必要性。由于中国第二支柱养老金的历史只有 16 年，第三支柱正处于试点过程中，基金积累十分有限，截至 2019 年仅为 3.2 万亿元，按 25% 持仓比例推算，入市的资金仅为 0.8 万亿元，仅占股市市值的 1.37%，相当于土耳其（1.62%）和泰国（1.19%）的水平。当我们考察 5 组国家的"养老金占 GDP"、"养老金占资本市场"和"养老金投资股票占全部投资的比例"时会发现，中国的这三组数据之间的比值还是理性的，这充分说明，中国养老金在资本市场占比的水平之所以如此之低，主要是因为养老金规模太小。因此，提高中国养老金在资本市场占比的关键在于大力发展养老金。当然，中国的第一支柱养老金建立的历史略长于第二、三支柱，还有一支战略储备基金"全国社保基金"，各类养老金总量为 11.6 万亿元，实施市场化投资的仅为 2.6 万亿元，由此推算（2.6 万亿元要剔除 10% 左右的海外投资），进入资本市场的各类养老金合计约占资本市场的 2.36%，提高了大约 1 个百分点。即便这样，与外国任何一组国家相比，我国养老金的 GDP 占比、在资本市场的占比都是很低的。

如果中国养老金在资本市场占比要达到 21.5% 的世界

平均水平，倒推中国第二、三支柱养老金总资产占 GDP 比重就应至少达到 34.5% 的世界平均水平。以 2019 年为例，按中国 99.1 万亿元的 GDP 来推算，中国第二、三支柱养老金总资产就应为 34.2 万亿元，这将占 GDP 的 1/3 强，如果按照美国第二与第三支柱养老金的比例 2∶1 来分解，第二支柱企业年金和职业年金的规模需达 23 万亿元，而目前只有 3.2 万亿元，第三支柱需达 11 万亿元，很显然，差距是巨大的，道路是漫长的。

我们再换个口径做个测算，既以 2019 年中国各类养老金总资产作为一个衡量指标。2019 年中国各类养老金规模为 11.6 万亿元，与 34.2 万亿元相比，存在的“差距”是 22.6 万亿元。这个“差距”相当于当年 GDP 的 22.8%，或相当于当年全国一般公共预算收入 19.0 万亿元的 119%，或相当于当年 4.42 亿城镇就业人员每人养老金账户资产达到 51077 元[①]。如果按照美国第二与第三支柱养老金的比例“2∶1”来分解，22.6 万亿元这个“差距”就应该由第二支柱企业年金和职业年金承担 15.1 万亿元，即将建立的第三支柱承担 7.5 万亿元，而当前第二支柱养老金资产规模为 3.2 万亿元，与 15.1 万亿元相比存在 11.9 万亿元的“差距”，很显然，在短、中期内完成这个任务也是很有压力的，因此，我们的策略应该同时做大“全国社保基金”和壮大第一支柱养老金规模，四个板块共同发展，才能尽快缩短养老金在资本市场占比与世界平均水平的差距和缩短养老金在 GDP 占比与世界平均水平的巨大差距。

（三）四板块养老金构建“资产型”制度的改革路径

党的十九大报告对经济社会发展做出的两阶段安排。据此，资产型养老金制度改革进程也应分两步走：

第一阶段是 2020~2035 年，其改革主要内容是实施税收配套改革，要点有二：一是个税免税额的提高应循序渐进，小步慢走，指数化上调。中国的第一支柱基本养老保险个人账户养老金为税收全免型，第二、三支柱个人账户养老金均为个税递延型。断崖式免税额调整不利于稳定纳税人的规模，不利于稳定第二、三支柱养老金的参与率。二是加快完善分项所得税制向综合所得税制转型的进程。2020 年初步实施了个税转型的改革，取得了良好效果，但其改革目标最终应以家庭总收入为单位的年终汇算清缴，这将有利于推动家庭成员广泛参与建立第三支柱养老金。

第二阶段为 2035~2050 年，其政策改革配套的主要任务有二：一是在完善优化养老金税制环境之后，应对三支柱养老金税优比例进行调整，即适当降低第一支柱的缴费比例，让出税优资源，大幅提高第二、三支柱的缴费税优比例，在三个养老支柱之间将税优比例进行重新配置，旨在降低第一支柱的财政风险和压力，促进发展第二、三支柱养老金市场份额。二是尽快增设包括个人资本利得税在内的新税种，这是推动发展第二尤其是第三支柱的重要措施，是税改的主要内容，是将银行存款转化为个人养老金的根本推动力。凡是个人养老金发达的国家，均征收资本利得税。由于上述税改的三个要点对推动多层次养老金体系具有决定性意义。

夯实应对老龄化的社会财富储备，将中国养老金打造成一个资产型制度任重道远，养老金的三个支柱和战略储备基金这四个板块须统筹安排，形成合力，共同发展。因此，贯彻落实《规划》的战略部署和党的十九届五中全会精神迫在眉睫。围绕这个目标，中国养老金体系的改革选项虽然可以列出一个很长的清单，这里仅对四个板块养老金分别提出最主要的改革任务：

第一，将第一支柱养老金的个人账户利用起来作为夯实养老财富储备的一个载体。可分为两步走。首先，在城镇职工基本养老保险统账结合制度结构中，个人账户比例应适度扩大，将单位缴费划入一部分进入个人账户[②]，旨在增强参保人激励性，坐实费基，足额缴费，这样，既可提高个人替代率，又可提高制度可持续性。其次，未来 GDP 增长率和社平工资增长率逐渐降低到稳态并具备“艾伦条件”时开始做实个人账户。据预测，2030~2040

---

① 全国一般公共预算收入数据引自《2019 年财政收支情况》，参见财政部官网；城镇就业人员数量引自《2019 年度人力资源和社会保障事业发展统计公报》，参见人社部官网。

② 早在 2005 年笔者就提出扩大城镇职工基本养老保险的个人账户，主张将雇主缴费的一部分划入个人账户。参见郑秉文如下两篇文章：《个人账户资产对社会保障可持续性的作用》，载高鉴国、展敏主编：《资产建设与社会发展》，社会科学文献出版社 2005 年版，第 112–122 页；《“时间一致性”对社保理论的贡献——税率对劳动供给的影响》，《中国人口科学》2005 年第 1 期，第 29–41 页。近年来，关于扩大个人账户的论述见郑秉文如下两篇文章：《养老保险降低缴费率与扩大个人账户——征缴体制改革的“额外收获”》，《行政管理改革》2018 年第 11 期，第 13–22 页；郑秉文、周晓波、谭洪荣：《坚持统账结合与扩大个人账户：养老保险改革的十字路口》，《财政研究》2018 年第 10 期，第 55–65 页。

年中国名义 GDP 增长率将稳定在 3.4%~4.4%，社会平均工资增长率将稳定在 4.0%~5.0%[①]，届时，人口自然增长率已呈负增长，约为 -1.7‰ ~-0.5‰[②]，生物收益率约在 3.83%~4.95%，基本满足“艾伦条件”，在 2035 年前后可择机将名义账户转型为做实账户，并将此与当前国资划转结合一并考虑进来。在人口老龄化大趋势下，养老金制度逐渐从人力资源红利型逐渐向资本红利型过渡，负债型的现收现付制逐渐向资产型的积累制转型，这种具有战略性、前瞻性的养老金改革取向的目标就是夯实应对人口老龄化的社会财富储备。加拿大在 20 世纪 60~90 年代的实际工资（通胀调整后，下同）平均高于 5%，而实际利率（调整后）平均为 2.4%，所以始终实行的是“DB 型现收现付制”。进入 90 年代之后，实际工资增长率下降到 2.1%，于 1997 年转型为“DB 型积累制”，建立了资产型养老金制度[③]。

第二，应尽快扩大第二支柱企业年金的参与率。企业年金的职工参与率早在五年前就出现断崖式停滞，从两位数增长率降至个位数，虽然 2019 年情况稍有好转，但仍受到外部环境的极大约束，尽快引入“自动加入”机制迫在眉睫，这是目前第二支柱的一项重要改革选项，同时要辅之以放开个人投资选择权、建立“合格默认投资工具”（QDIA）、提高税优比例、缩短直至取消归属期、大力发展集合计划等配套政策，旨在大力促进扩大参与率[④]。近些年来，业界启动了第三支柱的引入，这是完善多支柱养老金体系的重要举措，是一件大好事，但也不应忽视和冷落第二支柱深化改革的重要性。发达国家的经验证明，第三支柱的绝大部分资产来自第二支柱的转移，第二支柱是积累养老财富储备的基础中的基础，是账户制养老金的主力军中的“排头兵”，且第二支柱已经运行 16 年，有了一定基础，应该坚持持续改革，一张蓝图绘到底。

第三，第三支柱的顶层设计应尽快出台。目前，第三支柱的税优试点仅限于商业养老保险，并且试点期已超过一年半。应尽快将公募基金和银行理财产品等也纳入进来，把这些金融产品放在一个平台上供账户持有人选购投资，建立以个人账户为中心的第三支柱，税优政策享有主体是账户持有人，载体是账户，而不是产品，让账户持有人能够用一个账户“通吃”所有合格金融产品，以提高第三支柱的便利性和可及性。此外，应提高税优比例，加强协作，整合资源，统筹安排，尽快推出一个完整的、容纳所有金融产品的账户制第三支柱养老金制度设计方案，让第三支柱成为真正的账户制养老金，成为第二支柱的“蓄水港湾”。

第四，应适时建立“外汇型”战略储备养老基金。截至 2020 年第二季度，中国外汇储备规模为 3.11 万亿美元[⑤]，占全球 12.01 万亿美元的 25.9%[⑥]，连续多年为外汇储备第一大国。战略储备养老基金是典型的应对人口老龄化的社会财富储备形式，利用外汇储备建立一支“外汇型”主权养老基金是做大做强战略储备养老基金（全国社保基金）的题中应有之义，是新兴市场经济体的一个常见做法。从外汇储备的长期走势看，中国建立外汇型战略储备基金的机会窗口必将越来越小，当前还处在外汇储备的高峰期，应在窗口关闭之前抓住这个历史机遇，还汇于民。外汇储备是 40 年改革开放的物化成果之一，让它成为应对人口老龄化社会财富储备的一个重要组成部分。

（四）“资产型”养老金制度中第一支柱做实个人账户的策略

第一支柱养老金制度中由于个人账户绝大部分为空账，向资产型制度转型具有特殊意义和特殊困难，为此，这里予以专门分析。

前文论述的“艾伦条件”告诉我们，中国经济增速和社会平均工资的增速逐渐进入稳态的趋势，经济发展阶段到了构建资产型养老金制度的时候了，对第一支柱统账结合的养老金制度来讲，一方面，第一支柱的社会统筹部分可以适当采取“DB 型部分积累制”的新范式，尽量做大统筹基金规模；另一方面，到了为做实个人账户做准备的时候了，在未来择机完成个人账户从 NDC（名义账户）向 FDC（做实账户）的转变。

从做实账户的内部条件来看，最重要的是资金来源渠道多元化趋势正在显现，与 2000 年做实个人账户试点主要以财政资源为主的单一渠道相比已不可同日而语。就目

① 郑秉文主编：《中国养老金精算报告 2019-2050》，中国劳动社会保障出版社 2019 年版。

② 联合国人口总司官网，https：//population.un.org/wpp/ 。

③ ［加拿大］布鲁斯·利特尔（Bruce Little）：《拯救未来：加拿大养老金“1997 改革”纪实》，郑秉文等译，张笑丽校译，中国劳动社会保障出版社 2017 年版。

④ 郑秉文：《扩大参与率：企业年金改革的抉择》，《中国人口科学》2017 年第 1 期，第 2-20 页。

⑤ 外汇管理局官网，http：//www.safe.gov.cn/。

⑥ 国际货币基金官网，http：//data.imf.org/。

前政策进程来看，未来做实个人账户的资金来源渠道大致有四个：

第一，来自雇员雇主的缴费。扩大养老保险个人账户、建立配比缴费的激励相容机制，其重要目的之一也是为了鼓励雇员多缴费以逐渐个人账户。扩大账户后，激励相容的机制设计将不断提高缴费下限，直至以全部的真实工资收入作为缴费基数。如前所述，多年来实际费率只相当于15.8%，以真实收入作为缴费基数之后，总缴费收入将大大提高，在不增加企业和个人缴费负担、维持目前46%的社会平均替代率不变的前提下，名义费率还可继续下降，理论上讲降到16%即可维持当前养老基金收支平衡的水平。但是，为做实个人账户，可留出几个百分点的空间，比如，总费率从目前的24%降至20%，余出的4个百分点一分为二，一部分作为统筹基金累计结余，一部分可用于做实个人账户。假定在既定的制度赡养率和替代率不变条件下，在20%的缴费率中，雇员缴纳6%，雇主缴纳14%，其中划入个人账户6%，即个人账户12%，社会统筹8%。换言之，在20%的总缴费中，16%用于现收现付，支付给退休的一代，余出的4个百分点可在做实个人账户和统筹基金累计余额之间进行分配，至于多少用于做实个人账户，这要看做实个人账户是从哪个年龄段的群体开始实施。此外，在激励相容机制下，雇主雇员以真实收入作为基数进行缴费，其缴费收入完全可以覆盖当年养老金支出，无须财政转支付，如果一定要体现财政责任，国家财政作为第三方缴费者的功能予以制度化，可以固定一个比例。

第二，来自中央层面的国有资本划拨。党的十八届三中全会和五中全会都明确作出“划转部分国有资本充实社会保障基金”的重要战略部署。2017年底国务院发布了《关于印发划转部分国有资本充实社保基金实施方案》（国发〔2017〕49号），正式启动了国资划转全国社保基金；2019年底财政部等五部门联合下发的《关于全面推开划转部分国有资本充实社保基金工作的通知》（财资〔2019〕49号）规定到2020年底全部完成划转。目前的制度设计是，全国社保基金理事会作为承接主体以财务投资者的身份享有收益权、处置权和知情权，在划转国资运作管理办法出台前，划转国资产生的现金收益可由承接主体进行投资。随着时间的推移、各方面条件的成熟和做实个人账户的进程，建议在出台国资运作管理办法时可考虑制订做实个人账户的顶层设计，据此将一部分或全部国有资本用于做实个人账户，其步骤大致可为：在过渡阶段依然由承接主体全国社保基金理事会持有并实施投资；第二阶段可将股权的集中持有过渡到分散持有的方式，即量化记入个人账户持有人；第三阶段可试点逐渐放开投资选择权，将集中投资改为分散投资模式。

第三，地方层面的国有资本划拨。上述2019年颁布的“49号文”规定地方划转国资也在2020年底完成，并规定划转的地方企业国有股权统一由各省级政府集中持有、管理和运营，采取的方式或是设立一家国有独资公司，或委托一家具有国有资本投资运营功能的公司专户管理。有的地方采取单独设立，有的采取委托方式，例如，重庆市2020年7月28日印发《划转部分国有资本充实社保基金实施方案》（渝府发〔2020〕23号），委托重庆发展投资有限公司对划转股权集中持有，专户管理、独立运行、单独核算。考虑到地方政府接受股权的条件和能力存在较大差异，集中持有和集中投资的过渡期可以相对短一些，采取分散持有和分散投资的改革步伐可以快一些，先行一步做实个人账户。截至2019年底[①]，已有67家央企分四批累计向全国社保基金划转1.1万亿元，中央层面划转国有股权任务基本完成。据不完全统计[②]，在地方层面，广东、天津、河北等多地已下发相关方案或开展试点，浙江和云南两省试点已结束，分别划转国资158亿元和185亿元。

第四，全国社保基金也可划出一部分用于做实个人账户。这个问题涉及全国社保基金的功能定位。2001年制定的《全国社会保障基金理事会章程》、2016年颁布的国务院第667号令《全国社会保障基金条例》或历年的《社保基金年度报告》，对全国社保的功能定位均表述为“国家社会保障储备基金，用于人口老龄化高峰时期的养老保险等社会保障支出的补充、调剂”[③]。实际上，这样的功能定位一直存在几个问题：一是全国社保基金作为一只公共基金，应该将基金的蓄水期与开闸期的时点区间公之于众。一般来说，根据国际惯例，国家建立主权养老基金的基础文件上均指明具体支付的时间。二是我国官方从未公布过人口结构发展和老龄化的展望，也未公布过养老保险等社会保障基金的收支预测或任何精算报告，这就使全国

① 新华社北京2020年1月15日电：《国务院国资委新闻发言人回应国企改革发展热点问题》，参见中国政府网，http：//www.gov.cn/xinwen/2020-01/15/content_5469546.htm。

② 刘丽靓：《国有资本划转社保基金有望再提速 相关政策加快出台》，《中国证券报》2020年2月28日第A01版。

③ 上述法令法规和规范性文件参见全国社会保障基金理事会官网。

社保基金功能定位建立在一个完全"未知"的基础之上，导致其功能定位的"虚置"。三是即使有了人口预测和养老保险精算报告制度，人口结构变化和养老保险基金平衡之间的互动指标较多，有自然出生率、老年赡养率、参保赡养率、缴费赡养率、当年收支出现缺口、累计结余支付月数、财政补贴超出什么比例等，哪个指标是全国社保基金"开闸"的"触发器"？是否需要设定一个"阈值"？四是全国社保基金的规模与其未来的功能定位需进一步探讨。虽然全国社保基金理事会管理的资金超过 3 万亿元（2019 年底），但剔除受托管理地方基本养老保险基金、个人账户基金、承接划转国有资本等，可用于补充、调剂的全国社保基金规模仅为 2 万多亿元，只够支付 5 个月的养老金（以 2019 年城镇职工基本养老保险支付养老金的规模为例）。全国社保基金对未来收支缺口的补充、调剂能力如此杯水车薪，其定位需要进一步讨论。鉴于此，如果做实个人账户列入养老金改革日程，建议拨付一部分全国社保基金用于做实个人账户，这是一个大有作为、助力养老保险制度改革的重要契机。

上述做实个人账户的四个资金来源渠道能做实多少个人账户，取决于三个因素：一是四个渠道可拨付的资金规模，要具体测算并与做实账户进程衔接起来；二是预测未来账户规模增长趋势并与之衔接起来，例如，2019 年全国个人账户规模 7.65 万亿元，2025 年将达 12.67 万亿元，2028 年将到 15.29 万亿元[①]；三是做实个人账户的参保人员数量，需要与拨付资金规模相匹配。如果从"新人"开始，目前的资金筹集能力显然远远大于这个覆盖人员范围；实事求是的办法应覆盖"中人"的某一部分，例如，以参保 10 年的"中人"为界，具体需要测算。"老人"采取老办法，不予坐实。

个人账户资金的投资运营应采取市场化投资体制，可一部分交由全国社保基金理事会负责投资运营（例如，全国社保基金理事会注入的部分和国资划转注入的部分），一部分可交由市场专业化大型机构投资者（例如，雇员雇主缴费形成的账户资金和地方层面股权划转部分），实行市场竞争，实施产品化投资，建立合格默认投资工具制度（QDIA）[②]。

四、结论：构建"资产型"养老金制度面临的一些潜在挑战

资产型养老金制度的发展与存续需要一定的外部环境，主要包括政治连续性、社会稳定性、宏观经济政策目标连续性、货币政策的稳健性。相反，负债型养老金制度可有效对抗恶性通胀、货币贬值甚至战争动乱等。具体而言，中国建立资产型养老金制度将可能面临如下一些潜在的挑战，或称不确定性：

（一）资本市场深化改革的实际效果

在应对人口老龄化社会财富储备的构成中，资产型养老金制度离不开高效稳定的资本市场。资本市场在财富管理、风险配置、养老金增值中发挥着基础作用，发达的资本市场是资产型养老金所必备的"基础设施"，否则，资产型养老金将无用武之地，甚至会遭受夭折。当然，养老基金入市与资本市场建设相辅相成，相得益彰。从资本市场来说，要持续不断地深化改革，坚持市场化、法制化、国际化的总体目标。

（二）低利率时代的持续挑战

低利率对资产型养老金制度带来的损害十分明显。在过去十几年来，持续的低利率甚至负利率环境使很多发达国家的资产型养老金制度饱尝痛楚；反过来，养老金长时间的缩水为维持金融稳定增加了不确定因素，久而久之将使 DB 型公共养老计划的基金余额在资产端出现缺口，陷入资不抵债，使 DC 型计划账户资产缩水，遭受巨大损失，严重影响退休收入和替代率；为对冲低利率的风险，养老金投资风格和投资行为不得不做较大改变，不得不采取多元化分散策略，转向风险更高、流动性更低的私募股权、房地产、风险投资、基础设施等另类投资配置，投资策略和投资组合的同质性加剧，在市场出现波动时有可能放大风险，使原本是资本市场的稳定器成为风险的放大器。

（三）M2 放量带来的长期压力

对资产型养老金制度而言，广义货币供应量 M2 是一个潜在的挑战，也是一个不确定性。回顾改革开放 40 多年，M2 与 GDP 的比值发生了很大变化：1995 年之前这个比值小于 1.0，2002 年超过了 1.5，2015 年超过了 2.0[③]，目前这个比值高于所有发达国家。资产型养老金，尤其是

① 郑秉文主编：《中国养老金精算报告 2019-2050》，中国劳动社会保障出版社 2019 年版。

② 关于引入个人账户的合格默认投资工具的具体设想，详见郑秉文：《扩大参与率：企业年金改革的抉择》，《中国人口科学》2017 年第 1 期，第 2-20 页。

③ 引自 Wind 资讯。

典型的资产型第二、三支柱养老金属于私人养老金，虽然按国际惯例并不属于交出去的“税收楔子”，但也不属于可支配收入，而是典型的个人“延迟收入”。这个“延迟”长达 35 年，或 45 年，是跨代的延迟收入。跨代的生活成本将发生很大变化，例如，在 20 世纪 90 年代住房没有货币化改革时，购房还不是刚需，但可以肯定地说今天或 10 年、20 年后购房将成为生活成本的一部分而成为刚需。购房被视为投资，资产价格上涨后，跨代的延迟收入即养老金对个人来说相当于养老投资的回报大幅降低，或说养老的生活成本明显提高。虽然购房并未纳入 CPI 的篮子，通胀指数并不高，但如果用每平方米的房产作为衡量养老金的度量单位，意味着跨代的延迟收入要用更多的劳动付出才能换取几十年前同样多的消费效用①。在过去的 20 年里，由于自然资源属国家或集体所有，具有不可交易性，不能被用于投资品，高速增长的 M2 和家庭收入相当一部分被“物化”在房地产上，当生活成本结构发生代际变化，资产型养老金模式将有可能跑不赢养老支出的上涨，养老质量存在着下降的风险。

参考文献

英文文献：

[1] Assets and the Poor：A New American Welfare Policy, Armonk, NY：M.E.Sharpe, 1991.

[2] Assets and the Poor：Implications for Individual Accounts and Social Security, Invited Testimony to the President's Commission on Social Security, Washington, DC, Michael Sherraden, PhD Benjamin E, Youngdahl Professor of Social Development Director, Center for Social Development, Washington University in St. Louis, October 18, 2001.

[3] Board of Trustees of the Federal Old-Age and Survivors Insurance and Disability Insurance Trust Funds, The 2020 Annual Report of the Board of Trustees of the Federal Old-Age and Survivors Insurance and Disability Insurance Trust Funds, Washington, D.C. April 22, 2020：2.

[4] Ebbinghaus B and M.Gronwald, The Changing Public-private Pension Mix in Europe：From Path Dependence to Path Departure, in Ebbinghaus B（eds）, The Varieties of Pension Governance：Pension Privatization in Europe, Oxford University Press, 2011：23-53.

[5] Henry J. Aaron, The Social Insurance Paradox, in The Canadian Journal of Economics and Political Science, Aug., 1966, 31（3）：371-374.

[6] Individual Development Accounts, Entrepreneurial Economy Review, 8（5）：1-22. Corporation for Enterprise Development, Washington, D.C., 1989.

[7] Inclusion in Asset Building, Michael Sherraden, PhD, Benjamin E, Youngdahl Professor of Social Development, Director, Center for Social Development, Washington University in St. Louis, Testimony for Hearing on "Building Assets for Low-Income Families", Subcommittee on Social Security and Family Policy, Senate Finance Committee, April 28, 2005.

[8] OECD（2011）, Pensions at a Glance 2011：Retirement-income Systems in OECD and G20 Countries, OECD Publishing, Paris.

[9] OECD（2019）, Pensions at a Glance 2019：OECD and G20 Indicators, OECD Publishing, Paris.

[10] OECD（2020）, Pensions at Markets in Focus 2020, OECD Publishing, Paris.

[11] Prescott E C, Why do Americans Work So Much More Than Europeans?, Federal Reserve Bank of Minneapolis Quarterly Review, 2004, 28（1）：11.

[12] Robert Holzmann, Robert Palacios and Asta Zviniene, Implicit Pension Debt：Issues, Measurement and Scope in International Perspective, Social Protection Discussion Paper Series No.0403, Social Protection Unit, Human Development Network, the World Bank, March 2004.

[13] Sherraden M, Rethinking Social Welfare：Toward Assets, Social Policy, 1988, 18（3）：37-43.

[14] Stephen Slivinski, Increasing Entrepreneurship is a Key to Lowering Poverty Rates, in Policy Report, No.254, by Goldwater Institute, November 13, 2012.

中文文献：

[1]［加拿大］布鲁斯·利特尔：《拯救未来：加拿大养老金“1997 改革”纪实》，郑秉文等译，张笑丽校译，中国劳动社会保障出版社 2017 年版。

[2] 陈元：《中国出现了泛债务化的经济循环》，《经济导刊》2018 年第 9 期，第 20-23 页。

① 周小川：《拓展通货膨胀的概念与度量》，《政策研究》2020 年第 3 期：第 1-13 页。

[3] 郭树清：《坚定不移打好防范化解金融风险攻坚战》，《中国银行保险报》2020年8月17日第001版。

[4] 吉强：《提高直接融资比重，倒逼资本市场“长本事”》，《新华日报》2020年12月7日第11版。

[5] 刘丽靓：《国有资本划转社保基金有望再提速 相关政策加快出台》，《中国证券报》2020年2月28日第A01版。

[6] [美] 迈克尔·谢若登：《穷人能攒钱吗：个人发展账户中的储蓄与资产建设》，孙艳艳译，商务印书馆2017年版。

[7] [美] 迈克尔·谢若登：《资产与穷人——一项新的美国福利政策》，高鉴国译，商务印书馆2005年版。

[8] [美] 迈克尔·谢若登：《美国及世界各地的资产建设》，《山东大学学报》2005年第1期，第23–29页。

[9] 世界银行：《防止老龄危机——保护老年人及促进增长的政策》，劳动部社会保险研究所译，中国财政经济出版社1996年版。

[10] 郑秉文：《美国社保改革：迈向股票市场的一跃》，《改革》2003年第2期，第118–127页。

[11] 郑秉文：《围绕美国社会保障“私有化”的争论》，《国际经济评论》2003年第1期，第31–36页。

[12] 郑秉文：《加拿大养老金“DB型部分积累制”新范式20年回望与评估——降低养老保险费率的一个创举》，《经济社会体制比较》2017年第6期，第87–117页。

[13] 郑秉文：《“中等收入陷阱”与中国发展道路——基于国际经验教训的视角》，《中国人口科学》2011年第1期，第2–15页。

[14] 郑秉文：《“时间一致性”对社保理论的贡献——税率对劳动供给的影响》，《中国人口科学》2005年第1期，第29–41页。

[15] 郑秉文：《养老保险降低缴费率与扩大个人账户——征缴体制改革的“额外收获”》，《行政管理改革》2018年第11期，第52–53页。

[16] 郑秉文、周晓波、谭洪荣：《坚持统账结合与扩大个人账户：养老保险改革的十字路口》，《财政研究》2018年第10期，第55–65页。

[17] 郑秉文：《扩大参与率：企业年金改革的抉择》，《中国人口科学》2017年第1期，第2–20页。

[18] 郑秉文：《个人账户资产对社会保障可持续性的作用》，载高鉴国、展敏主编：《资产建设与社会发展》，社会科学文献出版社2005年版。

[19] 郑秉文主编：《中国养老金精算报告2019–2050》，中国劳动社会保障出版社2019年版。

[20] 周小川：《拓展通货膨胀的概念与度量》，《政策研究》2020年第3期，第1–13页。

参考网站：

财政部，http：//www.mof.gov.cn/index.htm。

国家统计局，http：//www.stats.gov.cn/。

人社部官网，http：//www.mohrss.gov.cn/。

全国社保基金理事会官网，http：//www.ssf.gov.cn/。

外汇管理局官网，http：//www.safe.gov.cn/。

中国人民银行官网，http：//www.pbc.gov.cn/。

中国政府网，http：//www.gov.cn。

万德数据库，Wind。

国际货币基金官网，http：//data.imf.org/。

联合国官网，https：//www.un.org/en。

国际货币基金官网，http：//data.imf.org/。

世界银行官网，https：//www.worldbank.org/。

上篇

理论篇

分报告一
养老基金与资本市场发展互动关系的文献综述

20 世纪 80 年代中后期开始，部分国家面临经济增速放缓、人口结构老化、财政赤字不断上升的多重挑战。预期寿命的延长和生育率的不断下降对传统现收现付养老保险制度的财务可持续性带来严峻挑战。越来越多国家引入基金制或私人养老金计划以应对人口和未来财务压力。基金制的引入可以积累起可投资于金融市场的一定资产规模，其成功运行的先决条件之一是获得良好而稳定的投资收益，这意味着基金制必然与资本市场发生联系。此外，各国也希望养老金改革可以产生正外部性，通过提高私人部门储蓄、降低企业筹资成本，从宏观层面促进金融市场更加发达。

经过 30 多年的发展，我国多层次养老保障制度体系框架已初步建立。在人口老龄化压力下，我国劳动者人口占总人口的比重逐步下降，老年人口赡养比不断上升，为保障人口老龄化高峰时期的待遇支付，积极稳妥地推进养老基金市场化投资运营是现阶段面临的重要现实问题。规模庞大的养老基金投资资本市场，必然会对资本市场的发展产生不可忽视的作用。

一、国外相关研究进展

国外学者较早从理论和实证角度分析养老基金与资本市场发展之间的关系。围绕这一主题展开的研究包括：一是养老基金与资本市场相关关系的理论与实证研究；二是分析两者互动发展应具备的先决条件[①]。

（一）养老基金与资本市场发展相关关系的定性分析

国外学者关于养老基金与资本市场关系的定性研究包括养老基金对资本市场发展的影响及反向影响两方面。

1. 养老基金对资本市场发展的影响

自 20 世纪 80 年代中后期开始，国外学者开始持续关注养老基金投资对资本市场的影响，大多数学者观点较为一致，认为养老基金不仅是支持股票和债券市场发展的长期储蓄资金的来源，同时也是促进创新、改进公司治理的积极力量。

首先，长期稳定养老基金流入资本市场，发挥着“压舱石”的稳定功能。源源不断的养老基金流入通过增加储蓄的路径对资本市场发展产生重要影响，大量增量资金进入资本市场有助于促进市场结构的深化。Sanchez（1998）以智利为例，分析智利基金制的建立使社会保险性储蓄占 GDP 的比例已经从 1984 年的 1.9% 增加到 1994 年的 3.8%，增加的储蓄不仅为资本市场提供了大量的资金来源，而且通过专业化运作，促进资源优化和经济增长。World Bank（1996）指出，基金制改革不仅有利于退休者，而且有利于增加储蓄、促进资本形成和经济增长。Singh（1996）的研究表明，私人养老基金的发展促进了股票和债券市场的深化，并且通过增加总储蓄和总投资促进经济增长。Rezk（2019）以发展中国家的数据分析得出，在强制缴费和借贷限制情况下，养老基金能明确提高私人储蓄。

大量学者通过研究发现养老基金能够有效抑制市场的波动。近 20 年来，关于养老基金和资本市场流动性两者关系的研究比较多，早期一些开创性文章从微观层面分析养老基金作为大型机构投资者可以降低市场波动性，起到稳定市场的作用，具体体现在：一是养老基金作为机构投资者，其在收集和加工有用信息上具有优势，较为理性的投资理念和专业化资产管理水平，可通过抵消个人投资者的非理性交易稳定资产价格（Aggarwal and Rao，1990；

① Rocholl J and T Niggemann. Pension Funding and Capital Market Development，Working Paper，Available at SSRN 1571126，2010.

Chopra et al.，1992；Daigler and Wiley，1999；Brennan，2004；Kaniel，2008），有效避免市场的巨大波动，促进资本市场恢复长期均衡（Cohen，1998；Dennis and Strickl，2002；Lipson and Puckett，2007）。弗里德曼（1953）认为，股票市场中理性投资者的作用是稳定资产价格。随后，Fama（1965）认为，虽然异构代理因信息处理不当会造成非理性交易，但专业化和信息充分的机构投资者有助于从基本面上消除股票价格偏差上的巨大差异。Faugere和Shawky（2003）通过实证分析机构投资者和个人投资者之间的差别，结果表明在市场不景气时，较之个人投资者，机构投资者持有的股票价格波动更小。Thomas（2014）以34个OECD国家2000~2010年的面板数据为对象，实证结果表明，养老基金投资股票市场的规模与OECD国家股票市场波动呈负相关，作为机构投资者的养老基金能抑制股票市场的波动性。二是养老基金因其“谨慎人”原则的规定可发挥稳定市场功能，通过减少持有股票的比例降低风险，从而间接降低股票市场的波动性（Arbel，1983；Badrinath，1989；Davis and Hu，2004）。三是养老基金投资行为的“羊群效应”和正回馈对股票市场有积极影响。部分学者以西方发达国家为例证明养老基金“羊群效应”和大型股票正反馈对股票市场的积极作用（Lakonishok，1992；Voronkova and Bohl，2005）。

其次，养老基金促进市场交易的现代化，有助于提高资本市场运行效率。养老基金长期性和注重安全性的特征对市场基础设施提出更高要求，促进清算和结算系统、中央托管机构的建立和完善，有助于降低资本市场的交易和发行成本（Iglesias，1997）。一些学者指出养老基金的增长能够在长期内促进资本市场的发展、创新养老金投资计划和提高资本市场效率（Raddatz and Schmukler，2008；Barr and Diamond，2006）。Davis和Hu（2004）指出，养老基金投资资本市场能够促进上市公司的信息披露，推动资本市场朝着更加透明、更加市场化的方向发展。

再次，养老基金通过金融加速器效应促进资本市场结构深化。部分学者研究表明养老基金对资本市场发展程度高的国家的股票市场深度、流动性以及私人债券市场深度有积极作用（Meng and Pfau，2010；Walker and Lefort，2002）。养老基金市场化投资有助于提高金融效率、推动金融工具和服务创新。养老基金的特殊性无疑对金融机构投资者的投资管理水平提出更高要求，主要体现在：一是规模庞大养老基金资产通过委托代理方式投资资本市场，有助于促进基金管理者之间的良性竞争，提升基金投资的专业化水平，有效激活市场活力，确保基金保值增值目标的实现。二是养老基金事关广大参保者的切身利益，其安全性要求很高，对基金风险控制提出更大挑战，有助于创新风险管理方法，降低市场整体波动风险。部分学者研究发现，养老基金可以通过刺激金融创新、改善金融监管、推动债券市场基础设施现代化和提升金融市场透明度等改善金融市场的效率（Bodie，1990；Greenwald and Stiglit，1992；Catalan，2000；Davis，2011）。此外，养老基金的发展可以增加长期资金的供给，影响资产配置、促进金融创新和现代化，推动金融结构转型（Merton and Bodies，1995；Impavido，2001；Bomba，2000）。三是养老基金投资行为可以推动金融市场的发展。Vittas（2000）指出，养老基金通过替代和补充其他金融机构（如商业和投资银行）的作用增强竞争力。Natrella（1962）指出，私人养老基金和共同基金一样，对于推动证券市场发展具有重要作用。

最后，养老基金成为市场上重要的机构投资者，有助于改善公司治理结构。20世纪80年代以来，以养老基金为代表的机构投资者一直致力于股东权利运动，对资本市场产生了深远影响，这种带有股东革命性质的现象被称为“养老金积极主义”（Perino，2012；Byun and Lee，2014）。养老基金可通过持有相当比例的公司股票或债券成为机构投资者（Shleifer and Vishny，1997），机构投资者不仅有助于增加资产管理的专业化水平，同时通过积极参与公司治理，对公司市值产生积极影响（Walker and Lefort，2002；Impavido and Musalem，2000；Hryckiewic，2009）。Guercio和Woidtke（2019）通过研究养老基金提议对公司董事事后声誉的影响，发现存在股东积极主义动机，显示遵从公共养老基金股东需求的董事外部声誉有明显提高。Jiao和Ye（2013）指出，养老基金与企业绩效之间呈倒“U”形关系，一定范围内养老基金参与公司治理有助于实现股东价值目标最大化，超过一定范围将难以约束。

当然，部分学者指出养老基金对资本市场发展的贡献并没有达到预期水平（Arrau and Chumacero，1998；Zurita，1999；Yermo，2005；Olivares，2005；Berstein and Chumacero，2006）[①]，养老基金也会对资本市场产生一些负面影响，部分学者指出着眼于长期投资回报率的机构投资者可能会做出一些短视行为，从而增加资本市场的波动性，甚至泡沫经济的产生与养老基金在资本市场上的短期

① Ashok Thomas and Luca Spataro，“The Effects of Pension Funds on Markets Performance：A Review”，Journal of Economic Surveys，2016，30（1）：1–33.

行为有很大关系（Davis，1995；Blake，1992）。

2. 资本市场对养老基金的影响

资本市场通过基金规模效应和投资收益效应对养老基金产生影响。具体而言，运行良好的资本市场通过促进经济增长间接带动养老基金资产规模的持续壮大。此外，资本市场为养老基金提供了有效的投资运营渠道、多样化投资和风险管理工具。马柯维茨投资组合理论表明，投资组合中证券数量增加时，单个证券的方差对整个投资组合的方差影响小于证券之间协方差带来的影响。多样化投资工具的选择有助于养老基金投资管理者优化资产配置，改善投资组合的有效边界，进而提高基金收益率。Schwartz（2007）指出，资本市场可以有效消除养老保险基金投资的部分风险，但强调各国需要建立健全法律法规体系、提高资本市场运作效率和保障基金投资运营全过程。

（二）养老基金与资本市场互动关系的实证分析

国外有很多研究从定量角度分析养老基金与资本市场的相互影响效应。整体而言，因研究基于不同的研究假设、使用不同的研究方法和不同时间序列的数据，得出的实证结论并不一致，较为常用的实证研究方法是格兰杰因果检验法、广义矩估计法和广义最小二乘法。

部分学者从实证角度分析得出两者之间存在良性互动。Arellano 和 Bond（1991）利用差分广义矩估计法对涵盖发展中国家和发达国家总共 32 个国家进行实证研究，发现养老基金对股票市场和债券市场发展的影响巨大。Impavido 和 Musalem（2000，2003）先后使用普通最小二乘法、误差分量和两阶段最小二乘法，以部分发达国家和发展中国家为样本国家，研究发现养老储蓄与资本市场之间的正相关关系。Rocholl 和 Niggemann（2010）通过使用广义最小二乘法分析 1976~2007 年进行养老金筹资改革的 57 个国家，发现养老金制度结构对资本市场发展具有重要作用，从传统现收现付制向基金制转变可以扩大股票和公司债券市场规模。Raddatz 和 Schmukler（2008）通过使用 1995~2005 年智利月度投资组合分配的数据，从宏观层面研究养老基金与资本市场之间的关系，表明养老基金投资模式、交易方式和资产配置会对资本市场的发展产生影响，其中，投资形式在很大程度上影响着资本市场的流动性。Liang 和 Bing（2010）基于英国 1970~2008 年的时间序列数据定量分析两者之间的关系，通过格兰杰因果检验表明养老金增长对资本市场的深化有重要影响，通过协整检验表明养老金发展和资本市场发展之间不存在长期均衡关系。Raisa（2012）利用 1994~2011 年欧盟 15 国的数据，使用 EGLS 估计模型分析股票市值与养老基金发展之间的关系，通过控制通货膨胀率、长期利率、人均 GDP、经济自由度、老年抚养比等变量，结果表明除了老年抚养比以外，其他变量均高度相关。

虽然大部分学者认为养老基金确实能够对资本市场发展产生积极影响，但也有部分学者得出不同的结论，比如，Singh（1996）利用部分发展中国家的数据证明养老基金投资与资本市场的关系存在不确定性。Catalan（2000）对 14 个 OECD 国家和 5 个发展中国家数据使用格兰杰因果检验，研究发现智利和葡萄牙两国养老基金与股票市场发展互为因果，7 个国家不存在因果关系，剩余国家并未通过格兰杰因果检验。

（三）养老基金与资本市场良性互动应具备的先决条件

国外部分学者关注养老基金与资本市场相互作用所需的条件。研究表明，养老基金与资本市场发展的良性互动受到多方面条件的约束。Vittas（2000）和 Kim（2010）经研究表明，养老基金只有在达到一定规模、放宽对养老基金投资限制和扩大投资组合范围等条件下才有利于促进资本市场的发展。Dayoub 和 Lasagabaster（2008）认为，养老基金对资本市场发展的推动作用在很大程度上取决于制度和经济条件，例如资本市场的发展程度。Pagano 和 Volpin（2006）指出，养老基金对资本市场发展影响的先决条件是建立股东保护措施。Roldos（2004）指出，新兴市场国家养老金改革促进当地债券市场发展的前提条件是逐步放松投资股票市场和国外投资的限制。Alier 和 Vittas（2000）指出，资本市场促进养老基金的发展离不开低通货膨胀率和较为稳定的宏观环境。Blommestein（1998）指出，拥有强大的机构投资者是资本市场发展的先决条件。ChannarithMeng 和 Wade Donald Pfau（2010）指出，养老基金对资本市场的作用效果取决于金融市场发展程度，不同金融市场环境会直接影响养老基金的作用效果，主要体现在养老基金投资法规、市场运行效率、透明度、监管法律框架和宏观经济环境上，金融市场发达程度低的国家要实现养老基金对资本市场的积极影响，需要为养老基金创造条件。

综上所述，养老基金与资本市场的互动关系在国外学术界和实践领域已经得到广泛探讨，大部分学者观点认为，两者之间存在积极互动关系，养老基金可通过多样化渠道提供更多资源，为资本市场注入长期稳定资金，加强金融市场活力，而资本市场也对基金资产规模、投资收益产生重要影响。但是，两者良性互动还需要一些先决条件。

二、国内相关研究进展

近年来，我国养老基金投资的市场化改革随之展开，较多学者对养老基金投资、养老基金与资本市场互动关系给予广泛关注。经文献梳理，学术界围绕养老基金与资本市场相关研究讨论的焦点主要集中在以下三方面：一是我国养老基金市场化投资运营相关问题研究，包括基本养老金该不该进行市场化投资的争论、基本养老金市场化投资运营的必要性以及如何选择合理的投资方案。二是关于养老基金与资本市场互动关系的理论与实证分析。三是从国际经验借鉴角度对养老基金与资本市场发展关系展开国别研究。

（一）我国养老基金市场化投资运营的相关问题研究

养老基金作为国民的重要生活来源，保值增值是其追求的基本目标，其中保值是底线，增值是投资运营的追求目标。市场化投资是养老基金实现保值增值的重要途径之一。

1. 基本养老金市场化投资运营的争论

养老基金投资资本市场是养老金领域关注的热点和焦点问题之一。面对我国资本市场尚不完善的现实，社会各界对基本养老金市场化投资运营的争论一直未断。需要说明的是，养老金入市并不只是养老金进入股票市场，股票投资仅是市场化投资的重要渠道之一。支持者主要从养老金对资本市场的刺激作用以及基金保值增值的现实需要出发。国内学者林义（1995）较早提出，资本市场是养老基金有效运行的基本制度条件。和春雷（1998）指出，对于养老保险基金投资资本市场的问题，学术界存在过于强调资本市场成熟性和养老基金安全性的认识偏差，他认为资本市场的发育与养老金的进入是共生、互动关系。李绍光（2001）指出，养老金进入资本市场是其最终选择。郑秉文（2012）指出，当前较为落后的投资体制不能满足制度覆盖面的扩大及庞大基金规模的投资需要，养老金入市是大势所趋，要实现养老金保值增值必须进行投资体制改革。许潆方和钱源（2012）从相关法律法规制度、资本市场环境的完善及社保基金成功投资经验三方面分析得出我国基本养老保险基金投资资本市场的条件已经日趋成熟。杨燕绥（2015）表示，养老金在资本市场扮演着重要角色，基本养老保险基金市场化投资是必然。张宇润（2017）认为，投资股市是养老金资产应对通胀风险、获取经济增长直接成果的必然选择。全国社会保障基金理事会前理事长戴相龙多次在公开场合呼吁养老金应积极进行市场化投资，实现基金保值增值。除上述观点外，部分学者通过分析先期市场化投资的企业年金基金和全国社会保障基金获得良好投资收益的经验，建议基本养老金应投资资本市场（于治国，2008；肖波，2012）。

反对基本养老金市场化投资的学者更多基于基金安全性的考虑，认为在中国资本市场尚不发达、市场监管尚不健全的环境下，作为老百姓“保命钱”的基本养老金盲目入市将会损害参保者权益。叶檀等（2012）认为，我国股票市场投机色彩重、上市公司的信用评级不够完善和股票市场存在操纵行为，目前尚不适合养老金入市。樊纪伟（2013）认为，因投资运营监管立法的不完善，我国养老基金投资资本市场缺乏法律保障，可能会出现资金挪用、内幕交易和操纵市场等违法行为。唐钧（2015）也对基本养老金入市持否定态度，指出世界各国大多是补充养老金或私人养老金进行市场化投资。王洪良和周厚强（2017）运用马科维茨投资组合模型实证分析得出我国养老金应谨慎入市。张旺清（2006）指出，养老基金投资收益率的高低取决于经济的真实增长和市场的有效结构，资本市场并不一定能保证养老保险基金获得高收益。

2. 基本养老保险基金市场化投资的必要性分析

改革开放以来，我国基本养老保险制度覆盖范围和基金积累规模不断扩大，加上人口结构持续老化，原有传统保守的基本养老金投资管理方式已无法适应新形势的要求。大多数学者认为，基本养老保险基金市场化投资十分必要，对于缓解未来基金缺口、提高基金投资收益具有重要的现实意义。

第一，基本养老保险基金入市是提高基金收益率、缓解基金缺口的客观需要。随着经济发展水平的提高，较长一段时间内我国社会平均工资增长率高达两位数以上。因基本养老金的特殊性，投资十分谨慎，投资工具仅限于银行存款和国债，基金投资收益水平低下，甚至跑不赢通货膨胀，实际资产价值在贬值（胡月晓，2012；郑军等，2014；谢瑞琪，2017）。相比之下，采取市场化投资的全国社会保障基金和企业年金基金获得较高的投资收益率，不仅高于同期的通货膨胀率，还高于国债、定期存款等投资收益水平。如果不进行投资体制改革，养老金规模越大，较高的通货膨胀率和工资增长率对基金现实购买力的侵蚀力度越大，基金保值增值压力越大（谭浩俊，2015），因此，为有效缓解人口老龄化背景下制度的财务压力，积极推动养老基金投资资本市场具有现实必要性。

第二，养老基金入市是推动资本市场健康发展的有效策略。养老基金的长期积累性和稳定性为资本市场提供了长期资金供给，通过购买公司债券、股票培植新型市场主体，通过投资二级市场可以提高资本流动性、激发市场活力（和春雷，1998）。由于养老基金投资对安全性要求较高，实际运作中需要动态调整资产组合，创新专业化的风险管理方法，以实现一定风险水平的投资收益最大化，这一行为不仅有助于提高资本市场的运行效率，而且客观上有助于优化资本市场的资产结构。此外，基金制或部分积累制的建立有助于增加储蓄，大规模增量资金进入资本市场，有助于将储蓄资金用于长期投资，对资本市场起到重要支撑作用，促进资本市场繁荣（董克用、张栋，2017；梅瑞江，2006）。

3. 我国基本养老金市场化投资策略的选择

养老基金投资资本市场事关全民福祉，应坚持长期投资、价值投资和责任投资，在投资运营过程中应坚持安全性、收益性和流动性的原则。养老基金投资资本市场需要在保证安全性的前提下尽可能追求较高的投资收益，对技术经验和专业化要求更高。经文献梳理发现，学者们主要从三大角度给出推进我国基本养老金市场化投资运营的政策建议：第一类是宏观层面的政策建议，建议加快完善养老保险制度体系和资本市场制度环境建设，推进多层次养老保险制度体制改革和养老金风险控制机制的建立，同时加快金融市场一体化改革进程（林义，2005；张国平，2005）。何晓霞和刘颖飞（2008）认为，应从加快完善养老保险制度体系、规范养老基金监管体系和创造有效配合资源的良好市场条件三方面推动养老基金与资本市场之间的良性互动。第二类是从投资理念、投资主体、投资渠道、资产配置等微观层面提出完善建议。周小川和王林（1993）建议，养老金投资应在保值基础上争取增值，投资策略应当分散化、多样化。部分学者建议成立专门、独立的法人机构负责基金投资运营，通过委托－代理关系将养老基金交由具有准入资格的托管人进行审慎、专业化的投资（李玉娇，2016；李珍、刘子兰，2001）。郑秉文（2017）建议通过建立委托人联席会议机制、“点对点”委托人沟通机制、养老基金投资研究院和中国社会保障基金投资学会等措施以完善缴费型养老基金投资运营的治理结构。封进（2017）建议从控制入市比例、完善分红制度、降低投资管理成本和坚持定量投资监管等方面保障养老金入市。凌文豪（2016）在借鉴美国老年、遗属和残障保险制度政府投资方式和智利市场化投资经验的基础上，通过拓宽投资渠道、建立风险准备金和出台基金调剂的长远规划等措施完善养老金投资和促进资本市场的发展。关于资产配置方面，部分学者建议实行多元化投资策略，通过放宽投资限制和鼓励海外投资等措施实现基金保值增值（尚正，2012；于瑾，2004；李振文，2012），而夏荣静（2012）则建议采取更加严格的数量监管方式，严格控制海外投资的渠道和范围。谭中和（2015）指出，我国养老保险基金应重点投资实体经济，通过贷款或购买国债的方式支持基础设施建设。第三类建议基于风险控制和完善监管的角度。养老基金投资安全是社会各界普遍关注的问题。建立有效的投资监管是降低风险的重要途径之一，为有效实现基金投资目标，建立多方参与的全面监管制度十分必要。学者建议建立专门的监管机构对养老保险基金进行全面监管，采取多样化方式对市场转入标准、外部托管人、投资限制、收益担保和资本储备要求等进行监管（杨爱兵，2005；张立富，2003）。封铁英（2010）建议通过严格资本市场法制监管、坚持长期投资理念、创新投资工具和强化养老基金监管力度等措施促进我国养老基金与资本市场的良性互动。焦红丽（2010）建议通过建立完善的风险预警机制和强化信息披露制度对委托人、投资管理人和托管人进行监管。马志新等（2019）建议从健全法律法规、强化信息披露和建立应对风险损失的防范机制等方面加强养老金投资监管。

（二）养老基金与资本市场关系的理论与实证分析

1. 养老基金对资本市场的影响分析

部分学者关注养老基金对资本市场单向影响，既包括积极影响也包括消极影响。李绍光（2001）从制度变迁角度分析我国养老基金在资本市场中的作用，认为养老基金资产组合、委托－代理关系及政府的管制都会对资本市场产生积极影响。王立新和王娴（1998）指出养老金制度对金融市场的影响体现在两方面：一是基金制的推广改变了一国的储蓄模式和储蓄规模；二是养老金的资金运用会影响一国金融市场的运作方式。静毅男和刘云龙（2010）指出养老基金投资资本市场，不仅可确保未来的待遇支付，而且还可推动实体经济的发展，最终有利于增加国民福祉。金维刚（2015）指出我国养老基金以境内投资为主，投资范围广泛，对援助国家经济建设、促进经济增长及维护金融市场稳定发挥着重要作用。梅瑞江（2006）指出社会养老金通过将储蓄资金转变为长期投资促进资本市场的稳定发展。陈旭明和吴庆涛（2015）指出养老基金的长期性有助于多层次资本市场体系的建立并推动金融结构优化。除以上积极影响外，部分学者指出养老基金对资本市场可能存在的消极影响。马冰（2006）指出巨额养老基金资产增加了资本供应量，可能会形成利率下降压力，养老基金投资的一些短期行为也会造成市场波动。彭鸣和李密（2007）指出养老基金投资资本市场，将会面临新的风险，需要养老基金改变自身的负债管理模式来应对。部分学者指出养老金制度改革促进资本市场发展的作用十分有限，可能会影响资本市场的稳定性。国内学者尹志宏（2000）、魏加宁（2001）、万解秋等（2003）均对养老金投资资本市场的影响展开类似探讨。

2. *养老基金投资资本市场对公司治理结构的影响*

养老基金作为资本市场重要的机构投资者，逐步从"用脚投票"式被动投资到"用手投票"主动投资的路径参与公司治理，这种转变在保证养老基金保值增值的同时，促进了所投资公司治理结构的改善[①]，其原因主要包括：一是养老基金的新变化使养老基金投资模式和公司治理结构相应发生变化（王信，1998）；二是养老基金长期价值投资可监督企业的经营管理。曾显荣（2006）以美国为例，指出养老基金改善公司治理结构的作用效果并不显著，养老基金参与公司治理可能面临来自公司管理层、养老基金自身、利益冲突和法律法规四方面障碍（孔令峰、黄乾，2004）。

3. *养老基金与资本市场双向互动关系的研究*

20 世纪 90 年代以来，养老基金与资本市场的双向互动关系在国内学界和实践领域也得到广泛关注，大部分学者认为养老基金与资本市场之间存在积极互动关系：一方面，养老基金的长期性、稳定性和巨额积累特征，通过有效投资会对资本市场的效率、结构、稳定性及金融创新产生重要影响，持续促进资本市场的稳健发展；另一方面，资本市场使养老基金成为机构投资者，促使养老基金管理模式做出适应性变化，推动养老保险制度的改革与完善（支燕，2003；董利，2006；张旭华，2006；李全利，2015；苏罡，2019），并且通过资本市场的投资运作可以获得一定投资收益，使参保者直接受益（田伟，2007；祁斌，2014；张哲等，2006）。部分学者则从质和量两方面系统分析两者之间的良性互动，认为养老基金对资本市场规模、资产分布、投资行为、金融创新等产生重要影响，同时稳定、有序的资本市场有助于养老基金投资收益率的提高，而市场的波动性会对养老基金的管理带来新挑战和新要求（林义，2005；马勇、张阳，2004）。此外，张健（2006）肯定了养老金与资本市场两者之间的互动关系，但指出两者之间关系是不对等的：养老基金作为资本市场的长期机构投资者，可以稳定资本市场，但养老基金的严格管理要求资本市场完善自身制度框架。而且，养老基金保值增值必须依赖资本市场，离开资本市场，基金制将失去生存的基础，而资本市场的发展并不完全依赖养老基金。

除以上定性分析外，部分学者采取实证方法展开研究。何雅婷（2013）运用 Granger 因果检验法、单位根检验和协整检验等多种方法实证分析 1991~2011 年中国养老基金和资本市场的互动关系，发现我国养老基金和资本市场仅有单向因果关系，养老基金对资本市场的促进机制受阻。朱铭来和季成（2015）对 33 个 OECD 国家 2001~2012 年面板数据，利用系统 GMM 方法实证分析发现，养老基金作为长期稳定的机构投资者，促进股票市场规模扩张的同时有助于降低股票市场的波动。

（三）养老基金与资本市场发展关系的国别研究

国内部分学者通过国别案例研究养老基金与资本市场的关系，通常以智利、美国、日本和 OECD 国家为典型案例国家。林义（2005）以 OECD 国家为例分析养老基金与资本市场两者的互动关系，认为养老基金会对市场规模、资本市场结构、深度、广度以及金融创新等产生影响，而资本市场的发达程度和完善的监管体系可促进养老基金的发展。封铁英和李梦伊（2010）总结了西方成熟资本主义国家关于养老基金与资本市场的互动效应理论：养老基金通过资本流入总量和投资运营过程改变着社会资本存量的数额和结构，同时，资本市场促进了养老基金的有效运营，可以在相对较低的风险水平下实现基金的保值增值。张伊丽（2017）分析日本公共养老基金的投资运营，认为应通过改善投资组合和投资策略、完善金融机构和上市公司治理机制，稳定公共养老基金的长期投资收益。部分学者以美国为例，分析私人养老金发展对美国资本市场繁荣的重要推动作用，阐释了美国养老基金制度安排与经济增长的互动关系（李珍、杨玲，2001；于莹，2013）。部分学者则以智利为研究对象，指出养老基金与资本市场发展是互为因果的辩证关系，良好的资本市场和宏观经济为养老基金投资提供了条件；相应地，养老基金的发展壮大又促进了资本市场的发育和成熟（郑秉文、房连泉，2006；李毅、周仙，2006；李湛，2007）。

三、文献述评

现阶段我国养老基金进行市场化投资正在稳步推进，养老基金与资本市场联系必将日益紧密。国外学者从养老基金投资对资本市场的影响和资本市场对养老基金的反向影响两方面分别深入探讨养老基金与资本市场两者的关系。现有研究焦点集中于养老基金与资本市场良性互动的

① 俞自由、石美娟：《美国养老基金参与公司治理的经验及启示》，《北方经济》2007 年第 5 期，第 36–37 页。

作用机理、良性互动所需的先决条件和相关改进措施。这些研究既注重理论层面的分析，同时还进行了大量的定量分析，给出了可信的结论：一是养老基金通过增加储蓄、增强流动性和发挥稳定功能对本国资本市场的发展和创新有重要推动作用，尤其对资本市场尚不成熟的发展中国家，应在加强监管和资本市场建设的基础上，实现养老基金投资对资本市场的良性促进，同时资本市场通过经济增长效应、投资收益效应和金融加速效应对养老基金产生影响。二是养老基金投资资本市场形成良性互动需要一定的传导媒介，两者的良性互动受到本国养老金投资管理体制及资本市场完善程度等诸多约束条件的限制。不同条件下各国养老基金投资对资本市场的影响是不同的。三是大部分国家养老基金与资本市场确实能够起到一定的良性互动，具有长期性和持续增强特征，一般而言，市场化程度较高的国家，其养老基金与资本市场良性互动关系较明显，而市场化程度相对较低的国家，两者之间的关系更多是单向的。四是养老基金投资资本市场不可避免会面临很多新风险和新挑战，要树立长期投资、价值投资的理念，通过多元化投资组合和有效的监管，最大限度降低风险，保障安全性，实现风险的可控性，以期获得良好的投资收益。

已有文献对促进我国养老基金市场化投资有重要启示，但与我国养老基金保值增值基本目标实现的实践需求相比，现有研究仍存在一些不足：一是现有大多数文献的研究更多着眼于养老基金对资本市场的单向影响，对两者之间的双向互动研究尚不够充分，受限于数据的可获得性，采用实证方法分析我国养老基金与资本市场互动关系的研究相对较少。二是目前关于养老基金与资本市场互动关系研究缺乏较为系统的理论支持，文献集中在两者关系的现象描述，至于两者良性互动所需的一般性制约条件和互动背后的影响因素等内容的研究相对缺乏。三是很多学者在研究国外养老基金与资本市场互动时，仅对典型国家的经验做简单介绍，对于典型案例国家取得良好互动效果所需的条件和内外部影响因素缺乏有深度的研究成果。整体而言，国内外关于养老基金与资本市场发展两者如何互动的基本框架尚不系统，对良性互动存在的一些约束性条件和制度因素缺乏深入探讨。

长期以来，我国较高的通货膨胀率和相对保守的基金投资方式使养老基金资产大幅贬值，为有效应对人口老化带来的财务压力，我国应加快养老基金市场化投资改革的步伐。养老基金的保值增值离不开较为完善的资本市场，同时资本市场也需要养老基金作为最大、最专业和最稳定的机构投资者提升市场效率、深度和广度。考虑到我国资本市场建设起步晚、经验不足，监管体系与法规制度不够完善，养老基金投资资本市场可能带来新风险和新挑战，须通过健全金融监管法规、完善投资相关的信息披露制度、强化对投资者的保护等措施完善资本市场制度建设，为养老基金保值增值提供良好的外部环境。同时，我国应通过健全完善多支柱养老保障制度体系、树立长期投资和价值投资理念、放宽投资限制和适当提高风险资产投资比例等多元投资方式真正实现养老基金与资本市场的相互促进，确保养老基金投资运营更为安全和稳定。

参考文献

英文文献：

［1］Aggarwal R and Rao R P, "Institutional Ownership and Distribution of Equity Returns", The Financial Review, 1990（2）: 211–229.

［2］Ajit Singh, Pension Reform, "The Stock Market, Capital Formation and Economic Growth : A Critical Commentary on the World Bank's Proposals", International Social Security Review, July 1996 : 9–44.

［3］Arbel A, Carvell S and Strebel P, "Giraffes, Institutions and Neglected Firms", Financial Analysts Journal, 1983（3）: 57–63.

［4］Arellano M and Bond S, "Some Tests of Specification for Panel Data : Monte Carlo Evidence and an Application to Employment Equations", The Review of Economic Studies, 1991（58）: 277–297.

［5］Arrau P and Chumacero R, "Tamaño de los Fondos de Pensiones en Chile y su Desempeño Financiero", Cuadernos de Economía, 1998, 35（105）: 205–235.

［6］Ashok Thomas and Luca Spataro, "The Effects of Pension Funds on Markets Performance : A Review", Journal of Economic Surveys, 2016, 30（1）: 1–33.

［7］Ashok Thomas, Luca Spataro and Nanditha Mathew, "Pension Funds and Stock Market Volatility : An Empirical Analysis of OECD Countries", Journal of Financial Stability, 2014（11）: 92–103.

［8］Badrinath S G, Gay G D and Kale J R, "Patterns of Institutional Investment, Prudence, and the Managerial 'Safety-Net' Hypothesis", Journal of Risk and Insurance,

1989（4）：605–629.

［9］Barr N and Diamond P，"The Economics of Pensions"，Oxford Review of Economic Policy，2006，22（1）：15–39.

［10］Beck T and Levine R，"Stock markets，Banks and Growth：Panel Evidence"，Journal of Banking & Finance，2004（3）：423–442.

［11］Blommestein H，Impact of Institutional Investors on Financial Markets，Institutional Investors in the New Financial Landscape，OECD Proceedings，1998：29–40.

［12］Bodie Z，"Pensions as Retirement Income Insurance"，Journal of Economic Literature，1990（1）：28–49.

［13］Catalan M G Impavido and Musalem A R，Contractual Savings or Stock Market Development：Which Leads?，World Bank Publications，2000.

［14］Channarish Meng and Wade Donald Pfau，The Role of Pension Funds in Capital Market Development，GRIPS Discussion Paper 10–17，2010（10）：1–20.

［15］Chopra N，Lakonishok J and Ritter J R，"Measuring Abnormal Performance：Do Stocks Overreact?"，Journal of Financial Economics，1992（2）：235–268.

［16］Cohen B J，"The Geography of Money"，New York：Cornell University Press，1998.

［17］Daigler R T and Wiley M K，"The Impact of Trader Type on the Futures Volatility–Volume Relation"，The Journal of Finance，1999（6）：2297–2316.

［18］David Blake，Modelling Pension Fund Investment Behaviour（1st Edition），New York：Routledge，1992.

［19］Davis E P and Hu Y W，Is There a Link Between Pension–Fund Assets and Economic Growth：A Cross-Country Study，NBER Working Paper，2004.

［20］Davis E P，Pension Funds：Retirement–Income Security and Capital Market：An International Perspective，OUP Catalogue，2011.

［21］Davis E Philip，Pension Funds—Retirement Income Security and Capital Market：A International Perspective，Oxford：Clarendon Press，1995.

［22］Dayoub M and Lasagabaster E，General Trends in Competiton Policy and Investment Regulation in Mandatory Defined Contribution Markets in Latin America，World Bank Policy Research Working Paper Series，2008.

［23］Del Guercio D and Woidtke T，"Can Strong Corporate Governance Selectively Mitigate the Negative Influence of 'Special Interest' Shareholder Activists? Evidence from the Labor Market for Directors"，Journal of Financial and Quantitative Analysis，2019，54（4）：1573–1614.

［24］Dennis P J and Strickland D，"Who Blinks in Volatile Markets，Individuals or Institutions?"，The Journal of Finance，2002（5）：1923–1949.

［25］Fama E F，"The Behavior of Stock Market Prices"，Journal of Business，1965（1）：34–105.

［26］Faugere C and Shawky H A，"Volatility and Institutional Investor Holdings in a Declining Market：A Study of NASDAQ during the Year 2000"，Journal of Applied Finance，2003（2）：32–42.

［27］Friedman M，"The Case for Flexible Exchange Rates：In Essays in Positive Economics"，Chicago：University of Chicago Press，1953.

［28］Greenwald B and Stiglitz J E，"Information，Finance and Markets the Architecture of Allocative Mechanisms"，Industrial and Corporate Change，1992（1）：37–63.

［29］Hryckiewicz A，Pension Reform，Institutional Investors Growth and Stock Market Development in the Developing Countries：Does it Function?，National Bank of Poland Working Paper，No.67，2009.

［30］Iglesias A，"Pension System Reform and the Evolution of Capital Markets：The Chilean Experience"，In Km B Staking（ed），"Policy–Based Finance and Market Alternatives；East Asian Lessons for Latin America and the Caribbean"，Washington D.C.：Inter–American Development Bank，1997.

［31］Impavido G，Musalem A R，Contractual Savings，Stock and Asset Markets，World Bank Publications Number 2490，2000.

［32］Impavido G，Musalem A R and Tressel T，"The Impact of Contractual Savings Institutions on Securities Markets"，Research Working Paper，2003（1）：1–28.

［33］Impavido G，Musalem A R and Tressel T，Contractual Savings，Capital Market and Firm's Financing

Choices, World Bank Policy Research Working Paper 2612, 2001.

[34] Jiao Y Ye, "Public Pension Fund Ownership and Firm Performance", Journal of Banking and Finance, 2015, 60 (11): 138–152.

[35] Jorge E Roldos, Pension Reform, Investment Restrictions and Capital Markets, IMF Policy Discussion Paper, September 2004 : 1–6.

[36] Juan Yermo, The Contribution of Pension Funds to Capital Market Development in Chile, Oxford University and OECD, 2005.

[37] Kaniel R, Saar G and Titman S, "Individual Investor Trading and Stock Returns", The Journal of Finance, 2008 (1): 273–310.

[38] Kim H S, Spillover Effects of Pension Funds on Capital Market—The Mechanism and Preconditions, Bank of Korea Working Paper, 2010.

[39] Kim S Byun H S, Lee E J, "Does 'Vote No' Change Corporate Governance and Firm Value? Evidence from the Shareholder Activism of the Korean National Pension Service", Emerging Markets Finance and Trade, 2014, 50 (5): 42–59.

[40] Lakonishok J, Shleifer A and Vishny R W, "The Impact of Institutional Trading on Stock Prices", Journal of Financial Economics, 1992 (1): 23–43.

[41] Liang R and Bing L, "Management of UK Pension Funds and Financial Market Development : 1970–2008", In 2010 International Conference on Information Management, Innovation Management and Industrial Engineering (ICIII), 2010 (4): 594–598.

[42] Lipson M and Puckett A, Volatile Markets and Institutional Trading, Unpublished Working Paper in University of Missouri, 2007.

[43] Max Alier and Dimitri Vittas, Personal Pension Plans and Stock Market Volatility, Policy Research Working Paper 2463, 2000 : 3.

[44] Merton R C and Bodie Z, "A Conceptual Framework for Analyzing the Financial Environment", Harvard Business School Press, 1995 : 3–31.

[45] Michael J Brennan, Ashley W Wang and Yihong Xia, "Estimation and Test of a Simple Model of Intertemporal Capital Asset Pricing", The Journal of Finance, 2004 (4): 1743–1773.

[46] Olivares J A, Investment Behavior of the Chilean Pension Funds, Financial Management Association European Conference Paper 360419, 2005.

[47] Pagano M and Volpin P, "Shareholder Protection, Stock Market Development and Politics", Journal of the European Economic Association, 2006 (2–3): 315–341.

[48] Perino M, "Institutional Activism through Litigation : An Empirical Analysis of Public Pension Fund Participation in Securities Class Actions", Journal of Empirical Legal Studies, 2012, 9 (2): 368–392.

[49] Raddatz C and Schmukler S, Pension Funds and Capital Market Development, World Bank Policy Research Working Series, 2008.

[50] Raisa M L, Spillover Effects of Pension Funds on Capital Markets : the EU–15 Countries Case, Annals–Economy Series, Constantin Brancusi University : Faculty of Economics, 2012 : 164–170.

[51] Rezk E, Irace M, Ricca V, Pension Funds' Contribution to the Enhancement of Aggregate Private Saving : A Panel Data Analysis for Emerging Economies, Working Paper, 2019.

[52] Robert Merton and Kenneth Zvi Bodie, A Conceptual Framework for Analyzing the Financial Environment in the Global Financial System : A Functional Perspective, Boston : Harvard Business Press, 1995.

[53] Rocholl J and Niggemann T, Pension Funding and Capital Market Development, Working Paper, Available at SSRN 1571126, 2010.

[54] Sanchez, Eugenio Camus–Fernando, AFP : A Three–Letter Revolution, Santiago : CIEDESS, 1998.

[55] Shleifer Andrei and Robert W Vishny, "A Survey of Corporate Governance", Journal of Finance, 1997 (52): 737–783.

[56] Singh A, "Pension Reform, the Stock Market, Capital Formation Economic Growth : A Critical Commentary on the World Bank's Proposals", International Social Security Review, 1996 (3): 21–43.

[57] Solange M Berstein and Rómulo A Chumacero, "Quantifying the Costs of Investment Limits for Chilean

Pension Funds", The Journal of Applied Public Economics, 2006, 27 (1): 99–123.

[58] Taro Niggemann and Jörg Rocholl, Pension Funding and Capital Market Development, 2010, Available at http://citeseerx.ist.psu.edu/.

[59] Victoria Bomba, Pension Fund and Capital Markets, A thesis, 2000: 72.

[60] Vito Nattella, Pension Funds and The Securities Markets, US Securities and Exchange Commission 122nd Annual Meeting, Nov 26, 1962: 10–23.

[61] Vittas D, Pension Reform and Capital Market Development: "Feasibility" and "Impact" Preconditions, World Bank Policy Research Working Paper 2414, Washington DC: The World Bank, 2000.

[62] Voronkova S and Bohl M T, "Institutional Traders' Behavior in an Emerging Stock Market: Empirical Evidence on Polish Pension Fund Investors", Journal of Business Finance & Accounting, 2005 (7–8): 1537–1560.

[63] Walker E and Lefort F, "Pension Reform and Capital Markets: Are There Any Hard Links?", Revista-Abante, 2002 (2): 77–149.

[64] World Bank, "Handbook on Economic Analysis of Investment Operations", World Bank Operations Policy Department Learning and Leadership Center, 1996 (2): 1–54.

[65] Zurita F, "Are Pension Funds Myopic?", Catholic University of Chile: Revista de Administración y Economía, 1999 (39): 13–15.

中文文献：

[1] 董克用、张栋：《中国养老金融：现实困境、国际经验与应对策略》，《行政管理改革》2017 年第 8 期，第 16–21 页。

[2] 董利、姚勇：《养老金投资与金融市场发展》，《中国金融》2006 年第 8 期，第 44–45 页。

[3] 陈旭明、吴庆涛：《关于基本养老基金市场化运作的几点思考》，《清华金融评论》2015 年第 9 期，第 85–92 页。

[4] 封进：《养老基金入市，如何为其设置"安全锁"》，《人民论坛》2017 年第 1 期，第 84–85 页。

[5] 封铁英、李梦伊：《金融危机背景下养老基金与资本市场的互动效应及启示》，《统计与决策》2010 年第 9 期，第 124–126 页。

[6] 樊纪伟：《养老金入市中的法律问题研究》，《学术交流》2013 年第 9 期，第 61–65 页。

[7] 和春雷：《养老金的投资营运与保值增值》，《经济体制改革》1998 年第 4 期，第 29–33 页。

[8] 何晓霞、刘颖飞：《浅析养老基金与资本市场的互动关系——推动养老基金与资本市场的和谐发展》，《金融经济》2008 年第 16 期，第 21–22 页。

[9] 胡月晓：《养老金资产的投资组合与现实环境因应》，《重庆社会科学》2012 年第 5 期，第 22–29 页。

[10] 何雅婷：《养老基金与资本市场互动关系的实证研究——基于传导机制的视角》，《西南农业大学学报（社会科学版）》2013 年第 11 期，第 6–11 页。

[11] 焦红丽：《当前我国养老保险基金投资面临的风险及防范路径的选择》，《中国经贸导刊》2010 年第 1 期，第 90 页。

[12] 静毅男、刘云龙：《发展养老基金与资本市场国际化》，《中国金融》2010 年第 4 期，第 78–79 页。

[13] 金维刚：《养老保险基金投资走向市场化》，《中国金融》2015 年第 18 期，第 35–36 页。

[14] 孔令峰、黄乾：《美国养老基金参与公司治理的实践对我国的借鉴》，《经济经纬》2004 年第 2 期，第 89–92 页。

[15] 凌文豪、袁双双：《关于我国养老基金投资的若干思考》，《平顶山学院学报》2016 年第 6 期，第 82–88 页。

[16] 李绍光：《养老金基金的投资及管理——国内理论探讨与实践综述》，《经济社会体制比较》2001 年第 1 期，第 19–24 页。

[17] 李玉娇：《中国养老金入市：是政策理性还是利益博弈？——从"委托－代理"视角探析养老金入市风险及管控机制》，《当代经济管理》2016 年第 5 期，第 83–90 页。

[18] 林义：《养老基金与资本市场互动发展的制度性约束》，《社会保障研究》2005 年第 1 期，第 90–96 页。

[19] 林义：《养老基金与资本市场互动发展的制度分析》，《财经科学》2005 年第 4 期，第 90–96 页。

[20] 李全利：《社会保险基金与资本市场的互动路径探究》，《鸡西大学学报》2015 年第 5 期，第 82–85 页。

[21] 李毅、周仙：《智利养老保险基金对资本市场的推动作用》，《拉丁美洲研究》2006 年第 6 期，第 65–

71 页。

［22］李珍、杨玲：《养老基金制度安排与经济增长的互动——以美国为研究对象》,《金融研究》2001 年第 2 期，第 101-106 页。

［23］李珍、刘子兰：《我国养老基金多元化投资问题研究》,《中国软科学》2001 年第 10 期，第 4-8 页。

［24］李振文：《金融危机对拉美国家私营养老金的影响及经验启示》,《社会保障研究》2012 年第 3 期，第 42-51 页。

［25］李湛：《养老保险基金与资本市场的互动关系的理论和实证研究》,《金融与经济》2007 年第 5 期，第 50-53 页。

［26］梅瑞江：《社会养老金改革与我国资本市场发展研究》,《河南社会科学》2006 年第 1 期，第 90-92 页。

［27］彭鸣、李密：《论养老保险基金与资本市场》,《商场现代化》2007 年第 01Z 期，第 177-178 页。

［28］祁斌、高小真、查向阳、李东平和孙博：《应推进养老金改革与资本市场发展的良性互动》,《决策探索（下半月）》2014 年第 3 期，第 69-70 页。

［29］马志新、张雯涵：《养老金投资资本市场的风险及监管研究》,《经营与管理》2019 年第 9 期，第 23-27 页。

［30］马冰：《养老保险基金进入资本市场问题研究》,《河北金融》2006 年第 4 期，第 60-63 页。

［31］马勇、张阳：《养老基金与资本市场互动关系研究：实证及基于中国的具体分析》,《重庆社会科学》2004 年第 1 期，第 31-34 页。

［32］苏罡：《发挥养老金长期资金优势，推动价值投资实践》,《清华金融评论》2019 年第 2 期，第 44-45 页。

［33］谭浩俊：《养老金须尽快实现增值》,《经济研究参考》2015 年第 30 期，第 33 页。

［34］唐钧：《“养老基金入市”的困惑和解惑》,《社会观察》2015 年第 10 期，第 28-30 页。

［35］田伟：《对养老保险基金投资资本市场的思考》,《福建金融》2007 年第 7 期，第 48-50 页。

［36］谭中和：《我国养老金投资重点应是实体经济》,《中国经济周刊》2015 年第 26 期，第 82-83 页。

［37］尚正：《积极稳妥进入资本市场是基本养老金保值增值重要途径》,《证券时报》2012 年 2 月 29 日。

［38］肖波：《专家解析社保基金受托广东千亿养老金：养老金入市将与资本市场形成良性互动》,《证券时报》2012 年 3 月 12 日第 A5 版。

［39］王洪良、周厚强：《中国养老金入市资产配置实证研究》,《黑龙江八一农垦大学学报》2017 年第 3 期，第 122-126 页。

［40］王立新、王娴：《养老金制度与金融发展》,《金融研究》1998 年第 3 期，第 27-32 页。

［41］魏加宁：《养老保险与金融市场：中国养老保险发展战略研究》，中国金融出版社 2001 年版，第 183-206 页。

［42］万解秋、贝政新、黄晓平：《社会保障基金投资运营研究》，中国金融出版社 2003 年版，第 163-245 页。

［43］王信：《关系型投资：美国养老基金的新变化》,《证券市场导报》1998 年第 7 期，第 23-28 页。

［44］夏荣静：《关于我国养老基金投资的探讨综述》,《经济研究参考》2012 年第 54 期，第 44-52 页。

［45］尹志宏：《养老金改革模式选择及其金融影响》，中国财政经济出版社 2000 年版，第 74-76 页。

［46］杨爱兵：《我国养老保险基金投资运营对策研究》,《经济纵横》2005 年第 4 期，第 28-30 页。

［47］于瑾：《我国个人账户养老保险基金的资产配置》,《中国金融》2004 年第 19 期，第 45-46 页。

［48］谢瑞琪：《中国社保制度改革与资本市场的发展》,《中国保险》2017 年第 10 期，第 54-59 页。

［49］叶檀：《养老金入市：民生保障至关重要》,《大众理财顾问》2012 年第 4 期，第 19 页。

［50］杨晓胜、张旺清：《养老基金应谨慎进入资本市场》,《经济与管理》2006 年第 6 期，第 56-58 页。

［51］杨燕绥：《基本养老保险基金市场化投资是必然》,《中国人力资源社会保障》2015 年第 9 期，第 31-33 页。

［52］许漛方、钱源：《基本养老保险基金投资资本市场的条件已基本成熟》,《中国社会保障》2012 年第 8 期，第 41-42 页。

［53］于莹：《美国 401（k）计划法律构造研究——兼论对中国养老金入市的启示》,《社会科学战线》2013 年第 9 期，第 159-163 页。

［54］于治国：《提高我国养老金收益率的建议》,《统计与决策》2008 年第 11 期，第 145-147 页。

［55］郑秉文：《养老金保值增值须改革投资体制》,《中国证券报》2012 年 1 月 20 日第 A4 版。

［56］郑秉文：《全国社会保障基金理事会管理体制

的转型与突破——写在基本养老基金投资进入市场之际》，《辽宁大学学报（哲学社会科学版）》2017 年第 3 期，第 1-25 页。

［57］郑秉文、房连泉：《智利养老金改革 25 周年：养老金投资与资本市场》，《国际经济评论》2006 年第 6 期，第 57-60 页。

［58］郑军、孙广彪、田家莉：《我国养老保险基金投资运营问题探讨》，《华北科技学院学报》2014 年第 4 期，第 104-108 页。

［59］张国平：《我国养老基金进入资本市场的战略选择》，《经济问题》2005 年第 8 期，第 11-13 页。

［60］张哲、李秀娟、张立楠：《浅析养老保险基金与资本市场的关系》，《黑龙江对外经贸》2006 年第 6 期，第 113-114 页。

［61］张健：《养老金制度改革与资本市场的完善》，《上海金融》2006 年第 9 期，第 47-49 页。

［62］张立富：《养老保险基金投资的新发展及其风险控制》，《生产力研究》2003 年第 3 期，第 69-70 页。

［63］朱铭来、季成：《养老金投资对资本市场的影响研究——基于 OECD 国家面板数据的实证分析》，《中国物价》2015 年第 3 期，第 40-43 页。

［64］曾显荣：《养老基金入市与公司治理机制的变迁：美国经验与中国实践》，《生产力研究》2006 年第 3 期，第 177-179 页。

［65］张旭华：《养老基金与资本市场的关系研究》，《宁夏大学学报（人文社会科学版）》2006 年第 1 期，第 103-104 页。

［66］支燕：《养老基金与资本市场的融合和互进》，《资本市场》2003 年第 2 期，第 16-19 页。

［67］张伊丽：《日本公共养老基金的投资运营研究》，《现代日本经济》2017 年第 4 期，第 51-54 页。

［68］张宇润：《论养老金股市价值投资的法理根据》，《学术界》2017 年第 4 期，第 96-106 页。

［69］左永刚：《股市还需正能量：养老金与资本市场如何良性互动》，《证券日报》2013 年 1 月 9 日第 A03 版。

［70］周小川、王林：《企业社会保障职能的独立化》，《经济研究》1993 年第 11 期，第 15-22 页。

分报告二
养老基金分类

一、养老基金简介

（一）养老基金制度的出现与发展

在养老基金制度的产生、发展和改革过程中，西方主流经济学在很大程度上起到了重要的导向作用，伴随着影响最大的国家干预主义思潮和经济自由主义思潮两个思潮的发展，养老基金制度的发展主要分为以下三个阶段：

第一阶段（19世纪初至20世纪60年代末），是养老金制度发展的萌芽时期。这一时期，随着工业革命的发展，生产方式逐步社会化，社会分工也日益明确，家庭养老功能逐步弱化，催生了社会化的养老方式的诞生。同时这是国家干预主义思潮占据主流的时期，其中最著名的代表流派就是德国的新历史学派，该学派主张国家直接控制经济生活，负起文明和福利的职责。因此这一时期，公共养老金制度迅速产生和发展，以德国1889年建立的公共养老金计划为诞生标志，在国家干预主义思潮的影响下，国家主导的养老金制度在全世界范围内建立起来。

第二阶段（20世纪70年代至20世纪末），是养老金制度发展的波动时期。这一时期，随着20世纪70年代世界经济出现滞胀，凯恩斯国家干预主义束手无策，推动新自由主义逐步兴盛起来。在新自由主义的影响下，国家主导的公共养老金制度受到压制，养老金私有化的呼声日益高涨，实行养老金私有化成为越来越多国家的改革方向。

第三阶段（20世纪末至今），是养老金制度发展的完善时期。这一时期，在经济自由主义和国家干预主义养老金思想一直没有达到调和的同时，主张建立起个人与集体的共同责任，实行积极的福利，由政府与其他主体（包括企业和个人）通过合作来共同提供养老机制度的“第三条道路”思潮流行开来，越来越多的国家采用这种模式，形成了一个由国家、社会和个人的多主体参与，财政、企业、个人的多渠道筹资，公共管理、私人管理以及企业与个人决策的多元化管理，包括公共养老金和私人养老金的多样化养老金发展模式。

（二）养老基金的定义与分类

养老基金全称为养老保险基金，是为兴办、维护和发展养老保险事业而储备的专项基金，主要用于保障退出社会劳动后的老年人的基本生活，属于专用基金，具有社会性、储蓄型和互助性，是各国养老保险制度的主要实现手段。按照发起人的不同，可以分为政府主导的公共养老金和市场主导的私人养老金。

公共养老金，由政府公共部门发起建立并管理，具有强制性，政府对公共养老金计划往往要承担直接的财政责任，是政府社会管理责任的重要体现。公共养老金主要包括两部分：缴费型主权养老基金和储备型主权养老基金（Public Pension Reserve Fund，PPRF），其中缴费型主权养老基金是由政府或社保部门建立的支撑现收现付的公共养老基金，资金主要来源于参保者的保费，采取部分积累制；储备型主权养老基金是由政府直接建立，资金主要来源于政府财政和各类自然资源储备，目的在于应对现收现付公共养老金制度带来的财务冲击，通过基金积累的方式预先筹措一笔资金以实现养老保险制度的长期动态平衡，采取完全积累制。

私人养老金，是同公共养老金相对而言的，其举办主体是私人部门，包括企业个体、企业联盟、工会以及经政府批准的金融中介机构（包括银行、保险公司、养老金管理公司等），根据国际经验，具有强制性、准强制性和自愿性等不同类别。各种职业养老金、企业年金、个人养老金等都属于私人养老金的范畴。通常来讲，政府对于私人养老金不承担直接的或最后的财政责任，但政府对私人养老金负有监管责任。私人养老金通常采取的是完全积累的融资方式，同资本市场有着密切的联系，其建立的目标是补充公共养老金的不足。

养老基金的运行主要分为三种模式：一是 DB 待遇确定型现收现付制，二是 DC 缴费确定型完全积累制，三是混合制。第一种是 DB 待遇确定型主要是用当代工作的一代人上缴的保险费来立即支付当今退休一代人养老金的基本融资制度，保险费集合起来由国家统一调配，一般来说是有节余的，这笔节余就叫作“社保基金”。中央政府为了减少支付压力，将之投资于某种金融工具，给付标准与职工的工作生涯相关。目前，世界上绝大多数发达国家都采用了这种模式，如芬兰、瑞士、波兰、加拿大等。第二种是 DC 缴费确定型，主要有两种形式：一是智利等多个拉丁美洲国家采用的形式，即个人缴费在自己的账户里，国家提供投资基金，由个人决定投资组合，基金管理人负责运营，给付水平取决于缴费余额与投资收益，与国家无关；二是“中央公积金制”，即在给付上是 DC 型，但具体的基金运作由国家负责。第三种是混合制，即半积累制，也称为“名义账户制”，具体指采用 DB 型的融资方式，用当代就业者的缴费支付当前退休的一代，但在给付方面是待遇确定型的，将缴费与给付结合在一起，这种模式既有现收现付制的优势，又兼具积累制的优点，目前我国城镇基本养老保险制度采取的就是这种模式。

二、各类养老基金与资本市场

（一）全球养老基金体系简介

世界银行在 1994 年出版的《防止老龄危机——保护老年人及促进增长的政策》中首次提出公共养老金计划（第一支柱）、职业养老保险计划（第二支柱）和个人储蓄计划（第三支柱）“三支柱”的概念。2005 年世界银行又提出“零支柱”和“第四支柱”的概念，将“三支柱”扩展为“五支柱”。但总体来看，为建立一个既公平又兼顾效率的养老金体系，大多数国家都重塑国家、社会和个人多方责任共担的社会保险理念，建立起了“三支柱”的养老金体系，即政府主导的现收现付的第一支柱公共养老金（Public Pension），政府支持、雇主主导的第二支柱职业养老金（Occupational Pension），以及国家税收优惠，劳动者个人主导的第三支柱个人养老金（Individual Pension）。其中，由于职业养老金和个人养老金大多以储蓄型个人账户的形式存在，所以也称为私人养老金（Private Pension）。从 OECD 国家养老金替代率的角度看，各国第一支柱养老金的平均替代率为 22%，目标是为防范贫困而做的制度性安排；第二支柱养老金在 34 个 OECD 国家中平均替代率为 53%，有 17 个 OECD 国家的第二支柱积累型养老金是强制性或者准强制型的，另外 8 个自愿型国家的覆盖率也超过 40%；第三支柱是自愿性的储蓄型养老金，有 19 个 OECD 国家提供了税优政策[①]。在多支柱养老金体系的作用下，这些国家在养老金体系的公平性、充足性和可持续性方面都取得了良好的成绩。2020 年墨尔本美世全球养老金指数显示，荷兰养老金以总体指数 82.6 位居第一，第二位和第三位分别是丹麦和以色列，指数值分别为 81.4 和 74.7。

当然，也有一些国家比较特殊，养老金体系完全依赖公共养老金制度或者私人养老金制度。在养老金体系高度依赖第一支柱的国家如希腊，近年来的财政危机与公共养老金入不敷出有很大的关系。曾经在 20 世纪 80 年代改革中推行个人储蓄型养老金的智利，也遇到了问题，近年来不得不重建政府主导的第一支柱养老金。实践证明，单纯强调公共养老金的过度公共化趋势和只注重私人养老金发展的过度市场化趋势都存在问题，都会带来公平和效率不可协调的矛盾。

（二）不同类型养老基金投资的基本特点

公共养老金与私人养老金因其收入来源、制度定位、运营模式等存在不同，在资本市场上的管理模式和投资特点也是不同的，如表 2-1 所示。

表 2-1 不同类型养老基金的投资特点

	公共养老金	私人养老金
投资理念	由于现收现付制压力和保证流动性的需要，公共养老金投资偏好较为保守，政府监管非常严格。 主要发达国家的公共养老金投资理念主要有两类：①在给定风险水平的前提下追求投资收益的最大化，如加拿大和瑞典；②在给定收益率目标下追求风险最小化，如日本	私人养老金由于采取完全积累制，投资对于流动性的要求相对较小，因此相比于公共养老金，私人养老金投资操作限制较少，国家监管相对较弱一些，鼓励更加多元化和市场化的投资方式

① 董克用、张栋：《公共养老金和私人养老金：制度分野、国际经验与启示》，《清华金融评论》2017 年第 S1 期，第 75–79 页。

续表

	公共养老金	私人养老金
投资目标	保障居民退休后基本生活；提高公共养老金抵抗通货膨胀的能力	提高养老金整体替代率，分担养老支出压力
投资模式	公共养老金的投资大多由特定管理机构集中进行投资管理。 投资主体主要包括：①政府部门。如美国的“联邦社会保障信托基金”；②政府指导下的投资机构，如瑞典的“国民养老基金”；③完全独立于政府部门的投资机构，如智利基本养老保险采取私人化市场型管理模式	私人养老金一般鼓励由各类金融机构市场化、专业化运营，采取行政主导与市场运营相结合的方式。 管理机构主要有两类：第一，专设养老金管理公司；第二，现有金融机构在满足监管要求的前提下提供养老金产品投资管理服务
投资范围及限制	大部分国家公共养老金投资逐渐趋多元化；部分国家公共养老金限定保守、单一的投资品类，如美国和比利时的公共养老金受限智能投资于政府债券。 公共养老金的投资限制重点有两个：一是防止公共养老金直接控制私人企业；二是防止投资过于集中	私人养老金的投资范围较广；多数国家对私人养老金投资的权益资产设置上限，部分国家根据养老计划类别设置不同的投资上限。 在投资地域上，虽然各国普遍对境外投资实行了某种形式的限制，但极少国家完全禁止境外投资

资料来源：笔者整理。

在养老基金与资本市场的互动关系上，通过引入长期投资资金和进行专业化的投资，养老金能够发挥促进金融市场的稳定性、提高资本市场的运行效率、改善资本市场结构等作用。在全球范围看来，相对于公共养老金而言，私人养老金在资本市场上发挥的作用更大，私人养老金较发达的国家往往也拥有更为发达、成熟的股票市场。在 2017 年私人养老金规模占本国 GDP 比重超过 100% 的八个 OECD 国家中，除丹麦、冰岛和英国缺乏数据之外，其余五国当年国内上市公司市值占 GDP 比重也均在 100% 以上。以智利为例，1981 年智利确立以个人投资账户为基础的私人养老金制度时，其国内上市公司市值仅为 GDP 的 26.6%，资本市场基础薄弱；到了 2017 年，当智利私人养老金规模占 GDP 比例为 72% 时，股票市值与 GDP 之比也提升到 106.35%①。此外，衡量金融市场深度的重要指标之一“M7−M1”在私人养老金计划推出后也得到了长足发展，从 1981 年占 GDP 的 27.7% 增长到 2000 年的 87.5%②。这主要是因为，私人养老金采用完全积累制，相对于公共养老金而言，面对的现收现付制压力较小，因此进入资本市场时，投资时间较长，所受限制相对较小，能够最大限度地发挥保值增值的投资作用，因此对金融市场发展的推动作用更为明显。

（三）全球养老基金投资情况简介

从资产规模角度看，全球养老金资产规模呈稳步增长态势。根据 OECD 数据，2009~2018 年，全球积累制公共养老金和私人养老金资产规模从 23.5 万亿美元增长至 42 万亿美元，年化增长率为 6.7%。在占 GDP 的比重上，2018 年 OECD 按各国 GDP 加权的平均养老金资产与 GDP 之比为 82.3%。同期，全球公共养老储备基金达 6 万亿美元，OECD 国家公共养老储备基金平均占 GDP 的 14%。从不同的国家和地区角度看，欧美国家占据绝对的主导地位。截至 2018 年，全球养老基金资产规模最大的六个国家依次是美国、英国、加拿大、澳大利亚、荷兰和日本，这六个国家的养老基金合计管理资产高达 37.7 万亿美元，占全球比重达到 90%。其中，美国养老金资产规模在全球占比超过六成，约为 27.5 万亿美元；在 GDP 占比排名上，丹麦养老资产占 GDP 比重最高，达 198.6%；荷兰其次，占 GDP 比重为 173.3%；冰岛排在第三，占 GDP 比重为 161%③。

从资产配置角度看，全球养老金资产配置越来越多元化，广泛配置于权益、固定收益、现金或存款、另类资产（房产、私募股权基金等）等各大类资产。在储备型公共养老金和私人养老金的资产配置中，过去 20 年间，OECD 国家 TOP7 市场中权益类资产的配置比例从 57% 下降至 46%，固定收益类资产的配置比例从 35% 下降至 27%，而另类资产（房地产、基础设施、私募股权基金、对冲基金和大宗商品等）的配置比例从 4% 大幅增加至 25%。同

① OECD，Pensions at a glance 2017，Chapter 8，Private Pensions and Public Pension Reserve Funds：Assets in Private Pension Plans and Public Pension Reserve Funds in OECD Countries and Other Major Economies，Latest Year Available，2019：155–156.

② 中国基金业协会：《公共养老金与私人养老金投资的国际经验研究》，https：//www.sohu.com/a/333247176_658654。

③ OECD，Pensions at a glance 2019，Chapter 9，Finances of Retirement–income Systems：Public Expenditure on Pensions，2019：193–196.

时不同国家年养老金的配置偏好有较为明显的差异：①部分金融市场成熟的国家或地区，权益类的配置较高，如美国（50%）、澳大利亚（49%）、英国（47%）、加拿大（45%）；②部分国家如日本、荷兰，由于对养老金投向有较为严格的规定，因而主要配置于票据和债券。而在储备基金的资产配置中，各国主要以固定收益和股票等传统资产为主，如 2017 年，挪威政府养老基金将其 60.9% 的资产投资于权益类资产，35.6% 的资产投资于固定收益资产；瑞典 AP 基金的组合构成约为 46% 的权益类资产和 33% 的固定收益资产；魁北克养老金分别持有 47.2% 的权益类资产和 20.3% 的固定收益资产。

从投资回报率角度看，在较长时间内（5 年、10 年或 15 年），绝大部分国家的养老金取得了正的投资收益。在积累制公共养老金和私人养老金的收益率上，2018 年，OECD 国家养老金计划的平均实际收益率（扣除通货膨胀率）为负值（–3.2%），31 个报告国中，有 26 个国家的养老金计划遭受投资损失。在过去 15 年中，加拿大养老基金的实际投资回报率最高，为 4.8%；其次为澳大利亚，为 4.7%。相比之下，捷克的实际平均年收益率接近 0%，爱沙尼亚（–0.7%）和拉脱维亚（–1.0%）则为负值。而 2018 年储备基金的表现略好于积累制公共养老基金和私人养老金，平均实际收益率为 1.9%，且较长时间内，所有报告的储备基金名义平均年收益率和实际平均年收益率均为正值[①]。

从公共养老储备基金的运作角度看，除去美国、西班牙、比利时、保加利亚、墨西哥这五个国家外，其他国家基本都实现了市场化运作。值得注意的是，作为绝对主力的美国的公共养老基金并没有入市，而是仅能投向债券类资产。这是由于美国的养老金市场三支柱体系已完全成熟，可入市的私人养老基金规模庞大，对公共养老基金入市操作进行保值增值的需求并不强烈。

三、中国养老基金

我国现行养老金制度体系包括三个层次：第一层次是国家主导的基本养老保险制度，包括城镇企业职工基本养老保险和城乡居民基本养老保险；第二层次是单位主导的职业养老金制度，包括企业年金和职业年金；第三层次是个人主导的个人自愿参加的税延养老金制度。与三支柱养老保险相对应，养老基金有三个组成部分，即基本养老保险基金、企业补充养老保险基金以及个人储蓄养老保险基金。

如表 2–2 所示中美养老金结构对比，中美养老金均由三支柱构成，但美国以第二、三支柱养老金为主，而我国养老金呈现出第一支柱占绝对主导地位，第二支柱覆盖面较低，第三支柱规模尚小、处于发展初期的特点。与美国相比，我国三支柱养老金的发展并不均衡，面临着较大的财政负担。

表 2–2 中国与美国养老金结构对比（2019 年底）

名称		第一支柱公共养老金	第二支柱职业养老金	第三支柱个人养老金	合计
		基本养老保险基金	企业年金 + 职业年金	个人税延养老金	
中国	规模（万亿元）	6.29	2.51	0	8.8
	占养老金资产比重（%）	71.5	28.5	0	100
美国	规模（万亿美元）	4.3	17	11	32.3
	占养老金资产比重（%）	13.3	52.6	34.1	100

资料来源：《2019 年度人力资源和社会保障事业发展统计公报》，http：//www.caoss.org.cn/sbnr.asp?id=1917；美国社保署网站：《2019 年度养老金发展数据统计》，https：//www.ssa.gov/policy/docs/statcomps/supplement/2019/index.html。

（一）基本养老保险基金

基本养老保险基金是由政府以缴费的方式强制筹集，用于保障劳动者晚年基本生活需要的保险基金。基本养老保险基金实行省级统筹，由中央统一管理，具体指各省收缴的养老保险金纳入社会保障账户，并统一委托给国务院授权的基金委托管理机构全国社保基金理事会进行管理。

1. 简介

在构成上，主要包括社会统筹基金、个人账户基金以及社保储备基金三部分。社会统筹养老基金，是社会保险经办机构依照我国现行法律，负责将养老保险基金统一

① OECD，Pensions at a glance 2019，Chapter 9，Finances of Retirement–income Systems：Investement Performance，2019：214–216.

进行征收、管理，用于支付基础养老金；个人账户养老基金，是通过强制性征缴，进入社会保险经办机构开设的个人账户，用于支付个人账户养老金；社保储备基金，也称为全国社会保障基金，是国家社会保障储备基金，专门用于人口老龄化高峰时期的养老保险等社会保障支出的补充、调剂。

在资金来源上，社会统筹养老基金来自用人单位按照国家规定的本单位职工工资总额的比例缴纳基本养老保险费费用；个人账户养老基金来自职工按照国家规定的本人工资的比例缴纳基本养老保险费费用；社保储备基金来自中央财政预算拨款、国有资本划转、基金投资收益和国务院批准的其他方式筹集的资金。

在筹资机制上，我国基本养老保险制度已由现收现付制发展为社会统筹管理与个人账户相结合。划入社会统筹账户的部分即社保统筹基金利用当前职工和居民的缴费收入支付当期退休人员养老金，属现收现付制；个人账户基金按个人工资缴费基数的 8% 划拨形成的本息和，采用基金积累制。

在资金规模与占比上，《2019 年度人力资源和社会保障事业发展统计公报》显示，截至 2019 年末，全年基本养老保险基金总收入 57026 亿元，相比上年基金总收入增加了 2021 亿元，同比增长 3.7%；总收入中包括城镇职工基本养老保险基金收入 52919 亿元，城乡居民基本养老保险基金收入 4107 亿元。基金总支出 52342 亿元，其中城镇职工基本养老保险基金支出 49228 亿元，城乡居民基本养老保险基金支出 3114 亿元。基本养老保险基金累计结余 62873 亿元，相比上年增加了 4721 亿元，同比增长 8.1%；总结余包括：城镇职工基本养老保险基金累计结余 54623 亿元，城乡居民基本养老保险基金累计结余 8249 亿元。同期储备基金全国社会保障基金规模已达 2.24 万亿元，约占基本养老保险累计结存的 40%。

2. 基本养老保险基金与资本市场

我国基本养老保险基金由全国社会保障基金理事会负责管理投资运营，社保基金会主要受托管理的基金有：全国社保储备基金、做实个人账户中央补助金、部分企业职工基本养老保险资金、基本养老保险基金和划转的部分国有资产。

（1）投资理念、方式和范围。

投资理念：基本养老保险投资要体现政府责任，在保证资金绝对安全的前提下进行保值增值投资，相对于其他养老保险基金投资，投资偏好较为保守，政府监管严格。

投资方式：我国基本养老保险基金实行中央集中运营、市场化投资运作。社保基金会采取直接投资与委托投资相结合的方式开展投资运作，其中直接投资由社保基金会直接管理运作；委托投资由社保基金会委托投资管理人管理运作。

投资范围及限制：在投资范围上，基本养老保险基金限于境内投资。范围包括：银行存款、国债等金融产品；股票基金、混合基金、股票型养老金产品；国家重大工程和重大项目建设可以适当参与投资；国有重点企业改制、上市，养老基金可以依据相关要求进行股权投资，投资于国家重大项目和重点企业股权。在投资比例上，一是在股票、股票基金以及混合基金和股票型养老金产品上的配置比重不能够超出资产净值的 30%；二是在协议存款（期限在 1 年以上）以及债券等具有固定收益特征产品上的配置比重不能够超出资产净值的 135%；三是在活期存款以及货币市场基金等安全性资产上的配置比重不能够低于 5%。

投资特点：基本养老保险投资最主要的特点是要保证风险可控、资产安全。基础养老金由于主要用于当期养老金的发放，面临着现收现付制的压力，因此为了保证其流动性，主要投资于银行活期和短期存款；而个人账户养老金，采取基金积累制，由于存储时间比较长，因此采取行政主导与市场运营相结合的办法进行投资运作，实现保值增值。

因此，总结来说，基本养老保险投资有以下三个特征：①采用信托治理模式。②运用直接与委托资产配置相统一的组合方式。③适用审慎的资产配置方式。

（2）资产规模及投资收益率。

如表 2-3 所示，截至 2018 年末，基本养老保险基金资产总额为 7032.82 亿元，与 2017 年的 3155.19 亿元相比，增加了 3877.63 亿元。其中包括直接投资资产 2456.13 亿元，占基本养老保险基金资产总额的 34.92%；委托投资资产 4576.69 亿元，占基本养老保险基金资产总额的 65.08%。

在投资收益上，2018 年实现投资收益 98.64 亿元，相比 2017 年的 87.83 亿元有小幅增加。名义投资收益率为 2.56%，相比 2017 年 5.23% 的名义收益率有所降低。基本养老保险基金自 2016 年 12 月受托运营以来，实现累计投资收益额 186.83 亿元。

表 2-3 基本养老保险投资收益情况一览

单位：亿元

		2017 年	2018 年
资产总额	直接投资	934.69	2456.13
	委托投资	2220.50	4576.69
	共计	3155.19	7032.82
投资收益		98.64	87.83
名义收益率（%）		5.23	2.56

资料来源：全国社保基金理事会官网，历年《全国社会保障基金理事会基本养老保险基金受托运营年度报告》，http：//www.ssf.gov.cn/yljjtzgl/。

（二）职业养老金

职业养老金是我国养老金体系中的第二支柱，由单位主导，包括企业年金和职业年金两大部分。

1. 简介

企业年金基金于 2004 年建立，是企业及其职工在依法参加基本养老保险的基础上，自愿建立的补充养老保险制度所获得的资金以及投资运营的收益。职业年金基金于 2015 年建立，主要包括依法建立的职业年金计划所获得的资金以及其投资运营管理收益，也是建立在已参加基本养老保险的基础之上，本质是机关事业单位的补充养老基金，具有强制性。

在资金来源上，职业年金与企业年金均来自单位缴费和个人缴费。其中，企业年金缴纳比例为企业和职工个人总计不超过本企业上年度职工工资总额的 1/6，缴费每年不超过本企业上年度职工工资总额的 1/12；职业年金缴纳比例为单位工资总额的 8%，个人缴费工资的 4%。在领取方式上，企业年金为工作人员退休后，可一次性领取也可分期领取；职业年金为工作人员退休后，按月领取职业年金待遇。

在运行方式上，企业年金是实账积累，实行完全积累制；通过建立个人账户进行管理，个人账户下设单位缴费子账户和个人缴费子账户，分别记录单位缴费分配给职工个人的部分及其投资收益、职工个人缴费及其投资收益。职业年金也通过建立个人账户方式进行管理，但是采取部分实账积累。具体是指个人缴纳部分实行实账积累；单位缴纳部分中财政全额供款的单位，采取记账方式，非财政全额供款的单位，实行实账积累。

在资金规模上，企业年金：截至 2019 年末，我国设立企业年金计划的企业数量已达 9.6 万家，同比增加了近 8600 家，参与企业年金计划的职工数量达到 2547 万人，覆盖率约 10%。已经积累基金 1.80 万亿元，同比增长 17.7%，实际运作资金达到 1.77 万亿元，同比增长 18%[①]。职业年金：截至 2019 年 5 月，参加基本养老保险的机关事业单位工作人员达 3612 万人，职业年金参加人数达 2970 万，覆盖率为 82%，总结余为 6100 亿元，相比于 2018 年底 4900 亿元的结余有明显增加[②]。职业年金制度的建立，不仅使养老金第二支柱单位养老金的覆盖人群增加了约 4000 万机关事业单位工作人员，而且每年带来的约 1000 亿 ~1500 亿元的固定缴费，极大地充实了第二支柱的储备。

2. 职业养老金与资本市场

企业年金由符合国家规定的养老金管理公司等法人受托机构或者企业年金理事会进行管理（企业年金理事会应当由企业和职工代表组成，也可以聘请企业以外的专业人员参加，其中职工代表应不少于 1/3）；职业年金由集中经办管理职业年金计划的中央国家机关事业单位养老保险管理中心及省级社会保险经办机构管理。企业年金和职业年金都由投管人进行投资管理，目前市场上 22 家投管人主要分为三类投管人：保险类投管人、证券基金类投管人和银行类投管人。

（1）投资理念、方式和范围。

投资理念：企业年金制度于 2006 年开始市场化投资运作。职业年金于 2019 年开始市场化投资运作。企业年金和企业年金投资中都采用专户和产品两种管理模式，遵循谨慎、分散风险的原则对实账积累所形成的年金基金实行市场化投资运营，按实际收益计息。

投资方式：企业年金基金和职业年金基金都采取集中委托直接投资运营的方式，仅限于境内投资。

投资范围：职业养老基金的投资范围主要有以下四大类：①银行存款、中央银行票据；②国债，债券回购，信用等级在投资级以上的金融债、企业债、可转换债（含分离交易可转换债）、短期融资券和中期票据；③商业银行理财产品、信托产品、基础设施债权投资计划、特定资产管理计划；④证券投资基金、股票、股指期货、养老金产品等金融产品。在实际运营过程中，职业养老金的风险偏

① 《2019年全国企业年金基金数据业务摘要》，http：//www.mohrss.gov.cn/SYrlzyhshbzb/shehuibaozhang/gzdt/202003/t20200331_364056.html。

② 中国证券投资基金业协会：《职业年金数据概要》，https：//www.amac.org.cn/researchstatistics/datastatistics/pensiondata/occupational-annuity/201912/t20191227_3963.html。

好相对保守，主要集中在以保值增值为主要目标的稳健型的产品上。

投资特点：与基本养老保险基金投资相比，职业养老金投资具有以下特点：①由金融机构进行专业化、市场化投资管理。职业养老金多由专业的金融机构进行投资和管理，因此市场化程度更高。②波动性。在保证基金安全的前提下，与基本养老保险基金相比，职业养老金一方面投资组合更加多样化，投资配置更加灵活；另一方面，参与主体多样和管理流程负责也使职业养老金投资面临着风险，如投资管理人的道德风险、投资组合风险等。因此，职业养老金受到经济环境变化、运营机构调整、资本市场长期发展态势等因素的影响也较大一些。③长期性。职业养老金投资的一大特点是长期投资。按照企业年金和职业年金管理办法，只有职工到退休才能支取年金，因此职工平均的就业时间就是年金基金投资的周期，全国范围内最高可达 30 多年，最低也有 10 年。因此，相比于基本养老保险基金，职业养老金更加倾向于中、长期投资，更看重长期收益。

（2）资产规模及投资收益率。

截至 2020 年 2 月，我国国内年金资产规模已超过 2 万亿元，是国内资本市场的重要组成部分[①]。

职业年金：我国职业年金市场化运营启动的标志，是 2019 年 2 月 27 日中央国家机关及所属事业单位（壹号）职业年金计划第一笔缴费划入壹号计划受托财产账户。2 月 28 日，该笔资金已通过购买养老金产品的方式入市。该账户由中国人寿养老保险股份有限公司（国寿养老）担任受托人，投资方向为年金管理机构的养老金产品。截至 2020 年 3 月底，已有 30 省份完成职业年金的受托招标工作，24 个省份职业年金资金到账并开始市场化投资运作[②]。

企业年金：如表 2–4 所示，2019 年实际运作企业年金金额为 17689.96 亿元，呈现逐年增加的趋势。在投资收益上，2019 年投资收益为 1258.23 亿元，与前些年相比，有大幅度增加，约为 2016 年到 2018 年三年度投资收益的总和；2013 年到 2019 年七年企业年金市场投资总收益达到 4050 亿元。在收益率上，2019 年加权平均收益率为 8.30%，远高于 2018 年的 3.01% 和 2017 年的 5.00%。2013~2019 年七年间年平均收益率为 6.03%。

表 2–4　2013~2019 年企业年金投资运行情况

年份	实际运作资产金额（亿元）	当年投资收益（亿元）	当年加权平均收益率（%）
2013	5783.60	179.59	3.67
2014	7402.86	581.31	9.30
2015	9260.30	753.91	9.88
2016	10756.22	296.15	3.03
2017	12537.57	560.55	5.00
2018	14502.21	420.46	3.01
2019	17689.96	1258.23	8.30

资料来源：历年《全国企业年金基金数据业务摘要》，人力资源和社会保障部官网，http：//www.mohrss.gov.cn/SYrlzyhshbzb/shehuibaozhang/。

（三）第三支柱养老保险基金

目前我国第三支柱养老保险仍处于起步阶段。2018 年 4 月，财政部、银保监会等五部委联合下发《关于开展个人税收递延型商业养老保险试点的通知》，决定在上海市、福建省（含厦门市）和苏州工业园区实施为期一年的个人税收递延型商业养老保险工作试点。这项政策的出台标志着我国第三支柱养老金正式破冰，成为第三支柱个人养老金发展的一个重要标志。

1. 简介

第三支柱个人养老金是政府依据相关法律法规，通过财税政策支持、引导全体经济活动建立的，适用人群主要指向灵活就业群体，也可以包括具有经济能力的企业职工。

在资金来源上，个人养老金主要来自于个人储蓄，同时政府给予一定程度的税收政策优惠。在已试点个人税收递延型商业养老保险的地区，政府给予的相关税收优惠政策为：个人购买税延养老保险的支出在当月收入的 6% 和 1000 元的限额内进行税前扣除，待领取时再征收个人所得税。与发达国家相比，我国在税收优惠力度仍存在差距。如在美国，个人退休账户税收优惠额度经过多次上调，2016 年 50 岁以下参加者缴费税收优惠额度为 5500 美元，50 岁以上参加者为 6500 美元，约占当年美国人平均年工资的 12%~15%。在运作方式上，政府鼓励个人向专门的个人账户进行缴费，个人根据年龄、工资水平、资产状况等自身实际情况和风险收益特征选择相应的养老金融产品

① 史庭南：《企业年金投资运营管理亟待优化升级》，《金融时报》2020 年 2 月 26 日第 12 版。

② 闫化海：《职业养老金：进入产品化投资时代》，《金融市场研究》2020 年第 4 期，第 63–70 页。

进行投资，以实现养老金资产的保值增值。

截至目前，个人税收优惠型商业养老保险在试点地区取得的成效并不明显。截至 2020 年 4 月末，在试点地区共 4.7 万人投保，缴纳保费仅为 3.03 亿元①。

2. 个人养老金与资本市场

目前，我国第三支柱个人养老金参与资本市场主要是通过个人自愿参加、基金完全积累制并通过市场化投资的方式实现的，但由于实施时间较短、成效不明显等原因，我国个人养老金投资面临着许多问题。如养老金投资策略产品相对较少，目前我国针对个人养老保险，只推出了保险版的个人养老金投资产品，而基金版、银行版以及券商版等系列养老产品发展缓慢。2020 年 1 月印发的《关于促进社会服务领域商业保险发展的意见》也指出，加大鼓励银行、保险、基金及互联网等各类金融机构参与个人养老金投资服务，鼓励推出如税延养老险、养老目标基金、养老理财等具备个人养老金特色的投资产品，扩大个人养老基金的投资范围，丰富养老基金产品类型。同时，并未建立统一的个人账户信息管理平台。构建个人账户信息管理平台，可以与商业银行、保险、信托、基金等各类投资管理机构对接，实现有效的资金管理、投资管理和相应服务，与财政、税务等政府部门数据交换，实现税优账户核验、运营监管、税务稽查，这是促进第三支柱养老金政策的重要措施。此外，免税流程过于复杂，个人办理比较麻烦以及第三支柱养老金缺乏立法与监管等，也是妨碍个人养老金规模扩大与投资力度发展的重要原因。

① 《第三支柱养老金改革停滞　打通账户成关键》，新浪财经网，https://baijiahao.baidu.com/s?id=1667645980144613585&wfr=spider&for=pc。

分报告三
养老基金投资与经济增长

2019 年我国企业基本养老保险基金总收入 37830 亿元，总支出 34631 亿元，当期结余 3199 亿元，累计结余 50869 亿元[①]。面对巨大的基金结余，养老基金如何应对金融风险和通货膨胀，以及实现保值增值对于维持我国养老金计划的稳定和确保基本养老金按时足额发放至关重要。

世界银行早在 1994 年就提出，养老基金投资可以通过深化资本市场发展来促进经济增长。具体而言，养老基金投资规模的扩大，可以通过增加国民长期性储蓄、促进资本市场发展以及提高人力资本投资等因素的传导间接贡献于经济增长。本报告通过回顾各经济学派对于影响经济增长因素的相关论述，将重点介绍国内外学者和机构在养老基金投资与储蓄、资本市场、人力资本关系方面的研究成果。关于养老基金与储蓄的研究，国外学者虽然一致认为养老基金累积的储蓄会成为资本市场和实体经济发展的资金来源，但在不同筹资模式下，养老基金与储蓄的具体关系有所差异；关于养老基金与资本市场的研究，国内外研究认为养老基金和资本市场之间存在良好的互动关系，养老基金在扩充资本市场规模、减少资本市场波动以及刺激金融产品创新等方面有重要作用。同时，资本市场的完善和发展也为养老基金投资和管理提供了良好的平台。关于养老基金和劳动力市场的研究，部分研究侧重从内生经济增长理论为基础分析养老基金对于人力资本和长期经济增长的影响，也有部分研究侧重从劳动力供给、需求和流动与养老基金的关系进行分析。总体上可以得出养老基金投资和经济增长之间存在着良好的互动关系的结论。

一、经济增长的影响因素分析

以亚当·斯密、大卫·李嘉图为代表的古典经济学派认为社会总产出是土地、资本和劳动三者结合的产物，认为资本积累可以促进技术进步和经济增长。凯恩斯却认为资本的积累对经济增长的影响有限，只要消费水平保持在足够高的水平就可以实现充分就业、提高总产出。“二战”后，哈罗德－多马模型在凯恩斯投资－储蓄理论的基础上提出，认为一国的经济增长率取决于资本－产出比率和储蓄率，投资是经济增长的主要动力。索洛－斯旺增长模型提出了三点重要结论：首先，一国的产出主要是由劳动和资本两要素共同决定的；其次，劳动被假定是外生给定的，因此经济增长主要由资本积累的多少决定；最后，储蓄是一国资本和投资的来源。内生经济增长模型则认为经济增长主要来源于资本投入、劳动投入以及全要素生产率的提高。通过梳理经济增长的经典理论和模型可以得出：人力资本投入和资本积累是影响经济增长最主要的因素，技术进步也取决于人力资本投入和资本积累。

（一）储蓄

新古典增长理论将储蓄列入研究经济增长的一个重要变量，储蓄是研究资本积累作用于经济增长的切入点。积累的长期性资本只有在资本市场中通过金融媒介转化成生产性投资，形成实际资本时才能实现经济增长。资本市

① 人力资源和社会保障部：《2019 年度人力资源和社会保障　事业发展统计公报》，http ://www.mohrss.gov.cn/gkml/ghtj/tj/ndtj/202009/t20200911_385449.html。

场可以增加用于长期投资的长期储蓄（养老基金、寿险等）的比例，使契约式储蓄行业（养老基金和公积金、保险公司业务、医疗救助计划、集体投资计划等）动员个人家庭和零售客户进行长期储蓄，并将其用于长期投资，以货币的形式来实现当前购买力从盈余部门到赤字部门的转移。Hu（1979）引入了包含遗赠动机的新古典经济增长理论对养老保险制度在经济增长中发挥的长期效应进行了分析，认为合适的养老保险制度能够通过引起资本收益率收敛到黄金律路径而增加经济的长期福利[①]。也正如索洛－斯旺经济增长模型证明，国民储蓄是经济增长的相关变量，在很大程度上决定了投资，养老基金可以通过增加可用于投资的储蓄总额来间接促进经济增长[②]。因此，宏观经济条件必须鼓励投资，否则高储蓄水平将会导致经济紧缩，而不是长期的经济增长。

（二）资本市场发展

根据回顾经济增长的理论模型和国内外研究可以得出：资本市场对经济增长的影响主要通过促进长期资金的投资和降低投资风险来实现。一方面，资本市场发展对经济增长的正效应通过提高的储蓄水平和资本生产力来实现，资本市场作为中介的主要功能在于积累长期储蓄并将其投入大规模的投资项目。Barro（1990）认为，资本市场中资产价格的上涨会刺激市场整体投资水平有所提升，进而促进实际产出增加[③]。另一方面，资本市场稳定的运营环境和健全的基础设施本身会减少市场波动，减少市场的交易风险。市场交易风险降低和基础设施完备对交易成本的利好，可以激励长期资金有效投入市场，进而促进经济产出。

（三）人力资本投资

内生增长理论认为，一国经济的长期增长主要来源于技术进步和人力资本形成等因素。有研究（Lucas，1988[④]；Romer，1990[⑤]）表明，人力资本积累是经济增长的引擎，包括两种效应产生影响，即通过劳动生产率对生产起决定性影响（水平效应）和创新促进竞争优势增长（速率效应）。Bundell 等（1999）也分析了人力资本对经济增长的影响，认为产出的增长率和劳动生产率取决于人力资本积累和创新的速度，而创新的来源是人力资本的存量[⑥]。

综上所述，本报告选取了储蓄、资本市场发展、人力资本投资作为影响经济增长的关键因素。后文将介绍国内外关于养老基金投资是否与影响经济增长的三种因素之间存在相关关系的研究，并通过传导机制来说明养老基金投资对经济增长的影响。

二、养老基金投资与储蓄

截至 2019 年底，各国养老基金的规模与 GDP 的比值差异很大，比值从巴基斯坦的 0.1% 到荷兰的 191.4% 不等。有五个国家的养老基金总额超过了国内经济规模：澳大利亚（132%）、冰岛（167.6%）、荷兰（191.4%）、瑞士（141.1%）和英国（123.3%）。相比之下，有 44 个国家的养老基金资产总额不到 GDP 的 20%，继 2018 年下降之后，养老基金的资产数量在 2019 年猛增，OECD 地区增长了 13.9%，其他报告辖区增长了 11.3%[⑦]。

养老基金的不同筹资模式和制度安排会对储蓄和经济增长产生不同的影响。政治经济学派主张养老基金实行现收现付制，反对养老基金管理的私有化，主张国家对公共养老金计划进行统一管理。新古典经济学派则主张养老基金实行基金制，认为必须对养老基金实行市场化投资和管理，以增加养老基金的投资回报率，实现资源的最优配置。此外，在私营化分散投资管理和政府集中管理两者的选择方面，世界银行主张对养老基金投资实行私营化的市场投资与管理，以提高效率、实现资源的最优配置和促进经济增长。国际劳工组织则从养老基金投资的安全角度出发，主张政府集中管理以实现规模效益。

现收现付制下筹集的养老基金和基金积累制下筹集的养老基金都会通过积累资本的方式促进经济增长。不同之处在于基金积累制下筹集的养老基金所形成的长期资本在资本市场的投资中更加有利，投资效应更为明显，所以更加有利于经济增长。尽管养老基金与国民储蓄的关系仍未有定论，但可以确定的是养老基金投资规模的增长可以向资本市场注入更多的长期资本，并改善社会储蓄结构。

① Hu，Sheng Cheng，“Social Security，the Supply of Labor，and Capital Accumulation”，American Economic Review，June 1997，69（3）：274-283.

② Apilado V，“Pension Funds，Personal Savings，and Economic Growth”，The Journal of Risk and Insurance，1972，39（3）：397-404.

③ Barro R J，“The Stock Market and Investment”，Review of Financial Studies，1990，3（1）：115-131.

④ Lucas R，“On the Mechanics of Economic Development”，Journal of Monetary Economics，1988（22）：3-42.

⑤ Romer P，“Human Capital and Growth：Theory and Evidence”，Carnegie Rochester Conference Series on Public Policy，1990（32）：251-286.

⑥ Bundell R，Dearden Lorraine，Meghir C，et al，“Human Capital Investment：The Returns from Education and Training to the Individual”，The Firm and the Economy，Fiscal Studies，1999（20）：1-23.

⑦ OECD，Pension Funds in Figure，http：//www.oecd.org/daf/fin/private-pensions/Pension-Funds-in-Figures-2020.pdf.

Vittas（1999）认为，储蓄率的提高或资金结构的改善，是经济发展的源泉，即使不能提高储蓄率，养老基金规模的扩大也会改善储蓄资金的结构，增加长期储蓄资金的比例，进而推动经济增长[①]。Barro（2000）提出养老基金可以通过增加储蓄率的方式促进经济增长。机制如下：养老基金的积累将导致更高的储蓄率，增加的储蓄将会转化为更多的生产性投资，而生产性投资将导致产出增加[②]。实证研究方面，Davis 和 Hu（2008）发现，1960~2002 年 OECD 国家和新兴市场经济体的养老基金储蓄对经济产出有积极的影响[③]。Altiparmakov 和 Nedelkovic（2018）分析了拉丁美洲和东欧的养老金私有化带来的结果，即形成了“养老基金积累—长期资本增加—储蓄增加—投资增加—产出增加—经济增长”的传导机制[④]。此外，生命周期模型认为高储蓄率是经济增长的结果，而不是经济增长的动力。虽然以上两种理论存在分歧，但并不是完全矛盾的，至今仍没有一种理论否认储蓄对经济增长的贡献。在厘清储蓄和经济增长之间关系的基础上，下文将重点分析养老基金对储蓄是否存在积极的影响，进而正向作用于经济增长。

（一）现收现付制养老基金对储蓄的影响

现收现付制养老基金的筹集会减少劳动者原本为了退休而计划储蓄的资金，原因在于现收现付制强调代际公平的特征会减少人们对未来收入的不确定性，进而缩减预防性储蓄。Friedman（1957）指出，在忽略对总储蓄的影响时，现收现付养老保险制度的实施将明显减少个人储蓄。Feldstein（1974）用剔除了私人预防性储蓄动机的“扩展的生命周期模型”（extended life-cycle model）说明有两个相反的效应影响着个人储蓄——资产替代效应（asset-substitution effect）和退休效应（retirement effect）。如果资产替代效应大于退休效应，个人储蓄将减少；反之，当退休效应大于资产替代效应，个人储蓄将增加，并用美国1929~1971 年的数据进行了参数估计，得出了美国社会保障使私人储蓄下降了 50% 左右的结论。Barro（1974）发现养老基金的积累很可能会被个人的代际转移支付补偿，进而抵消一部分的基础效应，若存在“遗产动机”，则社会保障对个人储蓄的挤出效应为零[⑤]。Feldstein（1978）计量研究结果表明 1972 年以前美国社会保障对个人储蓄的消极影响达到 44% 左右[⑥]；Feldstein 在 1974 年文章的基础上新增了 21 年的数据，用时间序列的方法进行了重新估计，得出了每增加 1 元的养老金积累将会减少 2~3 美元的私人储蓄，即社会保障计划使美国个人储蓄减少了将近 60%[⑦]。Kotlikoff（1979）也发现 20 世纪 80 年代许多发达国家的养老保险制度使其长期资本存量减少了 20%~30%[⑧]。在实践方面，英美两国虽然拥有大规模可以获得较高投资回报率的养老基金，但两国的国民储蓄历来很低。可以说，现收现付养老保险制度下养老金积累对国民储蓄的负面影响确实存在，即“挤出效应”的存在得到了大多数学者的认可。

（二）基金积累制养老基金对储蓄的影响

大部分研究发现基金积累制下的养老金强制性储蓄与私人储蓄有明显的正相关关系，但只有在不影响政府预算或财政负债的情境下，养老基金与国民储蓄才存在正相关关系。个人账户制的养老基金本质上类似于私人储蓄，是一种强制性的家庭储蓄。Diamond（1965）利用两期世代交叠模型（Overlapping Generation Models，OLG）进行研究发现，养老基金积累和投资带来储蓄的增加会被私人储蓄的减少所抵消[⑨]。Rossi（2006）使用 1991~2003 年的 BHPS 数据集调查个人养老金计划（PPP）的自愿性额外缴费与常规形式储蓄之间的相互作用，研究结果表明私人养老金计划不仅没有排挤私人储蓄，实际上还会增加其他形式的储蓄[⑩]。蔡昉（2009）也认为个人和家庭增加预防性储蓄所

① Vittas D，Pension Reform and Capital Market Development “Feasibility” and “Impact” Preconditions，November 1999，Available at SSRN：https：//ssrn.com/abstract=632485.

② Barro N，“Reforming Pensions：Myths，Truths，and Policy Choices”，IMF Working Paper *WP/00/130*，International Monetary Fund，2000.

③ Davis E P，Hu Y W，“Does funding of pensions stimulate economic growth?”，Journal of Pension Economics and Finance，2008，7（2）：221–249.

④ Nikola Altiparmakov，Milan Nedeljkovic，Does Pension Privatization Increase Economic Growth? Evidence from Latin America and Eastern Europe，CESifo Working Paper Series，2016.

⑤ Barro R J，“Are Government Bonds Net Wealth?”，Journal of Political Economy，1974，82（6）：1095–1117.

⑥ Feldstein M S，“Social Security and Private Saving：Reply”，Journal of Political Economy，1978，90（3）：630–42.

⑦ Feldstein M S，“Social Security and Saving：New Time Series Evidence”，National Tax Journal，1996，49（2）：151–164.

⑧ Kotlikoff L J，“Social Security and Equilibrium Capital Intensity”，Quarterly Journal of Economics，1979（43）：233–254.

⑨ Diamond P，“National Debt in a Neoclassical Growth Model”，The American Economic Review，1965，55（5）：1126–1150.

⑩ Rossi M，Examining the interaction between saving and contributions to Personal Pension Plans，Evidence from the BHPS，CeRP Working Papers 49，Center for Research on Pensions and Welfare Policies，2006.

形成的新储蓄来源可以作为长期资本在国内和国际资本市场上进行投资以获得收益和新的经济增长源泉。“费尔德斯坦－霍里奥卡难题”相关的大量文献证明封闭经济体中储蓄与投资的联系，指出国内投资是一国经济增长的主要部分，养老基金筹集带来的储蓄增加会直接促进经济增长[①]。世界银行通过对美国职业年金方案和新加坡、智利的养老金改革进行分析，指出基金积累制下的养老基金确实能增加国民储蓄，促成资本形成，进而拉动经济增长。而现收现付制的养老金计划则不具有这一功能[②]。但是，Qrszag 和 Stiglitz 却认为人们进行储蓄的目的和效果不是单一的，个人缴纳养老基金的同时往往会减少其他形式的储蓄。这样，基金积累制下的养老基金对储蓄总量的影响就几乎不存在[③]。Paiella 和 Tiseno（2014）也认为，养老基金对储蓄分配有影响，引发了非税收优惠的非退休财富的大量替代。相反，对家庭储蓄几乎没有影响[④]。

对于实行养老保险筹资模式转轨改革的国家而言，有研究认为养老基金对储蓄的影响取决于政府解决债务的方式。Munnell 和 Yohn（1991）认为，政府储蓄是国民储蓄的一部分，以税收激励和补贴的优惠政策来激励家庭和个人储蓄的方式会加重政府收入的损失，进而从整体上影响国民储蓄[⑤]。Feldstein（1978）发现，个人养老金的强制性储蓄的确能少量增加美国的国民储蓄。相反，如果养老基金是自愿性储蓄，则国民储蓄可能不会受到影响[⑥]。养老基金的强制性会在一定程度上挤出其他形式的自发性储蓄，但这种挤出效应的作用程度有限，同时养老基金积累和投资的行为改变了固有的短时行为，有利于国民长期契约性储蓄规模的提高，增加国内储蓄对国内投资水平有实质性影响。Cesaratto（2003）发现，即使私人储蓄增加，养老金改革过程中产生的隐性养老金债务（IPD）也会影响总体国民储蓄。如果政府采取发行公债的手段来解决隐形债务的问题，那么公共储蓄将减少，国民储蓄率可能不会发生变化；如果采取征税的手段来筹资，国民储蓄将趋于增加[⑦]。

三、养老基金投资与资本市场

养老基金作为长期投资者，能有效优化资本市场的配置效率、减少资本市场波动、促进金融产品创新和推动资本市场发展；资本市场的发展也为养老基金投资提供重要平台、助力养老基金实现保值增值。前文通过分析得出资本市场的发展会推动经济增长，其推动效应体现在资本市场上各投资主体和储蓄者对于资金的有效分配。资本市场的分配行为总能够使资金及时流向实际收益和利润率最高的生产部门，实现投资收益率最大化，进而促进经济增长。

历经数十年的发展，养老基金已经成为各国资本市场的中坚力量。首先，其大规模的资金储备不仅扩大了资本市场规模，同时出于追求安全性的属性和专业管理的特性，养老基金可以有效提高资本市场的配置效率、减少资本市场波动以及改善资本市场结构；其次，养老基金在进入资本市场投资时，对资本市场的基础设施条件和宏观经济环境有一定的要求。可以说，养老基金投资和资本市场发展之间具有互相促进发展的协同效应。

（一）养老基金投资利好资本市场发展

养老基金投资是否能对资本市场的发展有所助益，在理论和实证上一直是养老基金投资研究的重点。尽管养老基金对储蓄的量化影响尚未明晰，而且争论不休，但是毫无疑问，养老基金投资会导致长期金融储蓄大幅增加，从而支撑资本市场的发展。养老基金投资促进资本市场的研究方面，Bodie（1989）首次提出养老基金投资是促进资本市场的重要因素，资本市场的发展也会直接促进养老基金投资实现保值增值的目标[⑧]。Vittas（1996）认为，养老基金不仅是长期储蓄的来源，也是支持债券和股票市场发展、创

① Feldstein M S，“Domestic Saving and International Capital Movements in the Long Run and the Short Run”，European Economic Review，1983，21（1–2）：129–151.

② World Bank Group，Averting the Old Age Crisis：Policies to Protect the Old and Promote Growth（English），http：//documents1.worldbank.org/curated/en/973571468174557899/pdf/multi-page.pdf.

③ Peter Orszag，Joseph Stiglitz，Rethinking Pension Reform：Ten Myths about Social Security Systems，https：//pdfs.semanticscholar.org/4287/03c4f785f78fcf9a851660871bf578dfd5ce.pdf.

④ Paiella M，Tiseno A，“Evaluating the Impact on Saving of Tax–favored Retirement Plans”，Journal of Pension Economics and Finance，2014，13（1）：62–87.

⑤ Alicia H Munnell and Frederick O Yohn，What is the impact of pensions on saving?，Working Papers，91–5，Federal Reserve Bank of Boston，1991.

⑥ Murphy P L，Musalem A R，Pension Funds and National Saving（English），Policy，Research Working Paper，No. WPS 3410，2004.

⑦ Cesaratto S，“Three Obstacles to the Transition from Unfunded to Funded Pension Schemes”，Working Paper No.382，April，2003.

⑧ Bodie Z，Pension Funds and Financial Innovation，NBER Working Paper No. w3101，September，1989.

新公司治理和私有化的积极力量[①]。Lakonishok 等（1992）认为，养老基金投资有增强机构投资者的作用，能更深入地服务于长期投资[②]。Holzmann（1997）认为，有效的资本形成可以提高经济产出，并且"内生地"增长自身，而与储蓄的变化无关[③]。Merton 和 Bodie（1995）认为，养老基金比其他金融中介具有优势，原因在于养老基金在履行金融体系六个职能方面更具优势，即清算和结算付款、资源集中与份额细分、跨时空转移资源、风险管理、信息提供、激励反馈[④]。现有的大多数文献和研究表明养老基金投资与资本市场发展之间存在正相关关系。在强调资本市场重要性的研究方面，Levine 和 Zervos（1998）[⑤]、Beck 和 Levine（2004）[⑥] 等认为资本市场发展和经济增长之间呈正相关关系，养老基金投资通过影响资本市场发展，进而促进经济增长。一方面，资本市场使养老基金成为长期性的机构投资者；另一方面，养老基金注入资本有利于增大资本市场总体规模、减少资本市场波动、促进金融创新并推动资本市场发展。资本市场的发展提高了养老金的投资收益。资本市场的存在和发展是养老基金成为一个持有各种不同资产的机构投资者的前提，它使养老基金进行资本化积累和进行证券投资组合成为可能。养老基金对发展程度不同的资本市场所产生的影响不同，Meng 和 Pfau（2010）使用 32 个发达国家和新兴市场国家的年度面板数据进行调查，发现养老基金投资将会对股票市场产生积极影响；同时将研究的目标国家根据资本市场的发展水平分为两组，采用偏差校正的最小二乘虚拟变量（LSDVC）的方法进行估计时发现，养老基金投资对资本市场发展水平较低的国家影响较小，其养老基金的管理方法和投资策略应完善[⑦]。

养老基金在资本市场投资方向的研究方面，Melok 和 Ikhide（2016）使用 1975~2012 年养老基金数据和自回归分布滞后模型（ARDL）、向量误差校正模型（VECM）来确定养老基金与股市发展之间存在正相关关系，与债券市场发展之间没有长期的相关关系。Stewart 等（2017）提出，许多国家（甚至那些养老金制度相对成熟的国家）的养老基金投资方向仍然高度集中在银行存款和政府债券，为生产性投资提供长期资金所占的比例依旧很低[⑧]。Davis 和 Hu（2008）使用 1985~2013 年养老基金的季度数据，以股票市值、股票市场总交易额和股票周转率在 GDP 中的占比来衡量养老基金在股票市场中的表现[⑨]。

养老基金对资本市场影响的区域 / 国家研究方面，Zubair（2016）使用自回归综合移动平均（ARIMA）回归技术对 2009~2016 年尼日利亚的养老基金数据进行时间序列分析，发现尼日利亚的养老基金投资在深度和流动性（市值和交易价值）方面显著改善了尼日利亚资本市场的绩效。其中，资本市场的绩效变量通过市值和交易总价值来衡量；养老基金则使用每个季度末养老基金的总资产来衡量。Bayar（2016）采用十年的样本对个人养老基金与土耳其资本市场发展的影响进行了分析。研究发现，养老基金从长远来看确实对资本市场产生了积极影响[⑩]。

1. 扩充资本市场总体规模和提高资本市场配置效率

养老基金投资对资本市场总体规模的影响方面，Davis 和 Hu（2005）发现，即使储蓄和国民财富没有增加，养老基金投资也会增加资本市场的长期资金供应，扩大资本市

① Vittas D Pension Funds and Capital Markets：Investment Regulation，Financial Innovation，and Governance，FSD Note No.71，February，1996. https：//openknowledge.worldbank.org/bitstream/handle/10986/11632/multi_page.pdf?sequence=1&isAllowed=y.

② Lakonishok J，Shleifer A and Vishny R W，"The Impact of Institutional Trading on Stock Prices"，*Journal of Financial Economics*，1992，32（1）：23–43.

③ Holzmann R，Pension Reform，Financial Market and Economic Growth，Preliminary Evidence fromChile，International Monetary Fund Staff Papers；June 1997；International Monetary Fund，Washington. https：//papers.ssrn.com/sol3/papers.cfm?abstract_id=882990.

④ Merton R C and Bodie Z，"A Conceptual Framework for Analysing the Financial Environment"，Cambridge，Mass，Harvard Business School Press，1995：12–16.

⑤ Levine R and Zervos S，"Stock Markets，Banks，and Economic Growth"，The American Economic Review，1998，88（3）：537–558.

⑥ Beck T and Levine R，"Stock Markets，Banks and Growth：Panel Evidence"，Journal of Banking and Finance，2004（28）：423–442.

⑦ Channarith Meng and Wade Donald Pfau，The Role of Pension Funds in Capital Market Development，GRIPS Discussion Papers 10–17，National Graduate Institute for Policy Studies，2010.

⑧ Stewart F，Despalins R and Remizova I，Pension Funds，Capital Markets，and the Power of Diversification，Policy Research Working Paper，No. 8136，2017，https：//openknowledge.worldbank.org/bitstream/handle/10986/27639/WPS8136.pdf?sequence=1&isAllowed=y.

⑨ Davis E P and Hu Y，"Does Funding of Pensions Stimulate Economic Growth?"，Journal of Pension Economics and Finance，2008（7）：221–249.

⑩ Bayar Y，"Individual Pension Funds and Capital Market Development in Turkey"，Review of Economic and Business Studies，2016（9）：109 – 195.

场的总体规模[①]。Sanchez 和 Fernando（1998）发现，智利在实行养老保险制度改革之后，其社会保险性储蓄和总储蓄占 GDP 的百分比皆有所增加，尤其是保险性储蓄的增加为资本市场提供了大量的资金来源[②]。2018 年，全球养老基金的资产超过 28 万亿美元，其中 OECD 国家中美国所占的养老基金资产份额最高[③]（见图 3-1）。

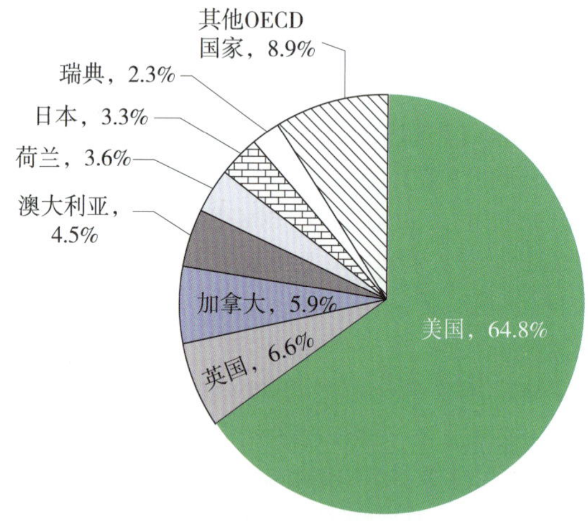

图 3-1　2018 年经合组织养老基金资产的地区分布及占比

资料来源：OECD，Pension Market in Focus，2019.

养老基金投资对资本市场配置效率的影响方面，养老基金是机构投资者，也被视为长期投资者，往往追求稳定的长期收益和价值投资，具有低风险偏好和提高资本市场整体效率的优势[④]。具体的影响主要体现在以下四点：一是长期资金的增加；二是机构投资者数量的增加；三是资本市场"换手率"的减少；四是投资理念的优化[⑤]。Walker 和 Lefort（2000）认为，养老基金投资存在三种降低资本成本的途径：一是养老金改革后带来发达的资本市场会使证券发行价格降低；二是养老基金的预期投资时间远超过个人和公司的预期投资时间；三是养老基金的集中积累和专业管理，使风险溢价降低。而期限溢价和风险溢价的减少都会导致平均资金成本的下降[⑥]。Davis 和 Hu（2006）通过文献回顾的方式关注养老基金和经济效率之间的关系，认为养老基金长期融资的价格和数量会增加生产性投资并改善资源分配[⑦]。Impavido 和 Musalem（2000）指出养老基金作为影响家庭储蓄和公司融资的机构投资者有效地促进了资本市场的竞争，并会在一定程度上提高贷款和初级证券市场的运营效率[⑧]。

2. 减少资本市场的波动性

养老基金具有超长期延期支付、集中投资的天然属性以及由专业机构进行运营管理的特点，其投资的产品组合和交易手段更具有规范性和专业性，有助于减少资本市场的波动性，增加资本市场的流动性。养老基金不同的资产组合，不仅会对证券需求结构产生影响，而且还会影响资本市场中其他投资者的资产组合在银行储蓄与证券之间的投资分布。养老基金投资与银行其他业务不同，在投资中更依赖公共信息，因此往往寻求相对流动的资产，同时会减少资本市场的波动性[⑨]。Walker 和 Lefort（2002）也指出，养老基金投资获取市场信息的优势可以有效降低市场价格波动。Davis（1988）发现，经合组织国家的股票市值和投资部门的规模之间存在相关性，养老基金投资的规模较其他机构投资者而言更大，在一定程度上有助于稳定股票市值，进而减少资本市场的波动[⑩]。

3. 推动金融产品创新，完善资本市场结构

由于养老基金投资具有较高的安全性需求，养老基金投资进入资本市场后有利于推进资本市场对金融产品的投资收益和风险组合进行有效完善，进而创造出既安全又拥

① Davis E P and Hu Y，Saving，Funding And Economic Growth，Economics and Finance Discussion Papers 05-02，2005.

② Sanchez，Eugenio Camus-Fernando，AFP：A Three-letter Revolution，Edited by Juan Ariztia（Santiago：CIEDESS），http://citeseerx.ist.psu.edu/viewdoc/download?doi=10.1.1.614.406&rep=rep1&type=pdf，1998.

③ 2018 年的这一估计数是根据经合组织、IOPS 和世界银行全球养恤金统计联合行动收集的数据得出的。

④ Wurgler J，"Financial Markets and the Allocation of Capital"，Journal of Financial Economics，2000，58（1）：187-214.

⑤ 郑秉文：《养老基金投资利好资本市场》，《经济日报》2015 年 8 月 24 日。

⑥ Walker E and Lefort F，Pension Reform and Capital Markets：Are There Any（Hard）Links?，Social Protection discussion paper No. 0201，https://papers.ssrn.com/sol3/papers.cfm?abstract_id=239531 January 2000.

⑦ Davis E P and Hu Y，Saving，Funding and Economic Growth. In G. Clark（ed），Oxford Handbook of Pensions and Retirement Income，Oxford University Press，2006.

⑧ Impavido G and Musalem A R，Contractual Savings，Stock，and Asset Markets（World Bank Policy Research Working Paper 2490），Washington DC：The World Bank，2000.

⑨ Davis E P and Hu Y，Saving，Funding and Economic Growth，Economics and Finance Discussion Papers 05-02，Economics and Finance Section，School of Social Sciences，Brunel University，2005.

⑩ Davis E P，Financial Market Activity of Life Insurance Companies and Pension Funds，Economic Paper No. 21，Bank for International Settlements，1988.

有收益保障的金融产品。此外，养老基金投资一般交付于专业的投资管理机构，专业性强的机构投资者数量在资本市场上所占比例的提高也会促进资本市场的发展。

养老基金投资规模的增长不仅影响资本市场的规模和资本市场的环境，而且会影响资本市场的结构。养老基金投资的选择权越来越多地由大型投资者持有，资本市场的结构变化源于长期储蓄的增加。在受相对资产收益的驱动下，机构投资者可以根据信息变动来快速调整投资组合，进而影响资本市场的结构。Davis（1995）认为，养老基金投资的潜在影响包括金融创新、金融法规和公司治理的改善、资本市场效率和透明度的完善[①]。养老基金为了保证在长期内能够支付养老基金收益的需要，还要求投资的同时具备安全性和一定的收益水平，从而推动新型金融产品的开发和风险管理技术的提高；Bodie（1990）认为，经合组织国家的养老基金投资有对冲资产短缺和负债的需求，这导致了金融创新的发展，例如零息债券和指数期货[②]。Catalan（2004）发现，养老基金的股票交易激烈且规模庞大，会促使机构投资者进行金融工具创新以降低交易成本，进而吸引更多的储蓄和新的市场参与者[③]。金融产品创新的过程自身可以促进资本市场发展[④]。Moleko 和 Ikhide 认为，养老基金的投资交易具有溢出效应。溢出效应主要体现在：一是增加创新可以提高效率，降低发行金融工具的直接成本，从而降低交易成本；二是养老基金投资聘用的专家和专业投资经理，会改善资本市场的基础设施并进一步发展信息技术[⑤]。

（二）资本市场对养老基金投资的影响

实现养老基金积累并且保证养老基金投资顺利运行的前提是建立健全资本市场。在宏观经济环境和资本市场的不同发展阶段，养老基金投资为实现“安全性”和“收益性”，呈现出不同的特征。张松（2006）运用格兰杰因果关系检验法对部分 OECD 国家和拉丁美洲国家 1980~2001 年的养老基金和资本市场的数据进行了检验，发现总体上养老基金和资本市场之间确实存在互动关系。但两者的良好互动需要一定的条件，市场主导的养老基金投资与资本市场之间存在互动关系，而政府主导的养老金计划与资本市场之间往往缺乏互动关系[⑥]。从各国实践来看，养老基金投资运行状况良好的国家其资本市场发展都较为完善。美国自运行 401（k）计划以来，养老基金资产与道琼斯指数保持了较大增幅，且相关系数达 90% 以上；智利自实施养老金体系改革以来，证券市场和养老基金投资范围都在不断扩展。

也有学者认为“欠发达的资本市场不适宜养老基金进行投资运行”的观点是短视的，在一定程度上忽视了养老基金投资和资本市场之间的互动关系。实际上，养老基金投资良好运行的前提条件并非像某些研究所陈列的那样苛刻，养老基金资产逐步积累的过程可以为资本市场完善提供充足的时间。

1. 健全的资本市场是养老基金投资的先决条件

一个国家养老基金的投资收益与其资本市场的结构和发展水平息息相关，资本市场只有在满足一些必需条件的情境下，养老基金投资才能对资本市场发展有所助力。养老基金的自身特征要求其运营投资必须在健全的资本市场中进行。主要体现在以下方面：首先，宏观经济环境的稳定是养老基金投资的基石。宏观经济环境的稳定和低通胀对于养老基金投资至关重要的主要原因在于证券市场和机构投资者都无法在高通胀的情况下进行有效运作。尽管使用通货膨胀指数化的工具可以减轻适度通货膨胀引起的问题，但存在较高水平且加速通货膨胀的情况下，任何指数化机制能发挥的作用都很小。2008 年全球金融危机爆发后，根据国际货币基金组织相关数据统计，截止到同年 10 月底，OECD 国家养老基金实际收益率损失了 22% 左右。美国、英国、澳大利亚分别损失了 2.2 万亿美元、3000 亿美元和 2000 亿美元[⑦]。宏观经济环境的稳定对于养老基金投资的实际收益率的影响较为显著，养老基金投资需要采用多元化、高水平的投资策略来尽可能规避风险。其次，资本市场健全的基础设施是养老基金投资的助推

① Davis E P, Pension Funds, Retirement-Income Security and Capital Markets, an International Perspective, Oxford : Oxford University Press, 1995.

② Bodie Z, Pension Funds and Financial Innovation, Financial Management Autumn, 1990.

③ Catalan M, Pension Funds and Corporate Governance in Developing Countries : What Do We Know and What Do We Need to Know?", Journal of Pension Economics and Finance, 2004, 2（3）: 197–232.

④ Hans Blommestein, Ageing, Pension Reform, and Financial Market Implications in the OECD Area, CeRP Working Papers 09, Center for Research on Pensions and Welfare Policies, Turin（Italy）, 2001.

⑤ https : //pdfs.semanticscholar.org/75c6/f2da747ce7770efcb45fe03f5c390df08f82.pdf.

⑥ 张松：《养老基金与资本市场互动的理论与实证研究——兼论中国养老金资本市场良性互动的政策思路》，西南财经大学出版社 2006 年版。

⑦ 郑秉文：《金融危机对全球养老资产的冲击及对中国养老资产投资体系的挑战》，《国际经济评论》2009 年第 9 期，第 5–29 页。

器。Pozen（2002）在对养老基金投资和资本市场的关系进行阐述时，认为健全且良好发展的资本市场能够促进养老基金的投资和养老金计划的开展，减轻政府的负担[①]。Meng 和 Pfau（2010）认为，养老基金投资的一个重要前提条件是资本市场发展的水平：资本市场发展水平越高，养老基金投资对资本市场的影响就越显著。衡量资本市场发展水平的指标包括资本市场效率、资本市场透明度、养老基金投资法规的水平、特定的宏观经济条件以及资本市场现有的法律和法规框架[②]。最后，资本市场健全的监管机制是养老基金投资的重要保障。养老基金投资的监管机制和资本市场的完善程度密切相关，在资本市场发展完善的国家，政府对养老基金投向证券市场的比例没有限制。Vittas（1999）认为，养老基金投资对于完善的资本市场并非是必需的，当其受到有效监管、采取优化政策、进行多元化运作时，养老基金投资也会对资本市场发展和经济增长产生重大影响[③]。

2. 资本市场发展与养老基金投资回报率

根据《全球养老金统计》，近年来，经合组织（OECD）和某些非经合组织国家的养老基金投资均获得了正的实际回报率。据 2019 年 OECD 全球养老金数据统计显示，养老基金强劲的投资使 2019 年养老金资产总额较 2018 年有了大幅增长。2019 年几乎所有报告辖区的养老基金都取得了理想的投资业绩，46 个国家中有 29 个国家的养老基金实际投资回报率超过 5%，其中有 13 个辖区中超过 10%（10.1%）[④]。Vega（1990）提出了"协同市场假说"，认为"外部基本经济环境"和"投资者集体情绪"共同确定资本市场的价格、收益率和风险[⑤]。"协同市场假定"强调养老基金的投资运行在注意打造良好经济环境的同时，要注意对投资者情绪的引导，通过风险防范等手段为养老基金投资创造良好的宏微观环境。Musalem 和 Pasquini（2012）对 1990~2007 年 27 个国家的养老金体系进行研究后发现，职业养老金计划比个人养老金计划产生高投资回报的概率更大，封闭式（DB）计划容易比开放式（DC）计划产生高的投资回报[⑥]。各国养老基金投资回报率的差距很大，某些国家的养老基金投资回报率甚至低于工资增长率。从美国经验来看，虽然养老金投资的顺利运行取决于资本市场发展，但 Vittas（1996）却认为，养老金改革初期，如果资本市场发展并不完备，可以通过限制养老基金的投资组合和分配限额以隔离养老基金投资在资本市场中的系统性风险[⑦]。

3. 资本市场发展与养老基金投资的资产配置

养老基金投资在初始阶段偏重于政府债券投资，追求稳定的收益，但随着股票市场组织的健全、会计标准水平的提高以及信息披露的完善，养老基金投入股票市场的范围逐渐扩大。经合组织认为养老基金投资的总体绩效与投资的多元化存在一定的联系（见图 3-2）。OECD（2019）经研究发现，各国养老基金投资的资产配置特征具有共性。首先，债券和股票是大多数国家的养老基金投资的主要资产类别。在养老基金投资进行严格管理的国家中，股票（特别是非上市股票）投资经常受到上限限制。在 37 个经合组织国家中，有 19 个国家对股票投资比例有上限控制；在 47 个非经合组织报告国中，有 37 个国家也有限制。在保守的基金和资本市场环境中，养老基金投资于股票的资产份额最低[⑧]。其次，股票和债券的相对重要性在各个国家之间存在差异，但总体上债券投资所占的份额更高。同时，与企业债券相比，公共部门债券在直接债券组合持有量（不包括通过集体投资计划进行的投资）中所占份额更高。造成企业债券和公共部门债券投资份额差距的原因一般有两点：一是国内缺乏其他投资机会，二是寻求固定和有保证的收益。再次，现金和存款也占养老基金资产的很大比例。例如，2018 年捷克共和国的现金和存款比例高达养老基金资产的 19.7%，法国的数据为 34.5%（2017 年 PERCO 计划）。最后，贷款、房地产（土地和建筑物）、未分配的保险合同和私人投资基金仅占养老基

① Rober Pozen，"Conditional Perfomance Measurement Using Portfolio Ways：Evidence for Pension Funds"，Journal of Financial Economics，2002.

② Meng C and Pfau W D，The Role of Pension Funds in Capital Market Development，https：//ideas.repec.org/p/ngi/dpaper/10-17.html，2010.

③ Vittas D，Pension Reform and Capital Market Development "Feasibility" and "Impact" Preconditions November 1999，https：//ssrn.com/abstract=632485.

④ 引自 OECD，Pension Funds in Figure，http：//www.oecd.org/daf/fin/private-pensions/Pension-Funds-in-Figures-2020.pdf。

⑤ Tonis Vaga，"The Coherent Market Hypothesis"，Financial Analysts Journal，1990，46（6）：36.

⑥ Musalem A R and Pasquini R，"Private Pension Systems Cross-Country Investment Performance"，World Bank SPL discussion paper 1214，2012. http：//hdl.handle.net/10986/13558.

⑦ Vittas D，Pension Funds and Capital Markets，FSD Note No.71，World Bank，February 1996.

⑧ 引自 OECD，Pension Markets in Focus 2019，https：//www.oecd.org/daf/fin/private-pensions/Pension-Markets-in-Focus-2019. pdf。

金投资的很小份额，大多数国家对以上资产类别设置了投资限制[①]。通过分析OECD国家养老基金投资情况后发现，发达国家养老基金投资具有以下特点：一是养老基金投资多元化，包括政府债券、股票、银行存款抵押贷款、房地产、海外投资等。二是股票投资比例最高，养老基金成为持有股票最多的机构投资者。三是指数化投资成为一种趋势。

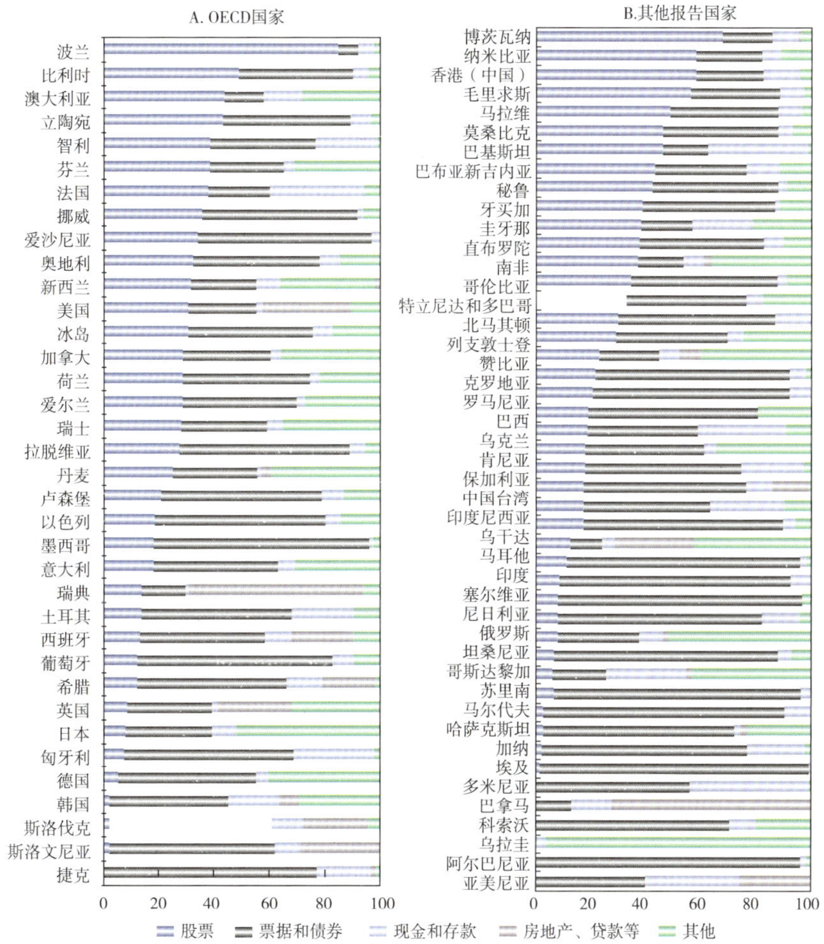

图 3-2　2018 年按特定资产类别和投资工具分配的养老基金资产

资料来源：OECD，Pension Market in Focus，2019.

养老基金投资的绩效和收益与其投资组合的构成相关联。当经合组织国家的养老基金从诸如银行存款和票据之类的低收益资产组合转向多元化组合时，通常会产生较高的实际投资回报。这种相关性同样适用于多元化组合较少的非经合组织国家。Sirivas 和 Yermo（1991）发现，养老基金投资的业绩在 20 世纪 80 年代放宽投资限制之后有显著改善[②]。新兴经济体国家养老基金投资的增长对经济增长的影响明显高于 OECD 国家[③]。养老基金投资与资本市场的发展密切相关，其筹集、积累、管理与投资等环节往往受到资本市场政策、结构、效率和监管的影响。成熟的资本市场在一定程度上会减少投资的"短视行为"，减少股票市场的波动，减少养老基金投资的风险负债，进而满足养老基金稳健投资的需求。Stewart 等（2017）指出，随着养老基金资产规模扩大和增长速度加快，出现国内市场无法吸收的情景时，包括汇率制度、资本流动政策在内的各类宏观经济条件对养老基金投资的国际投资显然起着

① 引自 OECD，Pension Markets in Focus 2019，https：//www.oecd.org/daf/fin/private-pensions/Pension-Markets-in-Focus-2019. pdf。

② Srinivas P S and Yermo J，Do Investment Regulations Compromise Pension Fund Performance?，World Bank，1991.

③ Davis E and Hu Y，"Does Funding of Pensions Stimulate Economic Growth?"，Journal of Pension Economics and Finance，2008，7(2)：221-249.

重要作用[①]。

四、养老基金与劳动力市场

养老基金的种类与劳动力市场的各生产要素密切相关，不同制度类型的养老金计划对劳动力市场发挥的影响有所差异。现收现付制养老金计划由于忽略养老金收益水平和缴费之间的关系，容易造成劳动力市场的扭曲。相反，基金积累制的养老金计划将收益水平与缴费直接挂钩，能有效避免劳动力市场的扭曲，有利于经济发展。世界银行报告《应对老龄化的危机》（1994）认为，实行基金积累制养老金计划的国家的经济增长率高于非基金积累制的国家，主要是因为较少的劳动力扭曲、高储蓄率以及资本形成。基金积累制下的个人账户在缴费期间的缴费额及投资收益决定个人养老金的给付水平，即缴费与受益直接相关。在此状态下，养老基金的积累和投资会促进劳动力的合理流动，减少劳动力市场扭曲，提高劳动生产率，进而有利于经济增长。

（一）养老基金与人力资本投资

目前，哪一种养老金制度对于人力资本投资影响更为显著的研究仍存在争论。人力资本投资的主要途径是教育投资。Buiter 和 Kletzer（1995）利用世代交迭模型（三期）研究了现收现付制代际转移政策对人力资本投入的影响。即现有资本市场如果不能满足教育费用的借贷需求时，养老金计划会通过降低物质资本积累的方式以提高人力资本投入[②]。Kemnitz 和 Wigger（2000）认为，父母养老金的给付水平由子女未来的收入水平决定，父母为了得到更高的养老金水平，会选择增加子女教育的成本投资，进而促进人力资本积累[③]。Casarico 和 Devillanova（2008）却研究发现，现收现付制转向基金积累制可以通过增加长期储蓄的方式提高资金积累，不仅可以增加物质资本，也可以提高人力资本，但同时也会加大不同阶层之间的收入差距[④]。Echevarría 和 Iza（2006）经研究发现，收现付制养老金计划对于教育和人力资本投资虽然有明显的正向影响，但在现收现付制下人们会倾向于选择提前退休，造成劳动人口的比例下降，劳动力供给、人均 GDP 和经济增长减缓等负面影响[⑤]。

养老基金计划对人力资本投资激励的影响有以下研究。激励的条件方面，张璐琴和景勤娟（2007）等建立了新增长代际交叠模型（Overlapping Generations Model，OLG）模型，提出设计合理的养老金计划可以通过刺激增加人力资本投资的方式来获得更高水平的经济增长。值得注意的是，达到这种刺激的效果需要满足两个条件：一是社会中个体的人力资本水平在很大程度上要与上一代的人力资本水平相关，教育水平高的个体更能适应劳动生产率和技术水平的提高。二是养老金计划需要关注激励性，即养老金的给付水平要与个体的收入和工作能力相挂钩，间接使劳动者不断关注自己的人力资本水平，进而达到养老金计划刺激个体进行人力资本投资的目的[⑥]。养老金计划通过教育水平和教育投入对人力资本的影响研究方面，Docqier 和 Paddison（2003）[⑦] 以及 Le（2005）[⑧] 在 OLG 模型中分析了不同养老基金制度下存在的收入增长和不平等的效应，其中教育是收入增长的主要影响因素。Docqier 和 Paddison 还发现家庭收入之间的差异在于将投入于教育上的时间转化为劳动效率的能力不同。他们发现，只有当养老金福利与缴费的部分或全部挂钩时，养老基金计划的设计才能增加人力资本投资和增长。Lau 和 Poutvaara（2006）构建了一个可解析的模型，发现增加养老基金福利与缴费之间的联系会鼓励人力资本投资。此外，与养老基金的补贴计划相比，养老基金的精算调整安排导致了退休时间延长，从而延长了人力资本投资的收

① Stewart F，Despalins R and Remizova I，Pension Funds，Capital Markets，and the Power of Diversification，Policy Research Working Paper，No. 8136. World Bank，2017. https：//openknowledge.worldbank.org/handle/10986/27639 License：CC BY 3.0 IGO.

② Willem H Buiter Kenneth M Kletzer，"Capital Mobility，Fiscal Policy，and Growth under Self-Financing of Human Capital Formation"，Canadian Journal of Economics，Canadian Economics Association，1995，28（S1）：163–94.

③ Alexander Kemnitz and Berthold U. Wigger，Growth and Social Security：The Role of Human Capital，CSEF Working Papers 33，Centre for Studies in Economics and Finance（CSEF），University of Naples，Italy，2000.

④ Alessandra Casarico and Carlo Devillanova，"Capital-skill Complementarity and the Redistributive Effects of Social Security Reform"，*Journal of Public Economics*，2008，92（3–4）：672–683.

⑤ Echevarría C A and Iza A，"Life Expectancy，Human Capital，Social Security and Growth"，Journal of Public Economics，http：//www.ehu.eus/CruzAngelEchevarria/Research/wp2005_17.pdf，2006.

⑥ 张璐琴、景勤娟：《养老保险制度与经济增长的关系——基于新增长理论模型的思考》，《人口与经济》2007 年第 4 期，第 68–73 页。

⑦ Docquier F and Paddison O，"Social Security Benefit Rules，Growth and Inequality"，Journal of Macroeconomics，2003，25（1）：47–71.

⑧ Le G G，Social Security，Inequality and Growth，OFCE Working Paper，Paris，2005.

益期①。

（二）养老基金与劳动力供给、需求

在养老基金与劳动力供给研究方面。享受待遇确定型养老金的雇员更容易退出劳动力市场。养老金缴费数额、年限与给付水平之间的扭曲关系不利于劳动者自愿延长工作年限，即缺乏精算公平。世界银行（2005）发布了《21世纪的老年收入保障——养老金制度改革国际比较》相关的研究报告，提出了养老金制度改革可以促进经济发展的附属目标，认为可以通过降低养老金制度对劳动力市场的扭曲效应予以实现②。Morten 和 Panu（2001）认为，个人的养老金收益与缴费之间的联系激励了人力资本投资，强调在养老金计划中嵌入激励机制的重要性。因为在缺乏联系机制的情况下，即使均衡中不存在再分配也会出现扭曲③。在实证研究方面，Packard（2001）基于 18 个拉丁美洲国家的数据分析得出，现收现付制向基金积累制转变对促进劳动力留在有正式的养老基金保障的劳动力市场有积极作用，但短期内产生的负面影响也需要政府积极转化④。同时，Blommestein（1998）发现，当劳动力减少时，资本 - 劳动比上升将使新增投资的回报下降，并导致投资环境低迷，进而影响养老基金的投资信心⑤。在养老基金与劳动力需求研究方面。随着人口结构老龄化和技术进步，养老基金作为企业额外的税负在工资支出中所占的比例越来越高，现收现付制下雇主为节约用工成本必然会减少到劳动力的需求。

在养老基金与劳动力流动的研究方面。目前大多数国家实行“三支柱”养老基金体系，“第一支柱”的养老基金给付可以实现不同行业之间的转移接续，保持企业和雇主缴纳的连续性。但“第二支柱”不同行业之间的缴费比率有差距、领取资格往往要求一定的缴费比率和连续的缴费年限等特征会限制劳动力在不同行业间的流动。一般情况下，现收现付制向基金积累制转变在一定程度上会促进劳动力的流动。现收现付制度下的雇主更倾向于用资本替代劳动，会导致劳动力需求的降低、失业率的增加以及转向低端的产业结构。Stuart 等（1998）指出，DB 养老金计划中福利的不可携带性会使辞职受到惩罚，进而阻碍雇员在劳动力市场上的流动⑥。Flaherty（2019）认为，劳动者工作流动性的趋势与养老基金计划给付模式的变化有关。即较高的工作流动性和较高的 DC 计划覆盖率之间存在正相关关系，这种正相关可以直接归因于“激励效应”。此外，还可能存在“选择效应”，即养老基金计划类型与工作流动性之间的关系是由于较高流动性倾向的雇员寻找拥有 DC 计划的雇主所致⑦。

五、结论

养老基金投资是资本市场的长期资金来源，对实体经济的发展和资本市场的完善至关重要。通过回顾养老基金国内外的研究成果，本报告认为厘清养老基金与经济增长之间的互动关系，可以从影响经济增长最关键的三个因素和养老基金之间的互动进行详细论述。一是养老基金与储蓄互动的研究。可以肯定的是，无论何种制度的养老金计划都能使累积的大额资金流入资本市场，并通过资本市场的中介效应助力于实体经济的发展，进而促进经济增长。国内外研究重点关注的是不同制度下养老基金的积累对于私人部门的储蓄是否有挤出效应、对国民储蓄是否有正向影响以及在制度转轨过程中解决隐形债务的方式对于国民储蓄的影响。二是养老基金与资本市场互动的研究。养老基金在本质上是一种长期且刚性的储蓄资金，对资本市场的稳定发展和创新完善有重要意义。巨额的养老基金进入资本市场，在形成规模效应的同时能提高资本市场的配置效率、减少资本市场的波动，并通过其专业化投资管理推动金融产品创新和资本市场的整体发展和完善，进而促进经济增长。同时，尽管资本市场与养老基金是协同发展的关系，但资本市场健全的基础设施是养老基金进入资本市场投资的重要条件，实证研究表明资本市场发展情况与养

① Lau M I and Poutvaara P, “Social Security Incentives and Human Capital Investment”, Finnish Economic Papers, 2006, 19（1）: 16–24.

② World Bank, Old Age Income Support in the 21st Century : An International Perspective on Pension Systems and Reform, http : //documents.worldbank.org/curated/en/466041468141262651/Old-age-income-support-in-the-21st-century-an-international-perspective-on-pension-systems-and-reform.

③ Morten I L and Poutvaara P, Social Security Incentives and Human Capital Investment, CESifo Working Paper Series 438, CESifo, 2001.

④ Packard T G, Is There a Positive Incentive Effect from Privatizing Social Security : Evidence from Latin America, Policy Research Working Paper ; No. 2719, 2001. https : //openknowledge.worldbank.org/handle/10986/19421 License : CC BY 3.0 IGO.

⑤ Blommestein H J, Ageing-Induced Capital Flows to Emerging Markets Do Not Solve OECD's Basic Pension Problem, In H.J. Blommestein and N. Funke, ibid, 1998.

⑥ Stuart Dorsey, Christopher Cornwell & David Macpherson, Pensions and the LaborMarket, Upjohn Institute Press, 1998.

⑦ Flaherty M C, Retirement Plan Type and Worker Mobility, IZA World of Labor, 2019. https : //wol.iza.org/articles/retirement-plan-type-and-worker-mobility/long.

老基金的投资回报相关。三是养老基金与劳动力市场互动的研究。首先，不同制度下的养老金计划从不同角度出发对于人力资本投资都有正向影响；其次，养老基金计划的设置会在一定程度上对劳动力市场的供给、需求、流动形成一定的扭曲，通过劳动生产率变动间接影响经济增长。此外，需要注意的是，尽管国内外研究表明养老基金投资与影响经济增长的各因素之间存在良好的互动关系。但这种互动关系并不是必然的，会受到养老基金投资管理体制、资本市场发展现状以及宏观条件等诸多条件的限制。

参考文献

[1] Echevarría C A and Iza A, "Life Expectancy, Human Capital, Social Security and Growth", Journal of Public Economics, 2006, 90 (12): 2345-2346.

[2] Feldstein M S, "Social Security and Private Saving: Reply", Journal of Political Economy, 1978, 90 (3): 630-642.

[3] Friedman M, "A theory of consumption function", Princeton: Princeton University Press, 1957.

[4] Moleko N and Ikhide S, Pension Funds Evolution, Reforms and Trends in South Africa, Discussion Paper PI-1608. Pensions Institute, 2016.

[5] Zubair A K, "Effects of Pension Funds' Investments on Capital Market Performance in Nigeria", International Journal of Economics and Business Management, 2016, 2 (9): 1-2.

[6] 蔡昉：《未来的人口红利——中国经济增长源泉的开拓》,《中国人口科学》2009 年第 1 期，第 2-10 页。

分报告四
主权养老基金外部管理人公司治理问题探析

一、主权养老基金外部管理人公司治理的重要性

“主权养老基金”或“公共养老基金”（Sovereign and Public Pension Reserve Funds，SPFs），与其对应的是“私人养老基金”（Private Pension Funds，PPFs）。对于世界上大多数主权养老基金来说，选择外部管理人（就中国而言即“社保管理人”，下同）都是主权养老基金投资政策的一部分。全国社会保障基金（以下简称“全国社保基金”），是国家社会保障储备基金，用于人口老龄化高峰时期的养老保险等社会保障支出的补充、调剂。显然，作为中国的主权养老基金，全国社会保障基金也面临着选择外部管理人（国内称为“社保管理人”）的问题。

（一）主权养老基金离不开外部管理人

主权养老基金一般分为内部管理和外部管理两种投资政策。但从国外实践来看，很难断定哪种投资政策更具有优势，或者说哪种投资政策能取得更高的长期收益。以挪威（NGPF）、澳大利亚（AFF）和加拿大（CPPIB）这三只被业界广为称道的主权养老基金为例，只有澳大利亚的AFF主要依靠外部管理，而其他两只基金都是以内部管理为主，而最近五年它们的平均投资业绩，挪威为8.16%，加拿大为11.2%，而澳大利亚为10.6%[①]。显然，从投资收益上来看，到底采取内部管理为主还是外部管理为主的投资政策，并没有出现明显的趋势性差异。

尽管如此，不管采取哪种投资政策，这些大型主权养老基金都离不开外部投资管理人，而只有比例高低之别。一般来说，支持以外部管理为主的理由如下：一是从成本上考虑，即考虑到内部和外部管理人员之间的成本差异，对管理资产规模庞大的主权养老基金来说尤其如此。二是从主权养老基金自身的投资能力上考虑，即使用外部管理人能否扩大投资范围并取得更高的风险回报，尤其是那些难以获得或需要特殊投资策略的另类资产类别，如私募股权（PE）、风险资本（VC）和对冲基金（HF）。三是从应对“资产荒”的角度考虑，进入21世纪，随着全球贸易失衡和大宗商品价格飙升，全球主权养老基金规模不断扩大，公开市场流动性强的资产价格不断被推升，已经不再便宜了，所以很多主权养老基金开始关注或购买大量非直接上市交易的资产，这也增加了对外部管理人的需求。

因此，外部管理人的重要性也引起了国际社会的高度关注。其中，《圣地亚哥原则》就主权财富基金（主权养老基金是其中的一部分）应如何定义和管理它们与外部资产管理公司的关系提供了更广泛的指导。根据第18.2条规定，鼓励主权财富基金制定并披露一项投资政策，其中包括“内部和/或外部投资经理的使用程度、他们的活动范围和权力、他们被选中的过程以及他们的业绩要受到监控”。截至2019年底，全国社保基金直接投资占资产总额的39.60%；委托投资占资产总额的60.40%，在全球处于居中位置[②]。所以，全国社保基金必须重视外部管理人的作用，但外部管理人作用的发挥同样离不开公司治理结构

① 参见各机构网站。

② 全国社会保障基金理事会，社保基金年度报告（2019年度），http：//www.ssf.gov.cn/cwsj/ndbg/202009/t20200910_7798.html。

的完善，而公司治理能力的提升有助于提高投资回报。

国外的经验告诉我们，较好的公司治理是使某些基金比其他基金表现更好的关键成功因素[①]。CPPIB、AFF 和 NGPF 提供了这一证据，得出养老基金治理与投资绩效之间确实存在统计学上显著的正相关关系。例如，从 2009 年开始，AFF 理事会在历年对外披露的年报中都强调"良好的治理结构与创造投资价值之间存在着积极的关系"[②]。在这一点上也同样适用主权养老基金的外部管理人。

（二）外部管理人公司治理的一般性和特殊性

1. 外部管理人公司治理的一般性

外部管理人的公司治理与其他公司一样，具有相同的理论基础和一般性的概念界定。一般认为，只要以下两个条件存在，公司治理问题就必然在一个组织中产生。第一个条件是代理问题，确切地说是组织成员（可能是所有者、职工或消费者）之间存在利益冲突；第二个条件是，交易费用之大使代理问题不可能通过契约解决。在合约不完全的情况下（代理问题也将出现），治理结构确实有它的作用。治理结构被看作一个决策机制，而这些决策在初始合约下没有明确设定。更确切地说，治理结构分配公司非人力资本的剩余控制，即资产使用权如果没有在初始合约中详细设定的话，治理结构决定其将如何使用。

简单地说，公司治理就是要处理各种利益相关者关系，以便维护他们的利益，而这些关系往往无法通过契约来解决，因此可以包括两个层次：一是治理机制的内涵，是指由股东、董事会和经理层三方面形成的管理与控制体系，实质上是一个关于公司剩余控制权和剩余索取权安排的契约，包括如何配置和行使控制权，投票权的行使、集结和转移等；二是治理机制的外延，是与治理机制内涵相适应的公司外部管理与控制体系，他们提供企业绩效的信息，评价企业行为和经营者行为的好坏，并通过自发的优胜劣汰机制激励和约束企业及其经营者，包括市场治理机制（公司控制权市场和职业经理人市场）、政府治理机制（政府对一、二级市场的管制）以及社会治理机制（中介机构的信用制度）三个方面。

2. 外部管理人公司治理的特殊性

首先，外部养老基金未必投资参股外部管理人，这限制了主权养老基金参与外部管理人治理的途径和方法。如果主权养老基金直接参股外部管理人，那么借助所有者的角色，主权养老金参与外部管理人的治理则要容易得多，但这或许是一种特殊情况。更为一般的是，主权养老基金并非外部管理人的股东，但考虑到外部管理人对主权养老基金的重要性，主权养老基金参与外部管理人的治理又十分必要，那么主权养老基金只能寻找其他途径并在一定程度上参与外部管理人的治理活动。

其次，主权养老基金自身就存在大量而复杂的利益相关者，这决定了主权养老基金参与外部管理人治理的难度和挑战。一般来说，作为实际出资者的纳税人或缴费者需要承担主权养老基金运营风险和受益人待遇支付的最终责任，是主权养老基金最终的剩余权索取人。但是，过于分散的纳税人或缴费者不可能直接控制主权养老基金的实际运作，所以主权养老基金必须在某些政府机构或独立实体掌控下进行运营，这些政府机构或独立实体就成为主权养老基金的剩余控制权人。而且，在一些情况下，养老金领取者也是其中的利益相关者。因此，主权养老基金一旦参与外部管理人的公司治理活动，那么"牵一发而动全身"，涉及大量的直接或间接利益相关者。

国际上，主权养老基金参与被投资公司的治理活动非常普遍，但几乎很难看到参与外部管理人公司治理的情况，除非主权养老基金也是外部管理人的股东。但这不妨碍我们先借鉴一下国外主权养老基金参与被投资公司治理活动的主要方式和新特征。然后，在此基础上探讨主权养老基金参与外部管理人治理活动的途径。

二、国际上主权养老基金参与公司治理的主要方式和新特征

从美国等发达国家的实践来看，养老基金参与公司治理的方式与途径是多种多样的，从私下的沟通到采取公开的股东提案方式，再到直接与公司管理层对抗或诉诸法律。另外，需要强调的是，无论是主权养老基金还是私人养老基金，在资本市场上它们都是主要的机构投资者，都会介入目标公司的治理活动，但主权养老基金才是"养老金积极主义"的主要代表者，而私人养老基金仅仅只有一小部分参与了公司治理活动。因此，国际上养老基金参与公司治理活动主要是由主权养老基金发起并实施。

（一）养老基金参与公司治理的主要方式

第一，行使投票权。在 20 世纪 80 年代以前，在投票权的行使上机构投资者往往接受公司管理层所提出的委托

① Tsani S, Ahmadov I and Aslanli K, Governance, Transparency and Accountability in Sovereign Wealth Funds : Remarks on the Assessment, Rankings and Benchmarks to Date, Baku, Azerbaijan, Public Finance Monitoring Center, March 2010 : 1-25.

② Future Fund, Future Fund Annual Report 2008-09, October 5, 2009, https ://www.futurefund.gov.au/about-us/annual-reports, 2019-03-30.

投票权请求，将投票权授予其行使，一般不会通过投票直接表达自己的意见。如果它们对公司股票在市场的表现不满意或者对管理层不满意时，所采取的行动通常是卖掉所持有的该公司股票，而不是通过行使投票权来表现不满。20 世纪 90 年代以后，伴随着养老金积极主义兴起，养老基金不再将投票权授予管理层或者“用脚投票”（通过资本市场表达意见），而是亲自认真地行使投票权。养老基金积极地行使投票权，大大提高了对管理者事中监督的力度，强化了内部监督机制，在一定程度上可以弥补美英等国以控制权市场为主的外部治理模式的不足之处。

第二，代理股票权征集。在股权高度分散化的情况下，不仅普通股东的持股额很小，而且作为机构投资者的养老基金持股数量也相对有限（由于法律对机构投资者持股比例的限制），很难在投票中产生决定性作用。因此，要想对股东大会的投票结果产生决定性的影响，就必须联络或说服那些不愿参加股东大会的股东将投票权委托给自己，以征集到足够多的股票，从而对投票结果发挥决定性的影响。相对普通投资者而言，养老基金更能负担得起这一行动的成本，因此通过征集其他股东的投票权代理投票成为养老基金达成目标的自然选择。总之，通过代理投票权的争夺，养老基金更深入地介入了公司决策和管理，大大增强了养老基金在公司治理中的作用。

第三，提交股东提案。股东提案是由美国证券交易委员会根据《1934 年证券交易法》所设置的一种治理机制，最早出现在 1942 年，简单地说就是由股东提交的要求管理层采取某些特定措施的报告。提案几乎都是建议性的，即使通过，对管理层也没有约束作用。发起一个股东提案的成本并不高，提案的发起者可以口头上收集代理投票权，而不必要求得到代理投票权的正式批准，也不需要证券交易委员会的文件。提案内容基本上可以归纳为以下几个方面：改进公司治理结构、维护股东基本权利、反对管理层的自利行为、改变不利的股东权利行使规则，以及要求公司关注社会责任问题；等等。公司管理层的抵制是存在的，但大多会对提案做出反应，许多公司管理层与提案者谈判，力求不使提案在股东大会上进行投票表决。

第四，与管理层沟通。养老基金在对其所投资的公司的经营业绩或者治理状况不满意并打算采取积极行动时，首先与公司董事会和管理层在私下进行沟通（举办会议、拜访、正式信函和电话等形式），表达自己的看法。当私下沟通没有达到预期的效果时，机构投资者会考虑将有关分歧公开化。在有关公司召开股东大会之前公开表明自己的立场和提案内容，以引起其他机构投资跟进和广大中小股东的注意或重视。与管理层沟通的成本是有限的，但其利益可能是巨大的，而且成功的概率很大。

第五，公开建议。养老基金可以通过媒体以公开方式向公司提出建议或批评，向公司管理层施加影响和压力，以促使公司改进其行为。公开建议主要针对公司财务政策的披露、董事的合约以及内幕交易等公司普遍存在的问题，目的在于使公司普遍能够接受养老基金等机构投资者所认可“最佳行为”，一般不会针对个别公司的个别问题提出公开建议。

第六，股东诉讼。这是股东针对公司管理层严重损害公司利益的行为，所采取的一种极端方法。但是，基于股东诉讼高昂的诉讼费用和旷日持久的诉讼过程足以令大多数养老基金望而却步。因此，养老基金很少采取股东诉讼的方式来行使股东权利。

第七，组成机构投资者联盟。单个养老基金对公司管理层的影响可能不是很大，但可以联合其他机构投资者组成机构投资者联盟，对公司采取一致行动的时候，公司管理层就不得不认真对待。但是，大多数基金管理公司不愿意干预具体的业务决策。有些公开声称它们并不相信“威逼董事会”能够产生实际作用，并且大多数都私下强调他们自己的能力有限。

第八，借助行业组织监督。以某一类机构投资者（有些包含养老基金）为成员的行业组织，代表该类机构投资者的利益。主要职能是展开与公司管理层的对话以了解问题所在；协助成员表达他们的疑虑及影响公司管理层的决定；当需要股东投票时，向有利益的成员提出投票的建议。

（二）养老基金参与公司治理的新特征

养老基金作为长期投资者，拥有巨大的资产规模，如果简单通过“用脚投票”获得价差，由于其持股量巨大，其交易必然影响股票的流通性和二级市场表现，反而未必从中受益。所以，20 世纪 90 年代以后，养老基金更加关注被投资公司的治理水平，通过治理水平的改善获得超额收益。在参与被投资公司治理过程中，尽管可以采取上述多种方式，但越来越显现出来一些新特征。

第一，从“投反对票”到“温和协商”。“投反对票”是养老基金在股东大会上最公开、最常见的行使股东权力的方式，但这种表达权利的方式往往会遭到经理层的抵制，引起股东与经理层的关系对立。比较而言，“温和协商”却逐渐成为一种有效的公司治理手段，这主要是因为被投资公司董事会的态度变化，即董事会对日益出现的养老金积极主义改变了过去的抵制态度，更善于学会与股东合作，以回避股东提案所带来的被称为不信任甚至被改组的风险。在养老金积极主义作用下，董事会开始积极代表股东利益行事，并对低绩效承担最后的管理说明责任。例如，美国的加州公务员退休基金（CalPERS）以股价表现为主要标准来选择目标公司，并对层层筛选出来的焦点公司重点关注，指出每一家公司治理结构方面的问题，向董事长或 CEO 发出信函，要求他们与 CalPERS 官员会谈，寻求不经投票表决就可以改变治理结构的途径，如果协商成功，则撤回议案。

第二，从“关注业绩表现”的公司治理到“社会行动主义”。虽然养老基金的大部分提案关注公司业绩表现，但也会涉及公司责任问题，如供应商的产地标准要求、就业机会等信息的披露等。例如，从 20 世纪 90 年代开始，以 CalPERS 为代表的一些主权养老基金也采取了相应的行动来推进社会行动主义。他们关注的重点问题包括：工会权利、员工培训、养老金待遇、环境污染、就业歧视、强迫劳动和童工雇佣等。

第三，从“干预具体事务”到“治理指南发布”。过度介入公司治理在法律传统上往往受到限制，股东职权的范围是有限的。而且，养老基金投资的目标对象很多，有的甚至几千家公司。显然，养老基金不可能花很多时间和精力去了解这些公司的管理和经营情况，以便针对问题提出具体的治理策略。此外，养老基金持有的股票还可能包括有上述公司的竞争对手、供应商、公司客户和潜在的接管目标或收购方的股票，以上这些因素都限制了养老基金的干预能力。因此，养老基金参与治理时更看重改善治理结构和清除防接管装置等程序性问题，这些程序要求适用于一般公司，而不是就公司个案来制定特定的经营策略。因此，国际上很多大型的养老基金都发布各自的公司治理指南。

第四，从“个体行动”到“组织和联合行动”。养老基金之间也包括其他机构投资者，往往对于目标公司具有广泛的共同利益，因此可以组织起来，成立他们自己的联合组织，发挥信息沟通优势并增强社会影响力，共同维护投资者权益。而且，除了有组织的行动外，普通投资者之间的联合行动趋势也比较明显，中小股东已不满足于过去的“搭便车”来分享剩余利益，而今也主动向主权养老基金等机构股东靠拢，通过保留治理权力来保证经济利益。而现代先进的通信技术发展，也为这种联合提供便利，如在网上发布信息等大大节省了信息成本。总之，投资者之间的联系在加强，更有利于采取协调行动。事实上，通过协会等组织形式来表达股东意见更为普遍。通过协会发声的好处就在于可以避免单个养老基金或基金经理出面批评该公司而容易招致的报复。

第五，股东积极主义参与公司治理法律环境的改善。在传统上，美国公众及国会对大金融机构不够信任。1933 年《证券法》、1934 年《证券交易法》、1940 年《投资公司法》、1976 年《雇员收入保障法》及 1976 年反垄断法《哈特 – 斯科特 – 鲁迪南法案》等，都采取了管制投资公司、养老基金的政策。但是，在股东积极主义的反作用和影响下，政策规定上出现了一些松动。例如，在早期的股东积极主义推动下，相关法律赋予股东提交提案的权利；要求目标公司提供信息，全面披露经理层薪酬等内容；允许投资者之间可不受限制地进行口头沟通；为行使发言权而可能遭到管理层报复提供法律保护。总之，养老基金参与公司治理离不开相关法律法规的完善和改进。

三、全国社保基金参与社保管理人公司治理的途径

社保管理人能否把受托管理下的基金增值作为首要目标，这是委托投资组合管理中的一般性问题，也是全国社保基金核心利益所在。理论上，全国社保基金可以通过制定完善的委托投资合约以及引入竞争机制来监督考核社保管理人的投资能力和尽职情况。除此之外，还可以通过以下措施来推动社保管理人公司治理的改善，最大限度地发挥公司治理的能动作用，来适应全国社保基金的长期投资、价值投资和责任投资理念。但是，全国社保基金参加社保管理人公司治理的途径取决于前者是否为后者的股东。如果全国社保基金为社保管理人的股东，那么理论上就可以采取国际上主权养老基金参与外部管理人的通行做法；如果全国社保基金并非社保管理人的股东，这要从利益相关者的角度（这也是公司治理的外部机制之一）来探讨可能参与的途径。具体如下：

（一）全国社保基金为社保管理人股东情况下的治理途径

从公司治理概念本源出发，投资参股社保管理人，直接发挥全国社保基金的养老金积极作用，推动社保管理人公司治理结构朝着有利于全国社保基金投资理念方向改进，这是全国社保基金理事会在社保管理人公司治理中发挥积极作用的最有效途径。但就目前而言，无论是学术探讨还是实践情况，都鲜有非常适合的参考标准。不过，新

加坡淡马锡为我们在另外一个层面提供了一个新思路和新尝试。

作为一家主权财富基金，因为带有“主权”二字，淡马锡同样要不断尝试努力消除投资目的地国家对其投资意图的担忧（全球投资目的地国家对主权财富基金的投资行为是出于政治利益或战略需要而不是单纯经济利益都存在广泛而普遍的担心）。为此，淡马锡已采取措施，建立了一只更为普通的基金，该基金将接受其他主权财富基金和非主权财富基金投资者的投资。通过这种方式，淡马锡及其合作伙伴实际上可以向接受国发出信号，表明它们的投资涉及来自不同政治背景的不同投资者的资源。从而减轻对其投资的非商业目标的担忧。可见，全国社保基金直接投资参股社保管理人是可行的，至少可以做出一些尝试。

如果全国社保基金作为社保管理人的机构投资者，那么便可以践行养老金积极主义职能，针对社保管理人治理结构采取一系列可操作性比较强的常规手段（见前文）。除此之外，全国社保基金还可以建立内部的有针对性的公司治理评价体系，一方面可以通过这一评价体系对社保管理人的股票组合进行公司治理评价，另一方面也可以把这一体系作为衡量社保管理人公司治理水平的一个重要指标，从而推动社保管理人公司治理水平的提升。

国际上许多著名的机构与组织都建立了自己的公司治理评价体系，各机构从不同的角度对公司治理状况进行了评价。例如，标准普尔公司治理评价体系、里昂证券公司治理评价体系和戴米诺公司治理评价体系等。其实，这些咨询公司推出的公司治理评价体系在主要方面都是类似的，只是侧重点有所不同。公司治理评价体系一般由两部分组成：国家分析和公司评分。国家分析主要评估一个公司所处的外部环境，如法律规则、法律实施、监管和信息结构等，侧重于关注宏观层次上的外部力量如何影响一个公司治理的质量，体现的是外部治理机制。公司评分则主要分析公司管理层、董事会、股东及相关利益者互动的有效性，主要集中于内部治理结构和运作，集中于公司遵守法律和规则的最低要求的程度，属于内部治理机制。具体来说，公司治理评价体系主要集中在以下四个方面：一是所有权结构和影响，二是股东大会的运作情况，三是财务透明性与信息披露，四是董事会结构与运作（包括董事会结构和组成、董事会职能和有效性、外部董事的职能和独立性、董事和高层管理人员的薪酬评价和任免政策等）。这一措施的优点在于综合考虑了公司治理各个方面的水平，避免了单一因素导致的片面性，使评价的结果较为全面地显示了一个公司的治理水平。

（二）全国社保基金不是社保管理人股东情况下的治理途径

如果与社保管理人没有股权关系，全国社保基金很难直接介入社保管理人董事会的构成和运作，更不能对其管理层进行有效监督、约束和激励。但是，全国社保基金掌握着目前重要养老金储备中绝大部分可市场化投资的资金，是社保管理人的重要业务来源。因此，全国社保基金在委托投资过程中具有相对强势地位。只要利用这种强势地位，全国社保基金也可以在一定程度上对社保管理人公司治理发挥积极作用。具体来说，可以采取具体措施或在投资委托合约中增加相关要求作为附加条款，来推动社保管理人公司治理结构的发展和完善。这些措施或附加条款包括以下内容（这些内容同样适用直接投资参股的情况）。

第一，间接参与社保管理人董事会的重大决策。处理好股东和董事会之间的关系，是公司治理结构的第一层结构。一般来说，公司董事会成员既要具有一定的代表性，又要具有一定的业务能力，或者说代表性和能力之间需要达到平衡，实际上却往往很难同时实现。那么，不同的利益相关者都希望看到自己的利益得到代表，但如果没有相关的技能和能力，董事会运行效果将大打折扣。作为一个解决办法，可以考虑成立一些特殊的决策委员会，旨在促进讨论和解决需要特定专门知识等一些领域的重大问题。无疑，社保管理人董事会也会出现这种情况，这就为全国社保基金通过某些决策委员会参与社保管理人公司治理提供了机会和渠道。换句话说，即使因为不是股东身份而无法进入董事会，也能在很大程度上影响和推动社保管理人的能力建设。具体来说，全国社保基金可以通过协商或合约规定，直接派人或邀请所认可的外部专家进入该委员会。

第二，通过推动员工持股来解决社会管理人公司治理结构。处理好董事会和管理层以及员工之间的关系，是公司治理结构中的第二层关系。董事会对管理层和员工不仅要对公司战略执行情况进行监督，还需要提供激励措施来降低监督成本。除了采取绩效工资和各项福利项目以外，还可以通过员工持股来激励管理层和员工。当然，这同样适用于社保管理人。一般来说，社保管理人都是一些专业性较强的金融企业，其成功运行的一个重要基础是由技术娴熟和经验丰富的个人组成的专业团队（高管加投研核心），而且这个团队的价值远超过股东入资的资本，是标准的"人和"企业。如果治理结构不合理，很有可能最终伤害投资人的利益。所以，管理层持股，考核长期、科学化，尊重专业是社保管理人股东必修的课程，不能简单粗暴地表现资本傲慢。全国社保基金理可以在采取一些沟通措施，或者在政策层面推动社保管理人引入员工持股计划。

第三，推动社保管理人的投资理念适应全国社保基金的需要。社保管理人要想在金融市场取得并保持竞争优势，则必须培育出自己独特而连贯的投资信念，没有坚定的投资信念，社保管理人就无法正确把握，更不用说有效地应对金融市场的复杂性和挑战性。但这种投资理念不能与全国社保基金的理念形成太大的偏差，甚至是相互冲突。必须强调的是，就像 DNA 一样，投资理念也有多种变异，它将随着社保管理人的规模、范围和复杂程度而变化，也会受到内部和外部利益相关者的影响，既受到治理结构的影响，也是治理结构的一部分。因此，全国社保基金应该在同社保管理人的业务往来中注重强化这种影响。

第四，为推动社保管理人形成变革和创新的学习文化提供机会。鉴于金融市场的快速发展和投资技术的不断变化，学习和创新是非常重要的。社保管理人董事会和高管必须培养一种开放的文化，定期调查和挑战现有做法，促进和鼓励实验，并允许偶尔发生错误。只要有一个能够快速识别和纠正这些错误的系统，并且所产生的知识能够完全融入组织的"机构记忆"中，这些错误就必须被看作创新和试验的有益副产品。因此，全国社保基金除了需要有足够的技能和资源来有效地评估、选择和监视社保管理人以外，还要为推动社保管理人形成变革和创新的学习文化提供机会。

（三）全国社保基金推动社保管理人将 ESG 问题纳入治理体系中

现代社会投资理念起始于 20 世纪 70 年代，并很快得到美国一些地方政府养老基金的关注和支持，到 80 年代英国养老基金开始出现社会责任投资，进入 90 年代后这一趋势进一步向欧洲大陆国家扩展。随着经济全球化的飞速发展，进入 21 世纪后养老基金对社会问题的广泛关注以及投资的专业化开始遍布全球。2005 年，当时的联合国秘书长安南邀请了世界上最大的几十家机构投资人及其他利益相关方来共同制定负责任投资的原则。2006 年 4 月，时任联合国秘书长安南通过敲响纽交所的开盘钟公开了《联合国责任投资原则》（United Nations Principles for Responsible Investment，UNPRI）。这些原则要求投资者在他们的投资分析和决策中考虑"环境、社会和治理"（ESG）问题，成为积极的所有者，并敦促整个金融业考虑 ESG 问题。换句话说，机构投资者特别是养老基金在投资过程中要重视 ESG 投资策略。

当前，ESG 投资策略在中国资本市场的应用还处于萌芽阶段，众多投资机构正处于 ESG 策略的可行性论证阶段，然而 ESG 投资意愿和投资实践活动还较少，制约 ESG 落实的主要因素是相关信息披露较少，获取信息较难。从投资意愿上来说，截至 2018 年末，中国共计 18 家机构接受 UNPRI，其中投资管理人 13 家，其他机构 5 家，相对于美国（414 家）、英国（339 家）等金融发达市场还有很大差距。在 ESG 投资实践方面，中国以 ESG 为投资主题的基金等资管产品还不丰富。截至 2018 年底，在全国 7815 只公募基金中，仅"中证财通中国可持续发展 100（ECPI ESG）指数增强型证券投资基金"一只明确以 ESG 类股票为主要投资对象，即使把投资主题扩展至"可持续发展""绿色"等广义 ESG 范围，涉及该主题的基金也仅为 10 只。从信息披露上来看，ESG 投资策略在中国应用较少的原因之一是企业披露 ESG 相关信息不足，投资机构难以获得与此相关的信息。尽管如此，但随着 ESG 负面事件在中国陆续发生，公众对 ESG 信息的获取欲望愈加强烈，一些机构投资理念正在转化，未来将有更多金融机构陆续践行 ESG 投资策略，ESG 类投资产品的优势也会逐渐显现[①]。

在这一背景下，公司治理概念的外延也相应扩大。公司治理不再仅仅包括 CEO 薪酬、董事会结构、反收购措施和一些反映业绩的财务性指标，同时还包括一些反映企业社会责任的非财务性指标。这不难理解，考虑到企业存在和盈利的可持续性，企业还要关注经济、社会和环境所带来的影响。因此，对许多投资者来说，公司治理问题正在转变为 ESG 问题，这也是公司治理发展的"新前沿"，也可以成为新治理理论。ESG 概念的提出不仅是与社会责任相关的价值投资，更是着眼于降低风险和提高股东价值的长期价值投资，这正与养老基金的长期投资价值理念是一致的。因此，全国社保基金应该通过以下几方面推动社保管理人的治理体系建设：

第一，加大业务支持，推动外部管理人在公司治理上积极向 ESG 理念和做法靠拢。基于全国社保基金的特殊地位，制定一套行之有效的量化考核办法，在投资委托上适度向那些积极实践 ESG 理念的外部管理人进行倾斜，

① 马喜立：《中国 ESG 投资的发展趋势研究》，《广义虚拟经济研究》2019 年第 10 卷第 2 期，第 33–38 页。

带动全部外部管理人公司治理水平的提升。

第二，加大研究投入，推动相关ESG投资策略研究机构和中介组织的发展。ESG理念的普及需要全社会的力量来协同推进才更具效率。与国外相比，中国ESG投资策略研究机构和中介组织所起到的作用相对较小，影响范围也非常有限。因此，需要对它们采取一定的支持，实现研究和实践互动，通过研究来指导社保管理人ESG理念的落实，反过来再通过实践来完善理念和理论，达到良性循环。

第三，加强宣传教育，并定期对社保管理人进行专业培训。一方面，通过宣传教育促使社保管理人深刻认识到ESG理念的重要性和深远影响；另一方面，通过专业培训提升社保管理人ESG理念在投资和治理上的运用能力。

总之，无论何种方式，既要积极主动，又要合乎现行公司运行规范，既要有一定程度的介入，又要遵循一定边界。比如，全国社保基金委托外部管理人进行投资，是否要考虑外部管理人的独立性问题。理论上，全国社保基金的目标很简单，就是追求长期收益最大化，这与外部管理人的其他股东具有完全一致的目标。但全国社保基金毕竟是带有“主权”性质，而且目前还是事业单位，如果兼顾政治目标或其他经济社会发展目标，势必会在股东之间带来目标冲突的隐患。

分报告五
低利率对养老基金资产配置影响几何?

一、低利率下养老基金的资产负债表困境

（一）全球身处低利率时代

从政策利率看，日本从 1999 年开始实施“零利率”，2016 年进入负利率；欧元区 2012 年将利率降至 1% 以下，之后两年四次下调将利率降至 0.05%，从 2016 年开始实施“零利率”；美国也曾从 2008 年底至 2015 年底长达七年的时间里将联邦基金目标利率维持在 0~0.25%，之后经历加息和降息，在 2020 年 3 月再次将利率降至这一区间。

从 10 年期国债利率看，目前全球主要国家基本都处于历史低位（见图 5-1），全球负利率债券规模超过 10 万亿美元，日本和欧洲很多国家国债利率从短端到长端都一度掉入负值。中国的利率水平虽然从中外利差的比较看仍然较高，但也处于近 17 年的低位。

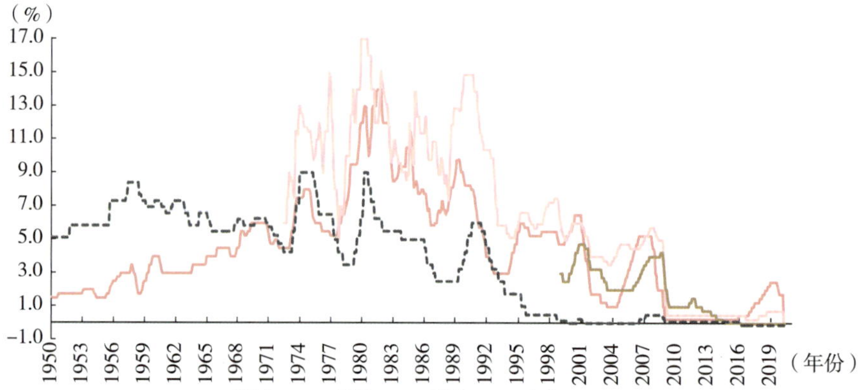

图 5-1　全球身处低利率时代

注：美国在 1982 年 9 月之前使用贴现率，之后使用联邦基金目标利率；日本在 1998 年 9 月之前使用贴现率，之后使用政策目标利率。

资料来源：CEIC，中金公司研究部。

低利率会如何影响养老基金（Pension Fund）？养老基金在资产配置上又需要做出何种改变？这种改变对资本市场和资管行业有何影响？海外经验对中国养老基金的投资运营和资本市场的发展又有什么启示？本报告将重点分析这些问题。

（二）DB 型养老基金：负债压力加大，资产获取回报的难度提升

1. 负债端债务压力加大

DB 型养老基金的待遇计发是事先确定的，不受投资业绩的影响，存在显性或者隐性的负债约束，投资风险由养老金计划发起人（企业或者政府部门）承担。在计算负债现值规模时，DB 型养老基金通常采取与国债收益率曲线高度相关的折现率来计算，在未来现金流确定的情况下，长期国债利率的下行意味着折现率也需要调低，从而导致负债的现值变大，相当于增加了养老金计划发起人的债务负担。并且，负债期限越长、久期越大，利率下降后负债增加的比例也越大。

利率的下降不仅会增加 DB 型养老基金负债的现值，而且还会拉长负债的久期。久期的拉长并不是线性的，会因为凸性的存在，在利率越低的时候增长的速度越快。也就是说，利率越低，负债会对利率越敏感，负债现值的波动也会急剧增加。

虽然利率下行也会增加 DB 型养老基金的资产端规模，因为其持有的债券市值会由于利率下降而提升。不过，在多数情况下，DB 型养老基金负债端久期大于资产端债券久期。假设雇员工作年限为 30 年，每年缴费相等，那么养老基金的久期约为 15 年。但是，由于缴费通常会随着工资的提高而增加，因此养老基金负债端的久期通常大于 15 年。而在资产端，以 DB 型加州政府雇员养老基金（CalPERS）为例，其配置的债券中久期最长的品种是国债，平均为 14 年，至于公司债、ABS 等久期更短，因此债券组合整体的久期远小于 14 年。资产久期小于负债的结果就是利率下行时，资产规模的增加不足以弥补负债的增加，养老基金的积累率降低，赤字缺口扩大。

2. 资产端获取回报的难度在提升

利率水平反映了固定收益类资产的持有到期的回报率，当利率下降到较低水平时，固定收益类资产回报率的降低也会拖累基金整体的收益水平。以日本为例，日本企业部门 DB 型养老基金的目标回报率定在 5.5%，但是在长期低利率的环境下，养老基金的投资回报率不断下降，从 2001 年至 2014 年的 14 年间，企业 DB 型养老基金回报率超过 5.5% 的年份只有 5 年，累计回报率只有 25%，政府部门的 DB 型养老金表现略好一些，期间累计回报率为 50%，但相比以 5.5% 计算的累计回报率 110% 差距较大[①]。

迫于回报端的压力，部分养老基金会直接下调目标收益率。以美国为例，在 2008 年金融危机后，随着利率中枢的下移，大部分公共养老基金都在逐渐下修目标回报率。据统计，2010 年以来，96% 的美国公共养老基金调低了目标回报率，并且其中 70% 都是在最近三年下调的。2010 年，美国公共养老基金的平均目标回报率约为 8%，到了 2020 年初降到了 7.2%[②]。

（三）DC 型养老基金：重点在于资产端的影响

DC 型养老基金的待遇计发并非事先确定，而是取决于养老基金的缴费和投资回报的积累，资产恒等于债务。而且投资风险由缴费人承担，资产具有个人属性，计划发起人不存在债务约束。因此，讨论低利率对 DC 型养老基金资产负债表的影响主要集中在其资产端获取回报的问题上。长期低利率对 DC 型养老基金资产端的影响类似于 DB 型养老基金。不过相比后者，DC 型养老基金更加侧重长期资本的积累，对债券等固定收益类资产的配置比例相对较少，因此长期低利率环境对资产端的直接影响相对较小。从间接影响方面来看，长期低利率环境往往伴随着较低的增长与通胀，权益、另类等资产的表现可能也会受到拖累，从而减缓资产端整体的收益。

二、低利率对养老基金资产配置的影响

在下文的分析中，我们重点以美国的 DB 型和 DC 型养老基金为例，并参考加拿大养老金计划（CPPIB）、挪威政府全球养老基金（GPFG）和澳大利亚未来基金（AFF）等主权养老基金的经验，来看利率水平对养老基金资产配置的影响。美国 DB 型养老基金按照发起人不同又可以分为三类：企业、联邦政府和各州政府。其中，企业（雇主）支持的 DB 型养老基金规模逐渐减小，一方面是因为 DC 型养老金计划更受企业雇主青睐，另一方面也受到增长和利率中枢下移、待遇计发负担加大的影响。而 DB 型的联邦雇员养老基金受制于政策的规定，大部分资金只能投资于国债。因此，要分析利率下行对 DB 型养老基金资产配置的影响，选取相对稳定的 DB 型州政府雇员养老基金更加合适。

（一）利率中枢趋势下移时期：在资产配置上承担了更多的风险

美国 10 年期国债利率在 1981 年左右迎来拐点，并趋势下行，从 14% 的高点下降到 2008 年底的 2% 附近。美

① 资料来源：Struggling of Japanese Corporate Pension Plan with the Low Interest Rate Environment.

② 资料来源：NASRA Issue Brief，Public Pension Plan Investment Return Assumptions，Updated February 2020.

国联邦基金目标利率也从 13% 降至 2008 年底的 0.25%。这一时期，无论是美国 DB 型还是 DC 型养老基金，在资产配置结构上都发生了明显的变化。

1. DB 型养老基金风险 / 避险资产的配置比例从 20/80 变为 60/40

在 1981 年之前，DB 型州政府雇员养老基金的资产配置中，现金类[①]和固定收益类[②]等避险资产占据了 80% 左右的权重。在利率迎来拐点后，固定收益类和股票类资产配置权重发生了较大变化，固定收益类资产的配置比例趋势降低，而股票类资产的占比则大幅提升。

1981~2008 年，DB 型州政府雇员养老基金中现金类和固定收益类等避险资产的占比从 76.4% 下降到 35.8%，减少约 41 个百分点。而股票类资产的占比从 21.6% 上升到 56.8%，增加超过 35 个百分点，这反映了养老基金在资产配置中承担了更多的风险。在固定收益类资产中，公司债券降幅最大，下降约 29 个百分点。国债占比先升后降，整体下降 6 个百分点（见图 5–2）。

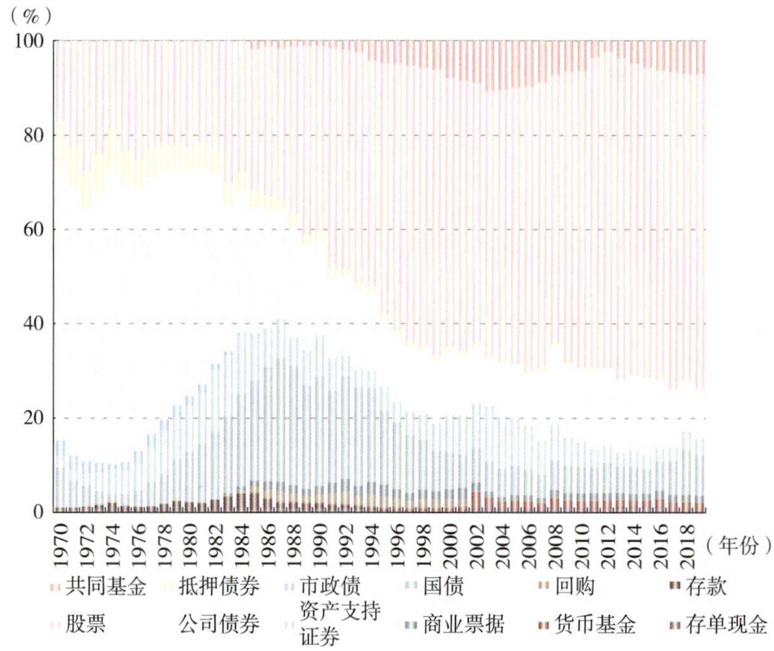

图 5–2　DB 型州政府养老基金资产配置

资料来源：US Flow of Funds，中金公司研究部。

2. DC 型养老基金风险 / 避险资产的配置比例从 50/50 变为 75/25

由于没有负债的刚性约束，DC 型养老基金相比 DB 型养老基金风险偏好更高，风险资产的配置比例也更高。在利率迎来拐点之前，DC 型养老基金中股票资产配置比例约为 50%，显著高于 DB 型养老基金的 20%。此后，随着利率的趋势下行，风险资产配置比例进一步上升。

1981~2008 年，DC 型养老基金中固定收益类资产的占比从 32.8% 下降到 9.9%，减少约 23 个百分点。现金类资产的占比从 18.3% 下降到 6.3%，减少约 12 个百分点。股票的占比也有明显的减少，从 45.7% 到 26.0%，降低约 20 个百分点。增加的主要是共同基金，其份额从 3.3% 上升到 57.8%，增加超过 54 个百分点。根据 ICI 的统计，1992~2019 年，在 DC 型养老基金持有的共同基金中，债券和货币基金占比较小，两者合计的平均占比约为 17.4%。照此比例估算，DC 型养老基金配置的 57.8% 的共同基金中 10.0% 归类为避险资产，47.8% 属于风险资产的范畴。从细分类别看，1981~2008 年，在固定收益类资产中，公司债、国债和商业票据的占比分别下降 8.5 个、7.0 个和 7.2 个百分点。现金类资产中，定期存款的占比在此期间下降最明显，减少了 13.0 个百分点（见图 5–3）。

① 现金类资产包括回购、货币基金、存款、存现现金等。
② 固定收益资产包含抵押债券、公司债、市政债、资产支持证券、国债、商业票据等。

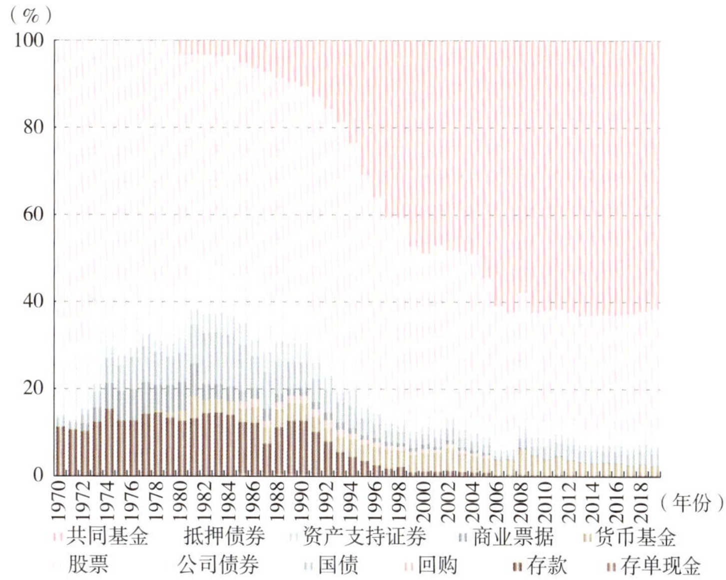

图 5-3　DC 型养老基金资产配置

资料来源：US Flow of Funds，中金公司研究部。

3. 投资运营模式的区别使共同基金在 DC 型养老基金中占比更高

DC 型养老基金配置共同基金的比例显著高于 DB 型养老基金，一个重要原因在于两者投资管理模式的不同。DB 型州政府雇员养老基金通常是统一归集、以资金池的形式统一管理。例如，加州政府雇员养老基金（CalPERS）、加州教师养老基金（CalSTRS）以及纽约政府雇员养老基金（NYSLRS）等，都是将资金汇聚后由专业的投资管理机构统一管理。而 DC 型养老基金虽然也是统一归集，但是并不以资金池的形式统一管理，而是以个人账户的模式由个人自主进行投资决策。

DB 型养老基金统一归集并交由专业机构投资运营，由于资金规模大，即使是委外投资也会通过专户而非购买共同基金来进行；而 DC 型养老基金虽然也是统一归集，但是投资运营基本由个人自主决策，再加上默认投资选项以及合格投资工具等政策陆续实施，将配置型基金产品纳入其中，使共同基金产品在 DC 型养老基金组合中的占比不断提升。

（二）利率长期处于较低区间时期：另类投资占比增加

2008 年金融危机后，2009 年以来的大部分时间，美国、欧洲、日本等发达市场都处于低利率的环境。美国联邦基金利率于 2008 年 12 月降至 0.25%，并在这一水平持续近七年；2015 年底至 2018 年底，美联储开始加息，利率从 0.25% 升至 2.5%；2019 年下半年又进入降息周期，并在 2020 年 3 月将利率降为 0~0.25%。

1. 传统的避险资产配置比例趋于稳定

从全球主要国家养老金的配置结构来看，当利率长期处于较低区间后，避险资产的配置比例基本稳定。例如，根据韦莱韬悦公司 (Willis Towers Watson)《2020 年全球养老金资产研究》(Global Pension Asset Study 2020)，基于对澳大利亚、加拿大、日本、荷兰、瑞士、英国和美国这七个国家的统计，2004 年和 2019 年这些国家的养老基金配置债券的比例都是 29%，期间虽有小幅波动，但变化不大。

具体看美国的养老基金，2009 年以来，无论是 DB 型还是 DC 型养老基金风险 / 避险资产的配置比例相对稳定。在此期间，DB 型州政府养老基金风险 / 避险资产配置比例由 68/32 调整为 74/26，DC 型养老基金风险 / 避险资产配置比例由 87/13 调整为 89/11，风险资产配置比例相比此前利率趋势下行时的变化幅度显著减小。

2. 另类投资占比逐渐提升

从全球主要国家养老金的配置结构来看，当利率长期处于较低区间后，另类投资的占比逐渐提升。根据韦莱韬悦公司《2020 年全球养老金资产研究》，基于对澳大利亚、加拿大、日本、荷兰、瑞士、英国和美国这 7 个国家的统计，从 2004 年至 2019 年这些国家的养老基金配置另类投资的比例从 13% 升至 23%，提高 10 个百分点（见图 5-4）。

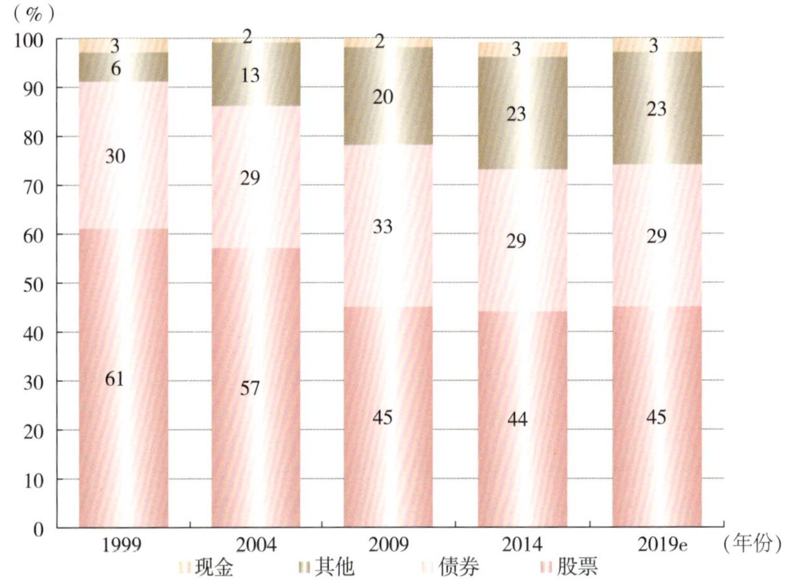

图 5–4　澳大利亚、加拿大、日本、荷兰、瑞士、英国和美国这七个市场养老基金资产配置结构

资料来源：Wills Towers Watson，中金公司研究部。

接下来我们选择四个养老基金进行重点分析。加州政府雇员养老基金（CalPERS）以及加拿大养老基金（CPPIB）均属于DB型养老基金，在金融危机后的低利率环境下，两者资产配置中另类投资的占比均有显著增加。

（1）加拿大养老基金（CPPIB）对另类投资（包括私募股权和实物资产）的配置在2008年时为24%，而到了2020年第一季度末，另类投资的占比已经趋势性地上升到了48.5%。股票和债券的占比相比2008年均有所减少（见图5–5）。

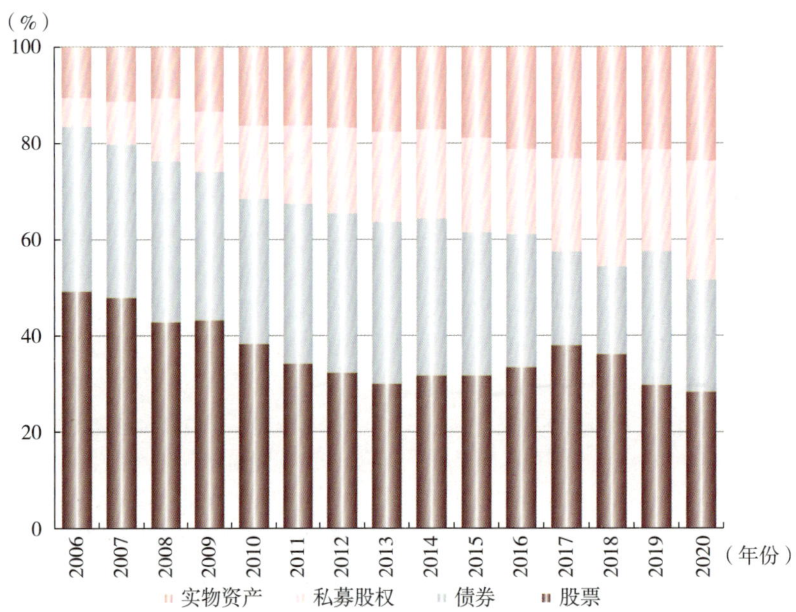

图 5–5　加拿大养老基金（CPPIB）资产配置结构

资料来源：加拿大养老金计划（CPPIB）年报，中金公司研究部。

（2）加州政府雇员养老基金（CalPERS）对另类投资的配置在 2005 年 /2006 年时只有 10% 左右，之后这一比例逐渐提升到 2012 年的近 30% 左右，并稳定在 25%~30% 的水平。不过 2019 年，由于加州政府雇员养老基金（CalPERS）下调了通胀预期的展望，减少了通胀连接证券等资产的配置导致另类投资比例降低到 20%，并相应增加到普通债券上。但另类投资的配置比例仍然显著高于金融危机前的水平（见图 5-6）。

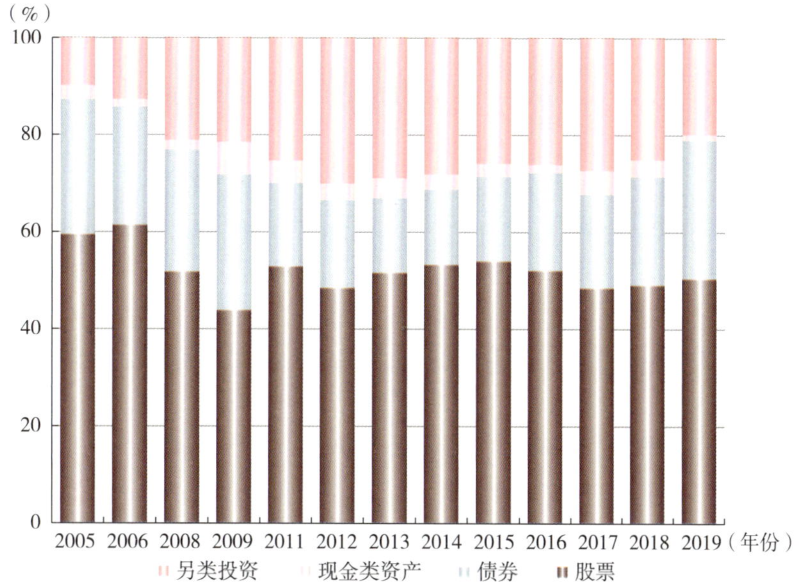

图 5-6　加州政府雇员养老基金（CalPERS）资产配置结构

资料来源：加州政府雇员养老基金（CalPERS）年报，中金公司研究部。

挪威政府全球养老基金（GPFG）和澳大利亚未来基金（AFF）属于"非缴费型"主权养老基金的范畴。在 2008 年之后，它们对于另类投资的配置比例也有趋势性的上升。

（1）政府全球养老基金（GPFG）在 2011 年首次引入了非上市房地产的投资，截至 2019 年，房地产占比为 2.7%。包含私募股权投资的权益类资产占比从 2008 年的 49.6% 提升至 2019 年的 70.8%，增加了 21.2 个百分点。而在此期间固定收益类资产占比减少约 24 个百分点（见图 5-7）。

（2）澳大利亚未来基金（AFF）组合中的另类投资主要包括私募股权、房地产、基础设施、森林和其他另类投资。截至 2019 年，另类投资在澳大利亚未来基金（AFF）组合中的比重已超过 43%，而 2008 年时该比例仅有 1.5%。股票的占比也有所增加，特别是海外新兴市场，相比 2008 年占比分别上升了近 8 个百分点。与此同时，现金是占比下降最明显的资产，相比 2008 年分别减少超过 50 个百分点（见图 5-8）。

3. 债券久期明显拉长

养老基金通过拉长久期，一方面可以增加固定收益资产的回报；另一方面可以减少再投资风险；对于 DB 型养老基金，也有利于实现资产端和负债端的久期匹配。以加州政府雇员养老基金（CalPERS）和加拿大养老基金（CPPIB）为例：

（1）2008 年中，加州政府雇员养老基金（CalPERS）国债组合的平均久期为 10.27 年；到了 2019 年中，该基金国债组合的平均久期已经上升至 14.12 年。

（2）2008 年末，加拿大养老金基金（CPPIB）可交易（marketable）利率债组合中，到期期限 10 年以上的品种占比为 28%；到了 2019 年末，加拿大养老金计划（CPPIB）可交易利率债组合中，到期期限 10 年以上的品种占比已经提升到 31% 以上。

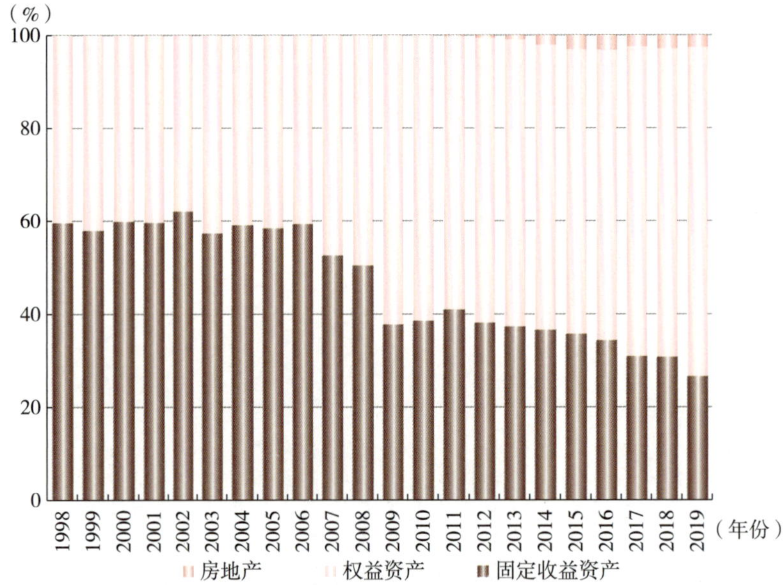

图 5-7 政府全球养老基金（GPFG）资产配置结构

资料来源：政府全球养老基金（GPFG）年报，中金公司研究部。

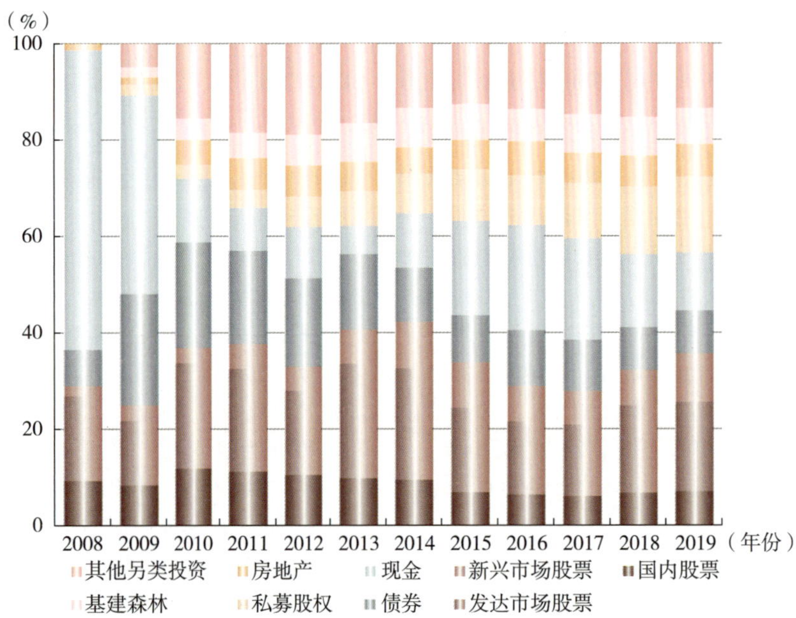

图 5-8 澳大利亚未来基金（AFF）资产配置结构

资料来源：澳大利亚未来基金（AFF）年报，中金公司研究部。

4. 科技行业、成长风格受到青睐

从下文的三个养老基金的行业配置来看，2009 年以来，对经济周期敏感度较小、具有长期成长性的科技、医药等板块以及从金融危机中逐渐恢复正常化的金融行业占比明显提升，而与经济周期高度相关的工业、能源、基础材料等行业的占比大幅下降。

（1）挪威全球养老基金（GPFG）的股票组合在2010~2019年配置比例增加较多的行业是技术和医疗，分别增加了6.5个和3.6个百分点；比例减少较明显的行业是油气和基础材料，分别减少了5.8个和4.7个百分点（见图5–9）。

（2）加拿大养老基金（CPPIB）的私募股权组合在2008~2019年配置比例增加较多的行业是信息技术和金融，分别增加了16.5个和8.0个百分点；比例减少较明显的行业是工业和能源，分别减少了10.4个和6.6个百分点（见图5–10）。

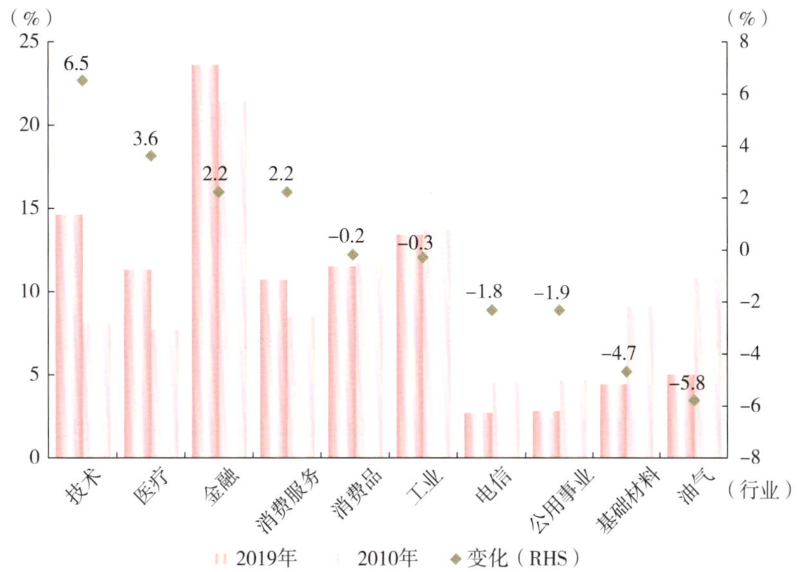

图5–9　2010年和2019年挪威政府全球养老基金（GPFG）组合中股票行业配置结构

资料来源：政府全球养老基金（GPFG）年报，中金公司研究部。

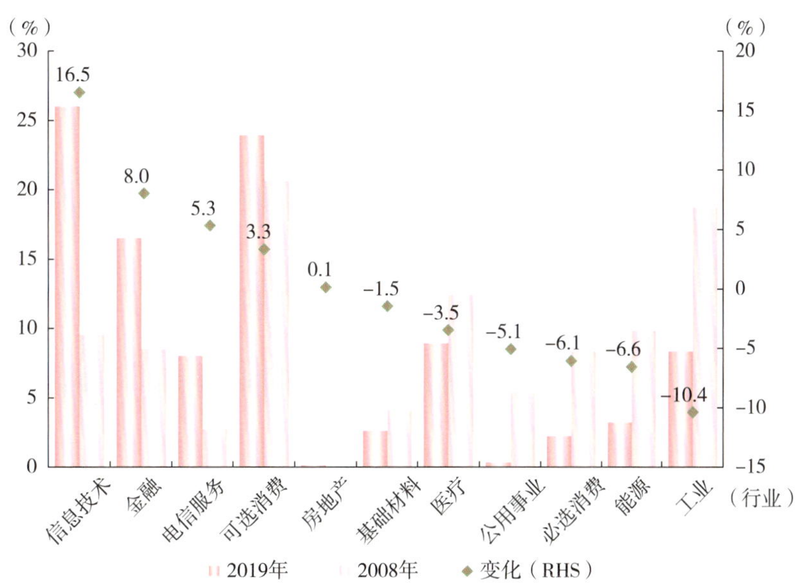

图5–10　2008年和2019年加拿大养老金计划（CPPIB）组合中私募股权行业配置结构

资料来源：加拿大养老金计划（CPPIB）年报，中金公司研究部。

（3）美国加州政府雇员养老基金（CalPERS）的股票前十大持仓在 2008 年时，尚有三家能源或者工业公司，到了 2019 年前十大重仓股则被信息技术、消费、医药和金融股占据。

三、养老基金资产配置对资本市场的影响

由于管理资产规模庞大，养老基金在低利率环境下资产配置的变化也会对资本市场和资管行业产生深远的影响。以下我们以美国市场为例来展开分析。

（一）养老基金在美国股市占比不断提高，发挥着平抑市场波动、促进价格发现的功能

美国的养老基金通过直接和间接的方式持有美国股票，直接方式包括直接购买、委托投资等；间接方式包括购买共同基金、ETF 以及 FoF 产品。

1. 从美国股票市场的投资者结构看，养老基金已成为美国股市第二大投资者

从美国股市的投资者结构来看，2019 年美国政府退休基金和私人养老基金合计占比为 11.8%，通过基金的间接占比为 13.3%[①]，合计占比 25.1%，是继居民和非营利机构后的美国股市第二大投资者。

2. 从资金流向看，州政府养老基金已成为美股重要的增量资金来源

根据 Flow of Funds 的数据，1970 年以来美国股票市场资金累计是净流出的，而州政府养老基金对股市的资金整体是净流入的，起到了市场稳定器的作用。雇主养老金计划对股票的直接投资是净流出的，而更多地转为配置 ETF 和基金，越来越多地借助专业机构投资者的力量进行股票资产的投资。

3. 随着养老基金在股票市场中占据越来越高的比例，其长期投资的属性成为美国股市健康发展的重要保障

尤其是在市场大起大落时，养老基金特别是以机构投资者为主的州和地方政府养老基金通常会因为资产被严重低估或者高估，以及自身资产配置的再平衡机制，逆势而为，发挥平抑市场波动、促进价格发现的作用。

例如，2002 年，互联网泡沫、“9・11”事件的冲击余波未了，标普 500 全年下跌 22.1%。在此期间，州政府养老基金逆势购买了 1070 亿美元的美股，而居民和非营利部门抛售了 1870 亿美元股票。而到了 2003 年，美股强劲反弹后，州政府养老基金出售了 1570 亿美元股票，而此时居民和非营利部门加仓了 2300 亿美元股票。反映了养老基金作为长期机构投资者的特点和作用（见图 5-11）。

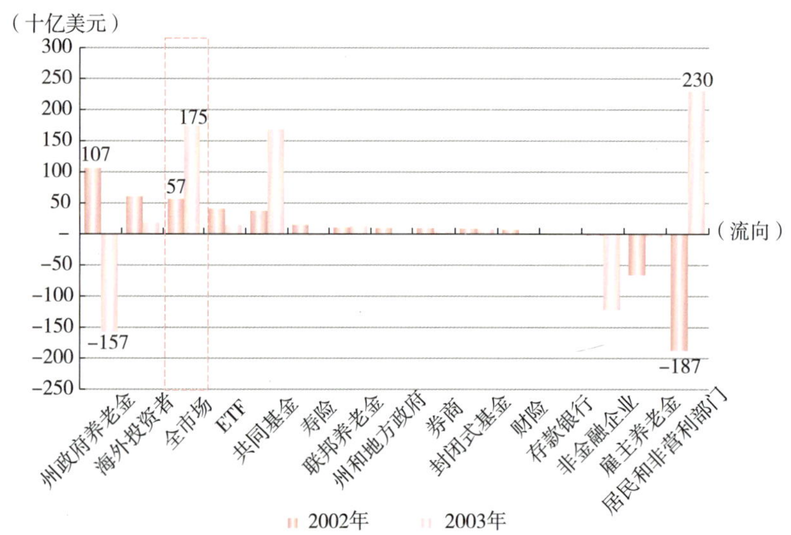

图 5-11　2002 年和 2003 年美股资金流向

资料来源：Fed，中金公司研究部。

在 2008 年金融危机时，也出现了类似的格局。2008 年美股大跌，州政府养老基金逆势加仓 2570 亿美元，而居民和非营利部门则出现恐慌性抛售 7210 亿美元。到了 2009 年市场企稳反弹后，州政府养老基金小幅出售了

① 根据美国 Flow of Funds，基金在美国股市中的占比为 28.2%。根据 ICI 统计，养老金在共同基金中的占比为 47%，由此估算养老基金在美国股市中的间接占比为 25.1%。

710 亿美元股票，而居民和非营利部门则大举加仓 2070 亿美元（见图 5-12）。

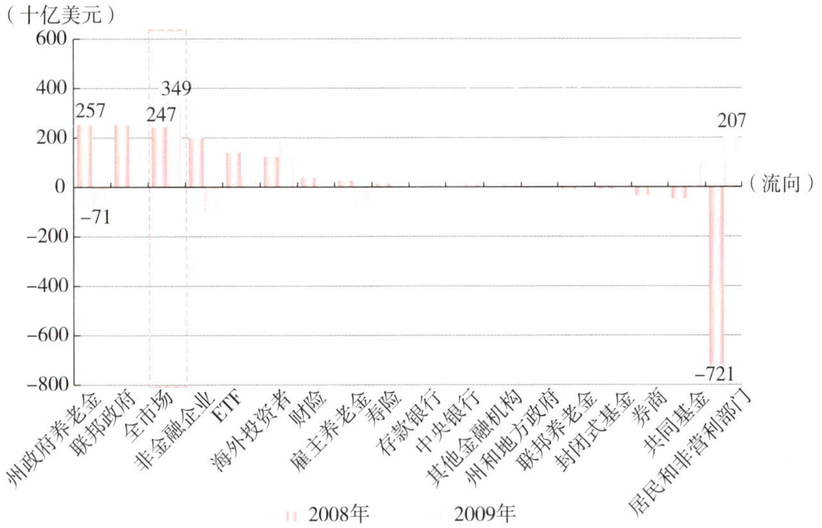

图 5-12　2008 年和 2009 年美股资金流向

资料来源：Fed，中金公司研究部。

（二）养老基金在美国债券市场的占比逐渐降低

1. 从美国债券市场的投资者结构看，养老基金占比在不断下降

在美国国债市场，养老基金的投资曾在 20 世纪 80 年代中期一度超过居民和非营利组织以及海外投资者，占比超过 20%。不过随着利率的不断下行，以及金融危机后利率长期维持较低水平，养老基金在国债市场的占比逐渐降低。截至 2019 年，养老基金持有国债比例为 15.6%，低于海外投资者，与美联储的国债持有量接近。

在美国公司债市场，养老基金的占比曾于 20 世纪七八十年代中期超过 30%，是仅次于寿险的第二大投资者。利率下行后，养老基金的市值占比显著下降。截至 2019 年，养老基金在公司债市场的比例为 10.1%，低于海外投资者、寿险以及共同基金的持有量。

2. 从资金流向角度看，养老基金在债券市场的整体资金流入中占比也越来越小

根据美联储统计，1985 年后，随着利率的不断下行、养老基金的配置比例逐渐降低，养老基金的累计资金流入在国债市场的占比出现拐点，从 27% 下降到 2019 年的 16%。公司债市场也有类似的现象，养老基金在累计资金流向中的占比曾在 1981 年时高达 33.5%，但此后趋势性下降，直到 2006 年后有所回升，截至 2019 年，该比例为 10.1%，并且养老基金的资金流向与市场整体资金流向高度正相关。

（三）资管行业中配置型服务和产品迎来高速发展

1. 低利率环境下，越来越多的养老基金寻求投资外包（OCIO）

所谓投资外包也可以称为外包首席投资官（Outsourced Chief Investment Officer，OCIO），是指资产所有者将其全部或者部分资金委托第三方投资机构管理。按照资产所有者的授权程度，资产管理机构负责投资的流程包括战略资产配置、管理人选择、战术调整、风险控制、业绩归因与考核等。全球金融危机后，在低利率、低增长的环境下，养老基金，尤其是中小型的养老基金获取稳健回报的难度不断提高，而自建专业投资管理团队的性价比较低，因此越来越多的 DB 型养老基金开始把资金交给专业的投资咨询机构管理。

金融危机后，OCIO 管理规模井喷式增长，DB 型养老基金是其主要客户。根据 Cerulli Association 统计，2007 年，全球 OCIO 管理资产规模尚不足 1000 亿美元，到了 2018 年，OCIO 规模已突破 2 万亿美元。其中，美国 OCIO 管理资产规模在 2014 年已经达到 7580 亿美元，不过之后依然保持着较高的增速，到 2019 年美国的 OCIO 规模超过 1.2 万亿美元。从 OCIO 的客户结构来看，DB 型养老基金是其主要客户。2014 年，OCIO 管理的资产中有 63% 来自 DB 型养老基金。即使考虑雇主支持 DB 型养老基金支出加大、规模减小的因素，到了 2019 年，OCIO 中仍有 54% 左右的

资产来自 DB 型养老基金。

2. 利率不断降低、负债波动加剧，负债驱动投资策略（LDI）应用提升

对于 DB 型养老基金，利率的下行一方面放大了未来待遇计发的现值，加重了债务负担；另一方面，由于久期的正凸性，债务的久期会随着利率绝对水平的减小而加速扩大。也就是说，养老基金债务对利率变动越来越敏感，债务的波动性随之增加。在这种背景下，负债端的变动成为 DB 型养老基金投资管理以及可持续性运营不得不考虑的重要因素，再加上监管机构对基金资金积累比率越发严格的要求，越来越多的养老基金机构开始采用负债驱动型投资策略（Liability Driven Investment，LDI）。

LDI 策略的本质就是利用债券价格与养老基金计划负债的变化方向完全相同，通过持有债券组合，实现养老基金计划对利率的变化免疫。不过，随着低利率环境的到来，再加上期限不匹配、再投资风险等问题，仅仅利用债券已经无法有效对冲负债端的波动。鉴于债券的局限性，部分养老基金计划一直在寻求更合适的替代工具将资产与负债进行匹配，利率互换（Swaps）交易的运用逐渐盛行。浮动利率换固定利率是养老基金最常用的一种互换形式。进一步地，养老基金可以采取更灵活的互换形式，把实际利率和通胀风险拆分单独进行互换。

统计显示，近年来 LDI 策略在美国和英国 DB 型养老基金中渗透率越来越高。美国企业 DB 型养老基金中 LDI 策略渗透率已从 2011 年的 9% 上升到 2019 年的 44%[①]。在英国，2003 年，英国的实际利率尚有 2.13%，当时无论是 LDI 策略的管理人还是采取 LDI 策略的养老基金都寥寥无几。到了 2012 年，LDI 管理人增加至 17 家，LDI 计划数量超过 686 个，规模超过 4460 亿英镑。截至 2015 年，LDI 管理人“三巨头”逐渐形成，LDI 计划数量接近 1300 个，规模超过 7000 亿英镑[②]。

3. 多资产配置型基金产品获得青睐

相比 DB 型养老基金以负债驱动投资，DC 型养老基金更加关注资产端的增长。不过，在长期低增长、低利率环境下，获取较高的稳健回报的难度也在不断增加。这对美国共同基金行业来说既是挑战也是机遇：一方面，低利率环境下获取回报的难度在提高；另一方面，投资难度提高后，部分 DC 型养老基金所有者可能放弃直接投资股、债等资产，转而寄希望于基金产品获取稳健回报。

实践证明，美国共同基金管理人抓住了这次机遇，通过创设以目标日期和目标风险为代表的多资产、多策略甚至是多管理人的配置型基金，拓宽收益来源、充分风险分散，获得了大量养老基金资金的青睐。

根据 Fed 统计，2011 年 DC 型养老基金持有的混合基金为 5530 亿美元，在 DC 型养老基金中的占比为 15.6%。到了 2019 年，DC 型养老基金持有的混合基金增长至 13600 亿美元，年化增速达到 12%，在 DC 型养老基金中的占比达到 18.3%，成为 DC 型养老基金中配置比例增加最显著的一类资产。

当然，多资产配置型基金的发展也离不开政策的引导。特别是 2006 年实施的养老基金保护法（Pension Protection Act）放松了 401（k）计划中设置自动加入条款的要求，并且建立了合格默认投资工具选项，将目标日期、目标风险基金等产品作为合格默认投资工具。这也成为多资产配置型基金快速发展的催化剂。

四、对中国养老基金资产配置的启示

（一）长期来看，市场均衡利率易降难升

1. 经济增长动能放缓

人力资本是经济增长的重要驱动力，其又可以进一步分解为劳动力规模和劳动力素质两部分。劳动力素质通常以劳动力整体的受教育水平来代表，中国 20 世纪 70 年代末以来，恢复高考、实行义务教育、普通高等教育扩招，劳动力整体的受教育水平得到大幅度提升，往前看劳动力素质这一变量更有可能是趋于平稳或者缓慢提升的过程。但是，劳动力规模的变化可能相对较快，根据联合国的估算，中国 20~64 岁的劳动年龄人口在 2017 年开始出现负增长，且幅度加深；到 2030 年前后，劳动年龄人口增速会进一步下降到 -1% 左右，此后长期维持在这一水平。因此，总体来看，人力资本对经济增长很有可能是负贡献。

全要素生产率是经济增长的另一大驱动要素。随着全球化动力减退、全球主要经济体人口年龄结构趋于老龄化，以及中国上一轮人力和土地资源等要素市场化改革的红利逐渐进入平台期，全要素生产率存在结构性下降的迹象[③]。最后是资本存量的变化。中国资本存量的增速已经从 2008~2015 年的 13.4% 下降到 2016~2019 年的 9.5%[④]，资本存量的下降一方面是因为高基数；另外，资本存量

① 资料来源：NEPC 2019 Defined Benefit Plan Trends Survey Results and Infographic.

② 资料来源：KPMG's 2013 Liability Driven Investment Survey.

③④ 中金公司研究报告：《为何推动新型城镇化是“长短皆宜”的政策必选项》，发布于 2020 年 5 月 12 日。

存在黄金率规则（Gold Rule），即当经济增长趋于稳态后，人均资本存量不会无限地增加，而是收敛于一个常数，那么资本存量的增速就会接近于劳动力增速了。

2. 人口年龄结构的变化

将柯布－道格拉斯生产函数进行变形，如下式所示：

$$r_f \approx dY/dK=\alpha \times A \times (LK)^{1-\alpha}$$

其中，r_f 代表实际利率，Y 为总产出，K 为投入的资本，α 即资本占比，A 是全要素生产率，L 为劳动力。在保持其他变量不变时，利率与 L/K 呈正相关。65 岁是国际上常见的退休年龄，因此我们以 20~64 岁作为劳动年龄人口。分析美国 401（k）不同年龄段参保人的人均账户规模，35~64 岁是人均账户规模显著较高的年龄段，也反映了这个年龄段的人口是资本的主要提供者。我们将 20~64 岁人口数与 35~64 岁人口数的比值来指代 L/K，用美国、日本、德国、英国和法国的人口数的比值与各国 10 年期国债收益率作比对，结果显示相关系数都在 0.8 以上，存在显著的正相关。也就是说，人口年龄结构的变化对利率会有影响[①]。而中国的这一人口数比值会在未来五年趋势下行，到 2025 年后趋于稳定，也反映了市场均衡利率易降难升。

（二）DB 型养老基金应尽快提高累积比率

我国城镇企业职工基本养老保险属于典型的现收现付制 DB 型养老基金。该类型的养老基金在管理运营中保持当前的收支平衡是主要目标，并不会进行大量的结余资金积累。这就使其容易受到老龄化等因素的影响。根据中国社科院世界社保研究中心发布的《中国养老基金精算报告 2019~2050》，随着中国人口老龄化的加剧，2019~2050 年全国城镇企业职工基本养老保险基金当期结余（包括财政补贴）的正数在勉强维持到 2027 年后便开始转负，累计结余直至 2035 年将耗尽。

前文提到，当利率下降到较低水平时，DB 型养老基金负债的久期会因为凸性的存在而加速增加，对利率越发敏感，负债现值的波动也会急剧增加，从而可能导致养老基金的积累比率恶化。因此，在中国尚未进入低利率环境时，基本养老基金应该抓住窗口期，尽快提高积累比率。划转国资充实社保、提高运营效率是减轻隐性负债的重要途径。

（三）配置上拉长久期、增加风险资产权重

1. 适当拉长债券久期

养老基金适当拉长债券久期，可以在三方面受益。第一，实现资产负债在久期上的匹配。第二，面对长期利率中枢大概率下移的环境，拉长久期可以获取期限溢价。第三，可以锁定较高的到期收益，减小再投资风险。社保基金、基本养老基金、企业年金以及寿险等机构都存在拉长债券久期的需求。

不过在中国，养老基金拉长久期的需求与长期债券的供给可能存在矛盾。与美国、日本相比，中国的长期政府债券（到期期限大于等于 20 年）无论是规模还是占比上都是相对不足的。美国、日本 20 年以上的政府债券存量分别为 2.2 万亿美元、1.1 万亿美元，而中国仅有 0.8 万亿美元，从占比来看，美国、日本 20 年以上的政府债券存量占比分别为 12.1% 和 9.7%，而中国仅有 5.3%。

2. 增加股票、另类等风险资产权重

养老基金为什么要配置风险资产？配置股票可以获得增长风险的补偿，配置另类投资则可以获取非流动性溢价，这些资产为养老基金投资增值打开了向上的空间。养老基金为国民养老提供保障，安全性固然重要，但全部投资于存款、债券等固定收益类资产就会损失增长的潜力和空间，存在巨大的机会成本。特别是在低利率环境下，配置型投资者在固定收益资产的回报率会显著下降，并且因为凸性的存在，对利率更加敏感、波动率显著上升。如果不及时增加风险资产敞口，提高养老基金的替代率，养老金计划的可持续性就会受到影响。

目前我国养老基金投资中对于股票投资有明确的“数量限制”，例如社保基金股票投资上限 40%，基本养老基金和年金的股票投资上限 30%。从前文提到的美国、加拿大、日本等国的养老基金的配置实践来看，随着利率的逐渐走低，股票、另类投资的比例是显著上升的，且远高于 40% 的比例。因此，往前看，提高养老基金权益、另类的配置不仅需要投资理念上的转变，也需要在政策上逐渐减少“数量限制”。

（四）对资本市场和资管行业的影响

1. 有助于资本市场的健康发展

养老基金增加对风险资产的配置不仅有助于打开基金潜在的增长空间，而且对于资本市场而言，养老基金作为长期资金的代表，能起到稳定市场、降低换手率的作用，并且渐进式地影响市场投资理念，提高市场制度制定和实施的效率，促进资本市场的健康发展。

2. OCIO 模式在中国大有可为

中国的企业（职业）年金类似于美国的雇主支持型养老基金，有望成为 OCIO 的主要客户。主要有三点理由：①企业（职业）年金总体规模较大，已突破两万亿元；②企业（职业）年金的属于中小型的资产所有者，在低利率环境下，非专业机构实现稳健收益的难度增加，委托

① 中金公司研究报告：《资产配置方法论之二十三：从人口年龄结构看股债长期估值趋势》，发布于 2019 年 11 月 25 日。

外部专业机构投资性价比更高；③ OCIO 类似于现行的企业年金管理制度中的法人受托机构模式，投资者教育成本低，接受度高。

截至 2019 年底，企业年金规模达 1.8 万亿元，职业年金累计结余约 6000 亿元。企业年金是指企业雇主及职工自愿发起建立的补充养老保险，职业年金则是由机关事业单位建立的补充养老保险，两者构成了我国养老基金第二支柱。据人社部统计，全国企业年金从 2007 年的 1500 亿元增长到 2019 年的 1.8 万亿元，年均复合增速为 23%。其中，实际运作资产金额由 2007 年的 154 亿元增长到 2019 年的 1.77 万亿元，占比达到 98%。职业年金 2018 年底结余约 4900 亿元，截至 2019 年 5 月底结余近 6100 亿元。企业（职业）年金虽然总量规模比较大，但是单一账户体量并不大。以企业年金为例，截至 2019 年，企业账户数接近 9.6 万个，平均账户规模不到 1900 万元。

企业年金主要采取理事会和法人受托机构两类模式运作，其中法人受托机构模式类似于 OCIO。理事会模式是指由企业代表、职工代表等人员组成的特定自然人集合，在企业内部设立并依托年金计划存在，不具备独立的法人资格的机构，负责管理运营企业年金。理事会成员主要来源于企业内部，尽管可聘请企业以外的专业人员参加，但这些外聘专业人员及内部理事会成员均为兼职，精力、时间等受限较大，因此，在作为受托人履行企业年金基金运营管理和投资管理等方面职责时的专业化水平受到较多制约。而法人受托机构是指独立于企业的第三方独立法人机构，通常是专业的具有合格资质的资产管理机构。这些机构在企业年金计划设计和咨询、受托流程设计和应用、投资、精算、其他机构管理、信息披露、附加服务等专业能力方面具备经验和优势。可以看到，法人受托机构模式与海外的 OCIO 模式非常接近。

理事会模式向法人受托机构模式转变可能带来数千亿的 OCIO 需求。截至 2016 年，我国企业年金理事会数量为 178 个，受托管理的资产规模达到 4147 亿元。但是理事会数量和受托规模市场份额过往十年总体呈现下降趋势，市场份额从 2008 年的 49.8% 下降到 2016 年的 37.4%。理事会数量则从 2012 年的 242 个减少到 2016 年的 178 个，计划数减少了约 26%。往前看，一方面，随着中国经济增速放缓，利率中枢下移，以及非标、信托打破刚兑，实现可观的稳健收益的难度在增加；另一方面，中国资本市场开放进程加快，市场的广度和深度都有明显提高，可投资资产和产品的丰富度提升，对专业投资者来说又孕育着机会。因此，法人受托模式相比理事会模式可能优势更加明显。这将为资产管理行业带来数千亿的 OCIO 服务的需求。

3. 配置型基金产品的需求或将释放

在低利率环境下，仅仅靠固定收益类资产很难获得可观的稳健回报。美国 DC 型养老基金的实践证明，通过资产配置、扩大回报端频谱、充分分散风险是一种可靠的替代方案。与此同时，税优政策、合格默认投资工具选项的建立也很好地促进了资产配置型产品的发展。

长期来看，中国的利率中枢大概率下移，配置型基金产品的需求客观存在，但是横亘在其发展道路上有两道障碍：其一，中国超过两万亿元的第二支柱养老基金是统一归集，由企业或者单位管理，参保人并不能自行投资决策，因此配置型基金失去了一块重要的客户来源；其二，税优政策迟迟未向全国推广，使个人商业养老保险的市场尚未有明显的发展，而这是配置型基金的另一大重要客户来源。不过我们也看到了一些积极的变化，如基金投顾牌照的发放。从美国的经验来看，投顾的一个重要职责就是做资产配置。特别是在中国居民部门资产配置理念尚处于萌芽阶段、金融投资品的配置还有较大提升空间时，基金投顾能为配置型基金产品起到很好的市场教育与市场开发的作用。往前看，如果年金投资模式的改革、税优政策的推广以及基金投资顾问的实践能够获得积极进展，配置型基金产品的需求或能充分释放。

分报告六
强制性企业年金投资特征及其对金融发展的影响
——澳大利亚、冰岛和瑞士三国案例分析

企业年金计划在发达国家养老保障制度中占据重要地位。根据其建立的法律基础，企业年金计划可以分为三类：一是强制性企业年金，二是准强制性企业年金，三是自愿性企业年金。强制性企业年金是按照国家法律规定建立的，诸如澳大利亚、冰岛和瑞士三国；准强制性企业年金是根据工会与雇主的集体谈判而建立的，诸如荷兰、丹麦和瑞典[①]；自愿性企业年金是企业自愿为员工建立的养老金计划，诸如英国、美国和加拿大等国家。表 6-1 总结了主要发达国家企业年金计划的类别。本报告重点介绍澳大利亚、冰岛和瑞士三国的企业年金制度，在资料允许的情况下与荷兰、丹麦和瑞典三国进行简单比较。

澳大利亚、冰岛和瑞士三国的养老金制度都是典型的三支柱模式。第一支柱是基本养老金，在澳大利亚和冰岛，第一支柱资金来源于一般税收，属于家计调查型；而在瑞士，第一支柱资金部分来源于雇主和雇员的缴费（约占 73%），部分来自政府的税收（约占 27%）[②]。第二支柱是强制性的企业年金计划，这是三个国家养老金体系的主体部分，也是本报告的研究重点。第三支柱是雇员自愿参加的个人储蓄账户，享受政府的税收优惠。

表 6-1　主要发达国家企业年金计划的类别

强制性企业年金	准强制性企业年金	自愿性企业年金
澳大利亚、冰岛、瑞士	丹麦、荷兰、瑞典	奥地利、加拿大、芬兰、法国、德国、爱尔兰、意大利、日本、新西兰、西班牙、英国、美国

资料来源：① David Natali, The Pension System (Austria、Denmark、Netherland、Sweden), 2004；② Monika Queisser and Dimitri Vittas, The Swiss multi-pillar pension system：Triumph of common sense? (English) . Policy, Research working paper, No. WPS 2416 Washington, D.C.：World Bank Group, 2000.

荷兰、丹麦和瑞典三国实施的是准强制性企业年金计划，其养老金制度也是典型的三支柱模式，但这些国家就三个支柱的重要性而言与澳大利亚等三国不同，具体差异体现在：第一，丹麦三国的第一支柱都是缴费性计划，并且其替代率相对较高，第一支柱在各国养老保障体制中更加重要。例如荷兰第一支柱的替代率为 32.6%，丹麦为 41.7%，瑞典为 57%；而澳大利亚（25%）、冰岛（10%）和瑞士（20%~40%）三国第一支柱的替代率较低（见后文表 6-3）。第二，丹麦三国企业年金计划的替代率相对较低，丹麦为 3.4%，瑞典为 13.9%，荷兰为 37.4%。因此，

① 为了分析方便，这里将企业年金制度分成这样三种类型，是基于工会作用和集体谈判的作用考虑的。诚然，在准强制性和自愿性企业年金制度的国家均需要进行集体谈判，但是，它们之间的区别仅仅在于工会的强度和密度、组织化程度和谈判能力的不同而已。当然，许多学者从大的方面将之简化地划分为两种，即强制性和自愿性的。

② Queisser M, Vittas D, The Swiss Multi-pillar Pension System：Triumph of Common Sense? (English), Policy, Research Working Paper, No. WPS 2416 Washington, D.C.：World Bank Group, 2000.

与第一支柱相比，丹麦三国的企业年金计划的重要性程度稍低。与之相反，企业年金计划在澳大利亚等国的养老金待遇中更加重要（见后文表 6-4）。

一、建立（准）强制性企业年金制度的历史原因

（一）对个人自由的偏好使澳大利亚等国建立起强制性企业年金计划

对于澳大利亚等国建立强制性企业年金计划的原因，可以用社会偏好来解释。具体而言，对于养老保障的责任分配问题，这些国家更倾向于个人承担主要责任、政府承担较少责任。这种社会偏好是由政治、历史和文化等诸多社会因素引起的。这种社会偏好也可以称为个人主义或者自由主义，他们对政府存在着一种天生的不信任，对政府规模的扩张存在着本能的抵制，对政府强制干涉个人自由存在着极大的恐惧感。因此，在养老保障制度建设中，澳大利亚三国更倾向于个人责任和企业责任，把国家的强制干涉权限制在最小的范围内。澳大利亚和瑞士两国建立强制性企业年金制度的历史过程可以很好地证明上述观点。

早在 19 世纪中期，澳大利亚就出现了企业年金计划，不过这些计划仅限于政府部门和银行业，替代率不高、覆盖率很低。在随后的发展过程中，特别是第二次世界大战之后，公共部门企业年金计划发展迅速，但是私人部门发展缓慢，即使到了 20 世纪 80 年代中期，企业年金计划在私人部门的覆盖率不到 30%，对女性全职雇员的覆盖率不到 25%。在这期间，澳大利亚政府先后于 1928 年、1938 年和 1976 年三次试图引入缴费型的国家养老金计划，但由于诸多原因，这些计划都没能实现[①]。因此，政府不得不退而求其次，逐步发展起强制性企业年金计划。

瑞士建立强制性企业年金计划的过程更富戏剧性。早在 1968 年，政府就提出了建立强制性企业年金计划作为养老保障的第二支柱，但是遭到了绝大部分公民的否决。1972 年政府又提出将现存的自愿性企业年金计划国有化，并且大力扩张第一支柱的公共养老金。这个建议也同样遭到了否决。但是，为了应对日益严重的老龄化问题，1972 年 12 月以全民公投的形式批准了建立强制性企业年金的建议。虽然这个建议得到了批准，但是由于 1973 年石油危机的影响，再加上对该计划的性质及如何良好运行还存在激烈争论，该计划被拖延了 12 年，直到 1985 年才得以正式实施。因此，很多学者认为 1972 年的公投是对第一支柱公共养老金计划大力扩张的一次防御行为[②]。

（二）强大的工会组织使得丹麦等国建立起准强制性企业年金计划

丹麦等国强大的工会组织是这些国家建立准强制性企业年金计划的主要原因。这些国家工会组织化程度高、集体谈判能力强，工会要求雇主为雇员建立企业年金计划。例如在丹麦，80% 的劳动力是工会成员。从历史上看，丹麦第一支柱的缴费型养老金计划也是在企业年金计划的基础上发展起来的。

二、实施强制性企业年金国家的基本特征

从表 6-2 中可以发现，大部分发达国家实施的是自愿性企业年金制度，只有为数不多的国家实施强制性企业年金。这些国家表现出来一些共同的基本特征，诸如企业年金的覆盖率较高、基本养老保险的缴费率比较低、工会的组织程度高、金融市场较发达。这些特征和实施强制性企业年金制度互为因果、相互影响。

表 6-2　强制性企业年金的覆盖率

国别	澳大利亚	冰岛	瑞士	丹麦	瑞典	荷兰
覆盖率	>90%	>90%	>90%	>90%	>90%	>90%

资料来源：OECD，Pension at a Glance：Public Policies Across OECD Countries，2007：77.

（一）强制性企业年金的覆盖率较高

顾名思义，强制性企业年金的性质就决定了其覆盖率较高。例如，在澳大利亚，根据《超级年金保障法案》的规定，所有的雇主（包括政府和外国企业）都必须为雇员加入的基金缴费，无论雇员的工作是全职、兼职还是临时性的。在冰岛，政府法律规定所有的雇员和自雇人员都必须加入一个养老金基金。从表 6-2 中可以发现，实施（准）强制性企业年金国家的覆盖率都超过了 90%，

① Treasury，Towards Higher Retirement Incomes for Australians：A History of the Australian Retirement Income System Since Federation，2001：75，http://papers.ssrn.com/sol3/papers.cfm?abstract_id=632487 .

② 与此同时，瑞士周边国家（奥地利、法国、德国、意大利）都在极力扩张它们的公共养老金计划。资料来源：Monika Queisser and Dimitri Vittas（2000）。

因此可以使用“完全覆盖”一词来概括企业年金在这六国的发展状况。

（二）第一支柱和企业年金计划的统筹协调

实施强制性企业年金国家的第二个特征是第一支柱的缴费率和替代率较低。在澳大利亚和冰岛，第一支柱是家计调查型的救助计划，通过一般税收融资，所以从这个角度看，澳大利亚和冰岛的第一支柱我们也可将之看作“零支柱”[①]，在丹麦第一支柱的缴费率是2%，雇主负担2/3，雇员负担1/3。第一支柱缴费率较低也就决定了该支柱提供的替代率不会太高。例如，冰岛第一支柱提供的替代率仅为10%、澳大利亚为25%（见表6-3）。总之，这些国家第一支柱的缴费率和替代率都比较低，这就为实施强制性企业年金制度创立了条件，为企业年金的发展留下了足够的空间。

表6-3　第一支柱的缴费率和替代率　　单位：%

国别	澳大利亚	冰岛	瑞士	丹麦	瑞典	荷兰
缴费率	税收	税收	9.8（部分税收）	2	18.5	17.9
替代率	25	10	20~40	41.7	57	32.6

资料来源：David Natali，The Pension System（Denmark、Netherland、Sweden），2004.

表6-4给出了澳大利亚等国强制性企业年金的缴费率和替代率。对比表6-3和表6-4可以发现，第一支柱替代率和企业年金替代率之间存在此消彼长的关系。例如，在冰岛，第一支柱的替代率仅有10%，而企业年金的替代率高达56%；在丹麦恰好相反，其第一支柱替代率高达41.7%，而企业年金的替代率则仅有3.4%[②]。这表明这些国家的第一支柱和第二支柱相互配合、统筹协调，试图在财政负担和充足的养老金之间寻求最优组合。

表6-4　强制性企业年金的缴费率和替代率　　单位：%

国别	澳大利亚	冰岛	瑞士	丹麦	瑞典	荷兰
缴费率	雇主：9 雇员：3 政府：3	11	7~18	公共部门：12 私人部门：15 雇主：雇员 = 2：1	雇主：3~5	雇主：14 雇员：3.95
替代率	40	56	30~35	3.4	13.9	37.4

资料来源：David Natali，The Pension System（Denmark、Netherland、Sweden），2004；Tryggvi Thor Herbertsson，The Icelandic Pension System in 2005；OECD，Pension at a Glance：Public Policies Across OECD Countries，2007:77.

（三）规模可观的养老金资产和发达的金融市场

这些实施强制性企业年金的国家，都积累了规模可观的养老金资产。根据OECD的统计，2017年荷兰（184.3%）和瑞士（133.7%）的养老金资产规模占GDP的比重远远超过英国（108.3%）和美国（85.5%）等养老金市场较发达的国家。澳大利亚（132.4%）和丹麦（45.7%）等国养老金资产规模也远远大于法国（0.7%）、德国（6.9%）等大陆国家。

这些实施强制性企业年金的国家出现了企业年金市场和金融市场良性互动的局面。一方面，企业年金资产的积累扩大了金融市场的规模、提高了金融市场的效率；另一方面，发达的金融市场有利于分散养老金产品的风险、提高养老金产品的回报率，增加了企业年金的吸引力。图6-1的散点图表明了养老金资产规模与金融市场发展之间的正相关关系。以2017年股票市值占GDP的比重来衡量金融市场的发展程度，澳大利亚（106%）、荷兰（115%）等国金融市场发展程度较高，可以和美国（153%）、日本（113%）等金融大国相媲美，而瑞士（228%）的金融发展程度甚至超过了美日两国。

① 在世界银行的划分中，将来自一般税收的救助式的养老金看作社会养老金，是“零支柱”。参见［美］罗伯特·霍尔茨曼等：《21世纪的老年收入保障——养老金制度改革国际比较》，郑秉文译，中国劳动社会保障出版社2006年版。

② 不过，丹麦企业年金的发展速度很快，据预测，到2050年丹麦企业年金的替代率将超过第一支柱。David Natali，The Pension System（Denmark），2004。

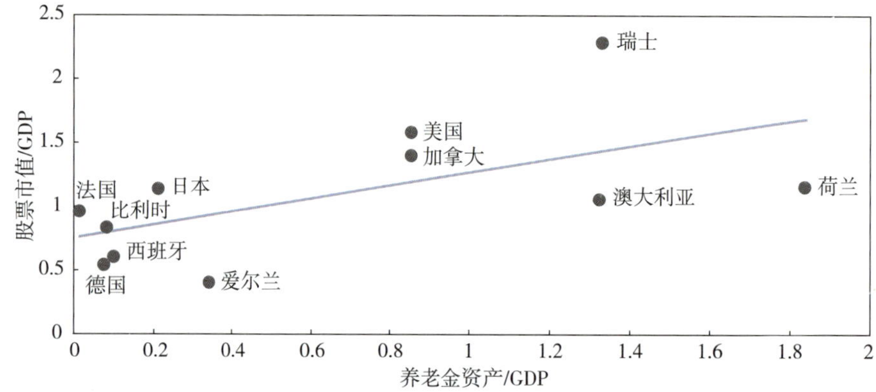

图 6-1　养老金资产规模与股票市场发展程度的相关关系

资料来源：① 养老金资产占 GDP 比重的数据来自 OECD Global Pension Statistics；②股票市值占 GDP 比重的数据来自 Thorsten Beck, Aslı Demirgüç-Kunt and Ross Levine,"A New Database on Financial Development and Structure", World Bank Economic Review, 2000（14）: 597–605, September 2019 Version。

三、强制性企业年金的投资管理

虽然澳大利亚、冰岛和瑞士三国都实施强制性企业年金计划，但它们的基金运营和投资管理各不相同。

（一）澳大利亚超级年金的投资管理

澳大利亚超级年金基金实行信托制，基金的主要服务商包括受托人、投资经理和托管人。受托人具体负责基金的运行，受托人既可以是法人受托人（corporate trustee），也可以是个人受托人（individual trustee）。如果是前者，基金就由董事会控制；如果是后者，基金就由受托人委员会控制。无论董事会还是受托人委员会，其组成必须符合等比例规则，即雇主和雇员的代表各占一半。投资经理在受托人的指导下实现最佳的投资回报，以实现基金目标。托管人主要负责基金资产的安全，使基金资产同受托人、投资经理的资产相隔离。

关于具体的投资政策，澳大利亚超级年金基金对受托人和投资经理都没有具体的限制，只要求他们遵循谨慎和恰当的原则（fit and proper criterion）。

澳大利亚超级年金主要采用三种投资方式：一是基金直接投资，二是雇用投资经理进行投资操作，三是其他方式投资（包括通过寿险公司的法定基金投资和豁免公共部门退休金计划）。在 2019 年 6 月，大约 19248 亿澳元的资产是直接投资，约占总投资资产的 67%；通过雇用投资经理进行投资的资产约 7476 亿澳元，约占总投资资产的 26%，剩下的 2063 亿澳元资产约占总投资资产的 7%，由寿险公司法定基金（579 亿澳元）和豁免公共部门退休金计划（1484 亿澳元）进行投资（见图 6-2）。

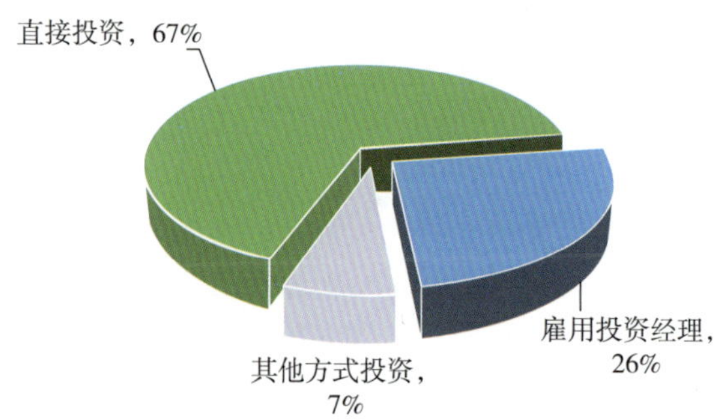

图 6-2　主要的投资方式（2019 年）

图 6-3 是 2019 年澳大利亚超级年金默认的资产配置，表 6-5 是不同类型基金的默认资产配置。从中可以发现，澳大利亚超级年金资产配置具有三个特点：

第一，超级年金主要投资于股票，以获得较高的回报率，平均而言，1/5 的资产投资于国内股票，约 1/4 的资产投资于国外股票，股票投资占总资产的比例大约为 56%。

第二，超级年金投资于国外的资产相对较高（33%），这一方面是为了分散风险，避免国内金融市场波动造成的损失；另一方面也能够分享世界经济增长的成果。

第三，分散化投资，虽然超级年金以投资股票为主，但也涉及投资回报周期较长的不动产（8%），同时也持有流动性极高的现金资产（10%）。

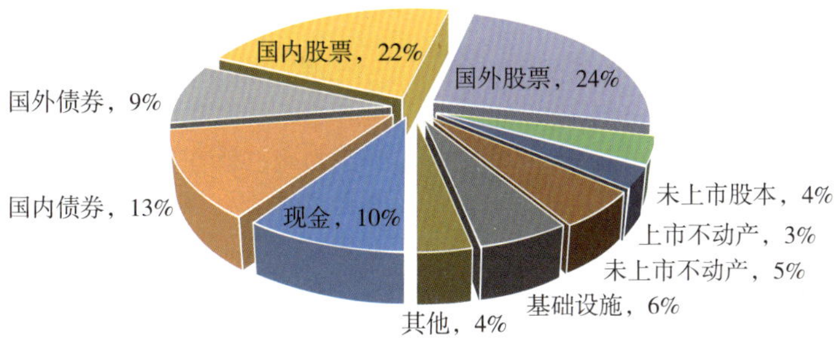

图 6-3　默认的资产配置（2019 年）

资料来源：APRA：Quarterly Superannuation Performance Statistics March 2020, Key statistics, Table 1d.

这三个特点说明澳大利亚超级年金的投资策略是积极的、理性的，以追求投资回报率为主要目标。在表 6-5 的四类基金中，政府基金的投资策略相对保守些，不但投资于股票的比例相对较低（39%），而且投资于国外的资产比例也相对较低（31%），因此投资于国内债券的比例就比较高（17%）。

表 6-5　不同基金的默认资产配置（2019 年）

单位：%

	公司基金	行业基金	政府基金	零售基金	总资产
现金	9	8	10	12	10
国内债券	19	10	17	13	13
国外债券	9	9	9	8	9
国内股票	17	21	17	28	22
国外股票	25	26	22	25	24
未上市股本	2	5	6	2	4
上市不动产	2	2	2	5	3
未上市不动产	7	8	7	1	5
基础设施	4	9	5	2	6
其他	4	2	5	4	4

资料来源：APRA：Quarterly superannuation performance statistics March 2020, Table 1d.

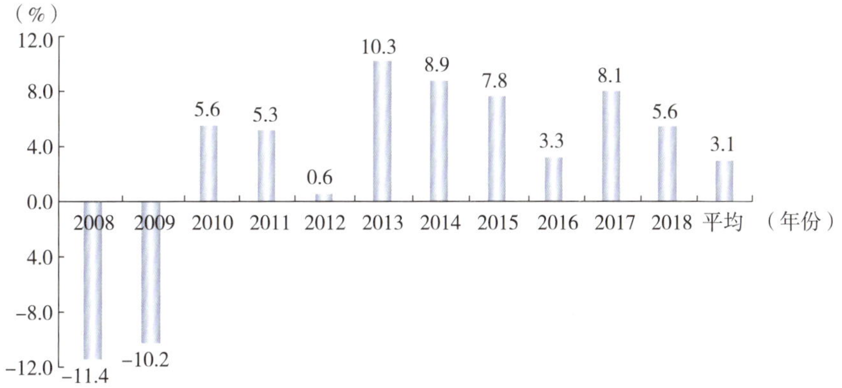

图 6-4　澳大利亚超级年金实际投资回报率

资料来源：OECD：Pension Markets in Focus 2019, Table A B.7.

图 6-4 是澳大利亚超级年金从 2005 年到 2019 年的投资回报率，这是根据投资净收入除以总资产得到的。第一，总体而言，澳大利亚超级年金的回报率比较令人满意，15 年的平均回报率是 7%。第二，由于超级年金资产投资于股票的比例较高，投资回报率的波动性就比较大，在 2012 年和 2016 年投资回报率较低，在 2008 年和 2009 年出现较大亏损。

还可以使用投资净收入占净增资产的比重和运营费用占净增资产的比重来评价超级年金的投资绩效。图 6-5 上方的折线表示投资净收入占净增资产的比重。从中可以发现，平均而言，在每年的净增资产中，大约 72% 的比例来自投资收入，剩下的部分来自缴费。除个别年份外，这一比例大致保持在稳定状态。这表明良好的投资回报是超级年金不断积累壮大的重要原因。图 6-5 下方的折线表示运营费用占净增资产的比重。平均而言，运营费用占净增资产比重约为 5%，这一比例相对较低，这表明超级年金的运营费用被控制在合理范围内。

总之，无论从投资回报率、投资净收入占净增资产的比重还是从运营费用占净增资产的比重来看，澳大利亚超级年金的投资绩效比较令人满意。尽管在短期内，投资回报率会出现大幅波动，但对于积累制养老金基金而言，这个问题的影响不是十分严重。

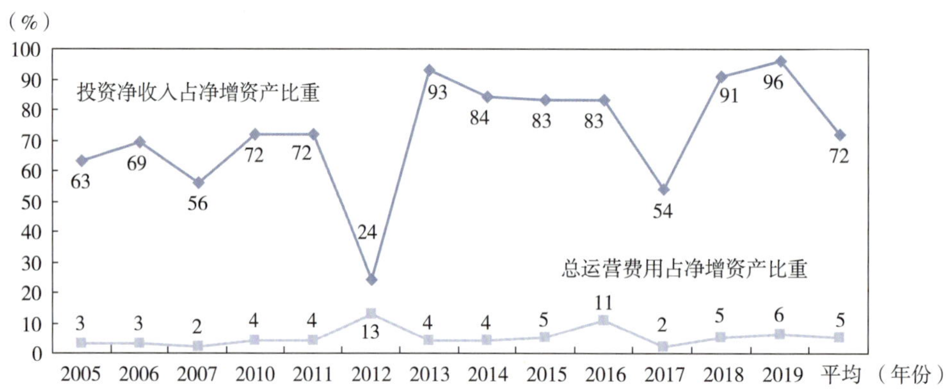

图 6-5　澳大利亚超级年金投资净收入占净增资产的比重和运营费用

注：由于 2008 年和 2009 年的投资净收入是负值，计算这两个指标没有意义，故略去。

资料来源：APRA：Annual Superannuation Bulletin 2019. Table 4a.

（二）冰岛企业年金投资管理的特征

冰岛的企业年金一般是根据行业类别建立的，由雇主联合会和工会代表共同管理。1997 年通过的法律规定，职业养老金的最低缴费是 10%（雇主 6%、雇员 4%）[①]，40 年缴费后的最低待遇保障是缴费期工资的 56%。冰岛的企业年金计划除了提供养老金外，还向成员提供伤残津贴、遗属补助和孤儿补助。

冰岛企业年金的重要特征是，我们很难用 DC 型和 DB 型的概念去予以描述：虽然缴费方面类似 DC 型计划，但是私人部门的养老基金没有个人账户，各种风险由成员共同承担。冰岛养老基金没有精算公平的概念，而是具有高度社会团结和共同保险的特征。2005~2018 年冰岛企业年金的投资组合如图 6-6 和图 6-7 所示。

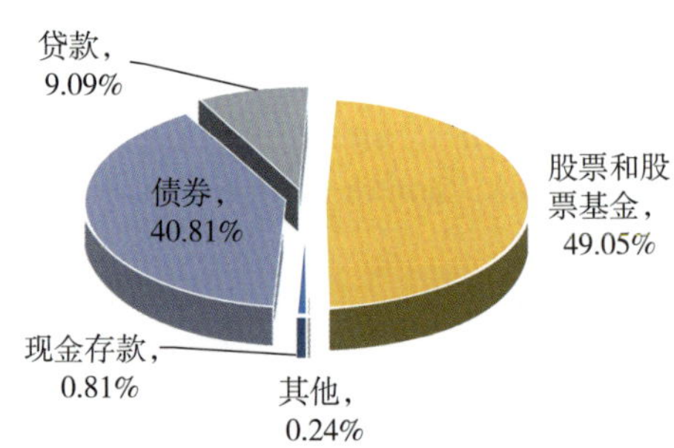

图 6-6　2005 年冰岛企业年金的投资组合

资料来源：2005 年冰岛养老金投资组合的数据来源于：The FSA and the Central Bank of Iceland，Pension Fund in Iceland 2005，Table 3.2。

① 根据 2004 年的工资协议，雇主的缴费在 2007 年将从 7% 增加到 8%。资料来源：Tryggvi Thor Herbertsson，The Icelandic Pension System in 2005，http://www.ll.is/files/bbgbahibeg/The_Icelandic_Pension_System_in_2005.pdf.

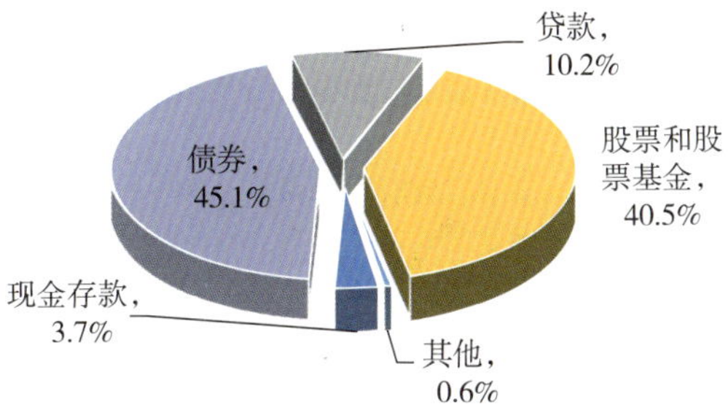

图 6-7 2018 年冰岛企业年金的投资组合

资料来源：2018 年冰岛养老金投资组合的数据来源于 OECD：Institutional Investors Statistics 2019，Iceland，Table 4。

图 6-8 是冰岛企业年金投资于国外资产的比重。从中可以发现三个规律：第一，投资于股票和股票基金的比例增加迅速，在 1990 年养老基金几乎不投资于股票，而在 2005 年股票和股票基金约占总资产的 49%，2018 年仍然维持在 40.5% 左右。第二，对基金成员的贷款和持有的房屋债券急剧下降，前者从 1990 年的 22% 下降到 2005 年的 8%，后者从 1990 年的 34% 下降到 16%，2018 年下降为 10.2%。第三，投资于海外资产的比例稳步上升，目前维持在 27.9% 左右。

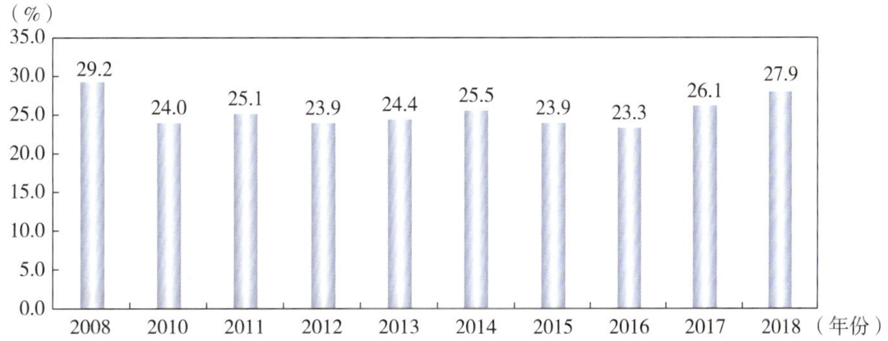

图 6-8 冰岛企业年金投资于国外资产占总资产的比例

资料来源：OECD Pension Markets in Focus 2019，Table A B.12.

这三个特征表明，冰岛企业年金的投资策略从保守型转向积极进取型、从强调资产安全转向注重资产回报率。之所以会出现这种变化，一个重要的原因是基金之间的激烈竞争。为了吸引更多成员的加入，养老基金努力提高投资回报率，因此将更多的资产投资于股票和国外资产，同时减少对基金成员的贷款和持有的房屋债券。

图 6-9 是冰岛企业年金从 2008 年到 2018 年的实际回报率，11 年间的平均实际回报率是 1.3%，由于这个统计期包括了 2008 年金融危机期间的数据，略显较低，但是考虑到期投资的长期性，应该在长的期限评估期投资回报率。与澳大利亚超级年金的情况类似，由于投资股票的资产比例相对较高，其投资回报率易受到股市波动的影响，在某些年份投资回报率为负值，这也是为了获得更高回报率不得不承受的风险。

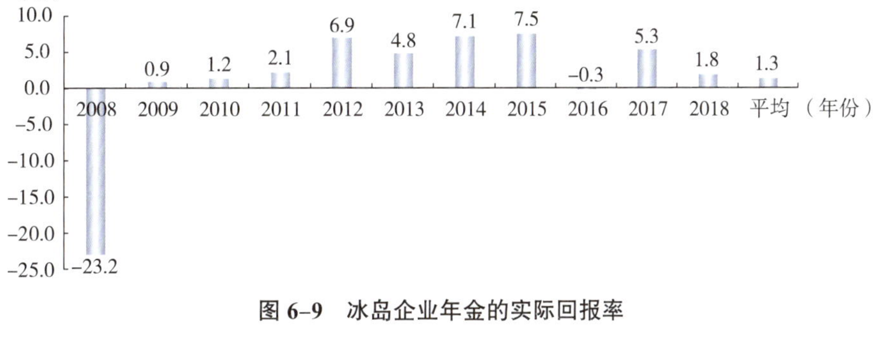

图 6-9 冰岛企业年金的实际回报率

资料来源：OECD：Pension Markets in Focus 2019，Table A B.7.

（三）瑞士企业年金的投资管理

瑞士的企业年金作为独立的法律实体而存在，一般采取基金会（foundations）的形式，在共同管理的基础上建立独立的治理结构，在具体管理中实施等比例代表规则、实施财产分离、建立内控机制、选择安全的托管人并且任命独立的审计师和养老金专家。

瑞士企业年金的受托人董事会在基金的具体条款、基金类型等方面拥有很大的自由选择权，但是养老金基金必须满足一定的法律要求。法律要求最低替代率在30%~35%，但没有统一的或者最低的缴费要求，只是要求雇主的缴费不能低于雇员的缴费。一般而言，雇主缴费占总缴费的63%[①]。雇员没有选择基金的权利，他们必须参加一个已经存在的基金或者由雇主替他们选择一个基金。当雇员离开一家公司时，征得雇主的同意后可以带走已经积累的养老金。因此，一个雇员可以参加几个基金，但是只有一个基金是活跃的。

瑞士企业年金计划中，80% 的基金是 DC 型计划，该类计划覆盖了 70% 的成员，而 18% 的基金是 DB 型计划，覆盖了 29% 的成员。而且，很多 DB 型计划正向 DC 型计划转变。实际上，大部分的 DC 计划是混合计划，该类计划承诺最低 4% 的投资回报率，并将多余的收益存放到一个储备基金中。另外，DC 型计划还必须达到最低的法定替代率。

瑞士政府还建了一个担保基金（Guarantee Fund），该基金由私人运营，发挥对企业年金计划的再保险功能。担保基金对那些年龄结构不利的企业年金提供补贴，同时对那些破产的企业年金计划提供担保。

在具体的投资政策方面，瑞士企业年金的投资范围受到严格的数量限制，特别是这些规则限制了对股票的投资。因此，总体而言，瑞士企业年金的投资策略比较保守，对资产安全的关注胜过对回报率的关注。但是，近几年瑞士企业年金投资策略逐步发生变化，对股票和海外资产的投资明显增多，也逐步开始强调投资回报率。

图 6-10 和图 6-11 分别是瑞士企业年金 2005 年和 2017 年的投资组合。对比两图可以发现三个规律：第一，瑞士企业年金投资于固定收益资产的比例逐步下降，由 2005 年的 40% 左右下降到目前的 20% 左右。第二，瑞士企业年金投资于股票的比例逐步增加，由 2005 年的 16.9% 上升到 2017 年的 78.2%。这种变化有利于提高企业年金的回报率、保护计划成员的利益。第三，瑞士企业年金投资于海外资产的比例逐步增加，从最初完全不投资国外资产，现在也在稳定增加海外资产投资。

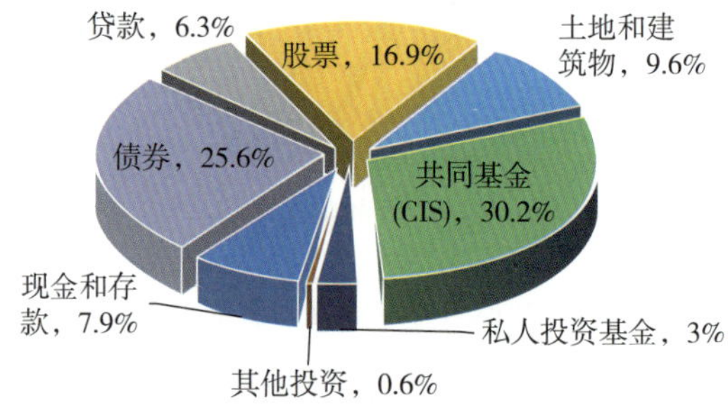

图 6-10 2005 年瑞士的投资组合

资料来源：2005 年瑞士养老金投资组合数据来源于 OECD：Pension Markets in Focus 2006，Table 3。

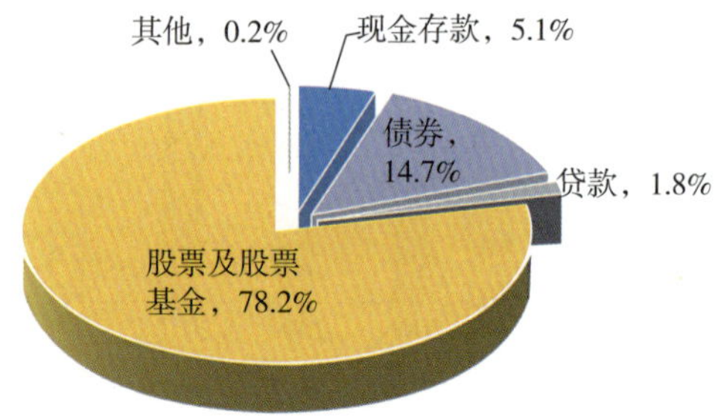

图 6-11 2017 年瑞士的投资组合

资料来源：2017 年瑞士养老金投资组合数据来源于 OECD：Institutional Investors Statistics 2019，Switzerland，Table 4。

图 6-12 是瑞士企业年金投资回报率和其他国家的比较。从中可以发现，瑞士企业年金回报率比较低，2014 年到 2018 年的平均回报率仅有 3.2%，不仅低于大多数实行审慎人监管的国家，也低于同样实施数量限制监管的国家。

瑞士企业年金的投资回报率较低，主要有以下几个原因：

第一，保守的投资政策和资产评估规则限制了对股票等高收益资产的投资。另外，瑞士债券的实际回报率比较低，这表明官方的政策是偏好较低的实际回报率，也是瑞士养老基金投资回报率的一个原因。

第二，政府对投资经理设定的最低回报率是 4%，这也阻止了瑞士企业年金良好的回报率。因此只要基金获得了 4% 的回报率，基金经理就没有动力去追求更高的回报率了。

① Monika Queisser and Dimitri Vittas, The Swiss Multi-pillar Pension System ;Triumph of Common Sense?(English), Policy, Research Working Paper, No. WPS 2416 Washington, D.C. : World Bank Group, 2000.

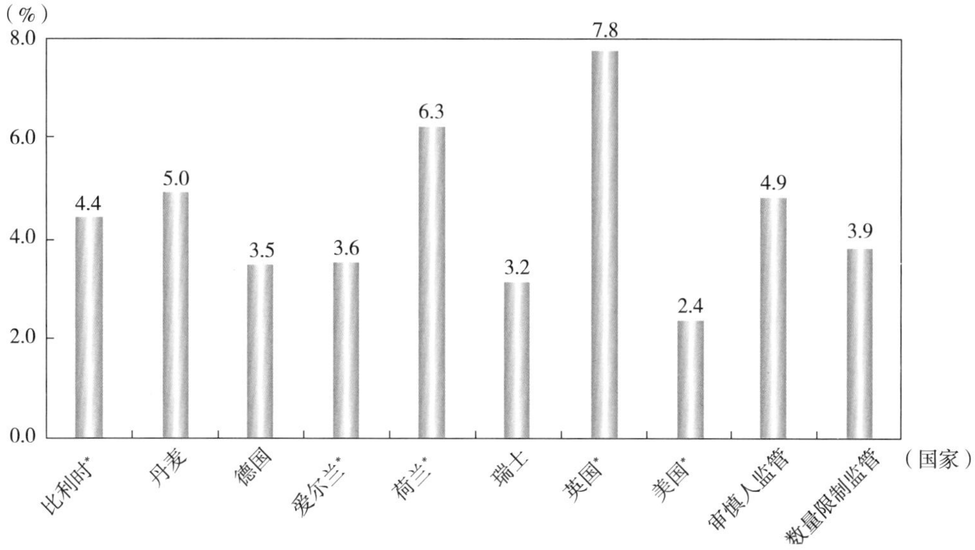

图 6-12　2014 年到 2018 年各国养老基金平均回报率

注：带 * 的国家实行的是审慎人监管方式，其他国家实行的是数量限制监管。

资料来源：OECD：Pension Markets In Focus 2019，Table A B.6.

第三，工人对基金投资回报率的高低没有发言权。对于低收入工人而言，企业年金计划提供的替代率比较低，因此就缺乏对企业年金的关注。对于中高收入工人而言，要么他们参加的是 DB 型计划，要么是因为雇主匹配的缴费率比较高，因此也不关心企业年金的投资绩效。总之，工人对基金回报率缺乏发言权，无法有效激励投资经理努力提高回报率。另外，工人不能转换基金，除非是离职，因此他们很难对基金的管理效率和投资绩效施加直接的影响。

第四，瑞士职业养老基金管理不透明、信息披露不充分，这是投资回报率低的一个重要原因。

近几年瑞士养老金投资回报率有所上升，一是得益于资产配置中增加了股票的比例，二是因为瑞士近几年股票和债券的表现较好。最近的报告表明投资费用约占缴费的 7% 或者资产的 0.5%，这个比例相对较低，但是也可能是很多成本由雇主直接承担了，这就低估了瑞士企业年金计划的投资费用。

近年来，对提高基金回报率、给予工人选择基金的权利和工人直接投资的呼声越来越高。很多大型养老基金正在考虑采纳更加具有弹性的投资管理制度。

（四）强制性企业年金投资管理的经验得失：正（澳大利亚、冰岛）反（瑞士）两方面的例子

虽然澳大利亚、冰岛和瑞士三国企业年金计划的管理运营各不相同，但具体到投资政策上，也可以总结出共同的经验教训，以资借鉴。

第一，企业年金资产要独立于雇主企业和政府，这是建立良好治理结构的前提。无论是澳大利亚的信托制，还是瑞士和冰岛的基金会制，都是为了使企业年金资产独立于雇主企业和政府。只有这样才能保证良好的治理结构、市场化运作，否则计划成员的利益很容易受到政府和雇主的侵害。

第二，增加企业年金计划的竞争性、提高信息披露程度、增强管理决策透明度是提高企业年金投资回报率的有效手段。无论养老金基金的性质、管理模式和社会环境如何千差万别，这三条经验对任何养老金基金都是一样的。在本文中，澳大利亚和冰岛就是正面的例子，而瑞士恰是反面的例子。即使在世界范围内，凡是那些竞争性强、信息披露程度高、管理决策透明度高的养老金基金，其投资绩效就好；反之，其投资绩效就差。

第三，审慎和恰当的政府监管是企业年金发展的重要条件。企业年金产品的特殊性就决定了政府在防范风险、改善治理结构、促进信息披露方面发挥不可替代的作用。审慎恰当的监管有利于保护计划成员的利益，而过度的监管会加重企业年金计划的负担，反而不利于保护计划成员利益。

第四，在适当控制风险的前提下，追求投资回报率仍是企业年金最重要的目标。对于积累制企业年金计划，当期支付压力不大，可以承受短期内投资回报率的波动。因

此，以投资股票为主、追求投资回报率就成为企业年金计划的重要目标。从澳大利亚、冰岛和瑞士三国的投资策略来看，都经历了从投资债券为主到投资股票为主、以国内投资为主到逐步增加海外投资的变化过程。在放松金融管制的大背景下，澳大利亚三国企业年金的投资策略表现得更加积极进取。

四、对澳大利亚三国强制性企业年金制度的评价

世界银行于 2005 年出版了《21 世纪的老年收入保障——养老金制度改革国际比较》，提出了养老金制度改革的目标，包括首要（Primary）目标和附属（Secondary）目标，相应地，这两类目标也成为评价养老金制度改革的两类标准。具体而言，首要标准包括四个方面：一是充足性，即养老金制度应该为老年人提供充足的收入保障，包括防止老年贫困的绝对水平和实现一定收入替代的相对水平。二是可负担性，即养老金负担要保持在合理的范围内，缴费率不能过高。三是可持续性，即长期内养老金计划在财务上能够保持平衡，不需要突然增加缴费或者降低待遇，也无须大规模的财政转移。四是稳健性，即养老金计划能够应对外部因素的冲击，诸如经济、人口和政治风险。附属标准是指养老金计划能够促进经济发展。具体途径包括两个方面：一是通过减少负面影响来实现，诸如减轻养老金制度对劳动力市场和宏观经济的扭曲效应；二是通过增加正面影响来实现，诸如增加国民储蓄和促进金融市场发展[①]。本报告将使用世界银行推荐的两类标准评价澳大利亚等国实施的强制性企业年金制度。

（一）对澳大利亚三国强制性企业年金制度的评价："首要标准"

1. 强制性企业年金制度的充足性

就退休收入的绝对水平而言，澳大利亚和冰岛都建立了通过一般税收融资的第一支柱，这有利于减轻老年贫困。瑞士养老金制度第一支柱的资金部分来源于一般税收，这也有助于减少老年贫困人口。

就退休收入的相对水平而言，世界银行的经验表明，一个典型的全职职工强制性税后收入的替代率为 40%，那么其退休收入才能够维持该职工退休后的生活水平。一般而言，低收入人群需要的替代率较高，而高收入人群需要的替代率相对较低。根据 OECD 的统计资料，澳大利亚、瑞士和冰岛的中等收入者养老金的替代率分别为 30.9%、42.4% 和 66.1%。虽然三国养老金替代率的差别很大，除了澳大利亚较低外，其他两国都超过了 40% 的最低标准。与部分 OECD 国家比较后可以发现，瑞士和冰岛的养老金替代率都超过了 OECD 国家的平均值，并且冰岛是养老金替代率最高的国家之一。虽然澳大利亚的养老金替代率低于 OECD 国家的平均值，但是考虑到澳大利亚有非缴费型的社会养老金，其替代率水平总体上高于同属英语国家的英国和美国（见图 6–13）。

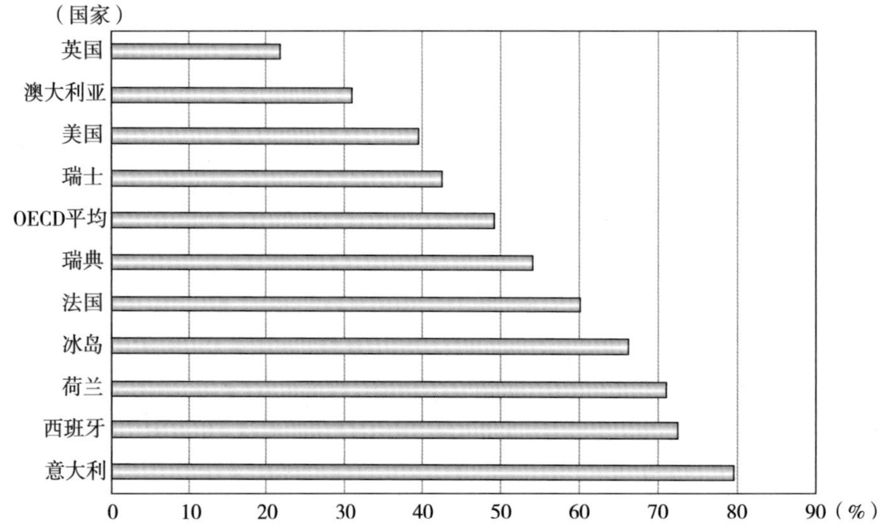

图 6–13 部分 OECD 国家中等收入者的养老金替代率

资料来源：OECD：Pension at a Glance 2019，Table 5.1.

① ［美］罗伯特·霍尔茨曼等：《21 世纪的老年收入保障——养老金制度改革国际比较》，郑秉文译，中国劳动社会保障出版社 2006 年版，第 60–63 页。

养老金制度覆盖率的高低也是充足性的一项主要内容。覆盖率的充足性不仅考虑了制度内人口的养老金权益，也考虑到了制度外人口的养老金福利。对于实施强制性企业年金的三个国家而言，其覆盖率均超过了90%，可谓实现了全覆盖。

总之，无论是退休收入的绝对水平还是相对水平，无论是养老金替代率的绝对量还是国际比较，以及考虑覆盖率的高低，强制性企业年金制度在充足性方面表现得十分突出。

2. 强制性企业年金制度的可负担性

从微观的角度分析，缴费率是衡量养老金制度可负担性的重要指标。根据世界银行的经验，对于发达国家而言，如果强制性缴费率超过20%，养老金制度就会对该国产生不利影响，对于中低收入国家而言，这个最低标准应该是10%左右。根据表6-4的资料，澳大利亚缴费率大约为15%，冰岛是11%左右，瑞士在7%~18%，都没有超过发达国家20%的标准。

从宏观角度分析，养老金公共支出规模是衡量养老金制度可负担性的重要指标。根据OECD的统计资料，2015年澳大利亚、冰岛和瑞士三国养老和遗属待遇公共支出占GDP的比重分别是4.3%、2.1%和6.5%，都低于OECD国家的平均值8%（见图6-14）。其中，冰岛是OECD国家中养老金公共支出规模最小的国家，澳大利亚的养老金公共支出规模也仅高于韩国、爱尔兰、墨西哥等国家，低于OECD大多数国家的规模。

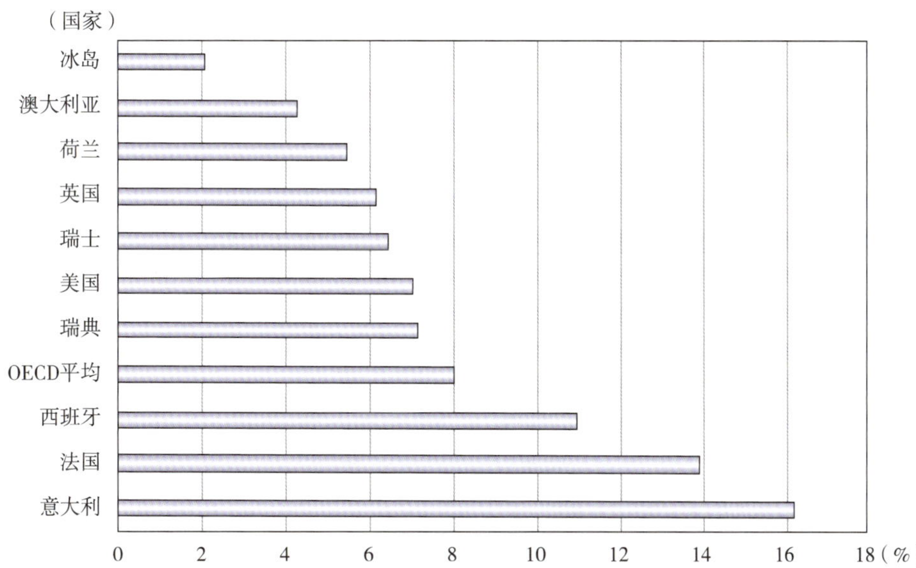

图6-14　2015年OECD部分国家养老和遗属待遇的公共支出规模（占GDP的比重）

资料来源：OECD：Pension at a Glance 2019，Table 8.3.

总之，无论是微观的指标还是宏观的指标，强制性企业年金制度在可负担性方面也表现得十分突出。

3. 强制性企业年金制度的可持续性

由于实行的是完全积累制，可持续性是强制性企业年金制度的最大优势之一。从理论上讲，对DC型计划而言，在完全市场化投资的情况下，个人承担全部的市场风险和退休后的长寿风险，长期内养老金计划在财务上能够保持平衡。对于DB型计划而言，投资绩效高低是决定强制性企业年金制度可持续性的重要因素。根据前文的分析可知，相对于澳大利亚和冰岛而言，由于瑞士强制性企业年金的投资收益率比较低，该国的养老金制度面临更大的可持续性挑战，但是远没有现收现付型养老金制度面临的问题严重。

4. 强制性企业年金制度的稳健性

在澳大利亚，企业年金计划采取信托制；在冰岛和瑞士，企业年金计划都采取了基金会制。这两类组织形式的最大特点是保证了雇主个人资产和企业年金计划资产相分离，有助于减少雇主和政府对企业年金计划的任意干涉，能够有效地抵制政治风险。加强对企业年金计划的监管、有效提高企业年金基金的内部治理结构、建立完善的信息披露机制、促进投资经理的公平竞争是有效降低市场风险的重要措施。由于强制性企业年金实行完全的积累制，在一定程度上能够应对人口风险的冲击。因此，在稳健性方面，强制性企业年金计划能够较好地应对政治风险、市场风险和人口风险。

（二）对澳大利亚三国强制性企业年金制度的评价："附属标准"

实施强制性企业年金计划的一个重要结果就是积累了规模可观的养老金资产。澳大利亚和冰岛养老金资产占 GDP 的比重从 1988 年的 30% 左右上升到 2018 年的 140% 以上，瑞士养老金资产占 GDP 的比重从 1987 年的 50% 左右上升到 2018 年的 127.4%。

澳大利亚和瑞士分别从 1986 年、1985 年开始实施强制性企业年金计划，距今已经 30 多年了，冰岛从 1974 年开始实施强制性企业年金计划，距今已经 46 年了。因此，现在可以利用获得的资料，评价强制性企业年金对各国经济绩效的影响，特别是对储蓄和金融发展的影响。

1. 强制性企业年金计划对储蓄的影响

根据宏观经济学的定义，储蓄是可支配收入与消费之差。强制性企业年金对储蓄的影响可以使用替代效应和财富效应来解释。由于对企业年金计划的缴费是强制性的，因此居民会相应地减少原来计划的储蓄，这样强制性企业年金缴费会替代居民的部分储蓄，居民的储蓄就不会变化。但替代效应的成立需要三个假设条件：第一，不存在信贷约束；第二，居民计划的储蓄率高于强制性企业年金的缴费率；第三，居民对储蓄的计划是完善的、不存在短视行为。但是在现实生活中，上述三个假设很难完全满足。例如，很多居民面临信贷约束，使他们不能借贷消费，因此强制性缴费会减少当前消费、增加储蓄；对于低收入人群而言，他们的储蓄率往往较低，强制性缴费也会增加储蓄；很多居民不能完全准确计算自己的最优储蓄，短视往往使人们的实际储蓄低于最优储蓄，因此强制性缴费能够增加储蓄。但是另外，年金资产的积累形成一笔财富，这会增加消费，因此财富效应会减少居民储蓄。

总之，从理论上讲，强制性企业年金计划对储蓄的影响取决于面临的借贷约束、低收入人群和短视人群占总人口的比例，还取决于财富效应的大小。

在经验证据方面，Ellis Connolly 和 Marion Kohler（2004）[①] 检验了超级年金计划对澳大利亚家庭储蓄的影响，结果表明强制性缴费增加了储蓄。Már Gudmundsson（2001）[②] 研究了强制性企业年金计划对冰岛居民储蓄的影响，结果表明强制性缴费对冰岛居民储蓄的影响不是很明确。

2. 强制性企业年金计划对金融发展的影响

养老金资产对金融发展的影响可以分为两个方面：数量上和质量上的影响。在数量方面，养老金资产的积累增加了金融市场上的资金供给。在质量方面，养老金资产的积累及其投资有利于提高公司治理结构、完善金融市场基础设施建设、提高金融市场信息披露程度，有利于建立更加完善的金融市场。

养老基金作为机构投资者对金融市场的影响，与个人投资者有所不同。养老基金主要有以下几个优势：①更长的持有期限，与个人相比，养老基金可以在更长的时间期限内进行投资组合，这就为金融市场提供了长期稳定的投资资金，而不是短期性的投机资金，这有利于金融市场的稳定。②规模经济的优势，由于养老基金持有规模巨大的资产，一方面可以降低单位资产的交易费用，另一方面能够持有更多种类的资产以分散风险。③专业化投资，养老基金由于规模经济优势，可以雇用更优秀的投资经理，以获得更高的投资回报。

在实证检验方面，本报告分别使用澳大利亚、冰岛的数据检验强制性企业年金对金融市场发展的影响。本报告的检验工作分为两步：第一步是检验企业年金资产与金融发展的各个指标之间是否存在协整关系；第二步是在协整检验的基础上实施格兰杰因果检验，试图回答如下问题：是企业年金资产的积累促进了金融市场的发展，还是金融市场的发展促进了企业年金资产的积累。

衡量企业年金发展程度的指标是企业年金资产占 GDP 的比重，衡量金融市场发展程度的指标则有多个（见表 6-6），它们分别衡量银行业、股票市场、债券市场和寿险行业的发展程度。

表 6-6　企业年金资产和金融发展的相关变量说明

变量简称	数据说明
PAGDP	企业年金资产占 GDP 的比重，衡量企业年金的发达程度
PC	银行和其他金融机构提供的私人信用占 GDP 的比重，衡量银行业的发展程度
SMCGDP	股票市值占 GDP 的比重，衡量股票市场的规模

① Ellis Connolly and Marion Kohler：The Impact of Superannuation on Household Saving，Reserve Bank of Australia Research Discussion Paper，http://www.rba.gov.au/PublicationsAndResearch/RDP/RDP2004-01.html.

② Már Gudmundsson：The Icelandic Pension System，http://www.ll.is/files/baddeafhjb/pension-1.pdf.

续表

变量简称	数据说明
SMTVGDP	股票市场总交易量占 GDP 的比重，衡量股票市场的活跃程度
SMTR	股票市场的换手率，衡量股票市场的效率
PRBMGDP	私人债券市值占 GDP 的比重，衡量私人债券市场规模
PUBMGDP	公共债券市值占 GDP 的比重，衡量公共债券市场规模
LIPGDP	寿险行业保费占 GDP 的比重，衡量寿险业发展程度

资料来源：Thorsten Beck，Asli Demirgüç–Kunt and Ross Levine（2000）.

协整是对非平稳经济变量长期均衡关系的统计描述。非平稳经济变量之间存在的长期稳定的均衡关系称作协整关系。本报告的协整检验是为了验证企业年金资产规模和金融发展是否存在长期稳定的均衡关系。协整检验的基本思想是：

如果序列 x 和 y 是同阶单整，用一个变量对另一个变量回归，即有：

$$y_t=\alpha+\beta x_t+u_t$$

用$\hat{\alpha}$和$\hat{\beta}$表示回归系数的估计值，则模型残差估计量为：

$$\hat{u}_t=y_t-\hat{\alpha}-\hat{\beta}x_t$$

如果残差估计量 $\hat{u}_t$ 是零阶单整。换言之，参差估计量 $\hat{u}_t$ 是平稳序列，那么序列 x 和 y 之间存在协整关系。

格兰杰因果检验是为了验证序列 x 是否是序列 y 产生的原因。格兰杰因果检验的基本思想是：

先估计当前 y 值被自身滞后期取值所能解释的程度，然后验证通过引入序列 x 的滞后值是否可以提高 y 的被解释程度。如果是，就称 x 是 y 的格兰杰原因（Granger Cause），此时 x 的滞后期系数具有统计显著性。同理，还需要考虑问题的另一方面，即序列 y 是不是 x 的格兰杰原因。格兰杰因果检验的方程如下形式：

$$y_t=\alpha_0+\alpha_1y_{t-1}+\cdots+\alpha_ky_{k-1}+\beta_1x_{t-1}+\cdots+\beta_kx_{t-k}$$

$$x_t=\alpha_0+\alpha_1x_{t-1}+\cdots+\alpha_kx_{k-1}+\beta_1y_{t-1}+\cdots+\beta_ky_{t-k}$$

其中，k 是最大滞后阶数。

（1）澳大利亚超级年金与金融发展的良性互动。

变量 PAGDP、PC、SMCGDP、SMTVGDP、SMTR、PRBMGDP 和 PUBMGDP 的数值是从 1988 年到 2017 年，共有 30 个观测值；变量 LIPGDP 的数值是从 1993 年到 2017 年，共有 25 个观测值（见表 6–7）。

表 6–7　澳大利亚超级年金和金融市场发展指标的说明

变量简称	起始时间（年）	观测值（个）
PAGDP	1988~2017	30
PC	1988~2017	30
SMCGDP	1988~2017	30
SMTVGDP	1988~2017	30
SMTR	1988~2017	30
PRBMGDP	1988~2017	30
PUBMGDP	1988~2017	30
LIPGDP	1993~2017	25

资料来源：澳大利亚养老金资产规模（PAGDP）的数据来源于 OECD：Pension Statistics；其他金融发展指标的数据来自 Thorsten Beck，Asli Demirgüç–Kunt and Ross Levine（2000）。

根据单位根检验结果，表 6–7 中的所有变量均为一阶单整。经协整检验表明，所有变量和 PAGDP 之间均存在协整关系。表 6–8 是格兰杰因果检验的结果。从表中可以发现，澳大利亚超级年金的发展与银行业的发展、寿险业的发展和股票市场效率的提高都有因果关系。以银行业的检验结果为例，在表 6–8 中，PAGDP 不是 PC 格兰杰原因的概率为 0.02。换言之，超级年金的发展促进了银行业的发展。同样地，PAGDP 不是 LIPGDP 格兰杰原因的概率为 0.01，这表明超级年金的发展促进了寿险业的发展。除此之外，格兰杰因果检验也证明了澳大利亚超级年金的发展促进了股票市场的规模扩大。

表 6–8　澳大利亚超级年金资产对金融发展的格兰杰检验结果

原假设	观测值	F 统计	P 值
PC 不是 PAGDP 的格兰杰原因	26	0.70	0.6035
PAGDP 不是 PC 的格兰杰原因		3.86	0.0207
SMTR 不是 PAGDP 的格兰杰原因	26	1.13	0.2972
PAGDP 不是 SMTR 的格兰杰原因		0.14	0.7124

续表

原假设	观测值	F 统计	P 值
PUBMGDP 不是 PAGDP 的格兰杰原因	29	1.73	0.1998
PAGDP 不是 PUBMGDP 的格兰杰原因		3.97	0.0569
LIPGDP 不是 PAGDP 的格兰杰原因	24	0.23	0.6400
PAGDP 不是 LIPGDP 的格兰杰原因		7.83	0.0108
SMCGDP 不是 PAGDP 的格兰杰原因	28	1.50	0.2441
PAGDP 不是 SMCGDP 的格兰杰原因		3.67	0.0413
SMTVGDP 不是 PAGDP 的格兰杰原因	29	2.57	0.1213
PAGDP 不是 SMTVGDP 的格兰杰原因		0.00	0.9763
PRBMGDP 不是 PAGDP 的格兰杰原因	29	0.30	0.5857
PAGDP 不是 PRBMGDP 的格兰杰原因		4.14	0.0522

资料来源：笔者计算。

（2）冰岛企业年金计划对金融发展的促进作用。

变量 PAGDP、PC、PRBMGDP、PUBMGDP 的数值是从 1988 年到 2017 年，共有 30 个观测值；变量 SMCGDP、SMTR 的数值是从 1995 年到 2012 年，共有 18 个观测值；变量 SMTVGDP 的数值是从 1993 年到 2012 年，共有 20 个观测值；变量 LIPGDP 的数值是从 1990 年到 2016 年，共有 27 个观测值（见表 6–9）。

表 6–9 冰岛强制性年金和金融市场发展指标的说明

变量简称	起始时间（年）	观测值
PAGDP	1988~2017	30
PC	1988~2017	30
SMCGDP	1995~2012	18
SMTVGDP	1993~2012	20
SMTR	1995~2012	18
PRBMGDP	1988~2017	30
PUBMGDP	1988~2017	30
LIPGDP	1990~2016	27

资料来源：冰岛养老金资产规模（PAGDP）的数据来源于：Már Gudmundsson, The Icelandic Pension System, OECD：Pension funds' assets, 2001；其他金融发展指标的数据来自 Thorsten Beck, Asli Demirgüç-Kunt and Ross Levine.（2000）。

根据单位根检验结果，变量 SMTR、PUBMGDP、PRBMGDP、LIPGDP、PAGDP 都是一阶单整序列，变量 SMTVGDP、PC 为两阶单整，变量 SMCGDP 为三阶单整。协整检验表明，同为一阶单整变量的 SMTR、PUBMGDP、PRBMGDP、LIPGDP 与 PAGDP 之间都存在协整关系。

表 6–10 是格兰杰因果检验的结果。从中可以看出，PAGDP 不是 PUBMGDP 格兰杰原因的概率为 0.0001，这说明冰岛强制性企业年金促进了公共债券市场规模的扩张。

表 6–10 冰岛企业年金资产对金融发展的格兰杰检验结果

原假设	观测值	F 统计	P 值
SMTR 不是 PAGDP 的格兰杰原因	16	0.48	0.6296
PAGDP 不是 SMTR 的格兰杰原因		3.70	0.0591
PUBMGDP 不是 PAGDP 的格兰杰原因	26	1.05	0.4100
PAGDP 不是 PUBMGDP 的格兰杰原因		11.41	0.0001
PRBMGDP 不是 PAGDP 的格兰杰原因	29	0.29	0.5962
PAGDP 不是 PRBMGDP 的格兰杰原因		0.41	0.5298
LIPGDP 不是 PAGDP 的格兰杰原因	26	2.35	0.1389
PAGDP 不是 LIPGDP 的格兰杰原因		0.01	0.9180

资料来源：笔者计算。

五、结论及启示

按照艾斯平 – 安德森《福利资本主义的三个世界》一书的分类标准[①]，澳大利亚、冰岛和瑞士三国的福利制度

① ［丹］艾斯平 – 安德森：《福利资本主义的三个世界》，郑秉文译，法律出版社 2003 年版。

模式分别属于自由主义型、社会民主主义型和保守合作主义型。虽然三国的福利模式差别很大，但是它们不约而同地选择了强制性企业年金制度。虽然在具体的投资管理方面存在着诸多不同，但总体而言，三国实施的强制性企业年金制度是非常成功的。就养老金制度的首要目标而言，强制性企业年金制度在实现充足性的同时，保证了可负担性和可持续性，并且在稳健性方面也表现突出。就养老金制度的附属目标而言，强制性企业年金制度能够促进储蓄率的增加，极大地提高了金融发展水平，促进了经济增长。具体而言，强制性企业年金制度的成功之处体现在以下三个方面：

第一，强制性意味着该制度具有极高的覆盖率，这是该制度的最大特征。提高养老金计划的覆盖率、力争达到全覆盖是各国养老金制度共同追求的目标。只有实现了全覆盖，才能真正发挥保险制度的风险共济功能，提高收入再分配效果，促进社会和谐。因此，强制性企业年金制度最大的贡献是实现了养老保障制度的全面覆盖。

第二，从管理角度分析，企业年金制度意味着该计划的日常管理和投资决策都是由私人部门负责。这不仅极大地减轻了政府的管理负担，同时也促进了政府养老责任向私人部门的转移和下放。从融资角度分析，企业年金制度意味着采取基金积累制，这有利于克服现收现付制带来的弊端，更好地应对人口老龄化产生的冲击。

第三，第一支柱和企业年金计划相互搭配、统筹协调。一般而言，第一支柱养老金计划强调政府责任、注重公平，但过于慷慨的第一支柱容易导致政府财政负担过重、对劳动力市场产生扭曲作用，进而影响整个国家的经济增长。而企业年金计划强调企业和个人责任、注重效率，但对改善收入分配效果不明显，无法保障低收入人群的退休收入。因此，第一支柱和企业年金计划如何搭配，就是养老责任如何在政府和个人、企业之间分配，就是公平和效率如何取舍的问题。澳大利亚和冰岛等国很好地解决了这个问题。无论从基金的管理还是投资来看，澳大利亚超级年金的市场化水平最高，这体现了个人责任和效率；但是，澳大利亚第一支柱养老金计划的替代率相对较高（25%），这又体现了政府责任和公平。在冰岛，虽然第一支柱的替代率仅有 10%，但是冰岛的企业年金计划具有成员互助和社会团结的特征。因此，两国都较好地解决了第一支柱和企业年金计划的统筹协调问题。

中篇

中国篇

分报告七
中国养老基金与资本市场发展互动

一、我国养老基金入市历程回顾

养老基金可分为三支柱，目前均已积极在资本市场开展投资。第一支柱指政府主导的公共养老金，主要包括了全国社保基金、受托管理的基本养老保险和划转的部分国有资本，其中做实个人账户中央补助资金、部分企业职工基本养老保险资金纳入全国社保基金统一核算，其他部分单独核算。而第二支柱指企业年金和职业年金，第三支柱指个人养老金（见图 7–1）。

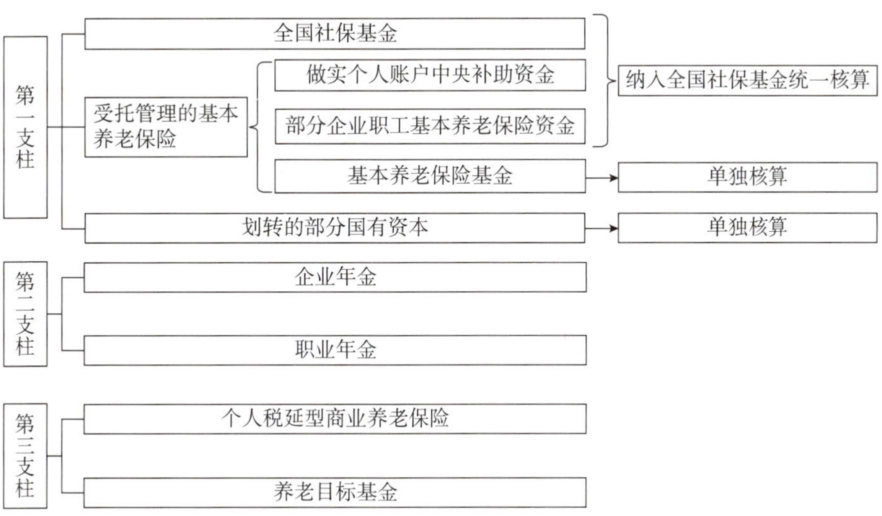

图 7–1　养老基金三支柱的入市模式

资料来源：笔者绘制。

（一）第一支柱入市

1. 社保基金已成为机构投资者的重要一员

全国社会保障基金（以下简称社保基金）是专门用于人口老龄化高峰时期的养老保险等社会保障支出的补充、调剂而设立的基本养老金“额外蓄水池”。其设立于 2000 年 8 月，由中央财政预算拨款、国有资本划转、基金投资收益和国务院批准的其他方式筹集的资金构成。

社保基金自 2003 年起进入资本市场，投资范围逐步扩大。初期理事会直接运作的社保基金的投资范围限于银行存款和在一级市场购买国债；而在委托方式下，以基金公司为投资管理人，以商业银行为托管人，投资范围有所扩大，包括“其他具有良好流动性的金融工具，包括上市流通的证券投资基金、股票、信用等级在投资级以上的企业债、金融债等有价证券”[①]。2015 年以来，遵循“不把鸡蛋放到一个篮子里”的原则，社保基金的投资范围进一步扩大[②]。目前社保基金形成了直接投资与委托投资结合的格局。直接投资由社保基金会直接管理运作，主要包括银行存款、信托贷款、股权投资、股权投资基金、转持国有股和指数化股票投资等。委托投资由社保基金委托投资管理人管理运作，主要包括境内外股票、债券、证券投资基金，以及境外用于风险管理的掉期、远期等衍生金融工具等，委托投资资产由社保基金选择的托管人托管。

社保基金入市实现了规模和收益的持续增长，资产配置的科学性不断提高，实现了有效保值增值。社保基金作为入市时间最长、投资经验最丰富的养老基金，截至 2019 年末，资产总额达到 2.6 万亿元，累计投资收益额 1.3 万亿元。2003~2019 年年均收益率约为 8.2%，仅在 2008 年出现亏损[③]（见图 7–2）。

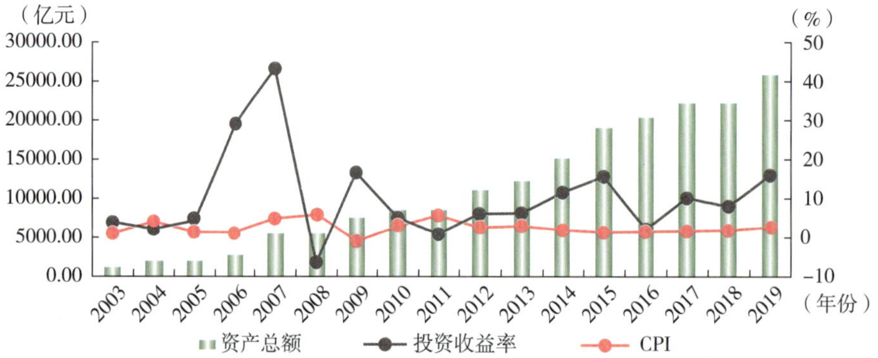

图 7–2　2003~2019 年全国社保基金资产总额和投资收益率

资料来源：全国社会保障基金理事会，2020 年财富管理论坛首季峰会。

2. 基本养老金入市规模逐步扩大

基本养老金入市主要分为两个部分，一是企业职工基本养老保险个人账户中央补助资金，二是基本养老保险基金结余基金及其投资收益。

基本养老保险个人账户投资成功试点，并持续取得收益增长。我国实行社会统筹与个人账户相结合的基本养老保险制度，其中个人账户采用基金积累制，自然存在投资管理需求；由于统筹账户可以向个人账户透支，个人账户“空账”问题严重。根据 2007 年 2 月出台的《做实企业职工基本养老保险个人账户中央补助资金投资管理暂行办法》，天津、山西、吉林、黑龙江、山东、河南、湖北、新疆、湖南九个试点省份的企业职工基本养老保险个人账户中央财政补助资金开始交由全国社会保障基金理事会投资运营，个人账户基金纳入全国社保基金统一运营，作为基金权益核算。截至 2018 年底，个人账户基金权益为 1321.3 亿元，其中，委托本金余额为 861.5 亿元，累计投资收益余额 459.8 亿元[④]。

基本养老金统筹账户的结余资金入市经历了从试点到全面推开的发展过程。基本养老金结余部分规模庞大，但收益水平长期处于低位，需借鉴全国社保基金的投资经验。2012 年 3 月，广东省 1000 亿元职工养老保险结余基金委托全国社会保障基金理事会投资运作，是基本养老金入市的首次试点。2015 年 8 月出台的《基本养老保险基金投资管理办法》明确提出委托社保基金管理基本养老保险部分结余基金及其投资收益。社保基金会对受托管理的基本养老保险基金实行单独管理、集中运营、独立核算，规定权益投资比例合计不得高于养老基金资产净值的 30%，且允许国有重点企业改制、上市的股权投资比例不高于 20%。随后基本养老金入市全面推开，2016 年底基本养老基金受托运营以来，累计投资收益额约为 894 亿元，年

① 《全国社会保障基金投资管理暂行办法》，2001 年 12 月出台，参见全国社会保障基金理事会官网。
② 《关于适当扩大全国社会保障基金投资范围的意见》，2015 年 4 月出台，参见中国政府网。
③ 参见 2020 年财富管理论坛首季峰会主题演讲，http://finance.sina.com.cn/zt_d/cfgl2020/。
④ 《2018 年全国社会保障基金理事会社保基金年度报告》，参见全国社会保障基金理事会官网。

均投资收益率达到5.8%，历年均跑赢了通胀[①]。截至2019年末，已有22个省份签署基本养老保险基金委托投资合同，总金额达到10930亿元，实际到账资金达9081亿元，当年投资收益率约9.6%[②]。相比入市前仅通过银行存款和购买国债获取2%左右收益，基本养老金在资本市场实现了保值增值的目标。

（二）第二支柱入市

1. 企业年金逐步完善，成为长线资金重要组成

企业年金作为基本养老保险制度的重要补充，在试点探索后，目前逐步调整完善。2004年5月实施的《企业年金试行办法》和《企业年金基金试行办法》初步形成了DC型完全积累制的企业年金信托制。2005年首批37家企业年金基金管理机构资格得到认定，2006年7月联想集团设立5000万元年金计划成为首次试点。但人社部的数据显示，前五年企业年金平均收益经历了两次亏损。2011年5月1日实施的《企业年金基金管理办法》对企业年金基金投资、计划管理等问题进行了详细规定，进一步完善了企业年金制度，形成了以委托人、受托人、账户管理人、托管人和投资管理人为主体的运营模式。此后，企业年金的投资范围被逐步放开。2011年取消国债20%最低投资比例的限制，2013年放开合格信托产品投资和允许投资管理人发行养老金产品，2014年试点对中石化销售公司混改进行股权投资、对中铁发展基金进行优先股投资。

尽管企业年金起始阶段规模小、覆盖面窄、参与积极性不高，但通过规范市场主体结构、拓宽投资范围和加大税优激励等的探索，年金规模逐步发展壮大，投资运营逐步稳健成熟。相比社保基金，企业年金的发展动力不足，主要原因是企业已经上缴了高额的各类社会保险，企业年金制度加重了负担。为强化政策激励效果，2019年6月2日出台的《关于补充养老保险费、补充医疗保险费有关企业所得税政策问题的通知》允许在计算企业所得税应纳税所得额时扣除不超过职工工资总额一定标准内的部分，激励标准由4%增加到5%。企业年金建立过程充分调动了市场力量，截至2019年末，企业年金入市资产达1.8万亿元左右，公募基金、保险公司和券商等企业年金基金管理机构已达到22家，建立企业年金计划数1673个。2019年企业年金投资收益为1258.2亿元，当年加权平均收益率为8.3%。除个别年份外均实现了正的收益，平均收益率达到7%以上[③]（见图7-3）。

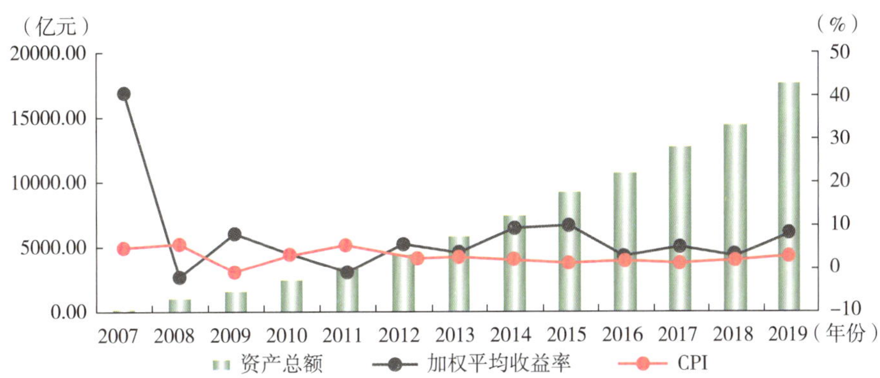

图7-3 2007~2019年企业年金投资收益

资料来源：人力资源和社会保障部。

2. 职业年金起步较晚但发展迅速

职业年金投资管理更加市场化，尽管起步较晚，但增量空间巨大。2015年4月《关于印发机关事业单位职业年金办法的通知》发布，旨在与企业年金一同作为补充养老保险，缓解第一支柱养老金支出收支压力，保障机关事业单位与企业职工养老金体制的一致性。

借助企业年金十年投资管理经验，2016年10月的《职业年金基金管理暂行办法》对职业年金入市时委托管理、账户管理、受托管理等作出了明确规定。第一，尽管投资范围与同时期企业年金基本一致，但职业年金的投资管理更加贴近市场化。受托人拥有选择和更换投资管理人的权利，促使受托人处于职业年金市场化投资运作的核心地位。与企业年金的受托有理事会受托和法人受托两种模式不同，职业年金明确为法人受托机构，不再允

① 引自《每日经济新闻》官网：http://www.nbd.com.cn/articles/2020-01-13/1400252.html。
② 2019年第四季度人社部新闻发布会，参见人社部官网。
③ 《2019年度全国企业年金基金业务数据摘要》，参见人社部官网。

许理事会受托。第二，允许中央和地方各自统筹招标，大大加强了机构投资者市场化竞争。第三，职业年金的强制性要求和单位缴费免企业所得税大大提高了覆盖率，职业年金潜在参保人数更高。《2015 年度人力资源和社会保障事业发展统计公报》披露我国公务员人数 716.7 万人，而机关事业单位人数也在 3000 万人以上，远高于 2019 年企业年金 2547.9 万的参保人数。第四，受益于财政兜底，职业年金人均缴费规模将超过企业年金，潜在入市规模或更大。

（三）第三支柱入市

1. 个人税延型商业养老保险

个人税延型商业养老保险是一种以养老为目的的个人自主缴费的商业保险，目前停留在试点阶段。2018 年《关于开展个人税收递延型商业养老保险试点的通知》规定，自 2018 年 5 月 1 日起，在上海市、福建省和苏州工业园区实施个人税收递延型商业养老保险试点，期限暂定一年，试点期间采用税收优惠政策激励个人进行养老储备。但个人税延型商业养老保险试点结果不及预期，“一省一市一区”在试点一年后有 23 家保险公司参与，投保人数 4.5 万，累计实现保费收入仅 2 亿元[①]。在全面推开前，亟待修订个人税延型商业养老保险相关政策。

2. 养老目标基金

养老目标基金是以追求养老资产的长期稳健增值为目的的创新公募基金，入市规模和发展潜力均超过个人税延型商业养老保险。2018 年 3 月 6 日《养老目标证券投资基金指引（试行）》规定，养老目标基金采用 FOF 形式运作，主要投资对象是基金，而不是股票、债券等标的。截至 2019 年底，市场已有 77 只养老目标基金，总规模超过 240 亿元，收益率平均为 11.8%[②]。尽管养老目标基金暂无任何税收优惠，但基金规模和持有人数量均超过个人税延型商业养老保险。

二、养老基金需要借助资本市场以更好地实现保值增值

（一）养老基金缺口是老龄化下最突出的问题

人口老龄化日趋严峻，未来赡养比快速恶化。人口问题始终是我国面临的全局性、长期性、战略性问题，在经济社会发展中处于重要的基础性地位。我国人口老龄化发展态势迅猛，是世界上老龄化速度最快的国家之一。2019 年，60 周岁及以上人口达 2.54 亿人，占总人口的 18.1%，其中 65 周岁及以上人口达 1.76 亿人，占总人口的 12.6%。根据《中国发展报告 2020》的预测，2020 年中国 65 岁及以上的老年人约有 1.8 亿，约占总人口的 13%；2025 年“十四五”规划完成时，65 岁及以上的老年人将超过 2.1 亿，占总人口数的约 15%；2035 年和 2050 年时，中国 65 岁及以上的老年人将达到 3.1 亿和接近 3.8 亿，占总人口比例则分别达到 22.3% 和 27.9%。2019 年，我国养老金缴费人与离退休赡养者之比约为 2∶1，而根据《中国养老金精算报告 2019–2050》，2050 年这一比例将快速攀升至 1∶1。

养老金缺口是人口老龄化背景下社会保障面临的最大矛盾。所谓养老金缺口担忧主要指现收现付统筹账户的城镇职工基本养老保险，目前尚能实现当期结余和累计结余。然而，根据中国社会科学院郑秉文教授主编的《中国养老金精算报告 2019—2050》，预计 2028 年全国将出现当期支付缺口，“收不抵支”省份的数量接近半数，2035 年基金的累计结余会用尽，2050 年当年的养老金缺口将达到 11.3 万亿元之巨。除了人口老龄化这一趋势外，养老金问题严峻的原因还包括三类：一是降成本与补缺口存在矛盾，社保降费继续加力提效，在新冠肺炎疫情影响下 2020 年又做了更大规模的减免；二是制度转轨背负历史负担，空账补偿影响代际公平；三是尚未实现全国统收统支，仅以中央调剂作为过渡方案，人口流动加剧区域失衡。

（二）提高权益配置比重能够有效帮助养老基金提高收益率

股票资产的收益风险比在长期明显胜出，符合养老基金提高收益率的需要[③]。由于中国资本市场建立的时间尚短，我们选择观察美国的股票、债券、国库券这三类主要资产不同期限下的表现。可以看到，在期限较短时，股票资产的最佳收益是最高的，而最差收益也是最低的。但是从 10 年持有期开始，股票资产的最佳和最差收益都是三类资产中最高的。随着持有期限增加，股票的最好和最坏收益率差额明显缩小，在风险明显缩小的情况下仍旧保持了较高的收益。甚至在 30 年持有期下，股票的最差收益都是正的。这意味着股票的长期收益高于债券等其他资产，且长期风险更低。美国资产不同年限最佳收益率和最差收益率如图 7–4 和图 7–5 所示。

① 参见 2019 年 10 月 21 日国新办新闻发布会，http://www.scio.gov.cn/xwfbh/xwbfbh/wqfbh/39595/41949/xgfbh41954/index.htm。

② 参见中国证券投资基金业协会，https://www.amac.org.cn。

③ 李怡芳：《老有所依：养老金资产管理的海外实践》，《金融市场研究》2019 年第 6 期（总第 85 期），第 51–63 页。

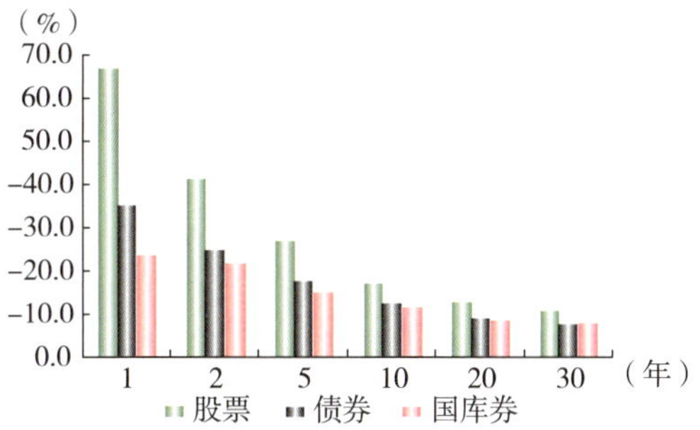

图 7-4　美国资产不同年限最佳收益率

资料来源：Bloomberg。

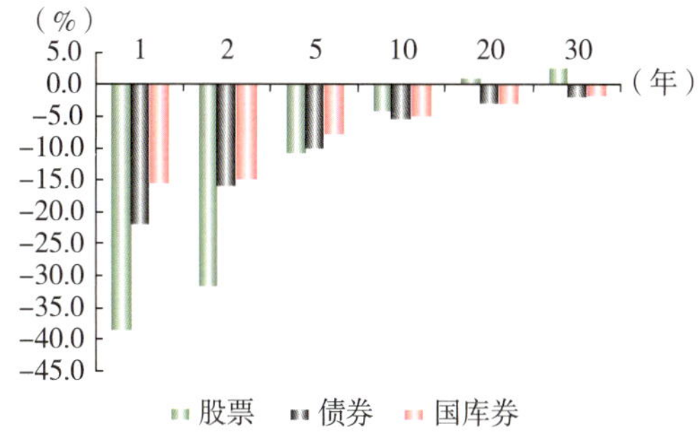

图 7-5　美国资产不同年限最差收益率

资料来源：Bloomberg。

目前养老基金权益资产配置比重相对较低，提升权益比重将成为提升养老基金收益率的重要途径之一。在理论上，根据《全国社会保障基金投资管理暂行办法》和《企业年金基金管理办法》，全国社保基金和企业年金的权益类资产养老金中权益占比的上限分别为40%和30%，略低于主要经济体30%~50%的权益配置比重。在现实中，目前养老基金的权益配置比重远低于上限水平，社保基金的实际权益配置比重在20%~30%，基本养老基金和企业年金的实际权益仓位为10%左右。主要经济体养老基金资产配置情况如图7-6所示。

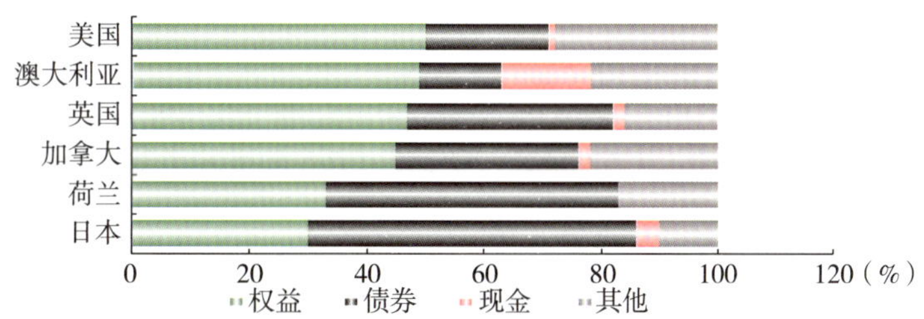

图 7-6　主要经济体养老基金资产配置情况

资料来源：《2018年全球养老金资产研究报告》。

除了二级市场，一级市场的股权投资也能为养老基金带来不菲的收益。养老基金由于其长线资金的属性，也更容易受到一些成长中的未上市公司的欢迎。以社保基金对蚂蚁集团的投资为例，2020年7月20日支付宝母公司蚂蚁科技集团股份有限公司正式官宣，将启动在上海证券交易所科创板和香港联合交易所主板的同步发行上市，估值超过2000亿美元（约合人民币1.4万亿元）。而早在2015年，全国社保基金就以战略投资者的身份，投资78亿元人民币获得了5%的股份。按照蚂蚁集团7月20日2000亿美元的估值测算，社保基金这5%的股份估值已经高达700亿元，投资浮盈超过620亿元，年化收益率高达55.1%。

（三）资本市场为国资划转社保提供流动性

截至2020年7月17日，国资已划转社保约1.5万亿元，剩余超4万亿元预计将在2020年划转完成。2017年11月《划转部分国有资本充实社保基金实施方案》正式公布，将中央和地方国有及国有控股大中型企业、金融机构的集团股权划转，比例统一为企业国有股权的10%。2019年9月，财政部等五部门联合发布《关于全面推开划转部分国有资本充实社保基金工作的通知》，明确了国资划转社保基金的时间表：中央层面，具备条件的企业于2019年底前基本完成，确有难度的企业可于2020年底前完成，中央行政事业单位所办企业待集中统一监管改革完成后予以划转；地方层面，于2020年底前基本完成划转工作。截至2020年7月17日，中央层面共完成四批81家中央企业和中央金融机构划转工作，划转国有资本总额约1.33万亿元，地方层面也在稳步推进，总计规模约为1.5万亿元。而根据中信证券测算，国有资本的总体划转规模约为6万亿元。也就是说，还将有超过4万亿元国资有待划转，预计将全部于2020年完成（见图7-7）。

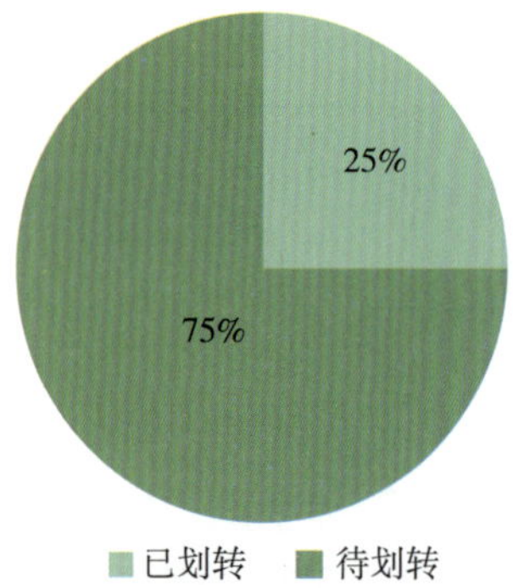

图 7-7　社保基金规模及划转情况

资料来源：财政部。

国资分红规模相对较小，短期并不能有效填补养老金缺口。国资划转后，分红是社保基金短期最重要的收益来源，2017 年《划转部分国有资本充实社保基金实施方案》指出，“对划入的国有股权，社保基金会及各省（区、市）国有独资公司等承接主体的收益主要来源于股权分红”。根据中信证券测算，按照现行分红规则，2025 年划转股权分红 700 亿元仅能填补当年缺口的 5% 左右，此外再考虑央企每年需按照特定比例向国资上缴利润，社保基金实际获得的分红收益十分有限。

借助资本市场，社保基金能够全面盘活划转的国有资产，有效提高社保基金的流动性和收益率。虽然目前国资分红规模有限，但超过 6 万亿元的国有资产本身如果能够顺利流转，将为社保基金提供充足的流动性保障。然而，由于划转的国有资本大部分为流动性和收益性较差的未上市国有企业集团股权，如何更好地利用这部分股权是社保基金会面临的一大问题。通过资本市场，社保基金有望盘活逐步划转的国有资产，将资金配置到更有成长性、分红或盈利能力更高的投资方向上，并在出现收支缺口时及时获取流动性。

三、养老基金是推动资本市场健康发展的长线资金

（一）养老金有助于增强资本市场韧性

长期以来，A 股韧性不足，存在炒作情绪较浓、市场波动率高、价值发现能力不足等问题。2018 年 12 月的中央经济工作会议上指出，“要通过深化改革，打造一个规范、透明、开放、有活力、有韧性的资本市场”。其中“有韧性”的含义是指资本市场能够充分反映基本面变化情况，不会急涨急跌，估值可以及时纠偏，真正实现合理定价。从换手率上来看，创业板 2009~2018 年年均换手率高达 578.1%，即使是相对较低的上交所换手率也超过了 200%，远高于其他市场，甚至达到了纳斯达克、伦敦证交所的 3 倍以上（见图 7-8）。过高的换手率放大了 A 股的波动，2006 年以来沪深 300 的 PE 估值波动率明显高于标普 500，导致 A 股难以建立完善的估值体系，影响了资本市场的价值发现能力（见图 7-9）。

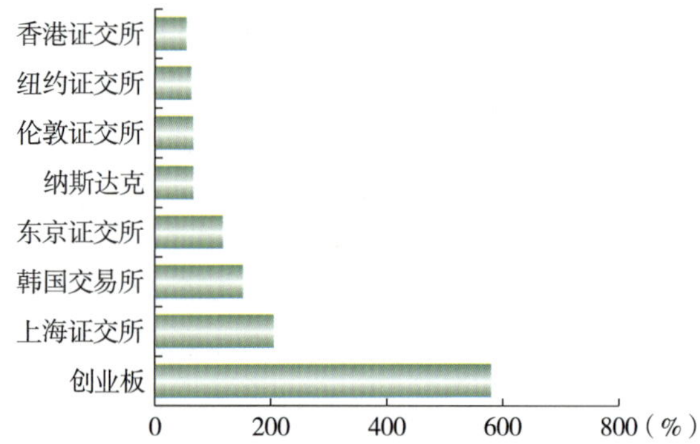

图 7-8　2009~2018 年各交易所换手率

资料来源：Wind 资讯。

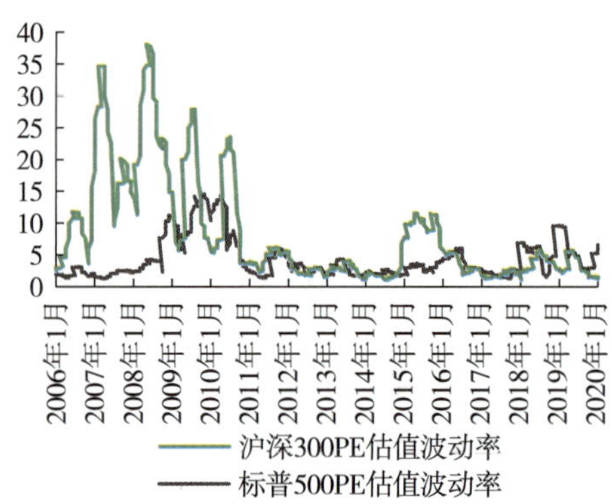

图 7-9　中美股票市场波动率对比

资料来源：Wind 资讯。

未来资本市场韧性的增强，或需依赖长线资金的持续流入。长期以来，A 股市场由散户和法人股主导，长线资金相对匮乏，短线资金交易频繁，造成市场过度震荡。根据上交所 2018 年统计年鉴，2018 年机构投资者和个人投资者市值占比分别为 16.1% 和 21.2%，但个人投资者的交易量占比高达 82%，机构投资者交易量占比不足 15%（见图 7-10）。而同期美国个人投资者市值占比为 20%，机构

投资者市值占比则超过 60%，成交量占比超过 80%。20 世纪 70 年代之前，美国股市的投资者结构也以散户为主，基金占比在 4%~5%，与现阶段的 A 股类似。80 年代开始，美股逐步完成投资者机构化的转变，促使美国的直接融资体系更加规范而有韧性，抗风险能力不断增强[①]（见图 7-11）。因此，我们认为引入长线资金或是增强 A 股市场韧性的有效途径。

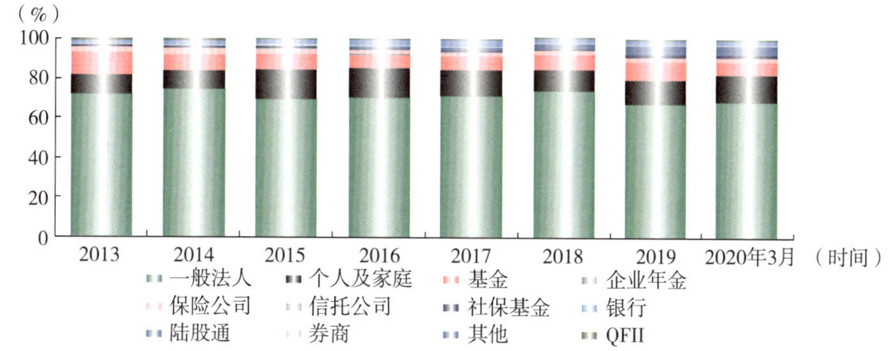

图 7-10 2013~2020 年 3 月 A 股流通市值持股比例

资料来源：Wind 资讯。

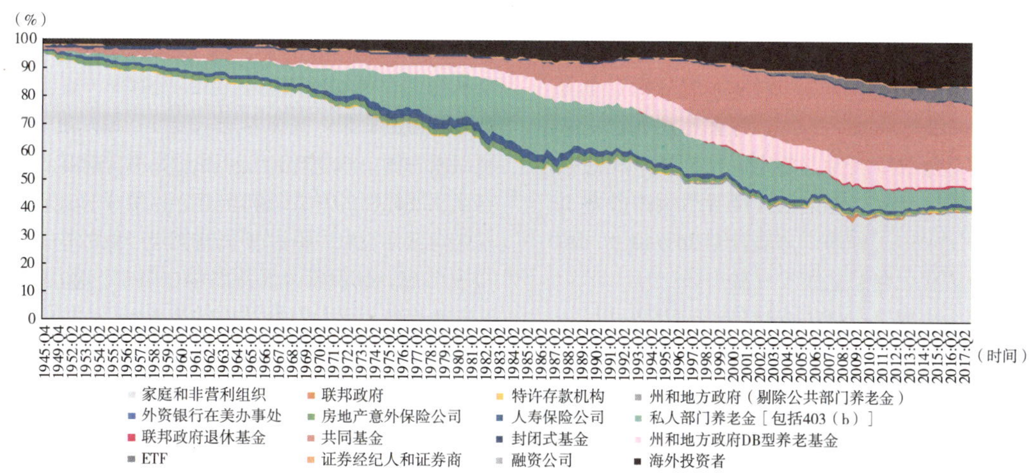

图 7-11 1945 年以来美股投资者结构变化

注：美联储公布的各部门持股数据中，将对冲基金和私募股权、个人信托全部归类到“家庭和非营利组织”，实际散户占比远远低于本图呈现的状态。

资料来源：美联储，中信证券研究部。

外资一度是被寄予厚望的长线资金，但交易型外资贡献了绝大部分的成交量，导致外资难以成为提升资本市场韧性的中坚力量。目前来看，外资的换手率已经高于 A 股市场的平均水平。2018 年开始，北上外资每日买卖贡献的成交额占比开始超过持有自由流通市值的占比，到了 2020 年第一季度末，北上资金持有 A 股自由流通市值占比为 5.5%，但是平均每天贡献了全市场 9.4% 的成交额（见图 7-12）。根据托管机构不同，可以进一步将外资分为配置型外资、交易型外资和托管于内资港资机构的资金，三者的持仓占比分别为 68%、26% 和 6%，但贡献的成交量占比为 30%、56% 和 14%。交易型外资虽然持仓占比不高，但贡献了北上资金主要的成交量。

① 沙雁：《补充养老金、资本市场、实体经济：良性互动与协同发展》，《新金融评论》2019 年第 2 期（总第 40 期），第 115-122 页。

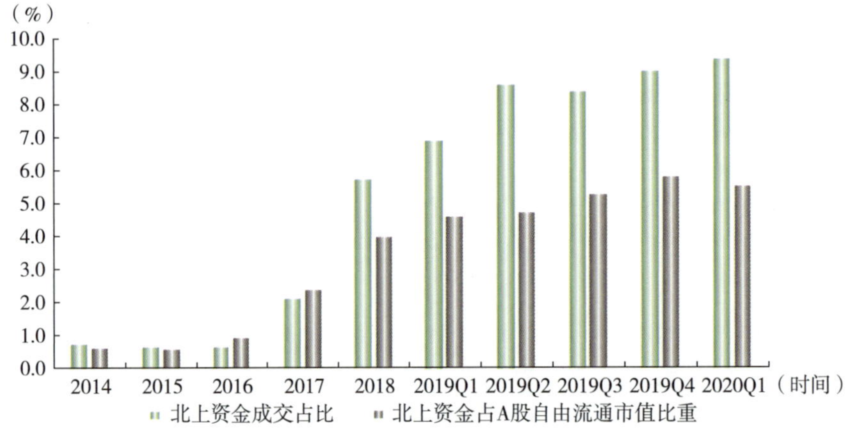

图 7-12 北上资金成交占比和自由流通市值占比历史变化趋势

资料来源：Wind 资讯。

养老基金有望成为 A 股长线资金的最重要来源。一方面，养老基金整体规模的成长空间还非常大，截至 2018 年底，我国三支柱养老金规模合计约 7.1 万亿元，占 GDP 比重约为 7.9%，远低于美国 135.6% 的 GDP 占比。另一方面，养老基金对资本市场特别是 A 股的投资力度还将显著加强。2020 年 1 月，中国人寿首席投资官王军辉表示，美国养老金股票市值占总市值比重基本保持在 20%~30%，而我国三支柱养老金合计持股规模占股票市场总市值比重还不到 5%，如果未来提升至 20% 以上，预计还将有超过 10 万亿元养老金进入 A 股市场。

（二）养老基金有助于产业升级和上市公司质量提高

养老基金重点投向新兴产业，可为产业升级添砖加瓦。全球来看，作为长期投资者，养老基金的重要特征是持股周期长且不惧干扰，以投资优势产业和高分红股票为主，投资策略偏向高质量投资。以长线资金在韩国的持股为例，在行业选择上，主要是韩国重点发展产业，配置偏向可选消费（如化妆品）、电子信息（如三星电子）；在持仓风格上，更加偏好低估值、高 ROE、高股息率、低杠杆的大市值股票。我国养老基金投资偏好也较为类似。以科创板为例，科创板企业往往是具有关键核心技术、符合国家发展战略的科技创新企业，这类成长性较好的企业值得养老基金投资，有利于我国优势产业的快速发展。截至 2019 年底，社保基金已持股佰仁医疗、金山办公等 12 家科创板企业，平均持股比例约为 3.0%（见图 7-13）。有 5 家科创板企业前十大股东名单列有社保基金，7 家列示了基本养老保险基金。

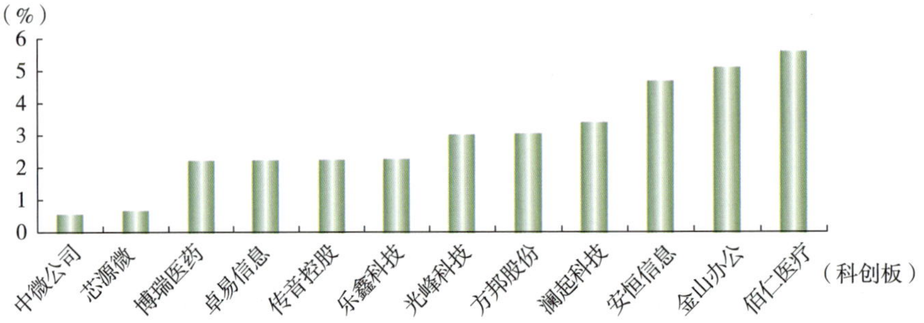

图 7-13 2019 年底社保基金持股科创板情况

资料来源：Wind 资讯。

养老基金成为上市公司股东，或将倒逼被投公司加强治理能力，采取更大比例的分红政策，保证必要的信息披露，提升上市公司质量的同时也更好地保护股东权益。A 股整体股息率从 2014 年的 1.9% 增长到 2018 年的 2.4%，未来在养老金缺口倒逼之下，股息率还有望进一步提高。养老基金等公众资金成为股东，势必将推动被投公司进行更为充分的信息披露，也更方便投资者“用脚投票”以选择优质公司。

（三）国资划转社保有助于提高国资运营效率

国资划转社保在无国有资产流失担忧下实现了股权进一步多元化，从而倒逼国有企业公司治理改善，形成现代企业制度，推动建立管资本为主的国资监管模式。当前国有企业股权结构不合理，“一股独大”等问题还是比较明显，这不利于形成规范的公司治理结构。如果能够进一步推动股权多元化，并对国有股东形成一定的制约，那么董事会的作用就能充分发挥，国企的经营效率便有望得到一个质的变化。此外，社保基金理事会等划转承接主体作为市场化运作的国资管理方，将作为有效的多元化股东助力国企增效提质，推动建立以管资本为主的国资监管模式。

短期来看，社保主要从分红中获得收益，国资划转社保将倒逼国企分红提高比率并保持稳定。2017 年《划转部分国有资本充实社保基金实施方案》指出，“对划入的国有股权，社保基金会及各省（区、市）国有独资公司等承接主体的收益主要来源于股权分红”。根据中信证券测算，按照现行分红规则，2025 年划转股权分红仅能填补当期缺口的 5% 左右。因此，在养老金缺口倒逼之下，国有企业尤其是盈利能力稳定的大型央企集团有望进一步提升分红比率，形成一批有稳定分红的优质企业集团。

长期来看，虽然社保基金会等承接主体主要担当财务投资者，但“必要时派驻董事”有望直接参与资本管理，进行更多国有资本运作。2019 年 7 月 19 日国务院政策例行吹风会上，财政部资产管理司司长陆庆平表示，社保基金会等承接主体，作为长期财务投资者，主要通过股权分红获取收益，不干预企业日常生产经营管理活动，因此不会对企业生产经营造成影响。但《划转部分国有资本充实社保基金实施方案》明确提出，“必要时，经批准可向企业派出董事”，“经批准也可以通过国有资本运作获取收益”，后续相关运作值得关注。

（四）养老金融产品创新还可进一步丰富资本市场的资金来源

养老需求引领金融机构创新养老服务与产品供给，使资本市场的资金来源更多样化。2016 年 3 月，中国人民银行等五部门联合发布《关于金融支持养老服务业加快发展的指导意见》（以下简称《指导意见》），提出要积极发展服务居民养老的专业化金融产品，鼓励银行、证券、信托、基金、保险等各类金融机构针对不同年龄群体的养老保障需求积极进行产品创新。2019 年 4 月，国务院办公厅发布《关于推进养老服务发展的意见》，进一步为银行、基金、保险、信托等金融机构养老金融业务发展指明了方向，明确了重点开发养老型理财产品、信托产品等养老金融产品。多样化的养老金融产品进一步丰富了资本市场的长线资金来源（见图 7-14），以下就银行的养老理财产品和基金公司的养老目标基金进行重点分析。

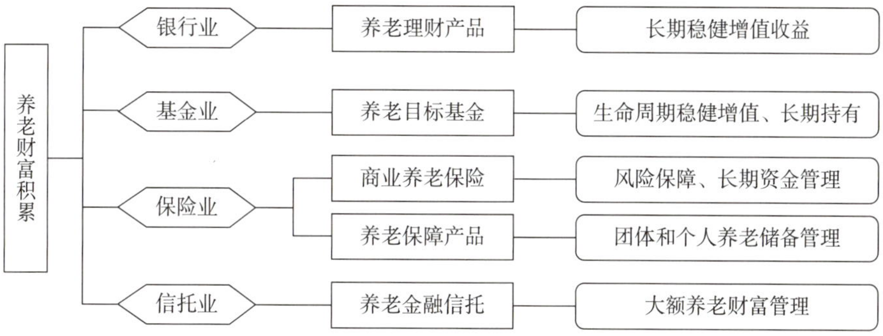

图 7-14　各金融行业养老创新产品情况

资料来源：笔者绘制。

养老理财产品加速发展，银行理财子公司成为主要推动力量。虽然我国年长者的风险投资偏好较低，但对于资产保值升值的需求一直存在。支付宝在《2020 老年人数字生活报告》中指出，理财成为老年人在过去三年里使用率最高的服务。我国商业银行养老理财产品起步相对较晚，但近年来随着银行理财子公司纷纷成立，养老理财产品已呈现加速发展的势头。特别是 2020 年以来，银行养老理财产品的发行数量突飞猛进。2019 年仅有 6 家银行发行了共计 152 只养老理财产品。截至 2020 年 7 月 8 日，本年度内已有 16 家银行共发行了 122 只产品。其中，城商行的发行数量依旧占大头，达 68 只；国有大行的 35 只产品均由理财子公司发行。

养老目标基金凭借制度的合理性，未来有望成为居民养老储备的重要方式之一。2018 年 3 月，证监会颁布了《养老目标证券投资基金指引（试行）》，该指引对养老目标基金的形式、投资目标、投资风险、投资策略、投资限制、投资标的都做了明确规范，从制度上让养老目标基金追求收益稳健、风险可控。总体来看，目前养老目标基金的总体规模还相对有限，但养老目标基金作为养老服务金融行业的一次重大突破，为广大国民养老储备增加了新的选择，可以预期未来将有更多的人通过养老目标基金进行养老储备。

四、政策建议

在积极与资本市场进行互动的过程中，养老基金仍然受到了部分限制。为了更好地让养老基金参与到资本市场中，更好扮演投资“压舱石”的重要角色，我们提出以下三方面政策建议：

首先，资本市场需要养老基金等长线机构投资者担当“稳定器”，应进一步提高养老基金的权益类资产投资比重和投资范围，并落实相关配套政策。例如全国社保基金理事会权益投资上限由 40% 提高至 60%，允许投资股票指数期货、期权等风险管理工具。此外，实际投资过程中，养老基金三支柱基本均未达到权益投资上限。为了落实相关政策，取得更高回报率，应平衡相关风控机制，提高短期损失的容忍度；同时应深化考核机制改革，从当前的 3 年期的考核时期进一步延长至 5 年甚至 10 年，从而鼓励长期投资、价值投资，防止追涨杀跌带来潜在收益波动。

其次，以全国社保基金理事会为代表的养老基金投资人此前在股权投资领域取得优异成绩，建议监管机构应更多予以政策倾斜，中介机构应更多给予业务支持。在未上市股权投资阶段，建议养老基金投资方与证券公司等中介机构签署合作协议，获得更多潜在投资项目资源，并协助筛选。在 IPO 和定增的投资阶段，建议对养老基金投资方实施更多的政策倾斜，例如进一步提高作为战略投资者的配售比例和概率。

最后，建议多措并举提高划转的国有资本投资运营收入。划入股权是划转国有资本主要资产形态，并且有三年的政策禁售期，因此提高资产流动性、扩展运作管理空间，增强现金收益等是投资运作的重点。我们建议，划入国有股权的管理运作应从三方面优化：①债权融资盘活资产，例如用股权分红资产证券化、股权质押融资、发行永续债等方式获取现金。②以股权置换为前提，通过集团股权和上市公司股权置换提高流动性，并进行后续股权运作，例如认购 ETF、场内和场外融券、质押式回购融券等。③股权处置，既可以合理出售、转让、减持，也可以设计管理层回购、员工股权激励等方案，还可以探索央企集团发行私募可交换公司债券并回购集团股权等。

分报告八
公募基金、养老金与中国资本市场

中国公募基金行业[①]经过22年的发展，在“独立运作、组合投资、强制托管、公开披露、严格监管”制度安排下，投研水平不断提高，产品种类日渐丰富，管理规模快速增长，持有人户数约6亿人，已成为中国资本市场中投研水平领先、管理规模最大、市场化程度最高的资管机构。公募基金公司是我国养老金市场化投资的主力军，先后参与了社保基金、企业年金、基本养老保险、职业年金、养老目标基金等养老金的投资管理，2020年6月末管理规模达2.87万亿元[②]，并为养老金创造了优异的投资回报，是养老金与资本市场间的重要桥梁。展望未来，养老金与公募基金的合作在模式设计、投资方式、考核机制、产品创新等方面仍有优化和完善的空间。公募基金、养老金和资本市场三者有望相互促进、共建共享、协同发展。

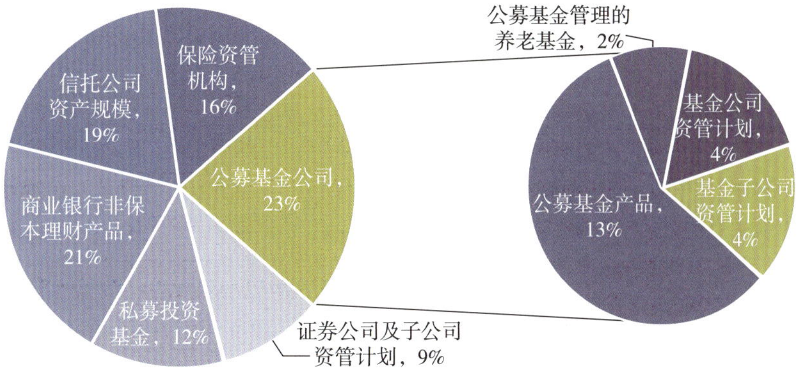

图8-1　2019年末中国各类资管机构资产管理规模

注：不同金融机构资产管理业务规模按各自公开的口径加总，未剔除重复计算部分；证券公司及子公司资管计划数据中不含证券公司管理的养老金；公募基金管理的养老金数据包括基金管理公司管理的社保基金、基本养老金、企业年金和职业年金，不包括境外养老金。

资料来源：《资产管理业务统计数据（2019年四季度）》、《中国银行业理财市场报告（2019年）》、中国信托业协会、《2019-2020年保险资管业综合调研数据》。

① 本报告中“公募基金”指经证监会审批设立的公募基金公司，用“公募基金产品”指代公募基金公司发行的、公开募集的各类基金产品。

② 《中国基金业协会资产管理业务统计数据（2019年四季度）》，参见中国证券投资基金业协会官网。

一、公募基金发展回顾

1997 年 11 月，国务院证券委员会发布《证券投资基金管理暂行办法》，拉开了中国公募基金发展的序幕。1998 年 3 月，第一家公募基金公司——国泰基金管理公司成立；同月“南方开元基金”和“国泰金泰基金”成立，标志着中国公募基金行业正式启动。截至 2019 年末，公募基金公司管理各类产品规模合计 25.7 万亿元，是管理规模最大的资管细分行业。我国公募基金行业的稳健发展既促进了资本市场运行效率的提高，也为广大居民提供了公平、普惠、专业的金融服务（见图 8–1）。

公募基金公司的业务模式从起步阶段单一的封闭式公募基金发展为目前的多资产综合性资产管理，除传统的公募基金产品外，当前公募基金公司的管理模式还包括各类养老金投资、单一资产管理计划、集合资产管理计划等。截至 2019 年末，公募基金管理的公募基金产品规模为 14.77 万亿元，占总管理规模的 57.4%；直接管理养老金规模为 2.41 万亿元；母公司及基金子公司管理的资管计划规模为 8.53 万亿元（见表 8–1）。

表 8–1　2019 年末公募基金公司管理各类形式产品规模

基金类型	资产净值（亿元）
开放式基金	131648
其中：股票基金	12993
其中：混合基金	18893
其中：货币基金	71171
其中：债券基金	27661
其中：QDII 基金	931
封闭式基金	16024
养老金	24131
公募基金公司资管计划	43444
其中：单一资产管理计划	36551
其中：集合资产管理计划	6893
公募基金子公司资管计划	41885
其中：单一资产管理计划	36411
其中：集合资产管理计划	5474
公募基金公司合计规模	257132

资料来源：《中国基金业协会资产管理业务统计数据（2019 年四季度）》，参见中国证券投资基金业协会。

公募基金公司的投资范围和产品种类不断丰富，目前已经覆盖股票、债券、商品、金融衍生品、信托、债权计划等各类资产，覆盖范围也拓展至全球市场。以公募基金产品为例，公募基金公司已经开发了不同风险收益特征和用途的细分策略产品，形成了完善的产品矩阵（见表 8–2），并仍根据市场变化和客户需求持续创新。公募基金公司在过去 22 年沉淀的各类产品已成为我国资本市场中重要的“基础设施”，高效连接着各类资本和实体经济。

表 8–2　公募基金产品的产品矩阵

类型	矩阵
股票型基金	普通股票型基金
	被动指数型基金
	增强指数型基金
混合型基金	偏股混合型基金
	平衡混合型基金
	偏债混合型基金
	灵活配置型基金
货币市场型基金	—
另类投资基金	股票多空
	商品型基金
	REITs
债券型基金	中长期纯债型基金
	短期纯债型基金
	混合债券型一级基金
	混合债券型二级基金
	被动指数型债券基金
	增强指数型债券基金
QDII 基金	国际 (QDII) 股票型基金
	国际 (QDII) 混合型基金
	国际 (QDII) 债券型基金
	国际 (QDII) 另类投资基金

资料来源：根据公开资料整理。

公募基金公司的数量保持稳步增长。截至 2019 年末已成立 140 家公募基金，管理基金数量超过 6500 只。作为专业机构投资者，公募基金为各类客户创造了明显的超额收益。偏股型公募基金产品自 1998 年成立至 2017 年底，20 年的年化收益率平均为 16.18%，超出同期上证综指平均涨幅 8.5%，超额收益明显。截至 2017 年末，公募基金产品累计向持有人分红 1.66 万亿元，为客户创造了丰厚回报[①]。

① 《公募基金 20 年专题报告》，参见中国证券投资基金业协会官网。

公募基金公司作为国内首批专业机构投资者，积极、全面地参与了各类养老金资金的投资管理，是目前国内管理公共养老金规模最大的资管细分行业。截至2019年末，公募基金直接管理养老金规模2.43万亿元（含246亿元养老目标基金）①，占公募基金总管理规模的约10%，此外传统公募基金产品也是养老金的间接投资工具②。截至2020年6月末，共有16家公募基金公司参与了第一支柱和第二支柱养老金资金的投资（见表8-3），43家公募基金公司开发并管理了第三支柱中的养老目标基金。

表8-3　2020年6月末公募基金公司养老金管理规模排名

排名	公司名称	排名	公司名称
1	工银瑞信基金管理有限公司	9	广发基金管理有限公司
2	易方达基金管理有限公司	10	鹏华基金管理有限公司
3	南方基金管理股份有限公司	11	招商基金管理有限公司
4	博时基金管理有限公司	12	海富通基金管理有限公司
5	华夏基金管理有限公司	13	汇添富基金管理股份有限公司
6	嘉实基金管理有限公司	14	大成基金管理有限公司
7	银华基金管理股份有限公司	15	国泰基金管理有限公司
8	富国基金管理有限公司	16	长盛基金管理有限公司

注：含基金管理公司管理的社保基金（包括社保基金境外投资部分）、基本养老金、企业年金和职业年金，不含境外机构委托管理的养老金。

资料来源：中国证券投资基金业协会。

回顾公募基金22年的发展历程，其作为养老金投资的主力军，通过多种产品形式为养老金投资创造了优异回报。展望未来，随着我国养老金规模增长、居民养老金投资意愿的增强和养老金市场化投资程度的加深，公募基金、养老金和资本市场三者共生共长、共建共享，均有巨大的发展空间。

二、公募基金全面参与养老金市场化投资

自2003年6月社保基金会将全国社保基金委托公募基金公司管理开始，公募基金陆续参与了企业年金、基本养老保险基金、职业年金和养老目标基金的投资，全面见证了我国三支柱养老金体系的发展、完善和市场化投资。本部分从多个维度回顾了公募基金与各类养老金合作的历史，发现经过17年的摸索，我国各类养老金的投资政策日趋完善，投资流程和途径通畅，公募基金产品体系和投资经验更加成熟，公募基金、养老金和资本市场形成良性反馈，共同发展。

（一）公募基金全面参与各类养老金投资的制度框架

我国养老保险体系采用三支柱模式，第一支柱基本养老保险是国家主办的基本养老体系，是我国养老保险体系的最主要部分，2019年末已覆盖96754万人③。第二支柱为企业和雇员、机关事业单位和员工所共同主办年金，是补充养老保险的重要部分，产品形式分别为企业年金和职业年金，分别覆盖2548万人④和2970万人⑤。第三支柱为个人投资的具有税优特性的养老保险产品，目前个人税延型养老保险仍处于探索阶段；公募基金公司发行的养老目标基金虽尚未纳入税优范围，但规模增长较快（见表8-4）。

作为第一支柱主体的基本养老保险采用统账结合的管理模式，但个人账户基本为“空账”，实际运行中基本养老保险以现收现付制为主，其结余资金是目前我国养老金体系中占比最大的资金，2019年末规模达6.29万亿元⑥。长期以来基本养老保险“除按规定预留必要的支付费用外，全部存入银行和购买国债”⑦，不能进行市场化投资，

① 《中国基金业协会资产管理业务统计数据（2019年四季度）》中披露公募基金公司合计管理养老金2.41万亿元，公募基金发行的养老目标基金并不包含在内。根据Wind数据统计，2019年末目标日期基金净值为97亿元（含2006~2008年发行的三只目标日期基金，合计净资产38.6亿元），目标风险基金规模为149亿元。

② 公募基金产品具有流动性好、交易成本低、信息披露充分等特点，是养老金、保险资金等机构投资者重要的产品投资工具，但公募基金产品的持仓数据并没有详细的披露。所以本报告中所研究的养老金投资公募基金的规模主要为各类养老金以“专户”形式与公募基金发生的业务，没有计算通过传统公募基金产品的投资规模。

③⑥ 《2019年度人力资源和社会保障事业发展统计公报》，参见人社部官网。

④ 《全国企业年金基金业务数据摘要2019年度》，参见人社部官网。

⑤ 中国社会保险学会会长胡晓义于2019年7月27日在中国养老金融50人论坛上的发言，题目为《机关事业单位职业年金结余6100亿元，迫切需要市场化投资》，www.caff50.net/c/32/1224.html。

⑦ 《关于进一步加强社会保险基金管理监督工作的通知》（劳社部发〔2006〕34号），参见人社部官网。

造成较大规模资产性收益损失[①]。2015 年 8 月，《基本养老保险基金投资管理办法》发布后，基本养老保险基金启动市场化投资，通过委托社保理事会进而委托公募基金等资管机构管理的方式进入资本市场，14 家公募基金公司成为基本养老保险基金的管理人。

此外，我国还有一只养老储备基金即全国社保基金[②]，这是我国最早进行市场化投资的养老金。根据《全国社会保障基金投资管理暂行办法》，全国社保理事会于 2013 年 6 月首次将资金委托给公募基金公司进行市场化投资。截至 2019 年末，全国社保基金合计规模 2.63 万亿元[③]，委托包括 16 家公募基金公司在内的 18 家资管机构进行境内资金投资。

构成第二支柱的企业年金和职业年金采用完全积累制。2004 年劳动社会保障部发布的《企业年金试行办法》构建了我国企业年金的基本框架，并于 2005 年 8 月评选出 15 家企业年金基金投资管理人，其中含 9 家公募基金公司。职业年金在 2015 年 1 月《国务院关于机关事业单位工作人员养老保险制度改革的决定》发布后开始运作，首个计划中央在京国家机关事业单位职业年金于 2018 年 8 月进行投管人招标，标志着职业年金的市场化投资启动，公募基金公司也是各职业年金计划的重要管理人。

我国的养老金第三支柱仍处于起步摸索阶段。2018 年 4 月 2 日，财政部、税务总局、人社部、中国银保监会、证监会联合发布《关于开展个人税收递延型商业养老保险试点的通知》，但具有税优政策的税延型商业养老保险发展较慢。证监会于 2018 年 3 月 2 日发布《养老目标证券投资基金指引（试行）》，同年 9 月首支养老目标产品成立。虽然公募基金公司发行和管理的养老目标基金尚未纳入税优范围，但产品数量和资金规模保持较快增长，具备成为第三支柱主要组成部分的潜力[④]。公募基金参与各类养老金的相关情况。

表 8-4　公募基金参与各类养老金的相关情况

	第一支柱		第二支柱		第三支柱
	全国社保基金	基本养老保险	企业年金	职业年金	养老目标基金
发起者	中央政府及地方	地方政府	建立企业年金计划的企业	中央及地方政府	居民
投资 / 受托机构	社会保障基金理事会	社保基金理事会	企业年金理事会或者法人受托机构	法人受托机构	居民
投资公募基金时间	2003 年 6 月	2016 年 12 月	2005 年 8 月	2018 年 8 月	2018 年 9 月
与公募基金相关的法规	《全国社会保障基金投资管理暂行办法》等	《基本养老保险基金投资管理办法》	《企业年金试行办法》《企业年金基金管理机构资格认定暂行办法》	《机关事业单位职业年金办法》	《养老目标证券投资基金指引（试行）》
资金来源	中央财政预算拨款、国有资本划转、基金投资收益和以国务院批准的其他方式筹集的资金	单位和个人缴费、国家补贴	企业与员工缴费	全国机关事业单位及员工缴费	居民税后收入
资金用途	应对未来养老保险的缺口	现收现付制的基本养老保险结余	补充基本养老保险、提高企业员工退休生活水平	补充基本养老保险、提高公务人员退休生活水平	个人养老金积累

① 张盈华：《首份答卷展现集中运营优势》，《中国劳动保障报》2019 年 1 月 15 日第 3 版。

② 此处全国社会保障基金为本文所分析全国社保基金口径中的一部分。根据社保理事会的社保资金年度报告，本报告分析的全国社保基金含全国社会保障基金、个人账户基金和地方委托基金三种资金来源，后两者为地方政府委托管理的基本养老保险基金。由于资金管理披露口径问题，本报告中分析的全国社保基金为广义口径，含以上三种资金来源。

③ 《全国社会保障基金理事会社保基金年度报告（2019 年度）》，参见全国社保理事会官网。

④ 目标日期是养老目标基金的主要品种。美国的目标日期基金近 20 年发展迅猛，规模从 1999 年末的 80 亿美元增长至 2019 年末的 1.4 万亿美元，是规模增长速度最快的公募基金品种。

续表

	第一支柱		第二支柱		第三支柱
	全国社保基金	基本养老保险	企业年金	职业年金	养老目标基金
公募基金公司参与形式	社保基金专门组合	基本养老保险专门组合	企业年金计划或受托直投，也可通过二者间接投资公募基金或养老金产品	职业年金计划，也可通过职业年金计划间接投资公募基金或养老金产品	FOF 为主、直投为辅，主要投资于公募基金产品
投资方式	主动投资、被动投资	主动投资	主动投资	主动投资	主动投资、被动投资
参与公募基金公司范围*	16 家	14 家	11 家	11 家	43 家
公募基金公司管理规模	8853 亿元（2018）	—	6203 亿元（2019）	—	358 亿元（2020 年 6 月）
对应委托规模	12438 亿元（2018）	6239 亿元（2018）	17331 亿元（2019）	6100 亿元（2019-5）	358 亿元（2020 年 6 月）
公募基金占比	71.2%	—	35.8%	—	—

注：* 表示截至 2020 年 6 月数据。

资料来源：根据公开资料整理。

（二）社保基金与公募基金投资

本部分所分析的全国社会保障基金理事会管理的资金（统称社保基金）涵盖三类细分资金：全国社会保障基金①、个人账户基金②和地方委托基金③，2019年末三者的权益金额分别为18104.55亿元、1321.33亿元和1147.68亿元。

社保基金使用直接投资与委托投资相结合的方式进行投资，2019 年末直接投资资产 10410.17 亿元，占比 39.60%；委托投资资产 15875.49 亿元，占比 60.40%。委托投资由社保基金会委托外部资管机构进行管理，投向包括境内外股票、债券、证券投资基金以及境外用于风险管理的掉期、远期等衍生金融工具等④，基金公司是委托投资最主要的承接主体。

2003 年 6 月，社保基金会将全国社保基金委托资产分别委托南方基金管理有限公司、博时基金管理有限公司、华夏基金管理有限公司、鹏华基金管理有限公司、长盛基金管理有限公司、嘉实基金管理有限公司六家投资管理人管理，委托交通银行和中国银行两家托管行托管⑤。首批六家投管人均为公募基金公司。后续社保理事会又进行了数轮投管人资格评选，目前共有 18 家机构具有全国社保基金境内投资管理人资格，其中基金管理公司占据了 16 席（见表 8-5）。

表 8-5　全国社保基金境内委外投资管理人

序号	机构名称	序号	机构名称
1	华夏基金管理有限公司	7	易方达基金管理有限公司
2	鹏华基金管理有限公司	8	招商基金管理有限公司
3	南方基金管理有限公司	9	国泰基金管理有限公司
4	博时基金管理有限公司	10	大成基金管理有限公司
5	长盛基金管理有限公司	11	富国基金管理有限公司
6	嘉实基金管理有限公司	12	工银瑞信基金管理有限公司

① 全国社保基金的资金来源为中央财政预算拨款、国有资本划转、基金投资收益等，定位是国家社会保障储备基金，用于人口老龄化高峰时期的养老保险等社会保障支出的补充和调剂。

② 个人账户基金的资金来源是相关试点省份人民政府委托管理的做实基本养老保险个人账户中央补助资金及其投资收益，依据《做实企业职工基本养老保险个人账户中央补助资金投资管理暂行办法》进行试点。

③ 地方委托基金的资金来源是广东省和山东省人民政府委托社保基金会管理的企业职工基本养老保险的结余资金。

④ 《全国社会保障基金理事会社保基金年度报告（2019 年度）》中披露的投资范围。

⑤ 《2003 年全国社会保障基金年度报告》，参见全国社保基金理事会官网。

续表

序号	机构名称	序号	机构名称
13	广发基金管理有限公司	16	银华基金管理股份有限公司
14	海富通基金管理有限公司	17	中国国际金融公司
15	汇添富基金管理股份有限公司	18	中信证券股份有限公司

资料来源：根据公开资料整理。

公募基金管理社保基金的主要方式为社保基金专户，根据投资资产的不同分为货币型、债券型、混合型和股票型组合，组合主要直接投资于股票、债券等基础资产，也会少量通过公募基金产品进行投资。由于社保基金的特殊性，公募基金公司重视产品长期业绩，一般选用资深投资经理负责账户管理。

规模方面，截至 2018 年末，公募基金管理全国社保基金委外投资规模为 8853 亿元，占全国社保基金委外投资的 71.2%，占全国社保基金总规模的 39.6%。在过去的 10 年间，公募基金管理社保基金的规模总体呈现稳步增长态势，占委外规模的比例均超过 70%，是全国社保基金委外投资最主要的管理人（见图 8–2）。但公募基金的委外相对占比呈现逐步下降趋势，主要原因在于全国社保基金境外投资资产规模不断增加，但在社保基金已披露的 37 家境外投资管理人中，仅 4 家为境内基金公司[①]。

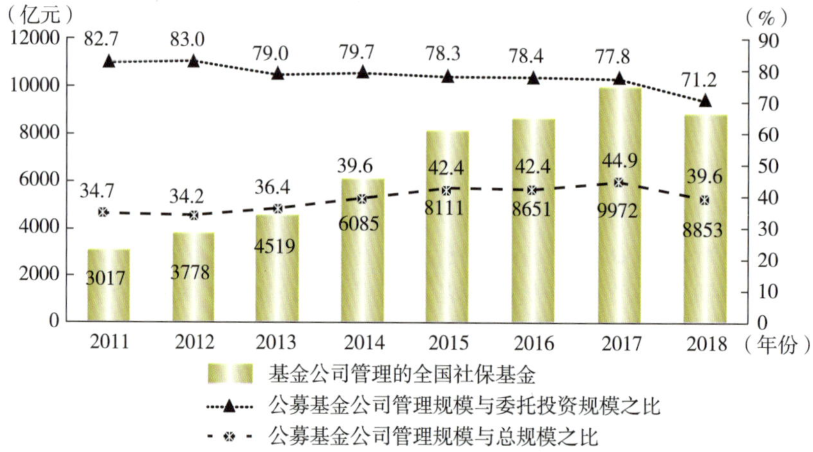

图 8–2 公募基金公司管理全国社保基金规模及比例

资料来源：《中国证券投资基金业年报（2019）》、全国社会保障基金理事会社保基金历年年度报告。

（三）基本养老保险基金与公募基金投资

基本养老保险累计结余部分是我国养老金资产中最大规模的存量资产，截至 2019 年末基本养老保险累计结余规模 62873 亿元，但这部分资金统筹层级较低，市场化投资的比例低。2015 年 8 月 17 日，国务院印发施行《基本养老保险基金投资管理办法》，各省级人民政府依据该办法，和社保基金会签订委托投资管理合同，将基本养老保险部分结余基金及投资收益委托社保基金会管理，于 2016 年 12 月开始委托管理。社保基金会对受托管理的基本养老保险基金单独管理、集中运营、独立核算。

截至 2018 年末，累计已有 17 个省份委托社保理事会管理 8580 亿元基本养老保险基金，实际到账资金达到 6050 亿元，权益金额 6239 亿元，市场化投资规模占基本养老保险结余资金总规模的比例仅 10.73%[②]（见表 8–6）。

表 8–6 基本养老保险基金规模及委托投资情况　　单位：亿元、%

年份	城镇职工	城乡居民	基本养老保险合计	委托社保理事会管理规模	委托社保理事会规模占比
2010	15365	423	15788		
2011	19497	1231	20728		
2012	23941	2302	26243		

① 《基金行业养老金业务发展总体情况概要（2018 年度）》，中国证券投资基金业协会官网。
② 《全国社会保障基金理事会基本养老保险基金受托运营年度报告（2018 年度）》，参见全国社会保障基金理事会官网。

续表

年份	城镇职工	城乡居民	基本养老保险合计	委托社保理事会管理规模	委托社保理事会规模占比
2013	28269	3006	31275		
2014	31800	3845	35645		
2015	35345	4592	39937		
2016	38580	5385	43965		
2017	43885	6318	50202	2819	5.62
2018	50901	7250	58152	6239	10.73
2019	54623	8249	62873	—	—

资料来源：《人力资源和社会保障事业发展统计公报》，参见人社部官网。

社保理事会对管理的基本养老保险基金通过直接投资和委托投资两种方式进行投资。2016 年 12 月，全国社保基金理事会公布了首批 21 家基本养老保险基金证券投资管理机构，其中含 14 家公募基金公司，6 家保险公司和 1 家证券公司。公募基金公司占比 2/3，是基本养老保险委外投资的主要管理机构（见表 8–7）。公募基金公司以养老金专户的形式对基本养老保险基金进行管理。

表 8–7 基本养老保险委托投资管理人列表

序号	机构名称	序号	机构名称
1	博时基金管理有限公司	12	易方达基金管理有限公司
2	大成基金管理有限公司	13	银华基金管理股份有限公司
3	富国基金管理有限公司	14	招商基金管理有限公司
4	工银瑞信基金管理有限公司	15	长江养老保险股份有限公司
5	广发基金管理有限公司	16	中国人保资产管理有限公司
6	海富通基金管理有限公司	17	中国人寿养老保险股份有限公司
7	华夏基金管理有限公司	18	平安养老保险股份有限公司
8	汇添富基金管理股份有限公司	19	泰康资产管理有限责任公司
9	嘉实基金管理有限公司	20	华泰资产管理有限公司
10	南方基金管理有限公司	21	中信证券股份有限公司
11	鹏华基金管理有限公司		

资料来源：根据公开资料整理。

2018 年末社保理事会管理的基本养老保险基金资产中，直投资产规模 2456.13 亿元，占比 34.92%；委托投资资产规模 4576.69 亿元，占为 65.08%。考虑到全国基本养老保险委托社保理事会管理的规模占比仅 10.73%（见表 8–6），基本养老保险结余资金目前委托投资管理规模占总规模比例仅 7.87%，未来基本养老保险基金的市场化投资仍有很大的提升空间。

（四）企业年金与公募基金投资

企业年金作为基本养老保险的重要补充部分，实行完全积累，是我国多层次养老保险体系中第二支柱的重要组成部分。1991 年国务院《关于企业职工养老保险制度改革的决定》第一次提出鼓励企业实行补充养老保险，2004 年发布的《企业年金试行办法》对企业年金的基本条件、决策程序、资金来源、管理办法、管理机构、投资运营等进行了规范，标志着我国开始全面推行企业年金制度，同时企业年金开始进行市场化投资。

2005 年发布的《企业年金基金管理机构资格认定暂行办法》对参与机构的资格进行了规定。首批获得企业年金投资管理资格的 15 家机构中有 9 家为公募基金公司①，占比 60%。公募基金公司是企业年金市场化投资的重要参与者，与企业年金共同发展。目前，共有 22 家投资管理机构具有企业年金投资管理资格，其中 11 家机构为公募基金，2005 年首期获得投资管理资格的 9 家基金公司仍均在列（见表 8–8）。

① 9 家公募基金公司分别为海富通基金、华夏基金、南方基金、易方达基金、嘉实基金、招商基金、富国基金、博时基金和银华基金。

表 8-8　企业年金投资管理人列表

序号	机构名称	序号	机构名称
1	博时基金管理有限公司	12	华泰资产管理有限公司
2	富国基金管理有限公司	13	建信养老金管理有限责任公司
3	工银瑞信基金管理有限公司	14	平安养老保险股份有限公司
4	国泰基金管理有限公司	15	太平养老保险股份有限公司
5	海富通基金管理有限公司	16	泰康资产管理有限责任公司
6	华夏基金管理有限公司	17	新华养老保险股份有限公司
7	嘉实基金管理有限公司	18	长江养老保险股份有限公司
8	南方基金管理股份有限公司	19	中国人民养老保险有限责任公司
9	易方达基金管理有限公司	20	中国人寿养老保险股份有限公司
10	银华基金管理股份有限公司	21	中国国际金融股份有限公司
11	招商基金管理有限公司	22	中信证券股份有限公司

资料来源：根据公开资料整理。

企业年金遵循信托法原则，企业和职工作为委托人选定企业年金受托人，受托人为符合国家规定的法人受托机构或者企业按照国家规定成立的企业年金理事会，受托人委托具有企业年金管理资格的账户管理人、投资管理人和托管人，分别负责企业年金基金的账户管理、投资运营和托管。组合的投资管理并不会由于参与职工的年龄、风险偏好等不同而有个性化差异[①]。公募基金公司作为投资管理人负责组合管理，投资方式为主动投资。受托人会在法规的基础上制定个性化的投资限制，进行资产配置指导建议、投资监督等工作。企业年金运作体系如图 8-3 所示。

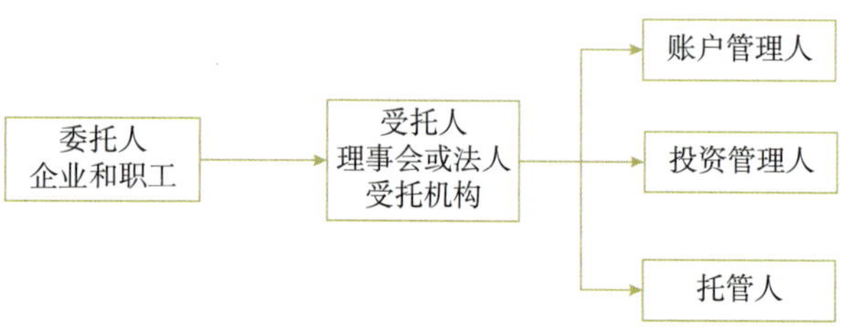

图 8-3　企业年金运作体系

资料来源：笔者绘制。

在实际管理中，企业年金既可以直接投向股票、债券、银行存款、非标等基础资产，也可以通过公募基金产品、养老金产品等进行投资。大类资产配置方面，《企业年金基金监督管理办法》规定了权益类资产 30% 的上限，“投资股票等权益类产品以及股票基金、混合基金、股票投资比例高于 30% 的投资性保险产品的比例，不得高于投资组合基金净资产的 30%”，在实际管理过程中，权益类资产的比重大多在 10%~20%。固定收益投资方面，企业年金更注重非公开发行债券、非标、定期存款等成本计价类资产的配置，以实现组合的稳健回报。

同时，随着企业年金业务的发展，年金养老金也日趋成熟，截至 2019 年末，实际运作的年金养老金产品达 456 只，覆盖了 15 种细分策略[②]，尤其 2013 年人社部发布 23 号文和 24 号文之后，为促进发展养老金产品标准化做出了贡献[③]。公募基金公司也成立了丰富的年金养老金产品，显著提高了企业年金及 2018 年启动市场化投资的职业年金的管理效率。

管理规模方面，公募基金公司管理的企业年金规模持续增长，如图 8-4 所示，从 2011 年的 1445 亿元增长至 2019 年末的 6204 亿元。2019 年末公募基金管理规模占企业年金基金总规模比重为 35.8%，自 2011 年以来呈现持续下降态势，主要由于保险类投资管理机构的增多对资金形成分流。

① 一个年金计划下设一个或多个投资组合，由单一或不同的投资管理人管理。委托资金在年金计划层分配至各投资管理人。因此，投资管理人所面对的资金为同质化资金，无法识别资金背后参与职工的特征。

② 《2019 年度全国企业年金基金业务数据摘要》，参见人社部官网。

③ 房连泉、闫化海：《从 2013 年以来“养老金产品”引入绩效看年金投资改革趋势》，《保险研究》2020 年第 7 期，第 4-15 页。

图 8-4　公募基金公司管理企业年金规模及占比

资料来源：《全国企业年金基金业务数据摘要》历年报告，参见人社部官网。

（五）职业年金与公募基金投资

2015 年 1 月，《国务院关于机关事业单位工作人员养老保险制度改革的决定》中提出建立机关事业单位养老保险制度，“机关事业单位在参加基本养老保险的基础上，应当为其工作人员建立职业年金。单位按本单位工资总额的 8% 缴费，个人按本人缴费工资的 4% 缴费”。2015 年 4 月，《机关事业单位职业年金办法》（国办发〔2015〕18 号）出台，明确职业年金制度采取缴费确定型管理方式。

职业年金采用的投资管理模式较为特殊，设立了“代理人”的角色，由省级及以上社保经办机构担任，负责受托选择、归集缴费、账户管理等工作；投资管理中采用“代理人 → 受托人 → 投管人”多层代理关系，一定程度上提高了资金管理的效率，但也使参与职工个性化的需求很难得到实现，进而导致投资中更注重中短期收益率的稳健，而很难根据参与者的年龄、风险偏好等差异制定不同的投资方案。

职业年金的投资管理人与企业年金投资管理人完全相同，为 22 家投资管理人，其中 11 家为公募基金公司。2018 年可以视作职业年金市场化运作的元年，各省份陆续进行职业年金基金受托人、托管人和投管人招标，职业年金资金在 2019 年 5 月开始陆续入市。职业年金采用专户模式投资，各省份分多个计划，不同计划的受托人不同，每个计划下又设置多个组合。投资模式方面，职业年金组合均为主动投资，直接投资各类基础资产或通过配置年金养老金资产进行间接投资。

截至 2020 年半年末，全国多数省份的职业年金计划已完成受托人和投管人招标。各家公募基金公司的中标情况体现出分化特征，部分长期业绩优异的公募基金公司中标组合较多。

管理规模方面，据人社部统计，截至 2019 年 5 月末，职业年金累积结余规模约 6100 亿元，参与职工共计 2970 万人，在参与基本养老的 3612 万机关事业单位工作人员中占比超过 82%；参与职工中缴费人数达 2867 万，缴费率超过 96%[①]。职业年金存量资金已陆续完成归集并委托至投资账户，各月也带来较大规模新增缴费，已经成为公募基金新增养老金委托资金的重要来源。

（六）公募基金管理养老目标基金

养老目标基金在国内的发展可以分为两个阶段：2006 年开始的初步探索阶段和 2018 年开始的重启探索阶段。在初步探索阶段，汇丰晋信基金管理有限公司于 2006 年 5 月 23 日发行了国内首只生命周期基金“汇丰晋信 2016 生命周期基金”（以下简称“汇丰晋信 2016”），并于 2008 年 7 月 23 日发行了“汇丰晋信 2026 生命周期基金”（以下简称“汇丰晋信 2026”）；大成基金于 2006 年 9 月 13 日发行了“大成财富管理 2020 生命周期证券投资基金”（以下简称“大成财富 2020”）。

“汇丰晋信 2016”经过 10 年运作于 2016 年 5 月 31 日到达了设定的目标日期；“大成财富 2020”运作 15 年，已临近 2020 年 12 月 31 日的目标日期；“汇丰晋信 2026”也已运作 12 年。这三个产品是养老目标基金初步探索阶段理想的分析样本，并为今后养老目标基金的运转提供参考。

三只目标日期基金的投资方式均为直接投资于股票、

① 资料来源为中国社会保险学会会长胡晓义 2019 年 7 月 27 日在中国养老金融 50 人论坛上的发言，题目为《机关事业单位职业年金结余 6100 亿元，迫切需要市场化投资》，www.caff50.net/c/32/1224.html。

债券等资产，考验投资管理人的主动投资能力。下滑曲线的设计存在较大的差异，"汇丰晋信 2016"和"大成财富 2020"初始阶段权益比例为 0~65% 和 0~95%，投资管理人具有较大的调整空间，更加主动地进行大类资产配置；而稍晚成立的汇丰晋信基金则将初始权益比例设置为 60%~95%，对资产配置的约束性更强，资产配置的可预期性更高。三只产品的投资收益率整体较优，最低的年化收益率也超过 7%，最高的汇丰晋信年化收益率为 12.2%，均实现了保值增值的投资目标（见表 8-9）。由于下滑曲线、投资能力、成立时间等差异，三只产品累计收益率和与基准收益率累计差异均存在显著差异。

表 8-9 初步探索阶段三只养老目标基金基本要素

单位：%

基金名称	成立日	目标日期	累计收益率①	年化收益率②	累计超越基准收益率③	权益比例		
						初始期	末期	到期后
汇丰晋信 2016	2006/5/23	2016/5/31	173	10.5	55.58	0~65	0~10	0~5
大成财富 2020	2006/9/13	2020/12/31	157	7.1	-57.39	0~95	0~50	0~20
汇丰晋信 2026	2008/7/23	2026/8/31	296	12.2	237	60~95	10~40	0~20

注：①《2019 年度全国企业年金基金业务数据摘要》，参见人社部官网。②累计收益率和年化收益率的计算口径为：对于已经到达目标日期的"汇丰晋信 2016"为成立日至目标日期的区间；对于尚未到达目标日期的另两只基金计算区间为成立日至 2020 年 6 月 30 日。③"汇丰晋信 2016"的累计超越基准收益率的计算区间为成立日至 2016 年 6 月 30 日，较目标日期长一个月；另两只基金的计算口径为成立日至 2020 年 6 月 30 日。

资料来源：基金年度报告及募集说明书。

初步探索阶段的三只养老目标基金都没设定锁定期，投资者能够自由申赎。从三只产品份额的变化情况看，并没有发挥长期投资、定期投资和到期日锁定等目标日期基金的特点。如图 8-5 所示，三只基金的份额自发行后均有较大幅度的波动，没有呈现出份额持续增长的趋势，这反映出投资者更多是将目标日期基金作为一种短期的投机工具，而非当作满足养老需求的投资工具。

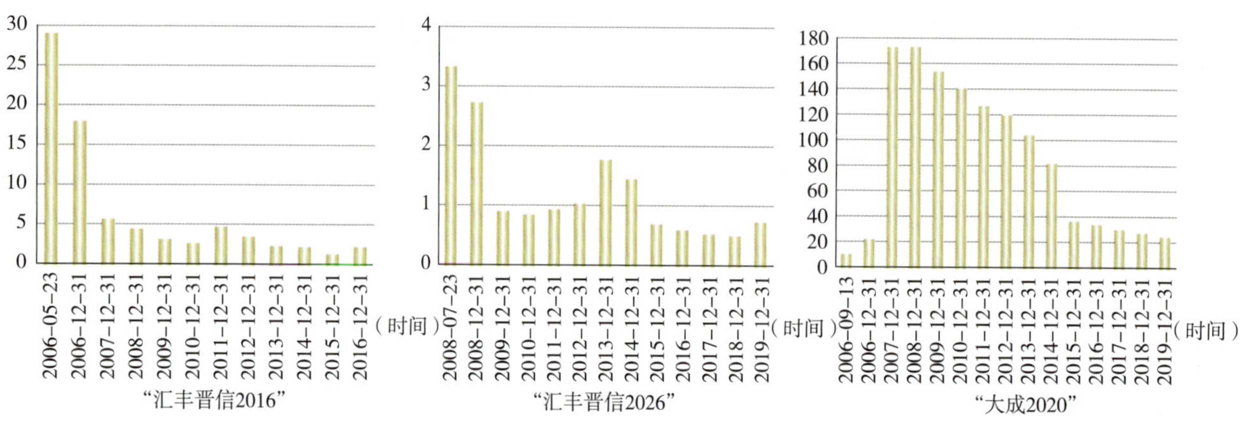

图 8-5 初步探索阶段三只养老目标基金规模变化

资料来源：Wind 资讯。

在初步探索阶段，目标日期基金的发展形成"高开低走"之势，虽然长期来看产品实现了理想收益率，但目标日期基金之后十年并未能发展成为成熟的品种。目前，回顾思考主要有四点原因：①参与基金公司和产品数量均较少，产品在投资者中的渗透率较低；②产品采用开放申赎的方式，未能对"目标日期"进行锁定，在封闭期满后规模下降明显，投资者的短期参与心理强而长期养老储蓄动机弱；③产品采用直接投资各类资产的方式，对管理人主动管理能力要求较高；④产品作为养老目标基金的初步尝试，缺少监管机构的政策指导或税优政策支持。

在初步探索阶段12年之后，证监会在2018年3月发布《养老目标证券投资基金指引（试行）》，这可以看作养老目标基金重启探索的标志。该文件对养老目标基金的定义为："以追求养老资产的长期稳健增值为目的，鼓励投资人长期持有，采用成熟的资产配置策略，合理控制投资组合波动风险的公开募集证券投资基金。"养老目标基金的定位是为养老金投资提供"一站式"的"一揽子"解决方案，通过目标日期策略、目标风险策略等资产配置策略，为不同年龄段的投资者寻求与其退休年龄相匹配的养老金产品（见图8–6）。养老目标基金运作方式为以FOF为主，在大类资产和投资经理两个层面分散风险；产品采用定期开放的封闭运作期或投资人最短持有期限应当不短于1年。华夏基金于2018年9月发行首只新规下的养老目标基金"华夏养老2040三年"。

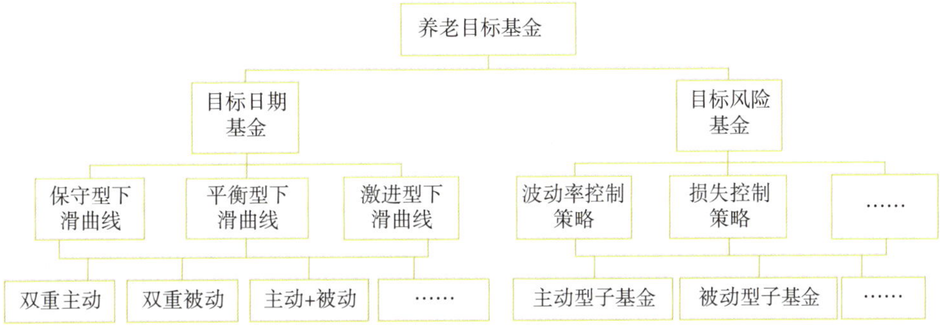

图8–6　养老目标基金产品体系

资料来源：中国证券投资基金业协会。

公募基金是养老目标基金最为合适的管理机构，主要有三方面原因：①公募基金公司在股票、债券等细分资产上均有专业的投研团队，积累了丰富的投研经验，具有运转成熟的主动管理型、指数跟踪型、行业主题型等基金产品；②公募基金在管理混合型养老金、股债混合基金等产品上培养了成熟的资产配置能力，与养老目标基金重视资产配置的特点相匹配；③基金公司可以通过销售渠道、销售平台等方式向投资者宣传养老目标基金，进行投资者教育。

截至2020年6月末，在《养老目标证券投资基金指引（试行）》制度下，目标日期基金和目标风险基金两类养老目标基金均快速发展。其中，已有24家公募基金公司已发行44只目标日期基金[①]，合计净资产规模123.3亿元，平均规模3.1亿元，但有20只目标日期基金规模不足2亿元[②]。新规下单只最大规模的目标日期基金为"中欧预见养老2025一年持有(FOF)"，规模8.8亿元，反映出投资者对于3年或5年的锁定期接受度较低，仍偏好于锁定期较短的品种。产品投资以FOF形式为主，基金市值占基金资产净值比例平均为84%。

从美国较为成熟的目标日期基金看，每家公募基金通常依托同一条下滑曲线，设置"目标日期"不同的一系列基金，形成面向不同年龄段投资者的解决方案。目前国内有9家公募基金公司已经发行三只或以上目标日期基金，产品系列初具雏形（见表8–10）。

表8–10　各公募基金公司养老目标基金产品矩阵（截至2020年9月30日）

基金公司	产品数量（只）	2025年	2030年	2035年	2040年	2045年	2050年	2055年
工银瑞信基金	5			*	*	*	*	*
华夏基金	4		*	*	*	*		
南方基金	4		*	*	*	*		
中欧基金	3	*		*			*	
银华基金	3		*	*	*			

① 此处统计不包括初步探索阶段的三只目标日期基金。
② 资料来源为Wind资讯。

续表

基金公司	产品数量（只）	2025 年	2030 年	2035 年	2040 年	2045 年	2050 年	2055 年
易方达基金	3			*	*			
汇添富基金	3		*		*		*	
嘉实基金	3		*		*		*	
广发基金	3			*	*		*	

资料来源：Wind 资讯。

目标风险基金的参与机构相对较多，产品以一年锁定期品种为主，发行规模较目标日期更大。截至 2020 年 6 月 30 日，共有 32 家公募基金公司发行 46 只目标风险基金，合计规模 234.3 亿元，单只平均规模 5.1 亿元。单只规模最大的为民生加银基金发行的“民生加银康宁稳健养老一年”，规模达 58.6 亿元[①]。存量目标风险基金风险策略以稳健策略为主，多数已发行产品的业绩比较基准中股票资产占比 20%，产品的风险收益特征与二级债基较为相似。目标风险基金投资方式以 FOF 为主，基金市值占基金资产总值比平均为 86%[②]。

（七）年金养老金产品体系日趋完善

2011 年 2 月人社部发布的《企业年金基金管理办法》首次提出了“养老金产品”的概念，目的在于提高企业年金的投资运营效率。2013 年 3 月 19 日，《人力资源和社会保障部、银监会、证监会、保监会关于企业年金养老金产品有关问题的通知》（人社部〔2013〕24 号）中对养老金产品的设计和运营进行了规范，企业年金的运作形成“专户 + 产品”的格局。

养老金产品指“由企业年金基金投资管理人发行的、面向企业年金基金定向销售的企业年金基金标准投资组合”。养老金产品的种类多样，包括股票型、混合型、固定收益型、货币型、产品名称显示投资方向的固定收益型（可以包括存款型、债券型、债券基金型、商业银行理财产品型、信托产品型、基础设施债权投资计划型、特定资产管理计划型、保险产品型等类型）、商业银行理财产品型、信托产品型和基础设施债权投资计划型[③]。2019 年职业年金陆续入市时，年金养老金产品已经运作成熟，也成为职业年金投资的重要工具，提高了职业年金的投资效率。

年金养老金产品的发行人为 22 家具有年金管理资格的资管机构，截至 2019 年末，养老金产品已经形成丰富的产品体系，共有股票型、股权型等 13 类细分策略，产品数量 456 个，资产净值合计 9054 亿元，具体分布如表 8-11 所示，公募基金是重要的年金养老金产品管理机构。

表 8-11 2019 年末各类养老金产品的数量及净资产

资产类型	产品类型		实际运作产品数（个）	期末资产净值（亿元）
权益类资产	股票型		131	468
	股权型		2	61
	优先股型		3	40
	股票专项型		5	28
	小计		**141**	**597**
固定收益资产	混合型		98	1495
	固定收益型	普通	97	3071
		存款	12	930
		债券	15	327
		债券基金	—	—
		商业银行	1	4
		信托产品	37	951
		债权计划	22	710
		特定资产	—	—

① 资料来源为 Wind 资讯。

② 根据各目标风险基金中基金市值占净值的比例算术平均值，计算时点为 2020 年 6 月 30 日。

③《人力资源和社会保障部、银监会、证监会、保监会关于企业年金养老金产品有关问题的通知》中对养老金产品的定义及产品种类的划分。

续表

资产类型	产品类型		实际运作产品数（个）	期末资产净值（亿元）
固定收益资产	固定收益型	特定资产	—	—
		保险产品	1	8
		其他	—	—
		小计	**185**	**6002**
	小计		**283**	**7496**
流动性资产	货币型		32	961
其他投资资产	其他型		—	—
合计			**456**	**9054**

资料来源：《2019 年度全国企业年金基金业务数据摘要》，参见人社部官网。

在年金养老金产品推出之前，企业年金采用专户管理模式。对于同一企业年金组合的投资者，虽然其在年龄、风险偏好等方面存在差异，但年金的投向、资产配置比例等均相同，无法满足不同投资者的个性化需求。年金养老金产品的设计为将来年金计划层面，甚至未来年金各个投资者层面进行个性化投资提供了可能。但从实际经验看，“专户 + 产品”同时运行的格局发展并不平衡，根据闫化海在 2018 年的估算，截至 2018 年 6 月 30 日，企业年金计划层面配置养老金产品只占养老金产品总规模的 5%，其余 95% 都是投管人在组合层面的配置[①]。养老金产品现阶段更多体现归集管理的优势，但满足个性化投资需求的作用尚未被充分利用，未来仍有优化空间。

三、公募基金与养老金相互促进、共同发展

自 2003 年养老金市场化投资伊始，公募基金即参与其中，全程见证了我国养老金资金市场化投资的启动、发展和完善，也成为养老金市场化投资落地的重要抓手。公募基金的规范化和专业化发展也优化了我国养老金的投资体系，助力养老金投资实现优异业绩；养老金投资体系的健全完善也使基金公司积累了丰富的投资经验，开拓了投资品种，提高了资产配置和投研能力[②]。养老金投资公募基金 17 年来，两者在投资业绩、机制建设等方面相互促进、共同发展。

（一）养老金市场化投资顺利推动

各类养老金通过公募基金进入资本市场，投资运作更加市场化。在养老金资金进行市场化投资之前，存量养老资金多通过银行存款和国债进行投资，虽然收益率稳定，但投资收益率难以达到保值增值的目的。根据现代投资组合理论，将更多投资品种纳入投资范围能够扩大组合投资的有效边界，进而优化组合的风险收益特征。养老金以公募基金为重要途径进入资本市场，借助公募基金的专业投资能力，投向股票、债券、非标等多类资产，市场化运作程度不断提高，并取得了优异的回报。

在推进市场化投资的同时，养老金管理的合规性、透明度和标准化也不断提高。公募基金凭借“独立运作、组合投资、强制托管、公开披露、严格监管”的制度安排，形成规范、透明、安全、合规的运营体系，既能够满足养老金市场化投资中对信息披露的要求，也为养老金投资的内部管理提供了借鉴。如与公募基金定期报告类似，目前运作时间较长的全国社保基金、企业年金和基本养老保险定期披露翔实的投资报告或审计意见，提升了养老金管理的透明度；年金养老金产品采用类似公募基金每日估值的方式，通过数据终端向市场发布，投资运营标准化程度提高。

（二）各类养老金的投资业绩优异

表 8-12 列示了各类养老金进行市场化投资后各年的收益率，长期来看各类基金均取得了理想的投资业绩。社保基金自 2002 年运作以来，截至 2019 年末的年均投资收益率为 8.14%，累计投资收益额 12464.06 亿元[③]。2011 年以来仅 2018 年为当年负收益率，其他各年均为正收益。公募基金公司管理了社保基金 70% 以上的委托投资基金，为社保基金的突出业绩做出了贡献。

表 8-12　各类养老金历年收益率　　单位：%

年份	社保基金	基本养老保险基金	企业年金	目标日期基金	目标风险基金
2011	0.84		-0.78		
2012	7.01		5.68		

① 闫化海：《企业年金投资管理模式分析及前景展望》，《当代金融家》2018 年第 11 期，第 98-101 页。

② 从公募基金公司实际运营的变化看，养老金投资推动公募基金对定增、信用债、信托、债权计划等细分资产研究不断加深；资产配置从初始的单一资产策略发展至目前的风险评价、风险预算等策略，投研和资产配置能力显著提高。

③ 《全国社会保障基金理事会社保基金年度报告（2019 年度）》，参见全国社保基金理事会官网。

续表

年份	社保基金	基本养老保险基金	企业年金	目标日期基金	目标风险基金
2013	6.20		3.67		
2014	11.69		9.30		
2015	15.19		9.88		
2016	1.73		3.03		
2017	9.68	5.23	5.00		
2018	−2.28	2.56	3.01		
2019	14.06	—	8.30	13.49	9.08

资料来源：人力资源和社会保障部、全国社会保障基金理事会 . 中国证券投资基金业协会。

企业年金 2007~2019 年的年化收益率为 7.07%，投资收益表现出较突出的绝对收益风格，2011~2019 年仅 2011 年的收益率为 −0.78%，其他年份收益率均为正值。与社保基金收益率比较，企业年金近九年的平均收益率相对低 1.9%，而收益略稳定性更高。上述收益率的差异与社保基金投资范围更宽、权益投资占比更高、委托投资关系更简单等因素有关。基本养老保险基金和养老目标基金运作时间较短，收益率的代表性较弱，从短期区间收益角度看，基本养老保险基金投资风格更偏向于企业年金的稳健投资；目标日期投资基金由于距离目标日期较远，投资风格更类似权益比例更高的社保基金。

（三）公募基金投资收益整体优异、结构分化

综合目前各类养老金投资收益数据的披露情况和观测区间长度，企业年金是分析各类型资管机构及各家公募基金公司业绩的合适品种。表 8–13 列示了公募基金公司、保险（资管）公司和证券公司所管理企业年金各年的收益率情况，公募基金公司的年均收益率较另两类机构有 0.20% 左右的优势。

表 8–13　各类型资管机构管理企业年金历年收益率

单位：%

年份	公募基金公司	保险（资管）公司	证券公司
2012	6.02	5.58	5.55
2013	3.59	3.83	2.87
2014	10.04	9.88	9.42
2015	10.45	10.71	9.76
2016	2.90	2.55	2.70
2017	5.61	4.79	5.30
2018	2.27	2.53	3.94
2019	9.07	8.71	8.80
2012~2019 年均值	6.24	6.07	6.04

注：以年末管理规模加权计算各类型机构收益率。

资料来源：《全国企业年金基金业务数据摘要》，参见人社部官网。

企业年金的市场化投资已发展十余年，各家公募基金公司管理企业年金的收益率和规模出现了较为明显的分化，表 8–14 统计了各家公募基金公司的平均收益率及市场份额变化情况。2012~2019 年，不同公司年均收益率的最高收益与最低收益差距接近 2%。虽然公募基金公司作为整体管理的企业年金总份额从 2012 年的 42.4% 下降至 2019 年的 35.8%，长期业绩较为突出的公募基金公司的市场份额大都实现逆势增长，如招商基金、工银瑞信基金和易方达基金；而年均收益率后一半的公募基金公司的市场份额均出现了下降。

表 8–14　历年公募基金公司管理企业年金收益率

单位：%

公司	2012~2019 年平均收益率	2019 年末市场份额	2012 年末市场份额	市场份额变化
招商基金	7.45	1.52	0.65	0.87
工银瑞信基金	6.82	7.24	3.76	3.48
南方基金	6.62	3.87	4.98	−1.11
易方达基金	6.60	5.00	2.58	2.41
富国基金	6.46	2.50	1.97	0.53
国泰基金	6.42	0.59	0.68	−0.09

续表

公司	2012~2019 年平均收益率	2019 年末市场份额	2012 年末市场份额	市场份额变化
海富通基金	6.18	2.64	4.67	−2.03
博时基金	5.89	2.76	6.50	−3.74
华夏基金	5.88	6.04	8.55	−2.51
银华基金	5.72	0.53	0.54	−0.02
嘉实基金	5.55	3.11	6.85	−3.74

资料来源：《全国企业年金基金业务数据摘要》，参见人社部官网。

企业年金组合的投向主要为股票、债券、非标资产等，我们选用中债信用债总财富指数和沪深 300 指数代表固定收益资产和股票资产的收益率，表 8–15 中列示了各年两个指数的收益率。在企业年金的实际投资中，股票资产的投资上限为 30%，组合实际运行中权益仓位一般在 10%~25% 波动。我们选用 20% 的权益资产和 80% 的固收资产构建年金投资的模拟组合，组合 2012~2019 年的平均收益率为 6.29%，与公募基金公司管理企业年金组合的平均收益率水平相当。

表 8–15　大类资产收益率及公募基金公司管理企业年金组合收益

年份	信用债总财富指数收益率	沪深 300 指数收益率	模拟组合收益率	公募基金管理企业年金组合
2012	6.21	5.73	6.1	6.02
2013	1.70	−7.12	−0.1	3.59
2014	9.96	49.59	17.9	10.04
2015	9.25	8.28	9.1	10.45
2016	2.27	−11.28	−0.4	2.90
2017	2.31	21.78	6.2	5.61
2018	7.43	−25.31	0.9	2.27
2019	4.99	33.59	10.7	9.07
平均收益率	5.52	9.41	6.29	6.24

资料来源：Wind 资讯，人力资源和社会保障部。

虽然公募基金管理的企业年金组合收益率在各类管理人中相对较优，考虑费用后略优于市场指数构建的模拟组合，但近几年的收益率（见图 8–7）表现也反映出四点问题：①公募基金公司管理的企业年金收益率与模拟组合相近，且波动性较小，基本实现了在现有约束条件下的优化投资，达到了企业年金保值增值的目的；②企业年金管理中存在较强的绝对收益思维，控制组合波动幅度要求较高，并尽量避免出现当年收益率亏损，收益率并没有反映出养老金资金长期稳定的优势；③大类资产配置的比例均衡看相对固定，灵活性较差，权益资产 20% 的仓位水平受年金投资监管规定中权益资产比例上限影响；④长期看，企业年金的收益率水平、资产配置比例等存在较强同质化，与参与职工的年龄分布、风险偏好等相关性弱。

以企业年金投资收益为样本分析公募基金管理的养老金投资收益率，可以看出公募基金的历史业绩相对较优，能够实现企业年金保值增值的目的。长期业绩优异的管理人规模增速较快，实现了收益和规模的良性反馈。同时，企业年金的投资管理中存在资产配置比例灵活度较低、投资同质化强、资金长期优势发挥不明显等问题，各类养老金管理人及委托人在未来养老金投资运营中仍存在改善空间。

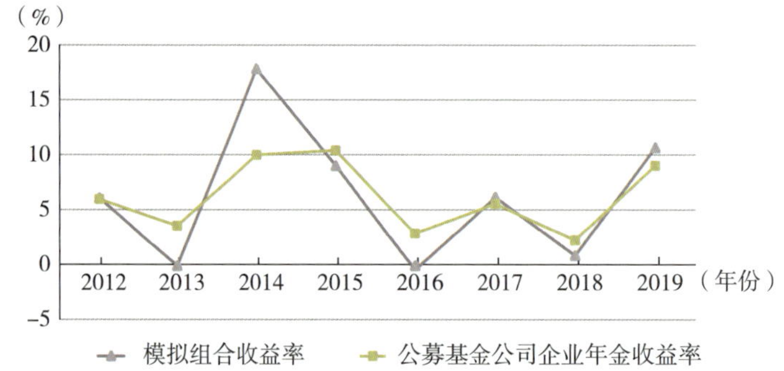

图 8-7　公募基金公司管理企业年金组合与模拟组合收益率走势

资料来源：Wind 资讯，人力资源和社会保障部。

（四）养老金投资公募基金规模加速增长、促进资本市场繁荣发展

近年来，公募基金管理的全国社保基金和企业年金规模维持增长，基本养老保险基金和职业年金的入市带来大量新增资金，养老目标基金再次启动，公募基金管理的各类养老金规模维持快速增长。截至 2020 年 6 月末，各类养老金投资公募基金的规模达 28314 亿元，为 2011 年末规模的 6.3 倍（见图 8-8）；2020 年上半年规模增加达 4183 亿元，接近 2011 年末的存量规模。公募基金作为连接养老金和资本市场的重要桥梁，通过股票、债券、非标等金融工具为实体经济提供了大量长期资本，提高了资源配置的效率。

未来，基本养老保险基金市场化投资的比例预计仍将持续提高，积累制的企业年金和职业年金规模稳步增加，再度起航的养老目标基金具有较大发展潜力，这些源源不断的新增资金将使公募基金管理的养老金规模维持较快增速，持续向资本市场提供稳定的长期资金，促进我国资本市场的繁荣发展。

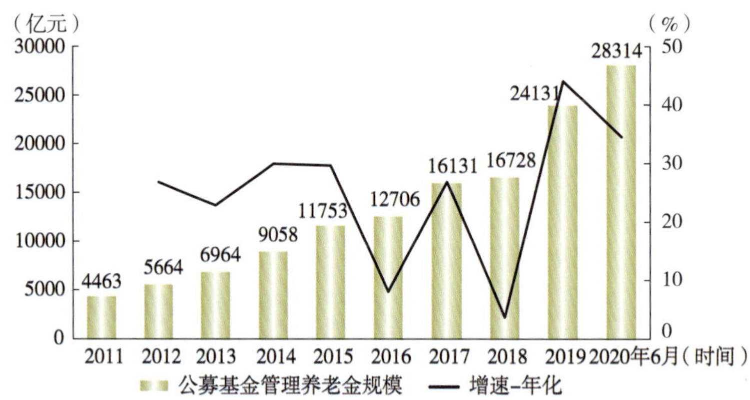

图 8-8　公募基金公司管理养老金规模

注：包括基金管理公司管理的社保基金、基本养老金、企业年金和职业年金，不包括境外养老金。2011~2016 年数据根据《中国证券投资基金业年报（2019）》中社保基金数据和《全国企业年金基金业务数据摘要》中企业年金数据加总计算；2017 年数据根据中国证券投资基金业协会《资产管理业务统计数据（2017 年四季度）》和《基本养老保险基金受托运营年度报告（2017 年度）》数据估算，根据公募基金管理机构占比估算公募基金公司管理的基本养老保险基金规模；2018~2020 年 6 月数据来自中国证券投资基金业协会《资产管理业务统计数据》。

资料来源：中国证券投资基金业协会、人力资源和社会保障部、全国社保基金理事会。

四、我国养老金投资公募基金的“瓶颈”

根据对前文中养老金投资公募基金的历程梳理和现状分析，结合笔者在工作及调研中了解的相关信息，我们认为当前我国养老金投资公募基金存在的“瓶颈”可以分为

两个层面：第一个层面“瓶颈”的根源为第二支柱和第三支柱制度设计，主要包括第二及第三支柱积累型养老金发展不足、养老目标基金的税优政策未到位、第二支柱与第三支柱没有打通、企业年金和职业年金中职工没有被赋予投资选择权四个问题。第二个层面“瓶颈”的来源为养老金投资政策，主要包括年金养老金的产品作用发挥不充分、年金组合的权益投资上限比例偏低、长期资金属性与考核短期化存在矛盾、投资管理人资格具有门槛现象、目标日期基金存在完善和优化空间五个问题。

（一）第二、三支柱积累型养老金发展不足，应加快发展步伐

我国第二、三支柱所积累的养老金规模较少。截至2019年末，构成中国养老金第二支柱的职业年金和企业年金的规模约2.5万亿元[①]，覆盖人口数仅约5500万人；三支柱的养老目标基金和个人税延型养老保险合计规模仅约500亿元。相比而言，美国养老金第二、三支柱的规模分别达19.3万亿美元和13.3万亿美元[②]，规模约是中国的80余倍，人均水平的差距则更为悬殊。我国第二、三支柱养老金无论从覆盖人群还是积累规模角度，均有巨大的发展空间。从美国市场的发展经验看，第二、三支柱养老金的发展能够为资本市场提供充足的长期资金，在这个过程中公募基金将是养老金重要的投资工具。

（二）养老目标基金的税优政策至今未到位

根据前文对养老目标基金的分析及美国相关产品的发展经验[③]，公募基金公司运作的养老目标基金具有成为第三支柱重要投资工具的潜质。目前，养老目标基金的制度框架主要是证监会在2018年3月发布《养老目标证券投资基金指引（试行）》，立法层级较低，养老目标基金尚未被纳入税优政策的范围。虽然养老目标基金近两年发展较快，顶层制度设计的缺失使养老目标基金的发展将面临诸多障碍。

首先，税优政策的缺失降低了参与者的积极性，容易使养老目标基金发展变形，成为普通的混合型基金，而不能成为预想的为养老准备的长期投资。其次，缺少税优政策的养老目标基金难以设定与退休日期相互匹配的锁定日期，目前发行产品所设置的1年或3年锁定期更偏向于形式，这使养老目标基金无法成为真正的养老储备资金。最后，养老目标基金的资金并不稳定，具有长期资金之名、无长期资金之实[④]，极不利于资本市场获得长期资金。此外，未来税优政策的制定及流程的设定也值得深入研究，避免出现政策与实际激励脱节的情形，可以借鉴个人税延型商业养老金的经验教训。

（三）第二支柱与第三支柱没有打通

第二支柱和第三支柱养老金均为积累制养老金，但目前我国两类养老金在政策角度和实际运行中仍为独立运作，未来如果能够打通两者之间的通道，将能够提高养老金运行及投资的效率。以美国个人养老金（IRAs）为例，第三支柱95%的资产来自第二支柱的转账[⑤]。IRA账户的转账归集功能保留了第二支柱养老金在税延优惠政策方面的连续性，解决了职工跳槽、计划终止等情形下养老金的转移和延续。截至2019年末，美国IRAs账户合计投资公募基金规模4.8万亿美元，占IRAs总规模的43.7%，可见公募基金是美国个人养老金的重要投资工具[⑥]。

目前，我国第二支柱中企业年金和职业年金已经初具规模，职工在更换工作时年金账户的转移和承接仍有不确定性，如从具有年金计划的单位更换至没有年金账户的单位，对参与职工造成了一定的困扰。第二支柱和第三支柱的打通将能够提高养老金运行的市场化程度，降低由于员工流动或企业变化带来的养老金摩擦成本。此外，两个支柱的分割运作也减少了三支柱的资金来源，不利于多层次养老金保障体系的建设。

（四）企业年金和职业年金职工没有被赋予投资选择权

企业年金和职业年金的投资管理采用了专户管理模式，同一管理组合内的资金采用同样的资产配置策略，而不会考虑参与职工的年龄、风险承受能力、风险偏好等。职业年金和企业年金的参与职工没有被赋予投资选择权，在投资过程中为被动参与者，不能够决定资金的投向、管理人或投资风格，也降低了职工的参与感。对于公募基金等年金管理者而言，无法根据投资者的风险偏好制定差异

---

① 2019年末企业年金规模为17331亿元；职业年金规模在2019年5月末为6100亿元。根据中国社会保险学会会长胡晓义在中国养老金融50人论坛演讲中“职业年金结余去年（2018）年底只有4900亿元，今年5月底将近6100亿元”推算，2019年底职业年金规模超过7500亿元。因此2019年末职业年金和企业年金规模合计约25000亿元。

②⑥ 资料来源：Investment Company Institute.

③ 美国目标日期基金规模从1999年末的80亿美元增长至2019年末的1.4万亿美元，是增长速度最快的公募基金品种。养老金是目标日期基金的主要投资者，2019年末美国个人养老金账户和DC型养老金计划分别持有2600亿美元和9410亿美元目标日期基金，占目标日期市场总规模的86%。

④ 前文回顾了2006年养老目标基金首次探索时的产品份额变化，在发行期之后规模并无持续增长，部分产品份额甚至快速下降。

⑤ 齐传钧：《美国个人退休账户的发展历程与现状分析》，《辽宁大学学报》（哲学社会科学版）2018年第4期，第77-87页。

化投资策略，而只能够提供各类投资者所能够接受投资结果的交集，即波动较小、自然年份内为正值、相对收益尚可的投资回报率。从更深层次看，上述两点因素损害了资金的配置效率，将部分本应是长期资金的养老金资金进行了短期投资，降低权益资产的投资比例，进而损害了资本市场的效率和年金参与者的投资收益。

（五）年金养老金的产品作用发挥不充分

目前年金养老金产品已经形成了完善的产品体系，企业年金和职业年金组合的投资中也已较大比例地实现了产品化管理，但大多是管理人将所管理组合投资于自家管理的养老金产品，跨机构投资养老金产品并非主流。

这一方面由于《关于企业年金养老金产品有关问题的通知》（人社部〔2013〕24 号）规定投管人在组合层面投资养老金产品时，不得就该部分资产计提管理费。另一方面，由于外部投管人申购养老金产品规模有限，无法实现投资者结构的多元化，容易造成养老金产品结构不稳定，使各家年金养老金产品对外部投管人申购较为排斥。上述两点问题制约了年金养老金产品的市场化发展，也对未来年金投资者利用养老金产品实现个性化投资造成不利影响。

（六）年金组合的权益投资上限比例偏低

《企业年金基金管理办法》和《人力资源社会保障部 财政部关于印发职业年金基金管理暂行办法的通知》对年金组合中权益资产的比例进行了规定，投资股票、股票基金、混合基金、股票型养老金产品的比例合计不得高于组合资产净值的 30%。长期看，权益资产的投资收益率优于债券、非标、货币基金等固收类资产，如偏股型公募基金产品自 1998 年成立至 2017 年底的年化收益率平均高达 16.18%[①]。从国际经验看，美国个人养老金计划和 DC 型养老金计划投资的公募基金中，股票基金和混合基金的合计占比超过了 75%[②]。2020 年相关部门已对提升年金投资中权益资产比例上限至 40% 公开征求意见，并讨论将港股通标纳入组合投资范围，该项制度修订预计将能够优化年金投资组合长期风险收益特征。

（七）养老金的长期资金属性与考核短期化存在矛盾

全国社保基金理事会是国内养老金长期投资的典范，通过加强资产配置、侧重长期考核等机制的设计取得了优异的长期投资业绩。但在企业年金和职业年金等产品管理中，由于存在多层次的委托 – 代理关系，委托人、代理人、理事会、受托人等多类主体均存在各自的收益比较或竞争关系，年度业绩的考核则将日常考核周期进一步压缩。养老金作为长期资金，最大的优势是通过较长的持有周期平滑部分资产的价格波动，在市场波动中更应该逆势投资，长期实现较高的投资收益。如果考核周期过短或过于频繁，将造成养老金长期属性和短期考核之间的扭曲，造成效率损失。

（八）养老金投资管理人资格具有门槛现象

目前，国内养老金市场的投资管理人资格仍存在明显的门槛现象。自 2003 年公募基金公司参与养老金产品管理以来，在第一支柱和第二支柱养老金投资管理中，具有直接管理资格的公募基金公司仅 16 家，2010 年前后占全国公募基金公司总数约 1/4，但在目前 145 家公募基金公司中仅占 11%（见图 8–9）；另外，公募基金管理的各类养老金规模从 2011 年末的 4551[③] 亿元发展到 2020 年 6 月末的 2.83 万亿元，管理机构数量的控制与委托管理资金规模快速增长间的矛盾有所显现。2016 年以来新招标的基本养老和职业年金投管人资格中，大多将具有全国社会保障基金境内证券投资管理经验或企业年金基金投资管理经验为前提条件[④]，而全国社保基金和企业年金的投管人资格近年也未再扩招。在养老目标基金的资格规定中，也将管理规模设定为前提之一。

控制具有养老金管理资格公司的数量，一定程度上能够实现避免无序竞争、降低管理成本、提高沟通效率等目的，但随着公募基金公司的快速发展、格局演变和养老金投资规模增长，养老金管理资格的门槛问题有所凸显。一方面，门槛的规则是否应该有所改变？投资管理资格的“收”与“放”值得监管机构、委托人及公募基金公司的关注。另一方面，一些目前不具备管理资格公募基金公司可以利用养老目标基金、特色化公募基金产品等提高养老金市场参与度，在现有制度框架下降低门槛。就笔者所知，诸如中石油等大型企业年金委托人在选择公募基金公司作为投资管理人时已经感到门槛效应所带来的局限，这种局限对年金的市场化运行造成了一定障碍。综合考虑养老金投资规模持续增长、养老金种类不断增多和市场管理机构的多元化发展等因素，未来监管机构应考虑增加资格牌照的数量，提高投资管理人市场的市场化运行程度。

① 《公募基金 20 年专题报告》，中国证券投资基金业协会官网。

② 资料来源：Investment Company Institute.

③ 2011 年末，公募基金公司管理全国社保基金规模 3017 亿元，企业年金规模 1445 亿元，养老目标基金规模 88 亿元。

④ 《基本养老保险基金证券投资管理机构评审公告（2016 年）》，“需具有全国社会保障基金境内证券投资管理经验或企业年金基金投资管理经验，需具有全国社会保障基金境内证券投资管理经验或企业年金基金投资管理经验”。

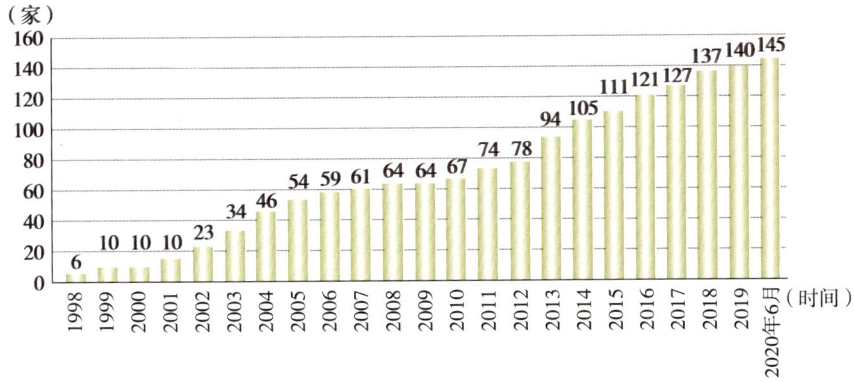

图 8-9　我国公募基金公司数量变化

资料来源：Wind 资讯。

（九）目标日期基金存在完善和优化空间

下滑曲线是目标日期基金的重要参数，对目标日期基金在各阶段的资产配置进行指导，可以看作目标日期基金的风险管理和资产配置方案。不同投资管理人对下滑曲线的认知不同，体现在初始权益比例、退休日权益比例、稳态比例、下滑速度等方面。下滑曲线的设计也要综合不同市场的资产特点、退休年龄、缴费率、开始进行赎回年龄、实际工资增长率等因素。下滑曲线的设计是各目标日期基金的核心竞争力，根据晨星对美国目标日期基金的统计（见表 8-16），在 70 年的时间周期中，风险水平最高和最低的下滑曲线间权益资产比例平均差值为 24%，在到达目标日期当年最大和最小权益资产比例差值也近 30%①。

表 8-16　美国主要目标日期基金公司下滑曲线要素

基金公司	初始权益比例（%）	退休日期时的权益比例（%）	最终稳定的权益比例（%）	退休日期后权益比例继续下降的时间（年）
Vanguard	90	50	30	7
Fidelity	90	50~60	24	10~19
T. Rowe Price Retirement	90	55	20	30
T. Rowe Price Target	90	42.50	20	30
American Funds	95	55	40	25
JPMorgan	86	36	36	0
TIAA-CREF	95	45	35	7~10
Principal	90	45	20	15

资料来源：《目标日期基金介绍与分析》，中国证券投资基金业协会。

目前目标日期基金在我国仍处于发展初期，目标日期基金设计仍存在优化的空间：①下滑曲线的设计仍需更多数据积累和分析，更好地适应我国资本市场的特点、投资群体行为特征和风险偏好等，下滑曲线的优劣需要较长的时间进行验证。②目前目标日期基金规定“产品采用定期开放的封闭运作期或投资人最短持有期限应当不短于 1 年”，因此存量基金大多有 3 年或 5 年的封闭期。但封闭期的设计并不能锁定投资者的赎回年龄，也很难确保投资者形成按期申购的习惯；从投资管理机构角度看，封闭期后可赎回的机制增加了资金的不稳定性，使管理人难以按照目标日期进行长期资产配置。③养老目标基金未被纳入税收优惠政策范围，若纳入将能促进参与率的提高。

五、展望与思考

我国公募基金行业经过 22 年的探索和发展已进入相对成熟阶段，全国社保基金、基本养老保险基金、企业年

① 中国证券投资基金业协会、晨星资讯：《中美公募基金发展情况与比较研究》，中国财政经济出版社 2020 年版，第 344 页。

金、职业年金等各类养老金市场化投资程度也不断提高。在过去 17 年的合作过程中，公募基金是各类养老金市场化投资的主力军，养老金推动了公募基金规模的增长和投研能力的提高，两者形成相互促进、共同发展之势。目前，我国第一支柱养老金市场化投资仍具有提升空间，第二支柱渗透率和规模的潜在空间巨大，第三支柱养老金仍处于发展初期。公募基金公司等各类资管机构在养老金未来的发展中任重道远。未来通过完善政策制度、提高投资能力、树立长期投资理念、优化考核方式、创新基金产品、加强投资者教育等方式，养老金行业将能够维持稳健发展，成为我国资本市场中最重要的力量。

（一）优化机制，提高养老金第二、三支柱渗透率

国内养老金第二、三支柱发展不均衡与制度设计有一定的关系。从美国养老金第二、三支柱发展经验看，自动加入机制和养老金合格默认投资工具推出直接推动了个人养老金计划和 DC 型养老金计划的快速发展，并使养老目标基金成为增速最快的公募基金产品。未来，在国内企业年金、养老目标基金、个人税延型养老保险等养老金的发展中，需要在自动加入机制、税收优惠、默认投资工具等方面进行政策和制度的优化，为养老金第二、三支柱的发展提供支持。

（二）加强合作，公募基金配合养老金规模快速增长

目前，我国基本养老保险的市场化投资仍有较大提升空间，企业年金和职业年金渗透率仍较低，第三支柱养老金尚处于起步阶段，未来养老金规模预计将保持快速增长。公募基金公司服务养老金投资 17 年来，在资产配置、细分资产投研、风险管理、投后服务等方面均建立了较为成熟的体系，积累了丰富的经验，有能力承接规模不断增大的养老金投资。未来公募基金公司既可以通过委托投资、公募基金产品等形式服务养老金市场化投资，也可以通过发展养老目标基金壮大养老金第三支柱。

（三）加强创新，开发更多针对养老金特点的基金产品

公募基金公司的投资品种、投资方式、投资策略等都在不断丰富和创新，在 22 年的发展过程中表现出较强的创新能力。针对养老金资金长期性、稳定性强、产品化比例低，第二、三支柱养老金渗透率低、可投资品种不断丰富等特点，公募基金可以开发更多针对养老金特点和我国养老金体系变化的产品，例如在低成本指数基金、养老目标基金、多策略投资、境外投资养老金产品等方向进行创新探索。

（四）淡化短期排名，养老金投资考核注重长期业绩

养老金资金作为长期基金，在投资过程中应发挥其稳定性和长期型的优势，通过长期策略、逆势策略等获取超额收益，也能够成为资本市场的稳定器和“压舱石”。对于养老金投资收益的考核，应该更关注长期业绩，而不应过度关注收益率的短期收益的波动或相对排名。无论是公募基金公司内部对各投资经理的考核，还是各年金计划相关方对投资组合的考核，抑或个人投资者对养老金产品的评价，均应该树立长期考核的思路，避免投资短视化。从 CPPIB 等成功养老金管理机构的经验和优秀投资家的投资事例中可看出，长期主义投资理念均是超额收益的重要来源之一。在养老金投资中，投资管理人应把握大类资产配置、优质资产等长期收益来源，在长期决策中提高胜率，减少短期投机行为。

（五）公募基金公司提高对境外资产的覆盖广度和研究深度

从组合投资理论和美国市场经验看，养老金提高境外资产的配置比例是大势所趋。社保基金作为境内养老金投资的领先机构，近年来已持续加大对境外资产的委托投资，目前披露的 37 家境外投资管理人中仅有 4 家为境内公募基金公司，这造成公募基金管理委外规模占比持续下降。未来，国内公募基金公司可以加强对境外市场的研究，既拓展对全球资产研究深度和覆盖广度，也发挥对中概股的研究优势，力争在社保基金增加境外资产投资的背景下获得更多的委托规模，也为其他类型养老金未来的境外投资做好准备。

（六）利用渠道优势，公募基金加强对投资者的养老金教育

目前公募基金产品的直接持有人约 6 亿人，是国内渗透率最高的资管产品之一，公募基金公司也建立了营销渠道、APP、三方平台等宣传渠道。国内大众目前对养老金的概念仍更多地停留在第一支柱，对第二支柱和第三支柱的认知较为陌生，投资者教育和养老金理念宣传工作任重道远。公募基金可以利用成熟的宣传渠道对投资者进行养老金投资教育，尤其是提高养老目标基金的投资者渗透率。公募基金通过对养老目标基金的持续营销，提升了投资者对该品种的认可度，2019 年 6 月末至 2020 年 6 月末份额季度环比增速平均达 7.8%，部分产品季度环比超过 20%[①]。参考美国个人养老金计划自 1980 年以来的规模增

① 根据 Wind 资讯中各基金数据计算，采用算术平均值。

长和资产投向变化，养老金产品的投资者渗透率和管理规模仍有巨大的发展空间[①]。

（七）公募基金与养老金的互动对资本市场的深远影响

经过 20 余年的发展，我国公募基金和养老金规模已初具规模，但无论从总量还是人均角度仍略显不足。表 8-17 比较了中国和美国养老金及公募基金相关规模的情况，通过对比可以看出我国养老金行业仍有巨大的发展空间，尤其是积累制的第二支柱和第三支柱。

表 8-17　中国和美国各类养老金及公募基金规模比较（2019 年末）

	中国（亿元人民币）	美国（万亿美元）	中国占美国比例（%）
第二支柱	约 2.5	19.3	低于 2
第三支柱	小于 500	13.3	低于 0.1
公募金	25.7 万	21.3	17.2
养老金投资公募基金	2.41 万	超过 9.9*	低于 3.5
养老金占公募基金比例（%）	9.5	46.7	—

注：* 仅为 DC 型养老金计划和个人养老金账户合计持有公募基金规模，第二支柱中还包括 DB 型养老金产品。

资料来源：中国人社部、中国社保理事会、Wind 资讯、Investment Company Institute。

在我国“一大二弱三空白”的养老金三支柱体系下，提高基本养老保险的统筹层级和市场化投资比例将能够提高第一支柱结余资金的投资效率，完善和发展第二支柱和第三支柱养老金将能成为有效补充。公募基金作为专业的市场化资产管理机构，未来仍将承担养老金市场化投资主力军、养老金与资本市场链接桥梁的角色，与养老金共同促进我国资本市场稳健发展。

第一，党的十九大报告中提出“尽快实现养老保险全国统筹”后，基本养老的统筹层次有所提高，市场化投资市场程度提升。基本养老保险基金结余资金仍是我国现阶段存量养老金中规模最大的资金，提高基本养老基金统筹层次和市场化投资比例将提高结存资金的投资收益率。基本养老金未来几年仍将持续进入资本市场，公募基金作为基本养老金主要的投资管理人仍将积极参与。

第二，第二支柱养老金的发展将开拓养老资金的来源，随着渗透率和积累资金规模的提高，年金资产在居民财富中的地位将不断提升。长期来看，第二支柱年金资产较大概率将维持几何级数增长，逐步成为我国养老金体系的主要部分。这一方面能够提高养老金的财富效应，进而促进内需和国内大循环；另一方面也将为资本市场提供真正意义的长期资金、改变国内经济主体杠杆率偏高的状况。公募基金公司将能够在专户产品和公募基金产品两个层面参与年金业务的投资管理，发挥专业化投研能力，提高这部分长期资金的投资回报率，促进第二支柱养老金和资本市场的良性循环。

第三，我国的第三支柱养老金目前仍在探索阶段，养老目标基金在重启探索后发展较快，但仍欠缺顶层制度设计。第三支柱作为个人为主导的养老金，在未来灵活、多元的就业模式下将更加重要，将是第一支柱和第二支柱的有效补充。养老目标基金具有成为第三支柱养老金重要投资工具的潜力，公募基金公司可以通过持续探索优化产品模式和设计更符合我国市场和客户需求的下滑曲线提高产品吸引力，同时利用宣传网络加强投资者教育、提高养老目标基金的市场认知度。真正意义的养老目标能够根据投资者年龄对资金进行分层，为资本市场提供长期稳定资金，更好满足不同年龄投资者的个性化需求。

养老金长期稳定的资金属性使其具有成为资本市场压舱石的先天优势，养老金规模的增长将持续为资本市场注入长期资金。公募基金公司专业的投研能力使其在长期投资中更具优势，透明规范的运作方式使其成为养老金市场化投资的重要工具。养老金投资公募基金 17 年来，已通过公募基金为资本市场注入 2.83 万亿元中长期资金，成为我国资本市场发展的重要推动力。未来，随着养老金的多元发展、资本市场的深化改革和公募基金的专业能力提高，三者将能形成良性循环，广阔天地，大有可为。

① 根据 Investment Company Institute 披露的数据，美国的个人养老金计划（IRAs）规模从 1980 年末的 250 亿美元增长至 2019 年末的 11.03 万亿美元，年化增速 16.9%。从资产投向看，1980 年末固定收益品种的投资占比超过 90%，其中银行存款 82%，保险公司固定收益年金产品 10%；而投向公募基金的比重仅占 5%。过去 40 年间，个人账户养老金资产从银行存款逐步转向公募基金和其他资产，2019 年末公募基金占比 44%，其他资产占比 47%，两者合计占比超过了 90%。

分报告九
证券投资基金行业与中国养老基金的互动发展

养老金制度是一种分散风险、平滑消费的社会化保障机制。三支柱养老金体系以不同的筹资和受益机制，从时间和空间上进行风险分散，保障居民退休后的生活水平。因此，养老金的保值增值一直备受关注。在全球低利率和老龄化高速发展的今天，单纯依靠储蓄显然无法支持不断增长的养老金需求。养老金投资运行的市场化是必然发展趋势。基金管理公司作为成熟理性的机构投资者可以很好地帮助提高养老金的投资效率、保障资金安全，且公募基金费用低廉，性价比极高。与此同时，养老金作为一种长期、稳定且规模巨大的资产，会为基金行业带来极大规模的、优质的、长期的资金来源，基金管理人可以更好地进行长期价值投资，有助于基金市场的稳定发展。本报告将对证券投资基金行业与中国养老基金的互动发展历史与现状、相互影响以及目前存在的问题与未来发展建议进行简要介绍与分析。

一、我国基金行业参与养老金运作发展历史与现状

（一）第一支柱

为了应对我国老龄化趋势，2000 年 8 月，国务院设立全国社会保障基金，全国社保基金由社保基金理事会受托管理。2001 年，《全国社会保障基金投资管理暂行办法》出台，规定全国社保基金的投资可由全国社保基金理事会直接投资或由理事会委托投资管理人进行投资管理，理事会只能直接投资于银行存款和一级市场国债，其他投资均由委托投资管理人进行。2002 年底，理事会委托南方、博时、华夏、鹏华、长盛、嘉实 6 家基金公司作为投资管理人，后面陆续增加 10 家基金管理有限公司、2 家券商成为社保基金的境内投资管理人[①]。

2015 年，国务院常务会议决定适度扩大养老资金的投资范围，社保基金可以在全国银行间一级市场直接投资同业存单，并按照银行存款管理；可以投资地方政府债券，企业债和地方政府债的投资比例从 10% 提高到 20%；股权投资范围扩展到中央企业及其一级子公司，以及地方具有核心竞争力的行业龙头企业；信托贷款投资比例上限从 5% 提高到 10%，加大对保障性住房、城市基础设施等项目的参与力度。2016 年，国务院颁布了《全国社会保障基金条例》（以下简称《条例》），要求基金在安全性、收益性和长期性的原则下，在国务院批准的固收类、股票类和未上市股权类资产种类及比例幅度内合理配置资产。同时，为了保障资金安全，《条例》还构建了包括了政府行政部门监管、全国社保基金理事会风险管理和内部控制、全国社保基金理事会对投资管理人和托管人的监管、投资管理人与托管人的制衡以及社会监督五个层次的监督体系。

全国社会保障基金成立以来，规模迅速扩张，截至 2018 年末，财政性拨入全国社保基金资金和股份累计 9151.57 亿元，社保基金资产总额 22353.78 亿元。公开招标投资管理人以及扩大投资范围使全国社保基金市场化程度越来越高，日益成为养老资本市场上重要的资金来源。基金管理公司作为投资管理人加入这一部分的养老资本市场中，管理的全国社保基金规模持续增长，到

① 参见全国社保基金理事会官网。

2018 年底，基金管理公司管理的境内外全国社保基金资产规模达 11566 亿元，较 2017 年增长 16%，占全国社保基金总规模的 51.74%，占全国社保基金委托投资规模的 92.99%，达历史新高（见图 9-1）。基金管理公司的投资参与极大地提高了投资效率。社保基金自成立以来累计投资增值 8973.66 亿元，年均投资收益率 7.82%，较好地完成了基金保值增值的目标①。全国社保保障基金投资收益率与通货膨胀率对比如图 9-2 所示。

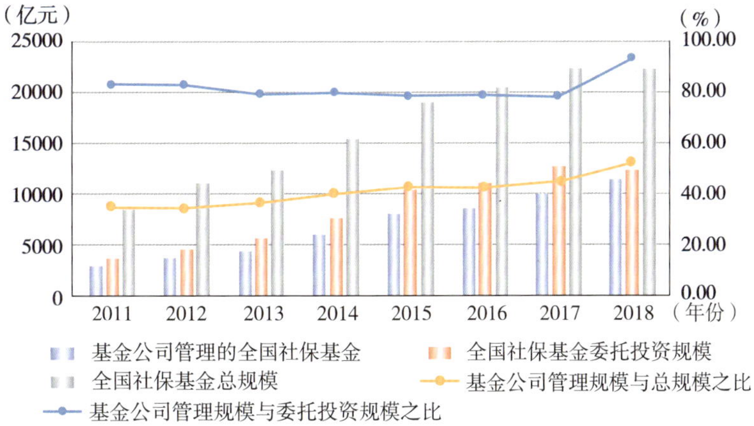

图 9-1　基金管理公司管理全国社保基金情况

资料来源：《2018 年全国社会保障基金理事会社保基金年度报告》，参见全国社保基金理事会官网；《基金行业养老金业务发展总体情况概要（2018 年度）》，参见中国证券投资基金业协会官网。

图 9-2　全国社保保障基金投资收益率与通货膨胀率对比

资料来源：历年《全国社会保障基金理事会社保基金年度报告》，参见全国社保基金理事会官网。

2015 年，国务院印发了《基本养老保险基金投资管理办法》。2016 年 12 月基本养老保险基金也开始了市场运作。由社保基金会对受托管理的基本养老保险基金实行单独管理、集中运营、独立核算。2016 年，全国社会保障基金理事会发布公告称评选出了 21 家基本养老保险基金证券投资管理机构，其中包括 14 家公募基金管理公司，占比为 67%。截至 2018 年末，社保基金会已先后与 17 个省份签署委托投资合同，合同总金额 8580 亿元，均为委托期 5 年的承诺保底模式，实际到账资金 6050 亿元。其中，委托投资资产 4576.69 亿元，占基本养老保险基金资产总额的 65.08%②。

（二）第二支柱

2000 年，国务院颁布《关于完善城镇社会保障体系试点方案》，指出"有条件的企业可以为职工建立企业年金，并实行市场化运营和管理"。2004 年，《企业年金实行办法》和《企业年金基金管理试行办法》出台，我国企业年金整体框架正式建立，确立了我国企业年金的委托投资的模式。社保机构经办和企业自办的企业年金管理模式

① 《2018 年全国社会保障基金理事会社保基金年度报告》，参见全国社保基金理事会官网；《基金行业养老金业务发展总体情况概要（2018 年度）》，参见中国证券投资基金业协会官网。

② 《2018 年度全国社会保障基金理事会基本养老保险基金受托运营年度报告》，参见全国社保基金理事会官网。

逐渐向市场化转型。企业年金运营过程中的参与人包括受托人、账户管理人、托管人和投资管理人，其中基金公司可以作为投资管理人参与到企业年金的运行中。之后,《企业年金管理指引》《企业年金基金证券投资有关问题的通知》《企业年金基金管理机构资格认定暂行办法》等文件又对企业年金管理机构的资质、投资和信息系统等方面做出了明确规定。2007 年,《关于企业年金基金进入全国银行间债券市场有关事项的通知》与《关于规范移交原有企业年金的指导意见》出台，要求除个别行业和企业，应在 2007 年底完成存量企业年金管理主体的变更以及各项业务的移交，企业年金市场化程度更进一步。2011 年,《企业年金基金管理办法》正式颁布，明确了企业年金的管理模式并对相关管理措施和方法做了更加具体的介绍，企业年金投资更加规范、科学。

随着市场化程度的不断加深，企业年金市场的投资范围也不断扩大。2011 年,《企业年金基金管理办法》规定“企业年金基金财产限于境内投资，投资范围包括银行存款、国债、中央银行票据、债券回购、万能保险产品、投资连结保险产品、证券投资基金、股票，以及信用等级在投资级以上的金融债、企业（公司）债、可转换债（含分离交易可转换债）、短期融资券和中期票据等金融产品”。2013 年,《关于扩大企业年金基金投资范围的通知》将商业银行理财产品、信托产品、基础设施债券投资计划、特定资产管理计划、股指期货也纳入企业年金投资范围。2018 年，为了防范年金基金投资风险，并使企业年金基金与职业年金基金的投资范围保持一致，人力资源和社会保障部颁布《关于暂停企业年金基金投资万能保险和投资连结保险的通知》。

截至 2019 年底，有 95963 个企业年金账户，参与职工 2547.94 万人，累积资金约 17985.33 亿元[①]。虽然近年来企业年金维持运作规模上涨，但是其账户数与参与职工近年来增长缓慢，说明企业年金发展的阻力主要来自于新企业参与企业年金计划较少。随着市场化程度加深，基金管理公司也积极参与到企业年金的投资管理中来,《全国企业年金基金业务数据摘要 2019 年度》数据显示，在 22 家企业年金基金管理机构中有 11 家是基金管理有限公司，共有 1152 个投资组合，组合资产金额为 6203.49 亿元，占资产总规模的 35.79%，比 2018 年末下降 0.51%。2019 年总体投资收益率为 8.3%，较 2018 年有较大增长，易方达、银华、富国基金管理有限公司表现出色，平均收益率均跑赢了市场平均水平。基金管理公司管理企业年金情况和 2007~2019 年全国企业年金基金投资收益率与通货膨胀率对比如图 9–3 和图 9–4 所示。

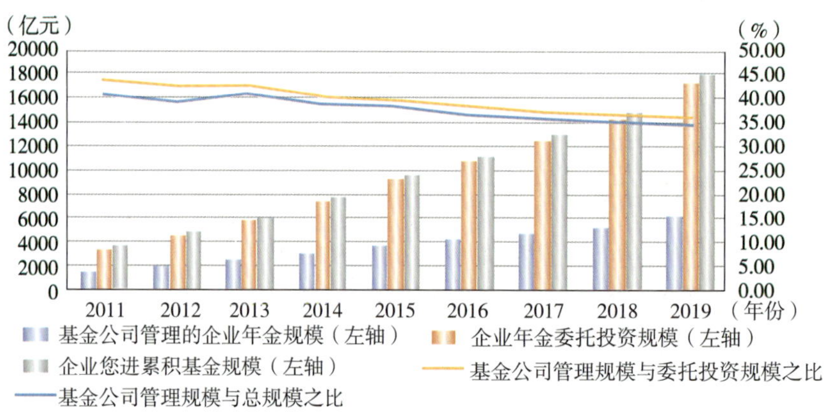

图 9–3　基金管理公司管理企业年金情况

资料来源:《2019 年度全国企业年金基金业务数据摘要》，参见人力资源和社会保障部官网。

我国职业年金制度虽然起步较晚，但发展迅速，参与人数与资金规模都不断增加。人社部 2016 年 10 月下发《职业年金基金管理暂行办法》，2018 年下发《关于规范职业年金基金管理运营有关问题的通知》。据人力资源和社会保障部统计，截至 2019 年 5 月底，职业年金累积结余规模约 6100 亿元[②]，参加职工共计 2970 万人，在参与基本养老的 3612 万机关事业单位工作人员中占比超过 82%；参加职工中，缴费人数达 2867 万人，缴费率超过 95%。2018 年，职业年金全面启动投资运营，各地陆续进行职业年金基金受托人、托管人和投资管理人招标。截至 2019 年 7 月末，全国 33 个职业年金项目中，已有 25 个完成受托人招标，17 个完成投资管理人招标。中央机关

① 《2019 年度全国企业年金基金业务数据摘要》，参见人力资源和社会保障部官网。
② 所述职业年金结余均为实账规模。

单位、北京、湖北、湖南、新疆、山东六个地区已经开始投资运作[①]。

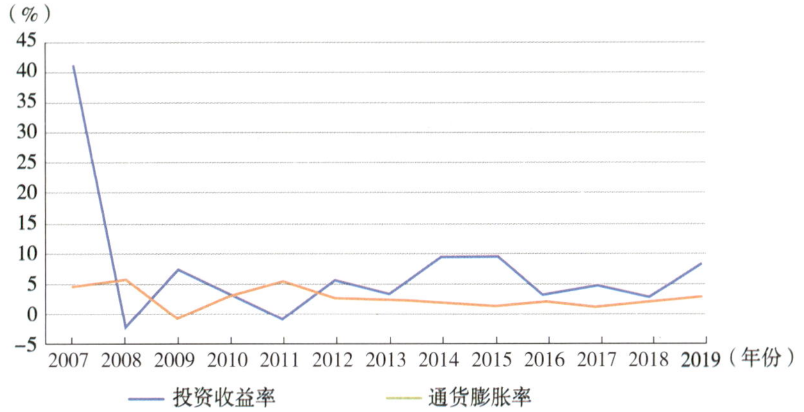

图 9-4　2007~2019 年全国企业年金基金投资收益率与通货膨胀率对比

资料来源：《2019 年度全国企业年金基金业务数据摘要》，见人力资源和社会保障部官网。

（三）第三支柱

大力发展第三支柱养老金可以减少对公共养老金和企业养老金的依赖和替代率要求，进而减少政府和企业的财政压力。2018 年 4 月财政部等部委联合发布《关于开展个人税收递延型商业养老保险试点的通知》（以下简称《通知》），规定自 2018 年 5 月 1 日起，在上海市、福建省（含厦门市）和苏州工业园区实施个人税收递延型商业养老保险试点，试点期限暂定一年。《通知》的实施可视为我国开始建设第三支柱的标志。试点地区个人通过商业养老资金账户购买符合规定的商业养老保险产品的支出，允许在一定标准内进行税前扣除；计入个人商业养老资金账户的投资收益，暂不征收个人所得税；个人领取商业养老金时再征收个人所得税。试点结束后，根据试点情况，结合养老保险第三支柱制度建设的有关情况，扩大参与的金融机构和产品范围，将公募基金等产品纳入个人商业养老账户投资范围。

根据美国的经验，养老目标基金是个人账户中的重要资产。2018 年 3 月 2 日，证监会正式发布了《养老目标证券投资基金指引（试行）》（以下简称《基金指引》），自发布之日起正式施行。《基金指引》规定，养老目标基金在发展初期主要采用基金中基金（FOF）的形式运作，这也是海外目标日期基金（生命周期基金）的运作形式；鼓励采用成熟稳健的资产配置策略，控制基金下行风险，追求资金长期稳健增值。在此之前，基金行业已经存在一些名称中带有“养老”字眼的公募基金产品，但这些产品明显并不属于《基金指引》中的养老目标基金，而是属于一般认为的“公募养老主题基金”，即为投资者提供稳健收益的养老理财工具型公募基金，不包含投资养老产业的行业基金。

在证监会《基金指引》发布后，公募基金热情高涨，截至 2020 年第二季度末，Wind 显示共有 74 只养老目标基金成立，其中 38 只养老目标基金采用目标日期策略（TDF），规模达 230.20 亿元，36 只采用目标风险策略（TRF），规模达 103.48 亿元。相较于 2020 年第一季度末，养老目标基金数量增加了 9 只，总规模增加 40 亿元，其中一半以上的增量来源于三年期 TDF。业绩表现上，整体业绩较佳，盈利体验良好，74 只养老目标基金单位净值平均为 1.1502 元，只有一只单位净值为 1，其余全部超过 1 元。从策略上看，目标日期策略远超目标风险策略，养老基金管理人充分体现出了主动管理的优势。目标日期策略的平均单位净值为 1.2039 元，平均回报率为 14.36%；而目标风险策略的平均单位净值为 1.0936 元，平均回报率为 5.72%。

二、养老金与基金行业互动关系

（一）养老金入市对基金行业的影响

1. 增加资金供给，扩大行业规模

养老金规模巨大，当其委托基金管理公司进行投资管理时可以为基金行业带来巨额现金流，扩大基金行业规模。截至 2020 年第一季度，基金管理公司管理的社保基金、基本养老金、企业年金和职业年金规模达 25250 亿元，约为公募基金本身规模的 15.17（见图 9-5）。如图 9-6 所示，

① 《华夏时报》，引自 2019 年中国养老金融 50 人论坛：https://baijiahao.baidu.com/s?id=1640393112710075636&wfr=spider&for=pc。

企业年金业务在 11 家基金公司投资管理人的公司规模（非货币基金）中都占有一定比例，平均占比达 26.77%，其中海富通、工银瑞信占比均超过了 50%，成为基金公司的重要资金来源[①]。

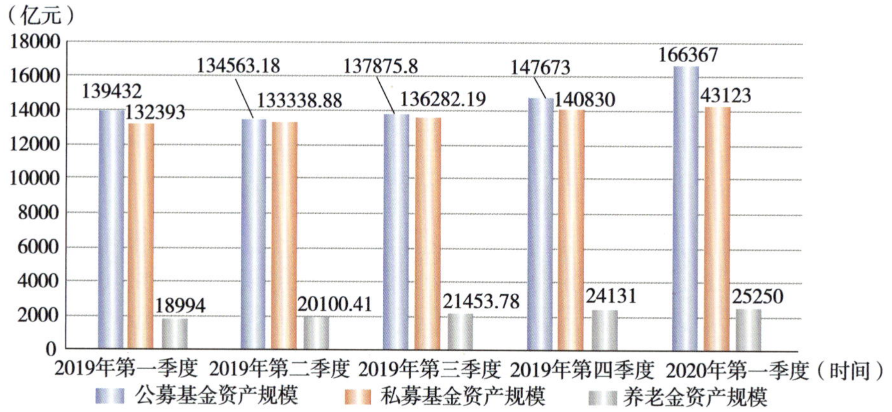

图 9-5 证券投资基金资产规模情况

资料来源：《资产管理业务统计数据（2019 年第一季度至 2020 年第一季度）》，参见中国证券投资基金业协会官网。

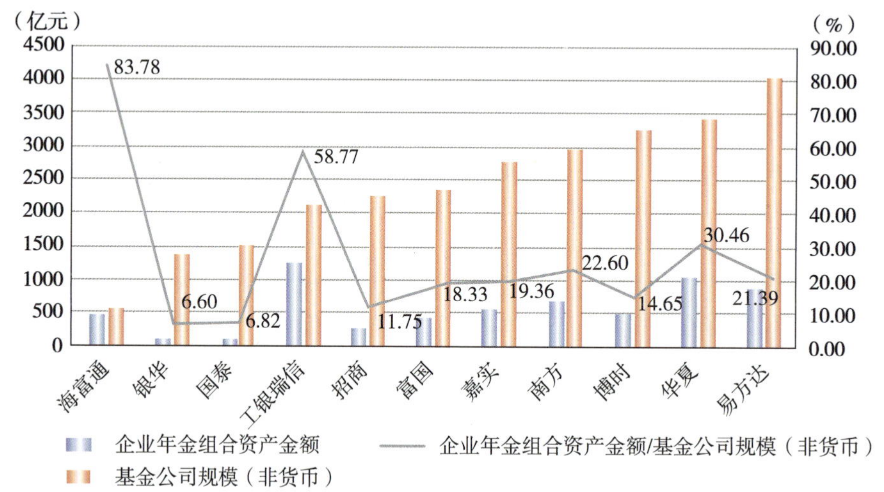

图 9-6 企业年金投资管理人管理企业年金情况

资料来源：《2019 年度全国企业年金基金业务数据摘要》，参见人力资源和社会保障部官网，东方财富 Choice 数据。

2. 推动理性投资，提高投资效率

由于养老金投资期限长、稳定性高、规模巨大且是一种刚性储蓄，养老金进入基金行业后可以提高长期资金的比例，同时养老金作为居民的养老钱，安全性原则是最基本、最重要的原则，因此无论是资金本身的特点还是委托投资要求都促使基金管理公司进行长期、价值投资。与此同时，基金将养老金投入资本市场后，由于长期稳健资金供给量大幅增加，市面上的优质证券需求量加大，推动证券价格上涨。同时，优质的公司或有潜力的公司融资渠道增加，对银行信贷依赖程度降低，融资成本下降，从长期看，优质证券本身价值也会增加，养老基金投资效率进一步增加。此外，由于长期投资有效支持了实体经济发展，实体经济与资本市场形成良性循环，资本市场上的长期优质资产规模进一步扩大，为基金后续的长期投资提供更多投资机会。图 9-7 展示了不同运作期间的组合资产规模与年平均收益，不同运作期间的组合收益率差异不大，除去经济环境等影响因素，收益率分布较为平稳，说明基金的运作整体稳健理性。

① 《2019 年度全国企业年金基金业务数据摘要》，参见人力资源和社会保障部官网，东方财富 Choice 数据。

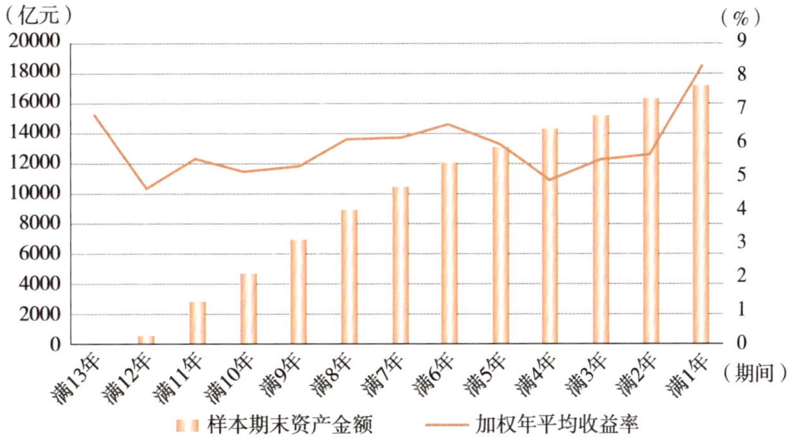

图 9-7　企业年金基金不同期间组合规模及其收益率

资料来源：《2019 年度全国企业年金基金业务数据摘要》，参见人力资源和社会保障部官网。

3. 鼓励产品创新，提高业务能力

随着老龄化趋势的不断发展，养老金的需求也日益增加，养老基金的投资需要兼顾安全性与收益性，同时为了满足经常性支付要求，还需具备一定的流动性，为此，基金公司从产品投资管理到公司自身管理架构都进行了积极创新。首先，基金公司为市场提供了大量不同风险特征的产品，满足不同投资者需求。2019 年已备案的年金养老金产品共 533 个，其中权益类资产 157 个、固收类资产 342 个、流动性资产 34 个[①]。此外，基金公司还积极探索产品创新，如银华基金根据企业年金参与人的特征和风险收益要求，推出企业年金基金生命周期组合产品系列等。其次，基金公司明确长期价值投资原则，充分发挥自身投研能力挖掘超额收益机会。2019 年，市面上运作期间超过 5 年（含）的企业年金投资组合有 9005 个，占总组合数的 42.28%，资产金额达 59631.22 亿元，占总资产额的 48.70%[②]。最后，基金公司加强对养老资金业务的重视程度，专门成立养老金业务服务中心或部门，比如嘉实基金为养老金业务打造了“四个部门 + 两个顶层设计”的组织架构，由养老金业务管理委员会和资产配置委员会负责养老金中长期资产配置决策，由战略客户部、产品与创新业务部、养老金投资部、客户服务部四部门协同处理养老金前中后台业务，打造投资、销售、服务一体化的专业养老金团队。又如中欧基金作为业内首批实施员工持股和公司治理改革的基金公司，虽尚未获得第一支柱和第二支柱养老金投管资格，但从 2014 年股权改革开始即将养老金业务定位为公司战略业务，成立了养老金业务部，核心成员都拥有服务第一、二支柱养老金的丰富经验。2016 年从国内顶级保险资管机构引入适合养老金业务的投资团队，2017 年取得普华永道出具的 ISAE 3402 国际最高内控标准的鉴证，为开展养老金业务做好业务、投资、运营和内控的各项准备[③]。

（二）基金行业参与养老基金运作对养老金的影响

1. 提高投资水平，促进保值增值

由于基金由专门的从业者进行职业化管理，因此专业化程度更高，具有更强的择时能力和选股能力。2019 年以来，股票型基金、偏股混合型基金年平均收益率均超过 40%，远超同期上证综指 22.30 个百分点，债券基金平均收益率 5.96%[④]，远高于三年银行定期存款基准利率。全国社保基金委托投资规模的约 80% 都交由 16 家基金管理公司投资管理，年均投资收益 7.82%[⑤]，实现了第一支柱养老金保值增值的核心需求。2019 年企业年金基金投资管理情况如表 9-1 所示。企业年金中也有近 35% 的资金委托资金交由基金公司投资管理，在所有投资管理人中，基金管理公司表现不俗，尤其权益类组合业绩表现突出，公募基金管理人管理的含权益组合平均较非公基金管理人收益高超过 1.6%[⑥]，说明基金行业具有较强的投研能力，有助于帮助养老基金的保值增值。各类型企业年金投资管理人业绩对比如图 9-8 所示。

①②⑥ 《2019 年度全国企业年金基金业务数据摘要》，参见人力资源和社会保障部官网。
③　笔者根据中欧基金资料综合整理。
④　资料来源：东方财富 Choice 数据、银河证券。
⑤ 《全国社会保障基金理事会社保基金年度报告（2018 年度）》，参见全国社保基金理事会官网。

表 9-1　2019 年企业年金基金投资管理情况

企业年金基金管理机构	组合数（个）	组合资产金额（万元）	当年加权平均收益率（%）					
			单一计划		集合计划		其他计划	
			固定收益类组合	含权益类组合	固定收益类组合	含权益类组合	固定收益类组合	含权益类组合
海富通基金管理有限公司	82	4577148.79	5.35	7.95		6.87		
华夏基金管理有限公司	191	10470641.66	5.5	7.89		8.41		
南方基金管理股份有限公司	150	6708968.69	5.08	8.08				
易方达基金管理有限公司	160	8657650.09	7.63	10.07		10.97		
嘉实基金管理有限公司	97	5389921.34	6.39	8.55	4.64	6.42		
招商基金管理有限公司	47	2628386.8	7.71	8.71	2.99	8.42		
富国基金管理有限公司	74	4332218.73	6.37	9.61		9.25		
博时基金管理有限公司	98	4791121.19	6.89	8.94	9.05	8.64		
银华基金管理股份有限公司	38	911325.56	6.08	10.26		9.62		
工银瑞信基金管理有限公司	174	12550744.4	5.04	10.44	6.98	9.92		
国泰基金管理有限公司	41	1016840.29	6.75	8.37		7.45		
中国国际金融股份有限公司	70	7414323.89	7.15	8.71		9.93		
中信证券股份有限公司	140	7550633.46	6.15	8.88	6.4	7.85		
华泰资产管理有限公司	31	1805560.62	4.73	10	5.33			
平安养老保险股份有限公司	762	23298511.11	5.53	7.7	5.77	7.38	2.19	6.15
太平养老保险股份有限公司	394	10353451.5	5.71	9.69	6.7	9.38	6.26	8.93
泰康资产管理有限责任公司	701	28556276.67	5.95	9.77	5.65	9.43		12.06
长江养老保险股份有限公司	138	7976416.25	5.41	7.52	5.1	8.72		
中国人寿养老保险股份有限公司	590	19569932.01	5.51	8.51	6.08	7.89		
建信养老金管理有限责任公司	49	1040767.97	6.44	8.24	5.33	4		
中国人民养老保险有限责任公司	99	3637375.46	5.02	7.42	5.16	6.75		
新华养老保险股份有限公司	3	72186.77						
合计	4129	173310403.3	5.65	8.92	5.73	8.49	5.68	8.56

资料来源：《2019 年度全国企业年金基金业务数据摘要》，参见人力资源和社会保障部官网。

2. 加强风险管理，保障基金安全

养老基金的委托投资管理可以有效提高养老基金的安全性，其原因主要有两个方面：一方面，“大类资产配置+投资组合”的双层构架有助于养老基金的风险管理。中国证券投资基金业协会会长洪磊指出，在双层风险管理架构中，受托人会先根据委托人的需求以及风险特征构建合理的大类资产组合，应对经济周期、受益人生命周期等系统性风险。同时，基金管理公司根据上市公司内在价值选择合适的投资标的。分散化管理是基金的重要特征，充分分散化投资可以消除非系统性风险，在控制投资组合风险的前提下实现收益的最大化。另一方面，养老基金的委托投资管理是由公募基金公司进行的。公募基金行业市场化机制和公司治理架构都已经相对成熟，监管环境严格，是大资管行业中最规范、系统性风险最小的分支。因此，一个由受托人进行大类资产组合管理，基金管理公司进行具体投资组合选择与管理的双层管理结构，辅以资本市场的相关监管制度，为养老基金的安全性提供了充分保障。

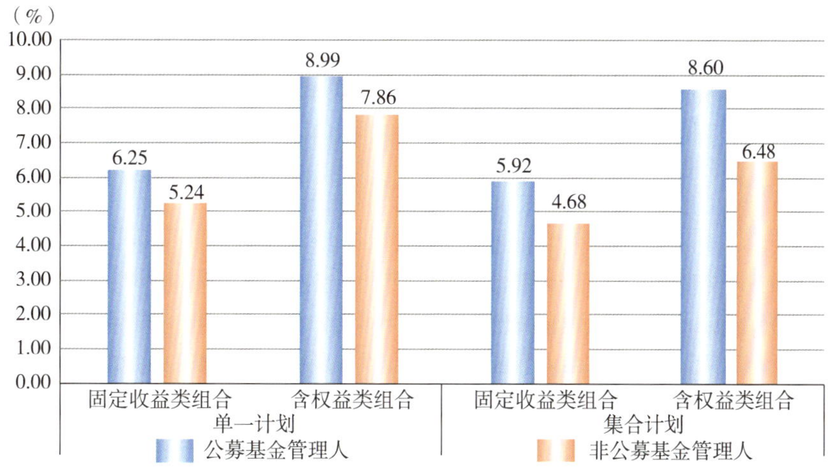

图 9-8　各类型企业年金投资管理人业绩对比

资料来源：《2019 年度全国企业年金基金业务数据摘要》，参见人力资源和社会保障部官网。

3. 优化运营模式，降低管理成本

相较于养老基金自营，专业化、市场化的运营模式可以免去大量人力、物力、财力成本。我国基本养老保险主要由地级市政府进行统筹管理，企业年金之前采用企业自办或社保机构经办的模式，但低市场化弊端重重，不仅投资收益率极低且养老金还面临侵占、挪用等风险。随着养老金入市，由受托人、账户管理人、投资管理人和托管人构成的信托模式使养老基金的管理运营分工明确，免去地方政府或企业自己经营所耗费的成本。同时，基金行业本身也在不断朝着专业化、精细化的分工与合作方向发展，在《证券投资基金法》的推动下，基金行业越来越多地将非核心业务外包给银行、证券、保险、期货公司等机构。随着不同环节机构相互竞合的不断深入，基金可以专注于提升自身投研能力，整个基金价值链都更加专业高效，基金行业作为投资管理人的性价比也会不断提高。此外，基金本身的规模经济效应使其可凭借更强的市场地位获取更低的交易费用成本，同时分散化投资所需要的信息收集成本也会被摊薄，从而基金分散化投资的成本也将更低。

三、我国基金行业参与养老金运作中存在的一些问题以及发展建议

（一）存在问题

1. 养老基金规模增速快，投资管理人缺乏优胜劣汰机制

第一支柱：截至 2019 年底，全国社会保障基金规模已超过 2 万亿元。养老保险基金市场化运作四年多时间，已有 22 个省份签署基本养老保险基金委托投资合同，累计到账资金 9482 亿元[①]。第二支柱：截至 2019 年底，企业年金管理运作规模 17985 亿元，参与职工人数达到 2548 万人[②]。虽中小企业为了降低成本、提高利润，很少建立自己的企业年金计划，从而导致近年来第二支柱在我国发展缓慢，但随着职业年金基金委托投资规模提升，有望加速第二支柱发展。

优秀投管人的选拔机制和投资管理绩效的奖惩机制之于委托管理投资目标实现至关重要。2010 年，全国社保基金投管人资质最后一次更新。企业 / 职业年金的投管人在 2007 年以后就没有再进行过系统性新增，仅 2018 年新增了新华养老一家。2016 年基本养老管理人资格仅在具有全国社保基金投管人和企业 / 职业年金投资管理人范围中进行了筛选。对比国外情况，例如，加拿大养老金委外规模 2000 亿元，拥有 53 家投管人；澳洲未来基金委外规模 6000 亿元，拥有 117 家投管人；而我国基本养老金委外规模达 4400 亿元，只拥有 21 家投管人。由此可见，中国基本养老金的投资规模更大，但委托家数更少，策略也更少。固化的投资管理人库往往会导致现有管理人配置较为保守稳健，而后续市场涌现的优质管理人无法加入这一市场。

2. 投资范围窄，权益比例较低，保值增值任务艰巨

受政策以及资本市场环境限制，养老基金投资种类也比较有限，权益比例均较低。以基本养老基金为例，目前只能参与境内投资，主要投资比较成熟的投资品种且股票

① 陈文辉：《划转部分国有资本充实社保资金，未雨绸缪应对养老风险的“灰犀牛”》，全球财富管理论坛，https://www.sohu.com/a/366220059_114984，2020。

② 《2019 年度全国企业年金基金业务数据摘要》，参见人力资源和社会保障部官网。

等权益类产品合计不得超过资产净值的30%，缺少海外投资标的、非上市股权投资标的、优先股以及信托产品等。

3. 长期性质的养老基金短期化管理

养老基金是一种长期性质的资金来源，但养老金的管理却呈现明显的短期化特点。目前，企业年金的基金管理合同通常为三年期，有的甚至只有一年期。同时，投资管理人的考核周期也过短，每年考核后如果业绩不佳可能会被更换。过短的考核期导致投资管理人与受益人利益不一致，代理问题凸显，投资管理人没有动力进行长期投资。此外，资本市场优质、长期投资标的本身也非常有限，投资管理人有心无力，这也是导致资产负债期限错配现象严重的重要原因之一。

4. 以投资组合为主的管理无法充分发挥投资管理人的差异化优势

多数情况下，目前企业年金 / 职业年金受托人会将缴费基金直接划给投资管理人。在目前实行的“大类投资 + 投资”组合的双层结构下，每个投资组合面临的投资政策都是一样的，由于资本市场规模与资产种类的限制，以及每个投资管理人大类资产配置的能力各不相同，基金间的“羊群效应”显著，各个投资组合的同质化现象严重，投资收益平均化，无法发挥投资管理人的个性化优势，导致行业激励机制缺乏，养老基金投资效率提升缓慢。

5. 市场缺乏理财顾问，投资者教育依然欠缺

根据美国的经验，养老目标基金是个人账户中的重要资产，对比中国市场，38 只 TDF 只均规模为 6 亿元，36 只 TRF 只均规模不到 3 亿元[①]。

投资者在银行面对的是渠道经理，而他们往往不够专业，并且由于其短期收入导向的考核机制，渠道经理会偏向于引导短期投资，导致基金市场的“委托代理”问题严重，最后也导致投资者的投资体验不好。

另外，基金市场目前在宣传推广环节投资者教育做得不够，一方面，理财服务机构普遍注重短期利益和促销，缺乏长期理性的投资教育；另一方面，媒体宣传导向也欠妥，经常“妖魔化”或“神话”基金经理，这些都不利于推动基金的长期投资。

（二）发展建议

1. 建立新晋管理人选拔机制和优胜劣汰机制

建议对外部投资管理人实行分类管理机制，定期动态调整，纳入优秀的新投资管理机构。我国金融行业实现分业监管、混业经营，各类专业投资机构形成不同的投资风格和专业优势。市场上存在大量优秀的基金公司、证券公司、养老金管理公司等各类资产管理机构，应当进一步扩大养老基金投资管理机构的选择范围，优化养老基金投资管理人结构，让有能力、有意愿成为社保基金的新投资管理人的机构充分各展所长。

2. 大力发展和规范资本市场，适度扩大投资范围，提高权益类比重

养老基金入市后的良性发展依赖于成熟的资本市场。这里的成熟表现在两个方面：一方面，资本市场规模要足够大，否则无法为基金提供充足的投资机会；另一方面，资本市场要提供充足的金融资产，以提供不同投资期限与投资风险的需求，帮助基金充分实现分散化管理。资本市场上存在长期的优质资产缺乏，不同风险特征的产品不够丰富，应当鼓励整个资本市场积极创新，为养老基金提供丰富多元的投资机会。为适应养老基金的特征，可以大力发展固定收益类、具有稳定现金流的产品。例如，积极推动优质不动产为基础资产的房地产信托投资基金（REITs）的发展，REITs 可以将市场上具有持续稳定现金流但流动性较低的优质地产项目通过资产证券化上市交易，REITs 挑选合适的标的并组合持有既可以为养老金提供优质长期资产，又缩短了实体经济融资链条，实现了金融服务实体经济的本质目标。除此之外，还应当合理扩大养老基金投资范围，适度增加养老基金风险偏好，适当增加权益类资产配置比例，探索海外资产投资，鼓励基金产品创新。与此同时，必须高度重视资本市场的健康与规范发展，加强资本市场监管，及时披露信息，保护投资者利益，提供良好投资环境。

3. 加强投资管理人专业化发展，建立长期价值投资理念

《资管新规》要求资管行业将逐步回归资产管理的本质，这对机构的投资能力、风险管理能力以及创新能力都提出了更高的要求。不过由于公募基金本身已经受到了严格监管且公募证券投资基金不受多层嵌套影响，这对于基金行业来说或许是一个机遇。基金公司应当大力培养高素质的从业人员，提高投研能力，坚持理性投资、长期投资理念，合理配置债券、股票、基金等金融资产以及国家基础设施建设、养老产业等长期稳健的实业投资项目，结合投资需求和市场实际不断进行策略研究和产品创新，形成产品创新与制度完善的良性互动。具体来说：①建立合理基金投资目标体系，兼顾安全性与收益性，根据委托人需求并结合当前和未来市场行情以及相关监管政策约束，确立每个细分资产设定投资目标范围并将其作为核心考核目标。②建立合理的激励约束机制，充分重视专业人才的培

① 参见《基本养老保险基金投资管理办法》第三十七条。

养，延长对投资管理业绩的考核期限，鼓励长期投资，发挥长期资本优势。同时，基金管理公司应当建立独立的养老基金业务投资部门，保证相当数量的投资经理等专业人员，为其提供充分的资源与保障。③提高风险管理能力，建立风险调整后的投资收益评估系统，对风险程度较高的资产给予充分关注，及时进行压力测试，调整风险敞口，保障资金安全。

4. 完善养老基金委托管理制度设计，保障养老资金安全

目前养老基金已经初步形成“大类资产配置 + 投资工具 + 基础资产”的三层架构，根据养老金的风险和支付特性，首先构建科学的大类资产组合，降低周期风险，再通过资产组合的方式配置具体投资标的，分散非系统性风险。该架构从不同层面上同时应对经济周期、生命周期等系统性风险以及投资标的的信用风险、流动性风险等非系统性风险，兼顾安全性与收益性，应当坚持并完善。在大类资产配置上，海外年金资产的配置总体上有向股票、非传统资产类别、海外市场转移的趋势，我国可以根据现实情况谨慎借鉴，适当放松对安全性的过度追求。在投资组合上，由公募基金以及公募 REITs 等专业化投资工具完成基础资产的组合投资，基金管理人以投资人利益最大化为目标，关注产业发展趋势，了解公司战略、产品特征、经营成效，发现并投资具有发展潜力的优质企业，利用机构投资者的定价能力和价值发现能力，推动企业质量提升，同时积极寻找具有长期稳定现金流的优质基础资产，寻找适应不同市场周期的投资工具，打造特定投资组合。

此外，配套的制度环境也至关重要。为保证养老金入市的安全性，应当提高委托管理制度中所有者的自我约束力，同时建立起有效的监督管理机制。一方面，相关监管部门应当明确分工、完善信息共享机制、配备适应行业规模的监管力量，增强监管效率以避免监管套利、监管不足等问题，对投资范围、投资比例以及投资机构偿付能力都进行有效监督。另一方面，要完善信息披露制度，对基金运行状况、资产配置、投资业绩等信息进行定期监管并向公众进行公开披露，保证信息的真实、完整、及时性，尽量避免信息不对称情况发生，合理利用社会监督功能，建立有效社会监督机制。

5. 推进投资顾问制度建设，规范化、合理化媒体宣传推广，促进专业、理性投资者教育

针对理财顾问缺乏导致权益基金投资体验不好的现状，建议加速推进投资顾问制度的建设，特别是智能投顾，能够弥补理财顾问的缺乏、渠道经理的不够专业、短期投资导向等问题。

建议加大对虚假、夸大宣传的打击力度；同时，由监管机构牵头，组合行业力量，进行专业的投教工作和材料制作，组织对财经媒体从业者的基础知识教育活动，以增强媒体推广人员的专业素养，教育其建立理性的长期投资观念，树立健康的媒体宣传导向。

分报告十
我国基本养老基金投资管理现状与发展方向

基本养老保险基金（以下简称基本养老基金）投资运营既是国家养老保险制度顶层设计的重要内容，也是积极应对人口老龄化趋势的重要举措。随着我国经济由高速增长阶段转向高质量发展，国内外形势也不断发生深刻复杂变化，新的宏观形势对基本养老基金的投资运营提出了更高的要求和更多的挑战。在这样的背景下，本报告从基本养老基金的投资管理实际出发，通过与境外成熟养老金案例的对比分析，深入探讨基本养老基金在新阶段如何更好践行使命，充分发挥其在促进社会保障体系可持续性和资本市场健康发展中的重要作用。

一、我国基本养老基金投资管理现状

（一）我国基本养老基金的定位和发展机遇

世界银行于 1994 年提出构建三支柱养老保障体系，其中第一支柱由政府主导强制实施、覆盖全体公民，主要体现了互助互济的原则；第二支柱是企业补充型养老保险，即采用个人账户储蓄积累市场化运营的模式，体现养老保险的储蓄功能；第三支柱是个人储蓄型养老保险，由个人自愿向商业保险公司投保，并且由政府给予一定的税收优惠鼓励公民获得更高的养老保险待遇。世界主要国家养老金体系的第一、二、三支柱如表 10–1 所示。

表 10–1 世界主要国家的三支柱养老金体系

主要国家	第一支柱	第二支柱	第三支柱
美国	联邦老年、遗属和残疾人保险信托基金 OASDI	企业 DC 型计划，如 401(k)、企业 DB 型养老计划、地方公务员养老计划	个人退休账户 IRA、年金保险、寿险等
加拿大	老年保障计划 OAS、加拿大养老金计划 CPP、收入补充保障项目 GIS、保障年度收入系统 GAINS	注册养老计划、退休储蓄计划（包括集体注册退休储蓄计划 RRSP、延迟利益共享计划 DPSP）	个人退休储蓄包括注册退休储蓄计划 RRSP、免税储蓄账户 TFSA、和其他非注册储蓄和投资等
日本	国民年金 NPI、厚生年金 EPI	DB 型和 DC 型计划、中小企业退休金共济制度、一次性退职金制度	个人储蓄账户 NISA、个人 DC 型养老金 iDeCo
英国	国家基本养老金、国家补充养老金	企业 DB 型养老计划、DC 型养老计划	个人储蓄账户 ISA、个人养老金
德国	国家基本养老保险	职业养老金	个人养老金（Riester 养老金、Rürup 养老金）等

续表

主要国家	第一支柱	第二支柱	第三支柱
智利	老年基本团结养老金 PBS、补充团结养老金 APS	强制的 DC 型个人养老金 AFP、自愿的集合职业养老计划 APVC	自愿的个人养老金储蓄
澳大利亚	基本养老金 AP	保障型超级年金	自愿型超级年金

资料来源：笔者整理。

目前国内对养老金的主流分类方法也参考世界银行的三支柱分类体系，其中第一支柱是指基本养老保险基金及储备，作为政府主导的公共养老金，第一支柱养老金具有广覆盖、保基本的特点，是目前我国退休人员养老保障金的主要来源。企业年金、职业年金和商业性养老保险分别构成了我国第二、第三支柱养老金的主体。

截至 2019 年末，我国基本养老保险基金收支结余 6.29 万亿元（见表 10–2）。除了缴付形成的收支结余外，全国社会保障基金以及国有资本划转都是基本养老保险基金的重要储备。全国社会保障基金作为国家社会保障储备基金，专门用于人口老龄化高峰时期的养老保险等社会保障支出的补充、调剂，2019 年末基金权益 2.4 万亿元。划转国有资本为社保基金多渠道筹资提供了重要途径，是弥补基本养老保险基金缺口、促进建立更可持续的养老保险制度的重要举措。截至 2019 年底，中央层面已经完成万亿元左右的国有资本划转。综上所述，目前我国第一支柱基本养老保险基金及储备的总体规模约 10 万亿元，未来随着参保人群继续扩大及国有资本划转社保基金力度进一步加大，这一规模有望持续扩张。

表 10–2　历年基本养老保险基金收支及结余情况

单位：亿元

年份	收入	支出	累计结余
2000	2278.5	2115.5	947.1
2001	2489	2321.3	1054.1
2002	3171.5	2842.9	1608
2003	3680	3122.1	2206.5
2004	4258.4	3502.1	2975
2005	5093.3	4040.3	4041
2006	6309.8	4896.7	5488.9
2007	7834.2	5964.9	7391.4
2008	9740.2	7389.6	9931
2009	11490.8	8894.4	12526.1

续表

年份	收入	支出	累计结余
2010	13872.9	10755.3	15787.8
2011	18004.8	13363.2	20727.8
2012	21830.2	16711.5	26243.5
2013	24732.6	19818.7	31274.8
2014	27619.9	23325.8	35644.5
2015	32195.5	27929.4	39937.1
2016	37990.8	34004.3	43965.2
2017	46614	40424	50202
2018	55005	47550	58152
2019	57026	52342	62873

资料来源：历年《人力资源与社会保障事业发展统计公报》。

从投资情况看，包括基本养老基金及全国社会保障基金和国有资本划转在内，我国第一支柱养老金的市场化投资规模占 GDP 的比重约为 4%，低于 OECD 国家的平均水平，而占比较高的国家如加拿大、瑞典、日本、韩国等，第一支柱口径基本养老基金投资规模占 GDP 比重已经超过 25%（见图 10–1）。所以，无论是从基本养老基金的现实缺口、存量规模以及党中央国务院对养老保障的高度重视和多渠道筹措资金的举措上看，还是与海外各个国家进行横向对比，我国基本养老基金都拥有巨大的投资潜力和发展机遇。

（二）当前我国基本养老基金的投资管理情况

1. 委托受托情况

按照国务院 2015 年 8 月印发的《基本养老保险基金投资管理办法》（以下简称《办法》），“基本养老保险基金包括企业职工、机关事业单位人员和城乡居民养老基金。各省、自治区、直辖市基本养老基金结余额，可按本《办法》规定，预留一定支付费用后，确定具体投资额度，委托给国务院授权的机构进行投资运营”。2016 年底基本养老基金正式开展委托投资运营，社保基金会作为目前唯

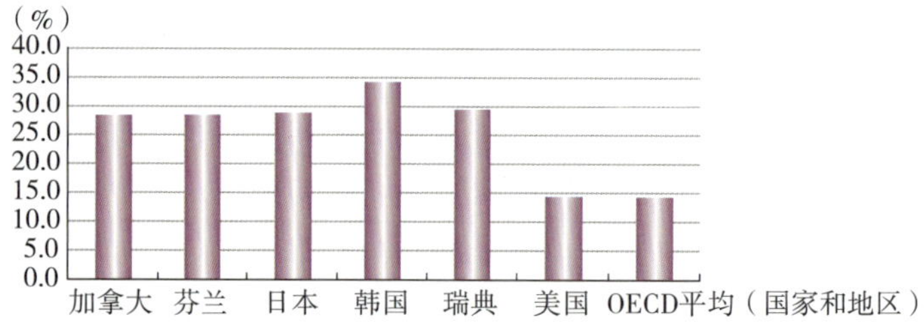

图 10–1　2018 年主要发达经济体公共养老金占 GDP 比重

资料来源：OECD，Pensions at a Glance 2019.

一一个受托机构，对基本养老基金进行单独管理、集中运营、独立核算。

当前基本养老基金的委托模式是每个委托省份作为独立委托人，在根据各自实际情况预留一定支付费用后确定委托金额，分别与社保基金会签署合同，开展固定期限、以一定收益要求为基础的委托投资。到期后，先完成前一个委托期的结算，然后再根据支付需求选择是否开展新的委托。截至 2019 年底，已有 22 个省份与社保基金会签约，委托规模共计 10930 亿元，占我国基本养老保险基金结余比例为 17%。

2. 投资管理架构

目前基本养老基金采取委托投资与直接投资相结合、以资产配置作为总体引领的投资管理架构，与社保基金的投资管理架构基本一致。

根据委托省份提出的收益预期、委托期限及风险容忍度等相关要求，结合目前投资运营实践中多笔资金统一运作的情况，制定投资目标和风险政策、梳理资产类别、确定投资基准，然后开展一级配置和二级配置。基本养老基金的配置体系主要包括战略资产配置、战术资产配置和资产再平衡。战略资产配置是通过对各类资产中长期风险收益特征的研究分析，确定中长期目标配置比例和比例范围。战术资产配置是在战略规定的阈值范围内调整各类资产的配置比例，以获取超过战略资产配置的投资收益。若因为市场波动导致实际比例大幅偏离，则需要进行纪律性审视，研究确定再平衡的区间和幅度，及时开展动态调整。由于目前基本养老基金需要逐笔确保资金安全，力争在每年不发生亏损的前提下实现保值增值，风险政策较为严格。

在目前的投资范围、资本市场条件和投资框架下，基本养老基金的投资主要集中于境内股票、境内固定收益、央企及行业龙头企业的未上市股权和现金这四类资产。基本养老基金当前的资产配置以相对低波动、低风险的境内固定收益资产为主，同时以境内股票作为主要风险资产获取超额收益。确定大类资产配置比例后，基本养老基金在各类资产项下根据投资基准设立具体投资组合或投资项目，对应相应的投资策略。投资方式上，对于银行存款、非上市股权等资产采用直接投资的方式参与；对于二级市场的股票、债券等资产则主要委托市场专业机构开展投资，广泛利用外部优秀管理人的专业能力为基本养老基金获取超额收益。

3. 投资收益情况

2017~2018 年基本养老基金在稳健运营的基础上取得了较好投资收益，明显高于同期通货膨胀为 2.19%。

从收益构成分析，配置比例较高的固定收益资产在过去三年的收益率水平较高，波动较小，为基金总体建立了较好的收益安全垫基础，即便是在股票市场大跌的 2018 年，基本养老基金总体也取得了 2.56% 的正收益（见表 10–3）。同时，高波动的股票资产作为获取更高收益的进取型配置品种，在 2017 年和 2019 年这两个股票市场大幅上行的年份为基金总体收益做出了重要贡献，尤其是基本养老基金在股票市场处于相对低位时持续增加股票资产配置，为后续上行行情中获取更高收益奠定了基础。

表 10–3　2017~2019 年基本养老基金投资收益率

单位：%

年份	投资收益率	通货膨胀水平
2017	5.23	1.6
2018	2.56	2.1
2019	9.03	2.90
2017~2019 年化	5.77	2.19

注：投资收益数据来自历年全国社会保障基金理事会基本养老保险基金受托运营年度报告。

（三）我国基本养老基金投资管理对资本市场的作用

尽管目前我国基本养老基金的委托期限较短，而且各笔不同期限的委托资金作为同一笔资金统一运作，随着各笔资金临近滚动到期，保底收益和平稳收益的要求使基金总体的风险容忍度下降，投资期限更趋短期化，但在实际投资中，基本养老基金与社保基金一样，始终践行长期投资理念，努力拉长委托期限，并坚持逆向投资思维，在市场下跌、估值较低时勇于建仓，在市场狂热、估值偏贵时及时减仓，为平抑市场波动、增强资本市场的稳健性和有效性做出了极大贡献。

开展委托投资运营以来，基本养老基金综合运用二级市场股票、债券等多种投资方式，为实体经济提供长期稳定资金支持，有效提升了我国资本市场的直接融资比例，增强了服务实体经济的质量和效率。在传统的投资品种之外，基本养老基金还积极研究创新型金融工具，包括资产证券化、REITs、可转债、场外衍生品等，进一步充实并丰富我国资本市场多样化的投资产品体系。与社保基金相比，基本养老基金还在养老金产品、股指期货、国债期货等产品策略方面进行了实践，有效地促进了这些产品市场容量的提升和市场发展的持续稳定性。

此外，基本养老基金围绕总体投资目标，形成了健全的风险管理体系和规范化的运作机制，并通过选聘管理人、提出明确的投资要求、对业绩进行长期的考核评价等方式，积极引导市场上的资产管理机构形成科学投资理念，完善投资流程，强化内部控制与风险管理，有效促进了我国机构投资者队伍的专业化建设和发展。

二、境内外养老金投资管理实践的对比分析

（一）境外养老金投资管理的案例分析

1. 精算缴付与投资管理一体化联动的运作模式

大多数海外现收现付制的公共基本养老基金，虽然有负债要求，需要保持较好的流动性以满足支付需要，但为缓解人口老龄化养老支付压力，很多国家积极通过提高缴费率、延迟退休、降低替代率等政策改革促进基本养老基金形成长期结余资金进行市场化投资运营，并定期精算以帮助维持长期平衡。

以加拿大养老金计划 CPP 为例，从管理主体上看，CPP 的主要工作由联邦政府有关部门完成，省级政府中仅有财政部门参与 CPP 的管理。从部门分工上看，加拿大联邦税务部门负责征收雇主和雇员的缴费，联邦人力资源和技能发展部门负责待遇支付，联邦金融监管局所属的首席精算师办公室会定期或不定期出具 CPP 精算报告，联邦和各省份财政部门在对 CPP 的财务状况进行评估的基础上提出待遇水平或缴费比例的建议。

运行过程中，20 世纪 80 年代，在 3.6%[①] 的低缴费率背景下，加拿大养老保障体系支付压力不断上升，CPP 出现了连续的收不抵支，投资规模不断收缩。同时持续的资金流出也大幅降低了基金的风险容忍度，导致投资收益偏低，无法对基金资产形成有效补充。为增强养老保障体系的可持续性，加拿大政府根据精算结果从 1987 年逐步提高缴费率水平，1998 年以后 CPP 的总资产规模呈现了持续增长。资产规模的持续增长使 CPP 在投资管理过程中可以提高风险容忍度，开展长期投资获取更高收益。而不断积累的投资收益又成为基金资产规模进一步扩大的重要资金来源，并可用于回哺养老保障支付。CPP 原计划提高缴费率至 14%，但由于缴费率提升形成的资产规模积累和良好投资收益之间的正向循环取得了预料之外的效果，未来每年的投资收益额将显著高于缴付流出净额，因此在 2003 年缴费率达到 9.9% 后，加拿大政府未再继续提升缴费率水平。近些年来，投资收益继续不断积累，甚至为缴费率的下降提供了一定空间。

尽管 CPP 这一案例的成功离不开资本市场十多年的良好表现，但有一点清晰的启示是，通过明确的部门分工与合作，运用精算分析实现缴付政策与投资实践的一体化联动，确实有助于促进养老基金规模的可持续性，并实现开展长期投资、获取更高收益、反哺养老保障支付的良性互动。

2. 丰富的资产类别和产品策略体系

境外养老金在投资范围上的限制较少，监管上一般采取“审慎监管”的原则，主要关注点在于投资管理者是否勤勉地履行职责，而不做固定的投资限制，给予养老金资产管理机构更大的投资自主性和裁量权，以更好地提升投资效率和收益。因此，大多数成熟的境外基本养老基金都持有多样化的投资组合，资产类别、产品体系与投资策略都极其丰富。

资产类别上，除了银行存款、股票和债券外，大多数境外养老金还直接投资于房地产、大宗商品、对冲基金、私募股权、基础设施、自然资源等。地域上，除了本土市场之外，大多数境外养老金也都广泛地配置于海外市场，尤其重视新兴市场的投资机会。表 10-4 列示了部分境外养老金机构的投资资产。

① CPP 缴费率数据来自 Canada Pension Plan 30th Actuarial Report。

表 10-4 部分境外养老金投资资产情况

境外养老金	股票类投资	固定收益投资	另类资产投资
加拿大养老金（CPPIB）	发达市场权益、发展中市场权益	发达市场债券、发展中市场债券	住宅地产抵押贷款支持证券、基础设施建设类资产、核心商业地产、非核心商业地产、私募房屋贷款、自然资源、私募股权、所有权权益、私募债权、知识产权、货币、商品、交易所或场外交易的衍生品等
澳大利亚未来基金	澳大利亚股票、发达市场股票、新兴市场股票	非政府定息债券、住房抵押贷款、高收益债券、公司债	私募股权、房地产、基础设施建设、公开市场和私募市场的农林资产、发达和新兴市场货币、国内和全球利率等
新西兰超级年金基金	发达市场股票、新兴市场股票、新西兰股票	发达市场固定收益、发展中市场固定收益	私募股权、基础设施建设、林木业、乡村资产投资、房地产、外汇对冲等
韩国国民年金	国内股票、国外股票	国内固定收益、海外固定收益	基础设施建设、房地产、私募股权、对冲基金

除了广泛的基础资产外，境外养老金机构还充分根据市场实际，综合运用多种基础资产，创设出多样化风险收益特征的创新产品。比如，瑞典 AP 养老金的绝对回报策略产品和另类风险溢价产品等（见表 10–5）。

表 10–5 瑞典 AP 养老金产品举例

境外养老金	产品名称	具体策略
瑞典 AP 养老金	绝对回报策略产品	运用市场中性、相对价值、宏观对冲、事件驱动等策略，核心在于追求绝对收益而非相对收益
	另类风险溢价产品	产品设计目的是减少对传统股票市场风险溢价的依赖。投资组合采用的策略包括：为保险公司提供再保险、获取与公司收购和可转债市场相关的风险溢价，以及针对外汇市场和股息期货的策略等

在配置策略上，海外养老金也做了多样化的尝试。以丹麦 ATP 养老金为例，除了经典的均值 - 方差模型之外，ATP 养老金先是借鉴采取了基于资产的风险平价策略，然后又于 2016 年创新性地实践了基于因子的风险平价策略，在将各类资产拆解成因子的基础上，通过调整各类风险因子的暴露实现机构的收益和风险目标。这一策略使 ATP 养老金的投资回报率及稳定性有了一定提升。

3．市场化的投资管理机制

境外养老金的投资管理实践表明，投资管理机制的市场化和专业化水平与投资业绩之间存在密切的正向联系。

以 CPPIB 为例，虽然其管理的是加拿大全国的公共养老金，委托方是加拿大政府，但具体治理是依靠由专业人士构成的、完全独立于政府的理事会。一方面，CPPIB 以获取投资收益、保证投资营利性作为唯一的目标；另一方面，较高独立性意味着 CPPIB 可以在一定程度上自行决定薪酬体系，由于其自由决定的薪酬足够具有吸引力，CPPIB 可以吸引到最优秀的精英团队，这也是 CPPIB 取得优良投资业绩的重要原因之一（见表 10–6）。

表 10–6 CPPIB 过去十年投资业绩

财政年	2010	2011	2012	2013	2014	2015	2016	2017	2018	2019
年度收益率（%）	14.90	11.90	6.60	10.10	16.10	18.30	3.37	11.84	11.50	3.10
5 年年化收益率（%）					11.87	12.52	10.75	11.82	12.10	9.47

资料来源：CPPIB 年报。

此外，近年来许多境外养老金管理机构通过市场化的运行机制高效培养了自身的投资管理能力，同时由于在成熟有效的市场中，管理费率较高的委外主动投资越来越难以创造显著的超额收益，许多境外养老金管理机构在投资参与方式上都开始逐渐增加直接投资的比重。例如 CPPIB 自 2006 年开始重点开展直接投资管理模式，目前委托投资的比例仅占 10% 左右，主要是在一些对冲基金和私募股权基金领域，其余 90% 都建立了各类专业投资团队进行直接投资。CalPERS 近年来为降低投资成本也在逐步削减委外投资规模和管理人数量。此外，20 世纪 80 年代以来，以 CalPERS 和 CPPIB 为代表的境外养老金投资机构开始深入践行股东积极主义，通过介入并完善被投上市企业的公司治理进一步提升投资收益。

（二）我国养老金的投资管理实践及现实困难

1. 精算缴付和投资管理分离的委托运作模式

在省级统筹实现以前，我国养老保险资金统筹层次较低，管理较为分散，各地的缴费基数、缴费模式、费率水平也各不相同，导致养老保险制度的碎片化严重，地区间发展很不平衡，部分省份已经出现收不抵支的情况。目前大力推进省级统筹已经取得一定成效，但尚未完成真正意义上的制度统一和缴付统筹，养老保险资金仍由县、市、省逐层归集发放，与投资运营之间的衔接较为困难。由于归集层次多、耗时长、数据口径不统一等多种原因，各省份难以对短、中、长期的负债和支出情况进行准确的精算估计。此外，在“统账结合”的制度模式下，由于制度转轨成本没有得到及时有效解决，养老金支付压力逐年扩大。在面临较大支付压力且难以预估未来支付需求的情况下，各省份出于保发放的审慎考虑只能将较低比例的结余资金进行固定期限的委托。这使基本养老基金实际开展委托投资运营的规模偏小，资金流入与流出的计划性和可预测性也较弱，大量资金沉积在各个委托省份的各个层级，这部分资金只能开展银行存款、国债等投资，收益较低，存在较大贬值压力。同时，固定期限、有一定收益要求的各笔委托资金成为基本养老基金的明确负债，委托投资的目标被简化为实现各笔委托资金固定期限内的绝对收益要求。在这一约束下，基本养老基金只能开展相对短期且较为保守的投资安排，而无法从更长期的视角上，充分发挥主观能动性弥补养老金支付缺口、促进养老保障体系可持续地获取更多收益。

此外，我国的养老金缴付制度自 20 世纪 50 年代初期建立以来，已经经过了较长时间的探索和发展，而基本养老基金投资运营实践的时间尚短，宏观层面上还未能实现精算缴付政策和投资管理实践之间的统筹安排，基本养老基金的缴付政策难以考虑到基本养老基金总体投资规模的可持续性。而没有一个可持续的长期投资规模基础，基本养老基金也就难以像 CPP 一样通过较高的投资收益，反哺养老保障实际支付，最终实现养老保障支付和基金长期投资的双重良性循环。

2. 资产类别和产品策略体系较为单一

在基本养老基金委托投资运营的初期阶段，监管部门出于审慎考虑，对基本养老基金的投资范围做出了较为严格的限制，这也与我国现阶段的资本市场发展情况相适应。尽管我国资本市场发展迅速、成就显著，但由于发展时间较短，与成熟市场相比仍不够完善，存在较多短板和不规范之处，因此在确定基本养老基金投资范围时确实需要充分考虑到投资的安全性。

目前基本养老基金的投资范围限于国内市场，投资资产主要为境内股票、股权和固定收益，其中股权投资范围限定为中央企业及其一级子公司，以及地方具有核心竞争力的行业龙头企业。除了范围上的限制之外，我国基本养老基金还对各类资产的法规比例做出了一定限制，具体如表 10-7 所示。

表 10-7　基本养老保险基金投资范围梳理

大类资产	品种名称	能否参与	法定比例
股票类资产	境内股票	√	≤ 30%
	境外股票	×	
	港股通	×	
股权资产	直接股权投资	范围限定为中央企业及其一级子公司，以及地方具有核心竞争力的行业龙头企业，包括省级财政部门、国有资产管理部门出资的国有或国有控股企业	≤ 20%
	股权投资基金	×	
固定收益	银行存款	√	≤ 135%
	境内债券	√	
	境外债券	×	
	优先股	×	
现金	现金及等价物	√	≥ 5%
衍生品	股指期货	只能以套期保值为目的	

资料来源：笔者整理。

此外，与境外养老金相比，我国基本养老基金的产品策略较为单一，主要集中在不同风格的股票组合和不同类型的债券等固定收益产品上。这一方面是因为基本养老基金本身在投资广度上较为受限，另一方面，我国资本市场的产品体系不够完善，例如包括衍生品在内的各类产品发展不够成熟，国内相应人才仍需进一步培养等，在一定程度上影响了基本养老基金的产品创新。

投资广度的受限和产品策略体系多元化的缺乏不利于基本养老基金分散风险和提高收益。根据马科维茨的投资组合理论，分散化有助于拓展组合的有效前沿，在不牺牲收益的情况下降低风险。在目前基本养老基金可投资产及策略产品均不够丰富的情况下，既难以创新出符合基本养老基金自身风险收益特征的产品策略，在面对股债双杀等系统性风险事件的情况时，也很难通过资产配置的动态调整取得较好投资收益。

3. 投资管理机制的市场化程度有待进一步提升

从投资管理机制上看，目前作为基本养老基金受托管理机构的社保基金会，在体制机制上仍作为事业单位运行。随着资产管理行业形势不断发展和基金规模逐步壮大，社保基金会在机构定位、体制机制、投资管理等方面都需要进一步改革和完善。

尤其在当前全球经济增速下滑、中美战略竞争持续升级的背景下，资本市场不确定性显著上升，投资管理工作愈显复杂，对投资的专业化、市场化程度都提出了更高要求。随着金融行业逐步形成开放格局，基本养老基金也将面临与更多市场机构同台竞技的挑战。只有建立高度市场化的投资管理机制，才能更加灵敏地应对瞬息万变的市场变化，在吸引人才、留住人才等方面形成竞争优势，不断提升基本养老基金投资运营的效率和收益，更好适应基金投资运营在新阶段的新要求。

三、多措并举推动我国基本养老基金投资管理更好发展

（一）深化养老金体系改革，回归基本养老基金的资金本源

从资金本源上看，基本养老基金由于参保个体缴纳和领取之间长达数十年的时间间隔，天然具有长期和稳定的资金属性。但由于制度遗留负担、区域分割统筹以及三支柱养老金体系发展缓慢等原因，我国基本养老基金目前承载较大支付压力，结余资金与投资管理间衔接不畅，难以开展大规模长期投资。只有通过深化养老金体系改革，回归基本养老基金的资金本源，才能充分发挥长期性、稳定性和可预测性等多重资金优势，促进基本养老基金投资管理更好发展。

1. 增强养老金精算缴付与基本养老基金投资管理的联动

尽快推进养老保险基金全国统筹，是深化养老金体系改革的重要举措。只有在全国统筹基础上建立专业的定期精算报告制度，并根据精算结果实现缴付政策和投资管理的更好联动，才能促进基本养老基金形成适当的投资规模，并通过投资收益的积累“反哺”养老保障支付，助力我国养老金体系的长期可持续发展。

在养老金支付压力较大的情况下，需要根据精算结果和基本养老基金的投资规模情况，通过调整相关政策参数，例如加大国有资本划转力度和速度、有序延长最低缴费年限等方式促进基本养老基金先积累到一个适当的规模。只有在一个适当且可持续的规模基础上，基本养老基金才能充分运用资金的长期性、稳定性和可预测性等优势，根据长期投资、价值投资的理念，通过市场化投资运营产生较好的投资收益。持续的投资收益进一步构成基本养老基金资金的重要来源之一，可用于“反哺”当期和未来的养老保障支付。在基本养老基金形成较大规模且产生的投资收益能有效覆盖养老保障缴付差额后，实际上也为后续降低缴费率等减负政策打开了空间，这正是养老金精算缴付政策制定与基本养老基金投资管理之间的良性互动产生积极效果的体现。

2. 加强多支柱养老金体系建设，缓解第一支柱养老金压力

欧美发达国家大多构建了协调、平衡发展的三支柱养老保障体系。以美国为例，截至 2018 年底，美国公共养老金总结余仅 2.94 万亿美元，而第二、三支柱养老金储备规模却高达 27.55 万亿美元[①]。对比之下，我国第一支柱养老金总计约 10 万亿元，而第二支柱的企业年金仅约 1.8 万亿元，第三支柱起步相对较晚，规模上更是基本可忽略不计。这种“第一支柱独大，第二、三支柱弱小”的体系，使养老金支付完全依赖第一支柱，基本养老基金的支出压力巨大，资金的长期性、稳定性、流入和流出的可预测性降低。

因此，建立层次结构清晰、保障功能明确的三支柱养老金体系对于缓解第一支柱养老金压力，增强我国养老保障体系的可持续发展具有重要意义。为此，需要通过顶层设计和有序规划对三个支柱养老金的保障功能予以明确定

① 资料来自 OECD 发布的 Pensions at a Glance 2019。

位，例如由政府主导的第一支柱，在养老保障体系中应负责基本保障，而非充分保障。同时要大力促进第二、三支柱养老金体系更大范围的制度参与积极性，尤其是目前我国第三支柱养老金的发展尚在起步阶段，需要培育一批优秀的养老金资产管理机构，充分发挥其在产品设计、投资管理等方面的专业能力，通过以养老为目标的全生命周期产品等形式，不断丰富我国私人养老金储备。第一、二支柱养老金管理机构，尤其是基本养老基金在投资理念、投资管理架构、人才培养等方面积累的经验典范也可以为三支柱养老金体系的建设提供重要参考，同时，随着第二、三支柱养老金体系不断走向成熟壮大，第一支柱基本养老基金的支付和流出压力降低，有利于拉长资金投资期限，增强流入与流出的可预测性，为基本养老基金的投资管理回归资金本源提供更好基础。

（二）深入推进养老金投资管理机构体制机制改革

金融开放的新形势下，资产管理机构间围绕投资管理专业能力展开的机制竞争、人才竞争、产品竞争将会越来越激烈。市场化的体制机制，有助于应对当前复杂多变的资本市场。为应对新形势、新挑战，要针对投资业务发展需要，着眼基本养老基金事业长远发展，不断吸收优秀专业人才，并加强人才队伍专业训练和实践锻炼，建立与养老金投资管理机构相适应的市场化投资运营机制，激发队伍干事创业的积极性和创造性，鼓励优秀人才长期、稳定地为养老基金事业发展而贡献力量。要进一步完善以投资基准为锚、风险预算为约束、配置体系和产品体系为框架、业绩归因为依据的投资、管理、决策、考核体系，不断提升基金投资运营专业水平。要积极借鉴海外优秀资产管理机构的实践经验，充分发挥社保基金会机构优势，不断拓展多元投资能力，加强风险防控水平，实现投资精细化管理，进一步提高投资收益。

（三）推动养老金投资与资本市场发展互促共进

海外多数成熟的养老金机构参与资本市场的广度和深度较大，在全球股票、全球固定收益以及大宗商品、基础设施、私募股权、对冲基金等各类资产上的投资实践都较为普遍，其实践结果表明，相关性较弱的多资产配置模式和多元化产品策略体系确实能起到较好分散风险、提升收益的作用。为进一步提升基本养老基金投资管理的实际效益，需要稳步扩大养老基金投资范围，构建丰富的资产类别和产品策略体系。而资本市场制度建设的不断完善，产品供给体系的不断丰富，是基本养老基金构建多层次产品策略体系的环境基础。同时也需要加强培育我国养老金管理机构的投资管理能力，积极探索新的配置模式和产品策略。除了紧密跟踪、发掘市场上现有的策略产品之外，更要充分发挥主观能动性，在原始资产的基础上主动研究、创设、培育出新的适合基本养老基金风险收益特征的策略产品。

基本养老基金不断丰富资产类别和产品策略体系的投资运营实践也有利于促进我国资本市场的健康发展。作为我国资本市场的重要参与者之一，基本养老基金通过不断研究创新，积极建言献策，可以有效促进相关策略产品的发展成熟，起到培育市场的积极作用，推动我国资本市场产品体系进一步多样化发展，并形成基本养老基金产品创新与资本市场制度完善的良性互动。

分报告十一
基本养老保险基金投资：规模、约束与政府选择

历经多年争论，基本养老保险基金确定了统一受托投资模式。虽然各界几乎一致认同基金投资在经济上更为有利，但实践中却出现了基本养老保险基金投资规模远低于基本养老保险基金累计结存金额的现象。为此，本报告拟从制度视角出发，探讨相关制度约束与缺失问题。

一、引言

早在 20 世纪 90 年代，已有学者对养老保险制度可能产生的基金问题进行了探讨。中国期刊网文献检索显示，早在 1994 年，章连桥已根据《中华人民共和国劳动法》第七十四条规定，建议通过建设社会保险银行等手段，推动社会保险基金走向市场解决保值增值问题[①]。此后各界围绕基本养老保险基金是否投资问题，从保值增值、制度缺陷、潜在福利损失与制度优化等多个角度展开了探讨。

如蔡兴扬认为，建立合适的养老基金投资运营机制，确保养老基金在不断积累扩大的前提下保值与增值，是养老保障体制改革成功与否的关键[②]。此外，各界还从不同的角度探讨了社保基金存在的问题。如于洪认为，我国养老保险基金投资管理不力的根本原因在于缺乏真正独立的运营主体[③]。

关于优化投资收益的举措，胡继晔通过构建国债和银行存款投资不同组合的方法，发现 1993~2006 年全国社保基金投资组合标准差每增加 1%，可以获得 0.221% 的预期收益增加。该发现为优化当时的社会保障基金理事会投资行为提供了新的思路[④]。

新的统账结合制度在初期累计结存金额很小，即使是在运行数年后的 2000 年，全国基本养老保险基金滚存结余只有 947 亿元[⑤]。但到了 2010 年末基本养老保险累计结存已达 15365 亿元[⑥]，社保基金投资的探讨再次升温。但是，当时推动社保基金投资的努力却“折戟沉沙”，郑秉文总结道，当时社保基金投资改革主题遭到了媒体炒作，非专业化的网络表达方式占据了上风，扭转了改革进程[⑦]。此后，各界继续围绕社保基金是否应该投资展开探讨。

如韩立岩、王梅认为，如何实现养老基金的保值增值成为养老金制度改革与资本化运作的焦点问题，其比较了法定机构模式与法人投资者模式，建议我国养老基金按一

① 章连桥：《社会保险基金保值增值难的原因及对策》，《中国社会保险》1994 年第 6 期，第 18–20 页。

② 蔡兴扬：《基本养老保险基金投资运营是社会保障制度改革的重要课题》，《金融研究》1997 年第 12 期，第 57–59 页。

③ 于洪：《养老保险基金投资管理中的委托代理问题》，《财经研究》2002 年第 9 期，第 47–52、60 页。

④ 胡继晔：《社保基金投资资本市场的收益—风险研究》，《经济理论与经济管理》2007 年第 9 期，第 41–46 页。

⑤ 人力资源和社会保障部《2000 年度劳动和社会保障事业发展统计公报》，http ://www.mohrss.gov.cn/SYrlzyhshbzb/zwgk/szrs/tjgb/200603/t20060301_69895.html。

⑥ 人力资源和社会保障部《2010 年度人力资源和社会保障事业发展统计公报》，http ://www.mohrss.gov.cn/SYrlzyhshbzb/zwgk/szrs/tjgb/201107/t20110720_69907.html。

⑦ 郑秉文：《社会保险基金投资体制“2011 改革”无果而终的经验教训与前景分析》，《辽宁大学学报（哲学社会科学版）》2014 第年 42 卷第 5 期，第 1–19 页。

定的比例分别委托给全国社保基金理事会和资质养老基金专业投资机构运营[①]。

郑秉文估算了社保资金福利损失情况，认为基本养老保险在过去 20 年（1993~2012 年）中，若以企业年金基金投资收益率为参考基准，损失达 3277 亿元；若以全国社保基金投资收益为参考基准，潜在损失将近 5500 亿元；若以社会平均工资增长率作为参照，福利损失高达 1.3 万亿元[②]。

2015 年，国务院颁布了《基本养老保险基金投资管理办法》（国发〔2015〕48 号）文件，明确了基本养老保险累计结存投资模式，“由省级政府将各地可投资的基本养老保险基金归集到省级社会保障专户，统一委托给国务院授权的基本养老保险基金管理机构进行投资运营”。[③] 2016 年《全国社会保障基金条例》明确，由全国社会保障基金理事会（以下简称社保基金会）作为接受省级人民政府的委托的机构[④]。2016 年 12 月，社保基金会开始受托运营基本养老保险基金。

自基本养老保险基金统一集中投资、专业化运作原则确立以来，文献探讨主要集中在投资技术、风险控制与监管等领域。如丁建定与任志强利用模糊层次综合分析法探讨基本养老保险基金投资的五种风险[⑤]；丁怡与邓大松探讨构建最低收益担保制度，提升基金抵御风险的能力[⑥]；易沛与张伟通过探讨社保基金的投资风格是否符合长期、稳健原则[⑦]。

经过 20 余年的争论之后，无论基本养老保险基金投资的支持方还是反对方，对基金投资在经济上更为有利这一判断基本保持一致。社保基金自成立以来的年均投资收益率达 8.82%[⑧]，其一贯的稳健表现极大地打消了对投资安全性与回报水平的顾虑，各界对基本养老保险基金投资发展多持乐观态度，基本如魏霄与倪娟判断，中央批准社保基金投资运营地方养老金，将改变当下的投资约束效应[⑨]。

但遗憾的是，基本养老保险基金投资这一项明显在经济上有利的活动却并未如预期一样迅速发生。截至 2018 年末，各地实际划入委托资金本金只有 6050 亿元[⑩]。在基本养老保险基金投资两年之后，委托投资金额仅相当于基本养老保险基金累计结存（58152 亿元）的 10.4%，城镇职工基本养老保险基金累计结存的（50901 亿元）11.89%[⑪]。

相关研究的缺失留下了一个缺憾，现有研究无法解释为什么会出现基本养老基金投资规模不足问题。既然过往争论中反对投资的核心原因——资金安全性已通过社保基金会的稳健表现与风险准备金制度得到一定程度的解决，那为什么经济上有利的行为在现实中却未能如预期一般走向均衡（投资规模不足）？是什么因素在影响投资决策？

二、多重约束与制度缺失

现有研究充分论证了基本养老保险基金投资的经济性，按照经济学的逻辑，既然投资行为是有利的，那么在正常市场中该行为自然会发生（达到资源最优配置）。当交易行为没有发生时，首先会联想到是否存在类似“火车与农场问题。”

在科斯提出的一系列社会成本问题中，火车与农场问题是思考的起点。火车喷出火星，导致铁路边的农田受损，如果双方（铁路公司与农场）可以交易，那么可以通过协商，比如铁路公司付钱解决问题。如果不能交易，那

① 韩立岩、王梅：《国际养老基金投资管理模式比较及对我国的启示》，《国际金融研究》2012 年第 9 期，第 52-61 页。

② 郑秉文：《全国社会保障基金理事会管理体制的转型与突破——写在基本养老基金投资进入市场之际》，《辽宁大学学报（哲学社会科学版）》2017 年第 45 卷第 3 期，第 1-25 页。

③ 人力资源与社会保障部：国务院印发《基本养老保险基金投资管理办法》，http ://www.mohrss.gov.cn/SYrlzyhshbzb/dongtaixinwen/buneiyaowen/201508/t20150823_218734.htm。

④ 人力资源与社会保障部：《全国社会保障基金条例》，http : // www.mohrss.gov.cn/SYrlzyhshbzb/zcfg/flfg/xzfg/201604/t20160428_239052.html。

⑤ 丁建定、任志强：《基于模糊层次综合评估法的养老保险基金投资风险研究》，《社会科学辑刊》2015 年第 3 期，第 39-44 页。

⑥ 丁怡、邓大松：《构建我国基本养老保险基金投资最低收益担保制度的思考》，《湖北社会科学》2016 年第 4 期，第 106-111 页。

⑦ 易沛、张伟：《风格偏好、业绩回报与社保基金投资组合优化》，《经济与管理评论》2019 年第 1 期，第 110-121 页。

⑧ 全国社会保障基金理事会基金年度报告（2015 年度），http ://www.ssf.gov.cn/cwsj/ndbg/201606/t20160602_7079.html。

⑨ 魏霄、倪娟：《我国基本养老保险基金与金融发展间的协同效应研究》，《现代经济探讨》2016 年第 6 期，第 50-54 页。

⑩ 全国社保基金理事会：《全国社会保障基金理事会基本养老保险基金受托运营年度报告（2018 年度）》，http ://www.ssf.gov.cn/yljjtzgl/201908/t20190819_7682.html。

⑪ 人力资源和社会保障部：《2018 年度人力资源和社会保障事业发展统计公报》，http ://www.mohrss.gov.cn/SYrlzyhshbzb/zwgk/szrs/tjgb/201906/W020190611539807339450.pdf。

么双方总有一方受损①。后来，张五常在日本发现，由于火车经过发出的噪声赶走了铁路沿线农场的飞鸟，导致铁路沿线农场价格高于周边农场，火车与农场问题已不再成立②。从科斯提出阻碍交易发生的制度缺失问题，到张五常提出的制度缺失成立与否的判断，这为探讨基本养老保险基金投资规模不足问题的制度缺失与约束提供了一个分析思路。因而，首先回顾一下产权理论中的相关探讨，进而试图借助产权理论的视角构建一个分析框架。

科斯提出，只要交易界区清晰，交易成本就不存在（为零），经济当事人相互间的纠纷便可以通过一般的市场交易得到有效解决。无论最初的权利如何界定，都可以通过市场交易达到资源的最佳配置③。科斯定理被德姆塞茨归纳为：当交易费用为零时，不管权利如何进行初始配置，当事人之间的谈判会产生资源配置最优的结果；当交易费用不为零时，不同的权利配置界定会带来不同的资源配置；交易费用与不同的权利界定和分配，会带来不同效益的资源配置④。由科斯奠基的产权理论，打开了制度研究的大门。

自科斯提出产权问题之后，关于产权的界定与演化成为此后数十年探讨的焦点所在。德姆塞茨认为，产权是一种人与人之间的社会工具，其有助于帮助形成交易时的合理预期⑤。张五常在他的《佃农理论》中提出了激励契约理论。张五常发现，粮食的产出不仅取决于努力水平，也会有气候等随机因素的干扰，如何在地主和农户之间设计契约面临着一个难题：要使佃农努力工作，需要让报酬与产出高度相关，厌恶风险的佃农可能承担了过多的风险，风险在地主和佃农之间的分配是低效的；如果让相对爱好风险的地主承担一切产出波动风险，佃农获得固定的工资报酬，那么佃农又会缺乏工作的动力，生产是低效率的⑥。

Alchian 和 Demsetz 认为，产权制度是一种将权力分配给个人的方法，以便在那些不受禁止的各种商品的用途中选择用途。产权的分割与分享在不同制度下将导致的行为不同，他们得出一个判断，公有制下的决策或选择费用较少由选择者全部承担。该结论的逆命题更具参考价值，成本节约活动中得到的利益不是完全有效的⑦。

阿尔钦得出的判断实际上是一种决策问题，对此，张五常进行了总结，认为决策的产生分为两类，第一类的出发点是节省交易费用，第二类的出发点是改变财富分配⑧。

自产权理论诞生以来，产权理论的相关假定一直处在激烈的争论之中。如德姆塞茨认为科斯使用的新古典经济学中价格系统存在两个问题：一是假定价格成本为零；二是私有制和竞争性经济的有效性仅限于在无成本的情况下使用价格系统⑨。

巴泽尔认为，人对资产的产权由消费这些资产、从这些资产中取得收入和让渡这些资产的权利或权力构成。人们对资产的权利（包括自己和他人的）不是永久不变的，它们是他们自己直接努力加以保护、他人企图夺取和政府予以保护程度的函数。巴泽尔认为，产权常常不可能完整地被界定，因为完全界定产权的成本太高，因而，产权界定具有相对性且具有渐进性特征⑩。

关于产权理论，我国学者观点不尽相同。林岗与张宇认为，西方产权理论的缺陷不在于它研究了产权的法律形式，研究了交易费用、个人选择、契约关系、委托代理问题等制度现象，而在于它用个体分析代替整体分析、用交易过程代替生产过程、用法律关系代替经济关系，在于它从抽象的个人出发把个人的自由交易当作决定制度存在和发展的根本因素⑪。

曹钢认为，西方产权经济学的实质是要抓住制度与效率之间的内在联系，达到产权效率支配状态最优。马克思所有制理论和西方产权经济学，作为相连的两个阶

①③ Ronald H. Coase, “The Problem of Social Cost”, Journal of Law and Economics, October 1960（37）：1-44.

②⑧ 张五常：《卖桔者言》，四川人民出版社 1988 年版。

④ Harold Demsetz R H, “Coase and the Neoclassical Model of the Economic System”, The Journal of Law & Economics, In Markets, Firms, and Property Rights：A Celebration of the Research of Ronald Coase November 2011, 54（4）：S7-S13.

⑤ Demsetz H, “Toward a Theory of Property Rights”, The American Economic Review, 1967, 57（2）：347-359.

⑥ 张五常：《张五常经典作品：佃农理论》，中信出版社 2017 年版。

⑦ Armen A. Alchian, Harold Demsetz, The Property Right Paradigm”, The Graduate School of Business Administration of New York University, 1973, 33（1）：78.

⑨ Harold D R H, “Coase and the Neoclassical Model of the Economic System”, The Journal of Law & Economics, In Markets, Firms, and Property Rights：A Celebration of the Research of Ronald Coase, 2011, 54（4）：S7-S13.

⑩ ［以］约拉姆·巴泽尔：《产权的经济分析（第二版）》，费方域、段毅才、钱敏译，格致出版社、上海三联书店、上海人民出版社 2017 年版。

⑪ 林岗、张宇：《产权分析的两种范式》，《中国社会科学》2000 年第 1 期，第 134-145、207 页。

段，具有不同的研究定位、研究领域和研究重点，两者表现出很大的互补性[①]。

在多年的探讨之后，产权理论致力于探讨降低交易成本并提升制度的运行效率，涉及政府、企业、组织以及各方参与者，重视制度、交易和产权体系，为完善制度设计提供了一种新的理论工具，也为研究基本养老保险基金投资这样一个特殊的制度问题提供了理论视角——从产权理论的视角出发，基本养老保险基金投资不足现象，同样应存在隐含的制度约束要素，具体探讨还需要从更宏观的角度找寻切入点。

在既有研究中，刘军强的税费征收探讨为研究基本养老保险基金投资规模不足问题提供了借鉴。表面上征收社会保险并没有太多利益，究竟是什么驱使税务部门和社保部门争取征收权？刘军强认为，部门利益是影响部门决策的根本动力。一是“权”，即职权范围及对应的部门权威；二是“利”，即与权力伴生的实际利益[②]。

从更宏观的视角出发，郁建兴与高翔提供了探讨政府履行社会保障职能时的分析基础。他们认为，“属地管理”和“行政发包”是中国政府体系的典型特征，中央政府授权地方政府履行政府职能，形成了以推动经济发展为主要目标的“地方发展型政府”模式，其中财政收益最大化逐渐居于支配地位[③]。

当前基本养老基金投资理论与现实的冲突，为探讨相关制度约束与缺失提供了一个极具代表性的研究案例。张五常对决策行为的总结、阿尔钦判断的逆命题以及巴泽尔的产权界定的相对性与渐进性的论述，更对探讨具备直接的参考意义。因而，后文将基于产权理论的视角，探讨制约基本养老保险基金投资相关制度约束因素以及地方政府决策逻辑。

三、制约投资规模的制度因素

在产权研究中，虽然各界对产权明晰与交易成本的探讨存在诸多分歧，但确定已有权利是后续研究的基础。因而，关于基本养老保险基金投资问题，首先需要探讨已经存在的约束。

（一）显性约束——周转性质的资金预留

近年来探讨基本养老保险基金未投资所造成的福利损失文献中，通常直接估算所有累计结余投资得到损失结果。如景鹏与陈明俊按当年通胀率、企业年金平均收益率（7.57%）与全国社保基金平均收益率（8.37%）进行研究后认为，截至2017年底，基本养老保险基金分别损失4589亿元、23959亿元与27677亿元[④]。问题在于，不是所有的累计结存都可以用来投资。

按照养老保险政策，有一部分累计结存是无法用来投资的。《国务院关于建立统一的企业职工基本养老保险制度的决定》（国发〔1997〕26号）中已规定，“基金结余额，除预留相当于2个月的支付费用外，应全部购买国家债券和存入银行专户”。该规定几经重申，2017年的《社会保险基金财务制度》（财社〔2017〕144号）仍在重申这一规定。屡次重申表明，在当前基本养老保险基金财务管理体系下，财政专户支持对基本养老保险制度保持正常运作在部分省份至关重要（保障养老金待遇平稳发放）。

此外，其他制度例如养老保险关系转移接续也需要预留资金。2009年，国务院办公厅颁布《关于转发人力资源社会保障部财政部城镇企业职工基本养老保险关系转移接续暂行办法的通知》（国办发〔2009〕66号）建立了养老保险关系转移接续制度，直接导致劳动力流出地区面临资金持续流出局面。为此，各地试图通过财政支持解决这一问题。如在制度出台早期，江西省社保中心要求社会保险经办机构积极争取当地财政部门的支持，在基本养老保险基金支出户中预留1~2个月养老保险支付费用[⑤]。至今，江西省仍有相当于0.5个月养老金待遇支出的周转资金[⑥]。

从制度实际运行情况出发，扣除包括（不限于）上述两种周转性质的预留资金的累计结存，才是可供投资的基本养老保险基金。为了方便比较，将各省累计结存金额转化为可支付月数[⑦]，并将基金可支付月数扣除2.5个月的周转资金，再次计算扣除后占比并绘制图形，以探讨预留资金对基本养老保险基金投资规模的影响。

① 曹钢：《产权理论历史发展、两种研究定位及对〈产权分析的两种范式〉之质疑》，《中国社会科学院研究生院学报》2002年第1期，第29-40、110页。

② 刘军强：《资源、激励与部门利益：中国社会保险征缴体制的纵贯研究（1999-2008）》，《中国社会科学》2011年第3期，第139-156、223页。

③ 郁建兴、高翔：《地方发展型政府的行为逻辑及制度基础》，《中国社会科学》2012年第5期，第95-112、206-207页。

④ 景鹏、陈明俊：《基本养老保险基金投资管理困境及对策研究》，《金融理论与实践》2018年第9期，第99-103页。

⑤ 《江西：预留养老保险支出户资金》，https：//www.chashebao.com/yanglaobaoxian/2989. html。

⑥ 江西省人民政府：《江西省人民政府关于印发江西省企业职工基本养老保险基金省级统收统支实施方案的通知》（赣府字〔2019〕71号）。

⑦ 基金可支付月数＝当年度各省级统筹单位的基金累计结余金额除／年各省份实际支出金额。

数据显示，全国扣除周转金额后的可投资金额为初始累计结存金额的 81.4%；具体到各省级单位，除广东与北京等少数省份所受影响较小之外，其他省份均受到一定程度的影响，尤其是青海、辽宁、吉林与湖北等地，可投资金额上限远低于原始累计结存金额。详情如图 11–1 所示。

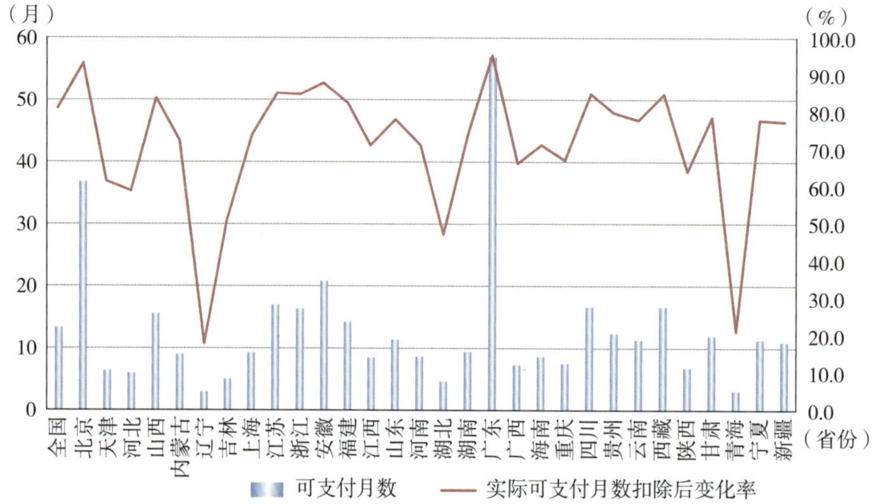

图 11–1　基金可支付月数估计（2018 年）

注：①左轴为基金可支付月数（2018）；右轴为扣除必要周转金之后的基金占原基金百分比（%）；②图中不包括黑龙江，其可支付月数为 0。

资料来源：笔者计算并绘制。

最后，虽然中国提出构建全国统一的基本养老保险制度目标已有 20 余年，但当前大多数省份并没能实现真正意义上的省级统筹[①]，在省级统筹单位内部仍存在进一步的重复预留周转基金的行为。在制度没有上升到真正意义上的全国统筹之前，不同层级的统筹单位预留资金导致降低基本养老保险基金实际可投资规模问题不可避免。总体来看，现存的规模确定（预留两个月）与规模未定（其他事项）的周转性质的预留基金，既构成了地方政府行为的约束，也确定了地方政府保留对应规模资金的权利（地方政府的选择行为详情参见后文），在当前制度安排下，其结果是降低了可投资规模总量。

（二）隐性约束——投资时间配置与收付实现制

上文分析中的周转性质的资金预留降低的可投资规模，其幅度（全国可投资总量仍有八成）并不足以解释基本养老保险基金投资不足现象，需要进一步探讨是否存在其他限制投资行为的制度因素。分析发现，财政专户采用的收付实现制与投资期限配置两项要素，将导致各地基本养老保险基金可投资规模进一步收缩，尤其是在养老金制度中长期收支并不乐观的统筹单位。

2016 年开始运营的基本养老保险基金的运作方式为，社保基金会和各委托省（自治区、直辖市）人民政府签署委托投资管理合同，对形成的基本养老保险基金实行单独管理、集中运营、独立核算[②]。委托期限原则上是五年，如有特殊情况经人力资源和社会保障部与财政部批准后可以核准为三年。目前已委托投资的省份全部选择了默认的五年委托期[③]。

各级统筹单位存放于财政专户中的社保基金采用预算式管理，记账方法为收付实现制。由于收付实现制以款项是否已经收到或付出作为计算标准来确定本期收益和费用，这一方法意味着如果发生养老保险基金投资行为，将为不同时期（投资与回收的不同年份）带来大笔的费用（投资年份一次计算）与收益（回收年份一次计入），对社保制度日常运行而言相当于一次冲击。

① 人社部部长张纪南近日接受官方媒体采访时表示，目前 13 个省份已实现基金省级统收统支，详情参见 http://www.chinanews.com/cj/2020/01-03/9050002.shtml。

② 全国社保基金理事会：《全国社会保障基金理事会基本养老保险基金受托运营年度报告（2018 年度）》，http://www.ssf.gov.cn/yljjtzgl/201908/t20190819_7682.html。

③ 人社部汤晓莉：《养老金发展要研究解决四大问题》，《中国证券报》，http://www.cs.com.cn/xwzx/hg/201812/t20181228_5909836.html。

作为一种追求短期横向平衡的会计记账方法，收付实现制与追求长期纵向平衡的社会保障基金的运行逻辑上存在着内生冲突。由于各地需要对养老基金运行平衡负责，这导致制度的中期运行结果可能影响即期投资决策。如果投资期内存在制度累计结存小于必要周转资金预留的情况（无论出现在哪一个时间节点），无论当期有多少累计结存也无法用于投资①；相反，投资期间制度运行良好却无法提升投资规模——当期可投资金额并不会凭空增加②。

以社保基金会委托投资默认的五年期限为例，分别计算2019~2024年度各省级统筹单位基本养老保险基金可支付月数情况。数据显示，随时间的推移，多数省级统筹单位基本养老保险收支情况在逐步恶化，尤其是山西、浙江、江西、山东、湖北、陕西、甘肃与宁夏等地。由于基本养老保险基金封闭运行，未来五年中可支付月数降低到3个月以下的12个省级统筹单位，无论它们当前累计结存规模有多少，其在当前制度安排下将不存在可供投资的基金（制度已无法在预留周转基金的情况下在整个投资期内保持平衡）。显然，这将再一次降低可投资基金规模。详情如表11-1所示。

表11-1　基本养老保险基金可支付月数估计（2019~2024年）

单位：月

省份	2019年	2020年	2021年	2022年	2023年	2024年
全　国	12.3	11.5	11.2	11.2	11.1	10.9
北　京	47.1	50.8	55.9	61.0	66.1	71.2
天　津	9.9	10.3	11.4	12.9	14.6	16.5
河　北	5.6	5.5	5.8	6.4	7.1	7.9
山　西	16.3	13.6	11.0	8.3	5.4	2.3
内蒙古	—	—	—	—	—	—
辽　宁	—	—	—	—	—	—
吉　林	—	—	—	—	—	—
黑龙江	—	—	—	—	—	—
上　海	4.6	3.6	3.2	3.2	3.5	3.7
江　苏	12.7	11.4	10.7	10.5	10.3	9.7
浙　江	7.5	4.4	1.7	0	0	0
安　徽	18.6	17.7	17.0	15.9	14.3	12.6
福　建	18.8	20.6	23.3	26.4	29.3	31.6
江　西	4.8	3.8	3.1	2.6	2.1	1.3
山　东	5.6	3.4	1.6	0.1	—	—
河　南	10.0	9.2	8.7	8.3	7.9	7.4
湖　北	4.6	3.8	3.4	3.2	3	2.7
湖　南	17.9	18.9	20.4	22.0	23.4	24.9
广　东	58.9	62.4	67.7	74.0	80.9	87.5
广　西	5.7	5.7	6.5	8.1	10.3	12.9
海　南	16.1	17.3	18.9	20.3	21.6	23
重　庆	11.6	11.2	11.2	11.3	11.2	10.9

① 这一判断对不同财力的地方政府约束作用不同。简单来说，地方政府为养老基金提供财政补贴的能力越强，越有能力不受这一约束影响。但现实情况是，绝大多数基金收支不平衡的地区财政补贴能力不足，因而该制约在大部分情况下有效，特此说明。

② 五年期限所导致的问题还有长期资金短期化问题。短期化投资将导致投资收益降低，进而影响长期决策。由于后者对短期可投资理论上限影响有限，故本报告不展开探讨。

续表

省份	2019 年	2020 年	2021 年	2022 年	2023 年	2024 年
四 川	13.5	13.1	13.2	13.2	13.1	12.7
贵 州	26.1	27.9	30.6	33.9	37.1	40.3
云 南	26.5	28.6	31.9	35.7	39.9	44.7
西 藏	67.1	77.6	90.9	106.1	122.5	140.9
陕 西	6.3	5.2	4.4	3.7	2.9	2.1
甘 肃	5.4	3.9	2.8	2	1.2	0.4
青 海	—	—	—	—	—	—
宁 夏	4.6	2.5	0.7	—	—	—
新 疆	30.7	31	32.3	33.6	34.4	34.6

注：可支付月数由历年累计结存除以下年度预计支出计算得出，当该省级统筹单位养老保险结存降低为 0 或负值时不再计算可支付月数。本表中不包含 2018 年下半年开始实施的中央调剂金制度，特此说明。

资料来源：笔者估算。

表 11-1 显示，各省级统筹单位在投资能力方面分为三种不同类型：

第一类是没有可供投资资金的省级统筹单位[①]。黑龙江、吉林、辽宁、内蒙古、青海这五个省级统筹单位在 2019 年时基金可支付月数已经为 0，宁夏、山东与浙江三个省级统筹单位在未来五年内基金可支付月数将下降到 0，甘肃、江西、湖北与陕西四个省级统筹单位未来五年内基金可支付月数将下降到 3 个月以内，再考虑到预留资金要素，上述省级统筹单位基本没有可供投资的资金。

第二类是投资资金规模有限的省级统筹单位，包括上海、安徽与河南三地。他们虽然有一定规模的可投资资金，但规模在持续下降。随着时间的推移，三者也将步入第一类省级统筹单位的行列。

第三类省级统筹单位是投资的主力，他们基金收支总体保持平稳，部分地区如广东与北京累计结存规模日渐增大，两地 2018 年累计结存金额已接近全国累计结存的 40%[②]。

总的来说，隐性约束与显性约束是社保基金投资过程中需要面对的共同问题，其在规范地方政府社会保障基金存放行为的同时，也赋予了各地预留基金的权利，对基本养老保险基金投资而言则相当于降低了可供投资规模。不过，上述约束对三类省级统筹单位影响并不相同，这也是后文将继续探讨的。

四、影响地方政府基本养老保险投资决策的因素

截至 2018 年底，有 17 个省级统筹单位进行了委托投资：2017 年广西、北京、河南、云南、湖北、上海、广西、安徽八个省份签订了委托投资协议，2018 年浙江、江苏、西藏、四川、甘肃、重庆、广东、新疆等九个省份签订了委托投资协议[③]。

（一）中央调剂金制度的影响

在前文的分析中，浙江、湖北与甘肃三个省级统筹单位，理论上并没有可供投资的累计结存，但是三地却做出了投资的决策[④]。由此产生了两个疑问：三地决策是否属于张五常提出的第二类决策，即旨在改变财富分配的决策（基金失衡可能获得中央财政补贴）？是否符合郁建兴和高翔提出的地方政府以财政收益最大化为主要目标的判断[⑤]？

按照惯例，中央财政对符合规定的社会保障项目，为西部地区提供 100% 补贴，中部地区提供 50% 的补贴，东部地区不提供补贴。三地刚好分属东中西部地区，如果基本养老保险制度收支失衡，只有湖北和甘肃有可能获得中央财政补贴，浙江不可能获得中央财政补贴。因而，三

① 计算假定当前制度不发生变革，并且不考虑中央调剂金制度的影响。关于中央调剂金制度的影响分析详见后文。特此说明。

② 高庆波：《中国养老金发展指数（2018）》，《经济研究参考》2019 年第 14 期，第 22-36 页。

③ 原文中只有 16 个省，特此说明。资料出自人社部汤晓莉：《基本养老金委托投资到账资金 6050 亿元》，《中国证券报》，http：//www.cs.com.cn/sylm/jsbd/201812/t20181228_5909835.html。

④ 翻遍各公开资料，找不到实际投资到账金额。特此说明。

⑤ 郁建兴、高翔：《地方发展型政府的行为逻辑及制度基础》，《中国社会科学》2012 年第 5 期，第 95-112、206-207 页。

者不可能同时符合财政收益最大化目标的判断，也不可能全部属于以改变财富分配情况为出发点的决策，仍需从制度因素方面探寻影响地方政府决策的原因。

从制度设计的角度出发，改变地方政府对收益预期的因素，首推近年建立的基本养老保险基金中央调剂基金制度（后文简称中央调剂金）。中央调剂金由各省份养老保险基金上解的资金构成，按照各省职工平均工资的90%和在职应参保人数作为计算上解额的基数，上解比例从3%起步；中央调剂金实行以收定支，当年筹集的资金按照人均定额拨付的办法全部拨付地方[①]。中央调剂金制度自2018年7月1日起开始实施，当年调剂基金总规模为2422亿元[②]。2019年，企业职工基本养老保险基金中央调剂比例提高到3.5%，基金调剂规模为6303亿元[③]。

在此，假定中央调剂金上解比例按照每年0.5%的速度提升，计算得到引入中央调剂金制度后的各省份累计结存可支付月数。数据显示，甘肃和湖北因受益于中央调剂金制度，在投资决策期内（2018~2023年），已从第一类转化为第二类省级统筹单位，具备了投资的可能性。

浙江的情况有所不同。虽然浙江同样受益于中央调剂金制度，但基本养老保险基金累计结存可支付月数仍将在第三年降到3个月以下，仍属于第一类省级统筹单位。不过，浙江的城乡居民基本养老保险运作良好，2016年城乡居民基本养老保险基金总收入150.09亿元，基金总支出143.62亿元，基金年末滚存结余150.8亿元，同比增长4.5%[④]。详情如表11-2所示。

表11-2　引入中央调剂金制度后基本养老保险累计结存可支付月数概况（2019~2024年）

	可支付9个月以上						可支付3个月以下					
	2019年	2020年	2021年	2022年	2023年	2024年	2019年	2020年	2021年	2022年	2023年	2024年
1	西藏	西藏	西藏	西藏	西藏	西藏	内蒙古	山东	浙江	浙江	浙江	甘肃
2	广东	广东	广东	广东	广东	广东	吉林	上海	宁夏	宁夏	宁夏	浙江
3	北京	北京	北京	北京	北京	北京	辽宁	内蒙古	山东	山东	山东	宁夏
4	新疆	新疆	新疆	新疆	新疆	新疆	青海	吉林	上海	上海	上海	山东
5	云南	云南	云南	云南	云南	云南	黑龙江	辽宁	内蒙古	内蒙古	内蒙古	上海
6	贵州	贵州	贵州	贵州	贵州	贵州		青海	吉林	吉林	吉林	内蒙古
7	安徽	安徽	安徽	安徽	安徽	安徽		黑龙江	辽宁	辽宁	辽宁	吉林
8	湖南	湖南	湖南	湖南	湖南	湖南			青海	青海	青海	辽宁
9	山西	山西	山西	山西	海南	海南			黑龙江	黑龙江	黑龙江	青海
10	海南	海南	海南	海南	福建	福建						黑龙江
11	福建	福建	福建	福建	四川	四川						
12	四川	四川	四川	四川	重庆	重庆						
13	重庆	重庆	重庆	重庆	江苏	天津						
14	江苏	江苏	江苏	江苏	河南	河北						
15	河南	河南	河南	河南	天津	广西						
16	天津	天津	天津	天津	河北	江苏						
17					广西	河南						
18					山西	湖北						

注：省级统筹单位中未包含新疆生产建设兵团。

资料来源：郑秉文等：《养老金精算报告2019-2050》，中国劳动出版社2019年版；笔者根据相关内容计算编制。

① 中华人民共和国人民政府网，国务院印发《关于建立企业职工基本养老保险基金中央调剂制度的通知》，http：//www.gov.cn/xinwen/2018-06/13/content_5298321.htm。

② 人力资源和社会保障部：《2018年度人力资源和社会保障事业发展统计公报》，http：//www.mohrss.gov.cn/SYrlzyhshbzb/zwgk/szrs/tjgb/201906/W020190611539807339450.pdf。

③ 人社部：《2019年末基本养老保险基金累计结存62873亿》，http：//news.sina.com.cn/c/2020-06-05/doc-iirczymk5393935.shtml。

④ 浙江省人力资源和社会保障厅：《2016年度浙江人力资源和社会保障事业发展统计公报2016》，http：//www.zjhrss.gov.cn/art/2017/5/31/art_1390154_14360279.html。

数据显示，中央调剂金制度明显改善了地区间基本养老保险收支不平衡的现状。在制度实施后，第一类省级统筹单位数量有所减少，第三类省级统筹单位数量有所增加。不过，中央调剂金制度虽然改善了基本养老保险基金地区间收支不均衡问题，但短期内却并不会增加可投资总量——其既不改变制度征缴收入，也不改变制度支出，中央调剂金制度对基本养老保险基金的总体影响偏向于提升既有资金的使用效率，并显著改变各地政府对基本养老保险基金收支情况的预期。

（二）累计结存性质的认知分歧

在产权理论研究中，产权明晰是一项重要的基础工作[①]，在养老保险基金投资问题中，产权明晰首先需要明确累计结存的性质。但遗憾的是，累计结存性质问题在国发〔2015〕48 号文件中并未找到答案——其不仅没有明确参与投资的基本养老保险基金的性质，也没有明确投资收益的使用方式。由于权利界定远未完成，极大地影响了地方政府的决策行为。

中国养老保险制度由两部分组成，一部分是社会统筹（现收现付制），另一部分是个人账户（名义账户），各界对养老保险累计结存归属存在明显的认知分歧。关于这一问题，以杜乐其和刘志国为代表的学者们认为，统筹账户结余有限，且即使结余存在，统筹账户基金也应为参保人所共有，而个人账户基金所有权当然完全归属于个人[②]。历史上支持做实个人账户的学者多持此观点[③]。

在基本养老保险基金投资规模的决策中，地方政府占据主导地位。在笔者历年来与多地相关部门政府工作人员进行的社保基金投资相关主题座谈时发现，无论实际累计结存规模大小，各地社保部门多支持累计结存应归属于个人账户的提法。如有地方人员直接表示："累计结存这个说法本身就不准确，当前只有个人账户有明确的计算方式，对应着明确的个人账户规模，扣除这部分之外（个人账户积累），剩下的才是社会统筹部分的结余。"[④]

在实践中，企业职工基本养老保险制度累计结存金额规模存在着三个极为近似的数据：一是全国累计结存金额与历年财政补贴总额大体相当，20 年来各级财政补贴总额为 4.1 万亿元，而当年累计结存为 4.3 万亿元[⑤]；二是累计结存与个人账户记账总额大体相当。2014 年末基本养老保险基金累计结存 3.6 万亿元，同期个人账户空账规模同为 3.6 万亿元[⑥]。既然累计结存、财政不同以及个人账户记账金额三者规模高度接近，那么累计结存到底应该归属于谁？

需要注意的是，虽然基本养老保险基金总量上存在三个近似，但是，财政补贴虽与累计结存金额相当，但有大量累计结存的地区恰恰没有享受财政补贴；个人账户记账规模虽与累计结存总量接近，但有大量累计结存的地区的个人账户记账规模要远小于当地累计结存总量。

地方政府对基本养老保险基金累计结存性质认定的担忧，更多的是体现在财政补贴和累计结存总额相近这一问题上。有观点认为，"累计结存其实就是财政补贴的另一种形式"，如果基于这一判断进行累计结存投资，那么无疑将剥夺地方政府现有权利。地方力主的累计结存性质应为个人账户积累金额的优势在于，基本养老保险个人账户资金具有私有属性，这一属性有助于各地继续保管相关资金。在中央政府近年来持续推进基本养老保险基金全国统筹的大背景下，各地对中央政府收回资金保管权限的担忧日益强烈。

总之，累计结存性质不清问题可能导致地方政府存在不同的判断，并对中央政府可能采取的举措有着不同的认知，进而影响其决策行为。事实上，从各地历年来累计结存规模变化速度可知部分省级统筹单位已经采取措施改变累计结存规模，这必然改变投资决策[⑦]。

（三）基本养老保险基金投资决策的外部性分析

前文对产权的逐步确定的进程基本解释了制度约束原因导致的基本养老保险基金投资总规模缩减，以及第一类省级统筹单位的行为模式，但对第三类省级统筹单位投资

① Harold D R H, "Coase and the Neoclassical Model of the Economic System", The Journal of Law & Economics, In Markets, Firms, and Property Rights：A Celebration of the Research of Ronald Coase，2011，54（4）：S7–S13.

② 杜乐其、刘志国：《基本养老保险基金投资运营模式构建——以基金所有权为视角》，《财经科学》2012 年第 7 期，第 1–9 页。

③ 不支持做实个人账户的学者多从个人账户空账出发，基于"艾伦条件"等相对收益判断，认为不做实个人账户是更为理性的选择。不过，这些学者很少探讨累计结存的性质问题（按其观点也无须探讨）。特此说明。

④ 2014~2015 年，笔者曾受托前往各地调研累计结余事项。在各地调研中，这一表述极具典型性。由于内容不便公开，故省去调研地区与发言人相关信息。

⑤ 数据分别出自：《人力资源和社会保障事业发展统计公报 2018》，《社会保障绿皮书：中国社会保障发展报告（2019）No.10》。

⑥ 人社部：《中国劳动保障发展报告（2016）》，转引自搜狐网，《养老金个人账户空账规模近 3.6 亿，入不敷出》，https ://www.sohu.com/a/115187090_442483。此后，人社部不再发行中国劳动保障发展报告。特此说明。

⑦ 浙江省已经从累计结余大省转为了第一类省级统筹单位。详情参见：高庆波：《中国养老金发展指数（2018）》，《经济研究参考》2019 年第 14 期，第 22–36 页。

规模不足问题的解释力度仍有所欠缺。数据显示，当前社保基金会与地方签订的8580亿元基本养老保险基金委托合同中，北京委托投资规模为2000亿元，江苏和广东各是1000亿元，上海两年分两次共签署600亿元合同[①]。各地委托金额，尤其是广东和北京的委托金额，远低于当地累计结存总量。类似省份的投资决策逻辑，更多的是体现在当地整体发展的考量上，而不是局限在基本养老保险基金投资单一领域。

在当前的中央地方财权事权分配关系下，社会保障制度的最终责任事实上已经落到（部分落到）东中部地方政府身上——当社保制度出现收支失衡现象时，由于没有（缺少）中央财政补贴，需要地方政府动用财政资源加以弥补。换言之，东中部地区的基本养老保险基金投资决策需要在比较投资收益与其他预期收益的基础上进行。

为了降低投资收益的不确定性，当前所有委托投资基本养老保险基金均选择了有保底收益的委托合同[②]。显然，这将进一步降低未来的投资收益水平。数据验证了上述判断，2017年基本养老保险基金投资收益额为87.83亿元，投资收益率为5.23%，其中已实现收益率4.55%。2018年基本养老保险基金权益投资收益额为98.64亿元，投资收益率为2.56%，其中已实现收益率3.81%[③]。

与当前并不具备太大吸引力的基本养老保险基金的投资回报水平相比，地方政府在国发〔2015〕48号文件出台之前采用的行为模式，对应的回报由一个体系组成。按照科层制的基本逻辑，由于基本养老保险累计结存掌握在各级地方政府手中，因而地方政府自然具备了相应的"权"与"利"。长期以来被广为诟病的社保基金投资收益过低问题，反过来看，可以理解为地方政府选择通过将累计结存以活期存款的方式长期存在地方商业银行的行为，换取本地综合发展。

在基本养老保险基金投资之前，地方政府可以获得两份直接收益，一是按照社保基金财务管理规定运作产生的基金收益[④]，二是通过分享经济增长的方式获得财政收入。除此之外，将基本养老保险基金低息存放于地方金融体系以支援地方经济发展的举措，既可以促进地方金融主体发育，又有利于政府与地方经济活动主体获得金融机构的信贷支持，还可以将地方政府短期无法支配的、只能存放于地方财政专户中的固定资金转化为实际可见的财政收入增长，这种多维度的收益组合与社保基金会的单纯投资收益相比，谁更具吸引力一目了然。这也符合阿尔钦提出的逆命题，降低成本的收益在决策时未必完全有效[⑤]。

除此之外，地方政府基本养老保险基金投资决策问题还面对着一个更直接的风险——对地方商业银行系统的冲击。如果在短时间内快速抽调资金，甚至会对部分地方商业银行带来系统性风险。这一问题也是在社保基金投资政策出台之前部分地方政府所强烈担心的问题。为此，他们提出了"资金不出省"的建议。

总体来看，从产权角度出发，当前基本养老保险基金投资的外部性明显高于直接投资的收益。与其说地方政府基本养老保险基金投资决策不够理性，还不如说它们是从整个地区发展的角度来看待基本养老保险基金投资决策，而不是仅考虑基本养老保险基金投资自身的经济回报。从这个意义上讲，基本养老保险基金投资决策已经在某种程度上成为地方政府的总体决策的一个组成部分。在当前制度条件下，无论是资金的归集难度与系统性风险应对，还是潜在福利损失，都不支持第三类省级统筹单位迅速做出快速足额投资的决策。

五、结论与建议

在基本养老保险基金投资问题上，地方政府既是全国总体基金投资政策的接受者，也是当地基金投资规模的决策者，还是当前基金利益的直接相关者。从产权理论角度出发，一项经济上明显有利的交易（基本养老保险基金投资）在现实中没能发生（未达到最优配置）的事实表明，其中必然存在着隐性的制度约束因素。投资规模不足问题，既体现了当前确定的制度安排所带来的约束效应，也体现了权利界定不清晰乃至制度缺失导致的隐性制约，还体现了各方立场偏差。

本报告认为，导致基本养老保险基金投资规模不足的主要因素包括：一是制度约束，周转性质的资金预留以及

① 人社部汤晓莉：《养老金发展要研究解决四大问题》，《中国证券报》，http ://www.cs.com.cn/xwzx/hg/201812/t20181228_5909836.html。

② 全国社保基金理事会：《全国社会保障基金理事会基本养老保险基金受托运营年度报告（2018年度）》，http ：//www.ssf.gov.cn/yljjtzgl/201908/t20190819_7682.html。

③ 资料来源：《全国社会保障基金理事会基本养老保险基金受托运营年度报告（2017年度）》《全国社会保障基金理事会基本养老保险基金受托运营年度报告（2018年度）》《全国社会保障基金理事会社保基金年度报告（2018年度）》。详情参见 http ：//www.ssf.gov.cn/。

④ 历史上的社保基金收益率（投资之前）大体和当年CPI相当。

⑤ Armen A. Alchian，Harold Demsetz，" The Property Right Paradigm"，The Graduate School of Business Administration of New York University，1973，33（1）.

统筹层级低导致的重复预留将导致 20% 的投资规模缩减；二是收付实现制与基本养老保险制度长期运行之间的隐性冲突，导致制度中长期不利运行结果直接影响短期决策，再次降低基金可投资规模；三是中央调剂金制度的多重效应将对地方政府决策行为产生影响；四是地方政府履行社会保障职能决策目标构建在多维目标体系中，缺失的产权安排导致地方政府不能只考虑基金投资自身的经济性。

针对当前基本养老保险基金投资存在的主要问题，从由易到难的顺序建议如下：一是利用信息化技术优化当前业务流程，以提升资金使用效率并缩减周转性质资金规模；二是建议优化社保基金会受托运营流程，使制度既能保证投资的长期性，又具备一定的灵活性；三是建议提升统筹层次以缩减重复预留资金规模；四是明晰中央和地方之间的社会保障财权与事权，减少阻碍地方政府投资的潜在约束。

未来十年，基本养老保险基金累计结存金额仍将快速攀升并达到历史高位。在人口老龄化压力日渐增大且经济增长放缓的情况下，面对基本养老保险基金投资决策中因制度设计因素导致的多重制约以及相关权利界定不清晰导致的制度缺失问题，明晰相关方的权利与义务有助于缓解基金投资规模不足问题，并提升统筹层次与明晰相关制度安排，尽力消除基金投资中的各种制度约束，以从源头上提升基本养老保险制度的财务可持续性。

分报告十二 养老保险基金投资监管：制度变迁与模式选择

一、基本养老保险基金投资监管：制度与功能变迁

1997年，国务院颁布了《关于建立统一的企业职工基本养老保险制度的决定》，中国基本养老金制度下的养老基金，随着时间的推移越来越多——截至2019年末，全国参加基本养老保险人数96754万人，基本养老保险基金累计结存62873亿元，企业年金基金累计结存17985亿元[①]。

在制度的演进过程中，对基本养老保险基金投资的争论持续多年，直到2015年《基本养老保险基金投资管理办法》（国发〔2015〕48号）颁布，相关探讨开始更多的聚焦在是否投资以外的主题上。在既有文献中，对社会保障基金监管研究多从各国养老保险制度改革入手，探讨养老保险基金投资过程中建立有效的监管体系[②③]。

（一）养老金监管侧重：从职能到市场

从养老金制度发展的历程来看，各国监管制度与法律是与养老金制度实践相伴而来的。养老金制度与监管相伴而来的典型案例包括：美国《社会保险法》（1935）与《雇员退休收入保障法案》（1974）；英国《金融服务法》（1986）和《养老保险法》（1994）；阿根廷两次养老金制度改革的代表文件《综合养老金计划》（1994）以及《统一养老金计划》（2008）等，在制度演变的同时，监管的内容也随着制度的变化有着明显的不同。

不过，在养老金制度诞生以来的很长时间中，只有现收现付的养老金制度。在这样的情况下，早期的监管主要围绕养老金制度的职能进行监管，侧重于考察制度运行的合规性。但从个人账户制度诞生后，尤其是在人口老龄化日益加深的情况下，养老保险制度监管的重心开始逐步转移，基金监管工作日益为所有人所重视。

在人口老龄化日益加深的情况下，尽管各国养老金制度不尽相同，养老基金的规模却在以各种不同的形式日渐增多，当前世界的养老金制度正发生着深刻的改变，相应的监管也在改变。按照国际社会保障协会（ISSA）的观点，影响监管的主要因素包括：人口结构变化、制度变迁、欺诈、监管权力不足以及信息技术创新的应用[④]。为此，ISSA提出了养老金监管的五个原则：责任明晰、公开透明、可预期、可参与及动态性[⑤]。

① 人社部：《2012年度人力资源和社会保障发展统计公报2019》，http://www.mohrss.gov.cn/SYrlzyhshbzb/zwgk/szrs/tjgb/202006/W020200608534647988832.pdf。

② 孙韡华：《社保基金监管研究综述》，《企业导报》2010年第10期，第31页。

③ 高庆波，《基本养老保险基金投资：规模、约束与政府选择》2020年第8期，第116-127页。

④ ISSA: High Performance in Social Security Administration by Innovation, Change Management and Risk Management Summary of Findings 2008-2010, World Social Security Forum 30th ISSA General Assembly, Cape town, 29 November – 4 December, http://www.issa.int/Resursy/Conference-Reports/High-Performance-in-social-security-administration-by-innovation-change-management-and-risk-management.

⑤ ISSA：Good Governance Guidelines for Social Security Institutions, http://www.issa.int/Resources/ISSA-Publications/Good-Governance-Guidelines-for-Social-Security-Institutions.

经合组织（OECD）私营养老金工作组在《私营养老金规范和监管的 15 个原则》中提出了监管的原则：合规性、财务控制、精算控制以及对执行人的控制。此外，需要建立一定的监管机构，按照一定的投资准则，保证实现社保基金投资的两大准则：安全性和收益性①。

当前，养老基金投资面临着安全性、流动性和投资风险三大问题，还存在委托代理风险。为了减少上述问题，需要养老基金投资监管发挥作用，监管也是养老金制度自身发展的重要纠偏手段。

（二）两类养老金制度对基金监管的需求演进

在传统的现收现付制养老保险制度中，制度追求的是短期平衡，并不存在基金结余。下面利用新古典经济学的世代交叠（OLG）模型为例展开分析。世代交叠模型又称代际交叠模型或戴蒙德模型，由阿莱（Allais，1947）、萨缪尔森（Samuelson，1958）提出，戴蒙德（Diamond，1965）将其与索罗模型（Solow）模型融合，建立了沿用至今的 OLG 模型框架。

OLG 模型假定个人生存于有限期界内，两期则假定为青年时期和老年时期，一个世代的青年人与上一世代的老年人在同一时间段内同时存在。假定劳动增长率为 n，技术进步率为 g（两者外生给定），除储蓄率 s 为内生变量以外，其余使用了 Solow 模型的相关设定与结论。

根据世代交迭模型，构建一个简单的二阶 OLG 现收现付养老保险模型。设定：老年人口为 N_r；工作人口为 N_w，老年人平均养老金收益为 P，工作一代平均缴纳的养老保险金为 O，W 为平均工资，α 为缴费率：($O_t = \alpha \times W_t$)，则有：

$$N_r \times P = N_W \times (\alpha \times W) \quad (12\text{-}1)$$

$$\frac{N_r}{N_w} = \frac{P}{\alpha \times W} \quad (12\text{-}2)$$

等式左侧为制度内扶养比。

$$\frac{P}{W} = \alpha \times \frac{N_r}{N_w} \quad (12\text{-}3)$$

等式左侧为养老金替代率。

根据现收现付制度特征，式（12-1）中当期的收入等于当期的支出，也就是资金时刻保持平衡。如果政府意图提供一个稳定的养老金替代率，在缴费率不变的情况下，需要制度内人口扶养比为常数；或者不断地根据人口结构调整缴费率以及养老金收益率。

自从智利开创了个人账户养老金制度以来，基金积累成为新的问题。个人账户制度实质上是一个有税收优惠的强制储蓄，按照定义，设定：个人账户缴费率为 α；初始参加工作的工资为 Y；工作年限为 t 年；投资收益率为 r，工资增长率为 g。计算得到参保者累计缴费成本现值为：$\alpha Y \sum_{i=0}^{t-1} (1+g)^i (1+r)^{-i}$。从该表达式中可知，个人账户制度从制度建立之时开始就存在基金，而且随着参保者数量的增加、缴费时间的增长而累积起巨量的养老基金。

随着人口老龄化程度的加深，对现收现付制度而言，意味着更多的财政压力。在这种情况下，现收现付制养老保险制度需要为未来更多的老年人口储备资金，不管这种储备是以何种形式存在。总的来看，随着养老金制度的发展演化，世界养老金监管制度发展的特征，也从职能型监管向市场化、专业化方向（基金监管）演化。

二、基本养老保险监管的发展演进

中国基本养老保险制度监管历程，和其他国家的养老监管演化进程的前半段相近。在统账结合的养老保险制度构建之初，政府并没有考虑养老基金的累计结余迅速增加的问题。对养老资金的监管，则分散于人力资源和社会保障部基金监督司与全国社保基金理事会、财政部、审计署和纪委等多个部门。随着“统账结合”基本养老制度的不断发展，中国基本养老保险监管也经历了从职能监管为主向多功能监管过度的历程。

（一）中国社会保险基金监管制度的主要发展历程

1997 年的《国务院关于建立统一的基本养老保险制度的决定》（国发〔1997〕26 号）提出：“抓紧制定企业职工养老保险基金管理条例，加强对养老保险基金的管理。基本养老保险基金实行收支两条线管理，要保证专款专用，全部用于职工养老保险，严禁挤占挪用和挥霍浪费。基金结余额，除预留相当于 2 个月的支付费用外，应全部购买国家债券和存入专户，严格禁止投入其他金融和经营性事业。要建立健全社会保险基金监督机构，财政、审计部门要依法加强监督，确保基金的安全。”② 这是新制度基金监管的起点，规定了财务制度以及投资方向。

1999 年的《社会保险费征缴暂行条例》规定：“国务院劳动保障行政部门负责全国的社会保险费征缴管理和监

① OECD，The Fifteen Rules for Regulation on Supervision of Privater Pension Schemes，http://www.oecd.org/finance/private-pensions/2403207.pdf.

② 人力资源和社会保障部：《国务院关于建立统一的基本养老保险制度的决定》，http://w1.mohrss.gov.cn/gb/ywzn/2006-02/16/content_106876.htm。

督检查工作；社会保险基金实行收支两条线管理，由财政部门依法进行监督。审计部门依法对社会保险基金的收支情况进行监督。”[①] 此后，财政部的财务监管和审计署的审计监督得到明确。

1999 年，颁布了关于印发《社会保险基金财务制度》的通知，对社保基金预算、筹集、支付、管理、决算、监督检查等做出规范，强调社保基金纳入单独的财政专户，实行收支两条线管理，专款专用，任何地区、部门、单位和个人均不得挤占挪用，也不得用于平衡财政预算[②]。这一文件实际上是《社会保险费征缴暂行条例》的执行版本。

2001 年，《社会保险基金行政监督办法》颁布。文件规定：由劳动保障行政部门对社保基金收入户、支出户、财政专户等社保基金收支和结余情况进行监督[③]，并就社保基金监督的方式、程序及监督机构与人员在履行职责时享有的权利做出了规定。需要指出的是，这一文件侧重的仍是收支的“合规性”。

此后，《社会保险基金监督举报工作管理办法》颁布，其中规定：县以上劳动保障部门负责受理和办理社保基金监督举报，包括受理当面举报和开设社保基金监督举报电话，在全国形成监督网络[④]。此外，在社会监督工作方面，《关于开展社会保险基金社会监督试点的意见》（人社部发〔2012〕98 号）与《关于确定社会保险基金社会监督试点地区的通知》（人社厅发〔2013〕20 号），两个文件旨在引导社会各方有序地参与社会保险基金社会监督。

2017 年的《社会保险基金财务制度》（财社〔2017〕144 号），在新的时代明确了不同部门的监管职责。一是社保经办机构应当建立健全业务、财务、安全和风险管理制度，定期向社会公告基金收支、结余和收益情况，接受社会监督；二是财政部门应当建立健全财政专户风险管理制度，定期向社会公告管理、存储结构、收益等情况，接受社会监督；三是社会保险行政部门对社会保险基金的收支、管理和投资运营情况进行监督检查，发现存在问题的，应当提出整改建议，依法做出处理决定或者向有关行政部门提出处理建议；四是财政部门、审计机关按照各自职责，对社会保险基金的收支、管理和运营情况实施监督。

此外，基本养老保险制度监管相关原则在各大法律中也有相应规定：如《中华人民共和国劳动法》中规定：“社会保险基金经办机构依照法律规定收支、管理和运营社会保险基金，并负有使社会保险基金保值增值的责任。社会保险基金监督机构依照法律规定，对社会保险基金的收支、管理和运营实施监督。社会保险基金经办机构和社会保险基金监督机构的设立和职能由法律规定。任何组织和个人不得挪用社会保险基金”[⑤]；《中华人民共和国社会保险法》用了一章对社会保险监督进行了规范[⑥]。此外，《中华人民共和国预算法》《财政违法行为处罚处分条例》也成为当前监管体系的主要法律依据。总的来看，当前基本养老保险基金投资监管格局如同整体制度监管相似，仍旧分散在各个部门。

（二）基本养老保险基金投资监管的环境分析

养老基金投资监管是养老基金监管的一部分，其目标与制度设计均受到养老金制度设计的影响，也深受投资模式的影响，并受到财政、金融市场诸多因素的约束。从这个角度来看，养老基金投资监管需要直面风险与收益问题以及信息不对称问题，需要更多的跨专业合作。

从当前中国的基本养老保险基金投资的养老金制度环境与资本市场环境的发展现状来看，基本养老保险基金投资监管面临的局面相当复杂。一是养老基金本身是在基本养老保险制度变革中形成的，人口老龄化的压力使现收现付制的养老金制度需要储备资金，由此产生了各种主权养老基金、养老储备金项目；二是中国的基本养老保险制度自身仍在发展之中，在一个变革的制度环境之中构建的养老保险基金投资监管制度，无疑面临着巨大的挑战。

从资本市场环境来看，中国资本市场作为养老基金投资的外部环境，仍不够成熟。资本市场的基本特征还是“新兴加转轨”，整体发展水平仍处于初级阶段：整体规模小，股票债券市场结构失衡；市场机制不够完善，运行效率不高；投资者结构有待完善，监管有效性和执法效率仍待提高[⑦]。

当前中国的资本市场，交易主体、交易工具及交易对象都谈不上丰富；发行机制几经改革仍饱受诟病：股票上市条件较世界其他主要交易市场宽松，且缺乏真正意义上的退出机制；债券发行多方监管，审批标准各不相同。正

① 中国政府网：《社会保险费征缴暂行条例》，http://www.gov.cn/banshi/2005-08/04/content_20250.htm。
② 财政部、劳动保障部：《关于印发社会保险基金财务制度的通知》，http://xuewen.cnki.net/R2009120350000100.html。
③ 劳动和社会保障部：《社会保险基金行政监督办法》，http://www.molss.gov.cn/gb/ywzn/2006-02/20/content_107416.htm。
④ 人民网：《社会保险基金监督举报工作管理办法》，http://opinion.people.com.cn/GB/8213/49375/49383/3492676.html。
⑤《中华人民共和国劳动法》，http://www.gov.cn/banshi/2005-08/05/content_20688.htm。
⑥《中华人民共和国社会保险法》，http://www.china.com.cn/policy/txt/2010-10/29/content_21225907_8.htm。
⑦ 证监会：《中国资本市场发展报告》，http://www.csrc.gov.cn/pub/newsitc/yjzx/cbwxz/ebook/index.htm。

因如此，导致对养老基金进行投资的争论持续多年。

2015 年，国务院颁布了《基本养老保险基金投资管理办法》（国发〔2015〕48 号）文件，明确“由省级政府将各地可投资的基本养老保险基金归集到省级社会保障专户，统一委托给国务院授权的基本养老保险基金管理机构进行投资运营”[①]。2016 年《全国社会保障基金条例》明确，由全国社会保障基金理事会（后文简称社保基金会）作为接受省级人民政府的委托的机构[②]。

为提升制度自身的财务可持续性，为保障老年人的晚年生活，也为了缓解年青的一代将面临的高额缴费风险，虽然当前的外部投资大环境谈不上成熟，基本养老保险制度投资将是一种必然的趋势。在此情况下，为降低投资的风险，保障参保者的收益，对养老基金投资进行有效监管是养老金制度自身发展进程中不可或缺的重要部分。

三、基本养老保险基金投资监管的模式选择评估

在不同制度和投资模式下，相应的监管方式也不同。首先分析管理模式选择对投资监管的影响。

（一）管理模式

基金管理主要模式可以分为三种：集中管理、分散管理以及混合管理[③]。虽然翻译名称各不相同，但划分的原则是按照谁来管理、谁来运营两个维度的交织进行的。

分散管理模式指的是没有遵循统一原则（贝弗里奇报告中的统一包括：统一缴费、统一管理、统一待遇），将基金分散管理的一种制度安排。如法国制度的特征为：基金管理分散在行业，以行业为基础组织；基金管理主体为私人机构；完全自治[④]。在这种制度安排下，基金缴费被交给多个机构，这些机构用养老基金（缴费）进行投资，并负责提供养老金待遇。此外，拉丁美洲的个人账户养老金制度也采用了这种分散管理模式，如智利有多家养老金管理机构（AFP），每个养老金经办机构之间互相竞争。

但是，分散管理模式突出的问题有两个：市场风险与高运营成本。在风险方面，投资风险往往最终由投资者个人承担，委托代理风险问题无法回避；其次是成本高。以拉丁美洲国家为例，智利的个人账户投资管理费用超过总缴费金额的 20%[⑤]；阿根廷官方宣布退出个人账户制度的原因之一正是管理费用过高[⑥]。

集中管理是指缴费集中到唯一的机构管理，养老金参与者均从这一个机构领取养老金收益。集中管理模式和混合管理的差别在于由谁来运营，如果由唯一的管理机构运营，则为集中管理；如由不同的主体进行投资运营，则为混合管理模式。

集中管理的优势在于：规模大、管理成本低，可实现大范围转移支付。缺点在于权力过于集中，容易产生腐败，且容易受政治因素影响。如日本政府曾经将大量的年金资金投入基本建设项目，导致巨亏[⑦]。混合管理模式是集中管理与分散管理的折中，优点在于兼顾投资收益与管理成本，但在处理不当的时候，可能将面对两种制度缺点。管理模式如表 12-1 所示。

表 12-1 社会养老保险账户基金的管理模式概况

分散管理模式	集中管理模式
英国、瑞典、瑞士、荷兰、波兰、哈萨克斯坦、匈牙利、克罗地亚、中国香港、智利、委内瑞拉、哥伦比亚、秘鲁、乌拉圭、玻利维亚、墨西哥、萨尔瓦多、澳大利亚	新加坡、马来西亚、肯尼亚、坦桑尼亚、斯威士兰、印度、尼泊尔、印度尼西亚、文莱、赞比亚、乌干达、土耳其

资料来源：Palacios R and M Pallares-Miralles（April 2000）, International Patterns of Pension Provision，Human Development Network，Social Protection Discussion Working Paper Series No.0009，World Bank，Washington D.C.：16.

① 人力资源和社会保障部：国务院印发《基本养老保险基金投资管理办法》，http://www.mohrss.gov.cn/SYrlzyhshbzb/dongtaixinwen/buneiyaowen/201508/t20150823_218734.htm。

② 人力资源与社会保障部：《全国社会保障基金条例》，http://www.mohrss.gov.cn/SYrlzyhshbzb/zcfg/flfg/xzfg/201604/t20160428_239052.html。

③ 需要说明的是，因为翻译和理解的不同，在不同文献中这三者的名字存在一定的差异，如集中管理模式又被称为中央控制模式，混合管理模式又被称为相对集中管理模式或者中央投资模式等。

④ 郑秉文：《欧盟国家社保基金监管立法及其对中国的启示》，《中国社会保障》2008 年第 11 期，第 26–29 页。

⑤ 按照智利法律，雇员需要缴纳每月收入的 10%，并需要额外缴纳每月收入的 2%~3%，作为个人账户的管理费用。Alberto Arenas de Mesa，etc. *The Chilean Pension Reform Turns 25:Lessons From The Social Protection Survey*，NBER Working Paper No. 12401. http://www.nber.org/papers/w12401.

⑥ 阿根廷的管理费用相对于其他实行个人账户的国家并不算高，从最初的 3% 逐步降低到了 1% 左右（阿根廷的总缴费率为 27%）。即使如此，该管理费用扔较现收现付制度高出不少。详情参见高庆波：《阿根廷养老金制度轮回及对中国的启示》，载《中国与阿根廷——迈向命运的共同体》，四川大学出版社 2018 年版，第 66–80 页。

⑦ ［日］清水英彦：《日本养老保险改革的最新动向》，社会保障国际论坛，2005 年 9 月。

（二）中国基本养老保险基金投资方案的选择

中国现行的统账结合基本养老保险制度，是现收现付制度和个人账户制度的结合体。统筹部分属于现收现付制，理论上并不会产生大量的基金积累，但在中国当前的养老金累计结余当中，由社会统筹部分所形成的基金积累占绝大多数。其中主要原因有两个：一是在制度覆盖面扩大的时期产生的养老金结余；二是区域不平衡客观上为产生养老基金累计结余提供了制度基础。由于养老金制度长期未能达到全国统筹，保障部分地区养老金待遇的平稳支付需要依靠中央财政对中西部地区的养老基金补贴机制而不是基金自发的调剂余缺，这导致了养老基金累计结余在人口结构较好的地区快速累积。

如在养老金发展指数 2018 中，广东、北京等地养老基金可支付月数指标分值为 100（满分），但黑龙江则是 0[①]。在统筹层次达不到全国统筹的情况下，广东的结余将留在当地，而黑龙江的不足则需要国家财政的转移支付填补。结果是一方面国家的财政补贴越来越多，另一方面，养老金累计结余持续增加。数据显示，两者大体数额相当——20 年来各级财政补贴总额为 4.1 万亿元，而当年累计结存为 4.3 万亿元[②]。

2015 年，基本养老保险基金确立了各省统一委托的模式，但这一模式的优缺点同样明显。该制度最大的优势在于便于执行，不过有两个潜在的不利因素：一是不利于提升统筹层次。各地分别委托投资的情况，与全国统筹的要求有所差距。二是可能导致各地参保者养老金待遇的差异化。可投资数额多的地方投资收益显然更高，将导致参保者的养老金成本收益进一步发生偏差。这两个不利因素，将对完善基本养老保险制度碎片化局面形成潜在障碍。

（三）监管原则

在养老基金投资监管中，有三种广泛使用的原则：定量限制原则（Quantitative Portfolio Regulation）、“谨慎人原则”（Prudent Person Rules，也称 Prudent Man Rules），以及谨慎投资原则（Prudent Investor Rule）。以是否融入投资组合理论的角度来看，“谨慎人原则”可以被视为旧谨慎投资者规则的第一阶段。如美国的谨慎投资者规则表述于《信托法重述（第 3 次）》（Restatement Third of Trusts）和《统一谨慎投资者法》（Uniform Prudent Investor Act）中，两者都采纳了投资组合理论，认为受托人有义务将投资组合多样化，两者所关注的不是个别投资，而是整体投资组合[③]。为行文方便，下文将把“谨慎人原则”并入“谨慎投资原则”之中，不再区分。

1. 谨慎投资原则

在 OECD 国家中，美国、英国和澳大利亚为采用谨慎投资原则的典型代表。美国 1974 年颁布的《雇员退休收入保障法案》（Employee Retirement Income Security Act，ERISA）认为“谨慎投资原则”为：“受托人根据参与人和受益人的利益履行自身的职责……必须以必要的细心、技能、谨慎和勤勉，如同一个以同样的能力和同样熟悉相关事物的谨慎的人，在经营一个同样性质和同样目的的事业……；通过养老金计划的投资多样化，实现主要损失的风险最小化……”[④]。表述的前半部分和谨慎人原则相同，但后半部分差异明显——其不仅批准基金管理人可以分散投资，还可以将所有投资视为投资组合的一部分，而不只是在单个资产的基础上做出判断。

20 世纪 90 年代，美国《信托法》正式提出了系统的“谨慎投资原则”。谨慎投资原则在受托人五项原则的基础上，进一步明确了谨慎人原则中的表述，并且提出了两者最为重要的差异，新的原则不再仅限于单一投资对象，而是针对整个投资组合（entire trust portfolio）[⑤]。此后，采用投资组合为标准，而不是单项投资为标准成为划分谨慎投资原则两个阶段的标志。

澳大利亚超级年金制度也采用了谨慎投资原则。澳大利亚谨慎监管机构要求基金受托人和投资管理人遵循谨慎和恰当的原则，并没有采取具体的量化限制。超级年金采取的投资方式主要有三种：直接投资、由投资经理投资和通过寿险公司投资三种方案。此外，澳大利亚谨慎监管机构提出了投资的多样化原则，即投资面向不同资产、不同资产类别（股票、债券、现金、不动产、国家股票等），不同国家或不同基金管理人，或由多个投资管理人实行投资[⑥]。

采用谨慎投资原则的监管制度有着如下特点：一是强调多样化。如美国《信托法》认为，谨慎原则一般包括五

---

① 高庆波：《中国养老金发展指数（2018）》，《经济研究参考》2019 年第 14 期，第 22-36 页。

② 数据分别出自：《人力资源和社会保障事业发展统计公报 2018》，《社会保障绿皮书：中国社会保障发展报告（2019）No. 10》。

③ 张敏：《美国谨慎投资者规则与现代投资组合理论》，《新金融》2007 年第 6 期；Third Restatement of Trusts: The Prudent Investor Rule，http://oregonestateplanning.homestead.com/July_1991.pdf。

④ The Employee Retirement Income Security Act（ERISA），http://www.dol.gov/compliance/laws/comp-erisa.htm.

⑤ Third Restatement of Trusts: The Prudent Investor Rule，http://oregonestateplanning.homestead.com/July_1991.pdf.

⑥ 郑秉文、李亚军：《澳大利亚超级年金 20 年改革及应对危机的经验教训》，《经济社会体制比较》2012 年第 1 期，第 78-88 页。

项准则，其中之一为“谨慎的风险管理通常需要广泛的分散”[①]。澳大利亚超级年金也是对于多样化做了详尽的规定。这种多样化涉及不同国家、地区、投资管理人、投资组合以及投资对象，目的在于尽可能分散风险。

二是强调监管对象的权利和义务。受托人有权自由裁量，有义务在衡量风险的基础上避免不当支出与花费。采用谨慎投资原则的国家普遍要求养老基金投资管理人负有诚信义务，并要求其行为符合养老基金持有人的最佳利益；在权利方面，受托人有权自由选择投资组合的具体形式。

三是强调投资管理的信息披露。采用谨慎投资原则的监管机构很少介入日常运营管理，因而通常对信息披露提出严格的要求，尽可能地提高投资运作的透明度，使各利益相关方能够了解投资的运行情况。

总的来看，谨慎投资原则是在安全和收益的双重前提下，允许投资管理主体拥有较大的自主权，属于侧重于行为监控的一种制度。但这一制度隐含着经济成熟、金融市场完善等诸多条件，因而更多的需要精算、会计、审计等专业机构的联合监管。

2. 定量限制原则

定量限制原则是自信托制度诞生以来历史最为悠久的原则，至今仍有相当数量的国家采用这一制度安排，代表国家如德国、瑞典以及拉丁美洲等国，后者普遍采用了定量限制原则并有着严格的投资组合限值表。采用定量限制原则的国家对投资的项目和投资比例有比较明确的限定（通常也会限定投资的国家、地区以及资产类别），多采用投资组合限值表的形式，监管机构通常为专门的独立机构，监管机构往往直接干预基金日常运作。

采用定量限制原则的监管方式，具有委托代理风险小的优点，有利于受托人按照制度设计实现投资目标，但也存在一定的弊端。因为具有严格的投资种类与定量限制，定量限制原则往往使投资行为无法采用最优的方式，且该准则过于关注单一投资项目的风险，而单一项目投资较之于投资组合而言，抗风险的能力更差。

最后，采用审慎投资原则的国家大多对养老基金的投资组合没有严格的比例，而采用定量限制监管模式的国家对养老金的投资组合要求严格，通常都会有一个明确规定了股票、债券、不动产和海外投资等的最高限额的投资组合限值表。从各国情况来看，采取审慎投资原则的国家与采取定量限制监管原则的国家投资组合中的资产类别存在明显的差别。部分国家的养老基金投资组合情况如表 12-2 所示。

表 12-2 部分国家养老基金投资组合占投资总额的百分比

单位：%

国家和地区	权益类	固定收益类
英国	78	14
美国	62	27
爱尔兰	58	30
澳大利亚	41	15
比利时	40	46
巴西	38	38
秘鲁	35	60
加拿大	28	48
智利	28	68
瑞典	28	62
阿根廷	27	70
丹麦	27	63
荷兰	26	63
卢森堡	21	61
马来西亚	16	55
瑞士	14	69
法国	14	38
匈牙利	14	19
奥地利	13	71
希腊	10	53
芬兰	9	61
葡萄牙	9	27
德国	8	74
意大利	8	63
西班牙	5	76
新加坡	0	70
墨西哥	0	96
乌拉圭	0	100

资料来源：Srinivas P S，et al，Regulating Private Pension Funds' Structure，Performance and Investments: Cross-country Evidence，http://ideas.repec.org/p/pra/mprapa/14753.html.

（四）基本养老保险基金投资监管原则的选择与举措

随着投资理论的发展，更多人认同“谨慎投资原则”是监管原则发展的方向。谨慎投资原则更加注重资产组合

① Third Restatement of Trusts: The Prudent Investor Rule，http://oregonestateplanning.homestead.com/July_1991.pdf.

的重要性，而不再拘泥于单一的投资决策。投资管理人自由裁量权对投资管理人提出了更高的要求：必须综合权衡投资组合的风险、收益、资产关联性、资产流动性及成本费用等各种信息。总的来看，这是一种兼具灵活与效率的监管制度选择。

不过，实行谨慎投资原则的隐含前提是经济发展水平较高，金融体制完善。该模式的特点是：一是强调资金经营多样化，即通过广泛的分散达成降低投资组合风险的目的；二是强调市场竞争，通过鼓励市场竞争的方式，避免基金管理人损害委托人的利益；三是强调信息公开，通过信息披露机制使社会各界有明确的监督方式。而且，采用谨慎投资原则的基金监管更多地依靠诸如审计师、精算师、法律顾问以及资产评估机构和新闻媒体等专业组织。

定量限制作为历史最悠久的监管原则之一，从某种意义上讲，谨慎投资原则的投资普遍分散要求事实上形成了一种没有明确限制条款的隐含限制，采用该原则的国家各项投资波动范围并不大，相当于在某种程度上有一个隐性投资组合限制表。另外，当前采用定量限制的国家，往往也要求受托人及基金投资管理人具备谨慎投资原则的前几项要求，通常只有资产类别限制与谨慎投资原则有所差异。

从现实情况出发，中国初期的投资监管应基于定量限制原则，在实践中逐步向谨慎监管原则过渡。中国企业年金及社保基金理事会所负责养老基金（与储备基金）的监管，实际上都采用了定量限制原则，而且，中国短期内并不具备顺利实施谨慎投资原则的条件。谨慎投资原则隐含着诸多条件，它要求具有成熟的资本市场，诸如足够多的交易对象（包括且不限于股票、债券以及各种金融衍生品）、足够多的交易者以及清晰的规则。

中国当前的资本市场还未能摆脱“新兴加转轨”的标签，风险对冲操作存在困难；资本市场无论是发行还是流通环节的各种规则还不成熟。除此之外，还需要诸如精算、会计、审计以及信息技术的密切配合，而现实中以上内容还有待于进一步的完善。总的来看，中国当前实施谨慎投资原则的条件还谈不上成熟。因而，先实施具备经验的定量限制原则，并逐步过渡到谨慎投资原则，是更为理性的选择。监管的起点从资格审查制度开始，然后通过严格的投资种类与定量限制对基金运营的流程和结果进行监督，并在运行中逐步向着专业化方向过渡。

另外，需要强调的是，虽然中国储备养老资金（全国社保基金理事会）和企业年金制度建设已有多年，但直到今天，并没有形成一部专门的养老保险基金投资（含监管）的法律。现在的情况是，关于基金监管相关规定散见于人力资源和社会保障部、财政部、审计署及纪委各个部门规章，法律只能借用《劳动法》《证券法》《公司法》等上位法律。而在这些上位法律中，通常只有原则性的规定。立法层次偏低、可操作性不强是当前困扰着基本养老保险基金投资的最为重大的问题之一。

在世界范围内，各国养老基金监管普遍存在法律监管。无论是基于行政的侧重于职能的监管，还是基于专业化的市场行为监管，都离不开法律的支持。如果监管机构不是依法成立或监管行为没有相应的法律支持，将很难保证监管的独立性、权威性和有效性。因而，急需建立养老保险基金投资监管相关法律体系。从职能上来看，养老保险投资监管内容至少包括：资格审查、市场准入、监控、分析、干预与改正等。

最后，探讨一下养老基金监管需要的配套改革措施。尽管近年来养老基金监督工作随着社保基金监督的加强而不断改善，但目前还存在着一定的不足，亟待在以下方面实施配套改革：

一是增加与精算的联系。养老金制度是为了满足未来的制度目标，而当前仅侧重于当期收支情况，而对未来到底需要多少资源才能实现制度目标却缺乏相应的重视，在监管中也并没有注重这一问题。

二是完善监管体制。社保基金监管的主要行政监管部门层级偏低，当监管对象不限于养老保险制度流程，复杂的金融环境以及委托代理关系存在的情况下，理清监管部门与执行部门的定位，这是投资监管组织设计必然需要考虑的问题。

三是信息公开问题。养老保险制度对于个人而言，是在不同生命周期里配置资源的一种方式，对于整个社会而言，是不同代际的劳动者构建的代际契约关系，同时包含着委托代理关系。向利益攸关的参保者个人以及整个社会提供监督的渠道以及监督的结果，是至关重要的问题，ISSA 也将信息化建设作为提升养老保险监管的五大动力之一[①]。

中国现有的养老基金相关投资监管还没有形成一个成熟完整的体系，因而，基本养老保险基金投资也提供了一个契机，根据制度的发展情况选择合适的管理模式，并整合这些零散的基金监管体制，由此形成完整的投资监管组织结构体系。

① ISSA: High Performance in Social Security Administration by Innovation, Change Management and Risk Management Summary of Findings 2008-2010, World Social Security Forum 30th ISSA General Assembly, Cape town, 29 November-4 December, http://www.issa.int/Resursy/Conference-Reports/High-Performance-in-social-security-administration-by-innovation-change-management-and-risk-management.

分报告十三
企业年金养老金产品投资管理分析

职业养老金（企业年金和职业年金）是我国养老保障体系的第二支柱，基金的投资管理对年金保值增值至关重要。2013 年“养老金产品”的引入既是企业年金制度的一个创新，也是走向国际惯例的重要一步。通过近七年来的投资绩效分析可以发现，养老金产品引入在完善年金治理结构和提升投资效率起着重要作用，“产品化”是未来年金投资的一个发展趋势，应通过一系列配套改革措施，完善年金投资管理体系。

一、养老金产品的引入和发展历程

（一）养老金产品引入背景

养老金产品是由企业年金基金投资管理人发行的、面向企业年金基金、职业年金基金和基本养老保险基金定向销售的企业年金基金标准投资组合。最初养老金产品是为企业年金基金定向销售的，发行养老金产品的初衷是提高企业年金基金的投资管理效率。此后，养老金产品逐步纳入基本养老保险基金和职业年金基金的投资范围，随着基本养老保险基金和职业年金基金开始市场化投资运作，养老金产品开始面向这两类养老金销售。

中国企业年金制度采取法人受托治理结构[①]，但不同于国外年金制度下委托人（雇员）直接投资决策的做法，大部分年金基金采用类似于 DB 制度下的企业委托投资方式，位于后端的投管人在投资决策中起主要作用。随着企业年金市场发展，年金基金规模快速增加，组合数量不断增多，“专户”投资模式面临的挑战加大。一是投管人能够有效管理的组合数受限。由于投资经理资源是既定的，且投资经理的人力成本高昂，公司不可能无限增加投资经理人数。二是每个投资经理管理组合数量日益增多，由于投资经理的时间精力有限，难以管理超出其有效管理范围的投资组合，必将导致投资效率低下。在此背景下，减少投资组合数量、提高投资效率是当时年金监管部门改革的主要出发点。

2013 年初，人社部出台“23 号文”和“24 号文”，正式推出养老金产品这一创新模式。从属性上划分，养老金产品虽然属于后端发起，但不是后端集合计划，与现有的前端集合计划、单一计划均不构成对等竞争关系。从本质上讲，养老金产品是一款投资工具，只不过是专门面向企业年金基金发行的标准化投资工具。按规定，年金投资组合资产或计划资产均可投资养老金产品。在前者情况下，投管人承接的投资组合资产投资于一个或多个市场上公开的养老金产品，属于后端投资；在后种情况下，受托机构直接将受托管理资产分配给一个或多个养老金产品，称为“受托直投”，这与国际上标准的养老金产品直投方式非常相近。在此意义上分析，养老金产品的出现是中国企业年金投资模式的一个转折点，尤其是受托直投模式是对投资组合模式的改进和优化，实现了“去投资组合化”，有利于简化年金基金投资流程，提升投资效率（见图 13-1）。“受托直投”工作的开展，将促使受托人在战略资产配置、投资监督、产品研究评价方面将发挥更大作用，逐步

① 除法人受托外，部分企业年金采用理事会受托方式。

回归到受托人在年金治理结构中的核心位置[①]。

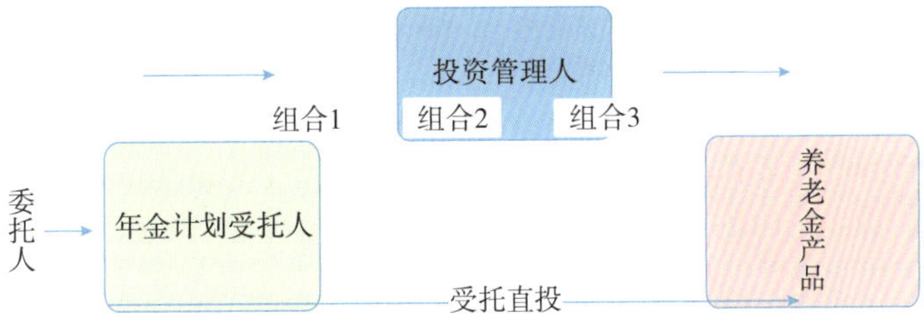

图 13-1　养老金产品引入后形成“受托直投”方式

（二）近七年来养老金产品发展历程

1. 产品数量和规模快速扩张

自 2013 年引入以来，养老金产品获得了快速发展。表 13-1 说明了历年养老金产品的发展规模情况，可看出自 2014 年以来，养老金产品数量年均增速达近 50%，规模年均增速则达到 66.6%，到 2019 年末已占到整个企业年金投资资产的近 40%，显示出超快的发展速度。在收益率方面，在过去 6 年内，其中 4 年养老金产品的收益率超过了整体年金市场整体平均水平。七年下来，养老金产品年化收益率为 7.80%，略高于行业平均水平 7.71%。

表 13-1　2013 年以养老金产品数量、规模及投资收益情况

年份	已运作产品数量（个）	已备案产品数量（个）	养老金产品规模（亿元）	养老金产品 / 年金积累规模（%）	养老金产品平均收益率（%）	企业年金行业平均收益率（%）
2013	17	80	149	2.58	—	3.67
2014	62	147	513.91	6.94	8.29	9.30
2015	118	226	1195.90	12.92	10.48	9.88
2016	179	398	2214.39	20.59	3.49	3.03
2017	268	549	3502.44	25.57	5.44	5.00
2018	324	571	4771.28	32.90	3.25	3.01
2019	456	533	6509.92	36.80	7.99	8.30
2014 年以来年均增速（%）	49.04	29.38	66.16	—	—	—

资料来源：历年《全国企业年金基金业务数据摘要》，http：//www.mohrss.gov.cn/SYrlzyhshbzb/shehuibaozhang/gzdt/；历年《中国养老金融发展》报告。

2. 提升年金基金投资效率

表 13-2 说明了自 2014 年以来养老金产品市场的发展情况。可从平均规模、投资经理数量和持有人数量三个指标，来评价投资效率的提升。

表 13-2　2014 年以来养老金产品平均规模、持有人和投资经理数量变化情况

年份	企业年金投资组合数（个）	组合数的增长率（%）	养老金产品平均规模（亿元）	投资组合平均规模（亿元）	养老金产品投资经理数量（个）	投资经理人均管理产品数量（只 / 人）	养老金产品持有人总数（人）	养老金产品平均持有人次（人 / 个）
2014	2740	8.77	8.29	2.51	—	—	—	—
2015	2993	9.23	10.13	2.75	109	1.08	5685	51.68
2016	3207	7.15	12.37	2.66	140	1.28	9870	55.14
2017	3568	11.26	13.07	2.53	189	1.42	15522	57.92

① 闫化海、王赓宇：《养老金产品报告：养老金投资产品化发展路径，中国养老金融发展报告（2016）》，社会科学文献出版社 2016 年版，第 211–247 页。

续表

年份	企业年金投资组合数（个）	组合数的增长率(%)	养老金产品平均规模(亿元)	投资组合平均规模（亿元）	养老金产品投资经理数量（个）	投资经理人均管理产品数量（只/人）	养老金产品持有人总数(人)	养老金产品平均持有人次（人/个）
2018	3929	10.12%	14.73	2.48	279	1.16	21305	65.76
2019	4327	10.13%	19.86	2.58	263	1.80	39705	87.07

资料来源：历年《全国企业年金基金业务数据摘要》，http：//www.mohrss.gov.cn/SYrlzyhshbzb/shehuibaozhang/gzdt/；历年《中国养老金融发展》报告。

（1）产品平均规模。在 2012 年以前，历年年金投资组合数量增速度均在 20% 以上；2013 年养老金产品推出后，投资组合增速逐步下降，近年来维持在 10% 附近上下浮动，说明了养老金产品起到了替代作用。从两类投资方式的平均规模对比看，养老金产品的平均规模已远超过投资组合，到 2019 年时其平均规模已高到后者的近七倍。这说明养老金产品存在的规模效应是面向全市场的，而投资组合仅面向单个年金计划。

（2）持有人数量。到 2019 年末，养老金产品的持有人为 39705 人，实际投资运作产品数为 456 只，平均每只养老金产品的持有人为 87.07 人。

（3）投资经理数量。2015 年养老金产品投资经理平均每人管理的产品数量为 1.08 只；同年，20 家投管人管理投资组合的投资经理人数为 206 人，当年投资组合数 2993 个，平均每人管理的组合数为 29.06 个，是养老金产品投资经理管理数量的 26.90 倍。该指标充分说明了养老金产品对年金管理效率的提升作用：相比“专户”模式下一位投资经理管理近 30 个组合的情况，在“产品”模式下，一位投资经理仅负责一项养老金产品设计，大幅提高了资产配置能力。2015 年养老金产品平均持有人为 55.14 个，产品平均持有人数量 / 投资经理人均管理产品数量为 51.06（55.14/1.08），远高于“专户”方式下人均管理组合的数量（29.06）。因此，从总体上看，养老金产品投资方式降低了投资经理的配置成本。

3. 丰富年金资产配置工具

养老金产品的产品类型丰富、产品线齐全。目前，养老金产品的产品类型涵盖了市场上绝大多数的投资品种，权益类资产产品包括股票型、股权型、优先股型、股票专项型四类；固定收益类资产产品包括混合型、普通型、存款型、债券型、债券基金型、商业银行理财产品型、信托产品型、债权计划型、特定资产管理计划型、保险产品型 10 种产品形式；流动性资产产品包括货币型产品；此外，随着企业年金投资范围的不断扩大，还有其他投资资产类型的其他形式的养老金产品，丰富的产品类型为养老金资产配置奠定了良好基础[①]。

养老金投资可在不同投管人和不同类型产品之间进行分散配置。养老金基金可持续地获得风险调整后收益是第一位的，如何在不同投管人和不同产品之间进行有效的资产配置是非常重要的。从投管人的角度来看，市场上 22 家投管人主要分为三类：保险类投管人、证券基金类投管人和银行类投管人。三类投管人在投资能力、投资风格、核心项目资源等方面各有所长，都有各自的优劣势，三类投管人的养老金产品为养老金进行分散化资产配置提供了诸多选择。从不同的养老金产品来看，不同类型的养老金产品有不同的风险和收益特征，在不断变化的资本市场中如何选择适合委托人风险偏好和收益目标的养老金产品是非常重要的。近几年，在利率下行的大环境下，随着资本市场环境的变化，二级市场的波动加剧，在此情形下，养老金不得不将投资标的转向可以提供较为稳定收益的另类产品或其他创新性养老金产品，如信托产品、股权型养老金产品等，这些具有稳定收益或成本计价的养老金产品成为资金追逐的对象。

4. 逐步推广至各领域养老基金投资

从属性上看，养老金产品是面向企业年金基金定向销售的标准投资组合，目前尚未向个人和大部分机构开放；从投资者限定、持仓披露不公开等角度看，养老金产品具有私募基金的属性；但从投资范围、投资比例和日净值披露的角度看，养老金产品与公募基金又有相似之处。随着中国养老保险基金的快速增长，养老金产品具有广阔的应用前景。2015 年第一支柱城镇职工基本养老保险基金正式启动投资，国务院在同年发布的《基本养老保险基金投资管理办法》中，将养老金产品纳入基本养老保险基金投资范围，至今已有五年历史。2019 年，面向机关事业单位参保职工的职业年金开始投资运作，其投资政策与企业年金基本一致，养老金产品成为其主力投资工具之一。根据人社部公布数据，2019 年末第二支柱中养老金产品规模为 9054.48 亿元，企业年金实

① 闫化海：《养老金产品：养老金资产配置时代新工具》，载《中国养老金融发展报告（2017）》，社会科学文献出版社 2017 年版，第 348–378 页。

际投资运作的规模为17689.96亿元，职业年金实际投资运作规模为4757.37亿元。据此可推算，2019年度第二支柱养老金投资的产品化比例指标已达40.34%[①]。

二、2019年度养老金产品发行情况

（一）产品备案发行情况

1. 产品备案情况

2019年初，监管部门加强了养老金产品的备案和规范工作，要求已备案的养老金产品尽快投资运作，加强养老金产品的审批工作，对有未运作的同类型养老金产品情形下不再审批新的同一类型养老金产品，改变了以往养老金产品备案多、运作少的现状。截至2019年12月31日，22家投资管理人登记备案并获得确认函的养老金产品有533只，少于2018年获得确认函的571只产品，备案的产品数量减少了38只[②]。从投资管理人的角度来看，截至2019年12月31日，各家投管人备案的养老金产品数量情况如表13–3[③]所示。

表13–3　投管人备案和发行的养老金产品数量情况　　单位：只

序号	投管人	产品备案情况			产品发行情况		
		2018年	2019年	增加数量	2018年	2019年	增减变化
1	海富通基金	14	12	–2	6	10	4
2	华夏基金	46	38	–8	19	34	15
3	南方基金	13	14	1	8	12	4
4	易方达基金	26	26	0	10	24	14
5	嘉实基金	30	22	–8	10	21	11
6	招商基金	33	19	–14	9	17	8
7	富国基金	22	22	0	12	18	6
8	博时基金	24	16	–8	13	15	2
9	银华基金	9	12	3	5	8	3
10	中　金	24	25	1	13	22	9
11	中信证券	24	26	2	20	23	3
12	华泰资产	15	19	4	10	16	6
13	平安养老	62	59	–3	39	49	10
14	太平养老	21	25	4	20	23	3
15	国泰基金	8	8	0	3	5	2
16	工银瑞信	39	31	–8	15	28	13
17	泰康资产	47	49	2	42	47	5
18	人民养老	19	17	–2	11	16	5
19	长江养老	23	22	–1	12	18	6
20	国寿养老	62	60	–2	43	53	10
21	建信养老	10	7	–3	4	7	3
22	新华养老	—	4	4	—	4	4
小计		571	533	–38	324	470	146

资料来源：《2019年度全国企业年金基金业务数据摘要》，http：//www.mohrss.gov.cn/SYrlzyhshbzb/shehuibaozhang/gzdt/202003/t20200331_364056.html。

① 闫化海：《职业养老金：进入产品化投资时代》，《金融市场研究》2020年第4期，第63–70页。

② 《2019年度全国企业年金基金业务数据摘要》，http：//www.mohrss.gov.cn/SYrlzyhshbzb/shehuibaozhang/gzdt/202003/t20200331_364056.html。

③ 如无特别说明，本报告第二部分数据均来自《2019年度全国企业年金基金业务数据摘要》。

在 22 家投资管理人中，产品备案数 30 只以上的有五家机构是国寿养老、平安养老、泰康资产、华夏基金和工银瑞信，备案产品数分别为 60 只、59 只、49 只、38 只和 31 只。这五家投管人备案了 237 只产品，占全部备案产品数的 44.5%。同时，这五家投管人也是企业年金市场上投资管理规模最大的五家投管人。

2. 产品发行情况

截至 2019 年 12 月 31 日，发行养老金产品数量达 30 只以上的投管人有 4 家，国寿养老、平安养老、泰康资产和华夏基金，发行产品数分别为 53 只、49 只、47 只和 34 只，这 4 名投管人发行的养老金产品合计 183 只，市场占比 40.13%。

在 22 家投管人中，有 8 家保险类投管人和 13 家证券基金类投管人。8 家保险类投管人包括养老保险公司和保险资产管理公司，截至 2019 年底，共发行 219 只养老金产品，在已发行养老金产品数量中占比为 48.03%，比 2018 年减少 6.6%。管理的养老金产品规模达 5596.72 亿元，占全部养老金产品规模的 61.81%，比 2018 年降低 11.4%；截至 2019 年底，13 家证券基金类投管人共发行 230 只养老金产品，在已发行养老金产品数量中占比为 50.44%，比 2018 年提高 6.3%。管理的养老金产品规模达 3286.63 亿元，占全部养老金产品规模的 36.3%，比 2018 年提高 10.73%。

截至 2019 年 12 月 31 日，市场上已发行的养老金产品有 456 只，备案的产品数量为 533 只，发行产品数量与备案产品数量的比例为 85.6%，远高于 2018 年的 56.7%，由此可见养老金产品规范管理工作的效果明显。

3. 产品托管情况

从托管行托管养老金产品的视角来看产品备案和发行的情况来看，2019 年各托管行备案和发行的养老金产品情况如表 13–4 所示。

表 13–4　托管行养老金产品备案和发行数量情况　　单位：只

序号	托管行	备案产品数			发行产品数		
		2018 年	2019 年	增减变化	2018 年	2019 年	增减变化
1	工商银行	238	229	–9	133	203	70
2	建设银行	141	120	–21	89	112	23
3	中国银行	25	33	8	14	28	14
4	交通银行	33	31	–2	18	19	1
5	招商银行	39	34	–5	23	32	9
6	光大银行	8	12	4	5	12	7
7	中信银行	22	17	–5	8	16	8
8	浦发银行	30	26	–4	13	23	10
9	农业银行	18	16	–2	12	12	0
10	民生银行	17	15	–2	9	13	4
小计		571	533	–38	324	456	132

资料来源：《2019 年度全国企业年金基金业务数据摘要》，http：//www.mohrss.gov.cn/SYrlzyhshbzb/shehuibaozhang/gzdt/202003/t20200331_364056.htm。

2019 年工行稳居备案数量和发行数量的市场第一，建设银行在上述两指标方面稳居市场第二位。工行和建行作为市场排名前两名的托管行，共备案了 349 只养老金产品，市场占比为 65.5%。

（二）产品类型情况

截至 2019 年底，实际发行数量前四位的养老金产品类型依次为股票型、混合型、普通固定收益型、信托产品型，实际发行的股票型养老金产品和混合型养老金产品分别增加了 34 只和 36 只，增长最为明显。这四种类型已发行的产品共有 363 只，约占全部已发行产品总数量的 80%（见表 13–5）。

表 13-5　各种类型养老金产品统计情况

单位：只

资产类型	产品类型		备案产品数		发行产品数	
			2018 年	2019 年	2018 年	2019 年
权益类资产	股票型		137	141	97	131
	股权型		6	4	2	2
	优先股型		11	7	3	3
	股票专项型		8	5	4	5
	小计		162	157	106	141
固定收益类资产	混合型		119	112	62	98
	固定收益型	普通	93	96	72	97
		存款	19	16	9	12
		债券	19	20	9	15
		债券基金	4	2	—	—
		商业银行理财产品	7	2	1	1
		信托产品	60	59	27	37
		债权计划	35	33	14	22
		特定资产管理计划	14	1	—	—
		保险产品	2	1	1	1
		其他	—	—	—	—
		小计	253	230	133	185
	小计		372	342	195	283
流动性资产	货币型		37	34	23	32
其他投资资产	其他型		—	—	—	—
合计			**571**	**533**	**324**	**456**

资料来源：《2019 年度全国企业年金基金业务数据摘要》，http：//www.mohrss.gov.cn/SYrlzyhshbzb/shehuibaozhang/gzdt/202003/t20200331_364056.html。

（三）产品发行方式

截至 2019 年 12 月 31 日，有 455 只养老金产品是公开发行，78 只养老金产品是不公开发行。2019 年不公开发行产品在全部备案产品中的占比 14.63%。

2019 年不公开发行的养老金产品涉及 16 个投管人，10 款类型的养老金产品。

不公开发行的产品类型多是另类产品，如信托型、基础设施债权计划型养老金产品，其数量分别为 20 只和 19 只，这两只产品的数量约占不公开发行产品的一半。

在备案的 78 只不公开养老金产品中，有 26 只不公开养老金产品的规模数据为 0，状态为尚未运作或投资到期；有 52 只不公开养老金产品在投资运作中，规模为 1281.40 亿元，不公开养老金产品的实际投资规模占养老金产品总规模的比例为 14.15%。

2019 年度不公开发行产品的类型分布情况如表 13-6 所示。

表 13-6 2019 年不公开发行产品类型情况

单位：只

投管人	股票型	股权型	优先股型	混合型	固收－普通型	固收－存款型	固收－信托产品型	固收－债权计划型	固收－保险产品型	货币型	小计
博时	1										1
长江		1	1			1	4	2			9
富国	1						1	1			3
工银	1				3		1	1		1	7
国泰					1						1
海富通							1				1
华泰							1	2			3
华夏	1				1		1	1			4
嘉实							1	1			2
建信							2				2
泰康							1	1			2
太平	1		1		1	1	1	4		1	10
易方达	3			1			1	1			6
招商		1									1
国寿	3		1	6	3	1	4	5	1		24
中信				1			1				2
小计	11	2	3	8	9	3	20	19	1	2	

资料来源：根据人社部公开数据整理。

对于股票型和混合型养老金产品而言，不公开发行的原因更多考虑为客户定制或向部分重要客户定向开放；对于项目类的养老金产品，如信托型、债权计划型、股权型等，主要与投管人公司所掌握或合作的项目资源有关。

目前，不公开发行的养老金产品不对外销售，囿于单向收费的制约，大部分公开发行的养老金产品仅向投管人的内部客户开放。

（四）产品规模

1. 年度数据角度

养老金产品规模每年保持着非常高的增长率。2019 年养老金产品的总规模为 9054 亿元，比上年度规模 4771 亿元增长了 90%。平均每个养老金产品的投资运作规模为 19.86 亿元，远高于 2019 年度企业年金基金市场每个投资组合 4.09 亿元的平均规模。2019 年度，456 只养老金产品规模的中位数是 7.6612 亿元，单只养老金产品的最大规模为 273.48 亿元，最小规模为 10.38 万元。

2. 资产类别角度

2019 年权益类产品、固定收益类产品和流动性产品增幅大，增幅分别为 94.26%、92.64% 和 67.85%。养老金产品各资产类型的规模情况如表 13-7 所示。

表 13-7　不同资产类别养老金产品的规模情况

单位：亿元、%

资产类型	2018 年	2019 年	增幅
权益类	307.54	597.43	94.26
固定收益类	3891.41	7496.43	92.64
流动性	572.32	960.62	67.85
合计	4771.27	9054.48	89.77

资料来源：《2019 年度全国企业年金基金业务数据摘要》，http://www.mohrss.gov.cn/SYrlzyhshbzb/shehuibaozhang/gzdt/202003/t20200331_364056.html。

3. 产品类型角度

2019 年职业年金开始市场化投资运作，受资本市场的影响，各类型产品的增幅很大，其中权益型养老金产品的增幅最大，高达 168.31%（见表 13-8）。

4. 投管人角度

截至 2019 年 12 月 31 日，管理养老金产品规模超过 500 亿元的投管人有 5 家，5 家投管人的养老金产品规模合计 5470.87 亿元，全市场占比高达 60.75%。

表 13-8　不同类型养老金产品的规模情况

单位：亿元、%

产品类型	2018 年	2019 年	增幅
股票型	174.5	468.2	168.31%
混合型	807.08	1494.8	85.21%
固定收益型	3084.33	6001.6	94.58%
货币型	572.32	960.6	67.84%

资料来源：《2019 年度全国企业年金基金业务数据摘要》，http://www.mohrss.gov.cn/SYrlzyhshbzb/shehuibaozhang/gzdt/202003/t20200331_364056.html。

养老金产品市场规模占比超过 10% 的投管人有三家，分别是泰康资产、平安养老和国寿养老，三家投管人养老金产品的规模为 4250.93 亿元，市场占比为 47.21%。同时，这三家投管人也是企业年金基金市场上市场份额超过 10% 的三家投管人（见表 13-9）。

表 13-9　各投管人的养老金产品规模情况

单位：万元、%

序号	投管人	养老金产品		企业年金基金	
		养老金产品规模	市场占比	企业年金规模	市场占比
1	泰康资产	16066231.90	17.84	28556276.67	16.48
2	平安养老	13992390.55	15.54	23298511.11	13.44
3	国寿养老	12450698.58	13.83	19569932.01	11.29
5	工银瑞信	6137724.44	6.82	12550744.40	7.24
4	太平养老	6061607.42	6.73	10353451.50	5.97
8	中信证券	4304747.31	4.78	7550633.46	4.36
11	易方达	4093420.20	4.55	8657650.09	5.00
6	人民养老	3336555.81	3.71	3637375.46	2.10
7	长江养老	3307215.94	3.67	7976416.25	4.60
16	富国基金	2882733.99	3.20	4332218.73	2.50
13	中　金	2639013.03	2.93	7414323.89	4.28
9	华夏基金	2364376.19	2.63	10470641.66	6.04
18	南方基金	2216668.22	2.46	6708968.69	3.87
14	招商基金	1936843.45	2.15	2628386.80	1.52
12	海富通	1933599.68	2.15	4577148.79	2.64
15	银华基金	1719539.69	1.91	911325.56	0.53

续表

序号	投管人	养老金产品		企业年金基金	
		养老金产品规模	市场占比	企业年金规模	市场占比
19	博时基金	1241059.38	1.38	4791121.19	2.76
17	建信养老	1220179.37	1.35	1040767.97	0.60
10	嘉实基金	1059271.95	1.18	5389921.34	3.11
20	华泰资产	702976.41	0.78	1805560.62	1.04
21	国泰基金	337277.85	0.37	1016840.29	0.59
22	新华养老	49494.04	0.05	72186.77	0.04
小计		90053625.40	100.00	173310403.25	100.00

资料来源：《2019 年度全国企业年金基金业务数据摘要》，http：//www.mohrss.gov.cn/SYrlzyhshbzb/shehuibaozhang/gzdt/202003/t20200331_364056.html。

5. 托管人角度

10 家托管银行托管的养老金产品规模如表 13-10 所示。

表 13-10 各托管行托管的养老金产品规模情况　　单位：万元、%

序号	托管行	养老金产品		企业年金基金	
		托管规模	市场占比（%）	托管规模	市场占比（%）
1	工商银行	32732965.88	36.35	62 192 135.00	34.58
2	建设银行	24410429.25	27.11	32 265 178.41	17.94
3	中国银行	8153472.31	9.05	24 664 990.33	13.71
4	交通银行	6547947.96	7.27	9 543 318.96	5.31
5	招商银行	3751703.64	4.17	13 335 723.90	7.41
6	光大银行	682400.19	0.76	6 931 969.63	3.85
7	中信银行	3016171.33	3.35	8 921 025.62	4.96
8	浦发银行	5420102.47	6.02	7 014 448.89	3.90
9	农业银行	2992368.57	3.32	11 967 470.98	6.65
10	民生银行	2346063.80	2.61	3 017 049.59	1.68
小计		90053625.40	100.00	179 853 311.31	100.00

资料来源：《2019 年度全国企业年金基金业务数据摘要》，http：//www.mohrss.gov.cn/SYrlzyhshbzb/shehuibaozhang/gzdt/202003/t20200331_364056.html。

截至 2019 年 12 月 31 日，托管的养老金产品规模超过 100 亿元的托管行有 9 家，比 2018 年增加 2 家，市场份额为 99.24%，比 2018 年增加 2.74%。其中养老金产品市场份额超过 10% 的托管行有 2 家，工商银行和建设银行与 2018 年持平；两家银行的市场份额为 63.45%，比 2018 年降低 10.47%。

6. 计划层投资养老金产品的角度

“24 号文”规定受托人可以从计划层面直接配置养老金产品。截至 2019 年底，企业年金市场上计划层直接投资养老金产品的规模为 358.92 亿元，占企业年金配置养老金产品总规模的 5.51%。各受托人在计划层投资养老金产品的情况如表 13-11 所示。

表 13-11　受托人在计划层投资养老金产品的规模情况

企业年金基金管理机构	计划直投养老金产品资产净值（万元）
国寿养老	2296230.30
平安养老	410983.16
泰康养老	249773.83
工商银行	375208.74
华宝信托	86809.03
太平养老	95401.44
长江养老	63494.85
建信养老	11332.94
合　计	3589234.29

资料来源:《2019 年度全国企业年金基金业务数据摘要》, http ://www.mohrss.gov.cn/SYrlzyhshbzb/shehuibaozhang/gzdt/202003/t20200331_364056.html。

（五）投资经理

根据公开披露数据显示，养老金产品备案的投资经理总人数从 2018 年的 279 人增加到 2019 年的 307 人，增加 28 人，增幅 10%。已投资运作的产品数为 456 只，可以计算得出市场上平均每个投资经理管理的养老金产品数为 1.49 只。

（六）产品持有人

截至 2019 年 12 月 31 日，市场上养老金产品的总持有人为 39705 人，比上年同期增加 18400 人，增幅为 86.4%。平均每只养老金产品的持有人为 65.76 人，持有人数比上年同期增幅为 32.41%。2019 年度单一养老金产品的持有人统计情况如下：养老金产品持有人的最大值为 1133 人，比上年增加 19 人；最小值为 1 人，产品持有人的中位数为 38 人，比上年同期中位数增加了 10 人。本报告统计了持有人不少于 100 人的养老金产品有 119 只，在已运作产品中的占比为 26.1%；119 只产品持有人数为 29872 人，占持有人总数的 75.23%；119 只产品的规模为 5693.43 亿元，占养老金产品总规模的 62.88%。

实际投资运作中的 52 只不公开发行养老金产品的持有人数总数为 4222 人，持有人数的最大值为 612 人，持有人数的最小值为 1 人。需要说明的是，52 只不公开产品中有 21 只产品的持有人数为 1 人，说明多数不公开发行的养老金产品主要是为客户定制的。

三、近七年来养老金产品投资绩效的实证分析

人社部于 2014 年第二季度开始公布养老金产品数据，至 2019 年末共披露了 23 个季度的《全国企业年金基金业务数据摘要》（以下简称《摘要》）。本报告利用《摘要》中关于企业年金全部投资组合、养老金产品信息作为样本，对养老金产品投资绩效进行投资收益、风险调整和规模效应等方面的相关数据分析。需要说明的是，2019 年职业年金开始市场化投资，由于仅有一年的时间，数据披露相对不足，本报告分析的目标范围仅为企业年金基金。

（一）养老金产品与“专户”投资比较

综上所述，年金投资可分为“专户”（投资组合）和“产品”（养老金产品）两种方式。为对比两种方式的投资业绩，在此将《摘要》数据进行分解处理。《摘要》提供了历年年金整体资产和养老金产品的收益率数据，根据养“产品”资产规模及收益可以推算出“专户”方式下的资产及收益率。

“专户”投资规模 = 年金实际运作资产金额 - 养老金产品资产规模；

“专户”投资收益率 =（年金实际运作资产当年收益 - 养老金产品资产规模 × 年收益率）/ 专户规模。

《摘要》中关于收益率的计算方法规定为：当年加权平均收益率计算的样本为投资运作满当年的投资组合，计算方法为样本组合收益率的规模加权，以上年末和当年四个季度末平均资产规模为权重；各组合收益率为单位净值增长率。因此，在计算过程中，关于各类年金资产规模的计算，均采用五个季度末的规模加权方法计算出平均值。计算出的历年主要结果如表 13-12 所示，可看出养老金产品的规模相比专户投资的差距逐步缩小，至 2019 年末两者之比已接近 60% 的比例；在过去六年内的大多数年份内，两种投资方式下的收益率差别保持在 1% 之内，其中有四年养老金产品的收益率超过了“专户”投资，两者年化收益率之差为 0.13%。从总体上看，养老金产品的收益率略好于“专户”投资。

表 13-12 2014 年养老金产品与“专户”投资规模及收益情况比较

年份	养老金产品规模（亿元）（1）	“专户”期末规模（亿元）（2）	两者之比（1）/（2）（%）	养老金产品收益率（%）（3）	“专户”收益率（%）（4）	两者之差（3）-（4）
2014	513.91	6888.95	7.46	8.29	9.36	-1.07
2015	1195.90	8064.40	14.83	10.48	9.81	0.67
2016	2214.39	8541.83	25.92	3.49	2.94	0.55
2017	3502.44	9035.13	38.76	5.44	4.85	0.59
2018	4771.28	9730.93	49.03	3.25	2.91	0.34
2019	6509.92	11180.04	58.23	7.99	8.49	-0.5
年均增速（年均收益率）（%）	66.16	10.17	—	7.80	7.67	0.13

资料来源：笔者根据历年《全国企业年金基金业务数据摘要》计算。

（二）分类别养老金产品投资绩效

养老金产品主要分为权益型、混合型和固定收益（以下简称固收）型三大类。在此采用超额收益率和夏普指数，对 2015 年初至 2019 年末三类产品的投资绩效进行评估。超额收益率衡量的是产品收益超过无风险收益的部分；夏普指数是常用的基于风险调整收益的绩效评价指标，其基本含义是投资组合（产品）承担的每单位总风险所带来的超额收益大小。在此，采用一年期国债利率（年度平均值）为无风险利率。从表 13-13 结果中可以发现，五年期间三类养老金产品在大部分年份内均获得了超额收益，年化收益率排名依次为股票型（9.86%）、混合型（7.15%）和固收型（6.22%）；权益型产品的收益率波动幅度也较大，其中有两年的超额收益为负，其夏普指数也稍低；固收型产品在所有年份内都跑赢一年期国债利率，其收益率相对固定；混合型产品则介于两者之间。

表 13-13 2014~2019 年各类养老金产品投资绩效情况

单位：%

年份	国债利率	年均收益			超额收益（相比国债）			夏普指数		
		权益型	混合型	固收型	权益型	混合型	固收型	权益型	混合型	固收型
2015	2.52	24.95	13.48	9.03	22.43	10.05	5.60	1.54	1.56	2.27
2016	2.30	0.36	3.77	5.08	-1.94	0.34	1.65	-0.71	0.18	4.15
2017	3.33	12.11	5.42	4.29	8.78	1.99	0.86	0.87	0.84	0.84
2018	3.04	-11.3	2.93	5.93	-14.34	-0.50	2.50	-1.72	-0.41	1.71
2019	2.56	28.33	10.54	6.81	25.77	7.11	3.38	1.82	2.59	1.66
年化收益	—	9.86	7.15	6.22	—	—	—	—	—	—

资料来源：笔者根据历年《全国企业年金基金业务数据摘要》计算。无风险利率数据来自中国债券信息网，http：//yield.chinabond.com.cn/cbweb-mn/yield_main?locale=zh_CN。

三类养老金产品中，股票型产品配置权益类资产的比例下限仅为 30%，资产配置风格与混合型公募基金较为接近；混合型产品权益类资产的配置比例上限为 30%，资产配置风格与公募二级债基金接近；固收型产品对固收类资产的配置比例要求高于资产净值的 80%，与公募纯债基金相近[①]。在此，利用《摘要》数据，对 2016 年初至 2019 年末（16 个季度）持续存在的 91 只养老金产品进行统计分析，其中股票型为 28 只，混合型为 28 只，固收型为 35 只。采用 Wind 数据库中上述三类公募基金的收益数据与养老金产品进行比较。从表 13-14 中可以看出，近四年来三类养老金产品总体收益率均高于同类公募基金水平，反映基金收益波动性的标准差水平也略高于公募基金，说明养老金产品的收益率好于市场上的公募基金产品，但波动性也稍大一些。

① 参见况客研究：《养老金产品研究系列（一）：市场格局》，https：//mp.weixin.qq.com/s/P3SCVUAB7e-es-mESA95UA。

表 13-14　2016~2019 年各类养老金产品投资绩效与公募基金的比较

单位：%

产品类型	2019 年收益率			近四年总收益			近四年年化收益率
	平均值	中位数	标准差	平均值	中位数	标准差	
股票型养老金产品	35.51	27.99	18.07	21.58	20.07	20.00	5.01
混合型公募基金	32.67	30.47	12.88	15.04	15.29	16.30	3.56
混合型养老金产品	9.90	5.55	2.83	20.87	21.84	5.49	4.85
公募二级债基金	10.64	8.74	4.99	9.23	10.86	5.20	2.23
固收型养老金产品	5.82	3.08	1.96	20.50	19.81	3.83	4.77
公募纯债基金	4.95	4.10	1.15	14.62	14.88	1.77	3.46

资料来源：笔者根据历年《全国企业年金基金业务数据摘要》以及 Wind 数据库数据计算。

（三）投资绩效回归分析

基金投资绩效表现与资产持有规模有关联性。一方面，资产规模的扩大会带来规模效应，降低投资管理成本，增强盈利性；另一方面，如果基金规模过大，也会面临流动性约束和资产分散配置的难题，对绩效带来负影响。因此，一般来说，一定环境下各类机构投资者都会有一个最优资产规模的合意区间。对于企业年金基金来说，国内有估计认为一家投管人管理年金规模的盈亏临界点为 300 亿 ~500 亿元，即超过该区间后，投管人才能覆盖投资的人力成本和 IT 系统成本[①]；从投资组合或产品角度出发，养老金业内经验估计单个组合（产品）的最优投资区间为 10 亿 ~80 亿元；规模低时管理成本过高，规模高时超出了投资经理的配置能力。如表 13-2 所示，2019 年专户型投资组合的平均规模仅为 2.58 亿元左右，而养老金产品的平均规模已达到 20 亿元左右，初步判断年金产品仍处于规模效应的上升期。同时，年金投资绩效可能存在持续效应，即上期投资绩效对本期存在滞后影响，该因素与投管机构能力的延续性、投资经理的变更等因素相关。值得说明的是，不同类型年金投资组合在规模效应和持续性效应上可能反映不同。例如，李心愉、钱嫣（2017）的研究表明，固收类年金投资组合具有一定的规模效应和持续效应，而权益型组合则不明显。除上述因素外，投资管理人性质（划分为保险类机构和基金类机构两大类）也可能对年金投资带来影响。

采用上述 2016 年初至 2019 年末（16 个季度）91 只养老金产品的面板数据，建立回归模型对以下三个假设进行验证，主要变量描述如表 13-15 所示。

表 13-15　主要描述性变量统计

变量名	观测值	均值	标准差	最小值	最大值
年收益率（%）	1456	0.037697	0.112939	-0.3669	0.8077
资产规模（万元）	1456	195160	262919.8	15.36	1661069
持有人数量（个）	1456	90.90934	122.5579	1	760
发行人（0 为保险公司，1 为其他机构）	1456	1.417582	0.49333	0	1
产品类型（1 为股票型，2 为混合型，3 为固收型）	1456			1	3

资料来源：笔者整理。

假设 1：投资绩效存在替代效应；

假设 2：投资绩效存在持续效应；

假设 3：投资绩效与投资管理人类型相关。

1．变量选择

模型中因变量设计为养老金产品的当期收益率（YR_i）；养老金产品分为三类（Type）：1 为权益型，2 为混合型，3 为固收型。

自变量包括：①养老金产品资产规模（As），采用上期末至本期末五个季度的资产平均数，回归中使用其对数值（LnAs）；②上期投资收益率（YR_{i-1}），即上期投资

① 闫化海：《养老金产品：持续助力养老金投资产品化发展》，载《中国养老金融发展报告（2019）》，社会科学文献出版社 2019 年版，第 143 页。

收益率对本期的滞后影响；③单个养老金产品持有人数量（Hold）；④产品发行人类型（Investor），1 为保险类机构，2 为除保险机构外的其他基金类机构。建立模型如下：

$$YR_{it}=a_0+a_1YR_{it-1}+a_2LnAs_{it}+a_3Hold_{it}+a_4Invesor_i+u_i++\varepsilon_{it} \quad (13-1)$$

2. 回归结果

利用 Stata 14.0 软件采用固定效应模型，对三类养老金产品投资绩效进行总体回归和分类别回归。由于混合型产品的资产配置介于权益型和固收型之间，在分组处理时既可将混合型和权益型进行合并，也可将其与固收型合并处理。从而建立六组模型，回归结果如表 13-16 所示。

表 13-16　养老金产品投资绩效回归结果（收益率 YR 与各自变量的相关性分析）

变量	模型 1 总体回归	模型 2 权益型	模型 3 混合型	模型 4 固收型	模型 5 权益型 + 混合型	模型 6 混合型 + 固收型
上期收益 L.YR	0.0090167 （0.3）	0.0107027 （0.19）	−0.0222011 （−1.17）	−0.0025414 （−0.65）	0.360245*** （6.82）	−0.0415*** （−7.27）
资产规模 LnAs	0.0058351** （2.33）	0.0221067*** （4.7）	0.0041442*** （4.87）	0.0011237** （2.23）	0.010807*** （3.36）	0.002285*** （3.74）
持有人数量 Hold	−0.0000877** （−2.54）	−0.0000396 （−0.3）	0.0000103 （0.57）	−0.0000162*** （−3.39）	−0.00027*** （−2.98）	−7.24E−06 （−1.13）
产品发行人属性 Investor	0.0067788 （0.97）	0.0158335 （1.32）	0.0084661*** （4.39）	−0.003862*** （−3.13）	0.006253 （0.66）	0.002302 （1.59）

注：***、**、* 分别表示在 1%、5%、10% 水平上显著，括号内为 t 值。

通过模型结果，得出如下主要结论：

（1）投资绩效具有明显的资产规模效应，在六个模型中投资收益率均与资产规模有明显的相关性。

（2）投资绩效持续性效应不明显。在总体回归模型和分单项的三个回归模型中，本期投资收益与上期水平回归均不显著。可能解释的原因在于，过去四年历年投资收益在年度间具有较大的波动性，影响到持续效应。在后两个模型中，无论是“权益型 + 混合型”的组合，还是“固收型 + 混合型”的组合，都呈现出较强的显著性，说明了加入混合型产品后的贡献因素。

（3）就产品持有人数量因素而言，在三个有显著性结果的回归模型中，投资收益均与持有人数量呈负相关，说明持有人数量越高，业绩越低。该结果从侧面也验证了年金投资规模效应的论点，即持有人数量越多，平均规模越低，收益率下降。另一个解释的可能原因在于：目前养老金产品大部分为投管人内部持有，由于养老金产品市场尚未形成竞争态势，单个产品持有人数量的增加并未带来绩效提高。

（4）从产品发行机构性质上分析，在混合型产品中，基金类机构的业绩好于保险类机构；在固收型产品中，保险类机构的业绩好于基金类机构；而在其他四个模型中，两类机构之间的投资业绩区分并不显著。该结果说明，养老金产品投资绩效并未呈现出明显的机构差异化特征。

四、养老金产品投资管理当前面临的问题和挑战

（一）全球经济衰退和负利率宏观背景下的养老金产品收益率挑战

2020 年 4 月 14 日，国际货币基金组织（IMF）称，随着世界各国政府努力应对新冠病毒大流行，今年全球经济很可能会遭遇自“大萧条”以来最严重的金融危机。IMF 预测，2020 年全球 GDP 将会收缩 3%，发达经济体经济总体将萎缩 6.1%，新兴市场和发展中经济体经济将萎缩 1%。按国家和地区来看，美国经济将萎缩 5.9%，欧元区经济将萎缩 7.5%，日本经济将萎缩 5.2%，中国经济将增长 1.2%。与此同时，世界贸易组织（WTO）在 4 月初预测称，今年全球贸易将收缩 13%~32%；经济合作与发展组织（OECD）也警告称，经济将“在未来很长一段时间里”感受到新冠病毒所带来的打击。

2020 年 5 月 13 日，联合国经济和社会事务部发布 2020 年中期《世界经济形势与展望》报告指出，在新冠肺炎疫情的大背景下，世界经济预计将在 2020 年萎缩

3.2%，这标志着世界经济发生了自20世纪30年代“大萧条”以来最强烈的经济收缩。预计全球2020年和2021年的累计产出损失将近8.5万亿美元。2020年4月17日，国家统计局公布了第一季度中国经济运行主要数据，第一季度GDP增长率为-6.8%，创中国改革开放以来的最低。在世界范围内，目前“负利率阵营”的成员主要有欧元区经济体、北欧国家和日本。从基准利率来看，欧洲央行（-0.5%）、日本央行（-0.1%）、瑞典央行（-0.25%）、瑞士央行（-0.75%）均已实施多年的负利率政策；而从债券收益率来看，德国期限在30年以内的国债、日本和法国期限在10年以内的国债，收益率均已步入负值区间。

从政策效果来看，负利率刺激经济、提升通胀的效果十分有限。欧洲央行执行负利率政策以来，并未有效刺激经济和提升通胀率；日本央行执行负利率，更是难以刺激银行放贷和经济增长，货币政策近乎失灵。市场人士表示，全球各经济体央行目前出台的一系列救助政策，压缩了政策空间，选择负利率为无奈之举。在负利率环境下，首先利好债券市场，而且一部分活跃投资资金将更倾向于进入风险资产，进一步利好权益类资产。此外，负利率预期还将引导资金跨境流动的深刻变化，海外投资者特别是养老金、保险公司、信托公司等机构投资者，在追求收益率的驱动下，将进一步加大中国债券市场的配置。从世界范围来看，受新冠肺炎疫情的影响，全球经济陷入经济衰退，负利率大行其道，我国的市场化利率也在大幅下行中，这些都为我国养老金产品投资收益的提升带来巨大的挑战，一方面，利率下行带来无风险收益率的下降，另一方面，经济下行使成本计价类优质资产大幅下降，资本市场大幅波动，给养老金产品的投资和配置带来巨大的困难。

（二）养老金产品规范管理与不同客户多样化需求的挑战

养老金产品一直存在备案多、运作少的特点，2016年底和2017年底运作养老金产品的数量占备案养老金产品数的比例一直不足50%，分别为44.97%和49%；2018年底，该比例上升到56.7%。近两年，监管部门积极推动养老金产品备案和审核工作的规范和监管，要求各投管人积极消化备用的产品壳，将备案未运作的养老金产品尽快投资运作，将在一定时间内规范或取消未使用的产品壳；对于同类型的养老金产品，如果有未运作的产品壳，监管部门不再接受同类型养老金产品的备案和审核。经过一年多的规范管理，养老金产品的实际运作产品数大幅增加。截至2019年底，已发行的养老金产品有456只，备案的产品数量为533只，发行产品数量与备案产品数量的比例为85.6%，远高于2018年的56.7%，养老金产品规范管理工作的效果明显。与此同时，较为严格的养老金产品审批流程和较长的审核时间，也给投管人的养老金产品储备和发行新产品带来不便。

养老金产品面向不同的客户（企业年金基金、职业年金基金和基本养老保险基金）定向销售，这三类养老金具有不同的风险偏好和多样化的客户需求，养老金产品如何满足不同客户的多样化需求是养老金产品研发和投资面临的问题。企业年金基金的主体是各个企业的企业年金计划，各个企业的风险偏好、目标收益、面临的约束等存在较大的区别，每个企业年金基金对养老金产品的需求也存在较大差异；职业年金基金是各省份统一建立的职业年金计划汇集而成的基金，各省职业年金代理人对职业年金基金的收益预期及其低波动性有较高的要求；基本养老保险基金由社保基金理事会作为受托人负责其投资工作，2017年人社厅发布的“160号文”，明确了基本养老保险基金可以直接投资标准化的养老金产品，对于要投资的非标型养老金产品，须按照要求单独履行备案创新，同时仅在组合层面收费。

基本养老保险基金、企业年金基金、职业年金基金三类养老金的客户和产品需求方面都存在诸多差异，在养老金产品严格规范和监管政策下，养老金产品的产品设计、投资策略、销售对策等如何满足上述三类有差异需求的养老金的配置要求，将是养老金产品发行人长期密切关注和亟待解决的问题。

（三）养老金产品发展方向之争？开放或封闭

养老金产品推出之时，其发展方向就面临一个双向选择的问题，是建立一个开放式的全市场范围内公开选择的养老金产品市场？还是各投管人仅投资于自己发行的养老金产品的封闭市场？在制度养老金产品的政策时，为了保护委托人的利益，避免双重收费，法规明确规定了养老金产品发行方单向收费。该制度对养老金产品的配置产生了非常大的影响，导致投管人没有动力去配置其他管理人发行的养老金产品，绝大多数资金用来配置自己发行的产品上，逐渐形成了不同投管人之间的养老金产品“孤岛效应”。据不完全统计，市场上90%的养老金产品配置在投管人自己的投资组合中，其余10%左右配置在非产品发行方投资组合中的养老金产品，大多数是按照委托人要求或强制配置的，只有很少一部分是外部投管人主动配置的。此外，受托人在计划层通过受托直投方式投资的养老金产品中，很大一部分配置在受托人的己方投管人发行的养老金产品中。由此可见，目前养老金产品市场的发展呈现一种封闭式发展的局面。

企业年金或职业年金的投资目标是受益人的利益最大化，养老金产品的封闭式发展模式与受益人利益最大化目标并不一致。从理论上讲，企业年金的受托人和投管人应该在全市场范围内选择和投资养老金产品，进而实现受益人的利益最大化目标。但在实际投资过程中，考虑到自身利益的关系，受托人和投管人面临着自身利益与受益人利益最大化和投资组合业绩之间的权衡取舍问题，使受托人更倾向于配置己方投管人的养老金产品，投管人会将绝大多数资金配置在己方养老金产品中。

从养老金长期可持续发展和充分分散风险的原则考量，目前的养老金产品封闭式发展模式不是未来养老金产品的发展趋势，养老金产品市场的大发展需要一个开放的大环境和市场。在养老金产品发展的初期阶段，随着企业年金和职业年金市场规模的扩大，养老金产品的投资比例逐步增加。目前，养老金产品占整个职业养老金市场的比例已达 40% 以上，未来几年时间内，养老金产品这种封闭式发展的空间将会很快饱和，养老金产品的外部配置需求将会逐渐增加，那时将是封闭式向开放式转变的时机，这种时机的转变，除了市场结构的变化外，还需要委托人（代理人）、受托人、投管人等参与方对养老金产品的认识和理解的不断深入。

五、主要结论及建议

本报告分析了 2013 年以来中国企业年金投资引入养老金产品的发展历程，对其投资绩效进行了实证分析，得出的主要结论如下：

第一，养老金产品的引入是企业年金投资体系的一次重大改进，通过“受托直投”方式简化了年金治理结构，并为走向国际通行的个人投资选择模式奠定了基础。可以说，“产品化”模式开启了年金投资的新时代，对于提高年金投资效率，降低管理成本起到了积极推动作用。

第二，从发展历程看，七年来养老金产品呈现出良好的发展态势，2020 年其在年金投资资产中的占比已超 40%，对传统“专户”投资的替代效应越来越明显。从整体收益率水平、资产平均规模以及投资经理配置等维度看，养老金产品配置效均都优于“专户”投资，也略优于同类公募基金。

第三，从实证结果看，过去四年（16 个季度）的回归分析表明，养老金产品投资绩效存在较明显的规模效应和一定程度的持续效应，但与持有人数量负相关，与投管机构类型不相关。具体到权益型、混合型和固收型三类产品，上述几个因素呈现混合回归结果，相关性视具体产品而定。其中的一个基本结论是，养老金产品投资仍处于规模经济上升区间，未来产品配置规模可继续提高。

展望未来，产品化将是中国年金制度发展的一个引领趋势，这也是年金投资与国际惯例接轨的必然过程。但是，从当前实践情况看，养老金产品发展仍面临着一系列制约因素，主要有以下几个方面：一是产品发行规模仍偏低，品种不足，投资范围和权益类配比受限。以 2019 年为例，当年股票型产品占整个养老金产品资产的比重仅为 6.60%。二是“受托直投”方式还未普及，大多数养老金产品仍属后端的投资组合配置方式。以 2019 年为例，“受托直投”方式下的养老金产品资产占比不足 5%。三是受“单向收费”等因素的影响[①]，养老金产品市场还未形成竞争态势，各家投管人发行的产品主要为内部持有。以 2019 年为例，90% 以上的养老金产品配置在投管人自己的投资组合中。这种投管人间的“孤岛效应”是影响养老金产品市场良性发展的一个制约因素。此外，养老金产品还面临着信息披露不足、资产配置能力有待提升、产品绩效评价体系不当以及监管不足等方面的问题，需要在改革中加以突破解决。在此，提出以下改革建议：

第一，改革年金投资管理体制，完善年金治理结构，为提升年金投资效率提供保障。本报告认为，由计划参加人直接投资的“产品化”模式是中国年金制度的发展方向，应以加快养老金产品发展为突破口，完善年金治理结构。借鉴国际上的改革潮流，相应的改革措施包括实行年金自动加入机制、逐步放开年金个人投资选择权、设置默认投资选项以及引入生命周期产品等，通过这一系列措施促进养老金产品制度的创新。

第二，优化投资监管政策，培育养老金产品市场环境。养老金产品发展仍需要完善一系列监管政策，包括进一步提高权益类资产投资上限，引入股权、基础设施、证券化以及 REITS 等领域的投资工具，引入境外投资等措施。为促进市场的规范有序竞争，还要在加大信息披露、建立独立的第三方产品评估机制以及调整产品收费政策等方面，给予相应的支持。

第三，促进养老金产品标准化发展，加大其在多层次

① 按目前的政策规定，养老金产品收费为产品端的单向收费方式，即产品发行人对购买产品的投管人进行一次性收费，而投管人在购买产品后，将其作为投资组合的配置资产过程，不能再次向委托人进行二次收费。因此，投管人出于自身利益最大化的考虑，一般将养老金产品绝大多数配置集中在自身发行的产品上。

养老基金体系的应用。随着中国多层次养老金体系的快速发展，基本养老保险和第二、三支柱养老基金规模快速扩大，对标准化的养老金品需求越来越高。目前，养老金产品仍主要用于企业年金和业年金领域，在基本养老保险基金投资中也已开始尝试。从国际潮流看，标准化是未来养老金产品发展的方向，信息化时代下养老金产品设计逐步趋于简单化、透明化，并通过互联网金融手段实现便捷操作。因此，未来养老金产品可以面向三个支柱的养老基金投资者发行，不断进行模式的创新，形成公开的养老金产品市场，促进多层次养老基金体系协调发展。

分报告十四
职业年金市场发展与投资管理

职业年金，是指机关事业单位及其工作人员在参加机关事业单位基本养老保险的基础上，建立的补充养老保险制度[①]。在我国经济转型过程中形成的机关事业单位养老保险制度与企业养老保险制度存在一定差异，即俗称的“退休金双轨制”。2015年以来，双轨制并轨改革步伐加速。然而，当前职业年金市场在缴费方式、待遇累积等方面仍与企业年金有所不同。未来，职业年金市场发展在省级统筹、实虚账结合、编外人员纳入和市场化运作等方面存在机遇和挑战。

一、职业年金市场发展概要

（一）政策发展沿革

职业年金市场依照监管政策要求，于2008年开始试点，2015年加快推进步伐；2017年12月，法人受托机构招标工作于新疆维吾尔自治区启动；2019年4月，山东职业年金发起设立了全国首个计划并启动市场化运作。十多年来，职业年金市场发展经历了试点期、推进期和投入运营期三个阶段。

2008年，中央研究部署事业单位养老保险制度改革试点，将山西、上海、浙江、广东、重庆五个省市纳入试点范围，首次提出通过职业年金制度增强事业单位人员的退休待遇。2015年1月，国务院印发《关于机关事业单位工作人员养老保险制度改革的决定》（国发〔2015〕2号）文件，规定从2014年10月1日起实施机关事业单位工作人员职业年金制度，这标志着职业年金制度开始具备法律保障。在改革前与改革后待遇水平相衔接的基础上，建立养老待遇与缴费挂钩机制，多缴多得、长缴多得。2015年3月，国务院印发《机关事业单位职业年金办法》（国办发〔2015〕18号），确定职业年金的市场架构，为基金运作提供了总体方案。2016年9月，人社部和财政部联合印发《职业年金基金管理暂行办法》（人社部发〔2016〕92号），明确了职业年金基金管理职责，对年金计划的受益人、委托人、受托人、托管人和投管人五大角色的关系加以界定，并配合随后印发受托、托管和投资三项合同指引，进一步明确了参与主体的权利和义务。

2018年4月，针对各地推进职业年金基金市场化工作中出现的问题，人社部、财政部办公厅联合发布《关于规范职业年金基金管理运营有关问题的通知》（人社厅发〔2018〕32号），重点对归集账户、年金发放方式、考核机制等方面加以规范。至此，职业年金市场准备工作基本就绪。截至2019年5月，职业年金累计结余6100亿元，平均每年累积1500亿元。各地通过招标方式确定受托人和投管人，开始正式运作。

（二）职业年金的市场化运作方式

职业年金的市场化运作体系包含受益人、代理人、受托人、投管人、托管人等多个角色。各角色互相协作和监督制约，形成以下主要关系。

1. 代理管理

职业年金的机关事业单位人员（受益人）与社保经办机构（代理人）之间具有委托代理关系。受限于储蓄惰性

① 国办发〔2015〕18号《机关事业单位职业年金办法》定义。

和投资知识局限等因素，受益人达成长远养老规划目标的难度较大。职业年金的代理人运作模式，能够较好地满足机关事业单位员工的养老需求，通过专业资产配置方案，达到分散风险和稳定获取收益的目的。

根据国家规定，职业年金的委托人是指参加职业年金计划的各省份机关事业单位及其工作人员，代理人是指代理委托人集中行使委托职责并负责职业年金基金账户管理业务的中央国家机关养老保险管理中心及省级社会保险经办机构①。当前的委托人除了缴纳和领取养老金外，将其他环节任务交由代理人管理。

2. 受托方式

职业年金的第二层委托关系存在于社保经办机构（代理人）与养老金管理机构（受托人）之间。通过签订职业年金计划受托管理合同，明确了代理人监督年金计划和受托人管理年金基金的归集、运作、核算、发放、披露等工作，并定期向监管部门报告运作情况的职责。

由于代理人和受托人属于信托关系，管理目标较为一致，因此这一层面的摩擦成本相对较小，未来优化方向主要为统一双方风险认识和进一步明确职能边界等方面。在职业年金计划目标下，代理人指定受托人在资金层面行使“大管家”角色，负责选择、监督、更换托管人和投管人，制定基金战略资产配置和风险控制方案，并对基金的运作进行监督。从实际运作情况看，目前职业年金计划类似企业年金的单一计划模式。在计划运作期代理人发挥搭台作用，运作成型后，受托和投管通过业绩比拼获得更好的发展空间。费用方面，各地区的受托费用收取模式主要以“固定＋浮动”模式为主。其中，固定费用水平较低，浮动费用为业绩报酬，即考虑到综合服务和基准利率后的超额收益后所获得的额外报酬。

目前30个省份已完成职业年金招标评选，其中平安、工行、长江、国寿与泰康五家机构为全部正选中标（见图14–1）。当前招标有三种模式：第一种模式为选出一定数量的受托机构，如山东选出8家受托机构、江西选出11家受托机构；第二种模式为受托“正选＋备选”，如中央国家机关选出7家受托机构和1家备选机构，河南选出8家受托机构和3家备选机构；第三种模式为“普通＋特定计划”受托人，如上海选出7家受托机构和4家特定计划受托人，甘肃选出10家受托机构和1家特定计划受托人。另外，部分省份还将受托人分档，根据不同档次差异化分配初始资金。

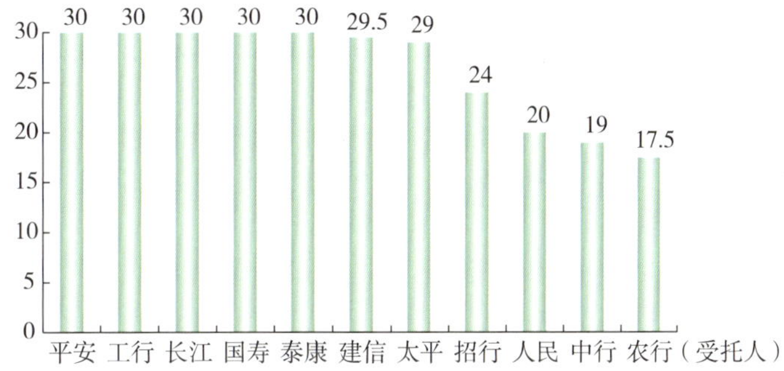

图 14–1　职业年金受托人评选结果汇总

注：①建设银行受托资格已转移至建信养老，因此合并列示；②各地区中标机构按1计算，中标备选机构和特定计划受托人按0.5计算。

资料来源：根据各地人社部公开资料整理，截至2019年底。

受托人的选择、更换由中央和各地方基金监管和管理机构评选委员会通过招标的形式确定。代理人应定期向评选委员会报告受托人履行职责情况，并在受托管理合同期满前提出是否更换受托人的建议和具体办法，报评选委员会批准后实施。合同期一般在三年左右，少数合同期限可达五年。合同期间，大多数代理人以半年度考核的形式对新增资金分配比例进行调整。如果受托人出现连续考核不达标，则将出现管理资金调减甚至被更换的风险。未来，能够借助总部专业力量，创造良好业绩表现并提供高效、个性化服务满足各地区需求的受托机构，将更容易在市场化竞争中脱颖而出。

3. 投资管理

职业年金的第三层委托关系存在于受托人与投管人之间。不同的投管人负责职业年金部分资金的具体投资操作，但整体组合的资产配置和风险控制受到受托人的动态管理和监督。

① 如上海市社会保险事业管理中心在行政主管部门上海市人社局的指导下承办上海市职业年金的经办管理工作；山东省社会保险事业局在山东省人社厅的指导下负责山东的职业年金经办管理工作。

市场运作初期，中央和各地职业年金管理机构评选委员向各受托机构发布招标通知，22 家已具备企业年金投资管理资格的机构有资格领取标书进行投标。从已完成竞标的 30 个省份结果来看，考虑到初期公平性，评审委员会选择限制投管人最大中标组合个数（一般为 3 个），不同受托人结合自身机构特点选择投管人。总体来讲，职业年金的初期投管组合资金配置体现了公平分配，大多数机构能够中标 1 个以上的组合。例如，中央国家机关事业单位职业年金包含 7 个计划，共 41 个组合，其中有 9 家机构中标 3 个投管组合。另外，每个计划还设有 2 个备选机构。整体而言，投管人同样为每三年进行评审。在职业年金运作三年后，受托人会根据表现业绩调整投管人组合数和管理规模，因此预计三年后的投管人组合数和资金分配会出现明显的差异化。

4. 缴费与待遇支付

根据《机关事业单位职业年金办法》，职业年金所需费用由单位和工作人员个人共同承担。单位缴纳职业年金费用的比例为本单位工资总额的 8%，个人缴费比例为本人缴费工资的 4%，由单位代扣[①]。

其中，个人缴费实行实账积累。单位缴费分两种情况：财政全额供款单位下，单位缴费根据单位提供的信息采取记账方式，每年按照国家统一公布的记账利率计算利息，工作人员退休前，本人职业年金账户的累计储存额由同级财政拨付资金记实；非财政全额供款单位下，单位缴费实行实账积累。实账积累形成的职业年金基金，实行市场化投资运营，按实际收益计息。

在领取阶段，个人可以选择将职业年金一次性转商保或按月领取。

（三）后续市场化的资金来源

截至 2020 年 6 月底，中央、各省（市、区）及新疆生产建设兵团等 30 个项目完成职业年金计划受托人评选，24 个地区的超 7700 亿元职业年金基金开始市场化运营。

1. 覆盖范围

目前绝大多数机关事业单位编制员工已纳入职业年金体系，但之前行业统筹的养老保险系统，如央行下的改革方案还未出台，今后或有并轨可能性[②]。另外，机关事业单位的合同制员工如何纳入养老保障第二支柱也是未来年金市场建设的重要突破口。

2. 资金来源

当前职业年金运作分为财政全额供款单位和财政非全额供款单位两大类。财政全额供款单位采取记账模式，名义上的投资收益与实账一致，是中国特色下的一种 DC 型模式。根据高和荣和张爱敏（2015）以及董登新的估计[③④]，非财政全额供款单位养老保险财政拨款率为 50%，财政全额供款单位占比为 33%~50%（以 40% 估计）。考虑到极值影响，以 2019 年全国城镇非私营单位就业人员年平均工资 9.05 万元的 90% 估计，当年新增职业年金规模为：财政全额供款单位个人缴费部分 + 非财政全额供款单位全部缴费 =3800 × 9.05 × 90% ×（4% × 40%+12% × 60%）≈2700 亿元。考虑到退休领取，净增规模可能在 2000 亿元左右。在职业年金运作规模达到稳态后，其规模的增长应略高于通货膨胀率。以 5 万亿元和 2% 的通胀估计，职业年金的远期净增规模（缴纳和投资回报部分减去领取部分）在 1000 亿元左右。

3. 过渡期的资金规模

根据目前业内观点，考虑到财政负担和老龄化特征，做实记账部分将成为职业年金未来发展的方向。考虑到实际因素，财政实力较强的地区或将首先实现虚账做实。例如，上海市、广东省、浙江省为了扩大职业年金筹资规模，已经采用“实账”运行方式，做实了个人和单位缴费；财政实力较强、人口老龄化问题较为严峻的山东省等地区也发文鼓励有条件的市、县（市、区）记实全额供款单位的单位缴费。

二、职业年金的市场特征

（一）职业年金管理理论

1. 战略资产配置在职业年金市场上的应用

战略资产配置是根据投资者的风险偏好和业绩基准，运用投资组合理论，对市场上可操作产品进行优化处理，得到各主要大类资产的配置比例。一般而言，战略资产配置是在一个较长时期内以追求长期回报为目标的资产配置，并基于长期投资目标和风险政策所制定的资产配置方案。对于职业年金管理，战略资产配置主要影响因素如下：

① 根据未来经济社会发展状况，国家适时调整单位和个人职业年金缴费的比例，单位和个人缴费基数与机关事业单位工作人员基本养老保险缴费基数一致。

② 汪中冬：《人民银行职业年金投资组合选择研究》，《金融经济》2020 年第 6 期，第 80-86 页。

③ 高和荣、张爱敏：《事业单位养老保险改革方案财政可持续研究》，《苏州大学学报（哲学社会科学版）》2015 年第 1 期，第 34-39 页。

④ 董登新的估计，参见 https://finance.huanqiu.com/article/9CaKrnJYrcT。

（1）投资目标。由于职业年金与企业年金不同，采取了多个受托计划共同管理的模式，各计划之间存在较激烈的竞争关系，因此在投资目标上，职业年金更为激进。实践中，大多采取了相对排名作为目标。

（2）投资范围。我国职业年金可投资范围由《职业年金基金管理暂行办法》（2016 年人社部 92 号文）确定，伴随着年金市场化改革推进，未来投资范围有进一步扩大的空间。当前，投资范围包括债券、股票等大类资产，例如银行存款、国债、信用等级在投资级以上的金融债、企业（公司）债、中期票据、基础设施债权投资计划、证券投资基金、股票、养老金产品等金融产品。

（3）风险偏好。当前职业年金运作对风险控制较为关注。职业年金基金大多以规避信用风险为前提；与此同时，受托人和投管人两个层面的竞争又导致职业年金基金的风险偏好高于企业年金。实务中，受托人的核心职责之一是“制定职业年金基金战略资产配置策略，提出大类资产投资比例和风险控制要求”。当前，受托人正逐步做实该项职责。各法人受托机构已逐步建立起量化分析模型。策略执行前，通过与各投管人展开密切沟通，以制定相匹配的资产配置策略；策略执行过程中，通过投资指引、管理要求等方式，协同投管人实施资产配置策略。

目前，职业年金基金已广泛配置于法规所允许配置的各类资产。此外，养老金产品在职业年金工作中得到了充分利用，这一现象值得关注。

2. 战略资产配置与战术资产配置的联动

战术资产配置是战略资产配置的积极补充，在权重偏差的允许范围内，根据短期市场波动情况调整组合的资产配置。管理人进行战术资产配置，目的是通过研判并在短期内调整投资组合权重，获取超业绩比较基准的回报。

战术资产配置实施方在于投管人，因此战略资产配置与战术资产配置的联动，更多体现为受托人与投管人之间的互动。2019 年 4 月以来的职业年金市场化投资运作经验表明，战术资产配置对提升职业年金收益、防范短期风险具有重要作用。

短期内，职业年金的战术资产配置面临两项挑战。一是快速匹配资产的能力。职业年金组合规模大，未来一段时期将持续呈现净缴费状态，这对于投管人快速寻找各类优质资产类属提出了更高的要求。二是定制化管理的能力。各省份职业年金计划投入运作时间不一，在资本市场波动较大的背景下，不同时点开展资产配置面临着不同的选择考虑。因此，受托人、投管人需前瞻性判断短期市场类别市场波动，稳步实施资产配置策略，在不同时点上，对各类资产之间的性价比做出判断，并最终确定比例。例如，2019 年 9 月前投入运作的职业年金计划，尽快配置了稳定表现的资产类属；但 2019 年第四季度起，随着稳定类资产的供给水平下降，且股票市场出现上涨，新运作的职业年金计划在投资策略上主动选择更快地提升权益配置仓位。

资产配置过程如图 14-2 所示。

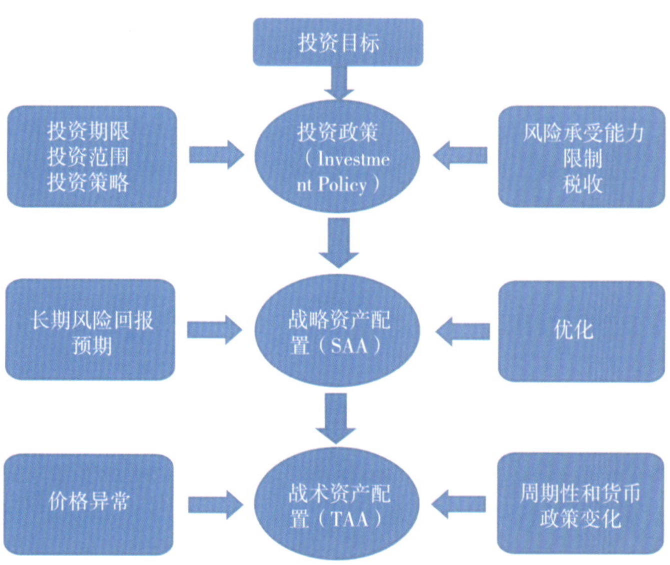

图 14-2　资产配置过程

3. 职业年金资金运作的特点

（1）缴费稳定、基金规模增长迅速。缴费稳定：职业年金受益人为公务员及事业单位人员，具有强制性，因此职业年金在资金来源上比企业年金更加稳定，征收难度和缴费波动性相对较小。基金规模增长迅速：虽然职业年金基金从 2019 年开始投资运营，但根据《机关事业单位职业年金办法》规定，职业年金缴费自 2014 年 10 月 1 日即开始计提，在投资运营初期已有相当规模的存量基金积累。截至 2019 年中，职业年金参加人数有 2970 万人，略超企业年金人数；职工覆盖率达 82%，远高于企业年金 10% 左右的覆盖率。

（2）采取集中委托运营的管理模式，竞争性更强。职业年金的管理结构与企业年金有明显区别。职业年金采取集中委托运营的方式，由省级社会保险基本机构集中实施委托责任。与职业年金相比，主要的变化有：一是增加了代理人角色；二是代理人行使账管人职能，同时取消账管人；三是设立多个受托计划。企业年金只有一个受托计划，职业年金下设 5~11 个受托计划，即职业年金计划为多受托人对接代理人和多投管人的模式。通常情况下，代理人通过选择受托人实现对职业年金基金的管理，而受托人则根据代理人确定的规则独立选择其受托计划下的投管人。由于代理人具有多个受托人计划，同时每个受托人计划下又有多个投资组合，因此职业年金计划的竞争性更强，对业绩、服务、时效的要求更高。

（3）逐年提高的流动性管理要求。职业年金的流动性要求来源于当期支付压力。在“虚实结合”的积累模式下，职业年金的资产负债呈现两个特点：一是资产端实际投资运作资产小于记账金额；二是负债端资金对流动性要求较高。退休人员无论个人账户积累是否充足，均将按一定标准领取，并且领取金额将逐年上升，需要资金管理机构提早做好长期视角下的资产负债匹配风险管理。

（4）长期资金属性下，绝对收益与相对收益目标相结合。职业年金基金以保值增值为目标。作为国家社会保障体系的重要组成部分，职业年金基金是用于保障机关事业单位职工退休后生活水平的养老金，是机关事业单位退休人员安享晚年的重要经济支柱。一方面，职业年金基金天然具有长期性、安全性的特征和需求，总体偏好稳健，厌恶风险，追求绝对收益。由于具备稳定缴费的特征，职业年金在进行长期资产配置方面较企业年金更具有优势，对市场波动有一定容忍度，但信用风险管理仍是当前职业年金投资中的重要手段。另一方面，职业年金在风险可控的条件下同时追求相对收益。职业年金投资的目标是保障职工退休相对待遇水平，在可控风险范围内实现相对高收益有利于提高平均替代率。同时，职业年金的委托投资运营方式也促使各投管人竞争，间接提高了期望收益。

4. 职业年金资金运作的难点

（1）注重短期业绩给运作带来压力。职业年金计划考核存在趋于短期化的趋势。一方面，职业年金的省级集中管理模式，导致各地对投资收益结果产生比较；另一方面，职业年金计划引入了多受托人，进一步增加竞争激烈程度，考核频率趋于短期化。职业年金基金的投资风格受到考核方式和资金分配规则的影响，更注重绝对收益下的相对排名，并且相对排名占据了更大的权重，因此投资风格更向公募基金靠拢。

职业年金短期内存在轻配置、重交易的倾向，战略资产配置功能仍有提高空间。过于注重短期业绩考核和养老保险基金的长期投资性质不相匹配，可能会使投管人放弃某些长期价值投资机会，对年金基金的根本利益造成损害。

（2）低利率环境下优质资产荒与目标收益率之间的冲突。2019 年全球经济下行以及 2020 年新冠肺炎疫情冲击导致全球央行货币政策大幅度宽松，并且可能在较长时间内维持低利率的环境，债券和非标产品收益率明显下降。同时，在外部环境压力下，部分企业信用状况存在恶化压力，信用风险发生的概率增加。权益资产方面，消费、医药、科技等符合居民消费升级、经济长期转型升级方向的资产估值水平已经较高，而银行、地产、周期等传统行业由于经济增长方式转变，利润增速已经逐步进入中低增长区间，资产价值主要受利润增速影响升值空间有限。

资产荒主要是指资金相对充裕，但缺乏风险与收益合理匹配的资产。年金基金对中低风险、风险调整下的回报合理的资产需求量大，因此在当前阶段获取优质资产难度变大，实际运作面临严峻挑战。另外，职业年金收益率要求对标全国社保理事会表现，为实现收益率目标带来了较大难度。

（3）投资范围相对较窄，未来有扩容空间。目前，职业年金基金投资范围仅限于国内金融资产，并且对可投品种仍有较多限制，并不能完全适应年金的投资需求。未来可以考虑放开跨境投资、扩容投资品类、允许衍生品交易等方式，强化职业年金的投资能力和抗风险能力，例如港股通、沪伦通等权益市场工具、资产支持证券 / 资产支持票据（ABS/ABN）和商业银行同业存单等固定资产投资品种以及国债期货、利率互换、信用缓释工具等衍生品工具。

（二）职业年金受托人的管理行为特征

职业年金业务启动以来，受托人基于企业年金计划受托管理经验，不断探索符合职业年金业务发展要求的受托管理理念、方法和工具。经过一年多的实践，职业年金受托管理行为在继承和发展企业年金经验的基础上，呈现出以下几项特征：

1. 全面、自主履行各项受托管理职责

对比职业年金与企业年金相关政策法规，受托人职责未发生显著变化，主要包括选择、监督、更换管理人、制定战略资产配置策略、投资监督、运营管理、信息披露等。《职业年金基金管理暂行办法》（人社部发〔2016〕92号）第十五条明确指出，职业年金受托人需“提出大类资产投资比例和风险控制要求”，需“向投管人或直投养老金产品分配职业年金基金财产”，需“建立职业年金计划投资风险控制及定期考核评估制度，严格控制投资风险”。

实践中，因部分年金计划的委托人与受托人职责边界尚不清晰，受托人自主履行全部职能有一定难度。特别地，在与资产配置相关的职能方面，受托人话语权一般较为有限。例如，在一些单一企业年金计划中，委托人可能直接参与和决策投资管理人的选择、考核、更换以及资金分配结果，受托人更多地承担咨询建议和流程管理职能。相比之下，职业年金代理人侧重于规则制定，较少直接干预计划受托具体业务。因此，职业年金受托人可以更全面、自主地设计管理各环节，对计划下组合架构设置、资产配置方案制定和具体落实、托管人和投资管理人选择与更换、绩效考核与资金分配直投组合等拥有更大的主动权。

2. 高度的绩效考核导向

现行年金法规下，企业年金基金采用单一受托人架构，受托人之间的竞争压力相对有限。相较而言，职业年金代理人均建立了多个职业年金计划，构建了受托人在计划层面相互竞争、投资管理人在组合层面相互竞争的双重“赛马机制”。职业年金代理人通过制定受托人绩效考核办法、将资金分配以及管理资格与考核挂钩，对受托人实施奖优罚劣的激励机制。其中，不乏代理人对考核排名靠后的受托人实施暂停新增资金分配、调减存量资金甚至取消受托管理资格等极为严格的管理手段。面临前所未有的竞争压力，因此职业年金受托人管理行为呈现高度的考核导向，只有紧密围绕受托人绩效考核办法中各项考核指标，针对性地强化受托管理，才有机会获取更好的考核结果，进而在中长期竞争中脱颖而出。

3. 跟踪多维度业绩目标

投资业绩是年金受托人绩效考核的核心指标。在考核频率提升、业绩考核指标复杂化的情况下，职业年金受托人加大了对不同维度投资业绩目标达成情况的跟踪力度。

一是加大了相对业绩排名的重视程度。在多受托人架构下，仅完成绝对收益目标（如投资业绩超过业绩比较基准的2倍）并不足以确保受托人在同业竞争中胜出。目前多数职业年金代理人设置了一定权重的相对业绩排名指标，因此受托人高度关注受托计划投资业绩在本地区全部计划中的排名。相应地，在受托人制定竞争策略时，也更关注相对业绩目标实现。

二是关注不同时间段的投资业绩情况。目前，多数职业年金代理人按半年度频率考核受托人绩效，但部分代理人设置了短期、中期、长期业绩指标，或将历次考核得分滚动加权，以此体现各受托计划的中长期运作情况。因此受托人需关注不同时间段的业绩目标达成情况，并设置了相应跟踪条件，如某受托机构基于日收益率发起风险预警、基于周收益率发起业绩通报、基于月收益率统计相对排名，并系统检视季度、半年度、年度、成立以来累计收益率及排名情况，相应动态调整下阶段受托管理策略，并采取对应管理措施，以与代理人要求基本保持一致。

4. 实施更加积极的资产配置策略

（1）强化计划层资产配置主动管理。战略资产配置是年金受托人的核心职能之一，在计划运作的不同阶段，受托人立足于计划的实际风险偏好，实施并动态调整资产配置策略。由于竞争性要求，受托人在职业年金受托管理中，资产配置策略更加积极主动。

一是加大资本市场前瞻性预判。目前年金投资多采取基于CPPI策略的配置方法，受托人对计划层面的安全垫底线要求、风险敞口跟踪更加紧密。受托人通过调节计划层面风险敞口阈值实现对市场阶段性风险和机会的主动预判。例如，在新冠肺炎疫情期间，市场波动性显著增加，多数职业年金受托人及时与投管人沟通并传达风险敞口管理要求。此外，相当一部分代理人将受托人是否及时提示风险纳入考核，进一步激励了受托人主动有为的资产配置管理。

二是灵活运用多样化的组合架构。在职业年金组合设置和管理实务中，受托人在严守资产配置和信用风险底线的基础上，结合各投资管理人的管理特长和资源禀赋，赋予不同投资管理人多样化的组合设置，并在组合内给予各组合投资经理充分的自主决策空间，尊重差异化策略布局，从而有效提升了计划层权益投资绩效的稳定性。此外，职业年金启动后，不少受托人启动了受托直投组合，通过直投组合补充标准组合投资管理人相对欠缺的资产或风格，整体把控计划层面的资产配置。

（2）发挥养老金产品的配置工具作用。根据人社部公开数据，2018 年底市场养老金产品规模达 4771 亿元，2019 年底养老金产品规模则达到了 9054 亿元，一年之内规模增加接近 1 倍，与大多数省份职业年金建仓时点相吻合。随着职业年金计划的启动，投管人逐渐意识到，通过养老金产品快速建仓能够起到提高资金利用效率、平滑组合波动、实现规模收益的作用。因此，多数投资管理人采用养老金产品建仓或辅助建仓的管理模式，提高养老金产品的运用率，并进一步布局更健全的养老金产品线，促使养老金产品市场进一步发展壮大。

5. 强化对投管人的管理

（1）日常沟通更加紧密。职业年金日常管理中，受托人需要更加全面、自主履行各项受托管理职责，跟踪多维度业绩目标，实施更加积极的资产配置策略。

从频率上，受托人与投管人沟通更为频繁，通过定期调研问卷、访谈等形式，及时掌握投资管理人的最新投资策略，沟通内容更为深入。由于各投管人正在逐步增加资源投入，受托人对投管人的跟踪掌握已从过去单纯了解年金投资团队，转变为全面了解投管机构运作情况、公司层面投资策略转变等情况的考评方法。

（2）考核频率和考核标准提升。当前，大多数省份对受托计划的考核频率为半年度。相应地，受托人对投资管理组合的考核频率也多为半年度。考核标准则较为综合，在业绩表现等定量考核的基础上，增加了风险管理、履职情况等维度的考核指标，总体上对投管人的履职情况进行全面考核。当然，受托人与投管人的沟通也需适度。我们认为，受托机构应更关注投管人对计划层面收益目标的全局意识，引导各投管人充分发挥专业优势，并对投管人的短期目标偏离进行适时提示。通过适当纠偏、适时提醒，保障职业年金资产的长期稳健运作，同时避险过度管辖投管人的运作而产生“噪音”。

6. 严守风险管理底线

（1）注重业绩平稳性。职业年金基金既追求资金长期保值增值，同时具有相对排名要求，对整体业绩的稳定性提出了更高要求。职业年金代理人对受托人的考核中将风险指标纳入考核项，尤其是风险调整后收益率、波动率、最大回撤等，均具有一定考核权重。在考核导向下，受托人也非常重视稳定类资产的安全垫累积，以提高风险调整后收益。

（2）严防信用违约。职业年金作为养老保障体系第二支柱，其战略资产配置的首要条件是保证年金基金的高度安全。受托人从计划层面更加注重信用风险的把控，高度重视信用风险管理，并将要求传导至投管人。例如，受托人会结合公开信息，主动要求投管人对特定事件或投资标的进行风险排查。

（三）职业年金投管人的投资运营特征

1. 投资范围

职业年金的资产配置中有 70%~80% 的资产配置于固定收益资产，其余部分主要配置于现金类和权益类资产。

职业年金固定收益资产配置按照计价或估值方式的不同主要分为两类：稳定类固定收益资产和市值类固定收益资产。稳定类固定收益资产主要包括：基础设施债权投资计划、信托产品、非公开发行公司债、非公开定向债务融资工具（PPN）和存款等。市值类固定收益资产主要包括：国债、金融债、企业（公司）债券、短期融资券、超短期融资券、中期票据、债券基金；可转换债（含可分离交易可转换债）、可交换债（不含私募可交换债）；商业银行理财产品、固定收益型养老金产品、混合型养老金产品等。

职业年金权益配置的品种主要包括股票、公募基金和股票型养老金产品三类。在职业年金的管理实践中，各投管人都加大了资金归集的力度，即更大比例地采用公募基金和股票型养老金产品替代股票，这一趋势尤其在规模较小的职业年金组合中表现得更为明显。通过资金归集，大幅降低了投管人管理组合的数目，降低了投资管理难度，提升了管理效率。

2. 投资定位

固定收益投资主要包含久期策略、信用策略、杠杆策略和类权益资产策略四大类（见表 14-1）。

表 14-1　固定收益投资策略介绍

策略	应用
久期策略	固定收益投资最常用的策略之一，职业年金久期策略的运用，主要体现在资产对冲，通过拉长组合久期和降低组合久期，以反馈宏观基本面的变化。长久期策略对应经济衰退，此时权益所处环境较差，以债券的资本利得对冲权益的资本亏损。短久期策略一般面对经济复苏到过热，货币政策收紧，此时降低组合久期，减少债券资本利得亏损，并以权益资产对冲久期风险
信用策略	信用策略一般是组合的阿尔法收益来源。一般会在信用评估、行业信用轮动、个券精选三个层次制定组合的信用投资方法论。目标是打造适合养老金产品风险偏好的信用投资策略，保证组合在信用安全的基础上获取最大化收益
杠杆策略	杠杆策略是固定收益投资的重要策略之一，主要是利用期限错配来获取收益。一般情况下，收益率曲线向上倾斜，短期资金成本和中期长期债券收益存在利差，杠杆策略在多数情况下能够给组合带来明显收益增强。仅在少数环境下（如滞涨），收益率会出现倒挂风险，杠杆带来负收益

实际操作中，年金基金的固定收益资产配置在组合中的主要贡献包括：

（1）积累组合安全垫，保障养老金组合实现绝对收益率目标。这部分的收益主要来源是固定收益资产中的稳定类资产配置。该类资产以成本计价，票息是主要的收益来源，不存在久期风险，风险主要来自资产本身的信用风险。因此，在实际管理中要对该类资产的信用风险进行严格管理，主要包括以谨慎性为原则进行事前项目信用评估，要求项目资质本身和担保资质要求 AA+ 以上；事中保持对项目的持续追踪和定期信用评估，从而保障资产的信用安全。

（2）资产波动风险对冲：固定收益资产，尤其是市值类的固定收益率资产，在组合层面跟权益风险资产能够形成对冲效应。用于平滑组合的净值波动，优化组合的夏普比率（Sharpe Ratio）。

3. 投资思路

从职业年金投资经验看，固定收益投资分两个阶段。分别为初始建仓期（一般是三个月）和建仓后正常投资期。

（1）建仓期。职业年金投资强调“主动管理、审慎投资”的管理原则，组合运作初期实行稳健的投资策略，配合风险预警制度，稳步建仓，并根据安全垫积累情况逐步放开风险资产配置比例。

固定收益投资在建仓期以确定收益资产配置为主，保证安全垫资产稳健有序配置。配置资产包括基础设施债权投资计划、信托产品、PPN、非公开债、存款等。为保证资金利用效率，初期优选固定收益型养老金产品、存款型养老金产品、基础设施债权投资计划型养老产品以及信托型养老金产品进行配置。建仓期，权益投资相对更为保守，通常仓位较低，多数组合要求低于 5%。

（2）建仓后。固定收益投资重点在于稳定类资产和市值波动类资产配置比例。从职业年金的资金性质来看，组合应以绝对收益目标为首要目标，在配置上成本计价类的稳定资产配置是组合的安全垫的主要来源。资产配置中，稳定类固定收益资产比例配置以 40%~50% 为中枢进行资产配置；市值类固收资产以经济周期、政策周期判断为前提，制定相应的久期策略、杠杆策略和信用策略等。

权益类资产在建仓期之后，投管人会视组合净值情况，根据股票市场走势逐步提升权益仓位。从当前职业年金投资情况来看，多数组合建仓期之后的权益仓位保持在 10%~20%，但也有部分组合权益仓位超过 20%，接近 30% 的法规要求上限。

4. 投资运营特点

整体来看，目前职业年金的投资风格因考核、资金分配原则的影响，更加偏向注重绝对收益下的相对排名管理模式，并且相对排名在投资中占有更高的权重，因此投资风格正逐渐向公募基金靠拢。

固定收益方面，由于当前债券收益率处于历史底部区域，成本类资产收益率也相应较低，因而投管人在市值类资产的配置上会普遍较高。同样也因为债券收益率处于历史低位，债券市场波动放大，对投管人判断市场方向，选择久期以及调整仓位等提出了更高的要求。整体职业年金在市值类债券投资方法中普遍存在轻配置、重交易的倾向。2019 年下半年和 2020 年上半年权益资产超额收益较为明显，因此市场中的部分投资机构也会将转债、混合养老金产品等作为赢取超额收益的重要手段。

权益投资方面，按照机构种类可分为基金类和保险资管类。一年多的职业年金投资实践表明，两类投管人存在一定程度的投资风格差异。基金公司管理的主要资产为公募基金。典型基金公司股票型、混合型和债券型公募基金比例一般为 1∶1∶1，权益资产占其总资产的比例近 50%。保险资管公司管理的主要资产为保险资金，其权益比例一般在 10% 左右。在两类投管人管理职业年金的过程中，其权益配置比例的思路或多或少受到公司总体资产配置思路的影响。由于基金公司管理资产的权益仓位远高于保险资管公司，因此基金类投管人权益仓位一般略高于保险资管类，并且基金类投管人风格较保险资管类投管人投资风格更为激进。

在资金归集的实践中，基金类投管人投资公募基金的比例相对较高，而保险资管类投管人投资养老金产品的比例相对较高。这与不同投管人所能提供的产品类型有关。基金类投管人的拳头产品是公募基金，投管人对其内部公募基金经理的风格熟悉，其持仓品种可实时跟踪，一般更多配置投管人内部的明星基金产品。保险资管类投管人一般在养老金产品管理上更有优势，倾向于给职业年金组合配置其重点培育的养老金产品。除了公募基金和养老金产品之外，职业年金还通过直接投资股票进行权益配置，基金类投管人普遍以自下而上的品种选择为导向，行业板块配置与市场基准有较大差异。从过去一年的实际表现看，主流的基金类投管人通过超配消费、医药和科技类个股，较好地抓住了市场趋势，为组合贡献了超额收益。

相较而言，保险资管类投管人的股票配置延续保险资金的风格，一般是参考市场主流基准指数，并在判断市场风格的基础上对行业板块进行适度的主动选择。在职业年金的投资实践中，因为同业业绩竞争更加激烈，部分保险资管类投管人在行业板块配置上进行了更大幅的主动选择，以追求更好业绩弹性。从过去一年的实际表现看，主流的保险资管类投管人同样主动选择超配消费、医药和科技类个股，但同时保留了部分金融地产等低估值蓝筹板块的配置，在贡献较多收益的同时，保持了更低的净值波动。

另外，随着衍生品市场的发展，部分职业年金组合开始引入股指期货品种的投资。目前主要的投资策略为持有股票多头，同时做空股指进行对冲，以获取组合选股的 α 收益。在预判股票市场上行的时段，降低做空的头寸，保留更多的股票多头暴露；在预判股票市场下行的时段，增加做空头寸，将股票多头的暴露大幅降低，甚至降低到零。过去一年多的投资实践中，引入股指期货的投管人业绩表现较好。

当然，衍生品的引入也是一把“双刃剑”，主要考验投管人的择时能力。在过去数十年的投资管理实践中，投管人整体表现了较强的 α 品种选择能力，但整体择时能力则表现并不明显。股指期货的引入是否能给职业年金带来持续的超额收益，还有待于进一步观察。

整体而言，在过去一年多的管理实践中，大部分投管人都获得了较好业绩，21 家投管人平均年度收益率超过 7%，超过过去十年企业年金年化收益率。从绝对收益水平看，基金类投管人和保险资管类投管人基本相当；从净值波动和回撤等指标来看，保险资管类投管人所展现的风格更为稳健。

三、相关政策改进建议

（一）制度层面：优化投资运营相关制度

一是强化受托人职能。当前，我国不同年金投管人的特征较为分化，各自投资能力侧重点有所不同。由于我国年金制度对组合投资比例有明确要求，限制了受托人充分利用投管人能力的空间。因此，建议继续强调受托人在计划层对资产配置比例进行控制的角色。对于组合层，可由受托人根据实际情况制定各自策略，以此充分发挥不同投管人的能力。

二是继续扩大年金基金的投资范围。与其他资金类别相比，当前职业年金的投资范围相对有限，目前仅限于国内金融资产投资，并且对国内金融资产可投品种仍有较多限制，并不能完全适应职业年金的投资需求。未来，可结合实际发展情况，考虑到职业年金对资金分散投资的需求，通过参考保险资金运用规则，逐步放开职业年金投资范围。当前阶段，建议考虑逐步放开海外市场投资渠道，通过跨境投资、扩容投资品类、增加衍生品交易等方式，强化职业年纪投资能力和抗风险能力。从长远来看，房地产的 REITS、未上市股权投资等市场投资品种也蕴含了较好的投资机会，可逐步纳入职业年金的投资范围。最后，作为长期资金，职业年金资金运用应着眼于长期投资价值，同时防范市值波动风险。应充分利用利率互换、国债期货、信用缓释工具及其他衍生品工具，作为对冲利率风险、信用风险和权益市场系统性风险的手段，平滑组合业绩，给委托人创造长期稳定、可持续性的回报。

三是增加信息披露的透明度和规范性。目前业内尚无统一的养老金产品信息公开披露标准。另外，行业内定期报告频率和规范标准尚不能满足代理人的管理要求。在当前养老金产品多渠道配置的情况下，建议规范养老金产品信息披露要求，逐渐统一披露规则，以便养老金管理行业更好地把控风险，为行业良性建设保驾护航。

（二）市场层面：养老金生态圈建设与能力提升

一是进一步强化受托人考核的有效性。当前，部分职业年金代理人的考核取向存在短期化倾向，并且在资金分配、指标选取上均受到短期表现的影响。另外，受托人与代理人的职能分界尚不清晰，不利于调动受托人的主观能动性。建议监管部门考虑出台受托人考核办法的相关指引细则，增强职业年金管理的长期化视角和主观能动性。

二是适当放开养老金产品审批，形成差异化竞争。养老金产品自被纳入年金投资范围以来，在年金投资中的地位和作用不断增强。初期，各家机构利用养老金产品对中小账户进行归集管理，以解决多账户管理的难题，养老金产品发挥了后端归集的作用。随着行业对养老金产品的认识不断加深以及职业年金陆续投入运作，养老金产品成为资产配置的重要工具。考虑到养老金产品在职业年金管理中的重要性凸显，建议能适当放开养老金产品审批。同时，应引导投管人丰富产品线，避免各类产品过度同质化。另外，应适当引入第三方评价机制，便于各受托机构在养老金产品评价等方面提高决策有效性。

三是加强养老金行业交流。我国养老金市场化改革时间短，运营经验还不够丰富，通过加强行业内各受托人、投管人之间的交流，并学习国内外金融业的先进做法，可以进一步强化市场韧性，提高我国养老金管理水平。今后，建议由监管或行业协会组织各种形式的同业交流会议，帮助各机构取长补短，相互学习。

四是优化对养老金投资管理的考核体系。作为我国居民的“养老钱”“保命钱”，养老金兼具长期资金属性和稳健运营属性，是资本市场的“压舱石”，因此考核体系需要站在社会保障的角度不断优化。以目前运营情况来看，有以下两点值得思考：（1）适当拉长考核期限。国外经验表明，投资收益主要来源于资产配置、择时操作和个券选择三个方面，其中资产配置又起到决定性作用。当前职业年金计划考核存在趋于短期化的趋势，相对排名在考核中占有较大的比重，整体出现轻配置、重交易的倾向。参考社保组合的 1~3 年的考核期限，大致符合资产周期波动特点，适合期限的考核目标更有利于推动价值投资的理念。（2）加大绝对收益考核目标。养老金资金属性要求投资应该实现投资收益的稳定性，降低净值的波动性。过度提高相对排名的评比权重，容易造成机构恶性竞争，过度放大风险暴露敞口。这与养老金资金属性和目标产生矛盾。从绝对收益的角度管理职业年金，有利于约束风险敞口，维护资产负债管理安全，实现良好的风险管理。

五是以创新精神满足客户的细分需求。职业年金需要不断满足不同风险偏好的投资需求。海外成熟经验表明，不同风险偏好、不同投资方向的多样化年金产品的发展，可以满足不同年龄和投资偏好雇员的投资需求。未来，随着年金运作的精细化，职业年金将形成不同风险等级的系列产品，并通过组合搭配各层级养老金产品，满足客户的细分需求，不断丰富职业年金投资市场的广度和深度。

分报告十五 我国职业年金基金“记账运行”的机会损益与投资规模

职业年金制度是2015年初机关事业单位养老保险制度改革的伴生产物，其功能是作为基本养老保险的补充。由于在推行改革时遇到地方政府无力承担陡增的财政负担，最终制度设计为对职业年金基金采取部分记账方式，即财政全额拨款单位职业年金的“单位缴费”部分只记账不实缴（以下简称“记账运行”，与之相对应，全部实缴的情形简称“实账运行”），随后又对记账利率做了具体规定，从而形成了我国独有的年金基金投资体制。“记账运行”解决了财力压力过重问题，扫除了机关事业单位养老保险制度改革的障碍，但也产生了账户“空转”、投资规模压缩等问题，长期看还存在财政负担分布不平衡、代际不公平的问题。

机关事业单位养老保险制度改革的一个重大突破是政府对公共部门的养老金责任由直接发放改为前置缴费，与此同时，财政负担由为退休者发放退休金的“一项财政负担”改为“三项财政负担”。这三项财政负担分别是：在职者基本养老保险的单位缴费、基本养老保险缴费支付当期退休金不足部分的补助、全额拨款单位职业年金的“单位缴费”。已有研究表明，三项财政负担比之前的一项财政负担增加40%[①]，这显然是各级财政“不可承受之重”，可见，采取“记账运行”有合理的“土壤”。不过，职业年金“记账运行”的效果具有两面性：一方面，减轻制度改革初期的财政负担，确保机关事业单位养老保险制度改革顺利推进，这是“记账运行”的机会收益；另一方面，职业年金基金“空转”又造成大量的制度损失，不利于职业年金制度的健康运行。因此，要平衡好机会收益和制度损失，在此基数上预判职业年金基金的适度投资规模。

一、职业年金基金收支预测：“记账运行”与“实账运行”两种情形

对比“记账运行”和“实账运行”两种情形下职业年金基金的收支规模，有助于看清我国职业年金基金规模的总体面貌和未来趋势。

（一）制度内容与参数假设

2015年3月，国务院办公厅印发了《机关事业单位职业年金办法》（国办发〔2015〕18号），2016年人力资源和社会保障部、财政部联合印发了《职业年金基金管理暂行办法》（人社部发〔2016〕92号），这是职业年金制度初创和基金投资运转的两个关键文件。根据文件规定：第一，职业年金制度覆盖全体机关事业单位工作人员，一步到位实现“全覆盖”；第二，单位和个人分别按工资总额的8%和个人缴费工资的4%缴费，缴费率与企业年金一致，缴费基数略高于企业年金；第三，财政全额拨款“单位缴费”采取记账方式，在工作人员退休时按账户累计额由同级财政拨付资金一次性记实，全体工作人员的个人缴费和非财政全额拨款的单位缴费采取实账并委托投资；第四，记账部分的记账利率与实账部分的投资收益率保持一致。

根据上述四项内容，对测算所用参数做出如下假设。测算期初为2015年（这是机关事业单位养老保险制度改革的第一年），测算期末为2050年，测算期35年。

① 张盈华：《中国职业年金制度的财政负担预测与“实账运行”必要性》，《开发研究》2017年第4期，第26-33页。

1. 参与人员数和新退休人员数

与企业年金不同，职业年金具有“自动加入”即“准强制”特性，所有在编的机关事业单位工作人员全部同步加入职业年金。因此，职业年金基金的缴费人员数仅受人口结构和岗位编制的影响，不受参与率的影响（参与率可视为100%），参与人员数、缴费人员数与机关事业单位工作人员数相等。测算中，2015~2018 年的机关事业单位工作人员数取自历年《中国劳动统计年鉴》，2019~2050 年工作人员数来自中国社会科学院世界社保研究中心团队 2014 年的预测[①]。财政全额拨款单位的在职人员数大致相当于机关事业单位工作人员数的 80%~90%，各地比例不同，此处取 80%。

每年新增退休人员数受编制数、性别差异（男性和女性退休年龄不一致）、人口结构的影响，推测 2015~2050 年各年新退休人员数在 57 万 ~152 万人，波动较明显[②]。2015~2050 年职业年金每年新退休人员数取自中国社会科学院世界社保研究中心团队 2014 年的预测，其中，财政全额拨款单位的新退休人员数按照与在职人员数相同比例（80%）折算。

2. 缴费基数及其增长率

缴费基数设定为在岗职工平均工资乘以平均缴费指数，假设平均缴费指数为 105%。2015~2018 年在岗职工工资取自国家统计局公布的年度数据，2019 年及以后按照缴费基数增长率计算；缴费基数增长率随着经济增速趋稳呈现稳中有降的趋势，测算方式是先设定测算期末的工资增长率为某个值，然后在测算期内进行直线下调，此处假设测算期末值（2050 年）的工资增长率分别为 6.2%、5.5% 和 4.0% 三种情形。

3. 记账利率（投资收益率）

根据《职业年金基金管理暂行办法》，记账利率与实账部分的投资收益率保持一致。投资收益率可参考长期国债与企业年金基金长期投资收益率的历年值，假设测算期内为 7.0%、5.0% 和 4.0% 三种情形。

需要说明的是，上述假设的参数值影响测算结果，但不影响结果的主要趋势。此处测算的主要目的是观察趋势。

（二）职业年金基金收入规模预测

在“记账运行”情形下，职业年金基金的收入来自非全额拨款的单位缴费和个人缴费、财政全额拨款的个人缴费。这些缴费收入受职业年金参与人员数、机关事业单位平均工资（缴费基数）、平均工资增长率（缴费基数增长率）的影响。按照测算期末工资增长率为 6.2%、5.5% 和 4.0% 三种情形，分别计算各年缴费收入和财政全额拨款单位缴费的记账规模（见图 15-1）。工资增长率越高，缴费收入和缴费记账的规模越大，如果各地职业年金全部启动并按时足额缴费，2015 年机关事业单位职业年金基金收入应为 3021 亿元，其中财政全额拨款单位记账额为 1611 亿元、当期缴费收入 1410 亿元，2020 年分别约为 4875 亿元、2600 亿元和

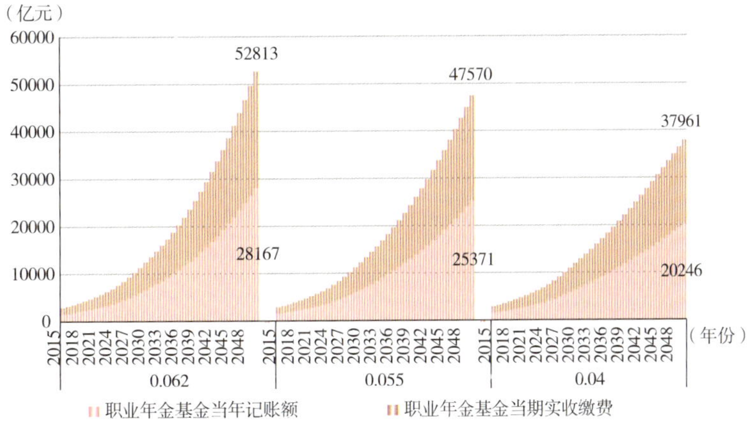

图 15-1　职业年金基金收入与记账额预测（2015~2050 年）

资料来源：笔者计算并绘制。

① 具体参见郑秉文主编：《中国养老金发展报告 2014》，经济管理出版社 2014 年版。

② 测算时引入了延迟退休方案，2018~2037 年为过渡期，按照女工人每 2 年 1 岁、女干部和男性职工每 4 年 1 岁延迟法定退休年龄。假设到 2028 年女工人 55 岁退休，2038 年所有女性 60 岁、所有男性 65 岁退休，再加上人口结构的叠加效应，测算显示在 2038 年和 2046 年新退休人数都会有一个明显跳升：预测 2038 年当年新退休人数是 110.5 万人，较 2037 年增加 30.0 万人；2046 年当年新退休人数是 144.2 万人，较 2045 年增加 27.5 万人；到 2050 年回落到 121.6 万人。

2275 亿元。在其他条件不变的情况下，职业年金基金的记账额占应收收入的 53%。随着时间推移，工资增长率对缴费基数进而对基金收入规模的影响逐渐明显，到 2050 年，在测算期末工资增长率为 6.2%、5.5% 和 4.0% 三种情形下，预计应收收入分别是 52813 亿元、47570 亿元和 37961 亿元，相应地，记账额分别为 28167 亿元、25371 亿元和 20246 亿元。

在 35 年测算期内，机关事业单位职业年金基金“空转”的规模将达到 2 万亿 ~2.8 万亿元，记账额从开始的每年 100 亿 ~200 亿元，到后来每年增加数百亿甚至过千亿元，并且越往后“空转”规模越大，这对未来财政不能不说是一个“隐患”。

（三）职业年金基金支出规模预测

我国机关事业单位平均工作年限大致是 35 年，从 2015 年制度启动改革算起，刚好覆盖整个测算期。也就是说，直到 2050 年，所有在职人员的职业年金缴费才能覆盖整个工作生涯，而在此之前，所有新退休人员的职业年金账户积累都未满 35 年，未达到“满额”；距离测算期初越近的职业年金账户积累额越小，距离测算期末越近的职业年金账户积累额越大。因此，受新退休人员人均账户积累额逐年增大的影响，职业年金基金总支出规模将会快速扩大。

图 15–2 展示在投资收益率 7.0%、5.0% 和 4.0% 三种情形下职业年金基金支出趋势。测算显示，2015 年新退休人数约为 69.5 万人，按照基本养老金与职业年金合计替代率 75% 计算，当年职业年金基金应支出 24 亿元，到 2020 年各种情形下的基金支出均未超过 280 亿元。但是随着工资增长率和投资收益率变化，即使机关事业单位养老金合计替代率逐年降低[①]，基金支出规模也会快速扩大，2040 年前后突破万亿元，到 2050 年职业年金基金当期支出预计 19053 亿元（测算期末工资增长率为 4.0%、投资收益率为 4.0%）~33431 亿元（测算期末工资增长率为 6.2%、投资收益率为 7.0%）[②]。

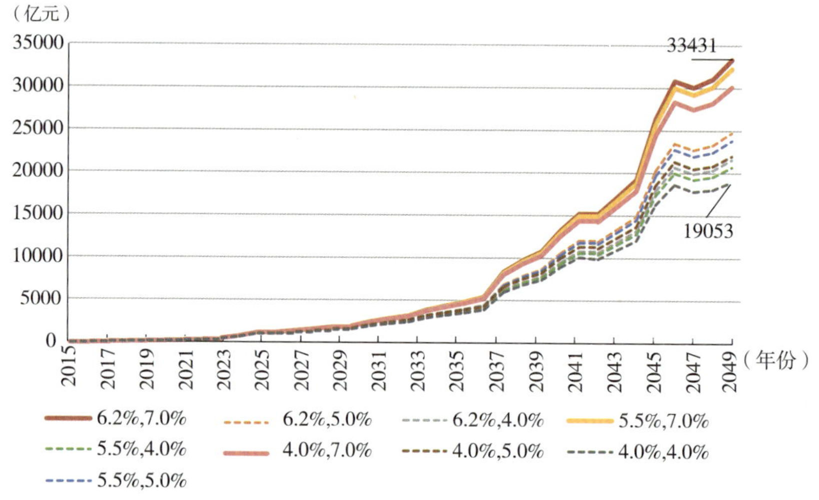

图 15–2 职业年金基金支出规模预测（2015~2050 年）

资料来源：笔者计算并绘制。

职业年金基金支出规模不仅快速扩大，而且各种情形下的差距也有明显扩大，最高与最低支出规模之间相差 3/4，说明工资增长率和投资收益率对职业年金基金支出规模影响显著，投资收益率的影响更大，4.0%、7.0%[③] 方案的基金支出超过了测算末期工资增长率为 6.2%、5.5%、4% 与投资收益率为 5% 和 4% 的所有方案。

二、职业年金基金“记账运行”的机会损益

（一）机会收益：减轻财政负担

如前所述，之所以对财政全额拨款单位缴费采取记账方式，根本原因是为化解机关事业单位养老保险制度改革造成地方财政负担过重问题。测算结果显示，不仅在当前

① 测算假设 2015~2050 年机关事业单位新退休人员养老金合计替代率由 75% 直线匀速降至 55%。

② 受延退假设的影响，2047 年新退休人数大幅增加，造成基金支出规模明显扩大，此后新退休人数减少，基金支出明显回落，故基金支出预测呈现出图 15–2 尾部较大波动的形状。

③ 即测算期末的工资增长率 4.0%，投资收益率 7.0%。

而且从累计情况看，“记账运行”方式都能有效减少职业年金制度的财政负担，减轻财政负担。

职业年金制度的财政负担分为“记账运行”和“实账运行”两种情形：“记账运行”的财政负担是新退休人员一次性记实职业年金基金账户的支出；“实账运行”的财政负担是财政全额拨款单位按在职工作人员数提供的“单位缴费”。“记账运行”财政负担规模受投资收益率和工资增长率双重影响，投资收益率和工资增长率越高，“记账运行”的累计财政负担越多。“实账运行”的累计财政负担只与工资增长率有关，工资增长率越高，“实账运行”的累计财政负担越多。

从表 15-1 和图 15-3 中可以看出，在投资收益率较高、工资增长率较低的情形下，临近测算期末的“记账运行”财政负担超过“实账运行”，这是因为在测算期初，职业年金个人账户尚无积累或者积累规模较小，一次性记实所需要的财政负担不高。2015~2018 年“记账运行”的当期财政负担由 19 亿元增至接近 150 亿元，“实账运行”的当期财政负担由 1611 亿元增至 2370 亿元，“记账运行”与“实账运行”的财政负担差距明显，但随着人均记账额的积累增加，“记账运行”当期财政负担增速加快，

表 15-1　“记账运行”与“实账运行”当前财政负担预测

	测算末期工资增长率（%）假设	投资收益率（%）假设	财政负担（亿元）			
			2015 年	2018 年	2046 年	2050 年
实账运行	6.2		1611	2159	22044	28167
	5.5		1611	2159	20360	25371
	4.0		1611	2159	17156	20246
记账运行	6.2	7.0	19	145	21204	26745
	6.2	5.0	19	141	16286	19874
	6.2	4.0	19	138	14395	17320
	5.5	7.0	19	145	20678	25874
	5.5	5.0	19	141	15821	19118
	5.5	4.0	19	138	13956	16614
	4.0	7.0	19	145	19627	24173
	4.0	5.0	19	141	14895	17648
	4.0	4.0	19	138	13085	15243

资料来源：笔者计算并绘制。

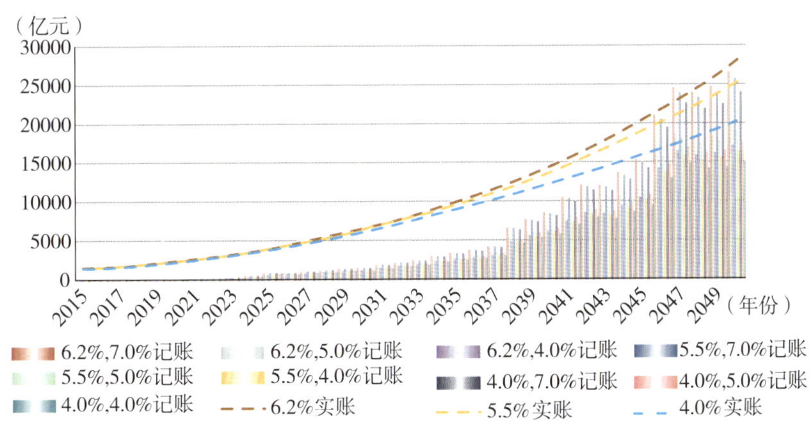

图 15-3　“记账运行”与“实账运行”当期财政负担的比较（2015~2050 年）

资料来源：笔者计算并绘制。

2045 年之后，投资收益率为 7.0% 的各方案“记账运行”当期财政负担开始超过“实账运行”，其他投资收益率情形下的“记账运行”财政负担与“实账运行”财政负担差距也有明显缩小。如果将时间轴拉长，各种情形下“记账运行”财政负担均将超过“实账运行”。

（二）制度损失：代际不公平和丧失投资收益

尽管从当前和累计支出看，“记账运行”可以明显减轻财政负担，这是职业年金计划发起人（政府）的净收益，也是机关事业单位基本养老保险制度的净收益。但是换个角度，从代际分布看，这种净收益越来越小，测算期内就会转正为负，更长期看会弊大于利；不仅如此，由于相当大部分的账户“空转”，职业年金基金可投资规模大打折扣，不仅不利于基金积累，也不利于发挥职业年金基金促进资本市场发展的作用。因此，“记账运行”存在制度损失。

1.“记账运行”机会收益代际分布不均且不可持续

由于前期财政负担相对较轻，测算期内“记账运行”的累计财政负担始终低于“实账运行”，但是，“记账运行”对减轻财政负担的作用在时间上是分布不均的：距离测算期初越近，新退休人员职业年金积累规模非常小，测算显示，2015 年“记账运行”财政负担仅相当于“实账运行”的 1.2%；但是，与“实账运行”财政负担[①]受工资增长率单因素影响不同，“记账运行”的财政负担受工资增长率和投资收益率双重影响，且距离测算期末越近，投资收益率对财政负担规模的影响越大，投资收益率带来的“累积效应”使“记账运行”的财政负担快速增加，与“实账运行”财政负担的比率由 2015 年的 1.2% 升至 2025 年的 10% 以上，到 2050 年达到 44.4%（测算期末工资增长率为 6.2%，投资收益率为 4.0%）~70.4%（测算期末工资增长率为 4.0%，投资收益率为 7.0%）。换句话说，职业年金制度建立初期，“记账运行”大有好处，财政只需拿出应负担支出的 1/10 甚至更少，便可维持制度运行；但到了后期，未来财政需要承担应付支出的 2/3 甚至更多，才能维持制度运行。可见，“记账运行”的好处在代际[②]之间是不平等的。

这里引入一个指标“机会收益率”：机会收益率 =（“实账运行”财政负担 - “记账运行”财政负担）/“实账运行”财政负担，表示“记账运行”在多大程度上减轻职业年金制度的财政负担。机会收益率与工资增长率正向相关，与投资收益率反向相关。这是因为：工资增长率越高，财政需要为在职人员支付的职业年金“单位缴费”就越多，采取“记账运行”就越能减轻财政负担；而投资收益率越高，职业年金账户的记账规模就越大，为新退休人员一次性记实账户所需要的财政负担就越重，“记账运行”对减轻财政负担的作用就越小。图 15-4 展示了“记账运行”的机会收益率及其趋势。可以看出，机会收益率先高后低，到测算后期，降幅更明显，在投资收益率 7.0% 的情形下，机会收益率降至负值，说明机会收益率不仅在时间序列上分布不均匀，而且投资收益率越高，“记账运行”带来财政负担不减反增的可能性越大。

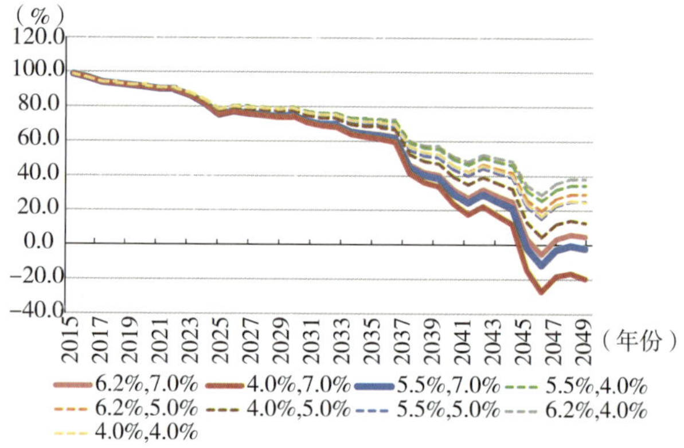

图 15-4 “记账运行”的机会收益率（2015~2050 年）

资料来源：笔者计算并绘制。

2.“记账运行”因基金规模小而丧失大量投资收益

职业年金采取的是缴费确定型账户积累制管理方式，每年的缴费收入扣除当期提取额后形成基金积累，这些积累的资金被投资于资本市场，带来可观的投资收益。可见，职业年金基金有两个收入来源：缴费是制度内收入，投资收益是制度外收入。长期看，职业年金基金投资能够带来可观的制度外收入，但是，“记账运行”打破了这个常规。测算期内，“记账运行”下职业年金基金当期可投资规模与“实账运行”当期可投资规模相比，2015 年前者是占后者的 46.2%，2025 年降至 42.5% 左右，2035 年降至 36.3%~38.8%，此后差距不断拉大，各方案之间的区别更加明显，2040 年占比降至 30.3%~35.4%，2045 年降至 19.7%~30.7%，到 2050 年，（4.0%，7.0%）方案当期缴费收入已经无法偿付当期基金支出，当期可投资规模不增反减，其他方案的“记账运行”可投资规模占“实账运行”可投资规模也降至 5.1%~24.3%（见表 15-2）。长期看，两种情形下职业年金基金可投资规模天壤之别，相应地，投资收益也会有较大差距。

① 在“实账运行”情形下，财政负担是全额拨款单位在职人员职业年金的“单位缴费”，财政负担的大小与工资增长率的高低有关，与投资收益率的大小无关，测算期内财政负担呈稳步增长趋势。

② 这里的“代际”指的是不同时期的政府，“机会收益代际分布不均”是指“记账运行”对当代政府的财政减负好处大于后代政府。

表 15-2　“记账运行”占“实账运行”当期可投资规模的比例预测　单位：%

方案	2015 年	2025 年	2035 年	2040 年	2045 年	2050 年
6.2%，7.0%	46.2	42.2	36.6	31.2	22.3	7.5
6.2%，5.0%	46.2	42.5	38.1	34.2	28.5	20.2
6.2%，4.0%	46.2	42.7	38.8	35.4	30.7	24.3
5.5%，7.0%	46.2	42.2	36.6	30.9	21.5	5.1
5.5%，5.0%	46.2	42.5	38.1	34.0	28.0	19.0
5.5%，4.0%	46.2	42.7	38.7	35.2	30.3	23.3
4.0%，7.0%	46.2	42.1	36.3	30.3	19.7	-0.5
4.0%，5.0%	46.2	42.5	37.9	33.6	26.8	16.1
4.0%，4.0%	46.2	42.6	38.5	34.9	29.4	21.2

资料来源：笔者计算并绘制。

这里引入另一个指标“制度损失”：制度损失 =“记账运行”投资收益 -“实账运行”投资收益，表示“记账运行”下职业年金基金损失的投资收益。如图 15-5 所示，由于可投资规模相对小，“记账运行”的投资收益始终小于“实账运行”，差额部分即为“记账运行”造成的制度损失，而且，投资收益率越高，距离测算期末越近，这种制度损失就越大。测算显示，2020 年的制度损失是 393 亿（投资收益率为 4.0%）~689 亿元（投资收益率为 7.0%），相当于“记账运行”当期缴费收入的 17.3%（投资收益率为 4.0%）~30.3%（投资收益率为 7.0%），到 2050 年制度损失达到 12106 亿 ~24646 亿元，占当期缴费收入的比例升至 67.7%（测算期末工资增长率 4.0%，投资收益率 4.0%）~100%（测算期末工资增长率 6.2%，投资收益率 7.0%）。“记账运行”时间越长，职业年金制度的投资收益损失就会越大，制度的经济效率就会越低。

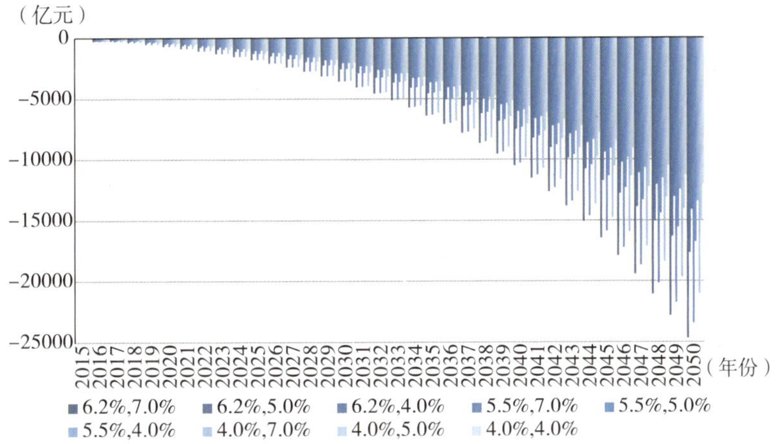

图 15-5　“记账运行”下的制度损失（2015~2050 年）

资料来源：笔者计算并绘制。

三、职业年金基金“适度”投资规模预期

职业年金基金采取“记账运行”存在代际负担不公平和投资收益净损失的问题，当前这些问题还不很突出，但二三十年后问题的严重性开始显现，财政负担快速膨胀，投资收益损失快速增加。从上面的分析看出，工资增长率越低，投资收益率越高，“记账运行”的机会收益就越小，制度损失就越大。长期看，我国“新常态”下经济增速持续放缓，劳动力市场工资增长率呈下降趋势，在这种趋势

下，“记账运行”必定越来越缺乏“经济效率”，而且，当代人确立制度改革和方案，却给后代带来更大财政负担，造成代际不公平。

另外，机关事业单位养老保险制度改革确实会使当前财政负担陡增，一些地方政府也确实无力支撑职业年金基金“实账运行”。在 2019 年以来国际贸易摩擦、2020 年新冠肺炎疫情以及不断发生的自然灾害情况下，中央财政大幅度“减收增支”，地方财政收支都在收紧，这些问题客观存在，且在较长时间内难以完全化解。因此，当前对职业年金账户“完全实账化”不具现实条件。

职业年金基金的“实账化”必须在代际公平、制度效率与财政负担之间取得平衡。

（一）职业年金基金“记账运行”转“实账运行”的局限

1. 总体上看“实账运行”具有可能性

机关事业单位养老保险制度改革解决了长期存在的公私部门之间养老金“双轨制”问题，职业年金制度的建立是为了补充解决改革后养老金替代率下降的问题，“记账运行”是为了化解改革造成短期财政负担陡增的问题。对比“不改革”“改革后实账运行”“改革后记账运行”三种情形的财政负担，可以帮助分析“实账化”的可能性。

比较机关事业单位养老保险制度改革前后的财政负担发现：起初，“实账运行”的财政负担比“不改革”和“记账运行”都高，但在 2030 年前后，“实账运行”财政负担开始低于“不改革”，再往后，到了 2046 年前后，“实账运行”财政负担开始低于“记账运行”，而且投资收益率越高，这个时点到来越早，总体趋势是时间越长，“实账运行”财政负担相对“不改革”和“记账运行”就越低。因此，从长期看，“实账运行”是划算的，有经济效率的，也是更优的方案。

图 15-6 展示了这个趋势：测算显示，“实账运行”财政负担与“不改革”财政负担的比值由 2015 年 1.36 倍逐年下降，2030 年降至 1.00，到 2050 年降至 0.83（测算期末工资增长率 6.2%）~0.88（测算期末工资增长率 4.0%）；“记账运行”财政负担与“不改革”财政负担的比值由 2015 年的 1.11 倍逐年下降，2018 年降至 1.00，到 2030 年降至 0.80（测算期末工资增长率 6.2%，投资收益率 4.0%）~0.83（测算期末工资增长率 4.0%，投资收益率 7.0%），到 2050 年降至 0.75（测算期末工资增长率 6.2%，投资收益率 4.0%）~0.92（测算期末工资增长率 4.0%，投资收益率 7.0%），其中 2046 年（5.5%，7.0%）和（4.0%，7.0%）两个方案的“记账运行”财政负担超过“实账运行”，2047 年（6.2%，7.0%）方案的“记账运行”财政负担超过“实账运行”。所以说，如果从长期减轻财政负担的角度看，职业年金基金“实账运行”是具有可行性和合理性的。

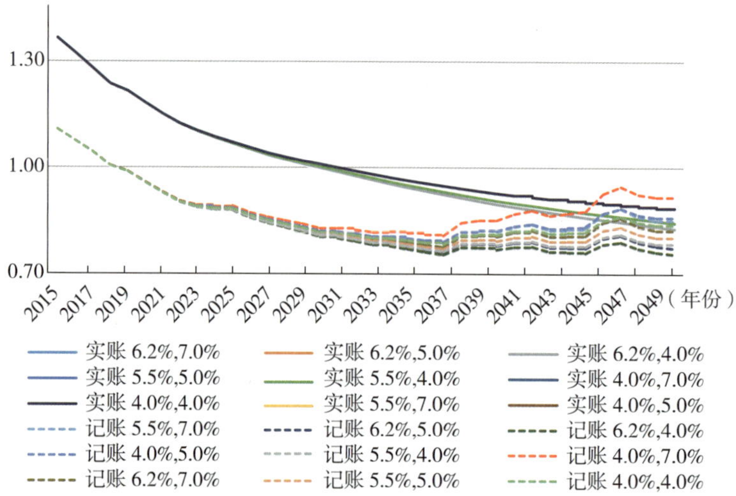

图 15-6 改革后两种情形与“不改革”的财政负担比较

资料来源：笔者计算并绘制。

实践中，2016~2018 年“财政对机关事业单位职业年金缴费支出”分别是 105 亿元、305 亿元和 522 亿元①，说明已有一些地方政府对职业年金基金采取了“实账运行”，这些地方的政府已经认识到职业年金基金“实账运行”的

① 财政部历年“全国财政负担决算表”。

重要性和必要性。

2. 分地区看“实账运行”仍有局限

职业年金单位缴费的出资方是各级政府，由于我国经济发展和财政收入的地区差距较大，因此各地职业年金基金“实账运行”的财力不同。图 15-7 显示 2018 年各省职业年金基金“实账运行”财政负担占地方财政一般预算收入的比例以及各省地方财政一般预算收入的情况。计算方法：“职业年金基金财政负担”是各省财政全额拨款单位的职业年金“单位缴费”，各省缴费基数为“城镇国有单位就业人员平均工资”，缴费率是 8%，财政全额拨款单位工作人员数由各省“公共管理、社会保障和社会组织城镇单位就业人员”、“文化、体育和娱乐业城镇单位就业人员”、“卫生和社会工作城镇单位就业人员”和“教育业城镇单位就业人员”四类人员数之和的 70%[①] 计算得出。

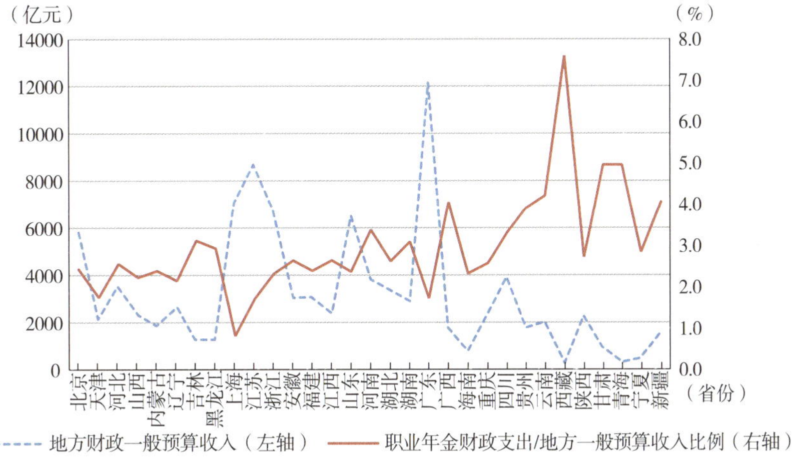

图 15-7　“实账运行”财政负担占地方财政一般预算收入的比例（以 2018 年为例）

资料来源：国家统计局公布的分省份年度数据，《中国劳动统计年鉴 2019》。

可以看出，与财力较好省份比较，财力较弱省份的“实账运行”财政负担占地方财政一般预算收入的比例更高，职业年金基金“实账化”的压力更大。例如，2018 年西藏“实账运行”财政负担占地方财政一般预算收入的比例是 7.6%，而上海只有 0.8%。这主要是因为机关事业单位按部门设编，各省财政全额拨款单位编制数的差距远远没有地区间财政收入差距那么大。总体上看，东部沿海地区职业年金“实账运行”财政负担占地方财政一般预算收入的比例相对低、地方财力相对较强，西部地区和河南、湖南、广西、吉林等地职业年金“实账运行”财政负担占地方财政一般预算收入的比例相对高、地方财力较弱，其他地区居中。

（二）职业年金基金“实账”的适度规模

机关事业单位职业年金制度一起步便覆盖了近 4000 万在职人员，这些人员工作和收入稳定，可源源不断地提供职业年金缴费，从而形成日益扩大的长期积累基金。与现存的几类养老保险基金不同，职业年金基金在促进资本市场的发展上具有得天独厚的优势：第一，与企业年金相比，职业年金制度参与人员数多，缴费来源稳定，基金积累规模更大。第二，与全国社保基金相比，职业年金基金投资的受托人数目多，目前每个省份并行设立多个职业年金计划，每个计划对应一个受托人，全国就有数百个职业年金受托人计划，这一方面形成竞争促进投资绩效，另一方面培育受托人市场，促进我国信托制发展。第三，与基本养老保险基金相比，职业年金基金在相当长时期内“收多支少”，可投资规模呈直线攀升，能够成为促进资本市场健康发展的稳健力量。若职业年金“全部实账运行”，基金投资规模可在 5 年内追上企业年金，10 年内可达到数万亿元量级，可作为资本市场不可或缺又难能可贵的长期资金来源。

综上所述，在平衡地方财政负担能力与“实账运行”的机会收益后，可将基金收入的“40%”作为“实账运行”的适度规模。基于以下两个原因：

第一，北京、山东、江苏、上海、浙江、广东六省市最有能力采取“实账运行”。以 2018 年为例（见表 15-3），估算这六省市全额拨款单位职业年金基金“实账运行”的

① 需要说明几点：第一，受数据可获性的限制，无法找到各省机关事业单位工作人员数。这种方法计算财政全额拨款单位在职人员数之和、“实账运行”财政负担规模之和与上文计算的全国数接近。第二，中央在京国家机关及所属事业单位工作人员数被纳入北京进行统计，无法分解，因此北京的“职业年金财政负担占地方财政一般预算收入的比例”可能被高估。

财政负担共计约 853 亿元，占全国的 36%。

第二，财政部公布 2016~2018 年“财政对机关事业单位基本养老保险缴费支出”分别是 641 亿元、2109 亿元和 2959 亿元，按照基本养老保险缴费率 20% 和职业年金单位缴费率 8% 计算，职业年金基金“实账运行”下“财政对机关事业单位职业年金缴费支出”应当分别是 256 亿元、844 亿元和 1184 亿元，而财政实际支出分别是 105 亿元、366 亿元和 522 亿元，相当于“应支出”的 40%~44%。

采取折中办法，初步估计财政全额拨款单位中有 40% 的职业年金账户能够实现“实账运行”。

表 15-3　各地职业年金“实账运行”财政负担情况（以 2018 年为例）

地区	城镇国有单位就业人员平均工资（元）	就业人员数（万人）					财政负担人员数（万人，按 70% 折算）	职业年金“实账运行”财政负担（亿元）	地方财政一般预算收入（亿元）	职业年金财政负担 / 地方一般性财政收入（%）
		公共管理、社会保障和社会组织城镇单位就业人员	文化、体育和娱乐业城镇单位就业人员	卫生和社会工作城镇单位就业人员	教育业城镇单位就业人员	小计				
北京	162118	48.2	19.0	30.5	55.8	153.5	107.4	139.3	5785.9	2.4
天津	131291	18.5	2.3	10.8	18.4	50.0	35.0	36.7	2106.2	1.7
河北	71164	91.4	5.1	39.6	87.9	224.0	156.8	89.3	3513.9	2.5
山西	66146	60.8	4.7	21.7	50.0	137.2	96.0	50.8	2292.7	2.2
内蒙古	74801	49.8	3.3	17.8	34.2	105.1	73.6	44.0	1857.7	2.4
辽宁	67416	63.8	4.1	31.2	49.0	148.1	103.7	55.9	2616.1	2.1
吉林	70498	38.2	3.7	19.9	36.0	97.8	68.5	38.6	1240.9	3.1
黑龙江	59716	44.3	3.5	23.0	40.9	111.7	78.2	37.4	1282.6	2.9
上海	129289	21.9	5.9	19.4	31.9	79.1	55.4	57.2	7108.2	0.8
江苏	114247	78.8	7.9	50.0	92.1	228.8	160.2	146.4	8630.2	1.7
浙江	134000	73.2	7.1	47.4	75.3	203.0	142.1	152.3	6598.2	2.3
安徽	93210	53.6	3.3	32.5	64.1	153.5	107.5	80.1	3048.7	2.6
福建	98321	47.3	4.3	23.8	54.7	130.1	91.1	71.6	3007.4	2.4
江西	78186	57.9	2.9	26.1	55.6	142.5	99.8	62.4	2373.0	2.6
山东	89598	117.7	7.1	65.7	113.0	303.5	212.5	152.3	6485.4	2.3
河南	73330	120.9	7.1	62.6	119.5	310.1	217.1	127.4	3766.0	3.4
湖北	82153	67.4	6.7	43.8	69.3	187.2	131.0	86.1	3307.1	2.6
湖南	80623	81.6	5.5	41.1	67.6	195.8	137.1	88.4	2860.8	3.1
广东	111464	119.9	10.5	67.9	130.1	328.4	229.9	205.0	12105.3	1.7
广西	76904	57.6	3.2	33.5	63.1	157.4	110.2	67.8	1681.5	4.0
海南	83951	15.7	1.4	6.9	13.1	37.1	26.0	17.4	752.7	2.3
重庆	103225	34.8	2.9	20.4	42.0	100.1	70.1	57.8	2265.5	2.6
四川	90390	101.7	5.5	51.4	96.1	254.7	178.3	128.9	3911.0	3.3
贵州	84155	62.9	2.4	22.0	55.3	142.6	99.8	67.2	1726.9	3.9
云南	97049	61.4	3.8	28.1	60.7	154.0	107.8	83.7	1994.4	4.2
西藏	122030	16.7	0.9	1.8	6.2	25.6	17.9	17.5	230.4	7.6

续表

地区	城镇国有单位就业人员平均工资（元）	就业人员数（万人）					财政负担人员数（万人，按70%折算）	职业年金"实账运行"财政负担（亿元）	地方财政一般预算收入（亿元）	职业年金财政负担/地方一般性财政收入（%）
		公共管理、社会保障和社会组织城镇单位就业人员	文化、体育和娱乐业城镇单位就业人员	卫生和社会工作城镇单位就业人员	教育业城镇单位就业人员	小计				
陕西	72680	60.9	5.6	27.8	55.1	149.4	104.6	60.8	2243.1	2.7
甘肃	75730	46.5	2.7	16.6	35.6	101.4	71.0	43.0	871.1	4.9
青海	92663	12.7	0.8	4.8	7.8	26.1	18.3	13.5	272.9	5.0
宁夏	82818	12.1	0.9	4.7	9.0	26.7	18.7	12.4	436.5	2.8
新疆	74448	79.5	2.7	19.8	46.1	148.1	103.7	61.7	1531.4	4.0
总计		1817.7	146.8	912.6	1735.5	4612.1	3228.4	2352.9		

资料来源：国家统计局公布的分省份年度数据，《中国劳动统计年金 2019》。

（三）预期"适度"投资规模

按照职业年金账户积累规模和40%可采取"实账运行"计算，可以预测我国职业年金基金可投资规模。图15–8显示，2015~2050年财政全额拨款单位缴费"全部实账运行"和"40%实账运行"两种情形下职业年金基金的当期可投资规模。在"40%实账运行"下，职业年金基金当期结余或当期可投资规模（包括非财政拨款单位职业年金当期单位缴费和当期个人缴费、财政全额拨款单位职业年金当期全部个人缴费和40%单位缴费）从2015年的2030亿元，在2040年达到最高的1万亿元左右，此后由于当期基金支出规模较大，当期结余或当期可投资规模开始缩小，而且投资收益率越高，缩小速度就越快。在7.0%投资收益率情况下出现负值，说明当期缴费不足当期支出，当期无结余，但累计结余或累计可投资规模依旧很高；在5.0%和4.0%投资收益率情况下，基金支出规模相对小，当期结余或当期可投资规模在下降一段时间后发生"翘尾"，累计结余或累计可投资规模继续攀升。到2050年"40%实账运行"的当期结余或当期可投资规模为–4402亿元（测算期末工资增长率为4.0%、投资收益率为7.0%）~14263亿元（测算期末工资增长率为6.2%、投资收益率为4.0%）。

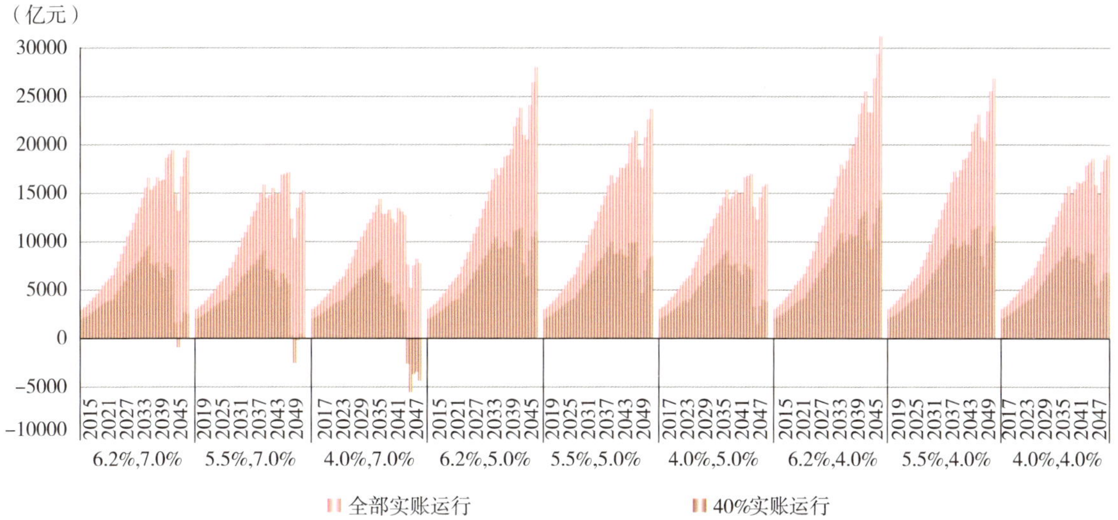

图15–8　"全部实账运行"和按"40%实账运行"当期可投资规模比较（2015~2050年）

资料来源：笔者计算并绘制。

四、总结

2015 年我国机关事业单位养老保险制度改革，同步建立了职业年金制度，与企业年金制度内容相近，实现近 4000 万在职人员的全部覆盖、全员参保，一步到位走完了企业年金十多年未尽事业。但是，由于财政全额拨款单位的职业年金“单位缴费”要由同级财政承担，这给地方财政带来很大压力，权衡后职业年金选择对该部分缴费采取“记账运行”的办法，在职工退休当年再一次性记实。

这样，这部分的财政负担就由为近 4000 万在职人员按工资总额的 8% 缴费，改成为不足 100 万新退休人员按其账户积累额一次性记实支出，不仅可以大大减轻当期财政负担，而且在未来 30 年都能如此，因此“记账运行”具有机会收益，等于“记账运行”与“实账运行”财政负担的差额，测算显示（见表 15-1 和图 15-3），2015 年这个差额近 1600 亿元，到 2050 年最高差额可达 1 万亿元（如果测算期末工资增长率为 6.2%），如果测算末期工资增长率降至 4.0%，财政负担差额大致是 4000 亿元（投资增长率 4.0%），但是如果测算期内投资增长率达到 7.0% 的较高水平，“记账运行”的财政负担会超过“实账运行”。

总体上看，“记账运行”的财政负担小于“实账运行”，能够给职业年金制度带来机会收益，但是，这种机会收益的代际分布不均，在 2015 年“记账运行”财政负担只相当于“实账运行”的 1.2%，但到 2050 年最低达到 44.4%、最高达到 70.4%，“记账运行”能够带来的机会收益率是逐年降低的，越往后这种机会收益率越低（见图 15-4）。不仅如此，“记账运行”还会带来制度的净损失，这个制度损失就是应得未得的投资收益，由于记账部分按照实际投资收益率记账，投资收益是职业年金的制度外收入，但“记账运行”下账户“空转”，而且投资收益率越高，“空转”规模越大，这种制度损失就越大，测算显示，2015 年“记账运行”下当期投资收益为“实账运行”的 46.2%，到 2050 年占比最低是 -0.5%，最高也只有 24.3%（见表 15-2），时间越久，制度损失越大，动辄数千亿元甚至万亿元量级的制度外收入因“记账运行”丧失掉了（见图 15-5）。

职业年金制度面临两难：一方面，若全部采取实账运行，改革初期地方财政增支规模太大，测算显示（见图 15-6），2015 年“实账运行”财政负担相当于“不改革”财政负担的 1.36 倍，直到 2030 年前后，“实账运行”财政负担均高于“不改革”情况，试想，改革时面临如此巨大的财政支出增幅，地方政府在推进机关事业单位养老保险制度改革时势必踟蹰不前；而另一方面，若将视线放远，2030 年以后“实账运行”因获得更多制度外收入而显得越来越有经济效率，“实账运行”财政负担将低于“不改革”情况，甚至还会低于“记账运行”财政负担①，因此长期看，“实账运行”具有可能性和合理性。其实，并不是所有地区都不具备“实账运行”的实力，从财政部公布的数据看，2016~2018 年“财政对机关事业单位职业年金缴费支出”分别是 105 亿元、305 亿元和 522 亿元，一些地区确实正在“实账运行”。妨碍“实账运行”的关键是地区之间财力分布不均，从各地“实账运行”财政负担和地方财力的分析看（见图 15-7 和表 15-3），约有 40% 的职业年金账户有能力采取“实账运行”，这些地区分布在东部和沿海地区，主要包括北京、上海、山东、江苏、浙江和广东等地区。

按照“40% 实账运行”，可以估算职业年金基金当期“适度”可投资规模，2015 年大约是 2030 亿元，2040 年可达到最高 1 万亿元，如果按累计规模算，到 2040 年很有可能达到 20 万亿元以上量级（见图 15-8）。但是，不同工资增长率和投资收益率下，职业年金的缴费收入、基金支出、投资累计等各有不同，但总体上，“40% 实账运行”既有实力也能在未来 20~30 年形成不断累积的长期资金，其资金来源稳定、累计规模庞大、投资运营规范，这些长处决定了职业年金基金必将是我国资本市场发展的最重要的一支力量。

① 这是因为，“记账运行”下越往后人均记账额越高，一次性记实的财政负担越重，在较高投资收益率下，当期一次性记实负担可能达到 2 万亿元以上量级（见表 15-1）。

分报告十六
我国职业年金基金投资体制的特征、“短板”和对策

2015 年 1 月，随着机关事业单位养老保险制度改革，我国同步建立起职业年金制度。职业年金专指公共部门雇员参与的年金制度，它与覆盖城镇企业职工的企业年金制度“形似神不同”，在治理结构、投资运营、管理机制上有着独到的特征，也蕴藏着企业年金所没有的管理风险。

一、职业年金基金独特的形成机制

根据 2015 年 4 月实施的《机关事业单位职业年金办法》（国办发〔2015〕18 号），我国职业年金采取确定缴费型的管理方式，即年金待遇高低取决于缴费及其投资收益情况，计划发起人不对待遇高低做出承诺。理论上，确定缴费型的年金基金不对计划发起人造成“偿债”压力；但是，我国职业年金在制度设计上就留有“罅隙”，给未来埋下风险的种子。

（一）促进职业年金基金形成的政策规定

根据国办发〔2015〕18 号文，职业年金基金来自机关事业单位缴费和个人缴费，享受税前抵扣的缴费率分别是 8% 和 4%，但文件同时规定，“个人缴费实行实账积累”（以下暂称实账运行），“对财政全额供款的单位，单位缴费根据单位提供的信息采取记账方式”（以下暂称记账运行）。换句话说，职业年金基金中有 2/3 是以记账方式存在，采取的是“记账运行”方式。根据文件规定，记账部分“每年按照国家统一公布的记账利率计算利息”。实际上，这个“统一公布的记账利率”始终未出现。

2016 年 10 月《职业年金基金管理暂行办法》（人社部发〔2016〕92 号）出台，对职业年金基金的治理结构和投资运营做了全面、具体的规定：由省级及以上社保经办机构承担“代理人”角色，负责“与受托人签订职业年金计划受托管理合同”，“归集职业年金缴费”，“职业年金基金账户管理”，“建立一个或多个职业年金计划”，“按计划估值和计算收益率”，“计算职业年金待遇”；对于“建立多个职业年金计划的，也可以实行统一收益率”。至此，仍未对记账部分的利率做出明确规定。

直到 2017 年 4 月，在人社部和财政部联合印发的《统一和规范职工养老保险个人账户记账利率办法》（人社部发〔2017〕31 号）中规定“职业年金个人账户记账利率根据实账积累部分的投资收益率确定”。机关事业单位职业年金制度建立的两年后，“记账”部分的记账利率确定方法明确了，那就是采取“账实一致”方式，按照实账部分的投资收益率记账。

（二）职业年金基金规模的关键影响因素

在明确了记账方式后，各地陆续启动职业年金基金的投资运营。有报道称，截至 2019 年 11 月职业年金已归集 7000 亿元[①]。不到三年时间，归集基金 7000 亿元，而企业年金用了近八年时间才达到这样的基金规模。职业年金基金的快速积累得益于其“准强制性”特征。换句话说，与企业年金基金规模扩张依赖参与人数增长不同，职业年金基金的积累速度更多与资金归集速度相关。

① 《职业年金投资即将全面启动　千亿元增量资金“候场”》，新华网，https://finance.sina.com.cn/roll/2019-11-01/doc-iicezuev6366434.shtml（2019-12-01）[2020-07-05]。

影响职业年金资金归集速度的关键因素是地方财政，即地方政府作为机关事业单位缴费人角色，能多大规模、多快速度将职业年金缴费到参保人职业年金个人账户，各级政府又能以多大力度、多高效率将职业年金缴费归集到上级政府，并最终委托投资。可见，地方财力成了职业年金基金形成、成长以及投资运营规模的关键。

（三）职业年金基金“虚实结合”的账户管理方式

2015 年机关事业单位养老保险制度改革最大阻力来自地方财政负担过大，一些地区财力紧张，甚至是“吃饭财政”，在建立机关事业单位养老保险制度后，作为单位缴费主体，地方财政既要为在职工作人员缴纳基本养老保险费，又要弥补基本养老保险缴费支付当期退休金的缺口，还要为在职工作人员缴纳职业年金单位缴费。初步算下来，全国机关事业单位养老保险的财政负担会增加 40.7%[①]。在无力承担如此巨大增幅的财政压力下，地方政府要求采取折中办法，最终确定了“全额拨款单位缴费采取记账方式”的账户管理方式。初步计算，这种方式可使财政负担减轻上千亿元，机关事业单位养老保险制度改革前后财政负担增幅可承受，确保了改革的顺利推进。

表 16–1 展示了“虚实结合”账户管理方式的财政减负情况。2015 年是机关事业单位养老保险制度改革元年，在此之前，2014 年机关事业单位退休金总支出是 3634 亿元，财政对企业和居民基本养老保险基金的补助是 4644 亿元，两者合计 8278 亿元。改革后，如果各级政府足额缴纳基本养老保险单位缴费、职业年金单位缴费，并补足机关事业单位基本养老保险基金缺口（表 16–1 中“实账运行”情况），则财政对机关事业单位养老保险的支出是 9145 亿元，若再加上财政对职工和居民基本养老保险基金的补助，合计财政负担会达到 17416 亿元，较 2014 年增长 110.4%；但如果对职业年金单位缴费采取“记账运行”方式，则财政对机关事业单位养老保险支出降至 7961 亿元，与职工和居民基本养老保险基金补助合计的财政负担是 16232 亿元，较 2014 年增长 96.1%。“记账运行”与“实账运行”之间相差 1184 亿元，对财政减负的作用比较明显。

表 16–1　财政对养老保险的支出　　单位：亿元

年份	2014	2015	2016	2017	2018
机关事业单位退休金总支出	3634	4321	4447	5059	5002
财政对职工和居民基本养老保险基金的补助	4644	6016	6611	7449	8271
财政对机关事业单位养老保险的支出（“实账运行”）	3634	4321	5344	8012	9145
财政对机关事业单位养老保险的支出（“记账运行”）	3634	4321	5088	7168	7961

资料来源：财政部网站，历年“全国财政支出决算表”，http://yss.mof.gov.cn/caizhengshuju/index.htm，[2020–05–20]，笔者整理并计算。

二、职业年金基金投资体制特征及其“短板”

我国职业年金制度具有独特的投资体制，归结为三点，即“代理－受托”的治理结构、“记账运行”的账户管理方式、“多计划统一收益率”的利益分配机制。这些特征要素之间有着微妙的逻辑联系：第一，在“虚实结合”的账户管理模式下，衍生出“记账利率等于实际投资收益率”的记账方式，以及每年按照新退休人员数量及其职业年金账户积累规模一次性“记实”的财政负担形式，通过这样的逻辑联系，将当前职业年金单位缴费的财政负担推向了未来。第二，在“代理－受托”治理结构下，衍生出一个代理人对着多个职业年金计划（从而多个受托人）的管理局面，以及多个计划不得不采取“统一收益率”并由代理人确定记账利率的利益分配机制，通过这样的逻辑联系，在委托人不转移职业年金基金所有权的前提下完成基金的“信托管理”。

（一）“代理－受托”结构下职业年金基金“信托管理”的局限

“代理人”是机关事业单位职业年金基金投资运营中特有的角色。按照《职业年金基金管理暂行办法》，“代理人”角色由中央国家机关养老保险管理中心和省级社会保险经办机构担当，集中行使委托职责并负责职业年金基金的账户管理。按照规定，“代理人”承担包括代理委托人与受托人签订受托合同、归集职业年金缴费并划入受托财产托管账户、会计核算、账户管理、计算职业年金待遇、披露职业年金管理信息、向监管部门报告、建立职业年金计划的风险控制机制、保存账户资料以及其他等共十大类职责。

从这些规定职责看，“代理人”在职业年金基金投资体制中的作用至关重要：一方面，“代理人”是委托人与受托人之间的桥梁，在委托人分散（实质上是各级财政拨付

① 张盈华：《中国职业年金制度的财政负担预测与“实账运行”必要性》，《开发研究》2017 年第 4 期，第 26–33 页。

经费的各类机关事业单位）的情况下全权代表委托人发声，包括资产配置的偏好、受托人的评价和选择等。另一方面，“代理人”对受托人和受托管理财产的分配有较大裁量权，通过对受托人绩效评价、合规行为等分配受托管理的职业年金资金，绩效考核方式对受托人管理行为有较大影响。由于“代理人”是公共部门，一方面代表委托人利益，另一方面也要兼顾政府责任（下文会对“记账运行”下的政府责任和财政负担作出分析）。其多重身份和复杂关系，对职业年金基金的投资造成一定制约。

一方面，委托人无法通过“代理人”向受托人传递风险偏好。“代理人”是委托人和受托人之间的纽带，但也“阻隔”了委托人和受托人的联系，受托人无法根据委托人的风险偏好制定资产配置战略。通常情况下，年金计划可以采取理事会受托和法人受托两种管理方式。以法人受托为例，受托人会向年金计划成员提供若干个风险程度不同的基金，有其根据自身偏好进行选择，受托人对各类基金选择最佳的投资管理人。例如，美国联邦“节省储蓄计划”（Thrift Savings Plan，TSP）设置五只不同风险特征的基金（G、F、C、S、I 基金），分别投资于政府债券，包含政府债券、公司债券和抵押支持债券的混合，大中型公司股票指数，中小型公司股票指数，其他发达市场大型公司股票。另外还设置五只生命周期基金（L 基金），分别面向 2015 年之前、2015~2024 年、2025~2034 年、2035~2044 年以及 2045 年以后提取的计划成员，这些生命周期基金分别是上述 G、F、C、S、I 基金不同比例的组合，越接近提取时间的计划成员，其账户资金越大比例投资于风险较低的 G 基金；相反地，距离提取时间越远的计划成员，其账户资金越大比例投资于风险较高的 I 基金。在做了上述匹配之后，计划成员若想改变投资方向，可以在不同基金之间进行选择。这种管理方式是基于投资稳定、管理效率较高情况下最大限度满足计划成员的风险偏好。但是，在“代理－受托”结构下，这种风险偏好传递机制无法发挥作用。

另一方面，“理事会”的欠缺使职业年金基金无法实行内部管理。我国企业年金基金投资包括理事会受托和法人受托，两者平分秋色，各有侧重，大型企业多采取理事会受托形式。这里有一个重要法理问题，即我国的信托制与英美法系下的信托制不完全相同，在大陆法系下，无法像英美法系那样设置双重所有权，而双重所有权是信托制的根本。这就造成受托人没有受托财产的所有权，管理的独立性受限，这也是我国年金基金受托人“空心化”问题的根源。理事会受托并通过直接投资的方式可一定程度化解这种法理的制约。但是，职业年金制度没有明确设立理事会，更没有理事会直接投资的授权，只能依靠法人受托进行投资运营。从世界一些大型养老基金内部运营情况看，建立一支经验丰富的团队有助于提高受托财产配置效率和投资绩效。例如加拿大的养老金计划（Canada Pension Plan，CPP）基金、挪威的政府全球养老基金（Norway's Government Pension Fund – Global，NGPF），都是通过理事会内部管理，在全球配资，实现超过 7% 甚至更高的长期投资收益率①。更重要的是，内部管理还可以兼顾委托人的其他权益，例如公共部门信息安全性等。

（二）“多计划统一收益率”机制下委托人可能的“利益损失”

如果说“代理－受托”阻隔了委托人对风险偏好的表达，那么“多计划统一收益率”则彻底抹平了委托人的偏好差异。2015 年机关事业单位养老保险基本养老保险和职业年金两个制度同步建立，由于各级各类机关事业单位数目多，职业年金缴费规模大小不一，为了提高基金管理效率，采取归集到省实行统一委托投资的办法，与此同时，为了增进竞争提高投资绩效，各省均建立若干个职业年金计划实行平行竞争。在“代理－受托”治理结构下，不是由委托人在各个职业年金计划之间直接选择，而是由“代理人”将各个委托人缴费归集后“切割”给各个职业年金计划的受托人，这就将委托人的不同风险偏好“同化”，同时也使各个职业年金计划“同化”，剩下的只有投资管理人的投资收益率差异。

实际上，上述治理结构和分配机制都有其现实意义，这要归因于职业年金制度的定位。职业年金虽然是确定缴费型账户管理方式，理论上以收定支，但是在改革过渡期内（直到“老人”和“中人”全部退出或死亡），职业年金或多或少地承担着“不使待遇明显下降的责任”，而且距离改革时刻越近，“老人”和“中人”人数规模较大，这种责任越突出。这是任何养老金制度改革都会面临的问题，也是制度改革设计者对参保人的信用承诺，“代理人”不得不考虑职业年金未来的待遇以及财政责任。在这种情况下，无法做到由委托人完全自主选择投资。

但是，“多计划统一收益率”的分配机制还是存在有待完善之处：

一方面，容易造成多个计划投资收益率“偏中”。“代理人”并未对各个职业年金计划实行差别化设计，只是按份额切分资金给受托人，造成各个职业年金计划之间无法实行“差别化”竞争。在考核短期化、注重相对回报的情况下，受托人有很强动机追逐短期获利，并为了更高投资

① 张盈华：《主权养老基金的投资理念和资产配置》，载郑秉文：《中国养老金发展报告 2018》，经济管理出版社 2018 年版。

收益要求投资管理人加大风险敞口，造成职业年金基金资产配置和投资趋于短期化。

另一方面,受托人“空心化”问题难解甚至有加重可能。由于职业年金特有的资金归集和“代理－受托”治理结构，受托人之间的竞争焦点不再是争取更多计划成员及其缴费，而是争取“代理人”分配更多的受托资金份额。如果企业年金投资运营中因信托制不完善造成受托人“空心化”，那么职业年金基金的投资运营使这一问题更加突出，因为前者是受托人与多个委托人之间的“一对多”关联，委托人分散，受托人掌握更多的“谈判筹码”，而后者是多个受托人与一个“代理人”之间的“多对一”关联，受托人分散，全权代表委托人的“代理人”有较多的“谈判筹码”，受托人的投资战略可能受其影响。即使在信托制完善的欧美国家中也有表现。例如，美国一些州政府曾要求将其公职人员的职业年金基金投资在符合本州经济社会发展目标的项目上（Olivia S. Mitchell and Ping Lung Hsin，1997）①。

在“多计划统一收益率”下，风险厌恶程度低的计划成员得不到更高风险溢价，这种机会损失到底有多大还很难准确计量。但是，从以往企业年金基金投资情况看：同一个投资管理人在固收类资产和权益类资产的投资收益可能有数倍差异，例如 2019 年的这个差距最大值是 5.4 个百分点和 2.1 倍；同一个集合计划固收类资产和权益类资产的投资收益率最大差距是 5.3 个百分点和 2.8 倍。对比这样的差距，不难想象，如果计划成员可以自由选择投资组合，至少可以自由选择职业年金计划，他们可能获得的投资收益会有较大差别。这种差别是对承担更多风险的报偿,也是符合职业年金计划成员不同风险偏好的必然结果。如果没有这种差距，就是抹平了这种风险偏好的差异性。

（三）“记账运行”管理下职业年金基金的虚拟资产构成未来的财政负担

如前所述，为了顺利推进机关事业单位养老保险制度改革，职业年金采取了“虚实结合”的账户管理方式，对全额拨款单位缴费采取记账不实缴的方式，减轻当期财政负担,估算下来全国减少当期财政支出 1000 多亿元。但是，记账部分采取与实账投资收益率相同的记账利率，这就形成了一个悖论：理论上，实账投资收益率越高越好，因为这样，职业年金待遇就会越高；但实践中，记账部分记账利率就会跟着越高，届时退休时一次性记实的财政支出就会越大，未来财政负担就会越重。

如前所述，“记账运行”意味着财政全额拨款单位职业年金个人账户中有 2/3 是“空转”，实账投资收益率越高，记账“空转”的机会成本就越大，因为没有实际资金投入资本市场，全额拨款单位职业年金基金无法从资本市场获得实际收益，这 2/3 的账户无法形成自我“造血”，只能依靠财政不断“输血”。目前，每年有 60 万 ~80 万的机关事业工作人员退休，他们退休时职业年金账户需要一次性记实。新退休人数越多，账户积累时间越久，一次性记实所需要的财政投入就越多，这实际上将财政负担不均匀地分布在当前和未来财政上。一个简单的计算显示，在 7% 的投资收益率下，如果职业生涯共 35 年且不中断缴费，在退休时年金终值系数可达近 140 倍，如果将平均工资和个人职务职级工资增长率考虑进去，账户基金的积累规模更大。换句话说，“记账运行”使未来财政负担数倍于当前，这仅是个人情况；随着时间推移，当前年轻人工作年限的增加，新退休人员中拥有长期积累职业年金基金账户的人数规模越来越大，未来财政的负担还会更大。可见，“记账运行”减轻了当前财政压力，却增加了未来财政负担，这就造成了代际之间的不公平。

三、完善职业年金基金投资体制的对策建议

上述分析揭示我国职业年金独有特征在当前的现实性和未来的风险。随着职业年金缴费归集的速度加快、委托投资的规模扩大，完善职业年金基金投资体制的要求就越来越紧迫。应当放眼长远，在当前财政压力与未来财政负担之间取得合理平衡，而不是简单地将负担后移；将影响职业年金基金长期投资的因素弱化直至移除，解决委托人“虚位”问题，杜绝代理人“越位”和理事会“缺位”现象，理顺职业年金基金投资体制的治理结构；改良职业年金基金委托投资机制，培育差异化投资环境，发挥好受托人战略资产配置作用。

（一）尽快做实职业年金单位缴费，可分类分步骤改“记账运行”为“实账运行”

职业年金基金“实账化”，最大的好处是可通过投资获得“制度外收入”，即增强“造血”功能。我国职业年金制度是确定缴费型制度，投资是制度存在的根基，而“记账运行”会不断侵蚀这个根基。

从近几年各地职业年金制度运行看，并非所有地区都是“记账运行”。2016~2018 年各级财政“对机关事业单位职业年金缴费支出”分别是 106 亿元、366 亿元、522 亿元；2016~2018 年机关事业单位基本养老保险单位缴费率是 20%，职业年金单位缴费率是 8%，如果职业年金“实

① Olivia S Mitchell and Ping Lung Hsin，Public Sector Pension Governance and Performance，Published in the Economics of Pension，In Principles，Policies，and International，Experience，Salvador Valdes Prieto，Cambridge: Cambridge University Press，1997.

账运行”，按照20:8的比例，这三年各级财政“对机关事业单位职业年金缴费支出”应分别是256亿元、844亿元、1184亿元；如此算来，2016~2018年职业年金单位缴费“实账”部分占应有规模的比例分别是41%、43%和44%。换句话说，实践中职业年金有超过四成的账户是“实账运行”。这也佐证了实账运行的重要性，即可通过投资获得制度外收入，这是真金白银。拿真金白银放入账户，就不会存在当前财政压力转为未来财政负担的问题，确保代际之间实现公平，这也是对未来财政应有的责任和担当。

不过，应当承认一些财力紧张的地方确实无力在短期内全部做实职业年金“记账”部分，应当承认这种客观现实。例如，我国人均地方财政收入最低的省份是甘肃，最高是上海，前者只有后者的1/10，一些欠发达地区还是“吃饭财政”，挤出钱来做实职业年金基金账户确有困难。

建议以“损失最小化”为原则，先做实“新人”账户，因为这部分账户未来积累规模会相当可观，一次性记实的财政负担最重，“实账运行”减轻未来财政负担的效果最明显。这里做一简单估算，机关事业单位职业年金与基本养老保险缴费基数一致，大致相当于城镇职工缴费基数的1.1倍，这里以城镇在岗职工平均工资的70%为限，2015年改革后参加工作的为“新人”，若按财政负担每年新入职70万人计算，2016~2018年职业年金的财政总投入分别是27亿元、60亿元和100亿元。若按“新人”规模做实职业年金账户，比全部做实的压力小得多，比不做实的机会成本小得多，是一条可行道路。在看到“实账运行”的制度外收入后，地方政府做实职业年金账户的动力会增强，有条件的地方可逐步扩大做实“中人”的职业年金账户。

（二）由多方主体参与组建职业年金理事会，改“代理人”治理为“理事会”治理

建立职业年金基金理事会，由计划成员（机关事业单位及其职工）代表、财政等政府相关部门代表、社会保险经办机构代表、养老金专家、金融投资专家等作为成员，独立性强于“代理人”，专业性优于委托人，可根据职业年金计划功能定位、本省机关事业单位养老保险制度长期运行趋势等因素，对职业年金基金投资战略做出客观决定。成立理事会还有另一个好处，对于具有专业能力的理事会，可以实行内部管理和直接投资。

我国企业年金基金的投资运营分为法人受托和理事会受托。理事会受托计划数少但管理的资产占比高，根据《2019年企业年金基金业务数据摘要》，理事会受托计划128个，占企业年金计划总数的7.7%，受托管理资产5524亿元，占企业年金基金总资产的30.7%，受托管理资产占比在2009年时达到历史最高的54.1%[①]，说明大型企业更多选择理事会受托方式管理年金基金。

“理事会”设立也有利于简化现有的职业年金基金投资体制及其治理结构。在“代理－受托”治理结构下，代理人要面对成千上万个委托人，还要面对少则5个多则10个以上职业年金计划的受托人，要想将委托人的风险偏好传递给受托人，这是做不到的或者代价昂贵的。这就限制了计划成员的投资选择权。“理事会”治理情况下，多重复杂的委托代理关系问题迎刃而解。“理事会”治理替代“代理人”治理后，“代理人”交出委托投资权，保留归集缴费、账户管理的职能。征收和归集缴费是作为“代理人”的社保经办的本职工作，账户管理是确保公共部门信息安全的必要手段。理事会代表委托人利益，既可以直接投资，也可以委托投资，在对受托人投资绩效考核时，根据职业年金计划的长期性特征，采取更加专业、注重长期的考核机制，引导和激励受托人由“避险”动机转为“趋利”动机，投资策略更加积极。

（三）建立科学的职业年金基金利益分配机制，改“多计划统一收益率”为“单一计划差别收益率”

“实账运行”和“理事会”治理后，多计划统一收益率便没有存在和生长的土壤了。“实账运行”使计划成员自主选择受托人甚至投资组合成为可能。按照国际普遍做法，各省份可设立多个目标风险基金和目标日期基金，计划成员可自选，也可默认选择；受托人通过服务竞争、投资绩效等手段吸引计划成员（主要是机关事业单位）委托投资，在职业年金基金理事会投资战略指引下配置大类资产，选择合适的投资管理人投资运营。

既然计划成员自主选择基金，或者默认选择不再推出，那么接受各个基金之间投资收益的差异便是理所当然的。无论“代理人”治理还是“理事会”治理，都无须再设多个计划，更无须对多个计划执行统一收益率。

此外，计划成员自主选择，也能促进养老金产品市场的发展。2019年企业年金养老金产品投资率已达到51%，比2014年的7%有了显著提高，说明年金基金投资的“产品模式”时代正在走近。目前，我国养老金产品未向个人放开投资，待职业年金实现“实账运行”，计划成员有了投资的自主选择权，自然而然就有了对养老金产品投资的需求，拉动养老金产品市场的成长和成熟，这将为养老基金投资和资本市场发展带来正能量。

① 闫化海：《企业年金理事会受托模式的管理能力与市场分析》，载郑秉文主编：《中国养老金发展报告2016》，经济管理出版社2016年版。

分报告十七
自愿性个人养老金市场开拓的局限性思考

一、引言

根据 OECD 的划分标准，养老金可以分为公共养老金（Pubic Pension）和私人养老金（Private Pension）两大类，而后者又根据是否具有强制性、是否与职业相关两个维度，进一步划分为强制性职业养老金、强制性个人养老金、自愿性职业养老金和自愿性个人养老金四种类型。据不完全统计（取决于信息获取来源和难易程度），2008 年，全球分别有 9 个、21 个、35 个和 42 个国家或地区设有上述相应计划。[①] 仅从计划数量来说，自愿性个人养老金占有一定的优势。但长期以来，自愿性个人养老金并没有引起人们的广泛关注，甚至大多数国家至今都没有完整的官方统计资料。不难理解，作为一种个人长期储蓄工具，自愿性个人养老金一般被视为公共养老金或强制性职业养老金的补充，用于满足一部分社会群体更高的消费平滑需要，因此传统上被定位成“补充”性养老金。

在人口老龄化压力下，很多国家都发现或意识到，原有公共养老金不可能像过去几十年那样为人们提供可以信赖的晚年收入保障。因此，政府只能持续降低公共养老金待遇水平，或者大幅提高缴费率（或被迫增加财政转移支付规模）。但考虑到经济全球化对各国国际竞争力带来的挑战和威胁，大幅提高缴费率既不可能也无法持续，最后只能通过各种途径降低待遇水平。需要强调的是，延迟退休以及提高妇女和老年人的劳动参与率，可以提振经济产出并做大费基，在一定程度上延缓待遇下降，但从根本上依然难以改变公共养老金待遇水平下降的中长期趋势。因此，为了降低企业负担并化解改革的政治阻力（在降低公共养老金待遇上达成社会共识），很多国家开始把自愿性个人养老金纳入改革方案中，期望推动自愿性个人养老金的发展，来填补因为公共养老金待遇下降而留下的缺口。由此，自愿性个人被赋予了重大时代使命，即由“补充”性转变为“替代”性。

更重要的是，这种定位的转化与世界银行多支柱模式相互印证并不断强化[②]，正在影响甚至塑造全球养老保障制度的价值理念和改革方向。而且，即使那些目前人口老龄化压力和财政支付压力不太大但制度不够健全的国家，也开始高度重视自愿性个人养老金，成为“一揽子”养老金改革内容不可或缺的组成部分。为此，世界各国政府已经制定或正在考虑对其养老金制度进行根本性的结构改革，这些改革的关键特征是，从一个纯粹的现收现付融资体系转向一个现收现付与和预筹积累个人养老金账户相结合的混合体系。[③] 但问题是，我们始终站在政府的角度或者宏观层面上来强调个人自愿性养老金的重要性和必然性，而忽视不同个体之间的想法和行为模式差异。也就是说，个人是否会因为公共养老金待遇缩水而调整自己的储蓄行为？

① OECD，Complementary and Private Pensions Throughout the World 2008，Source OECD Finance & Investment/Insurance & Pensions，2008.

② 世界银行 1994 年推出了养老保障的三支柱模式，2005 年把原有三支柱模式扩展到五支柱模式。其中，自愿性个人养老金都是其中的一个重要组成部分。

③ Feldstein M，Structural Reform of Social Security，NBER Working Paper No. 11098，2005，https://www.nber.org/papers/w11098.

自愿性个人养老金计划能否完成这一使命呢？这应该是我们迫切要回答的现实问题。

本分报告结构如下：第二部分从纯理论的角度梳理个人长期储蓄的原因和动力，归纳可以增强个人储蓄意愿的具体举措；第三部分和第四部分通过对美国和德国的实践考察来分析理论的适用性和面临的挑战，指出理论和现实存在的差距；第五部分针对上述差距，给出几种可能解释；最后一部分对全报告进行总结并给出简短启示。

二、主要理论成果评述

自愿性个人养老金计划本质上是一种长期储蓄工具，而储蓄和消费之间更容易建立起理论模型，因此大量研究文献主要探讨的是公共养老金与储蓄之间的关系，理论来源于生命周期假说和持久收入假说。既然个人是具有理性的，在不考虑遗赠动机情况下，他们有能力在人生的不同阶段合理地分配其收入和资产，以便最大限度地实现消费的最佳配置，从而获得最大效用[①]。如果把持久收入概念引入消费函数中，那么只有持久收入才与消费具有稳定的联系，而暂时收入与消费之间不存这种固定关系[②]。也就是说，个人可以根据持久收入来决定当期是否储蓄，以及储蓄多少。

基于这些传统的经济理论，不难得到家庭自愿性储蓄与强制性养老金（公共养老金）存在负相关关系，即公共养老金待遇水平越高，家庭储蓄率越低，私人养老金发展越会受到限制；反之亦然。例如，有学者利用12个工业化国家的数据研究得出结论，即在给定退休行为的情况下，公共养老金显著降低了私人储蓄，公共养老金待遇水平每提高10个百分点，人们的储蓄率就会降低2~3个百分点[③]。再如，还有学者认为自愿性养老金计划的发展程度可以用公共养老金的慷慨程度来解释，但只是针对目前的在职人员，而不适用于现有待遇领取者。即对在职人员而言，未来的公共养老金越慷慨，自愿性养老金计划规模越小；同时，公共养老金待遇标准越扁平化，自愿性养老金计划发展得越好；对于待遇领取者而言，公共养老金待遇是否充足对自愿性养老金计划的发展似乎没有影响[④]。

这些研究成果所基于的理论基础就把储蓄本身隐含地视为一种“养老金”[⑤]，即克制当前消费进行储蓄，最后用于退休后消费，目的是实现终身消费平滑。那么，就理想状态而言，如果降低了公共养老金待遇水平或者预期水平，人们自然就会主动增加储蓄，而剩下就是选择何种储蓄工具的问题。现实中，大部分市场已经存在很多种类型储蓄工具，而且一些国家已经或正在提供有政策支持（税优或补贴）的长期储蓄产品，例如各种形式的自愿性个人养老金计划。尽管这些结论在基于一定假设条件下似乎都无懈可击，但毕竟现实情况却往往与之大相径庭。原因主要有以下几方面：首先，这种理论得到的结果多数局限于国家之间横向数据比较，难以得到一个经济体历史纵向数据的支持。其次，即使有个别研究结果是基于历史数据得到的，但并没有考虑其他？政策或制度变迁的影响或约束。最后，也是最重要的，这些研究假设人是理性的，但这一假设在实践中却往往得不到验证。

传统经济学关于理性人的假设，在很长时间里都被认为是一个不容置疑的公理。然而，人们逐渐认识到人并不总是理性的，更多时候人的行为还受到本能、直觉、情感和信念的支配，因此生命周期假说和持久收入假说并不总是有效的，而心理学和行为经济学为此提供了另外的解释。实际生活中，有两种截然不同的消费者——“经济人”（Econs）和“常人”（Humans）。对于退休决策，“经济人”是完全理性的生命周期财务规划师。相比之下，“常人”虽然试图为自己做出最好的决定，但却受制于计算和执行能力而不可能为自己做出合理的规划。当然，现实中绝大多数人都是“常人”。因此，让“常人”趋向“经济人”必须借助一些外力助推[⑥]。

基于行为经济学在解释人类行为的突破，可以从四

---

① “Utility Analysis and the Consumption Function: An Interpretation of the Cross- section Data”, In: K. Kurihara, Ed., Post-Keynesian Economics, Rutgers University Press, New Brunswick, 1954.

② Friedman M, “A Theory of the Consumption Function”, Princeton University Press, 1957.

③ Feldstein M, “ International Differences in Social Security and Saving”, Journal of Public Economics, 1980, 14(2): 1-244.

④ Marcinkiewicz E ,“ Voluntary Pensions Development and the Adequacy of the Mandatory Pension System : Is There a Trade-Off?”, Social Indicators Research, 2019, 143(2): 609-603.

⑤ 实际上，人们储蓄的目的不仅是用于满足人生的最后一个阶段的消费，还与信贷约束和预防动机有关，即当收入波动或中断时（例如失业），使用储蓄来平滑消费。但考虑到人口老龄化给未来带来的不确定性和风险，人们更有理由增加储蓄。在一些社会保障制度比较健全的发达国家，大多数人可能很少会出现这种收入中断的风险，因此储蓄基本等于“养老金”。

⑥ Blake D and Boardman T, “ Spend More Today : Using Behavioural Economics to Improve Retirement Expenditure Decisions”, Mpra Paper, 2010, 17(1): 83-112.

个方面分析养老金储蓄率较低的缘由：一是有限理性，即人们并不像理性经济人假设的那样有足够认知能力来分析自己应该储蓄多少以及如何储蓄或投资；二是自我控制（Self-control），即一些人虽然有意愿为养老金进行储蓄，但因为缺乏意志力，很难做出降低当前消费而增加储蓄的行为；三是拖延（Procrastination），即虽然大多数人都认为自己应该多存点钱，也打算尽快付诸行动，但是他们会习惯性拖延，甚至从未改变过自己的储蓄率；四是损失规避（Loss Aversion），即当雇员拿出一部分薪水来进行储蓄时，他们就会感受到自己收入水平下降了，因此他们为了规避损失而不愿意增加储蓄。为此，作者提出了“明日储蓄计划（Save More Tomorrow，SMarT）”。而且，通过对美国三家公司引入“明日多储蓄计划”前后对比发现，参加养老金计划的收入越低和年龄越小的雇员，效果越好。① 这不仅为各种自愿性养老金计划机制设计中引入“自动加入机制”（Automatic Enrollment）提供了理论支持，甚至提供了可供参考的实施方案。但必须强调是，这些成功案例离不开雇主的大力推动，而雇主之所以有动力是因为美国劳工部提出的非歧视性原则。具体来说，因为这些公司没有 DB 型计划（Defined Benefit Pension Plan），公司的管理层要想获得足够合意的养老金水平，就要满足美国劳工部的非歧视性原则，保证他们养老金储蓄和待遇水平限定在一个相对合理的水平。换句话说，如果普通员工参保率过低，管理层的待遇水平将大大受限。

所谓的自动加入机制就是指雇员一旦入职或达到规定时间后就被默认加入一项养老金计划，雇主按照既定费率从其工资中扣除缴费，并放入雇员的个人退休账户，但个人有权选择主动退出，即不再参加该养老金计划。比较而言，对于传统的自愿性养老金计划而言，雇员首先要做出是否加入的选择，而不是对是否退出进行选择。显然，自动加入机制大大降低人们在加入时的“选择”的痛苦，而把这种痛苦留在了退出阶段，因此可以大大增加养老金计划的参与率。而且，一些案例研究表明，自动加入机制是一个可行的手段，起码最大限度地靠近了理想状态。

但这些研究所基于的案例基本都是有雇主匹配缴费的，或者更严格地说，是职业养老金计划。到目前为止，在美国所有采用自动加入机制的公司大多数都提供了雇主匹配缴费，但也有个别公司提供了自动 IRA 计划（Automatic IRA），不需要相匹配的雇主缴费。因此，自动加入机制的有效性在多大程度上取决于是否存在匹配，这是一个悬而未决的问题。从传统经济理论上来说，如果没有匹配，参与激励将大大减少，主动退出率可能会高得多。另外，从行为经济学角度来看，如果员工的惰性驱动了自动加入机制的参与效应，即使没有匹配，最终的参与虽然可能不及预期，但也会有很高的参与率。研究表明，自动加入机制参与率与匹配慷慨度呈正相关，但这种效应的幅度不大，当雇主匹配被取消或减少时，自动加入机制所新形成的养老金计划参与率只会小幅下降，即雇主匹配金额减少 1%，计划参与率降低 1.8~3.8 个百分点，如果完全不匹配缴费，自动加入机制下的养老金计划参与率降低 5~11 个百分点。②

综上，从理论上来看，当公共养老金待遇降低时，一个理性人有愿望也有能力降低自身的当期消费来增加长期储蓄，重新实现收入和资产的最优跨期配置。进一步地，即使考虑到这一过程会给个人带来“痛苦”从而增加调整的成本，那么加大政府税优或补贴力度自然成为一种合意选择，在抵消个人成本的同时推动自愿性个人养老金发展，实现政府降低公共养老金待遇的目的。更进一步地，如果放松这个理性人假定，政府还可以选择自动加入机制，还实现上述目的。但是，现实却并非如此。

三、美国个人退休账户的实践

美国的公共养老金制度、即“养老、遗属和残障保险（Old-Age，Survivors，and Disability Insurance，OASDI）”建立于 1935 年。相比西欧一些国家，在时间上算是比较滞后的，这为雇主资助的各种职业养老金的初期发展提供了较为自由的环境。因此，早在 18 世纪美国独立战争后就出现了最早的职业年金计划，1875 年美国快递公司建立了第一个企业年金计划，因此私人养老金制度一直比较发达，因此应该有利于后来引入“个人退休账户（Individual Retirement Accounts，IRAs）”的发展和壮大。

（一）个人退休账户的建立与定位

1974 年，美国时任总统福特签署了《雇员退休收入保障法案》（Employee Retirement Income Security Act），通过规范和改进美国养老金制度，旨在向全体国民提供更全面的退休收入保障，成为该国养老保障发展史上的一个重要里程碑。其中，引入了个人退休账户，即后来被称为“传

① Thaler R H and Shlomo B，“Save More Tomorrow™：Using Behavioral Economics to Increase Employee Saving”，Journal of Political Economy，2004，7112（S1）：S164–S187.

② Beshears J，Choi J J，Laibson D，et al，“The Impact of Employer Matching on Savings Plan Participation Under Automatic Enrollment”，Social Science Electronic Publishing，2010，1(Suppl 2)：1233.

统 IRAs"（Traditional IRAs），让更多人从税收优惠中受益并增强自我保障能力。基于该制度，美国的三支柱模式得以强化。个人退休账户因为不需要雇主的匹配缴费，不仅没有增加企业的经济负担，也可以让更多灵活就业群体不依赖雇主而直接享受的各种税收优惠并有机会从市场化投资中获益。

此后，美国政府对个人退休账户又进行了多次完善，形成了多种类型的个人退休账户，并不断调整税收优惠政策，其功能和适应性都得到了进一步拓展。例如，1978 年美国国会通过了《税收法案》（Revenue Act），制定了针对小企业的"简化雇员养老金计划"（SEP IRAs），规定发起该计划的小企业无须像其他养老金计划［例如 401（k）计划］一样进行定期缴费，而是在满足一定非歧视性要求的前提下视企业盈利情况而定，但所有缴费必须由雇主的企业利润提供而无须雇员缴费。1981 年，美国国会出台《经济复苏税收法案》（Economic Recovery Tax Act），对于个人退休账户实施了"普遍适用"（Universal）税收优惠原则，即允许不足 70.5 岁雇员向个人退休账户缴费时享受税收优惠，而不再局限于没有被其他计划覆盖的人群。

但是，1986 年国会又通过了《税收改革法案》（Tax Reform Act），对雇主发起的养老金计划做了调整，要求只有收入低于一定标准的家庭，才可以向传统 IRAs 进行缴费，才可以额外享受税收减免，从而避免了较高收入家庭同时获得来自多个养老金计划的税优叠加，相当于终止了之前实施的"普遍适用"原则，但准许高收入家庭进行非税收优惠的缴费。另外，这次改革将"薪资抵扣"（Salary Reduction）条款添加到简化雇员养老金计划中，演变成"薪资抵扣简化个人退休账户（SAR-SEP IRAs）"。即在该账户下，缴费来源不再局限于企业的利润，也包括雇员的工资。1996 年，国会通过《小企业就业保护法案》（Small Business Job Protection Act），准许无就业的配偶可以向夫妻共同申请的个人退休账户进行额外缴费，同时引入了"小企业雇员储蓄激励匹配计划（SIMPLE IRAs）"。

1997 年，《纳税人减免法案》（Taxpayer Relief Act）的出台，对传统 IRAs 做了如下两点规定：一是终止了基于家庭税收优惠限制，即不管夫妻一方是否参与了雇主发起的养老金计划，另一方只要没有参与，那么就可以对传统 IRAs 进行缴费并享受税收优惠；二是对已参与职业养老金计划的个人，提高了继续向传统 IRAs 进行税收优惠缴费的最高收入上限。另外，这次立法引入了"罗斯 IRAs（Roth IRAs）"，参加该计划的个人在缴费阶段不享受税收优惠，但达到一定年龄后提现可以不用交税。

总之，不管政策如何变化，个人退休账户最终要秉持两个重要使命，即实现税收优惠的公平性和不同计划之间转移的便利性。首先，长期以来，美国职业养老金计划非常发达，并可以从政府那里获得大量的税收补贴，比如我们所熟悉的 401（k）计划。但是，对于那些雇主没有提供养老金计划的劳动者（尤其是中小企业雇员）而言，他们既缺乏获得额外退休收入保障的渠道，也无法享受政府所提供的税收优惠，显然是有失公平的。因此，引入个人退休账户，可以解决这些小企业雇员或一些低收入人群的潜在养老储备需要。

其次，即使对于那些已经参加了职业养老金计划的雇员而言，他们也会面临工作转换、失业和退出劳动力市场等情况，因此也需要将已经积累的储蓄转移到新的养老储备工具，这就对职业养老金计划储蓄转换的便利性提出了要求。同时，就个人而言，为了更好地保留储蓄并灵活选择金融服务提供者，也需要一个不依赖原雇主而存在的工具，继续进行投资增值。从雇主的角度上来说，继续保留已离职雇员的账户资产，势必会增加管理成本。因此，个人退休账户的出现不仅对个人有利，而且也降低了雇主的成本。

（二）自动加入机制的运用情况

美国政府为了鼓励人们参加私人养老金计划，除了提供特别慷慨的税收优惠以外，还鼓励企业在其提供的养老金计划中引入自动加入机制，因此自动加入机制在美国私人养老金计划中越来越普遍，特别是大公司更加积极。针对美国大公司的调查发现，2007 年 36% 的公司对新雇员采用了自动加入机制，即使在没有引入自动加入机制的公司中，也有 55% 的公司表示，他们有可能在一年内采用自动加入机制。就其效果而言，这种默认参与状态的简单改变适用于那些什么都不做的员工，对参与结果有显著的影响[①]。而且，从参与率的角度上说，自动加入机制对低收入者或脆弱群体带来的影响更大，尤其对那些年轻、低收入、黑人和西班牙裔雇员来说，更能促进他们参加养老金计划[②]。总之，自动加入机制有助于提高养老金计划的参与率。

但研究发现，自动加入机制对资产积累的影响却不直接，即较高的参与率促进财富积累，而较低的默认缴

① Beshears J，Choi J J，Laibson D and Madrian B C，The Importance of Default Options for Retirement Savings Outcomes：Evidence from the United States，NBER Working Paper No. 12009，2008，https：//www.nber.org/papers/w12009.

② Madrian B C，Shea D F，The Power of Suggestion：Inertia in 401(k) Participation and Savings Behavior，NBER Working Paper No. 7682，2000. https：//www.nber.org/papers/w7682.

费率和保守的默认投资基金削弱了财富积累，从而导致这两种效应大致抵消。在消除收入和就职时间影响后，引入自动加入机制前后雇员的投资余额几乎一样。也就是说，自动加入机制对养老金财富激励效果影响很小，只是导致雇员之间退休储蓄财富更加均等化，这主要是因为引入自动加入机制后，雇主设定的缴费率更低且投资风格更加保守。不难理解，一方面，雇主担心其自身要付出的更大的配比缴费成本；另一方面，雇主担心如果提供激进的默认选项，一旦遭受资本损失时，公司可能遭到雇员的诉讼，因为很多雇员会天然地认为这些都是来自雇主的投资建议[①]。

（三）个人退休计划的效果分析

发展到今天，美国个人退休账户包括五种类型，按照建立时间先后分别为传统 IRAs、SEP IRAs、SAR-SEP IRAs、SIMPLE IRAs 和罗斯 IRAs。其中，SEP IRAs、SAR-SEP IRAs 和 SIMPLE IRAs 被视为“雇主发起的 IRAs”，因此又可以合并为三种类型。截至 2019 年，美国共有 1.286 亿个家庭。其中，持有传统 IRAs 的家庭数量最多，高达 3610 万个家庭，占美国家庭总数的 28.1%。其次是罗斯 IRAs，大约有 2490 万个家庭，占家庭总数的 19.4%。最后是雇主发起的 IRAs，780 万个家庭拥有该类账户，占家庭总数的 6.1%。当然，一些家庭并不限于一个账户或一类账户，至少拥有一个账户的家庭高达 4640 万个，占家庭总数的 36.1%（见表 17-1）。

表 17-1　2019 年美国家庭拥有个人退休账户的情况

<table>
<tr><th>账户类型</th><th>创建年份</th><th>家庭数量（万）</th><th>占比（%）</th></tr>
<tr><td>传统 IRAs</td><td>1974 年
《雇员退休收入保障法案》</td><td>3610</td><td>28.1</td></tr>
<tr><td>SEP IRAs</td><td>1978 年
《税收法案》</td><td rowspan="3">780</td><td rowspan="3">6.1</td></tr>
<tr><td>SAR-SEP IRAs</td><td>1986 年
《税收改革法案》</td></tr>
<tr><td>SIMPLE IRAs</td><td>1996 年
《小企业就业保护法案》</td></tr>
<tr><td>罗斯 IRAs</td><td>1997 年
《纳税人减免法案》</td><td>2490</td><td>19.4</td></tr>
<tr><td colspan="2">至少有一个 IRA</td><td>4640</td><td>36.1</td></tr>
</table>

资料来源：https：//www.ici.org/research/stats。

如果把职业养老金计划计算在内，至少拥有职业养老金计划或个人退休账户的美国家庭数量占到全部家庭的 63%。也就是说，这些家庭（相当于中产阶级）在不同程度上获得了政府用于养老储蓄的税收优惠。其中，同时拥有职业养老金计划和个人退休账户的家庭最多，占家庭总数的 30%；而只拥有职业养老金计划的家庭数量占家庭总数的 27%；而只持有个人退休账户的家庭占家庭总数的 6%（见图 17-1）。考虑到慷慨税收优惠和便捷的投资渠道，但就覆盖面来说似乎已经达到了极限。

需要强调的是，就资产构成上来说，个人退休账户资产占到全部家庭退休资产三成以上，是美国家庭养老金资产的最大部分。但是，这一结果往往给人一种错觉，以为个人退休账户本身带来了很多新增缴费。但事实上却并非如此，个人退休账户的绝大多数资产是由各种职业养老金

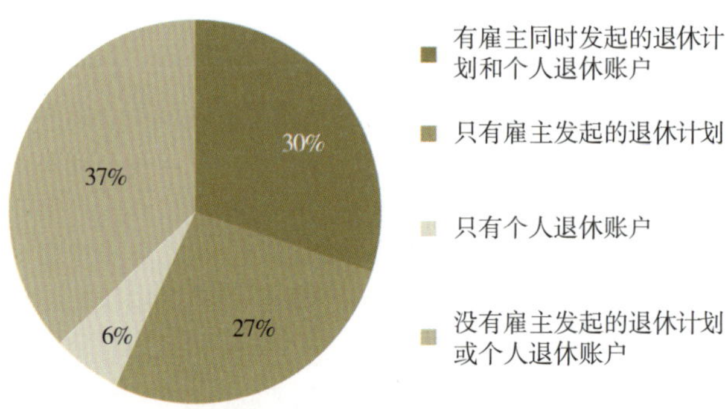

图 17-1　美国家庭使用税收优惠的退休储蓄情况

注：个人退休账户包括传统 IRAs、罗斯 IRAs 和雇主发起的 IRAs（SEP IRAs、SAR-SEP IRAs 和 SIMPLE IRAs）；雇主发起的退休计划包括 DC 型和 DB 型计划。

资料来源：https：//www.ici.org/research/stats。

① Choi J J，Laibson D，Madrian B and Metrick A，For Better or for Worse：Default Effects and 401(k) Savings Behavior，NBER Working Paper No. 8651，2001.

计划资产转换而来。以在个人退休账户中占据绝对优势的传统 IRAs 为例，缴费收入占资金流入的比例很少超过 5%，而通过职业养老金计划资产转换过来的资金基本上都在 95% 以上[①]。甚至最新披露的数据显示，2017 年个人缴费不到资金流入的 4%[②]。可以看出，美国个人退休账户虽然发展了很多年，但对扩大覆盖面却贡献甚微，边际贡献率只有 6%。

四、德国里斯特养老金的实践

诞生在 130 多年前的德国养老金制度是世界上第一个正式的公共养老金制度。长期以来，该制度以合理的缴费率向几乎所有人提供高可靠的退休收入，成为世界各地许多社会保障制度的典范，并历经两次世界大战和德国的统一而存续下来，有学者强调该制度是德国社会和政治稳定的原因之一[③]。然而，在人口老龄化和经济全球化的压力下，从 20 世纪 90 年代开始，德国政府不得不采取数次根本性改革，在显著降低待遇水平的同时，向着多支柱体系方向转型，特别是 2001 年里斯特养老金（Riester-Rente）的引入，成为这一转型的关键。

（一）2001 年前德国养老金体系的改革困境

根据职业状况的不同，德国养老金体系包括强大的公共养老金、弱小的自愿性职业养老金和自愿性个人养老金，分属于三个支柱。另外，德国养老金体系中没有最低养老金安排，而只有需要经济调查（Means-tested）的社会救助来对所有低于一定收入标准的人群承担兜底责任，当然也包括老年人。相比公共养老金，德国第二支柱虽然包括各种形式的自愿性职业养老金计划，但基本是以传统的 DB 型计划为主，待遇水平是既定的。而且，这些计划基本都是雇主来提供融资，个人不需要付出任何代价。第三支柱只要为各种人寿保险提供保单，且规模非常有限。可以说，对大多数人来说，第二支柱和第三支柱在提供养老金收入上贡献极为有限。

公共养老金即公共退休保险（Gesetzliche Renten-versicherung，GRV），长期以来处于绝对优势地位，几乎覆盖了所有雇员，甚至也承担个体经营者的晚年收入保障责任。而且，公共养老金不仅为老年人或遗属提供晚年收入，也为疾病津贴（Sickness Benefit）、工伤津贴（Injury Benefit）、失业津贴（Unemployment Benefit）、抚养子女家庭提供收入津贴[④]，甚至包括向提供无偿家庭护理的亲属提供津贴。德国公共养老金有将近 70% 的融资来源于雇主和雇员的缴费，而剩下不到 30% 来自政府的专项间接税（增值税的一部分和化石燃料“生态税”）。而且，德国公共养老金待遇与整个生命周期的平均劳动收入大致成正比，因此只有很少的再分配特性，因为人们更愿意把缴费理解为“保险费”（Insurance Premia），而不是像英国或美国人一样理解成“税”（Taxes），这样就与政府财政划清了界限，政府提供的收入补贴自然就看成了一种福利[⑤]。

德国公共养老金权益的计算基于缴费期，每一年被保险人的缴费转化成相应的积分（Points），如果个人年收入等于所有被保险人的平均收入，那么就转化为一个积分。然后全部积分再乘以不同类型待遇因子（如养老金为 1.0，而遗属养老金为 0.5%），最后乘以每年 7 月 1 日定期调整的积分值（Point Value）来确定最终的养老金待遇。从 20 世纪 70 年代开始，人们退休第一年的养老金净替代率可以高达 70%，而同期美国为 53%[⑥]。更为重要的是，退休后养老金待遇调整的依据是工资总额增长率，而不是平均工资增长率，更不是物价指数增长率，在“婴儿潮”一代人长大后迅速涌入劳动市场的推动下，工资总额迅速攀升，退休后待遇水平连年高涨。当然，最后确定的养老金待遇还要缴纳个人所得税和扣除长期护理保险和医疗保险的缴费。另外，在不降低待遇水平情况下，人们达到一定工作年限后可以把退休时间从 65 岁提前到 63 岁，甚至残疾人、女性和失业者等一些特殊群体可以提前到 60 岁退休。

这些都具有极强的福利刚性，也预示着将不得不开启艰难的改革进程，而最初的改革也只是围绕待遇和退休年龄来展开。1992 年，针对上述问题，德国采取第一次重大改革，改革内容概况起来有五项：一是养老金待遇调整与净工资而不是工资总额挂钩（1999 年后再次改革后与物价指数挂钩）；二是提高残疾人、女性和失业者的最低退休年龄；三是提前退休的养老金待遇将根据精算原则下降；四是减少接受教育的视同缴费年限；五是把养育子女的视同缴费年限提高到三年。总之，除了第五项外，其他各项都一定程度上降低了养老金支付压力。但是，这些改革力度都十分有限也不彻底，并不能解决德国的根本问题，因此

① 齐传钧：《美国个人退休账户的发展历程与现状分析》，《辽宁大学学报（哲学社会科学版）》2018 年第 46 卷第 3 期，第 77-87 页。

② 资料来源：https：//www.ici.org/research/stats。

③ Boersch-Supan A，Wilke C B，The German Public Pension System：How it Was，How it Will Be，NBER Working Papers No. 10525，2004.

④ 1992 年以前为子女出生后的前两年、1992 年后为子女出生后的前三年。

⑤⑥ Boersch-Supan A，Wilke C B，The German Public Pension System：How it Was，How it Will Be，NBER Working Papers No. 10525，2004.

1998 年开始准备启动新一轮养老金改革，旨在进一步加强缴费和待遇之间的精算联系，来推动养老金待遇的明显下降，但这一改革因为触动了太多人的利益，很快在 1999 年就夭折了。2001 年，德国公共养老金支出约为 2000 亿欧元，占公共支出的 21%，占国内生产总值的 11.8%，不仅成为 OECD 国家中仅次于意大利（占 GDP 的 14.2%）的第二大养老金预算，而且是美国社会保障预算的 2.5 倍（占 GDP 的 4.4%）①。因此，德国养老金改革就陷入了如何不降低待遇水平的同时而又能削减公共养老金开支的困境。

（二）里斯特养老金的引入与实施

上述困境催生了 2001 年的改革思路和 2004 年进一步的紧缩改革。一方面，主要通过在养老金计发公式中引入“缴费因子”（Contribution Factor）和“可持续因子”（Sustainability Factor）来动态调整积分值，再分配功能进一步弱化，从而保证 2020 年前将总缴费率控制在 20% 以下，在 2030 年前控制在 22% 以下，而替代率水平最终将从当时的 70% 下降到 63.5%（2001 年改革之前德国一直通过调整缴费率来稳定 70% 这个标准替代率）②。另一方面，为了使人们在老年时仍能保持基本不变的收入，在整个养老金体系中增加了一个新的自愿性个人养老金计划，即所谓的里斯特养老金③，从而填补公共养老金待遇水平下降的部分（同时也通过鼓励人们参加职业养老金计划）。

里斯特养老金是德国第一个基于个人账户并向所有人开放的私人养老金计划。在引入该计划时，一些专业人士虽然也意识到了这一制度成败与否的关键是人们能否积极参与进来并进行缴费，但还是采取自愿性而非强制性。按照规定，里斯特养老金计划从 2002 年 1 月开始实施，初始储蓄率为工资（与公共养老金相同的缴费基数和上限）的 1%，每两年提高 1 个百分点，在 2008 年储蓄率最终达到 4%。为了实现应保尽保，填补公共养老金待遇水平留下的缺口，德国政府提供了慷慨的激励措施，包括两种形式：直接储蓄补贴或可抵税特别津贴，最终由税务机关经计算确定对参保人最有利的形式。直接储备补贴分为基础补贴和子女补贴两种，对应上述四个缴费率，基础补贴最大补贴额分别为每年 38 欧元、76 欧元、114 欧元和 154 欧元，而子女补贴分别为每年 46 欧元、92 欧元、138 欧元和 185 欧元（见表 17-2）。需要强调的是，在计算相应的储蓄率时包含了直接储蓄补贴，实际上真正由个人缴费所形成的储蓄率更低。如果储蓄率达不到上述标准，则补贴也会相应降低，但个人必须满足一定的最低缴费额。相比之下，可抵税特别津贴更适合高于平均收入的雇员。一般来说，里斯特养老金对两类家庭特别有利，分别是低收入的多子女家庭和可以享受到可抵税特别津贴的高收入家庭。

表 17-2 直接储蓄补贴情况

起始时间	储蓄率（%）	基本补贴（欧元 / 年）	子女补贴（欧元 / 年）
2002 年	1	38	46
2004 年	2	76	92
2006 年	3	114	138
2008 年	4	154	185

资料来源：Boersch-Supan A，Wilke C B，The German Public Pension System：How it Was，How it Will Be，NBER Working Papers No. 10525，2004：table 5.

虽然各种补贴是非常慷慨的，但雇员要想获得这些补贴，还要满足很多其他条件，这些条件同时也是对合规金融提供商提出的硬性要求，主要有以下几方面：一是个人账户内储蓄不能提前支取或一次性支取，更不能转让、遗赠或抵押，而只有到达 60 岁或法定退休年龄后才能以年金化方式提取；二是个人账户储蓄可以购买保险公司、银行、基金公司或德国建房互助储备信贷社提供的合规保险合约、银行储蓄、共同基金和住房储蓄；三是在待遇发放开始时，提供商必须保证账面价值（包括补贴）不受损失，即名义回报率不能为负；四是在储蓄阶段，所有缴费、补贴或投资收益都是免税的，但退休领取待遇时却必须与其他收入合并纳税。

（三）里斯特养老金的效果分析

根据最初的测算，低收入多子女家庭的储蓄几乎全部来自于补贴，个人只做象征性的缴费，即使高收入家庭的储蓄也有将近 50% 来自补贴，所以预期参与率会非常高。但早期的调查结果却显示人们对这一计划的需求非常疲弱，截至 2002 年年中，只有大约 9% 的合规工人参加了该计划，到 2003 年夏天，参与率也仅增长到 35%，而且不排除一些高收入家庭为了获得补贴而对已有的养老金计划做了相应调整（因为存在挤出效应而没有增加储蓄）。④

实际上，在里斯特养老金计划引入的前期，参加人数快速增长，但很快就不再增长，甚至还出现了下降。具体来说，由 2001 年里斯特养老金投资合约签署量的 140.0 万份，快速增长到 2007 年的 1059.6 万份，此后增速放缓，

①④ Boersch-Supan A，Wilke C B，The German Public Pension System：How it Was，How it Will Be，NBER Working Papers No. 10525，2004.

② 前者对社会养老保险的缴费率和里斯特养老金缴费率的变化做出反应，而后者随着制度内缴费者和待遇领取者的比例变化而变化。

③ 以当时的德国劳工部部长沃尔特·里斯特（Walter Riester）的名字命名。

到2011年为1542.6万份，从2012年开始，增长几乎停滞，甚至近两年还出现一定程度的下降。截至2019年，里斯特养老金的合约数量为1653万份，其中保险合约、银行储蓄合约、共同基金合约和住房储蓄合约分别为1077.2万份、62.7万份、331.3万份和181.8万份（见图17-2）。

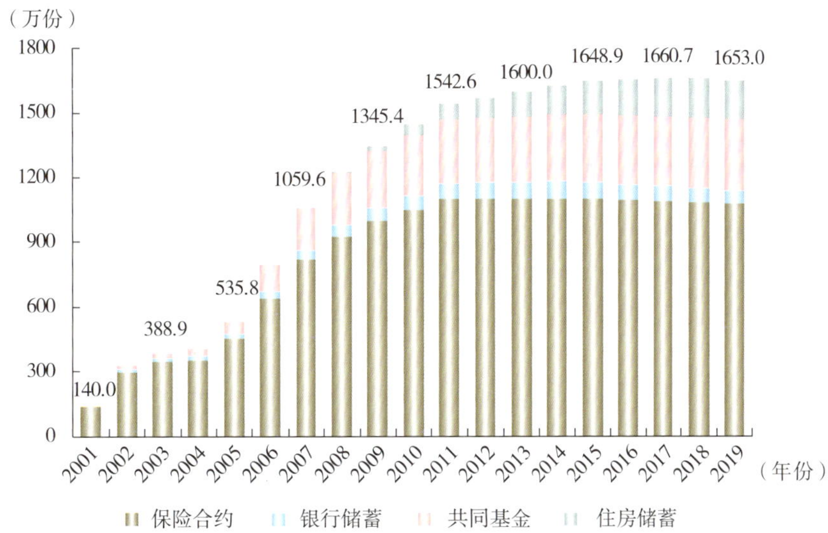

图17-2　里斯特养老金计划投资签约数量构成

资料来源：德国劳工与社会事务部网站，https：//www.bmas.de/DE/Themen/Rente/Zusaetzliche-Altersvorsorge/statistik-zusaetzlicheal-tersvorsorge.html。

就其覆盖率而言，却远远没有达到原来的预期。据预测，改革之初，Frank Berner等（2006）就指出，有资格领取补贴的潜在参与者将高达2650万人[①]。然而，至今只有1653.0万人，还有近1000万人始终没有参加进来。如果按照德国官方提供的最新数据，2017年德国公共养老金参保人为5510.7万人，其中在职缴费人数为3817.3万人[②]，显然里斯特养老金只覆盖了最大理论应参加人数的43.5%，不足一半。更为重要的是，在收入最低的家庭中，只有1/5的家庭参加了里斯特养老金；在高收入家庭中，这一比例不仅接近一半，而且他们职业养老金和未补贴私人养老金方面的参与率也大幅增加，最终可能有高达1/4德国人的退休收入将低于旧制度下的水平，且主要集中于低收入家庭[③]。另外，欧盟委员会认为还有将近20%的个人账户处于休眠状态（停止缴费），而且不同雇员群体和不同经济部门之间存在着巨大的差异，特别是在中小型企业、服务部门和东德的一些地区，很多家庭既没有参加职业养老金计划，也没有参加里斯特养老金计划。[④]因此，如果单从填补养老金的缺口的角度上讲，至少到目前为止很难说提供了如此优厚补贴的计划是成功的。

五、理论与实践之间的差异：几个可能解释

从理论上讲，只要采取强有力的经济（税优或补贴）或非经济措施（自动加入机制），自愿性个人养老金计划就可以对公共养老金进行替代，从而超越其在整个养老金体系中传统上的补充地位。这也让人们对世界银行所提出的多支柱模式坚信不疑，甚至为近20多年来一些国家养老金改革提供了改革方向和理论依据，而且还将继续指导其他国家的未来改革。但从美国和德国的实际结果来看，姑且不说能否提供足够待遇水平以填补公共养老金的缺口，就覆盖范围而言，并没有提供令人足够信服的证据。如前文所述，虽然美国有36%的家庭拥有个人退休账户，但其中绝大部分是从雇主发起的退休计划转换过来的，而

① Frank Berner，Fakultät für Soziologie，Universität Bielefeld，“Riester Pensions in Germany：Do They Substitute or Supplement Public Pensions? Positions in the Debate on the New Public Policy on Private Pensions”，German Policy Studies，2006，3(3)：492-534.

② BMAS，Rentenversicherungsbericht 2019：13.

③ Axel H. Börsch-Supan，Michela Coppola，Anette Reil-Held，Riester Pensions in Germany：Design，Dynamics，Targetting Success and Crowding-In，NBER Working Papers No. 18014，2012.

④ European Commission，The 2015 Pension Adequacy Report：Current and Future Income Adequacy in Old Age in the EU(R)，2015.

仅 6% 的家庭拥有个人退休账户，同时还有高达 37% 的家庭没有任何私人养老金计划。同样在德国，加入里斯特养老金的就业者还不到一半，而里斯特养老金覆盖人数似乎已经达到极限。当然，不可否认，在税优政策和机制创新的帮助下，自愿性个人养老金确实取得了较快速的发展，但距离政策制定者想要达到的目的可能相距甚远，其原因是多方面的，本报告试着从以下三个方面进行解释。

（一）最低收入保障对低收入者带来了负激励

经过几十年甚至上百年的发展，很多国家的社会保障制度已经建立起较为完善的体系，尤其是针对低收入和脆弱群体，提供了各种形式的兜底保障责任，主要有三种形式：一是在公共养老金制度内建立有保障最低养老金，即只要满足最低参保缴费数额或年限要求，就可以在退休时获得相对体面的养老金待遇；二是引入社会养老金，使用财政转移支付为全体或低收入者提供基本晚年收入；三是通过社会救济政策，对满足经济调查要求的低收入者发放补贴，其中就包括贫困的老年人。例如，1974 年美国联邦引入“补充性收入保障计划”（Supplemental Security Income）来替代了各州社会救助政策。德国在 2003 年建立了“基本保障收入计划”（Grundsicherung），待遇标准为社会救助标准基础上上浮 15%。这些都为低收入等困难群体提供了晚年收入保障。

显然，对于低收入者或一些就业不连续的个人而言，这是一种潜在的福利。如果他们在工作期间进行任何额外的长期储蓄，特别是参加自愿性个人养老金计划，不仅会大幅降低他们当时的生活水平，而且等到他们退休后可能因为无法满足各种苛刻的资格条件调查，最终无法获得这一福利，相当于政府对他们的终身收入进行了征税，最高税率甚至可以高达 100%。因此，这些最低收入保障机制对人们自愿性养老储蓄将产生抑制，不选择加入自愿性个人养老金计划对他们个人来说反而是一种最优选择。其实，在引入里斯特养老金时，当时德国的政策制定者并没有意识到里斯特养老金与基本收入保障计划之间存在冲突，直到 2007 年这一问题才被一些人士提出，并受到德国议会的关注，甚至有的人认为加入里斯特养老金计划是一个“陷阱”。而且，受此影响的个人将达到数百万人，两者之间的冲突已经成为一个比较严峻的问题。其实，不只是在德国，在英国，一些政治家也都意识到他们国家也面临着这一问题①。

那么，如何解决这一冲突呢？无非有三种可能。一是取消各种最低收入保障待遇，但将导致真正需要救助的老年人陷入贫困，也违背现代社会保障理念，在现实中根本行不通。二是把从自愿性个人养老金计划获得的收入排斥在经济调查之外，即最终低收入保障待遇资格的取得不考虑自愿性养老金计划所提供的晚年收入。但问题是，职业养老金计划甚至公共养老金待遇是否也要排斥到经济调查之外，显然也不具有可操作性。三是自愿性变成强制性个人养老金计划，但这又会给整个社会带来巨大成本，而且政治上也是不可行的，也违背政策制定者最初对个人养老金计划的定位。因此，这一问题只能悬而未决。

（二）就业形态限制了自动加入机制的适用范围

自动加入机制需要借助雇主提供的运作平台和扣费渠道来实施，一般适用于雇主发起的职业养老金计划，例如美国的 401（k）计划。因此，引入自动加入机制至少有两个前提条件：一是个人与企业或其他组织存在雇佣关系；二是雇主已经发起某种职业养老计划。对于发达国家而言，就业的正规化比例较高，大部分就业者都有明确的雇主，可以满足第一个条件。但是，不是所有雇主都建立了职业养老金计划，特别是大量存在的小微企业不仅无力负担为此带来的成本，而且其雇员的就业稳定和连续程度远远不如大中企业。即使建立了某种职业养老金计划的企业，也未必会选择自动加入机制，这取决于企业是否有足够动力或激励机制。例如，美国基本上大公司才会提供这种自动加入机制，而且是为了满足政府的非歧视性要求，最终目的是为公司管理层提供优厚的福利待遇。对于广大的发展中国家而言，人们的正规化就业比重低，大量劳动者从事临时性或季节性工作，企业更不可能为他们建立养老金计划。另外，为了方便扣减工资，还需要比较健全的金融体系，这在一些落后国家或者偏远地区也很难满足。显然，在发展中国家自动加入机制适用范围将更加有限。

最为重要的是，自愿性个人养老金计划与雇主之间几乎没有联系，雇主也没有义务和动力关注雇员的养老储蓄安排，因此几乎很难使用自动加入机制，这或许也是德国里斯特养老金为什么没有采用自动加入机制的原因。未来，伴随零工经济时代到来，不管是发达国家还是发展中国家，自由职业者将不断增加，自愿性个人养老金计划使用自动加入机制将遇到更大的挑战。当然，科技进步历来都是一把“双刃剑”，在带来就业形态变化的同时，也可能带来机遇，比如借助数字货币的推行，建立起可以针对每一个人的自动扣费机制，这取决于制度的创新和变革速度。如果把代表未来发展方向的数字技术所最终形成的管理制度

① Casey D I B H，Jörg M，“Voluntary Pension Saving for Old Age：Are the Objectives of Self-responsibility and Security Compatible?”，Social Policy & Administration，2013，47(3)：287-309.

定位为新制度，那么过去工业时代下的历史遗产就可以看作旧制度。这将是新体制和与旧体制之间的赛跑，也许结果毋庸置疑，但过程却非常复杂。

（三）责任规避降低了计划的吸引力

通过削减公共养老金待遇或控制缴费率上升，将养老责任由政府转向个人，其中隐含一个假设前提，即相比公共养老金，自愿性个人养老金计划可以获得更高的回报。一般认为，在较长的时期内，公共养老金将取得生物收益率，相当于劳动力增长率和生产力增长率之和，虽然生产力可能继续增长，但许多工业化国家的劳动力预计将稳定下来。也就是说，生物收益率已经不具有吸引力，而市场化投资却可以带来更高的回报。但强调，各国政府都拒绝为自愿性个人养老金计划可以获得有竞争力的回报进行背书①。毫无疑问，如果政府为较高的收益率提供保证，那么就可能出现道德风险，即自愿型个人养老金计划参与人和金融服务供应商将采取更为激进的投资策略，最终把高风险转嫁给政府，让政府承担投资失败责任。恰恰相反，政府往往在投资范围或资产配置比例上提出了很多限制措施，防止出现名义损失。例如，德国就要求里斯特养老金计划投资的名义回报不能为负，这不仅迎合了低收入者风险厌恶的偏好，也可以大大降低政府为投资失败带来的责任。同样，雇主也会像政府一样，尽量规避可能承担责任。例如，美国一些公司在引入自动加入机制时，一般将缴费率定得很低，默认投资选项也非常保守。

长期来看，这就会大大降低计划的收益，特别是对高收入人群缺乏吸引力，但事实却恰恰相反，不管是在德国还是在美国，高收入者参加各种养老金计划的比例更高。对此，无论是提供财政补贴还是引入自动加入机制，对储蓄和消费之间的分配比例没有影响，只是参加人重新了配置了长期储备资产，把“旧”储蓄贴上“新”储蓄的标签。当然这种观点在学界还存在争议②。但无论如何，对一项储备期长达几十年的养老金计划而言，过低的投资回报，即使保证了名义回报不为负，甚至也战胜了通货膨胀率，但能否提供足够的替代率却存在巨大的不确定性，例如，货币大幅贬值或技术巨大进步（推升工资快速上涨）。

六、结论与建议

对于慷慨的俾斯麦式公共养老金而言，为了降低待遇支出压力所进行的改革，一般都会强化制度的精算属性，体现多缴多得的个人责任，从而在增加劳动供给不断做大税基的同时降低待遇总支出增长速度。但是，加强精算属性，低收入等脆弱群体将是利益受损最大的群体，未来将面临较大的养老金缺口；而高收入者等具有竞争力群体的待遇下降幅度则会相对较小，未来养老金缺口会通过精算联系得到一定程度的弥补。退一步说，即使所有人的养老金缺口都一样大，高收入群体在其他长期储蓄上的优势也会降低这种影响。只能说，这种改革取向至少是一种“无奈”选择。但要推动这一改革进程，就需要借助其他制度安排来填补这一缺口，否则很难达成共识来推动削减福利的深化改革，自愿性个人养老金顺其自然地成为“替代品”，满足眼下“政治”妥协的需要，至于未来能否实现这一目标已经不再重要。无疑，德国把这一逻辑演绎得淋漓尽致，而美国也通过各种途径增强个人退休账户对低收入者的保障作用，但收效同样有限。

面对填补养老金缺口的压力和需求，无论是传统经济学还是新兴的行为经济学都给出了理论支持，并提供了可操作性的解决办法。确实，也正是因为它们，自愿性个人养老金计划获得了从未有过的快速发展，但也无法回避对低收入者覆盖能力较弱的现实。由此，这种矛盾的背后可能存在三个悖论：一是最低收入保障与长期储蓄之间的悖论，即对低收入群体而言两者不可兼得；二是非正规化就业与自动加入机制之间的悖论，两者也不可兼得；三是责任规避与高回报率之间的悖论，因为两者分属不同主体。显然，这些悖论都没有纳入纯理论的分析框架内，但需要强调的是，这当然不是对理论的否定，因为理论是一种无“摩擦”下的最优解，但现实却无法完全消除所有“摩擦”，可以看作次优解。同样，这些发展困境也并不能说明自愿性个人养老金不重要，而是应该通过研究来揭示其局限性并推动其发展，甚至可以让我们从一个特殊视角来观察和反思现有的并被视为主流的养老金改革方向。

退一步看，至少对于不同国家，自愿性个人养老金的含义是不同的。例如，对于公共养老金过于慷慨的发达国家，自愿性个人养老金既是降低公共养老金待遇的政治手段，也是实现养老金转型的构成要件，但未必是填补缺口。而对于公共养老金机制不健全且待遇适度的欠发达国家而言，政府应该不断健全机制，为自愿性个人养老金参加者提供便利且多样的通道和选择，让市场机制发挥作用，再辅以适度的税收优惠，为部分群体特别是高收入者提供“补充”性的待遇。对金融提供者而言，应该客观看待和估计市场规模，准确定位目标人群，通过产品创新来开拓真正的潜在客户。

① Casey D I B H , Jörg M,“ Voluntary Pension Saving for Old Age : are the Objectives of Self-responsibility and Security Compatible?”, Social Policy & Administration, 2013, 47(3) : 287-309.

② Madrian B C , Shea D F , The Power of Suggestion : Inertia in 401(k) Participation and Savings Behavior, NBER Working Paper No. 7682, 2000. https : //www.nber.org/papers/w7682.

分报告十八
第三支柱养老目标基金投资

一、第三支柱养老基金概况

（一）我国第三支柱养老基金发展历程

三支柱养老金模式是目前国际上普遍采用的养老金体系，包括属于第一支柱的公共养老金、第二支柱的企业年金与职业年金，以及通常享有税收优惠政策的第三支柱——个人养老金账户。

目前，我国已经建立并正在逐渐完善三支柱养老金体系。我国养老金的第一支柱为社会基本养老保险，主要采用统账结合的模式，保障老年居民基本生活，提供维持性退休收入，大致可分为城镇职工基本养老保险和城乡居民基本养老保险。

第二支柱为年金制度。其作为社会基本养老金的补充，建立基础为劳动雇佣关系，采用个人账户的形式。年金目的是在社会基本养老金的基础上增加员工的退休收入。按工作单位性质区分，我国年金制度可分为企业年金和职业年金。

第三支柱即个人养老金账户。相较于第一、二支柱，第三支柱仍处于发展的初期阶段。2018 年 4 月财政部等部委联合发布《关于开展个人税收递延型商业养老保险试点的通知》（以下简称《通知》），标志着我国第三支柱养老金体系建设正式启动。《通知》规定，自 2018 年 5 月 1 日起，在上海市、福建省（含厦门市）和苏州工业园区实施个人税收递延型商业养老保险试点，试点期限为一年。个人购买个人税收递延型商业养老保险享受税收优惠政策，具体地，对试点地区个人通过商业养老资金账户购买符合规定的商业养老保险产品的支出，允许在一定标准内进行税前扣除；计入个人商业养老资金账户的投资收益，暂不征收个人所得税；个人领取商业养老金时再征收个人所得税。《通知》还规定，待试点结束后，根据试点情况，结合养老保险第三支柱制度建设的有关情况，有序扩大参与的金融机构和产品范围。例如，将公募基金等纳入个人商业养老账户投资范围。

2018 年 3 月，中国证监会正式发布了《养老目标证券投资基金指引（试行）》（以下简称《指引》），《指引》引入了“养老目标基金”，并规范了现有的养老基金市场。《指引》的推出意味着公募基金行业正式介入养老金体系的建设。基金行业与养老金有良好的互动关系。一方面，养老目标基金对优化投资者结构、引导中长期资金进入资本市场发挥了积极作用。另一方面，公募基金作为养老金投资的基础性产品，养老金入市之后将进一步推动公募基金发展，尤其是权益类公募基金的发展。而养老金投资范围和投资工具的不断增加，将推动资本市场，尤其是公募基金市场、产品研发和服务创新的发展。

本报告介绍第三支柱养老基金投资，从监管和业界实务两个角度，介绍养老基金的发展现状、投资策略、投资范围、资产配置、税收政策等，并结合养老金市场的发展趋势，展望第三支柱养老基金的未来发展。本报告所指的第三支柱养老基金为 2018 年 3 月中国证监会发布的《养老目标证券投资基金指引（试行）》界定的养老目标基金，是指以追求养老资产的长期稳健增值为目的，鼓励投资人长期持有，采用成熟的资产配置策略，合理控制投资组合波动风险的公开募集证券投资基金，包括养老目标日期基金（Target Date Fun，TDF）和养老目标风险基金（Target Risk Fund，TRF）。

（二）养老目标基金分类：养老目标日期基金与养老目标风险基金

从国际经验来看，养老基金主要以养老目标基金的形式存在，并且大多采用基金中基金（Fund of fund，FOF）的模式。养老目标基金按锚定对象的不同，可细分为养老目标日期基金与养老目标风险基金。

养老目标日期基金是根据投资者的退休时间来规划资产配置的投资策略。该类产品将投资者的生命周期划分成若干阶段，每个阶段的风险偏好有所不同。目标日期基金将根据投资者的年龄阶段变化，设计出不同的大类资产配置比例。例如，年轻时人们更适合追求高收益高风险的权益类资产。而随着年龄的增加，投资风格将愈趋保守，更偏向于稳健的固定收益类资产。

养老目标风险基金则是根据投资者的风险承受度去设计产品。这类基金产品将波动率作为首要的风险控制目标。资产管理人通过提供差异化的波动率产品，为不同风险偏好的投资者提供养老金理财需求。例如，投资者年轻时能够承受波动率较高的产品，而随着年龄和财富的增长则逐渐偏向于波动率较低的产品。

养老目标日期基金和养老目标风险基金是海外养老金产品使用最多的策略。以美国为例，截至2018年底，目标日期和目标风险两大类FOF的净资产规模达到1.4万亿美元，占FOF总管理规模的68%。其中86%的目标日期基金由退休账户持有，26%和18%的目标风险基金被分别配置在个人退休账户（IRA）和确定缴费型（DC）退休计划中[①]。2018年3月，证监会正式发布《养老目标证券投资基金指引（试行）》（以下简称《指引》），从监管的角度确认了养老目标基金对未来养老第三支柱的重要性，并规范了养老基金市场秩序。作为我国第三支柱的重要组成部分，养老目标基金为投资者提供了更加个性化和便捷的养老金管理。《指引》还规定了我国养老目标基金应采用基金中基金形式或者中国证监会认可的其他形式运作。

（三）第三支柱养老基金规模发展情况

基金行业在第三支柱养老金的投资管理方面起着举足轻重的作用。截至2019年底，基金管理公司受托管理各类养老金超过2.41万亿元[②]。据统计，社保基金自2001年以来（截至2019年末）的年平均收益率达到8.15%[③]，企业年金2012年至2019年平均收益率达到5.27%[④]。公募基金作为社保基金、企业年金和基本养老金的主要投资管理者，致力于养老基金的保值增值。

自2018年3月，中国证监会颁布《指引》以来，各家公募基金公司积极布局养老基金市场，纷纷推出适合不同投资者养老需求的养老目标基金产品。2018年4月11日，首批养老目标基金上报。同年8月6日，首批养老目标基金获批设立。截至2019年底，共有四批养老目标基金获批。

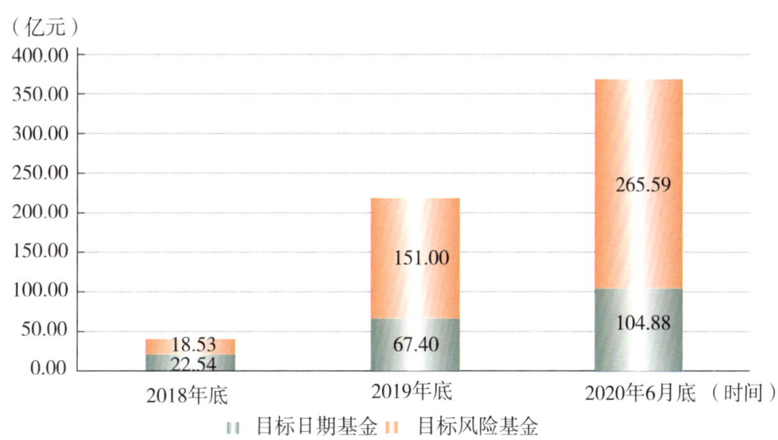

图 18–1　公募基金养老目标基金规模稳步增长

资料来源：Wind、中欧基金。

① 资料来源于ICI FACT BOOK 2019。
② 资料来源于证券投资基金业协会。
③ 资料来源于社保基金官网。
④ 资料来源于人社部。

市场上的养老目标基金按照锚定标的不同，分为养老目标日期基金和养老目标风险基金。养老目标日期基金和养老目标风险基金的持有期分别为一年、两年、三年和五年。其中，三年和五年持有期为养老目标日期基金市场的主流，而养老目标风险基金多为一年和三年持有期。截至 2020 年 6 月底，公募基金行业已成立的养老目标基金共 89 只，总规模 370.47 亿元，总户数 138 万户[①]（见图 18–1）。

从不同的持有期规模分布来看，一年期产品规模最大，三年期产品只数最多，具体数据如表 18–1 所示。

表 18–1　不同持有期产品规模分布

	产品数（只）	最新规模（亿元）	户数（万户）
一年持有期	27	233.1	32.96
两年持有期	1	2.1	—
三年持有期	50	122.5	110.97
五年持有期	11	12.8	7.92
总计	89	370.5	151.85

注：户数根据 2020 年 6 月 30 日披露数据整理。

资料来源：Wind、中欧基金。

从海外产品发展经验看，养老目标日期基金为主要的养老目标产品，养老目标风险基金规模发展相对缓慢。主要是养老目标日期基金与投资人年龄自动关联，更为适合养老投资的生命周期理论。

从投资管理人来看，排名前十的养老目标日期基金管理人如表 18–2 所示。

表 18–2　排名前十的养老目标日期基金管理人

	2019 年底规模（亿元）	2020 上半年规模（亿元）
华夏	13.31	18.34
中欧	6.48	17.59
汇添富	8.68	10.53
南方	5.88	8.71
交银施罗德	—	6.71
工银瑞信	4.24	6.40
鹏华	3.58	4.73
平安	3.73	4.57
易方达	3.08	3.84
嘉实	2.79	3.65

资料来源：Wind、中欧基金。

排名前十的养老目标风险基金管理人如表 18–3 所示。

表 18–3　排名前十的养老目标风险基金管理人

	2019 年底规模（亿元）	2020 上半年规模（亿元）
民生加银	45.95	58.59
交银施罗德	24.26	50.32
浦银安盛	—	22.21
华安	—	18.13
易方达	—	16.52
兴证全球	10.20	13.28
泰达宏利	2.84	12.39
广发	7.49	7.00
东方证券资管	—	6.81
上投摩根	2.14	6.63

资料来源：Wind、中欧基金。

二、第三支柱养老基金投资现状

（一）养老目标基金投资目标与理念

养老目标基金以追求养老资产的长期稳健增值为目的，强调长期、安全和价值投资的理念。首先，养老基金坚持长期投资。一方面，由于养老基金产品全生命周期的内在要求；另一方面，市场的短期投资波动难以度量且时点难以把握。淡化短期择时而将目标放置长远才能保证资金安全和投资回报。其次，养老基金资产追求安全稳健需要逆向投资。养老目标基金作为长期限资金，可以承受短期的波动。因此，应该抓住市场波动的机会实现逆向投资，创造超额回报。最后，养老基金还强调价值投资。一方面，投资者关注养老金资产长期内的保值增值，以在退休时能获得足够的现金流；另一方面，养老目标基金投资期限相对较长，在进行大类资产配置时，需要注重资产内在价值的分析，拉长投资视角，降低短期交易性操作的频率。因此，养老基金投资标的需要具有时间价值并能累积投资收益。

（二）养老目标基金投资资产策略与资产配置

由于养老目标基金的特殊属性，监管机构对其投资策略与资产配置有一定的要求。《指引》规定养老目标基金应当采用成熟稳健的资产配置策略，控制基金下行风险，追求基金长期稳健增值。

投资策略包括目标日期策略、目标风险策略以及中国

① 统计时间截至 2020 年 6 月底，统计口径为募集成立并披露 2020 年二季报的养老目标基金。

证监会认可的其他策略。具体地，采用目标日期策略的基金，应当随着所设定目标日期的临近，逐步降低权益类资产的配置比例，增加非权益类资产的配置比例。权益类资产包括股票、股票型基金和混合型基金。采用目标风险策略的基金，应当根据特定的风险偏好设定权益类资产、非权益类资产的基准配置比例，或使用广泛认可的方法界定组合风险（如波动率等），并采取有效措施控制基金组合风险。采用目标风险策略的基金，应当明确风险等级及其含义，并在招募说明书中注明。

对于投资标的，《指引》规定基金投资于股票、股票型基金、混合型基金和商品基金（含商品期货基金和黄金ETF）等品种的比例合计原则上不超过30%、60%、80%。在选取子基金方面，养老目标基金的基金管理人应当制定子基金（含香港互认基金）选择标准和制度，重点考察风格特征稳定性、风险控制和合规运作，并对照业绩比较基准评价中长期收益、业绩波动和回撤情况。

（三）养老目标基金业绩比较基准

养老目标基金都是综合采用权益和固定收益市场加强指数，根据目标权益、固定收益资产的比例设定产品的复合业绩比较基准，并进一步细分了A股和港股权益资产的占比。以规模最大的前三只养老目标日期基金和养老目标风险基金业绩基准为例（见表18–4）。

表 18–4 养老目标基金业绩基准示例

基金简称	基金管理人简称	业绩比较基准	2020半年底规模（亿元）
中欧预见养老目标日期2025一年持有期混合（FOF）	中欧	沪深300指数收益率 × 下滑曲线值 + 中债综合指数收益率 ×（1– 下滑曲线值），各年的下滑曲线值按招募说明书的规定执行	8.78
中欧预见养老目标日期2035三年持有期混合（FOF）	中欧	沪深300指数收益率 × 下滑曲线值 + 中债综合指数收益率 ×（1– 下滑曲线值），各年的下滑曲线值按招募说明书的规定执行	8.54
南方养老目标日期2035三年持有期混合（FOF）	南方	X× 沪深300指数收益率 +（100%–X）× 上证国债指数收益率，X根据不同的年份取不同的值并在招募说明书中公布	7.55
民生加银康宁稳健养老目标一年持有期混合（FOF）	民生加银	中证全债指数收益率 ×75%+ 沪深300指数收益率 ×25%	58.59
交银施罗德安享稳健养老目标一年持有期混合（FOF）	交银施罗德	中债综合全价指数收益率 ×80%+ 沪深300指数收益率 ×20%	50.32
浦银安盛颐和稳健养老目标一年持有期混合（FOF）	浦银安盛	中证债券型基金指数收益率 ×80%+ 中证股票型基金指数收益率 ×20%	22.21

资料来源：根据基金招募说明书、中欧基金整理。

（四）养老目标基金费率情况

养老目标基金管理费率在0.5%~1%，托管费率在0.1%~0.2%（见表18–5）。

表 18–5 养老目标日期平均管理费率与托管费率

养老基金类型	持有期	平均管理费（%）	平均托管费（%）
养老目标日期	一年期	0.50	0.15
	三年期	0.81	0.18
	五年期	0.82	0.14
养老目标风险	一年期	0.65	0.18
	两年期	0.50	0.15
	三年期	0.70	0.17
	五年期	0.79	0.15

续表

资料来源：根据基金招募说明书、中欧基金整理。

其中，根据基金中基金指引：基金管理人不得对基金中基金财产中持有的自身管理的基金部分收取基金中基金的管理费。基金管理人运用基金中基金财产申购自身管理的基金的（ETF 除外），应当通过直销渠道申购且不得收取申购费、赎回费（按照相关法规、基金招募说明书约定应当收取，并记入基金财产的赎回费用除外）、销售服务费等销售费用。

考虑到养老目标基金一半持有内部基金，内部基金不再双重收费，实际管理费率会低于合同中约定的管理费率。由于内部基金的费率优惠，预计未来持有内部基金的比例会不断提高。从海外市场经验来看，养老基金主要持有的也都是内部基金。

（五）养老目标基金实际投资情况

根据 2020 年第二季度报分析，从养老目标基金持仓来看，平均持有公募基金占基金资产净值的 86%，前十大重仓基金占整体基金持仓比例约为 60%。养老目标基金权益类资产（权益基金以报告期末股票仓位 50% 以上的基金为准）持仓占比约为 20%，其中权益基金持仓占比为 15%[①]。相比于 2019 年末，大幅增持权益类资产的规模。如果按持有期进行分类，可以看出持有期越长的权益基金占比越高，对应的投资回报也相应提高。具体数据如表 18–6 所示。

表 18–6　养老目标基金不同持有期持有权益资产

单位：%

持有期	权益类资产持仓占比	权益基金持仓占比	股票持仓占比
1 年	11	6	5
3 年	33	25	8
5 年	59	59	0

资料来源：Wind、中欧基金，截至 2020 年 6 月 30 日。

从投资收益率来看，养老目标基金收益率达成了产品设计的预期，很好地满足了客户对于养老要求的投资回报。其中，股票占比越高的产品类型收益率越高，同时波动率也随之提高（见表 18–7）。

表 18–7　不同持有期产品平均收益率

单位：%

	2019 年平均收益率	2019 年平均波动率	2020 年上半年平均收益率	2020 年上半年平均波动率
一年持有期	7.2	2.18	4.9	4.84
三年持有期	12.0	5.37	10.2	11.46
五年持有期			14.7	15.78

资料来源：Wind、中欧基金。

从持仓基金的管理人类别来看，内部基金与外部基金占比为内：外 =48：52，内外部基金持仓较为均衡，与海外基本为内部基金差异较大（见表 18–8）。

表 18–8　养老目标基金持有不同基金公司产品规模和指数

基金管理人简称	子基金规模（亿元）	基金管理人简称	持有次数
易方达基金	20.67	易方达基金	96
中欧基金	19.13	中欧基金	50
交银施罗德基金	15.67	富国基金	43
富国基金	15.15	工银瑞信基金	36
民生加银基金	12.86	鹏华基金	34
海富通基金	8.18	广发基金	31
华安基金	7.89	华夏基金	31
兴证全球基金	6.58	交银施罗德基金	30
南方基金	6.14	南方基金	30

资料来源：Wind、中欧基金，截至 2020 年 6 月 30 日。

① 统计时间截至 2020 年 6 月底，统计口径为募集成立并披露 2020 年二季报的养老目标基金。

从养老 FOF 投资的热门子基金来看，基本以大型基金公司管理的公募基金为主（见表 18–9 和表 18–10）。

表 18–9　养老目标基金持有权益基金规模排名

基金简称	规模（亿元）	基金简称	持有次数
海富通阿尔法对冲 A	7.64	工银瑞信文体产业	12
民生加银景气行业	1.62	海富通阿尔法对冲 A	10
中欧时代先锋 A	1.58	兴全商业模式优选	7
工银瑞信文体产业	1.46	中欧行业成长 A	7
交银主题优选	1.35	信达澳银新能源产业	7
兴全商业模式优选	1.19	华安创业板 50ETF	7
中欧行业成长 A	1.18	交银新生活力	6
交银成长 A	1.10	海富通改革驱动	6
信达澳银新能源产业	1.06	中欧时代先锋 A	4
汇添富医药保健 A	1.00	华夏创新前沿	4

资料来源：Wind、中欧基金，截至 2020 年 6 月 30 日。

表 18–10　养老目标基金持有债券基金规模排名

基金简称	规模（亿元）	基金简称	持有次数
民生加银鑫享 A	11.24	易方达信用债 A	11
中欧增强回报 A	5.32	易方达裕丰回报	10
富国产业债 A	4.68	易方达稳健收益 A	9
富国天利增长债券	4.63	易方达高等级信用债 A	8
易方达纯债 A	4.21	工银瑞信双利 A	8
易方达信用债 A	4.17	基金天元	8
交银信用添利	3.53	中欧增强回报 A	7
富国信用债 A	3.08	富国信用债 A	7
交银双轮动 AB	2.97	易方达裕祥回报	7

资料来源：Wind、中欧基金，截至 2020 年 6 月 30 日。

（六）养老目标基金实际案例分析

在此选取了中欧预见养老 2035 三年作为实际案例分析，选取此产品主要是因为产品代表性较强，可以较好地代表养老目标基金的运作情况，该产品为三年封闭期的养老目标日期产品，在三年期的养老目标基金中规模最大（见表 18–11）。

表 18–11　中欧预见养老 2035 产品要素

基金名称	中欧预见养老目标日期 2035 三年持有期混合型基金中基金（FOF）
基金简称	中欧预见养老 2035 三年 A
基金管理人	中欧基金管理有限公司

续表

基金代码	006321.OF
成立日期	2018 年 10 月 10 日
基金托管人	招商银行股份有限公司
基金费率	管理费 0.60%，托管费 0.15%
投资范围	本基金投资于依法发行或上市的公开募集证券投资基金、股票、债券等金融工具及法律法规或中国证监会允许基金投资的其他金融工具。具体包括：经中国证监会依法核准或注册的公开募集的基金（含 QDII 基金）、香港互认基金、股票（包含主板、中小板、创业板及其他经中国证监会核准上市的股票）、港股通机制下允许买卖的规定范围内的香港联合交易所上市的股票（以下简称“港股通标的股票”）、权证、债券（包括国债、央行票据、金融债券、企业债券、公司债券、永续债券、中期票据、短期融资券、超短期融资券、公开发行的次级债券、政府支持机构债、政府支持债券、地方政府债、可转换债券、可交换债券及其他经中国证监会允许投资的债券）、资产支持证券、债券回购、银行存款（包括协议存款、定期存款以及其他银行存款）、同业存单等货币市场工具、现金，以及法律法规或中国证监会允许基金投资的其他金融工具（但须符合中国证监会的相关规定）
投资比例	80% 以上基金资产投资于其他经中国证监会依法核准或注册的公开募集的基金（含 QDII 基金）；本基金对股票、股票型基金、混合型基金和商品基金（含商品期货基金和黄金 ETF）的投资合计占基金资产的比例不超过 60%，其中对商品基金投资占基金资产的比例不超过 10%。本基金不得持有具有复杂、衍生品性质的基金份额，包括分级基金和中国证监会认定的其他基金份额。本基金投资于港股通标的股票不超过股票资产的 50%。 本基金保留的现金或到期日在一年以内的政府债券的比例合计不低于基金资产净值的 5%，其中现金不包括结算备付金、存出保证金、应收申购款等
投资策略	本基金权益类资产包含股票、股票型基金、过去四个季度季末股票资产占基金资产比例均不低于 50% 的混合型基金。其中权益类资产占比将按照下滑曲线逐年调整，并预留一定的主动调整空间。 从养老需求来看，随着年龄的增长和退休日的临近，权益市场短期波动造成的损失可能难以有足够的时间恢复，故而对收益稳健性的要求越高而对风险承受能力越弱。故本基金下滑曲线的构建基于资产负债匹配理念，采用效用函数的方式，综合考虑投资者资产端与负债端的因素，并结合投资收益与风险目标进行调整。 其中资产端主要通过结合量化分析与主观判断，发掘大类资产的长期投资价值，并通过资产配置模型形成不同风险收益特征下的资产配置比例；负债端则以年龄、风险偏好等确定不同年龄投资者的效用函数，年龄越高、风险偏好越低，风险惩罚系数越大，以年龄作为确定效用函数的核心因素。 具体到投资目标的设置上，本基金的收益目标将以我国人口的寿命预期、风险偏好、收入水平、消费习惯以及对资本市场的宏观分析为出发点，使下滑曲线的资产配置比例能更好地服务投资者退休后的生活开支，在不显著影响退休后生活水平的前提下，尽可能预防长寿风险的发生；风险目标则将考虑随着年龄的增长，在相同预期收益下，投资者对风险的承受力越来越低，也即对风险的惩罚越来越高。 此外，下滑曲线的设定中还会考虑到在基金运作过程中相关政策与法规、证券市场环境、金融市场利率变化，经济运行周期，投资者情绪以及证券市场不同类别资产的风险 / 收益状况等，以构造出合适我国经济和人口发展的大类资产配比。 在下滑曲线限定的资产配置区间内，本基金将通过综合分析经济周期、各项经济指标、货币政策变化、利率水平、信用利差变化、突发事件性因素等中短期市场变化，进行适度的战术资产配置调整，力争通过主动管理为基金份额持有人创造超额收益。 在目标日期的 5 年之后［即在 2040 年 12 月 31 日之后（不含）］，本基金将在严格控制风险和组合回撤的前提下，以资产安全性和长期稳定性为目标，适度降低组合的波动和风险暴露，并结合届时市场各类资产的风险收益特征和宏观经济环境，分散投资风险，进行有效的长期资产配置

续表

下滑曲线	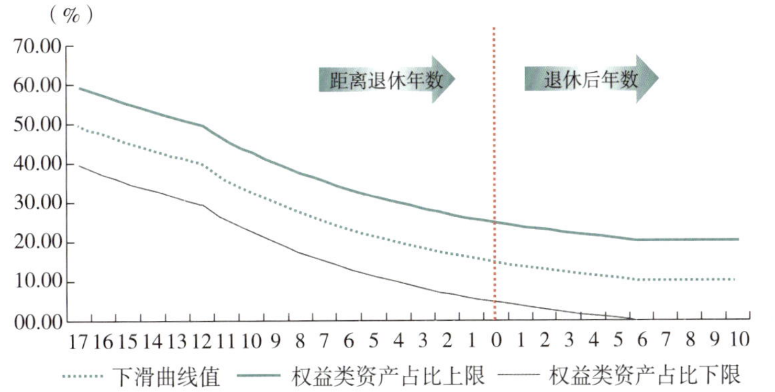
业绩基准	沪深 300 指数收益率 × 下滑曲线值 + 中债综合指数收益率 ×（1- 下滑曲线值）

资料来源：根据基金招募说明书、中欧基金整理。

中欧预见 2035 成立于 2018 年 10 月，是市场上第二只发行的养老基金（见图 18–2）。成立以来运作情况良好，客户数与规模均稳定增长。截至 2020 年 6 月底，累计收益率为 33.15%，年化收益率为 18.07%，最大回撤率为 7.95%，年化波动率为 7.65%[①]。

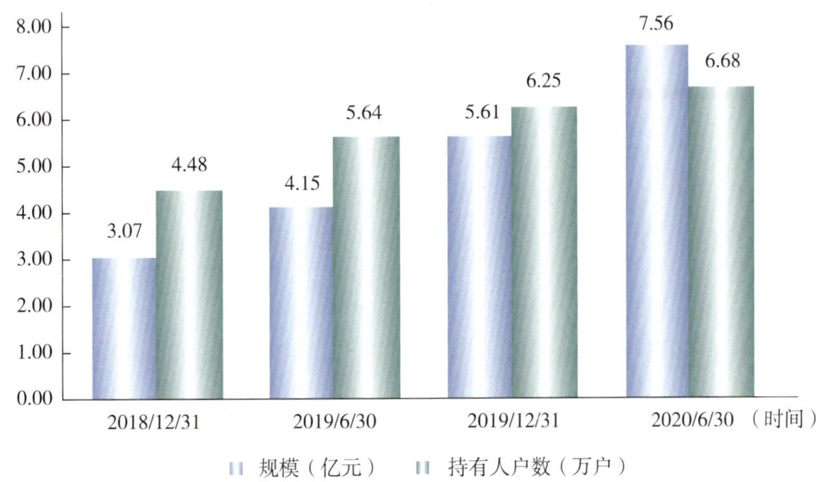

图 18–2 中欧预见 2035 规模与客户数稳步增长

资料来源：Wind、中欧基金。

三、第三支柱养老基金整体规模偏小原因分析

养老基金目前存在的主要问题不在于投资策略和投资收益率，而在于基金募集难度相对较大，产品较为复杂，投资者认知度不高，主要原因为：

第一，养老目标基金以客户数为核心设立导向。养老目标基金立足于个人投资者的养老需求，鼓励投资者长期、小额和定期投资而非在认购阶段就让投资者一次性买入大量的基金份额，这就要求销售机构在进行基金募集时应当更注重基金的户数而非募集规模。因此，如果基金管理人或者基金销售机构着力于扩大养老目标基金的户数，就容易出现基金募集规模较小的问题。而且从国外经验来看，基金成立后定投将成为主要持续申购资金来源，定投资金通常为投资者工资的一定比例，因此后续基金规模也只会呈现缓慢上行的趋势，基金规模较小的问题可能会在较长

① 统计时间截至 2020 年 6 月底，资料来源于 Wind。

时间内存续。

第二，投资者对养老必要性和养老投资缺乏基本认识。基金管理人和销售机构等目前仍然需要进行大量的基础投教工作。在完成从这些基础投教工作前，投资者很难自发形成购买养老目标基金的意识。资产管理机构将通过线上与线下相结合的方式加强基金管理人层面对投资者的教育工作，并督促销售渠道落实投资者教育工作。线上的投资者教育工作包括大量的投教文案、线上路演活动，进行养老投资理念普及、产品介绍等；线下的投资者教育工作包括管理人向销售渠道发放养老投资的投教材料，联合举办养老投资讲座等方式。

第三，产品相对复杂，投资者理解困难。养老目标基金在国外已经是成熟品种，但国内投资者对其仍然相对陌生，投资者对于养老目标基金的知识储备、投资经验和风险意识相对缺乏。因此，基金管理人需要向投资者更多普及养老目标的相关知识，并针对其固有特点多渠道、多手段进行充分的风险提示，包括：①告知“养老目标”投资与保本投资、固定收益类投资的属性差异；②充分告知持有期限的限制，提醒投资人对投资流动性应有合理预期和安排。

具体来说，投资者在购买前若要充分了解养老基金，需先从自身的养老资金需求出发，了解哪些产品适合养老，再了解如何挑选合适的养老产品，作为目标日期策略还要了解下滑曲线，客户经理在短时间内往往很难讲清楚，更加难以激发起客户的购买兴趣。

因此，在账户制下的养老目标基金未来将迎来更多的发展机会。如果未来可以建立全国统一平台的账户制，将为个体提供更加丰富、个性化的养老财富管理产品，包括养老目标基金。若借鉴发达国家养老金投资的制度设计——默认投资选择（Qualified Default Investment Alternatives），养老目标基金未来可期。美国 401（k）计划和英国国家养老金储蓄计划采用的默认投资选择为生命周期基金，即养老目标基金。在投资者对基金公司提供的投资选择不加修改或不做表示时，以默认的形式自动选择个人账户的投资选择。默认投资选择提高了养老基金投资效率的同时，也节省了投资者教育的成本。

第四，客群受限。目标风险基金通常只针对特定风险等级的客户，而每只目标日期基金的针对性客群更是被限定到了 10 岁左右的年龄区间中，相对常规公募基金的受众非常狭窄。

第五，流动性要求高。产品的锁定期设置，对投资者资金的流动性要求较高，进一步增加了基金募集的难度。

四、后续建议

（一）建议可以定期披露第三支柱个人税延养老试点转常规工作进展情况

公募基金行业对于个人税延养老试点转常规有较高的期待并以此持续推动了养老目标基金的发行，但是可以看到，随着 2019 年 5 月试点转常规的推迟，养老目标基金的整个销售工作陷入停滞。从图 18–3 中可以看出，以 2019 年 5 月为分界，前后的养老目标基金募集情况呈现迥然不同的趋势。

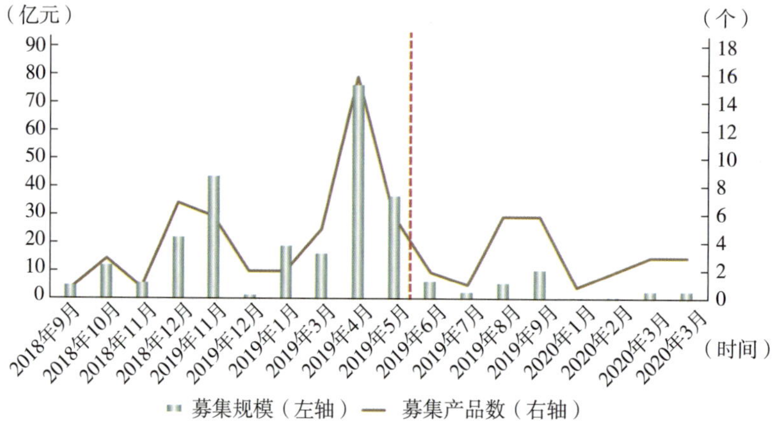

图 18–3 养老目标基金历月募集规模及产品数

资料来源：Wind，资料截至 2020 年 3 月。

在当前的情况下，公募基金管理人在进行了大量的投教工作后，由于个税递延试点转常规工作的进展信息更新较慢，难免会影响基金管理人的积极性，也不利于在投资者中树立公募基金是养老投资重要的工具之一这一正面形象。因此，建议未来监管机构可以定期披露第三支柱个人税延养老试点转常规工作进展情况，增强各商业机构在发展第三支柱养老金业务推进过程中的积极性。

（二）允许养老目标基金投资股指期货和 QDII-FOF 产品

目前，企业年金已经可以投资股指期货进行套期保值，建议允许养老目标基金投资股指期货。股指期货作为重要的风险对冲工具，能够在极端市场行情中帮助组合避免巨大回撤的风险，对于养老资产的保值增值具有重要作用。从拟调整的法律规则来看，仅需要对《基金中基金审核指引》的条款进行相应完善即可，相对难度较低。从操作层面来说，公募基金投资股指期货必须要在套保户中进行，同时需要受到“任何交易日日终，持有的买入股指期货合约价值，不得超过基金资产净值的 10%”和“任何交易日日终，持有的买入国债期货和股指期货合约价值与有价证券市值之和，不得超过基金资产净值的 95%”两个限制，故其运用股指仅会基于风险对冲的目的，无须担心通过股指期货实现权益资产的杠杆投资。

同时，按照《基金中基金审核指引》要求，基金中基金不得持有其他基金中基金，但从我国基金行业的实务来看，大量 QDII 是通过 FOF 的形式投向海外资产，如中日 ETF、中法 ETF、Reits、原油等，这些资产都对组合资产的风险分散有非常重要的意义，但受限于法规，养老目标基金均不可投资，故从养老资产的长期保值增值角度来看，建议允许养老目标基金可投 QDII-FOF 产品。

（三）基金首发即绑定定投

在销售养老目标基金的过程中，通过首发即绑定定投的模式也是解决募集规模较小、激发销售机构参与热情的一个有效方案，通过首发即绑定定投，一方面，使投资者的养老目标基金投资与其实际的养老资金流更加匹配并免除了其后续再次定投申购的操作，给投资者带来了便利；另一方面，其相当于递延销售了部分基金规模，提高了销售机构一次销售行为的性价比，可以更有效地激励销售机构参与到养老目标基金的销售中来。

（四）加强投资者教育，引导投资者正确的认识和理念

除了前述问题外，为了更好地服务养老投资，还应当注重权益基金在宣传推广环节的工作。

首先，需要进一步推进投资者教育工作的深入和普及。我国资产管理行业诞生时间短，基础教育中也尚未普及理财基础知识，很多投资者都是在实际投资中边投边学，难以形成正确的投资理念。此外，理财服务机构往往也从便利销售的角度对客户进行引导，而非进行诸如长期投资、理性投资、分散投资等基础理念的传播。

其次，由于其他资管行业在宣传方面的规范性较差，为了吸引客户眼球，在宣传时进行了诸如“保证收益”“绝对回报”等夸大和不实宣传，客户容易被这种具有诱惑力的表述所吸引形成错误的投资理念，从而无视看起来枯燥无味的长期理性投资，也对基金提出类似目标，一旦无法实现，就会遭到投资者抛弃。

最后，市场上还充斥着大量所谓“经济学家”和“投资大咖”，娱乐化了投资行业，并向投资者灌输了错误的投资知识。

同时，媒体在评价资管行业时也往往缺乏客观性，或夸大了基金经理创造 Alpha 的能力，或过度解读基金的中短期回撤，培养了投资者看业绩选基金、追涨杀跌等不良投资习惯。

个人养老金投资是关乎国家未来的长期战略，只有在宣传引导上坚持正确的指向，才能确保我国的个人养老投资事业始终沿正确的方向前进，因而必须摒除前述干扰。主要应当从如下几方面改善权益基金养老投资的宣传：

首先，应当加大对虚假宣传的打击力度，严惩恶意宣传，以净化宣传环节的风气。

其次，监管机构和行业自律组织也应在行业的投资者教育方面发挥引导作用，一方面其可以组织制定投资者教育的标准，统一生产适合普通投资者的书面和互联网投教内容；另一方面其也可以组织行业力量开展持续投教工作，通过互联网、电视、纸媒体和现场报告，扩大投资者教育的范围和频率，共同把投资者的基础教育工作做好。

再次，监管机构和行业自律组织也重视对财经媒体从业者的基础知识教育活动，财经媒体从业者只有具备了扎实的基础知识和正确的投资理念，才能正本清源，不会被资产管理行业的乱象所蒙蔽，才能清楚地了解应当宣传什么，以及如何宣传。

最后，还应当加大对行业从业人员基础投资理念的考察，只有从业人员具有正确的投资理念，才能保证行业不会偏离正确的基础轨道。

分报告十九

中国养老目标基金资产配置的探索与实践

构建完备的养老保险体系是世界各国面对老龄化挑战的主要应对方式，目前我国的养老体系中以基本养老保障为主体的第一支柱占比过高，职业养老金和个人养老金的发展势在必行。养老目标基金的推出标志着公募基金正式迈入养老第三支柱投资领域，有望在我国的养老保险体系中扮演更加重要的角色。本报告梳理了海外知名养老基金的资产配置框架，并分析了在国内采用模型配置宽基指数存在的问题。由于A股市场风格化特征更强、指数基金发展尚不完善、主动基金相对被动基金存在长期超额收益且主动基金经理存在风格化倾向，本报告认为在管理养老目标基金时可以通过大类资产层面分散配置优选标的来控制组合风险，在基金层面考虑长期配置和风格择时相结合获取超额收益。最后认为，政府可以通过加大对第三支柱的税收优惠、优化下滑曲线调整流程、拓展投资范围和减少指数基金配置限制等政策促进养老目标基金发展。

一、我国养老目标基金推出背景及现状

（一）我国养老目标基金推出背景

自20世纪90年代开始，我国开始逐步摸索建立多支柱的养老保障体系，当前已形成以第一支柱基本养老保障为主体，职业养老和个人养老辅助的养老保障结构。但随着人口老龄化趋势的日益加剧，我国现行养老金体系面临越来越多的挑战，退休人员数量增加使基本养老金面临更严重的支付压力，同时劳动人口相比退休人员数量的下降也造成养老金替代率不断下降。以城镇职工基本养老为例，我们对比了近年来城镇职工基本养老保险的征缴收入和实际支出，可以发现自2012年开始征缴收入就低于基金总支出，且2011~2016年连续五年征缴收入占总支出的比例持续走低，需要加大财政支持力度才能维持基本养老金的稳定运转，这也带来了严重的财政压力（见图19-1）。

此外，目前我国养老体系结构并不均衡，国内养老过于依赖第一支柱。我们对比了截至2018年底美国和中国养老金体系的构成（见表19-1），可以发现美国的三支柱养老金体系中第二、三支柱占据主体地位，而第一支柱占整体养老金资产的比重不到8%。但国内当前的养老金资产仍以基本养老金为主，占比接近80%，企业年金和个人养老金的规模较小。

为了缓解基本养老金的支付压力、完善我国养老保险体系，政府推出了一系列政策支持养老体系第二、三支柱的发展。2017年11月3日，《养老目标证券投资基金指引（试行）》向社会公开征求意见，并于2018年2月11日正式发布实施，2018年8月6日首批14只养老目标基金获准发行。养老目标基金是指以追求养老资产的长期稳健增值为目的，鼓励投资人长期持有，采用成熟的资产配置策略，合理控制投资组合波动风险的公开募集证券投资基金，是一种以养老为目标的创新型公募基金。养老目标基金的推出标志着公募基金正式迈入养老第三支柱投资领域，有望在我国的养老保险体系中扮演更加重要的角色。

图 19-1　城镇职工基本养老的征缴收入与实际支出

注：数据日期：截至 2017 年 12 月 31 日（2018 年度人社部统计公报中未披露征缴收入）。

资料来源：Wind 资讯、中国证券投资基金业协会。

表 19-1　中美两国养老金架构对比

	名称	第一支柱基本养老金	第二支柱职业养老金	第三支柱个人养老金	合计
美国	规模（万亿美元）	2.09	16.71	9.25	28.05
	占养老金资产比重（%）	7.45	59.57	32.98	100.00
中国	规模（万亿元人民币）	5.82	1.48	0.00	7.30
	占养老金资产比重（%）	79.68	20.26	0.05	100.00

注：数据日期：截至 2018 年 12 月 31 日。

资料来源：ICI，中国证券投资基金业协会。

（二）养老目标基金发展现状

根据证监会发布的《养老目标证券投资基金指引（试行）》，与其他公募基金相比，养老目标基金具有如下特点：

· **发展初期主要采用基金中基金形式运作**：通过在大类资产和基金经理两个层面分散风险，力求稳健；

· **追求长期稳健的收益**：采用成熟的资产配置策略，合理控制投资组合波动风险，力争获得长期收益；

· **设置封闭期或投资者最短持有期限**：避免短期频繁申购赎回对基金投资策略及业绩产生影响；

· **鼓励基金管理人设置优惠费率**：让利于民，支持投资者进行长期养老投资。

目前养老目标基金主要分为**目标日期基金和目标风险基金**两类（见表 19-2）：目标日期基金主要面向有明确的退休日期的投资者，基金采用下滑曲线策略，随着所设定目标日期的临近，逐步降低权益类资产的配置比例，增加非权益类资产的配置比例，由基金管理人控制组合的风险水平，是给投资者的“一站式”养老解决方案；目标风险基金给予了投资者更大的灵活性，基金根据特定的风险偏好设定权益类资产、非权益类资产的基准配置比例，并采取有效措施将基金组合风险控制在预先设定的水平上，投资者可以根据自身风险偏好将资金分散投资于相应风险水平的基金。

表 19-2 两类养老目标基金对比

	目标日期基金	目标风险基金
定义	根据投资者的退休“目标日期”而建立的养老投资工具	预先设定投资风格，采用长期固定的资产配置比例的养老基金
核心	下滑曲线策略	风险管理策略
资产配置策略	随着所设定目标日期的临近，逐步降低权益类资产的配置比例，增加非权益类资产的配置比例	根据特定的风险偏好设定权益类资产、非权益类资产的基准配置比例
风险管理	基金管理人控制风险水平	投资人控制风险水平

资料来源：证监会。

截至 2020 年 6 月 30 日，我国已成立养老目标基金 86 只，总规模为 370.47 亿元。其中目标风险基金 46 只，总规模为 265.59 亿元，目标日期基金 40 只，总规模为 104.88 亿元（见图 19-2）。

按照目标日期基金对应的目标期限进行汇总，目前目标日期为 2035 年的基金数量和规模均居首位，共 12 只，规模为 48.83 亿元；其次为目标日期是 2040 年的基金，共 9 只，基金规模为 20.97 亿元（见图 19-3）。

按照目前目标风险基金在名称中披露的风险水平进行统计，风险水平较低的稳健类基金占绝大多数，共 29 只，总规模达到 230.81 亿元，在目标风险基金中规模占比超过 85%；风险水平基金较高的积极类基金数量较少，仅有 2 只，总规模也仅有 2.21 亿元（见图 19-4 和图 19-5）。

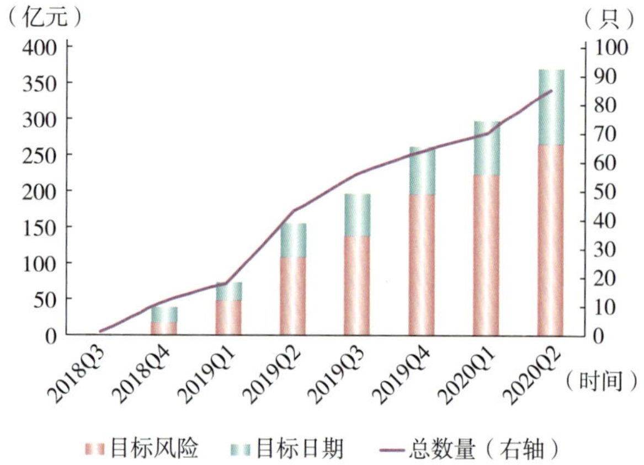

图 19-2 养老目标基金规模和数量

注：数据日期：截至 2020 年 6 月 30 日。

资料来源：Wind 资讯。

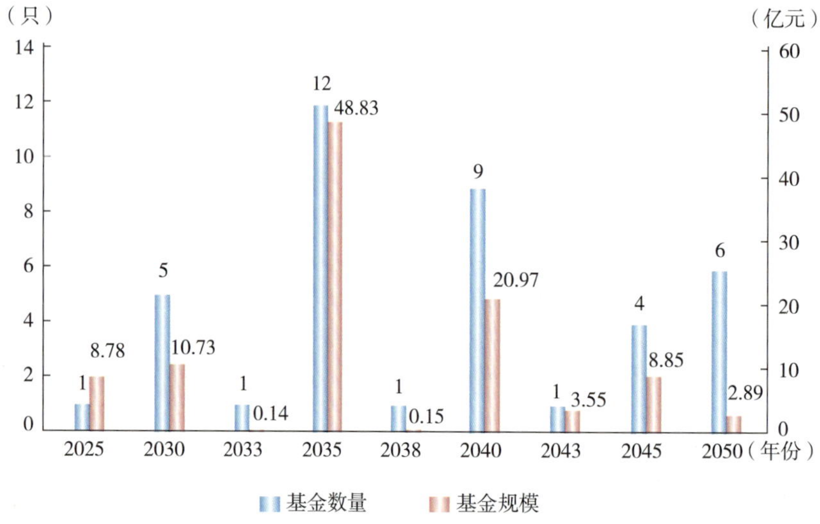

图 19-3 已发行目标日期基金分布

注：数据日期：截至 2020 年 6 月 30 日。

资料来源：Wind 资讯。

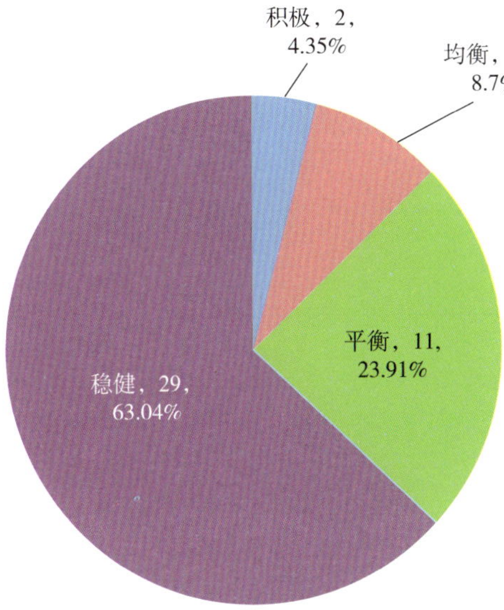

图 19-4　各类目标风险基金数量占比

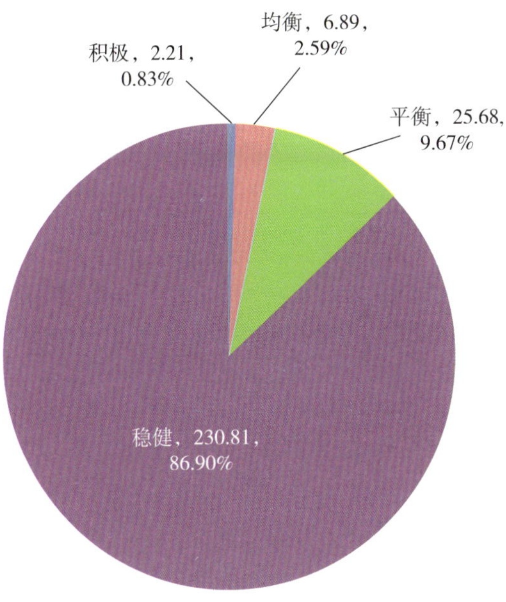

19-5　各类目标风险基金规模占比

注：数据日期：截至 2020 年 6 月 30 日。

资料来源：Wind 资讯。

二、海外养老基金的资产配置方式

公共养老基金是一个国家为应对将来养老金财务支付危机而进行的长期战略储备，其投资管理对于一个国家社会保障制度的可持续发展具有举足轻重的影响。我们选取了海外知名的公共养老基金，对其投资策略和资产配置方法进行了总结，希望对我国养老目标基金的资产配置优化带来启发。

（一）挪威政府全球养老基金（GPFG）：60/40 策略 + 多元化投资

作为著名的高福利国家，挪威较早就开始建立养老金制度。挪威政府全球养老基金（Government Pension Fund Global，GPFG）是挪威为应对未来养老金缺口而建立的养老金储备。据主权财富基金研究机构（Sovereign Wealth Fund Institute，SWFI）排名显示，GPFG 已多年蝉联全球主权财富基金规模排行第一名。

截至 2019 年 12 月 31 日，基金总资产为 100881 亿克朗（约 11480 亿美元），其中投资收益为 53577 亿克朗，占比 53.11%；财政拨款（扣除管理费）为 33405 亿克朗，占比 33.11%；汇兑损益为 13899 亿克朗，占比 13.78%。基金 2019 年收益为 19.95%（见图 19-6），自 1998 年 1 月起累积收益达 267.15%，年化收益达到 6.09%，扣除通胀影响和管理成本，基金年化净收益为 4.17%。

GPFG 在成立初期由挪威财政部直接负责管理，全部投资于政府债。1998 年挪威议会批准成立挪威银行投资管理部（Norges Bank Investment Management，NBIM），财政部作为受托机构制定投资基准，NBIM 作为执行机构，根据财政部指定的投资基准执行基金具体管理事项。财政部制定的投资基准是基金的长期投资策略，包含了基金的战略基准配置和管理时的附属规定。战略基准配置是基金配置时的长期参考，其比例将在较长时间固定不变。在 1998 年，股票资产在战略基准配置中的比例仅为 40%。认识到股票投资长期的收益风险水平较高，2017 年议会通过提案将战略基准配置中的股票投资比例提高至 70%。考虑到每年市场都会发生变化，挪威财政部每年会为基金制定当年的实际基准配置，实际基准配置会基于对当年市场行情的判断在战略基准配置的基础上小幅调整。出于最大化资金利用效率的目的，NBIM 在构建基金组合时可以适当偏离当年的实际基准配置，但是基金收益与基金基准指数收益的偏离度不能高于 1.25% / 年。在资产的投资类别方面，GPFG 通过参与房地产投资和增加在新兴市场的股票投资来分散风险和提高组合收益。

由于挪威政府养老基金市值庞大，在另类资产方面受到市场容量的严重制约，因此初期不投资诸如大宗商品的其他大类资产，而是一直坚持公开市场投资，直至 2011 年才开始涉足房地产行业。对房地产的投资可以帮助基金实现收益和风险之间的平衡（见表 19-3 和图 19-7）。

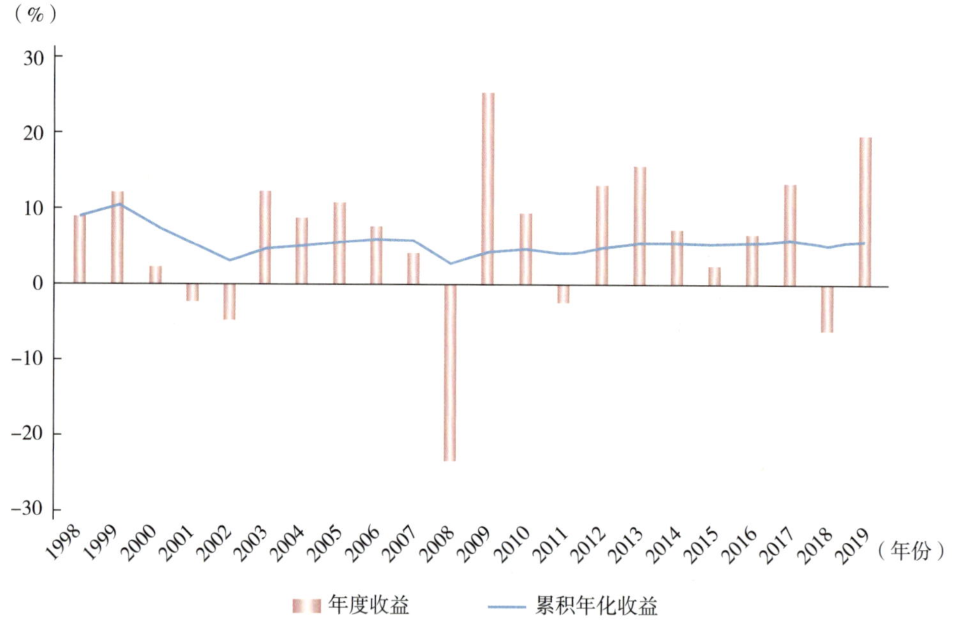

图 19–6 GPFG 投资收益

注：数据日期：截至 2019 年 12 月 31 日。

资料来源：NBIM 官网。

表 19–3 1998~2019 年 GPFG 基准配置

单位：%

年份	战略基准配置			实际基准配置		
	股票	债券	房地产	股票	债券	房地产
1998	40.00	60.00	0.00	40.00	60.00	0.00
2009	60.00	40.00	0.00	62.40	37.60	0.00
2010	60.00	40.00	0.00	61.50	38.50	0.00
2011	60.00	39.70	0.30	58.70	40.90	0.30
2012	60.00	39.30	0.70	60.50	38.80	0.70
2013	60.00	39.00	1.00	60.90	38.00	1.00
2014	60.00	37.80	2.20	61.20	36.70	2.20
2015	60.00	36.90	3.10	61.60	35.30	3.10
2016	60.00	37.50	2.50	62.60	34.90	2.50
2017	70.00	30.00	0.00	67.05	32.95	0.00
2018	70.00	30.00	0.00	67.28	32.72	0.00
2019	70.00	30.00	0.00	71.10	28.90	0.00

注：2017 年开始房地产不再计入 GPFG 的基准配置。

资料来源：NBIM 官网。

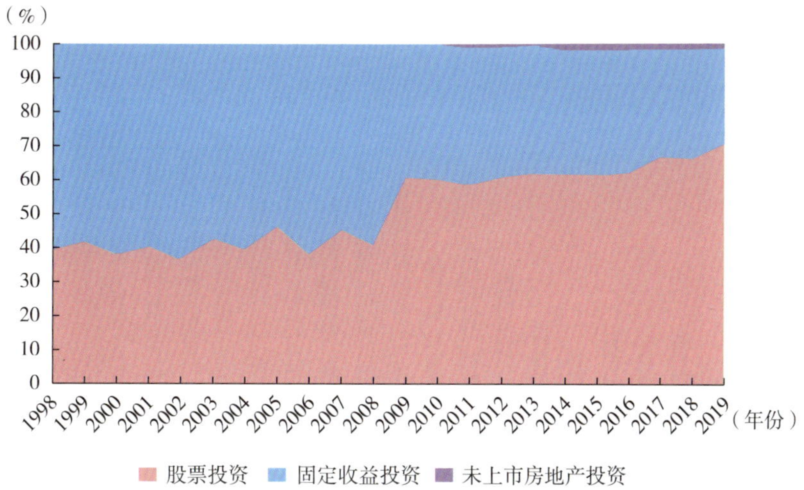

图 19-7　GPFG 大类资产配置

注：数据日期：截至 2019 年 12 月 31 日。

资料来源：NBIM 官网。

由于挪威处于欧洲，GPFG 在最初配置时将超过 50% 的股票仓位配置在欧洲公司，1998 年基金股票投资总额为 666.13 亿克朗，其中投资于欧洲公司股票的金额为 345.33 亿克朗，占比为 51.84%。但随着互联网的兴起，科技类企业股价不断攀升，GPFG 不断加大北美及亚洲市场投资权重（见图 19-8）。截至 2019 年 12 月 31 日，基金投资于北美市场的金额达到 3.00 万亿克朗，占基金股票投资总额的 41.92%；投资于欧洲市场的金额为 2.39 万亿克朗，占基金股票投资总额的 33.42%；投资于亚洲市场的金额为 1.46 万亿克朗，占基金股票投资总额的 20.40%。此外，基金在新兴市场中的配置比例显著提高，对于中国公司投资权重大幅增加（见图 19-9）。

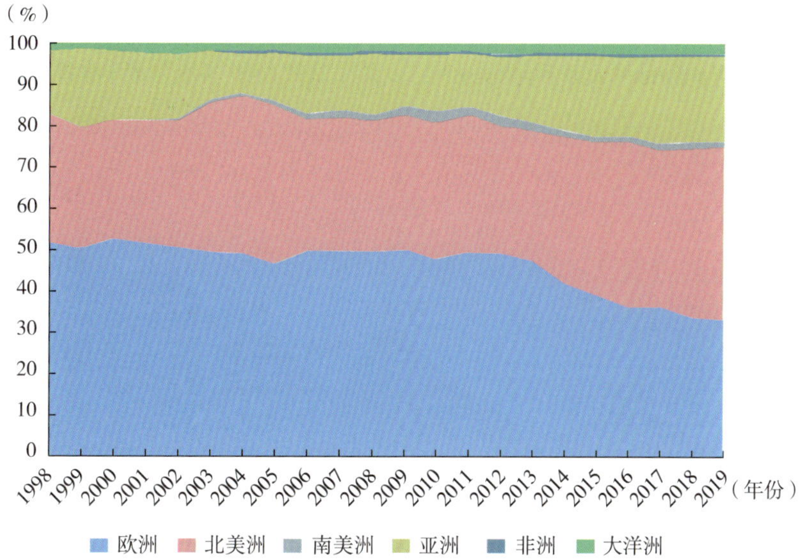

图 19-8　GPFG 股票投资地理区域配置比例

注：数据日期：截至 2019 年 12 月 31 日。

资料来源：NBIM 官网。

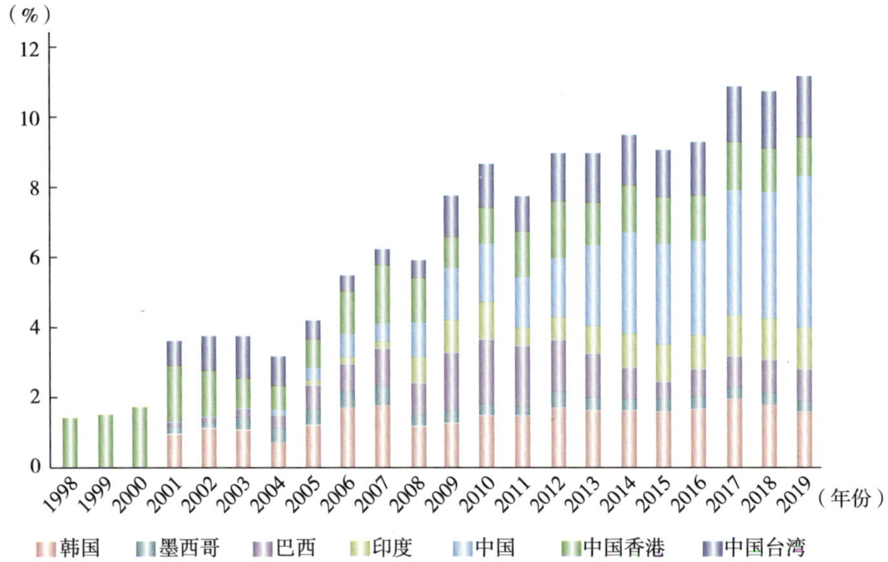

图 19-9　GPFG 股票投资中主要新兴市场国家配置比例变化

注：数据日期：截至 2019 年 12 月 31 日。

资料来源：NBIM 官网。

综合来看，GPFG 的投资策略以 60/40 的固定比例策略为基础，依据市场变化调整固定投资比例，再通过多元化投资在全球范围内进行资产配置分散风险，实现社保体系盈余资金的长期增值。

（二）加州公务员退休计划（CalPERS）：以股票为核心的多元化资产配置

加州公务员退休计划（California Public Employees' Retirement System，CalPERS）是美国规模最大、影响范围最广的公共养老金计划，主要任务是为加州政府雇员积累和提供退休养老金。截至 2018 年末，CalPERS 资产管理规模为 3540 亿美元，覆盖的雇员超过 195 万人，范围包括学校的职员、政府机构的雇员和州政府雇员（见图 9-10 和图 9-11）。据 CalPERS 官网发布的数据统计显示，其在 2017 年和 2018 年的年收益率分别为 11.2% 与 8.6%。

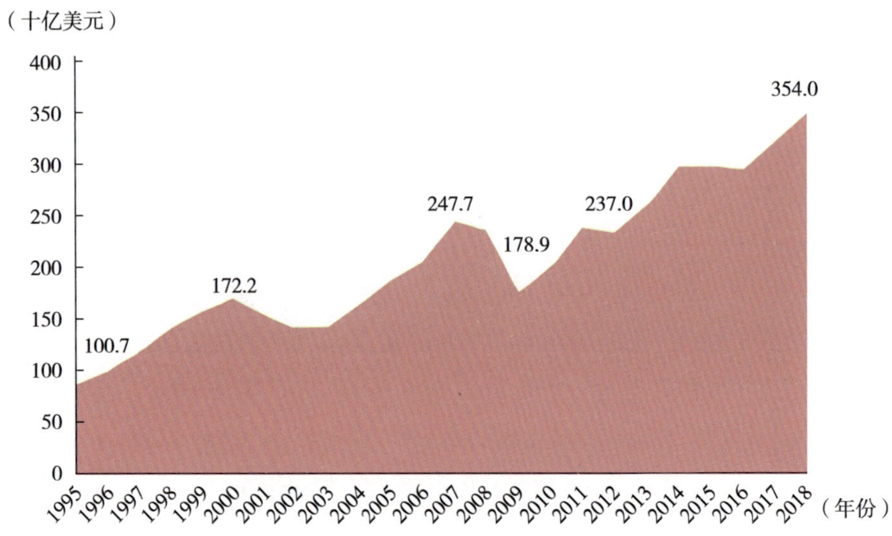

图 19-10　CalPERS 年末资产规模变动

注：数据日期：截至 2018 年 12 月 31 日。

资料来源：CalPERS 官网。

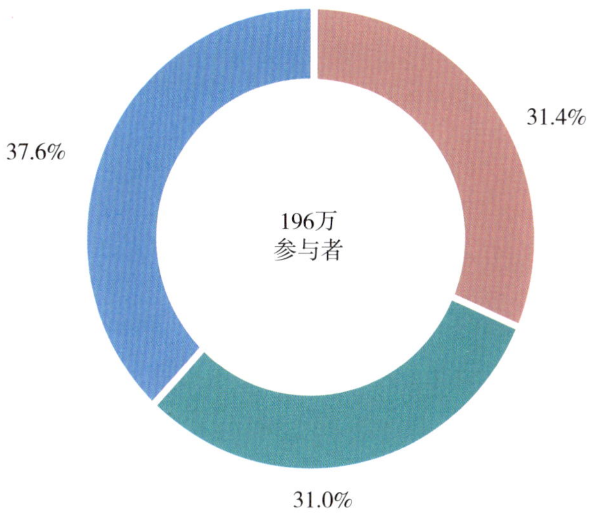

图 19-11　按雇主类型划分的计划参与人数

CalPERS 的资产配置分为战略资产配置和实际资产配置，战略资产配置是每个资产类别长期的配置目标，实际资产配置赋予基金经理在实践中选择的灵活性。战略资产配置由众多因素共同决定，投资理事会分析全球金融市场的未来状况和基金未来负债，基于精算平衡表测算出未来要求收益率，在此基础上根据各类资产在长期和中短期预期收益率和波动率进行最优化组合，从而得到战略资产配置。在制定好战略资产配置后，各部分基金经理负责实际的投资决策。

CalPERS 的实际资产配置可以分为两个阶段：2008 年以前的偏股型配置与 2008 年以后以股票为核心的多元化资产配置（见图 19-12）。2008 年以前，CalPERS 的资产配置相对稳定，股票类资产为最主要的配置资产，占比在 60% 左右，固定收益类资产占比在 30% 左右，2000 年之后增加了私募股权、房地产等其他资产的配置，但整体资产配置仍是以股票为主。以股票为主的资产配置使 CalPERS 的长期收益率受股市影响较大，长期收益率两次大幅下跌分别发生在 2000 年与 2008 年股市泡沫破灭时，特别是在 2008 年金融危机时，长期收益率从 2007 年的 9.1% 下跌到 2009 年的 2.3%。经历过 2008 年的金融危机后，CalPERS 的资产配置更加多元化，增添了商品、衍生工具、对冲基金等其他投资工具，股票型资产配置比例下降到 50% 左右，股票与固定收益的配置从之前的 90% 左右下降到 70% 左右。截至 2018 年 12 月 31 日，其资产配置中 49.45% 投资于全球股票，23.46% 投资于固定收益，9.26% 投资于房地产，7.65% 投资于私募股权（见图 19-13）。

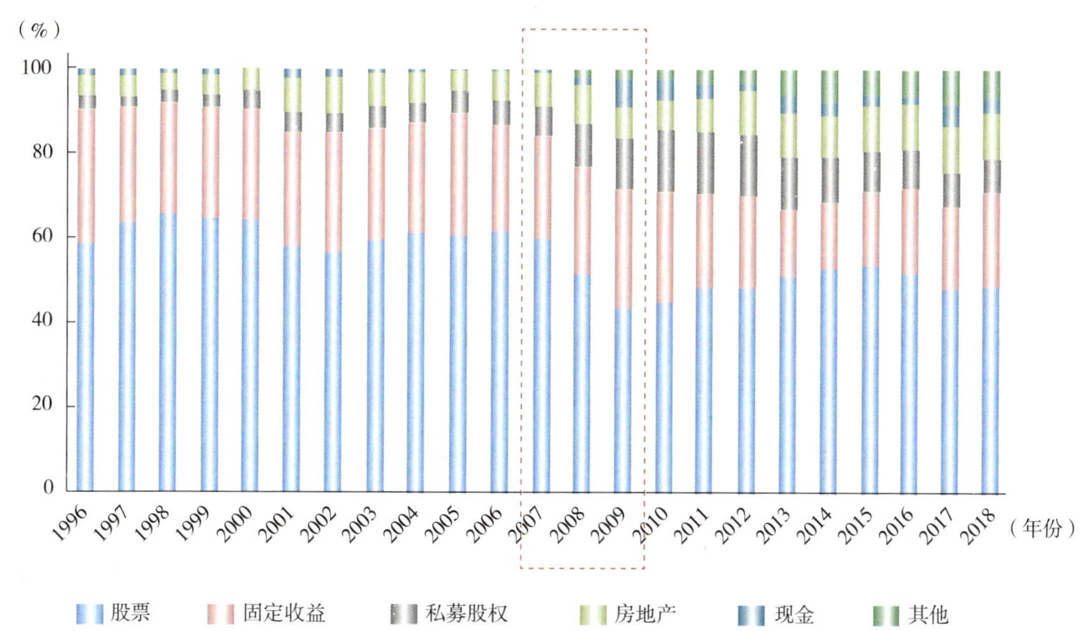

图 19-12　CalPERS 实际资产配置变动

资料来源：CalPERS 官网。

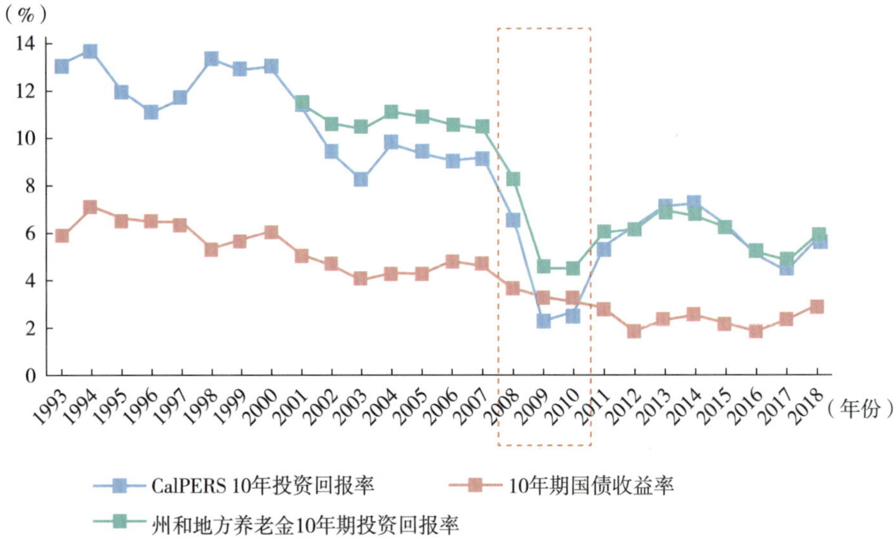

图 19-13 CalPERS 的长期投资收益率下降

(三)法国养老储备基金(FRR):根据不同投资目标划分资产

2000 年法国政府设立了法国养老储备基金(Fonds De Reserve Pour Les Retraites,FRR),其资产配置的目标是在顺利支付每年偿付金额的基础上实现基金剩余资产价值最大化。据 FRR 官网数据显示,截至 2018 年末,储备基金的总资产已达 326 亿欧元,自 2004 年 6 月以来年化净收益率为 3.7%,自 2010 年 12 月养老金改革后年化净收益率为 4.2%。

2010 年养老金改革后 FRR 将资产划分为对冲组合(Hedging Assets)和绩效组合(Performance Assets)。2018 年 FRR 的对冲组合和绩效组合的比例分别为 45% 和 55%。

对冲组合的目标是要满足每年偿付负债,因此需要对冲利率下行风险,理事会规定对冲组合中负债的对冲率不得低于 80%,因此该组合中包括信用风险很低的固定收益类资产:一方面包含大量持有至到期的法国国债(OAT),从而获得和 FRR 的负债金额成比例的现金流;另一方面包含评级至少为 BBB- 的投资级企业债券。

绩效组合则致力于通过动态和分散化投资策略获取基金的额外收益,并且必须满足支付对冲组合尚未支付的负债,因此即使在极端的市场环境下也必须保持资本充足率大于 100%。目前的绩效组合包括发达市场和新兴市场股票、高收益的公司债券和新兴市场债券,约 1/3 的绩效组合资产配置于新兴市场,约 1/2 配置于包括欧元区公司债券的发达市场。

FRR 通过最大化分散风险投资策略以降低投资风险。就基金的投资地域而言,绩效组合的资产主要投资于欧元区、非欧元区发达国家和新兴市场国家这三大区域,对冲组合的资产主要投资于法国、欧元区及美国,并且相当一部分资产配置于法国 OAT 国债。FRR 的投资领域也很广泛,并根据绩效组合和对冲组合的特征分别选取相应的投资部门——绩效组合主要投资于基础设施、不动产、金融服务、商品等部门,而对冲组合则主要投资于主权债务、基金、金融机构及公共和半公共部门等。

(四)加拿大养老金计划(CPP):权益类和实物类资产占比提升

加拿大养老金计划(Canada Pension Plan,CPP)是面向加拿大居民的养老保险计划,18 岁以上、有工作且年收入低于 3500 加元的加拿大合法居民,都必须按照工资每个月缴纳一定比例的保险费,以便 65 岁后领取退休养老金。加拿大养老投资管理局(Canada Pension Plan Investment Board,CPPIB)负责对 CPP 中不用于支付退休福利的资产进行市场化投资。CPPIB 独立于政府,唯一的职责在于保证计划参与者回报持续最大化。

在成立初期 CPPIB 以低成本的被动指数投资管理为主,但面临一系列全球政治、经济波动后,开始于 2006 年转向积极的主动投资策略(见表 19-4)。在此之后 10 年里,投资范围逐渐从公开市场向非公开市场拓展、从标准化产品向非标准化产品拓展,主动化管理的成本虽然高于被动投资，但为 CPPIB 带来了规模的快速扩张。截至 2020 年 3 月 31 日，CPPIB 管理组合达到 4096 亿加元，10 年年化收益率达到 9.9%。

表 19-4　CPPIB 投资战略演进情况

时间（年）	演进情况
1999	通过反映股票市场指数的构成，首次在加拿大和外国公开市场投资股票
2001	启动私募基金和房地产投资项目，先期是通过外部基金，后来逐渐提高直接投资比重
2003	被动管理基于指数的股票投资组合
2004	开始对基础设施资产股权进行一定程度的积极投资，包括收费公路、供水设施以及发电和输电系统
2005	由于政府取消了对非加拿大资产投资的所有法定限制，进一步扩大在全球发达经济体和新兴经济体的投资。稳步降低基金投资收益对加拿大经济和资本市场的依赖
2006	做出从主要基于指数的被动投资转向更积极的投资选择的战略决策
2007	持有 G7 国家的政府债券，有助于在不过度依赖或影响加拿大市场的情况下，保持权益投资和债务投资在总投资组合中的预期平衡
2009~2014	扩展到私人债务和商业抵押贷款投资、药品专利等知识产权领域、农业用地和其他自然资源投资领域
2014~2017	扩大由外部伙伴管理的公共市场战略的范围和规模；启动对拥有经验丰富的管理团队的运营公司的重大直接投资，以有效提升特定行业或地区的投资规模
2017~2018	在 C-26 法案通过后，开始对投资资产进行结构性调整，以更公平有效地适应“CPP 附加缴费”对未来投资资产的需要

资料来源：CPPIB 官网。

过去 10 年，CPPIB 一直尝试在总风险可控的情况下，通过多元化投资获取长期且可靠的额外回报，从持仓来看权益类和实物类资产持仓持续上升。1999 年，CPP 资产全部为政府债券，到了 2006 年，投资组合中权益资产占比高达 63%，固定收益资产仅为 32.3%，实物资产 4.7%；到 2019 年，固定收益资产占比进一步降低至 19.1%，而实物资产占比大幅提高至 24.0%（见图 19-14）。

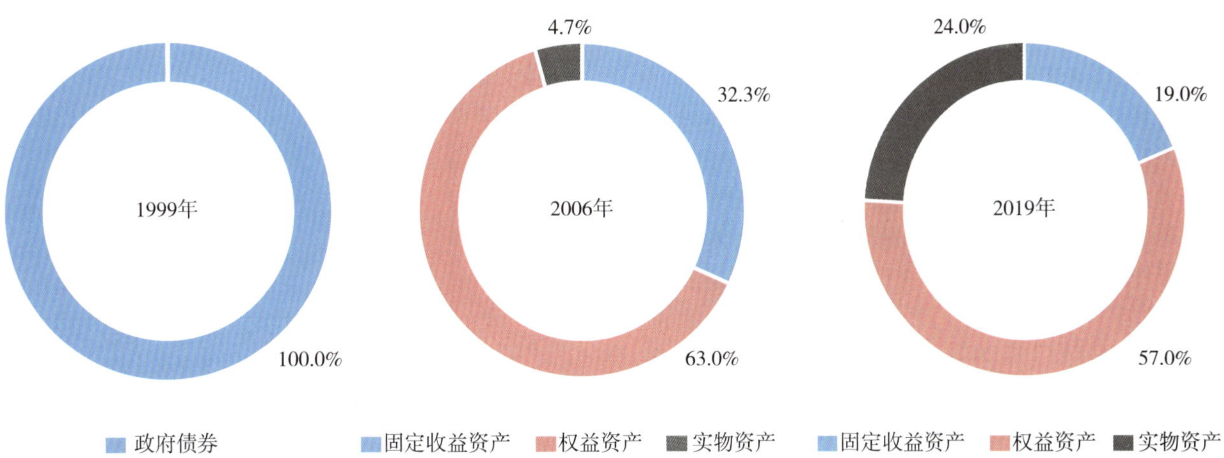

图 19-14　CPP 大类资产配置比例

资料来源：CPPIB 官网。

三、我国养老目标基金的探索与实践

资产配置模型通常采用宽基指数代表大类资产收益，基于宽基指数计算各类资产的最优配置权重，但在实际配置中如果采用宽基指数构建组合，可能无法获得最优收益。以 A 股市场为例，相比于海外市场，A 股市场存在更强烈的风格化特征，且指数基金种类相对较少，长期来看主动管理型基金收益优于被动指数型基金，仅配置宽基指数可能会损失风格择时和主动管理带来的超额收益。

1. A 股市场收益风格化特征更强

我们发现相比海外成熟市场，A 股市场收益的风格切换特征更强，直接使用宽基指数进行配置可能不是最优选择。下面我们通过对比中美市场的大小盘指数收益特征来说明这一点。

图 19-15 和图 19-16 分别给出了 A 股沪深 300(大盘）和中证 1000（小盘）指数，以及美股标普 500（大盘）和罗素 2000（小盘）指数自 2005 年以来的净值走势。直观地看，A 股大小盘指数走势差异较大，市场常常出现互相背离的情形。例如，2013~2014 年大盘指数整体下行，而小盘指数却持续上行；2017 年大盘整体上行，而小盘却持续下行。反观美股，大小盘指数走势整体非常接近，只在一些时段有短期的背离。

从大小盘指数收益率一年滚动相关性看，A 股大小盘收益率相关性变动较大，在一些年份如 2015 年、2018 年相关系数仅有 0.5 左右，表明大小盘风格特征明显。而美股大小盘收益率相关性水平则较为稳定，相关系数最低时也在 0.8 左右，这说明美股大小盘走势较为接近，风格特征不明显。

2. 国内指数基金发展尚不完善

对于 FOF 投资者来说，通过 ETF 这种指数工具来配置资产具有成本低、流动性强等优势。近年来，我国基金市场发展迅速，指数型基金特别是 ETF 基金规模和种类越来越多，给投资者提供了更多的投资选择。但总体来看，相比海外成熟市场，我国股票 ETF 种类仍然较少，规模依然较小。

截至 2020 年 7 月 20 日，我国共有股票型 ETF 基金 291 只，总规模约 6297 亿元，同期美国股票型 ETF 数量已经达到 2427 只，管理总规模超过 3 万亿美元。从数量和规模上看，我国 ETF 还有很大的发展空间。

从 ETF 种类看，我国宽基指数类 ETF 数量最多，达 104 只，管理规模约 3214.19 亿元。其次是行业类 ETF，共 79 只，管理规模约 1527.06 亿元。我国 Smart Beta 类 ETF 数量较少，仅 30 只，管理规模约 173.88 亿元（见图 19-15）。相比之下，美国 Smart Beta 类 ETF 数量达到 542 只，管理规模超过 8000 亿美元。在风格特征强的市场中，通过风格择时来战术调整风格配置理论上可以显著增强收益，而 Smart Beta 类 ETF 往往跟踪某一种市场风格如成长或价值，是投资者进行风格轮动配置的重要工具。

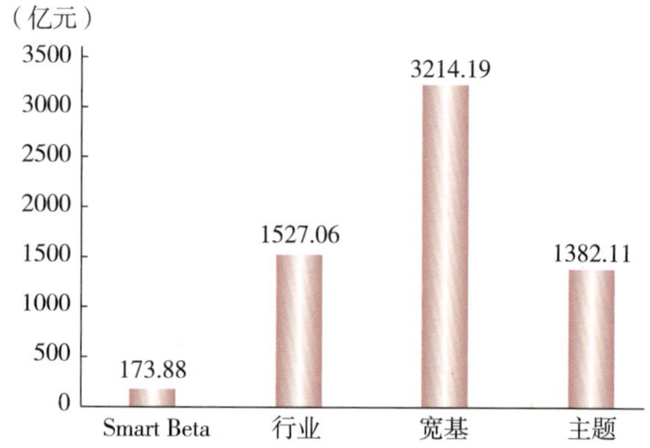

图 19-15 中国股票 ETF 管理规模

注：数据日期：截至 2020 年 7 月 20 日。

资料来源：Wind 资讯。

目前我国养老 FOF 投资海外市场的主要渠道是通过国际（QDII）基金。截至 2020 年 7 月 20 日，我国共有 163 只国际（QDII）基金，其中股票型基金占大多数，共 80 只，混合型基金有 35 只，另类投资基金 21 只，债券型基金 27 只（见图 19-16）。

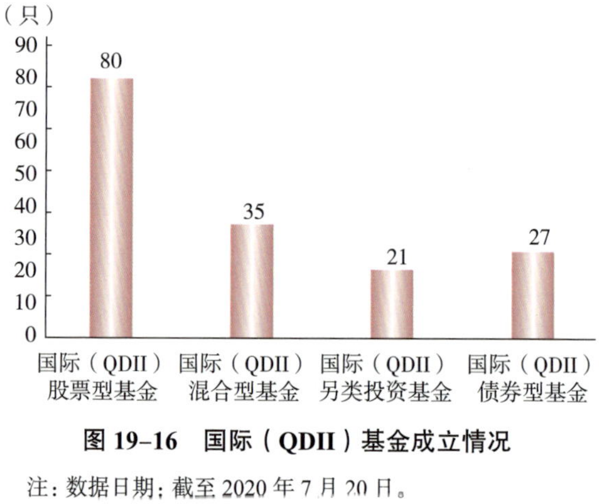

图 19-16 国际（QDII）基金成立情况

注：数据日期：截至 2020 年 7 月 20 日。

资料来源：Wind 资讯。

从基金类型看，在国际（QDII）股票型基金中，以宽基指数型基金为主。从投资区域看，以美国为主要投资区域的基金数量最多，达 22 只。总体来看，虽然目前养老 FOF 投资海外市场的渠道较为单一，可选择的基金也以宽基指数型为主，但海外典型发达市场如美国的市场收益风格化特征没有 A 股这么强，宽基指数足以分享海外市场的主要收益。

另类资产与传统大类资产如股票和债券的相关性低，是有力的资产分散化工具。目前我国投资国内资产的另类投资基金数量较少，截至 2020 年 7 月 20 日共有 46 只，其中商品型基金 22 只，股票多空型 23 只，而 REITs 仅有 1 只（见图 19–17）。另外，商品型基金中绝大多数为黄金 ETF，商品期货型基金仅有 6 只。

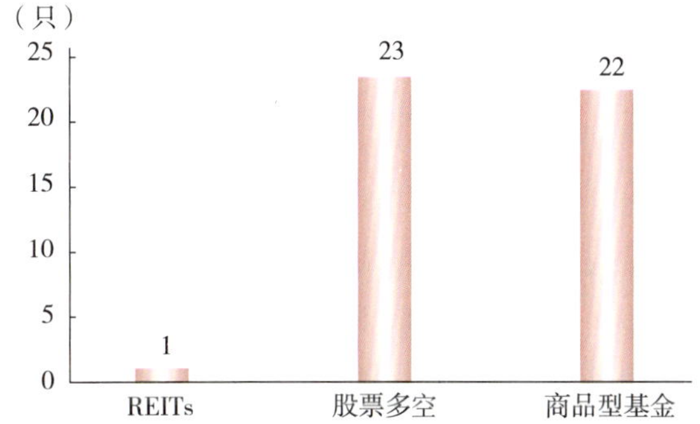

图 19–17　我国另类投资公募基金成立情况（不包括 QDII）

注：数据日期：截至 2020 年 7 月 20 日。

资料来源：Wind 资讯。

投资海外标的的国际（QDII）基金中也仅有少量另类投资基金，截至 2020 年 7 月 20 日共 21 只，其中商品型 9 只，REITs 5 只，其他类型 7 只。

从以上统计中可以看出，与传统资产相关性水平低的商品期货基金、REITs 等在我国发展仍然处于初级阶段，数量较为稀少，难以满足养老目标基金的配置需求。

2020 年 4 月 30 日，证监会、发改委联合发布《关于推进基础设施领域不动产投资信托基金（REITs）试点相关工作的通知》及证监会发布《公开募集基础设施证券投资基金指引（试行）（征求意见稿）》，标志着公募 REITs 开闸。相信在不远的将来，我国另类投资会获得快速发展，给养老目标基金提供更多优异的配置标的。

3. 国内主动基金相对被动基金存在长期超额收益

长期来看，国内主动管理的股票基金相对被动指数型股票基金表现更为优秀，我们选取 Wind 普通股票型基金指数、偏股混合型基金指数反映主动管理的股票基金业绩表现，选取 Wind 股票指数型基金指数代表被动指数型基金业绩表现。对比指数发布以来净值走势可以看出，普通股票型和偏股混合型基金长期收益远超被动指数型基金。截至 2020 年 6 月 30 日，普通股票型基金指数累计收益率为 1102.48%，年化收益率为 16.26%；偏股混合型基金指数累计收益率为 825.60%，年化收益率为 14.43%；而股票指数型基金指数累计收益率仅有 322.70%，年化收益率为 9.12%（见图 19–18）。

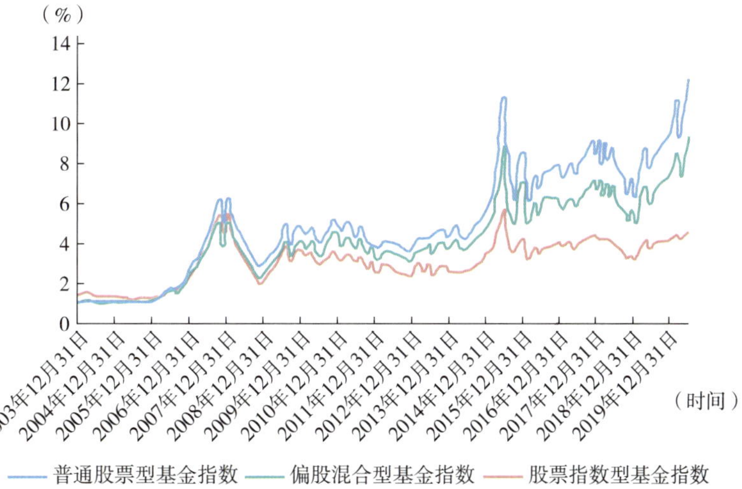

图 19–18　Wind 基金指数净值走势

注：数据日期：2003 年 12 月 31 日至 2020 年 6 月 30 日。

资料来源：Wind 资讯。

此外，我们也分别统计了普通股票型和被动指数型基金近五年的年化收益率均值和中位数，近五年股票市场经历了快速的上涨、下跌和震荡，在不同市场环境中普通股票型基金相对被动指数型基金均具有超额收益。在 2015 年的上涨态势中，普通股票型基金（47.07%）获得了远超被动指数型基金的涨幅（16.10%），而在 2018 年的下跌态势中，普通股票型基金的跌幅（–25.00%）也低于被动指数型基金（–25.44%）（见表 19–5）。

表 19–5　主动管理型与被动指数型基金分年度收益对比　单位：%

		2015 年	2016 年	2017 年	2018 年	2019 年	2020 年 H1
均值	普通股票型	45.78	–11.01	16.35	–24.73	47.94	25.11
	被动指数型	18.28	–11.75	12.00	–25.72	33.57	8.35
中位数	普通股票型	47.07	–11.87	15.08	–25.00	47.61	23.95
	被动指数型	16.10	–11.99	12.96	–25.44	33.82	5.63
沪深 300 收益		5.58	–11.28	21.78	–25.31	36.07	1.64
中证 500 收益		43.12	–17.78	–0.20	–33.32	26.38	11.33

注：数据日期：截至 2020 年 6 月 30 日。

资料来源：Wind 资讯。

因此，如果仅按照模型配置宽基指数来实现资产配置，就会损失主动管理型基金经理通过大类择时、行业配置和优选个股获得的超额收益部分。

4. 主动基金经理存在风格化倾向

我们对全市场普通股票型和偏股混合型基金的持仓风格进行分类：首先按照中信风格指数对股票的分类，将个股划分为成长、消费、金融、周期、稳定五大类；按照基金年报披露的全部持仓中持有每类风格股票的比例作为基金在该风格上的配置比例；对于当期股票仓位超过 60% 的基金，若基金持仓中风格占比最大的一类占股票投资市值比超过 40%，则认为该基金偏向于此类风格，否则认为基金是均衡型基金。

我们分别统计了近五年具有风格标签的主动管理型基金数量和收益，可以发现每年具有风格倾向的基金占全部主动管理型基金比例均超过 65%，大多数主动管理型基金具有明显风格倾向（见表 19–6）。同时，基金会根据不同市场风格调整风格倾向，例如 2015 年成长型股票表现较好，成长风格的基金占比也显著增加，而 2017 年消费型股票表现较好，消费风格的基金占比也最多。此外，从各风格基金收益中位数可以看出，基金表现在各风格间存在轮动，以 2015 年为例，即使各风格基金都呈现上涨趋势，成长型基金收益表现也远优于金融型基金，从收益中位数来看存在 22.74% 的超额收益。

表 19–6　具有风格标签的主动管理型基金数量及业绩表现

各风格基金数量（只）	2015 年	2016 年	2017 年	2018 年	2019 年
成长	290	140	92	257	375
消费	67	80	407	174	243
金融	9	12	15	52	67
周期	28	205	43	50	38
稳定	0	2	2	5	1
主动管理型基金数量	504	618	679	789	934

续表

占主动管理型基金比例（%）	2015 年	2016 年	2017 年	2018 年	2019 年
成长	57.54%	22.65%	13.55%	32.57%	40.15%
消费	13.29%	12.94%	59.94%	22.05%	26.02%
金融	1.79%	1.94%	2.21%	6.59%	7.17%
周期	5.56%	33.17%	6.33%	6.34%	4.07%
稳定	0.00%	0.32%	0.29%	0.63%	0.11%
风格型基金合计占比	78.17%	71.04%	82.33%	68.19%	77.52%
风格型基金收益中位数（%）	2015 年	2016 年	2017 年	2018 年	2019 年
成长	47.52%	-18.74%	13.40%	-26.80%	51.94%
消费	46.86%	-13.47%	16.46%	-21.01%	49.23%
金融	24.77%	-12.58%	13.03%	-22.74%	36.07%
周期	43.52%	-11.30%	6.37%	-24.99%	39.61%
稳定	—	-11.66%	10.85%	-19.52%	8.34%

注：数据日期：截至 2019 年 12 月 31 日。

资料来源：Wind 资讯。

考虑到主动基金经理的风格化问题，可以通过风格择时选择具有主动风格暴露的基金经理，获取市场风格变动带来的超额收益。

四、银华基金养老资产配置的实践与做法

对于海外养老基金的研究主要是针对知名的公共养老基金，这些养老基金主要由国家指定机构管理，同时初期资金来源主要为财政拨款，作为国家层面养老保障基金的唯一性使其在管理资产时只需关注基金的绝对收益。而国内的养老目标基金作为公开募集的开放式基金，不仅需要考虑长期资本增值目标，还需要追求短期业绩排名来吸引资金流入，因此在进行资产配置时不仅需要分散风险获取稳健收益，还需要通过适当择时获取超额收益。考虑到 A 股市场的特殊性以及养老目标基金的特点，银华养老团队在实际管理中对资产配置方法进行了改进，以期在资产稳健增长的前提下获取超额收益。

银华基金作为首批获批发行养老目标基金的管理人之一，目前已发行养老目标基金 4 只，总规模为 3.48 亿元，类型上覆盖了目标日期基金和目标风险基金，产品布局完善（见表 19-7）。两位基金经理在企业年金和养老金产品管理方面均有丰富经验。

表 19-7　银华基金旗下的养老目标基金

基金代码	基金简称	基金成立日	基金类型
006305.OF	银华养老 2035 三年	2018 年 12 月 13 日	偏股混合型
007310.OF	银华尊尚稳健养老一年	2019 年 8 月 14 日	平衡混合型
007779.OF	银华尊和养老 2030 三年	2019 年 8 月 16 日	平衡混合型
007780.OF	银华养老 2040 三年	2019 年 8 月 16 日	平衡混合型

注：数据日期：截至 2020 年 6 月 30 日。

资料来源：Wind 资讯。

银华养老团队的资产配置框架主要有四个特点：

（1）采用分层管理模式，构建符合目标风险水平的资产配置策略；

（2）母基金层面分散配置、优选标的；

（3）子基金层面将长期配置与风格择时相结合；

（4）对主动基金经理进行风格划分，结合市场环境进行选择。

（一）分层管理模式

养老目标基金目前采用基金中基金的形式运作，可以从母基金和子基金层面分层管理。

在母基金层面，银华养老团队首先确定基金的风险收益偏好，再根据基金的风险收益偏好制定战略资产配置方案，每月根据各类可投资资产的动态相对价值对战略资产配置方案进行再平衡，得到月度战术资产配置方案。长期的战略资产配置方案可以将基金的风险水平控制在适当范围，月度战术资产配置方案可以使基金及时反映市场变化，获得战胜长期战略资产配置的收益。

在子基金层面，银华养老团队首先会根据市场情况确定当前市场风格，根据市场风格决定子基金的配置方向。在这一环节中团队可以充分利用银华基金丰富的研究资源，基于公司投研平台的综合研究成果，对市场风格进行判断。

最后，确定了大类资产配置和风格配置后，团队通过在各类资产中优选投资标的，获取该类细分资产的超额收益。

（二）分散配置，优选标的

在母基金层面，银华养老团队主要通过大类资产分散配置实现风险控制。具体来说，首先确定组合当期的风险目标（包括组合的目标波动率、最大回撤等），再将风险目标分解成各大类资产的风险预算，通过风险预算偏差最小化得到各类资产当期的最优配置比例。当组合的实际风险偏离风险目标时，通过调整风险资产（包括股票及商品等）的风险暴露进行管理，以符合当期的投资目标。进一步在每个大类资产中优选标的，获取代表该类资产的收益。

这里我们选取了几只代表不同资产的 ETF，可以发现股票 ETF 之间的相关性都非常高，宽基指数 ETF 之间、宽基指数与行业指数 ETF 之间的相关性均超过 50%。即使在组合中加入海外股票资产，对组合风险的分散效果也不明显，因为宽基指数和海外指数 ETF 的相关性也都在 40% 以上。但股票 ETF 和债券、货币、商品 ETF 均为负相关，可以通过在大类资产中分散配置实现有效的风险管理（见表 19–8）。

表 19–8　各类 ETF 近五年相关性

单位：%

		510050.SH	510300.SH	510500.SH	159915.SZ	510150.SH	159920.SZ	511010.SH	511880.SH	518880.SH
华夏上证 50ETF	宽基指数 ETF		92.42	67.87	55.08	52.44	57.95	-7.54	-4.95	-5.23
华泰柏瑞沪深 300ETF	宽基指数 ETF			85.70	74.78	61.59	60.02	-11.71	-6.41	-3.37
南方中证 500ETF	宽基指数 ETF				90.97	60.76	50.19	-10.50	-6.11	-2.59
易方达创业板 ETF	宽基指数 ETF					53.80	44.71	-10.56	-4.74	-3.39
招商上证消费 80ETF	行业主题 ETF						37.01	-10.34	-3.72	-0.66
华夏恒生 ETF	海外指数 ETF							-12.36	-4.62	-8.04
国泰上证五年期国债 ETF	债券 ETF								18.39	17.48
银华交易货币 A	货币 ETF									6.76
华安黄金 ETF	商品 ETF									

注：数据日期：2015 年 1 月 1 日至 2020 年 6 月 30 日。

资料来源：Wind 资讯。

银华养老团队在进行大类资产配置时首先将资产划分为风险资产和非风险资产，风险资产包括权益类和商品类资产，非风险资产包括债券类和货币类资产，非风险资产与风险资产的相关性为负且波动率较低，可以通过在组合中加入非风险资产有效分散风险（见图 19–19）。

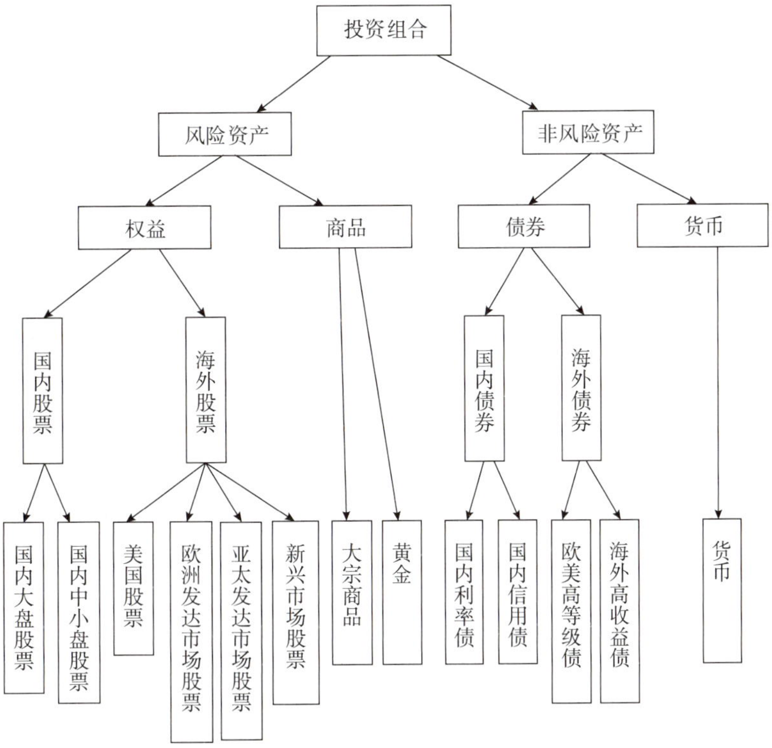

图 19-19　银华养老团队的大类资产配置范围

（三）长期配置和风格择时相结合

正如前文所分析的，A 股市场存在显著的风格轮动，同时长期来看主动基金具有超越被动指数基金的收益。因此可以协调长期化配置和风格化市场获取超额收益，一方面，通过优选长期业绩优异的主动基金进行长期配置；另一方面，依据市场风格选择具有主动风格暴露的基金，捕捉市场风格变动。

以基金 A 为例，自 2015 年 7 月 10 日基金经理任职以来，基金 A 每年均获得了超越沪深 300 的收益，基金经理任职以来累计超额收益达到 183.99%，年化超额收益 23.33%（见表 19-9）。通过长期持有这种基金，养老目标基金可以持续获得稳定收益，真正具备"穿越牛熊"的能力。

表 19-9　基金 A 各阶段收益　　单位：%

	任职以来	近 3 月	近 1 年	2020 年	2019 年	2018 年	2017 年	2016 年	2015 年
基金收益	190.82	29.34	31.74	19.38	69.04	-16.77	55.52	-5.06	17.28
沪深 300 收益	6.83	13.33	8.85	1.64	36.07	-25.31	21.78	-11.28	-4.27
超额收益	183.99	16.00	22.90	17.74	32.97	8.54	33.74	6.22	21.56
基金回撤	-32.28	-2.84	-15.74	-15.74	-8.60	-30.84	-9.52	-22.27	-30.18
沪深 300 回撤	-32.87	-3.63	-16.08	-16.08	-13.49	-31.88	-6.07	-19.38	-28.82

注：数据日期：2015 年 7 月 10 日至 2020 年 6 月 30 日。

资料来源：Wind 资讯。

通过前文沪深 300 与中证 1000 指数走势的对比，我们可以发现 A 股存在显著的大小盘轮动，同时目前我国已发行的指数基金中宽基指数和行业指数占比较高，可以根据市场风格变化配置指数 ETF，获取风格择时的超额收益。我们以沪深 300 和创业板指轮动为例，沪深 300 指数由 A 股上海和深证证券市场中市值大、流动性好的 300

只股票组成，主要为大盘蓝筹股票；创业板指由最具代表性的 100 家创业板上市企业股票组成，新兴产业、高新技术企业占比高，成长性突出。我们分别测算了等权配置和按照市场情况轮动的组合净值，可以发现长期来看轮动组合的收益显著高于等权配置和仅持有单一指数的收益。

因此养老目标基金可以选择长期表现优秀的主动管理基金作为核心配置，同时根据市场风格选择具有风格化倾向的基金作为卫星配置，通过“核心 + 卫星”的配置策略，在获取长期稳定收益的基础上获取风格择时的超额收益。

（四）主动基金经理的风格化划分

主动基金经理由于成长经历、投资理念等不同，在基金配置和风格暴露上也会有不同的偏好。FOF 投资组合的基金经理可以借助公司投研平台和外部研究力量形成对市场风格的观点，再选择与市场风格相匹配的基金，获得相对整体市场的超额收益。以基金 B 为例，将基金 B 半年度报告中披露的全部持仓按照中信一级行业进行分类，可以看出基金 B 长期重仓电子、计算机、通信等 TMT 行业，与沪深 300 指数对比来看也长期超配 TMT 行业、低配银行、非银行金融和食品饮料等行业，在成长风格方面具有长期稳定的暴露。因此，当养老目标基金投资经理认为成长风格存在机会时，可以通过将基金 B 加入投资组合，获取超越市场的收益。

五、政策建议

除了基金资产配置方法的优化，我们认为政府可以通过出台相关政策促进养老目标基金发展，例如加大对第三支柱的税收优惠、优化下滑曲线调整流程、拓展投资范围和减少指数基金配置限制等。

（一）第三支柱税收优惠应加大力度

随着我国人口老龄化程度加深，人民的养老需求越来越高。目前我国养老保险体系有三大支柱。政府主导并负责管理的基本养老保险为第一支柱，政府倡导并由企业自主发展的企业年金和职业年金为第二支柱，个人养老金账户制度则为第三支柱。

我国养老金三大支柱发展并不均衡，基本养老保险“一支独大”，这带来一些潜在问题。第一支柱采取现收现付模式，在我国人口老龄化背景下未来难以满足社会需求。而第二支柱由企业主导，也面临企业经营风险、金融市场波动等带来的不确定性。相比之下，第三支柱可自愿参保、由市场主体运营、账户资金归个人，具有激励性强、透明度高、灵活性好等优点。

为缓解养老体系面临的压力，应加快构建以个人养老金账户制度为基础的第三支柱。税收优惠可以降低个人养老账户参与者的成本，提高其收益水平，进而影响其消费投资决策，是推动养老金第三支柱发展的重要引擎。应加大第三支柱相关税收优惠的力度，提高纳入税收递延型商业养老保险免税工资金额的标准，通过税收优惠政策吸引更多人群参与到第三支柱中，从而减轻公共养老体系压力。

（二）简化下滑曲线修订流程

下滑曲线的设计和优化是个漫长的过程，随着经济和金融环境的变化，最优下滑曲线可能会发生变动。为了投资人的利益最大化，我们认为应该及时对基金投资策略做调整，优化下滑曲线。目前修订下滑曲线涉及更改基金合同，这需要召开基金份额持有人大会决议通过，实现难度较大。我们建议未来是否可以简化下滑曲线修订流程，需要修订下滑曲线的基金直接向证监会提出申请，通过审核后再以公告的形式告知所有投资人。

（三）投资范围拓展到商品期货

目前养老目标基金的投资范围包括股票、股票型基金、混合型基金和商品基金（含商品期货基金和黄金 ETF）。其中商品基金与传统资产股票、债券的相关性较低，可有效提高组合的分散化程度。但目前我国商品基金数量较少，且大多是黄金 ETF，追踪大宗商品表现的商品期货基金数量更为稀少，难以满足养老目标基金的资产配置需求。

我们建议将养老目标基金的投资范围拓展到商品期货，并对商品期货的投资比例做严格限制，这样既可以提高养老目标基金的组合分散化程度，也保证了组合风险水平不会太高。

（四）减少指数基金配置限制

根据 2018 年 2 月 11 日发布的《养老目标证券投资基金指引（试行）》，养老目标基金的子基金为指数基金、ETF 和商品基金等品种的，运作期限应当不少于 1 年，最近定期报告披露的季末基金净资产应当不低于 1 亿元。

我们认为在养老目标基金配置指数类基金时，可以去掉“运作期限应当不少于 1 年”这一限制。一方面，指数类基金是被动管理，基金表现与其成立时间长短无直接关系。另一方面，我国近年来指数基金发展迅速，出现了越来越多的投资标的，如果去掉这个限制，养老基金可以更及时地配置优秀的指数产品，为投资者带来更高的潜在收益。

分报告二十
基金业参与养老金投资：博时案例

一、基金业参与养老金资本市场投资分析

（一）基金公司参与养老金资本市场投资的方式

我国养老金市场体量庞大，基金行业参与养老金投资管理历史悠久，一直致力于养老保障三支柱的建设与完善。在18家全国社保基金外部委托的境内投资管理人中，基金管理公司占据16席；在21家基本养老保险基金证券投资管理机构中，基金公司占据14席；企业年金和职业年金投资管理人共22家，基金管理公司占据11席。在个人商业养老账户方面，基金公司只要满足《养老目标证券投资基金指引（试行）》中对基金管理人和基金经理的要求，就可发行养老目标基金。截至2018年底，基金管理公司管理境内、外养老金资产合计1.68万亿元[①]。基金公司目前已成为我国养老金投资管理的主力军之一，为养老金资产的保值增值发挥着重要作用。

基金公司参与养老金资本市场投资的模式有两种：一种是组合投资模式，另一种是产品投资模式。

1. 组合投资模式

组合投资模式是受托人将客户的养老金资产划分为一个或多个投资组合，每个投资组合由一个投资管理人管理。在组合投资模式下，基金公司可接受受托人委托，通过投资组合将养老金投资于资本市场。目前，我国全国社会保障基金完全采取组合投资管理模式，大部分基本养老保险基金、企业年金基金、职业年金基金也采取组合投资管理模式。组合投资模式的优点是可根据养老金客户的需求量身定制投资策略，满足客户个性化的投资需求，但这种模式不适合小组合，因为小组合受资金规模小的影响，投资品种受限，而且投资成本相对较高。

由于基本养老保险基金、企业年金基金、职业年金基金没有放开个人投资选择权，基金公司也没有养老金受托人资格，不能采取受托直投养老金产品模式，只能采取组合购买养老金产品方式，个人商业养老账户完全采取产品投资管理模式，因此，可理解为基金公司管理的养老金基本上都是采取组合投资模式。

具体来说，截至2018年末，基金公司管理全国社保基金8853亿元，管理基本养老保险基金2713亿元，合计11566亿元（2019年数据尚未披露）[②]。基金公司管理这两类养老金的收益率数据尚未披露。

截至2019年末，基金公司管理企业年金资产规模6203.50亿元，占比35.79%。基金公司2019年企业年金基金投资收益情况如表20–1所示。

2019年企业年金基金加权平均收益率为8.30%。基金公司中，单一计划固定收益类组合收益率超越市场平均的占比为63.64%，单一计划含权益类组合收益率超越市场平均的占比为45.45%，集合计划固定收益类组合收益率超越市场平均的占比为50%，集合计划含权益类组合收益率超越市场平均的占比为50%。

①② 资料来源：中国证券投资基金业协会官方网站。

表 20-1 2019 年基金公司企业年金基金投资收益情况 单位：%

序号	企业年金基金管理机构	当年加权平均收益率					
		单一计划		集合计划		其他计划	
		固定收益类组合	含权益类组合	固定收益类组合	含权益类组合	固定收益类组合	含权益类组合
1	海富通基金管理有限公司	5.35	7.95		6.87		
2	华夏基金管理有限公司	5.50	7.89		8.41		
3	南方基金管理股份有限公司	5.08	8.08				
4	易方达基金管理有限公司	7.63	10.07		10.97		
5	嘉实基金管理有限公司	6.39	8.55	4.64	6.42		
6	招商基金管理有限公司	7.71	8.71	2.99	8.42		
7	富国基金管理有限公司	6.37	9.61		9.25		
8	博时基金管理有限公司	6.89	8.94	9.05	8.64		
9	银华基金管理股份有限公司	6.08	10.26		9.62		
10	国泰基金管理有限公司	6.75	8.37		7.45		
11	工银瑞信基金管理有限公司	5.04	10.44	6.98	9.92		
	市场平均	5.65	8.92	5.73	8.49	5.68	8.56

资料来源：《全国企业年金基金业务数据摘要 2019 年》。

2. 产品投资模式

产品投资模式是投资管理人发行养老金投资产品，一只养老金产品可在不同时段向多个委托人发售，并进行集中投资。在该模式下，一方面，由于汇集多个委托人的养老金资产，扩大了资产规模，有利于提高养老金投资效率；另一方面，在组合投资模式下，客户需单独承担各项开户和维护费用，而养老金产品的开户费由份额持有人分担，这样单个份额持有客户所承担的费用大大减少。产品投资模式为广大养老金客户提供了便捷、高效的资产配置工具。

2013 年以前，我国没有出台养老金产品的统一制度，随着越来越多企业建立企业年金计划，单个企业年金计划选择的投资管理人数量和建立的组合数量快速增加，导致虽然年金市场总体规模在不断增加，但单一投资组合的平均规模增长有限。不仅单一组合的市场平均规模不达 2 亿元，而且出现为数众多的小规模组合（1000 万元甚至以下的小组合）。企业年金基金投资管理不仅不具有规模优势，而且使年金管理机构面临人力、物力的非经济消耗状态。

2013 年 3 月 19 日，人力资源和社会保障部颁布实施《关于企业年金养老金产品有关问题的通知》（人社部发〔2013〕24 号），正式推出养老金产品。主要目的是以年金投管人发行养老金产品的方式，归集众多小规模组合，以养老金产品投资管理方式来实现年金投资的规模效应、提升投管人的管理效率。在产品投资模式下，基金公司发行产品，受托人可直接投资该养老金产品，基金公司也可通过组合投资该养老金产品，再通过养老金产品投资资本市场。目前，我国养老金第一支柱基本养老保险基金，第二支柱企业年金基金和职业年金基金都可投资养老金产品。

截至 2019 年末，我国各类型养老金产品已备案 533 个，实际运作 456 个，实际运作规模达 9054.48 亿元，本年以来加权投资收益率为 7.99%，成立以来累计投资收益率为 18.70%。截至 2019 年末，共有 22 家机构拥有养老金产品发行资格，其中，基金公司管理养老金产品资产规模达 2590.59 亿元，市场占比 28.61%（见表 20-2）。

表 20-2 养老金产品发行机构情况 单位：亿元

	股票型	固收型	混合型	货币型	合计
基金公司	216.24	1474.75	578.77	320.82	2590.59
合计	597.43	6001.61	1 494.83	960.62	9054.48

资料来源：《全国企业年金基金业务数据摘要 2019 年》，股票型包括股票型、股权型、优先股型、股票专项型。

从我国养老金第三支柱个人商业养老账户试点制度看，完全是采取产品投资模式。截至2019年末，有67款个人税收递延型商业养老保险产品获批上市，来自19家保险公司，保费收入约12.4亿元，累计参保人数4.7万人。

相对来说，养老目标证券投资基金发展得更好。根据Wind统计数据，截至2019年末，我国已成立的养老目标证券投资基金共59只，合计规模为227.10亿元。从数量来看，目标风险型25只，规模158.28亿元；目标日期型34只，规模68.82亿元。从规模来看，目标风险型养老基金是目标日期型养老基金的2.30倍（见表20-3）。究其原因，目前成立的目标风险型养老基金多为持有期较短（1年）的稳健型和平衡型的中低风险产品，而目标日期型养老基金多为持有期3~5年的中高风险产品，对普通投资者而言，初期目标风险型养老基金接受度更高。

表20-3　我国养老目标证券投资基金的数量与规模

持有期	数量（个）		规模（亿元）		
	目标风险型	目标日期型	目标风险型	目标日期型	合计
1年	14	0	131.12	0	131.12
3年	11	25	27.16	60.73	87.89
5年	0	9	0	8.09	8.09
总计	25	34	158.28	68.82	227.10

资料来源：Wind；数据截至2019年12月31日。

截至2019年底，运作满一年的养老目标基金成立以来平均年化收益率为9.87%，其中，目标风险型养老基金成立以来的平均年化收益率为5.99%，目标日期型养老基金的平均年化收益率为12.19%（见表20-4）。

表20-4　我国养老目标证券投资基金的收益率

单位：%

持有期	成立以来平均年化收益	
	目标风险型	目标日期型
1年	5.47	0
3年	7.02	12.19
5年	0	0
平均	5.99	12.19

资料来源：Wind；数据截至2019年12月31日。

相较于产品规模，养老目标基金发展初期，各家基金公司更加重视产品线的布局，在已成立的59只养老目标证券投资基金中有32只养老目标证券投资基金选择发起式成立方式，占比为54.24%。

（二）养老基金、资本市场、基金公司的相互影响

1. 基金公司、资本市场助力实现养老金保值增值目标

海外实践证明，公募基金低门槛、标准化、配置功能多样、运作规范等特点满足了个人养老金投资者单笔投资金额低、重视资产运作安全、投资品种和期限多样的需求，因而得到快速发展。美国在20世纪70年代初建立了个人养老金账户（IRA）制度，在该制度建立之初，72%的资金投入银行存款中，投资于公募基金的部分仅有1%。到1989年，投资于公募基金的部分就超过23%，而到2018年底，投资于公募基金的部分已上升至46%。公募基金中养老金的投资占比也逐年增加。1990年养老金对公募基金的投资额为2080亿美元，占共同基金总资产的20%，2018年上升为8.2万亿美元，占公募基金总资产的46%，养老金已成为公募基金的主要资金来源之一。

养老金资本市场投资和实体经济是互需互利的。美国自引入401（k）计划、个人养老金账户（IRA）制度后，在资本市场中个人投资者的占比也持续降低，以公募基金为主的机构投资者占比大幅提升，极大地提高了资本市场定价效率，减少了市场的非理性行为。传统储蓄支撑了以间接融资为主的融资结构，养老金储蓄能分流传统储蓄，通过基金公司开展资本市场投资，为实体经济各层次的融资需求提供资金来源，提高直接融资占比。养老金偏好投向能带来长期、稳定收益的资产，能为实体经济的长足发展提供更稳定、更具战略意义的支持，有效引导资源配置，促进资本市场健康发展。

2. 养老金推动基金公司业务发展和产品创新

养老金业务不仅促进了基金公司资产管理业务发展，也推动了基金公司的产品创新，开发出更多适合养老金投资的创新产品。比如目标日期基金，对于任何国家的大众

群体而言，其投资的知识、经验和理解水平都相对较低，因此，提供一种允许个人参与养老金投资，并以适合的“安全”方式做出决定和选择是非常有意义的。随着养老金行业的发展，市场上涌现出越来越多的公募基金产品以及其他养老金投资产品，提高了个人配置的难度。美国富达基金于 1996 年 10 月推出第一只目标日期基金——富达自由基金（Fidelity Freedom Fund），目标日期基金的诞生解决了个人养老金投资者选不对、不好选、选择困难、配置积极性低等“痛点”。

目标日期基金是根据既定的退休日期动态调整资产配置比例的基金，随着投资者年龄的增大，逐步降低权益类资产比例，增加固定收益类资产比例，动态调整投资组合以降低资产损失概率。目标日期基金具有诸多优点，适宜个人养老金资金投资，但推出后曾被市场忽略，很长一段时间没有发展起来。2006 年，美国劳工部出台《养老金保护法案》，将目标日期基金纳入养老金合格默认投资选择（QDIA），雇主只要提供合格的默认投资选择，就可对其雇员投资损失免于承担受托责任。QDIA 的推出，使生命周期基金的发展迎来了爆发，如果个人不做选择，与其年龄对应的目标日期基金就成为“默认选择”，对于雇主来说，这种策略大大减轻了与雇员沟通上的压力，也使其免于承担受托责任，因而被广泛采纳。目标日期基金已成为美国最受欢迎的养老金投资品种。

此外，指数基金在美国养老金投资中也占了很大比重。其重要原因之一是指数基金的费率相较一般的股票型基金而言处于较低水平。按管理规模平均计算，指数基金的费率平均为 0.12%，而股票型公募基金的平均费用率为 0.54%。低费率降低了 401（k）计划的投资成本，而从长期看，多数主动股票型公募基金的业绩并不比指数基金好。近年来，美国养老金资产投资指数基金的比例呈现逐年提高趋势。1996 年，在美国养老金持有的公募基金中，仅有 4% 为指数基金。而截至 2018 年底，在美国养老金持有的公募基金中，指数基金的比重已经接近了 20%。

20 世纪 90 年代以来，基金公司推出的目标日期基金、指数基金在内的公募基金产品，从无到有，发展迅猛，在一定程度上得益于养老金对公募基金偏爱有加，以及市场对这些契合养老金投资本质的创新产品的需求。目前，美国企业年金和个人退休金账户投资产品中，公募基金均已占据半壁江山。

（三）我国基金业参与养老金资本市场投资的机遇与挑战

1. 第一支柱养老金长期结余不可持续，但中期规模仍将持续增长

目前我国处于人口红利阶段，根据《中国养老金精算报告 2019–2050》的测算，在单位缴费率降至 16% 且维持现行财政补助机制的情况下，到 2028 年城镇职工基本养老保险将出现收不抵支的情况，而到 2035 年累计结余将全部耗尽。即使 2022 年开始采取延迟退休政策，到 2030 年当期结余将开始出现缺口，到 2042 年累计结余也将完全耗尽[①]。换句话说，未来八年内，我国第一支柱基本养老保险基金将不会出现入不敷出的情况，而第二、三支柱养老金采用个人账户进行管理，实行基金完全积累，随着参与人数的增加，养老金规模也将持续增长，这对基金公司的养老金业务是一个战略发展机遇，也是社会、时代和国民赋予业界的一份责任和使命。

2. 海外养老金权益类资产配置比例呈逐年递增趋势

全球主要发达国家面临的老龄化加剧、利率下行等问题，我国也同样存在，海外养老金投资管理机构的资产配置经验可作为我国的参考借鉴。

从资产配置比例看，新西兰、加拿大、澳大利亚等国近十年公共养老基金平均权益类资产仓位较高，超过 40%。韩国、日本等国权益类资产仓位较低。不过从趋势上看，韩国、日本的公共养老基金的权益类资产仓位呈逐年递增趋势。这是由于发达国家无风险利率下行，固收类资产收益率下降，而老龄化加剧导致养老金给付压力增加，收益率要求提高所致（见表 20–5）。

表 20–5　主要 OECD 国家近十年公共养老基金平均权益类、固定收益类资产仓位　　单位：%

项目	时间	近十年平均固收类资产仓位	近十年平均权益类资产仓位	年均投资收益率
新西兰超级基金	2009~2018 年（会计年度，从上一年 7 月 1 日到第二年 6 月 30 日）	11.93	72.16	10.47

① 资料来源：郑秉文：《中国养老金精算报告 2019–2050》，中国劳动社会保障出版社 2019 年版。

续表

项目	时间	近十年平均固收类资产仓位	近十年平均权益类资产仓位	年均投资收益率
加拿大养老金计划	2011~2020 年（会计年度，从上一年 4 月 1 日到第二年 3 月 31 日）	24.07	50.84	9.99（费后收益率）
澳大利亚未来基金	2010~2019 年（会计年度，从上一年 7 月 1 日到第二年 6 月 30 日）	29.01	42.42	9.15
韩国国民年金	2009~2018 年（会计年度，从上一年 4 月 1 日到第二年 3 月 31 日）	54.54	33.37	5.50
日本国民养老金	2010~2019 年（会计年度，从上一年 4 月 1 日到第二年 3 月 31 日）	57.63	39.44	3.70

日本国民养老金近十年资产配置情况如表 20-6 所示。

表 20-6　日本国民养老金近十年资产配置情况

单位：%

配置	2010 年	2011 年	2012 年	2013 年	2014 年	2015 年	2016 年	2017 年	2018 年	2019 年
国内债券	66.59	63.3	61.81	55.43	41.25	39.19	33.04	28.47	27.11	24.65
国内股票	11.53	12.5	14.57	16.47	23.04	22.69	24.28	26.03	24.28	23.61
国外债券	8.11	8.74	9.79	11.06	13.23	14.05	13.58	15.29	17.47	24.17
国外股票	11.26	11.46	12.35	15.59	21.88	23.06	24.1	24.72	26.32	24.67
短期资产	2.51	4	1.48	1.46	0.61	1.01	5	5.49	4.82	2.9

注：日本会计年度是当年 4 月 1 日到第二年 3 月 31 日，比如 2019 会计年度是 2019 年 4 月 1 日到 2020 年 3 月 31 日。

资料来源：日本养老金投资委员会官方网站。

在资产配置方面，基金公司经过 20 多年的快速发展和激烈竞争，国内一些头部基金公司都已形成了自己相对成熟的研究分析框架，这对提高养老金的长期战略配置计划的专业性与实践性很有帮助。而且，20 多年的投资实践证明，基金公司的权益类资产等较高风险类资产的管理能力出众，在养老金权益类资产配置比例逐年递增的趋势下，更能发挥基金公司的相对优势。

3. 产品投资模式受到越来越多养老金客户的青睐

组合投资模式能满足客户的个性化投资需求，然而在我国养老金投资实践中并不能很好的体现。具体来说，企业年金、职业年金基金虽具有长期积累的特点，但受限于委托人的权责机制和专业程度，受托人要代委托人与投资管理人签订投管合同，难以理性地设置长期收益目标，并据此进行长期战略资产配置，1~3 年的短期考核成为必然要求。企业年金、职业年金基金的短期化考核主要同经办管理模式有关，年金经办机构对收益负责，对上对下均需作年度收益情况汇报，年度绝对收益成为工作绩效衡量的重要指标，而将长期收益分解为各阶段实现，不会成为当期工作考核指标，不予设置。这种权责机制下，年金经办机构缺乏对高超额收益的诉求，厌恶风险，并据此考核，不利于企业年金、职业年金基金开展长期投资，实现较好的投资收益率。

从欧美国家成熟市场养老金管理经验来看，正是通过放开参保个人投资选择权，采用产品投资模式来解决这一问题。尽管目前我国养老金主要是采取组合投资模式，但近年已开始呈现养老金产品快速发展的趋势，养老金产品规模与企业年金基金规模之比已由 2014 年底的 6.68% 上升到 2019 年底的 50.34%（见表 20-7）。

表 20-7 我国各类养老金产品的数量和规模稳步增长

项目		2014 年	2015 年	2016 年	2017 年	2018 年	2019 年
合计	运作产品数（只）	62	118	179	268	324	456
	期末净值（亿元）	513.91	1195.90	2214.39	3502.44	4771.28	9054.48
企业年金基金		7688.95	9525.51	11074.62	12879.67	14770.38	17985.33
养老金产品规模 / 企业年金基金（%）		6.68	12.55	20.00	27.19	32.30	50.34

资料来源：历年全国企业年金基金业务数据摘要。

基金公司在投资产品设计与管理方面，已积累丰富经验。自 1998 年首只公募基金投入运作以来，基金公司已有 22 年的公募基金产品的投资管理经验，可把握当前养老金发展机遇，通过强大的投研能力，选择适合养老金投资的优质资产，设计适合养老金投资的产品，分享上市公司中长期成长带来的超额收益，同时为上市公司提供长期稳定的资金支持，有效服务实体经济。

二、养老金投资资本市场博时基金案例分析

博时基金管理有限公司（以下简称博时）是全国社会保障基金、基本养老保险基金、企业年金基金、职业年金基金的首批投资管理人，是全国社会保障基金海外资产首家境内投资管理人、多项国际养老金资产的中国投资管理人。博时目前具有 17 年的全国社保基金、3 年的基本养老保险基金、13 年企业年金基金、1 年职业年金基金的投资管理经验积累。下文将以博时企业年金基金资本市场投资作为案例进行介绍。

（一）投资理念

企业年金基金是企业职工的“养老钱”，职工从缴费到待遇领取之间会间隔很长的时间，由此决定了企业年金基金的投资理念必须与企业年金的长期资金和养老金的性质相匹配。通过 13 年企业年金基金投资管理实践，博时探索出适合企业年金基金的投资理念——长期投资、价值投资和责任投资。

所谓长期投资就是把眼光放长远，通过对宏观经济、大类资产收益等因素的提前判断，选择优质投资品种进行长线投资，目标是通过资本市场分享国民经济增长的长期收益，为企业年金等养老金资产获取长期稳定的回报。博时在内部建立了专门针对企业年金基金的投资管理制度、流程、系统，确保企业年金基金投资经理所遵从的长期投资理念、投资策略坚守、投资纪律执行、投资业绩来源，是真实能力创造的，是有迹可循的。

所谓价值投资就是投资于相对于基本面，其市场估值偏低的公司，用通俗的话讲就是预期股价低估而买入股票，预期股价高估而卖出股票。价值型投资方法要求对被投资公司价值的深刻认识，或是价值评估过程，是一个长期的、不断检验、否定再否定的过程，取决于投资经理团队的经验程度，是一个长期积累、有经验曲线优势的方法。该策略要求做时间的朋友，既要求过往的历史投资经验，又要求着眼于将来的长期投资。博时挑选的企业年金基金投资经理坚守价值投资理念，以可持续、可复制的方式，从资本运营效率高的上市公司的内在价值创造中，获取长期稳定的回报，超额收益主要来源于低估值的股票向公司内在价值的还原，而不是依靠概念炒作和内幕消息进行投资。

所谓责任投资就是企业年金基金投资，不仅要实现资金保值增值的目标，还要维护资本市场的稳定，促进我国经济健康发展。在责任投资上，博时认为，基于勤勉尽责的原则来对所管理企业年金进行组合，进行负责任的资产配置；同时在个股选择上对所投资的上市公司，除了回报的考量之外，还将环境、社会和公司治理（Environment, Social and Governance，ESG）等因素纳入投资的评估决策中，其实际效果也是相对突出的。从长期资金的回报角度看，博时希望可以和具有良好社会责任感及公司治理结构、对环境友好同时又具备产业发展优势的企业在很长的时期一起成长；而且基于上述责任投资的思路，还可以帮助我们在实际投资中更好地去识别潜在的风险、降低组合的波动风险。

（二）投资架构

博时自 2000 年起，将养老金业务定位为公司长期发

展战略，其后更是将养老金客户定位为“战略客户之首”。为进一步提升企业年金基金资本市场投资的专业化与专注度，博时于2011年设立年金投资决策委员会，2019年更名为年金暨绝对收益投资决策委员会，这是公司第一个专属年金投资的横跨宏观、大类和风控的多部门联席决策机构，其决策议项涵盖资产配置、投资策略、风险管理及沟通协调等，主要目的就是集公司多方研究力量、综合分析和决策年金投资策略。

博时还专门设置年金投资部负责企业年金基金、职业年金基金的投资管理，这一设置改变了年金投资一般分属于权益投资部门及固定收益投资部门的基金行业通常做法，单独成立投资部门全面整合年金投资，提升了年金基金投资管理的专注度；加强了长期养老基金投资管理特点的研究，促进实现年金投资管理的专业化；加强了权益投资与固收投资的配合度，进一步提升了年金基金的头寸管理效率。博时的年金投资部同时与公司其他投研团队协作进行绝对收益策略研究。

博时目前管理企业年金基金的投资经理，都是从公司现有各风格投资团队中，认真挑选认同企业年金基金投资理念和具有长期稳健投资风格的投资经理。博时还紧紧围绕企业年金基金投资需求，积极探索新形势下的投资策略，培养和储备优秀投资经理。

（三）风险控制机制

针对企业年金基金资本市场投资安全性及严监管要求，博时建立了覆盖企业年金基金投资管理全过程的风控机制。

在事前风控方面，博时的风控人员依据法律法规、公司规章制度及企业年金基金投资管理合同及方针要求，在交易系统及投资决策分析系统中设置合规风控指标，限制投资行为。

在事中风控方面，博时的交易系统及投决系统对企业年金组合投资经理下达投资指令的合规情况进行实时监控或由风控人员进行人工合规检查后分派给交易员执行。同时，博时的风险管理部门日常进行实时监测。

在事后风控方面，博时的监察部人员每日查看投资指令执行后各企业年金组合的实时合规状态，如发现有超标情况及时提醒投资人员进行调整。监察部门的审计人员对企业年金基金投资管理业务部门风险控制业务流程的执行情况定期进行检查。

（四）投资过程

博时自管理企业年金基金以来（2007~2019年）取得了超越市场平均累计收益率及通货膨胀率的投资收益率，实现了企业年金基金资产长期持续保值增值的投资目标。博时企业年金基金资本市场投资过程如下：

1. 投资准备

在开展企业年金基金投资前，博时的年金投资经理要做好以下准备：

第一，仔细研究法律法规、合同方针的规定，确保年金基金投资合法合规。

第二，认真了解企业年金基金投资管理的目标，一是要保值，力争年金组合每年收益大于零；二是要增值，力争年金组合收益率超过每年的CPI，这都是由企业年金基金的资金性质决定的。企业年金是为了保障和提高员工退休经济待遇而增加的一项福利，因为每年企业都会有退休员工，如果当年收益出现亏损，就会导致当年退休员工的年金待遇出现一定的波动，所以哪怕以前年份都是盈利，也要全力避免当年出现亏损。企业年金资金的长期性客观上也决定了，其收益率要超过通货膨胀率，否则提高退休生活待遇是一句空话。所以，企业年金基金的投资目标是——每个自然年度不能亏，长期能战胜CPI。

2. 投资决策

年金暨绝对收益投资决策委员会是博时年金投资决策的最高权力机构，投资决策委员会基于对政策研究、宏观经济形势、产业景气度的研究、年金合同的投资目标及投资限制等，确定各年金组合的资产配置和投资策略。

年金暨绝对收益投资决策委员会还会负责定期审定对不同企业年金组合及其投资经理的投资权限及投资品种限制，并审批个别投资经理超过权限的投资决定。

企业年金基金投资经理原则上要在年金暨绝对收益投资决策委员会设定的常态资产配置范围内，进行资产配置。博时年金投资决策重视企业年金基金大类资产配置和灵活的战术调整，特别强化和重视年金投资策略执行的一致性。

3. 投资操作

资本市场为实现企业年金基金投资目标提供了有利条件。具体到投资操作上，博时的年金暨绝对收益投资决策委员会为年金投资经理设定资产配置策略，年金投研人员偏好长期跟踪和研究标的公司，一般要求跟踪时间超过三年。长时间跟踪研究可使研究人员对该上市公司的熟悉程度和研究深度都超过市场，为企业年金组合投资经理做出更合理的资本市场投资建议，提高投资胜率。

针对企业年金基金的特殊投资需求，博时在资产配置上应用三级资产配置的方法。在正常市场条件下，为年金组合配置足够比例的成本估值类资产，增厚组合安全垫，稳定组合净值。在波动市场条件下，博时通过组合风控设置预警，及时发现风险点，对组合进行止损锁盈。一级保值资产，以成本估值类资产等低风险、高安全性的资产为主。二级贝塔资产，配置市值估值的债券、股票，承受部分市场波动。三级阿尔法资产，精选优质证券，追求更大收益。

博时还要求企业年金基金的投资经理，对思考保持开放，对选择保持谨慎。出于全方位思考后做出的审慎决策，会更有价值也更加坚定。秉承这样的投资思路，在年金股票投资方面，博时把风险管理的具体风控指标落实到实际投资中，坚持价值投资的投资理念。在个股选择方面，博时追求公司基本面分析，综合考量行业周期和公司管理层，不追求热点，也不排斥低价股。在年金债券投资方面，强调追求长期稳定的回报。博时在行业内有领先的债券研究系统。博时不仅针对个券有严格的信评要求，对公司所有产品、组合持有的债券总量也有严格限制，以控制公司整体风险水平。

4. 绩效评估

为更好地把控企业年金基金投资风险，提升投资效率，博时还定期、不定期地对企业年金基金投资进行绩效评估。博时每月召开一次年金暨绝对收益投资决策委员会会议，对年金投资组合进行投资业绩评估、审查。若遇市场发生重大变化，则会召开临时性年金暨绝对收益投资决策委员会会议，及时对公司年金投资策略与执行情况、年金组合投资业绩情况进行评估、审查。

博时的企业年金基金投资业绩评估体系可对年金组合业绩表现进行全面的评估，主要对年金组合进行组合业绩的绩效分析，即业绩回报情况（绝对收益 / 相对收益）、风险指标评价（波动率 / 跟踪误差等）、风险调整后的收益评价（夏普比率 / 信息比率等）。博时通过年金组合业绩归属分析进行各投资环节评价，对各投资环节运行的效率和效益，结合年初制定的考核目标进行评价，并对下一年度投资管理环节进行调整。

5. 客户沟通

由于企业年金基金具有长期性，没有短期巨额赎回的压力，有利于各种风格的投资运作，允许我们做基于较长时间周期和市场环境的投资考量，不做短期频繁的操作，降低换手率。然而资本市场波动性较大，当出现股市大幅下跌、民众普遍产生恐惧情绪时，博时会积极做好客户日常沟通，争取获得客户更多信任，在困难时期获得客户的理解。

比如，今年年初因新冠肺炎疫情影响，资本市场出现巨幅波动，其间我们与年金客户保持了密切沟通，陈述我们的观点，疫情短期对我国资本市场的冲击相对有限，而我国经济中长期向好的趋势并未发生改变，缓解了一部分客户的恐慌情绪，并取得客户认同，在后期的投资操作上，我们主要调整年金组合股票持仓结构，并没有跟风追涨杀跌，坚持了长期投资、价值投资和责任投资的理念，为年金组合 2020 年上半年取得较好投资收益奠定了坚实基础。

三、对基金公司参与养老金资本市场投资的建议

本着立足基金行业，合作共赢、做大做强养老金业务的理念，本报告对基金公司参与养老金资本市场投资提出以下几点粗浅的工作建议，供参考。

（一）发挥行业优势，为养老金客户提供专业服务

养老金市场需要各金融机构充分发挥行业优势，协同为客户提供专业服务，全面满足了客户的需求，才能不断向前发展。市场上优秀的基金公司在激烈的市场竞争环境下，都已磨砺出成熟的投研分析体系及严格的投资决策机制，本身具备养老金资产长期战略配置的专业能力及实践经验，可通过强大的投研能力，选择适合养老金投资的优质单位，设计适合养老金投资的产品，比如权益类产品，分享资本市场上市公司中长期成长带来的超额收益，同时为上市公司提供长期稳定的资金支持，在为养老金客户提供专业投资理财服务的同时，有效服务实体经济。

（二）对标优秀同业，打造满足客户个性化需求的养老金投资产品

基金公司要在我国养老保障三支柱业务搭建和不断完善过程中创新发展，从规模到质量，在高质量发展过程中发挥作用，就要对标国内外优秀资管机构，才能扬长避短。

当前，包括基金公司在内的金融机构等提供的养老金产品方案，同质化比较严重，大多是混合偏债型的产品方案，无论是从风险还是收益角度方面进行比较，均没有太大差异。这已经越来越不能满足养老金客户日益增长的个性化投资产品方案的需要。

之所以出现这种情况，其中一个很重要的原因是我国养老金法规对投资范围做了明细品种的列举。这种正面清单的列举方式，在规定之初确实具有清晰指导投资的优点，但随着资本市场的变化，将投资品类固化，不利于投资管理机构及时抓住资本市场投资机会。当前金融创新日新月

异，其中既有对基础产品的创新，如股票、债券、基金，又有对衍生产品的创新，如远期、期货、期权。如果投资管理办法按明细品种一一列举，势必无法穷尽。一些创新品种在投资实质上符合监管精神，却因出现时间较晚而未列入"白名单"，这将导致养老金资产错失投资机会、无法适应市场变化。因此，我们建议监管政策不对养老金投资品种进行明细化列举，而是做更宽泛、更具弹性的限定，例如"达到相关监管部门认可的信用评级机构评定的、且符合规定要求的信用级别的债券"。这样有利于基金公司设计出更贴合养老金客户个性化需求的养老金投资产品。

除此之外，基金公司还可通过跨行业合作，由单一养老金产品向综合化养老金产品方案转变，可有效推动养老金融产品的进一步创新，更好地满足养老客户的投资理财需求，举例来说，基金公司可通过聘请投资顾问的方式，跟保险公司合作开发综合化的养老金产品方案，弥补成本估值类资产投资方面的劣势。逐渐形成多资产、多策略、全市场、全天候的配置能力，向国外优秀养老金管理机构靠拢。

（三）提高适配性，促进我国养老金市场健康快速发展

当前，我国三支柱养老金体系正逐步搭建起来并处于不断完善的过程之中。作为养老金业务的从业者，基金公司要注重提高适配性。

"适"就是要适应大环境，共同促进我国养老金市场健康快速发展，在推动养老金制度设计与改革方面，要从大局出发，暂时搁置行业利益争斗，共同推动行业监管部门开展部际沟通，与人社部、财政部、发改委、国税总局、全国社保基金理事会、总工会等有关部门协商养老金投资管理制度设计，争取出台更多有利于养老金健康发展的政策，比如，我国养老金第三支柱个人商业养老账户尚处于试点阶段，《关于开展个人税收递延型商业养老保险试点的通知》（财税〔2018〕22 号）规定的税延优惠幅度较小。而自 2018 年 10 月 1 日起，个税起征点从 3500 元 / 月上调至 5000 元 / 月，导致个税纳税人数降至约 6400 万人，6% 或 1000 元每月的抵税额度对中高收入人群的吸引力显得尤为不足；领取阶段税率较高，对个人达到规定条件时领取的商业养老金收入，25% 部分予以免税，其余 75% 部分按照 10% 的税率缴纳个人所得税，对投保人节税效果非常有限，建议共同推动税收优惠力度的统一政策出台。

"配"在于基金公司主动作为，通过管理服务的共同改善，更有效地实现养老金制度的多重目标，其中最重要的是通过参与资本市场投资实现养老金保值增值的投资管理目标，更灵活地适应养老金制度各主要目标人群的保障需求，真正把养老金管理行业做大做强。

（四）立足长远，推进养老金国民教育

养老金行业的成长乃至壮大，需要各相关行业从全局发展着眼，而不是停留在"眼睛只看脚下"的短视营销。只有养老金行业茁壮成长，基金公司才能取得更好发展。为更好地推进我国养老金改革，基金公司可将 20 多年来所做的投资者教育经验运用到养老金国民教育中，宣传和推广养老金，让民众对我国养老金改革有更加清晰的认识和理解，消除民众顾虑，配合养老金政策顺利实施。比如个人商业养老账户在我国还是新生事物，了解它的民众不多。在监管部门组织下，基金公司应积极参与，加强宣传，唤起普通老百姓参与养老金体系第三支柱建设的意识，从而更好地进行养老理财规划。

分报告二十一
智能投顾参与养老金融的经验、现状与建议

智能投顾本质上是人工智能与投资顾问的结合，即根据个人投资者提供的风险承受水平、收益目标等要求，运用一系列智能算法及投资组合优化等理论模型，为用户提供最终的投资参考，并根据市场动态对资产配置再平衡提供建议。智能投顾是大资管时代应用互联网技术提供的极具特色的投资管理服务模式。

随着我们对智能投顾参与养老金融应用场景的深入思考，我们希望把智能投顾在养老金融领域中应用的深度和广度进一步拓展和延伸。

一、海外智能投顾参与养老金融的经验

（一）美国智能投顾的发展历程

美国在 20 世纪 70 年代推出 401（k）计划，由于个人面对过多的产品难以选择，部分投资者将养老金闲置，放弃了养老金的投资收益；部分投资者将个人风险偏好放大，选择了不适合自己的养老金融产品，难以获得长期稳定回报。2006 年养老金法案（PPA）引入了自动加入和默认选择机制，雇主可以免责将雇员的养老金投向默认产品，这些政策极大地推动了美国 401（k）计划的发展。伴随越来越多的 401（k）计划将目标日基金（TDF）作为合格默认投资选择权（QDIA）所选基金，目标日基金（TDF）也迎来蓬勃发展。但每个投资者财务情况、风险偏好各不相同，仅靠默认选择的目标日基金（TDF）无法满足个性化需求，仍需要专业投资顾问根据不同投资者的财务情况、风险偏好提供针对性的投资咨询服务。

2010 年前，美国的投顾服务以传统投顾服务为主。传统的专业投资顾问深受投资者信赖，是投资者购买公募基金的重要途径。2006 年，由美国投资公司协会主导，独立研究机构 GfK NOP 开展的一项基金投资者偏好调研显示，近五年在退休计划之外购买基金的投资者严重依赖投资顾问，73% 的投资者会在下单前向投资顾问索取基金信息①。

2010 年后，美国 401（k）、IRA 迎来快速发展，401（k）规模从 2010 年的 3.1 万亿美元增长到 2019 年的 6.2 万亿美元；IRA 规模从 2010 年的 5 万亿美元增长到 2019 年的 11 万亿美元②。

随着 401（k）、IRA 的快速发展，以及互联网科技的不断创新，美国公募基金开始从产品创新阶段过渡到科技创新阶段。在此基础上，智能投顾的模式逐渐发展起来。与传统投资顾问公司相比，智能投顾公司引入大数据、云计算等现代科技手段，投资标的选取 ETF 等被动管理指数型基金，收费标准和投资门槛均大幅降低。美国注册投顾数量变化如图 21-1 所示。

① 关于投资者偏好调查，详见2006年美国投资者协会发布的 *Understanding Investor Preferences for Mutual Fund Information*，第12页。

② 关于美国 401（k）和 IRA 的规模情况，参见 2020 年美国投资者协会发布的 *Investment Company Fact Book*（60th edition），第 165 页；2019 年美国投资者协会发布的 *2019 Investment Company Fact Book*，第 164 页。

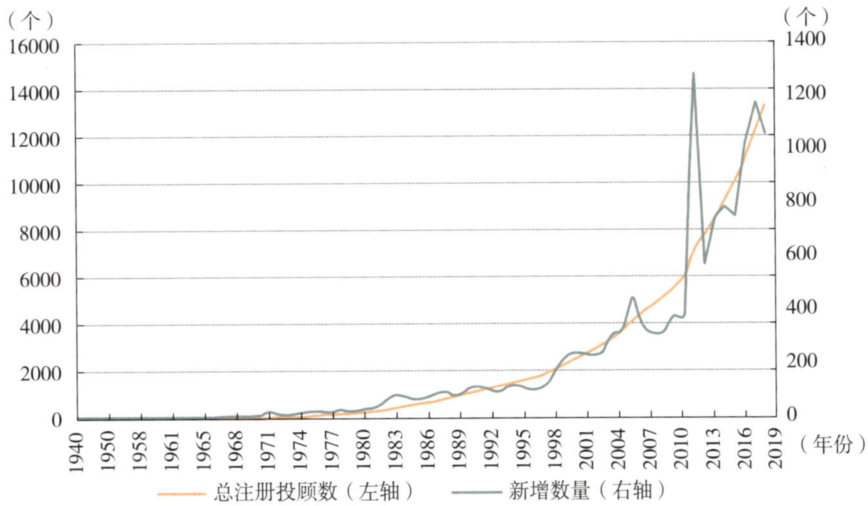

图 21-1　美国注册投顾数量变化

资料来源：SEC Registered Investment Adviser Report 2020-02-03，由笔者绘制。

2008 年首家智能投顾公司 Betterment 成立，随后 2010 年 Personal Capital 及 Wealthfront 也相继成立。截至 2020 年 6 月三者管理规模分别为 181 亿美元、122 亿美元、136 亿美元。2015 年起，传统金融巨头也开始布局智能投顾业务：嘉信理财推出嘉信理财智能投资组合，先锋基金推出先锋个人顾问服务，智能投顾正逐渐向大众普及。根据 Statista 的估算，美国智能投顾规模在 2020 年达到 6927 亿美元，预计 2020~2024 年管理资产的复合增长率为 25.3%，到 2024 年智能投顾规模约为 1.7 万亿美元[①]。目前美国市场中总投顾规模约 85 万亿美元，针对个人客户的投顾规模 10.7 万亿美元[②]。尽管智能投顾发展迅速，但相较传统投顾服务，整体占比仍然较低，发展潜力巨大。美国智能投顾公司发展历程如图 21-2 所示。

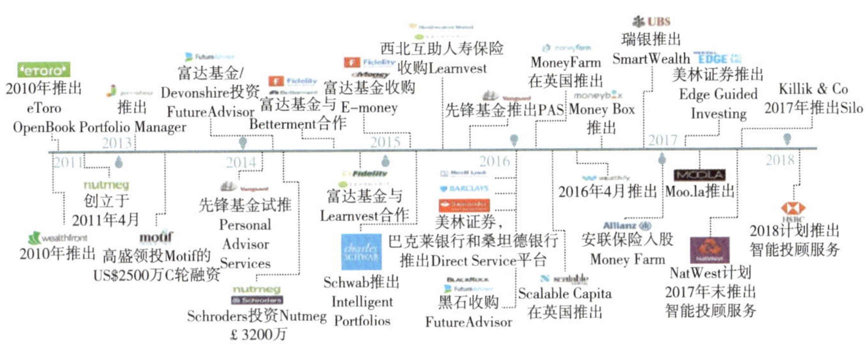

图 21-2　美国智能投顾公司发展历程

资料来源：埃森哲：智能投顾在中国——直面挑战、把握机遇、决胜未来。

（二）美国头部智能投顾公司的基本情况

1. 美国头部智能投顾公司概览

美国在全球智能投顾领域占据绝对的主导地位，截至 2019 年 6 月，全球智能投顾排名前五的机构均为美国公司，分别为 Vanguard（先锋基金）、Schwab（嘉信理财）、TD Ameritrade（德美利证券）、Betterment、Wealthfront，管理规模分别为 1400 亿美元、410 亿美元、199 亿美元、176 亿美元、150 亿美元（见图 21-3）。其中先锋基金、嘉信理财属于传统金融机构，通过推出先锋个人顾问服务、嘉信理财智能投资组合，布局智能投

① 关于美国智能投顾规模预测，详见 Statista:Digital Market Outlook>Robo-Advisors>United States。

② 关于美国投顾规模，详见 SEC Registered Investment Adviser Report 2020-02-03，由笔者计算所得。

顾；Betterment、Wealthfront 属于较年轻的财富管理公司，从创设之初主打智能投顾服务。

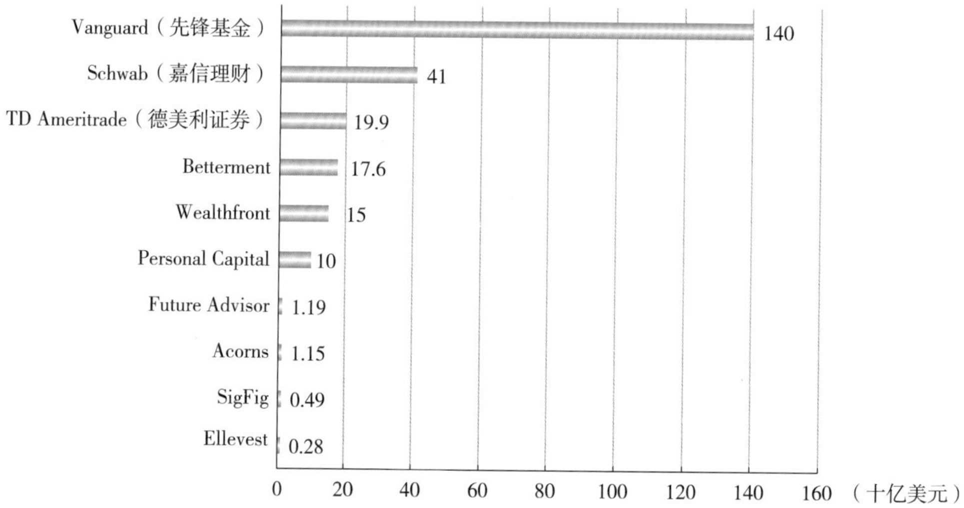

图 21-3 美国前十大智能投顾公司管理规模

资料来源：Statista：Assets under Management of Selected Robo-advisors Globally 2019，Published by Jennifer Rudden，Jun 30，2020.

2. 先锋基金智能投顾业务开展情况

先锋基金最早于 1995 年开展投顾业务。2015 年 5 月，先锋基金推出了智能投顾和传统人工投顾相结合的先锋个人顾问服务（VPAS），2019 年推出了纯智能投顾业务先锋数字化顾问服务（VDAS），进一步降低了投顾服务的准入门槛和费率。与较年轻的智能投顾平台相比，先锋基金在客户基础、数据积累、资产配置模型等方面具有天然优势。尽管先锋基金进军智能投顾领域时间较短，但迅速实现了“弯道超车”。

VPAS 是先锋基金专门为零售客户提供投顾服务的模块，符合条件的退休计划参与者也会定期获得咨询服务，该模块采用了智能投顾与传统投顾相结合的模式；VPAS 的参与门槛为 5 万美元，初始投顾费率为 0.3%，投顾费率会随着资产管理规模的提升而降低，当投顾规模达到 2500 万美元时，投顾费率仅为 0.05%（见表 21-1）。

表 21-1 VPAS 管理费率

费率（%）	管理额度
0.30	500 万美元以下
0.20	500 万 ~1000 万美元
0.10	1000 万 ~2500 万美元
0.05	2500 万美元以下

资料来源：先锋基金官网，https://investor.vanguard.com/financial-advisor/financial-advice。

投资组合的构建则基于先锋基金独家资本市场模型（Vanguard Capital Markets Model），该模型包含全球动态模型，能够模拟各种资产类别的收益分布，以及一系列资产配置工具，可以为投资者在寻求合理的组合构建方案的过程中提供辅助，底层投资标的主要选择 Vanguard 自己的 ETF 基金。

VPAS 开展投顾服务主要分为以下三个步骤：

（1）了解客户需求。填写调查表，问题包括退休时间、投资目标、风险偏好、投资期限等，先锋基金的投资顾问会根据问卷内容进行电话访谈，制订契合投资者的投资计划报告。

（2）生成投资计划。根据投资者问卷和访谈内容，先锋基金的投资顾问会生成一份投资计划报告，包括客户投资目标的概览、每年投资金额、当前资产配置情况、建议的资产配置比例等内容。图 21-4 至图 21-6 展示一对夫妇的投资计划报告：John 和 Jane 希望在 2046 年退休时获得 352 万美元，目前夫妇共拥有 24.4 万美元，每年需花费 15.7 万美元。投资顾问建议 John 夫妇分散投资，调整资产配置比例，并每年储蓄 4 万美元，根据模拟测算在 2046 年 John 夫妇有 85% 的概率达成目标。

目标分析

退休

· 你的目标是截至2046年积累3520000美元，到时John将67岁，Jane将73岁
· 将会允许你每年花费大约157300美元，包含税费，按照现在的价值
· 为了这个目标。你目前有244000美元

85%

成功的可能性如果你实施了这个计划。你正朝着这个目标前进

我们的计划

投资方法

· 我们建议使用适合您风险承受能力和时间范围的资产组合来实现这一目标
· 我们建议拓宽你的投资组合对于各细分市场的暴露，进一步分散你的投资

存钱策略

· 每年的存款金额是成功的核心驱动力。你的计划是存40000美元。

图 21-4　VPAS 投资计划示例Ⅰ

注：中文图片为英文原版案例的翻译。

资料来源：先锋基金官网，https://investor.vanguard.com/financial-advisor/financial-advice。

计划概览

你的目标

目的	目标	应用于目标的资产	状态
退休	截至2046年积累3520000美元，每年贡献40000美元	244000美元	按计划进行

支持目标的资产

先锋基金的资产	140000美元
你报告的外部资产	104000美元
总资产	244000美元

图 21-5　VPAS 投资计划示例Ⅱ

资料来源：先锋基金官网，https://investor.vanguard.com/financial-advisor/financial-advice。

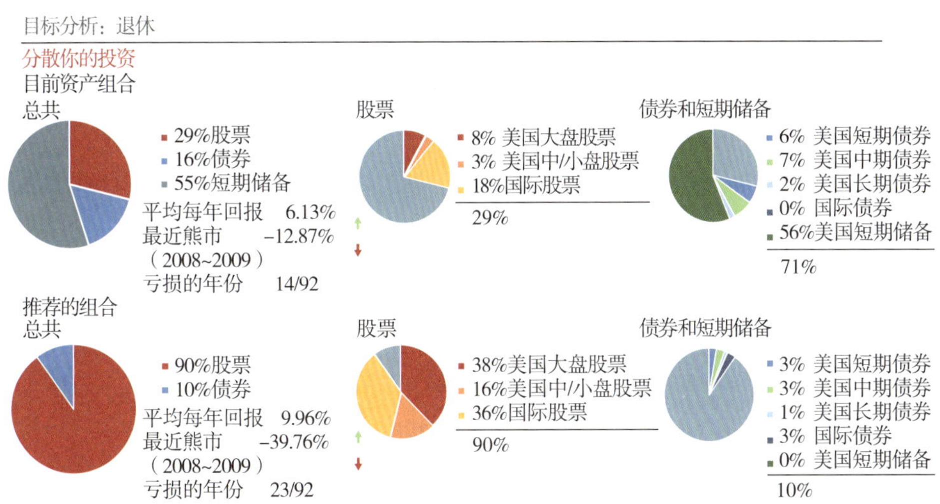

图 21-6　VPAS 投资计划示例Ⅲ

资料来源：先锋基金官网，https://investor.vanguard.com/financial-advisor/financial-advice。

（3）时时关注、定期调仓。先锋基金会对客户的投资情况进行跟踪，每季度回顾账户表现情况，根据最新情况，重新平衡组合比例，来满足客户投资目标。同时在客户基本情况调整时，如退休时间、花销金额，投资目标变动时，Vanguard 通过大数据等技术提供场景分析模块，为客户测算最新投资目标的达成概率（见图 21-7 和图 21-8）。

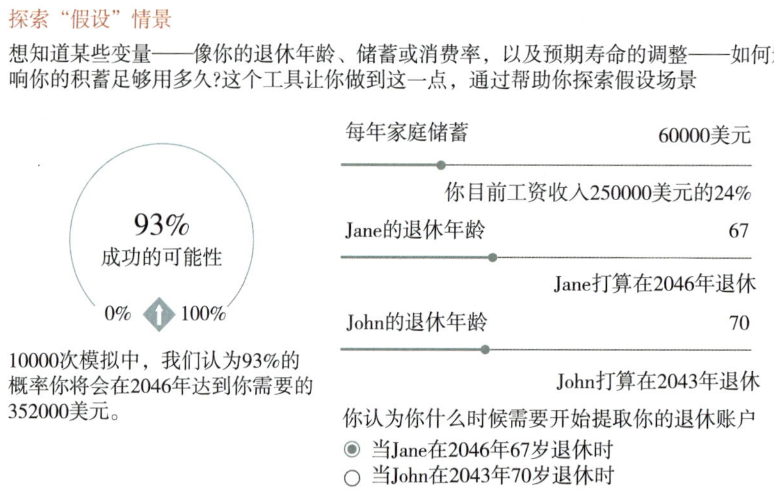

图 21-7 VPAS 场景模拟示例 I

资料来源：先锋基金官网，https://investor.vanguard.com/financial-advisor/financial-advice。

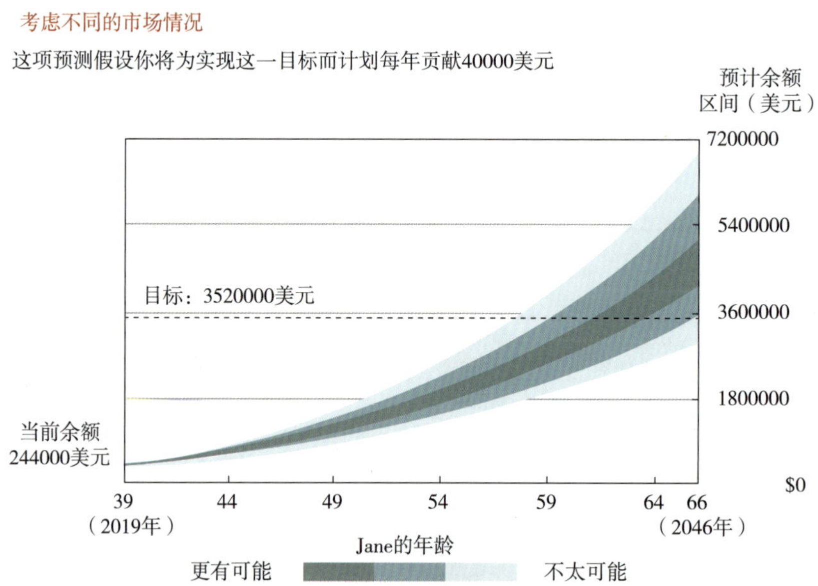

图 21-8 VPAS 场景模拟示例 II

资料来源：先锋基金官网，https://investor.vanguard.com/financial-advisor/financial-advice。

（三）海外对智能投顾的态度

根据统计公司 Statista 在 2017 年的调查统计，整体来看，欧洲、美国、澳大利亚调查人群中分别有 57%、60%、46% 的被调查人员希望在自己的金融决策中引入计算机（见图 21-9）。在引入计算机进行金融决策时，较多的人群希望计算机给自己提供建议而不是决策，或者在计算器作决策前经过自己的同意。即使在智能投顾发展最快的美国，也仅有7%的调查人员希望完全由计算机主导金融决策且不需要经过自己的允许。正如目前尽管网上就医较为发达，但很多病人还是希望在网上就医后，去医院请医生握着他的手告诉他，你一切很好。

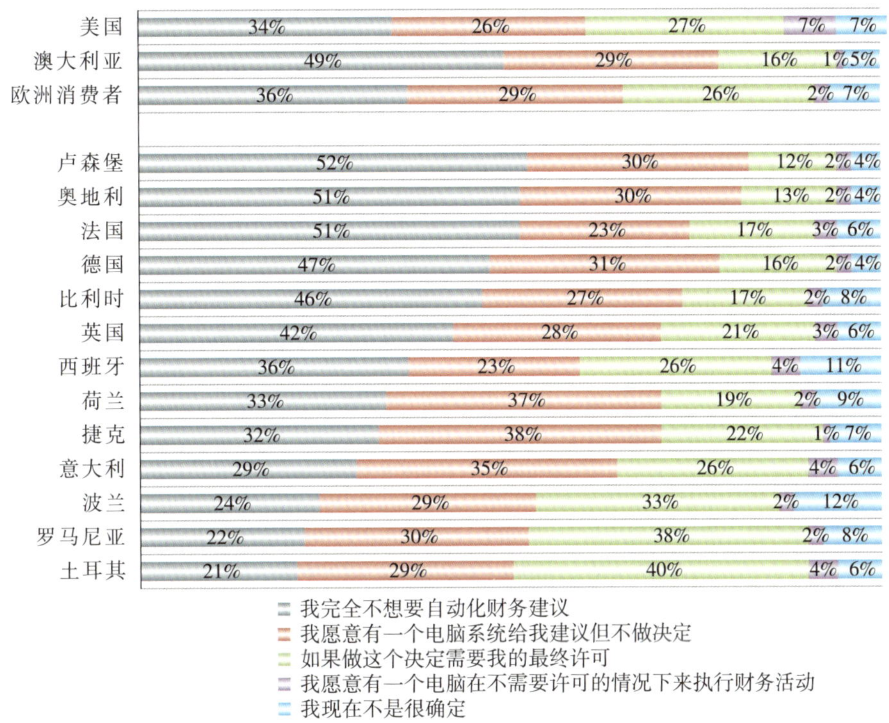

图 21-9　不同国家公众对智能投顾的态度（样本大小：10525）

注：黄色框中是欧洲各国明细数据。

资料来源：Statista：Public Opinion on Financial Robo-advisors in the Benelux in 2017，by countryPublished by Raynor de Best，Jan 16，2019.

即使是以纯智能投顾起家的 Betterment 也于 2017 年推出了人机结合的“混合型”理财服务 Betterment Premium，服务门槛为 10 万美元，费用为 0.4%。未来“人机结合”的多层次智能服务模式或将成为主流。

二、国内智能投顾参与养老金融的现状

（一）国内智能投顾发展的基本情况和开展意义

1. 国内智能投顾发展基本情况

我国智能投顾起步相对较晚，大多数机构在 2015~2016 年推出智能投顾服务，如招商银行的“摩羯智投”、京东金融的“京东智投”。据 Statista 估算，2020 年中国智能投顾资产规模达 746 亿美元，预计 2020~2024 年管理资产的复合增长率为 15.2%，到 2024 年智能投顾规模约为 1312 亿美元，用户数量超过 2 亿人[①]。

但前期机构推出的智能投顾大多属于“卖方投顾”，平台收益来源于基金销售带来的佣金收入，不能代表投资者的利益，而且平台无法代理客户进行基金的买卖。

2019 年 10 月，证监会发布《关于做好公开募集证券投资基金投资顾问业务试点工作的通知》，南方基金、易方达基金、华夏财富、嘉实财富、中欧钱滚滚成为首批试点；试点通知的出台标志着我国基金投顾将从“卖方投顾”向“买方投顾”转变。目前已开展基金投顾业务的基金公司有华夏基金、嘉实基金、中欧基金、南方基金，其中华夏基金和中欧基金专门针对养老投资开展智能投顾业务（见表 21-2）。

① 关于我国智能投顾规模和人数预测，详见 Statista: Digital Market Outlook>Robo-Advisors> China。

表 21-2　基金公司开展基金投顾业务基本情况

	华夏基金	南方基金	嘉实基金	中欧基金
投顾品牌	查理智投	司南智投	嘉贝智投	水滴智投
业务平台	华夏财富	天天基金	嘉实财富	中欧钱滚滚
投顾费率（%）	0.2~0.5	0.8~1.5	0.3~1.0	0.15~0.8
投资门槛（元）	500	1000	10000	1000
持仓是否可见	是	否	是	否

资料来源：各基金公司官网，由笔者整理。

中欧基金的水滴智投分为水滴投顾和水滴养老。水滴养老基于养老投资策略及生命周期模型，根据不同的退休时间、退休目标、投入金额生成养老投资计划，并持续跟踪，跟随年龄增长调低权益类资产投资比重。目前有“65后”“70后”“75后”“80后”“85后”“90后”六类产品组合，权益类资产配置比例分别为52%、62%、75%、88%、100%、100%。水滴投顾根据投资者投资期限、投资目标和风险收益预期的差异，分为三类理财场景，分别是短期现金管理（现金+）、中短期稳健理财（理财+）和中长期财富增值（财富+）。

华夏基金依托旗下财富管理平台华夏财富开展基金投顾业务，创立了投顾品牌“查理智投”，分别设置了优选、教育、养老三大理财场景，其中优选系列4个组合、教育系列2个组合、养老系列4个组合。投资者参与门槛仅为500元，是目前参与门槛最低的智能投顾平台。同时，产品组合持仓透明化，方便投资者了解底层资产情况。养老智投系列聚焦以养老金储备为目标的人群，随着退休日期的临近，将根据下滑轨道逐渐降低组合中权益类资产配比，目前有“60后”“70后”“80后”“90后”四个产品组合，权益类资产比例分别为72%、83%、85%、87%。

2. 国内智能投顾参与养老金融的意义

在传统场景下，银行、券商凭借线下网点、营业部等渠道占据养老理财客户的客户资源优势。然而，面对不同客户的不同需求，人工获取数据成本昂贵，客户经理线下服务投入资源较多，难以覆盖长尾客户，只能将重点放在少量高净值客户身上，服务成本与服务范围都较为有限。智能投顾的主要特点是低费率，参与门槛低，与养老理财客户的特征相吻合。尽管个人用于养老理财的金额较小，但随着老龄化的加重，仅依靠基本养老保障已无法满足个人养老需求，因此有养老理财需求的客户日益增多。养老理财需求的客户基数庞大，智能投顾通过系统完成资产配置、交易等工作，减少人工参与，从而降低成本；同时智能投顾通过移动互联网等手段，触及传统金融销售模式下无法触达的长尾客户，帮助更多有养老需求的客户享受到普惠金融的服务。

（二）智能投顾在养老投资领域的运用途径

区别于一般化的投资，个人养老金投资的主要目标是资产的长期稳健增值，而且由于投资者群体存在显著的个体差异，实际投资需求将呈现多样化形态，因此个人养老金投资管理是一个具有明确目标、严格风险约束，而且需兼顾普惠化和个性化的过程。基于上述特征，传统人力资源驱动的投资管理模式可能会面临“瓶颈”，专业的养老金智能投顾系统，可能是突破“瓶颈”的有效工具。

1. 用户画像

在进入个人养老金的投资流程之前，需要先为每一位投资者（以下简称用户）建立个性化的投资目标与投资约束，智能投顾可以利用科技手段对用户进行多维度、立体化的用户画像，有效提升目标设定的准确度。

用户画像是互联网产品设计和用户运营的重要工具，具体运用于养老金投资时。用户画像主要可分为两部分：养老金缺口预测和用户风险收益特征评估。

（1）养老金缺口预测。养老金缺口预测是养老金投资管理的首要环节，即测算用户退休时，个人养老金投资所需覆盖的养老金缺口部分，因此其本质是推算个人养老金投资的长期投资目标。

养老金缺口预测通常以养老金计算器的形态作为入口，静态的养老金计算器属于成熟技术，但是由于养老金投资的长期性，各项参数在超长投资周期中可能发生显著变化，因此在养老金投资的存续过程中，需要对参数和计算结果进行动态调整。动态调整需要对用户的各种结构化/非结构化信息进行数据采集和更新，同时捕捉用户健康、社会发展的变化趋势，辅助关键参数的估计和养老金缺口的动态计算。

（2）用户风险收益特征评估。理想状态下，养老金投资是一个长期持续的投资过程，但账户净值的短期波动，可能对用户情绪造成干扰，从而影响用户资金投入的连续性，破坏整体投资计划的实施效果。因此，在投资过程中，绝不能仅聚焦于长期收益目标的实现，而忽视用户的短期收益体验和风险承受能力。

对用户风险收益特征进行评估，目的是在长期投资目标的基础上，进一步细化出中短期投资目标与风险预算，使投资结果力争稳定在用户心理预期之上，让用户以平稳的心态坚持投资。传统做法往往是通过用户主动填写问卷的方式，或者通过采集用户多方面信息的方式来判定。然而，根据对互联网用户行为的观察，用户的风险承受能力，实际上可能与用户的性格（尤其是交易性格）更相关。因此，判断风险承受能力，其实是基于业务形态范畴内的用户行为数据，对用户的交易性格进行画像。具体到养老金投资，可以采集用户在完整投资周期内的交易数据（如有可能，也可纳入过往交易数据），运用机器学习方法，对用户的投资行为进行建模，持续积累数据，不断训练数据并优化模型，最终对用户的风险承受极值形成较稳定的量化估计。

具体到智能投顾的运用，如图 21-10 所示。

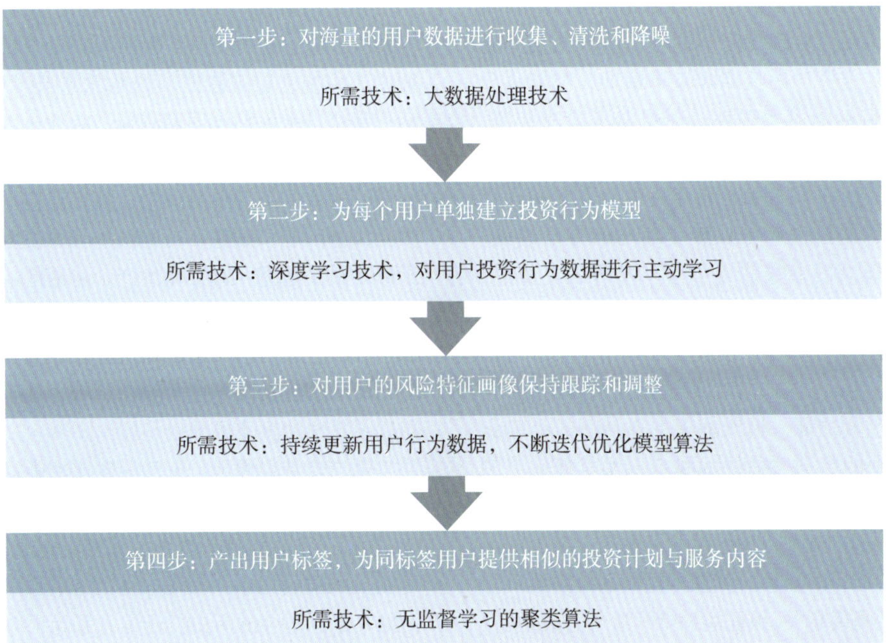

图 21-10　智能投顾的运用

用户行为通常受到市场行情、市场信息、交易盈亏、个人情绪、外部资金需求等多种因素影响，例如面对两次相似的市场涨跌表现，由于背后可能有不同的驱动因素，用户可能会做出截然不同的反馈；而家庭突发性的资金需求，也可能直接促使用户发生交易。因此，必须积累大量各类场景下的用户反馈，研究各影响因素和用户行为之间的映射关系，找到每种行为模式在各影响因素上的权重，这样才能真正理解并解释用户行为，定义出用户的正常状态和非正常状态，进而探明其风险承受极限。在系统判断用户风险收益特征的过程中，还可以借助智能机器人的形式，与用户保持人机互动，让用户对算法结果进行再确认。

智能投顾通过对用户风险收益特征进行评估，理想目标是做到“比用户更懂自己”，将用户模糊的操作行为，转化为清晰的量化规律。只有这样，才能真正帮助用户找准风险底线，用个性化方式稳定用户心理，进而保证用户资金流结构的稳定，实现长期稳定投资。

2. 投资顾问服务

获得每一位用户的个性化画像后，用户的长期投资目标和风险收益特征也随之明确，养老金智能投顾系统可以为用户提供定制化的投顾服务，这既包括“投”的部分，也包括“顾”的部分，智能投顾不仅能为投资部分提供崭新视角，也能改变顾问部分偏被动化的传统服务模式，预先发现用户的心理波动和潜在行为，主动提供服务。

（1）投资方案设计。养老金投顾服务的第一步，是为每位用户定制个性化的投资方案。从互联网用户的运营经验看，用户对于投资方案的核心关注点是，这个计划提供了怎样的承诺或预期，以及最终能否兑现。对于养老金投资而言，合理预期应该是长期增值的可实现性，以及短期风险的可控性。具体而言，投资方案可以分为资产端和资金端两个维度。

资产端，即以用户的养老金缺口为长期收益目标，以不同生命周期阶段的风险承受能力和个性化风险偏好为约束，设计长期的战略资产配置方案。常见的战略资产配置方案是基于生命周期模型、人力资本模型和长期资本市场假设，为用户合理设定不同生命阶段的资产配置区间，再结合各类资产的长期收益率预期，就能大致估算出长期增值目标的可实现性。而短期风险的控制，更多需要在战术资产配置环节进行动态调整。具体到每位用户的个体方案，如果实际养老金缺口与方案的合理预期相差过远，则需要引导用户接受理性的方案建议。智能投顾在上述模型的参数估计中可以发挥重要作用，例如人力资本模型的参数设定（如收入、收入增速、投资比例等），不同行业、职能、就业身份的用户，或者同一个用户在不同的生命阶段，参数设置都是大相径庭的。对于这种动态的参数估计，相比基于主观判断的经验化设置，基于大数据的数据挖掘技术和基于无监督学习的聚类算法，或许会更具优势。

资金端，即为用户规划合理的投资资金流方案，如定投的频率、金额、起止时点等。养老金投资的最终效果与用户定投的稳定性高度相关，保证用户持续参与至关重要，因此智能投顾系统有必要在整个投资周期内，发挥顾问的作用，与用户保持密切的人机互动。首先，根据用户画像自动生成方案后，需要与用户进一步确认可执行性，但不能给用户过多选项，造成选择障碍。其次，在投资计划的执行过程中，需根据计划进程及外部条件变化，及时发起线上沟通，与用户共同确定资金端计划的动态调整。最后，基于对用户行为的理解，在预判用户可能出现心理波动，导致非理性行为（如在恐慌中撤出资金或停止定投）时，提前干预，对其进行安抚，稳定用户心理。

（2）投资组合构建与运作。养老金投资组合的构建与运作，大致可以分为三部分：

第一，资产配置。在长期资产配置中枢与区间确定的条件下，可以通过战术资产配置，即各类资产的小幅动态调整，在风险与收益之间达到微妙的平衡：既要重视盈利体验，防止超出用户承受能力的回撤，又要避免过于保守，使短期收益不偏离长期目标。从风险特征明确、回撤可预期的角度看，基于多元资产配置的风险预算模型或许是较为适用的资产配置模型，可以将组合风险锁定在目标预算之内，但无论选择哪种资产配置模型，波动率预测都是非常重要的一环，也是区分模型效果的关键。随着机器学习的崛起，出现了基于深度学习模型的波动率预测方法，例如利用Google搜索趋势的数据和递归神经元的学习方式来预测股市波动率，预测效果相比传统线性模型或GARCH模型有显著提升。

在资产配置所关注的宏观经济、市场情绪及技术指标等传统领域，也都出现了前沿科技的身影。在宏观经济研究中，传统的宏观数据预测通常基于多元线性回归模型，运用最小二乘法估计回归系数，存在过度拟合、多元共线性等局限性，而机器学习中的人工神经网络等算法，已经凭借其高效的拟合预测效果，被广泛应用于经济数据的分类与预测问题。此外，一些机构开始使用卫星监控、遥感影像等另类数据，对工业生产、房地产、交通运输等领域进行数据跟踪，成为基本面研究的重要参考。在市场情绪探知方面，对舆情大数据的挖掘已成为重要工具。而在市场趋势和交易信号等技术分析领域，基于支持向量机等机器学习算法的量化模型也是层出不穷。

第二，基金优选。资产配置比例确定后，需要选择基金作为底层资产构建组合。基金选择，本质上是对人（基金经理）的选择。除了传统的基金量化分析和定性调研外，智能投顾还可以引入科学技术对基金经理进行深度画像。例如，依据基金的历史持仓信息和历史净值表现，可以运用数据挖掘和模式识别算法，进行基金经理行为分析，综合考察其投资风格稳定性、买卖时点选择模式、对极端市场环境的应对等，对其形成更深层次的理解。此外，对于基金持仓信息颗粒度较低的问题，也出现了运用扩展线性克隆方法等智能算法，模拟还原基金持仓的探索。

第三，组合管理。未来如果要真正实现养老投资组合的千人千面，显然不可能依赖人工方式进行组合管理，必须借助智能系统提升管理效率。一方面，系统可以不间断地对每一位用户的个人信息、交易行为、资金流动进行监控和分析，基于个体现金流精算模型，对用户未来的资金进出做出预判，提前进行头寸准备，实现资产负债的动态匹配。另一方面，在组合的交易执行方面，机器算法极度理性的特质，也可以最大限度地保证交易纪律，避免人为操作中常见的情绪干扰。

（3）投资方案的长期跟踪与调整。养老金投资的投资周期通常长达数十年，因此每位用户的养老投资计划一旦开启，就要对其进行贯穿生命周期的长期持续服务，在此过程中，需要对投资方案保持动态跟踪和调整，并提供相应的服务。既要保障超长时间跨度内的服务质量，又要实现超大用户数的个性化覆盖，靠有限的人力显然难以做到。而且从长期看，将养老金投资决策维系在个别投资人员身上，会面临人员流动造成的业绩不可持续性，还会面临很大的沟通成本和摩擦成本。

因此，必须构建一个具备人工智能和强大算力的系统，一方面对用户个人特征信息进行持续更新学习，另一方面对金融市场变化进行系统分析，从而对原有投资方案和投资组合进行持续迭代优化，并以人机互动的方式，向用户提示并确认投资方案的调整。从长期来看，系统稳定性必然高于人的稳定性，只有依靠系统和科技的力量，才能跨越时间和人力的局限，提供稳定的投资能力，并且在养老金投资中实现全生命周期的陪伴和服务。

3. 投后陪伴

传统线下的服务模式由于局限于线下网点以及普通客户经理或客服的服务，是具有一定的服务边界，而且服务的时效是不可能做到专业、及时和高效的。但通过中心化的互联网化运营方式，可以第一时间生成高质量的陪伴内容并传递给客户，从而实现服务内容从低阶向高阶的发展。

（1）市场分析。由于国内金融市场投资者结构以散户为主，市场往往更容易被情绪主导短期投资行为，因此国内资本市场的波动率远高于海外成熟资本市场。为了让基金持有客户第一时间了解产品波动原因，可以利用大数据分析及人工智能的手段对市场上最新的重大新闻进行及时解读，并通过移动 APP 推送给客户。举例来讲，具体到养老组合中的股票类资产投后服务，可以提供包括每日新闻提示、定期市场报告、盘中异动点评以及热点板块专题解读等全方位的股票市场分析服务。

（2）账户服务。不同于传统的售后服务仅针对的是单一的基金产品，养老金账户的投后服务聚焦于客户养老账户的整体服务方案，包含以下两步：

第一，要定期帮助客户进行账户分析。通过账户历史业绩的归因分析，帮助客户检视养老投资计划的执行情况并发现存在的问题，这些问题往往包括频繁交易导致的业绩损耗、某类资产表现弱于业绩基准以及资产配置不平衡等。

第二，基于最新的市场变化，投资顾问会对于养老账户进行调仓。为便于客户理解调仓的逻辑，不管是全权委托还是半自动委托的账户服务模式，建议都需要将调仓的详细逻辑用互联网化、形象化的方式进行展示。这样做一方面可以起到投资者教育的作用，另一方面也可以利用调仓的机会加强和客户的互动，让客户感受到专业化、高频化和透明化的投顾服务。

三、智能投顾参与养老金融的启示、建议与展望

（一）美国智能投顾的发展对中国的启示

1. 云计算、大数据存储等科技水平的发展

云计算和大数据的发展，从技术上实现了智能投顾的大数据存储、分析、批处理以及高速运算等功能。科技水平的发展将降低智能投顾业务的服务成本、优化投资组合理论模型、提高智能投顾业务服务效率，为智能投顾的发展奠定基础。

2. ETF 市场的成熟与完备

美国智能投顾的迅速发展也离不开 ETF 市场的成熟和完备。由于美国指数基金的成本费用在 0.2%~0.5%，相比主动投资型基金 2% 以上的费率有较强的成本优势。另外，过去 20 年美国指数基金在各个风格下显著跑赢主动投资基金，因此国外投资者对投资于 ETF 被动投资产品的智能投顾接受度较高。

3. 资产管理与投资咨询一体化

美国对资产管理与投资咨询的监管均由 SEC 负责，资产管理机构为客户进行投资咨询服务时，客户的投资咨询与资产管理服务可以更好地同步进行，从而完成自动化交易（全权委托），这也促使智能投顾系统能够更容易实现投资咨询与资产管理的一体化服务。

4. 人工与智能结合的“混合模式”

相较于纯智能投顾的平台，人工投顾与智能投顾结合的“人机模式”更符合现在的市场需求。目前全球市场排名靠前的 Vanguard、Schwab 开展智能投顾业务时也更倾向采用“人机模式”。在面向个人管理规模较低的长尾客户时，提供纯智能投顾服务，以降低客户成本和参与门槛；在面向个性化需求较强的高净值客户时，提供与传统投顾结合的“混合模式”，以满足客户个性化需求。

（二）智能投顾服务养老金融的建议

1. 强化监管效能，明确责任义务

在 2019 年举办的智能投顾与法律研讨会中，《智能投顾与法制研究报告》指出：无论通过何种路径进行监管，要实现消费者权益的保护、金融市场的稳定，首先要完善

责任机制，明确智能投顾中的责任主体。首先智能投顾不能成为主体，因其没有独立的意识、资源的占有，没有行为能力，没有责任能力；智能投顾不能成为客体，因为智能投顾本身不是在智能投顾法律关系中权利和义务共同指向的客体，也不是被买卖的客体，它只是一种行为。因此，智能投顾的业务应当被认作经营机构的行为或是经营机构雇员的法律行为。即养老金智能投顾的基础法律关系是养老金投资管理机构与投资者直接形成法律关系，责任主体为养老金投资管理机构。

然而对于监管来说，即使可以明确养老金智能投顾业务的法律主体，主体仍然存在义务的“黑盒”，例如虚假宣传（带有欺诈故意的非市场操作，使养老金投资者遭受实质性的损失）、利益冲突（如部分产品实质在于帮助基金做销售导流）、专业能力的信息不对称等。现阶段，这些灰色地带较难以去界定。参照国际经验，并结合国内养老金投资管理业务现阶段的特点，监管机构可以从以下几点着手开展：

（1）制定统一法规。对于养老金智能投顾业务，建议监管将其纳入投资顾问业务的监管框架，明确其定义和范围、准入条件、禁止行为及相关罚则等。

（2）规范牌照发放。建议监管部门明确养老金智能投顾展业机构应具备的业务牌照，以及相应的审核标准及流程，禁止非持牌机构开展与养老金智能投顾业务相关的任何活动，同时制定对违规人员的罚则同时明确执行机构。

（3）明确权责分配。除了之前所提及的主体识别制度的搭建以及义务体系的落实，监管需要明确权责分配，防止“科技套利”，避免系统性风险的产生。

（4）明确智能投顾平台的信息披露。目前国内智能投顾平台较多，但尚未具备统一的信息披露标准，如公示平台整体运作情况、服务客户人数、投顾组合类型等。投资者在选择智能投顾平台时面临严重的信息不对称问题。目前我国仅要求基金投顾的试点机构定期向证监会报送公募投顾的运作情况，其余智能投顾平台尚未有统一的信息披露要求。

2. 落实人才储备，培育创新基因

从外部来看，在响应国家政策继续支持各高校在人工智能等专业领域的发展与培养之外，养老金投资管理行业应鼓励机构走进高校，开展相关创新活动及比赛，通过产业与专业的碰撞结合，宣传金融科技的同时吸引青年人才。金融科技专业注重经济学与金融学、统计学、计算机技术尤其是软件编程、大数据、区块链、人工智能等多学科交叉知识的学习和掌握，养老金投资管理机构可以与高校共同培养适应当今时代发展所需的“复合型专业人才”；此外，通过鼓励养老金投资管理机构与各大科技公司的合作创新，尝试以专业论坛、产业共创、人才交流等形式，学习汲取相关领域的多维知识，解决“懂技术的多不懂行业，懂行业的多不懂技术”的核心痛点。

而从内部来看，养老金投资管理机构可以根据业务需求与落地场景有层次地推进相关前沿技术的人才投入。以个人养老金的投资管理来看，智能营销、智能投顾是其主要应用方向，而该前沿科技以云计算与大数据、AI 为主，区块链等需进行场景探索的人才培养及技术资金投入优先级次之。

前文提到目前行业在金融科技领域投入情况差异化严重，对于中小养老金投资管理机构来说，目前多采取“轻科技”做法，即与金融科技公司合作，由第三方金融科技公司负责日常的运营和维护，但该模式在业务开展上存在一定的局限性。若能以大企业带动小企业，在业内培育创新基因，采取业务协同、同业技术输出等形式进行交流合作，通过规模优势降低行业整体成本，进而形成各机构从某一业务的单一技术到整体业务的科技服务升级，从而实现养老金投资管理行业整体金融科技水平的突破。

3. 着眼数据周期，建立安全体系

在大数据时代，相比起隐私被使用，其实用户更担忧的是隐私信息被滥用。因此，数据保护是养老金投资管理机构开展智能投顾业务的核心前提。对于机构而言，可以从以下几点进行展开，建立健全数据安全体系。

（1）着眼数据的全生命周期。在养老金的整个投资过程中，数据安全是一个长周期的过程，而在数据的生命周期内，数据及保证数据质量的需求是不断变化的，因而在产品的各个阶段针对不同的数据都要进行有针对性的保护手段。按照业务流程，可以分为设计与定义（业务需求规划、数据的定义与分层）—创建与收集（数据的收集、测试与变更）—使用与维护（数据的监控、留痕与分析）—整理与归档（数据的存储、备份和销毁）。在不同的业务流程中，都需要时刻关注数据安全，做到动态跟踪及提前防范。

（2）建立自上而下的数据保护机制。从养老金投资管理机构的角度出发，数据安全是一个需要各部门协同关注的事项。除了常规的防火墙机制外，业务、风控、合规、IT、运营等需建立协同及联动机制，定期开展风险评估与数据回测，针对不同的业务场景制定有效的保护方针，落实数据安全相关风险点及相应防范机制，加强员工的整体数据安全意识。

（3）采取适合的数据安全保护技术。对养老金投资管理机构而言，做到最基本的数据安全所需的保护级别包含数据备份、建立权限、敏感数据加密这三点，而在数据的采集、传输、存储及交换的过程中则可以采用更多不同的数据防护技术，包括数字水印、加密技术、脱敏技术、元数据管理、存取控制、监控审计等方法。

（三）智能投顾参与养老金融的展望

1. 客户认知重塑，投资者结构优化

随着大数据、云计算、新媒体等各种技术的成熟，资产管理机构提高了触达客户的精准性和有效性。大数据帮助资产管理机构进行客户画像，通过对客户人口属性、风险偏好、社会关联关系及消费行为等变量的分析，预测客户对于产品的偏好及购买概率，完成客户优选并进行针对性推荐。新媒体技术为资产管理机构开展更精准的投资者教育工作提供更多渠道。伴随4G的普及和5G的应用开发，客户沟通逐渐突破电话、短信、网络邮件等传统形式，通过投放媒介矩阵，运用展示性、互动性更强的新媒体技术，在更为精准的垂直领域内普及养老理财知识，推广个人养老产品，开展投资者教育。资产管理机构触达客户的精准性和有效性的提升有助于提高投资者教育的客户接受度，帮助投资者养成长期投资的习惯，改变目前我国市场的投资结构。

在个人养老金融领域，智能投顾凭借低费率、低门槛、个性化的方案，可以有效解决当前个人投资散户化的困境，随着客户养老理财需求的提升以及投资认知的重塑，智能投顾将迎来快速发展。

2.“互联网+”资产管理行业百花齐放，未来可期

互联网产品具有高度标准化、低门槛、低成本和操作简单的特点。从泛资管行业看，银行具有长期积累的客户数据和客户资源优势，同时银行平台可以获取基金、保险、信托和银行理财等多个产品类别的销售资质，但银行端在投资策略和资产配置能力上略有不足；而且银行客户优势主要集中在线下，线上服务较为薄弱，因此银行开展“智能投顾+人工投顾”这种“人机混合”模式更具备优势。

公募基金行业由于基金产品标准化程度高，操作简单，而且具有丰富的产品线来满足投资者不同风险偏好需求，但公募基金自身渠道优势较为薄弱，部分不具有销售子公司的基金公司需要与第三方平台合作才能进行全市场选择基金，因此更适合成为智能投顾底层产品的提供者，或是投资策略的输出者，如南方基金与天天基金网的合作。

一些具有基金销售业务资格的第三方互联网平台，由于其具备海量的线上客户资源，同时平台可以获取基金、保险、信托和银行理财等多个产品类别的销售资质，线上财富管理体系较完善，可以与公募基金等资产管理公司合作，成为智能投顾平台的提供者，如蚂蚁金服与先锋基金的合作。

3. 制度建设助力智能投顾发展

目前国家有关部门正在积极推进第三支柱个人养老金的研究和制度设计。未来很有可能以个人账户为基础，提供税收优惠，并且开放个人选择权。从覆盖范围来看，由于未来第三支柱个人养老金基本涵盖参加基本养老保险的人群，人口数量和 地域分布十分广泛，单靠传统的人工投顾较难满足居民养老理财的需求，引入智能投顾可以更多地服务“长尾客户”。同时伴随公募基金投顾制度的完善，未来投顾市场将逐渐从“卖方投顾”转变为“买方投顾”，引入智能投顾有利于使个人养老金账户管理更加透明化。未来智能投顾将与人工投顾结合，共同参与养老金融的建设，助力养老金融的发展。

下　篇

国际案例篇

分报告二十二
OECD 国家养老保险基金参与资本市场基本情况

一、OECD 国家养老保险制度模式与基本内容

OECD 国家作为成熟养老保险制度的国家代表，其发展经验对我国养老保险制度改革具有重要的参考价值。本报告我们借鉴了 37 个 OECD 国家养老保险制度发展经验，总结 OECD 国家养老保险制度模式和基本内容。

（一）养老保险制度模式

经过多年的发展变革，OECD 国家养老保险制度已由过去的单一项目发展转型为建设三支柱的养老保险体系建设迈进，各支柱间相互补充，分担风险。我们根据各国养老保险制度的主要特征对各国的养老保险制度模式分类，主要划分为三类，即普惠型养老保险模式、传统型养老保险模式和储蓄型养老保险模式。

1. 普惠型养老保险模式

普惠型养老保险模式也可以称为福利国家型养老保险模式，其主要特征是以全民养老金制度为主，其他养老金项目为辅。全民养老金的资金和赤字由政府负担，个人无需缴费。全民养老金的保障水平无关缴费和工作年限，符合条件的全体国民均可拥有。实行此类养老保险制度模式的国家有澳大利亚、丹麦、芬兰、加拿大、冰岛和新西兰（见表 22–1）。

全民养老金在表 22–1 中所列国家的养老保险制度体系中居于主要地位，涵盖诸多具体项目，除养老保险以外，残障抚恤金、照料补助金、遗属抚恤金、配偶退休金等各类补助补贴也由全民养老金进行给付。但是，由于人口老龄化和预期寿命增加等原因，OECD 国家开始注重养老保险制度的可持续发展，多种形式的养老保险改革纷至沓来。

表 22–1　普惠型养老保险模式具体制度划分

国家	保障项目	国家	保障项目
澳大利亚	全民养老金 强制型职业年金	加拿大	全民与社会救助养老金（OAS） 社会保险（CPP/QPP）
丹麦	全民养老金 补充养老金（ATP）	冰岛	全民养老金 强制型职业年金
芬兰	全民养老金 收入关联养老金	新西兰	全民养老金 社会救助

资料来源：根据 Social Security Throughout the World 中各国资料翻译整理。

从实施普惠型养老保险模式国家来看，养老保险改革的特征是在第一支柱全民养老金基础上，建立第二支柱和第三支柱保障项目分担第一支柱风险。六个普惠型国家基本都实行了全民养老金搭配补充养老金的制度。就具体制度而言，除新西兰外，其余国家纷纷都实行了与收入和缴费相关的养老金项目，其中澳大利亚、冰岛和芬兰实施了强制型职业年金与收入关联养老金项目作为对全民养老金制度的补充；丹麦和加拿大分别实施了劳动力市场补充养老金（Arbejdmarkedets Tilaegs Pension，ATP）以及加拿大退休金计划（Canada Pension Plan，CPP）和魁北克退休金

计划（Quebec Pension Plan，QPP）两种社会保险计划。

2. 传统型养老保险模式

传统型养老保险模式也可以称为收入关联型或自保公助型养老保险模式，其主要特征是以社会保险为主，其他养老金项目作为补充的养老保险模式。传统型养老保险模式也是世界多数国家的养老保险制度选择，OECD 国家中有 23 个国家采用传统型养老保险模式（见表 22-2）。

表 22-2 传统型养老保险模式具体制度划分

国家	保障项目	国家	保障项目
奥地利	社会保险	卢森堡	社会保险
比利时	社会保险	荷兰	社会保险
捷克	社会保险　全民养老金（丧葬补助金）	挪威	全民养老金 社会保险与名义账户　强制性职业年金
法国	社会保险　强制型补充养老金　社会救助	葡萄牙	社会保险　社会救助
德国	社会保险　社会救助	斯洛伐克	全民养老金 社会保险　个人账户
希腊	全民养老金 社会保险　社会救助	斯洛文尼亚	社会保险　社会救助
匈牙利	社会保险	西班牙	社会保险　社会救助
爱尔兰	社会保险　社会救助	瑞士	社会保险　强制型职业年金
以色列	社会保险　社会救助	土耳其	社会保险
日本	社会保险	英国	社会保险　就业支持津贴 社会救助
韩国	社会保险　社会救助	美国	社会保险　社会救助
立陶宛	全民养老金　社会保险　社会救助	—	—

资料来源：根据 Social Security Throughout the World 中各国资料翻译整理。

实施传统型养老保险模式可以具体细分为两种模式：一是实行单一的社会保险制度。奥地利、比利时、匈牙利、日本、卢森堡、荷兰和土耳其七个国家采用此类模式。二是实行多层次养老保险模式，社会保险为主，社会救助等其他项目为辅。捷克、法国、德国、希腊、爱尔兰、以色列、韩国、立陶宛、挪威、葡萄牙、斯洛伐克、斯洛文尼亚、西班牙、瑞士、英国和美国 16 个国家选择此类模式展开运行。其中，除捷克、法国、希腊、立陶宛、挪威、斯洛伐克、瑞士和英国外，其他国家均采用社会保险为主、社会救助为辅助模式，社会救助更多作用是兜底保障功能。

从不同国家的制度比较来看，捷克实施社会保险和全民养老金相结合的模式，其中全民养老金的主要作用为丧葬补助金；法国实行社会保险为主导的“三位一体”多层次养老保险模式；立陶宛和希腊均实行全民养老金、社会保险和社会救助的多层次养老保险模式，但需要具体说明的是，两个国家仍然是以社会保险为主体运行的养老保险制度，立陶宛全民养老金主要功能为长期护理津贴；而希腊的全民养老金每月为 384 欧元，而且需要在希腊居住至少 40 年，并缴纳 20 年的社会保险方可获得，其实质是社会保险的补充养老金[①]。挪威的全民养老金与立陶宛和希腊不同，其实质是缴费型社会保险，所有资金来源均与收入相关，筹资来源并不是由国家财政负担，而且挪威近十年养老保险改革频繁，2011 年推出的养老保险制度改革，采用社会保险和名义账户取代了过去的收入关联养老金项目，近两年又推出新的强制型职业年金作为制度补充提高效率；斯洛伐克的全民养老金主要作用是丧葬补助金，其个人账户也是对社会保险的效率补充；瑞士则是选择社会保险和强制性职业年金相配合的制度模式；英国实施社会保险、就业与支持津贴及社会救助的多层次养老保险模式，其中就业与支持津贴需要经过经济状况调查方可获得。

3. 储蓄型养老保险模式

储蓄型养老保险模式又被称为个人储蓄型和强制储蓄型养老保险模式，其主要特征是养老保险以实行 DC 制的个人账户或名义账户为主，制度主要强调自我保障和效率。目前有智利、哥伦比亚、爱沙尼亚、意大利、拉脱维亚、墨西哥、波兰和瑞典八个国家实行此类模式（见表 22-3）[②]。

① 资料来源于 Social Security Throughout the World 希腊资料。

② 需要说明的是：挪威和斯洛伐克的养老保险也实行名义账户和个人账户，但是其作用更多为补充作用，其运行主体仍然以社会保险为主，且挪威的名义账户实施时间不长，因此本节并未将其划分为储蓄型养老保险模式。

表 22-3　储蓄型养老保险模式具体制度划分

国家	保障项目	国家	保障项目
智利	强制个人账户　社会保险 社会救助	拉脱维亚	社会保险　名义账户 强制个人账户　社会救助
哥伦比亚	强制个人账户　自愿个人账户（BEPS） 社会保险　社会救助（Colombia Mayor）	墨西哥	全民养老金　强制个人账户 社会保险　社会救助
爱沙尼亚	全民养老金　社会保险 强制个人账户　社会救助	波兰	社会保险与名义账户 个人账户（养老福利） 社会保险（残障津贴）
意大利	社会保险与名义账户　社会救助	瑞典	名义账户　强制个人账户 社会保险　全民养老金

资料来源：根据 Social Security Throughout the World 中各国资料翻译整理。

以效率为核心的储蓄型养老保险模式国家，通常缺乏养老保险互助共济与收入再分配的能力。因此，实施储蓄型养老保险模式的国家均构建了多层次的养老保险体系，其中哥伦比亚、爱沙尼亚、拉脱维亚、波兰和瑞典等国家的养老保险制度设计尤为复杂，各个类型的养老金项目均有设计，社会保险、全民养老金与社会救助等制度实质为补充养老金和各类补助津贴，旨在兼顾低收入群体，保障其基本生活水平。其他国家在个人账户和名义账户的基础上分别实行了社会保险和社会救助项目，确保强调效率的同时兼顾公平，提高养老保险的互助共济功能。

部分国家的养老保险制度需要具体说明，哥伦比亚的参保者必须在社会保险和强制性个人账户计划之间进行选择，并且可能每五年更换一次会员，直至正常退休年龄之前的十年。2014 年哥伦比亚还提出 BEPS 个人账户计划，该计划允许没有在强制覆盖范围的低收入个人自愿参保，参加者在达到正常退休年龄时可获得其缴费总额 20% 的政府补助；爱沙尼亚和拉脱维亚类似，其社会保险主要为各类补助金；意大利、墨西哥、波兰和瑞典现收现付制的社会保险不再向新进入者开放，而是由强制型个人账户和名义账户取代，新制度实施前的参保人员可以享受混合制度保障待遇。

4. 近期 OECD 国家养老保险制度改革的主要内容

人口老龄化、制度转型留下的历史债务、老年人未来较低的收入水平和经济增速放缓等现实背景迫使 OECD 国家采取诸如延迟退休以及提高覆盖面等改革方案，弥补制度结构性缺陷，改善其养老基金的财务可持续性。在过去的几年中，OECD 国家养老保险制度改革相较经济危机后有所放缓，部分国家的改革重点为放宽领取养老金的年龄限制，提高基础养老金，扩大养老金覆盖面并鼓励私人储蓄，具体内容如表 22-4 所示。

表 22-4　近期部分 OECD 国家养老金制度改革方向一览

国家	改革方向
意大利　荷兰　斯洛伐克	限制退休年龄的增加，提供提前退休的选择
爱沙尼亚	延迟退休
比利时　加拿大　丹麦	加强工作激励
奥地利　法国　意大利　墨西哥　斯洛文尼亚	提高第一支柱养老金水平并扩大覆盖范围
德国	提高待遇同时减少低收入者缴费
西班牙	暂停随人口变动的养老金调整
挪威	保持公共部门与私营部门的养老金待遇一致
匈牙利　冰岛　立陶宛	调整缴费率
新西兰	扩大自愿养老金项目的缴费选择
智利	扩大强制性养老金覆盖面
立陶宛 波兰	发展自动注册机制
瑞典	更改养老金领取的税收规定

资料来源：根据 OECD 养老金报告 Pensions at a Glance 2019 中资料翻译整理。

从长时期的养老保险制度变革考虑,在过去的 50 年中,所有 OECD 国家的养老保险制度均发生了不同程度的变化。总体来看,养老金与收入的关系更加密切,与各国自身经济水平发展相适应。目前长期的变化趋势分为以下几点:

一是养老保险制度从 DB 制转向 DC 制。以往的养老金制度均以 DB 制为主体,待遇给付与缴费率、缴费年限和个人收入有关。但是近 50 年来现收现付制的财务可持续问题一直是难以解决的痛点。因此,从 DB 制转移到 DC 制便是寻求养老保险可持续发展的实施方案,智利和墨西哥等拉丁美洲国家便是 DC 计划的"领头羊",爱沙尼亚、波兰和瑞典等欧洲国家也引入强制型 DC 计划开展养老金制度改革。

二是收入与待遇之间的联系进一步加深。养老金计发办法是影响收入与待遇之间联系的重要因素。目前大部分国家采用终身收入计算养老金待遇,同时充分考虑平均工资的增长和最近或最高年份的收入,将其列入待遇计发办法。部分国家选择改革养老金制度,立陶宛、爱沙尼亚和法国等部分 OECD 国家选择从现收现付制转向积分制,将其养老待遇与其终身缴费相关联。

三是在养老金制度中引入自动调整机制。自动调整机制已成为养老金政策标准工具集的一部分,在该机制中,养老金制度可以自动调整参数以应对人口比例增减、资金以及预期寿命等指标变化。有超过一半的 OECD 国家设计了自动调整机制。

(二)养老保险制度覆盖面

1. 普惠型养老保险模式覆盖面

普惠型养老保险模式下,全民养老金覆盖全体居民(见表 22-5)。同时,实行普惠型养老保险制度模式的国家,一般还建立了收入关联养老金项目,在兼顾公平的同时提高养老保险待遇给付。收入关联的养老金制度按照在职雇员与非在职人员设计差别化制度,在职人员以强制型制度参保,待遇水平较高,澳大利亚、丹麦等国家还为个体经营者等未被强制覆盖人群提供自愿参保服务。丹麦、芬兰等国家对于部分特殊群体如警察、农民和公共部门雇员等实施特殊制度。与此同时,各类制度转移接设计合理,例如,加拿大社会保险可以在魁北克养老金计划(QPP)及类似计划和联邦社会保险计划(CPP)之间按规定转移,确保居民一直受养老保险制度覆盖,减少缴费空当的发生。

表 22-5 普惠型养老保险模式覆盖人群

国家	覆盖人群
澳大利亚	全民养老金:全体澳大利亚居民 强制型职业年金:每月税前收入超过 450 澳元的受雇人员; 包括 18 岁以下,每周工作超过 30 小时的人员;个体经营者可自愿参加
丹麦	全民养老金:全体丹麦居民 补充养老金(ATP):雇员;2003 年前各类补助金领取者; 自愿投保至少三年的无薪水和自雇人士 (不包括每周工作时间少于 9 个小时的受雇人员)
芬兰	全民养老金:全体芬兰居民 收入关联养老金:雇员;为 3 岁以下的孩子提供无偿照护的人员;攻读学位的学生;对于海员、个体、农民、公共部门雇员有特定制度
加拿大	全民与社会救助养老金(OAS):加拿大合法居民 社会保险(CPP/QPP):在加拿大工作的人员和个体经营者 临时工除外(年收入低于 3500 加元的工人)
冰岛	全民养老金:冰岛居民,包括欧洲联盟和其他部分国家的公民 强制型职业年金:雇员和个体经营者
新西兰	新西兰合法居民

资料来源:根据 Social Security Throughout the World 中各国资料翻译整理。

2. 传统型养老保险模式覆盖面

以社会保险为核心的传统型养老保险模式基本覆盖了不同类型的就业人员(见表 22-6)。同时,对于制度未覆盖群体,传统型养老保险模式一般会提供自愿参保服务和社会救助,对于警察、矿工以及铁路等特殊职业群体还会设计特定制度覆盖。捷克、法国、德国、希腊、爱尔兰、韩国、立陶宛、斯洛文尼亚和美国等国家的制度通过社会保险和社会救助制度设计覆盖了贫困、失业以及部分弱势群体。捷克、法国、德国、希腊、荷兰、葡萄牙、斯洛文尼亚和美国等国还对欧盟成员国和在本国工作的外国公民提供制度覆盖和自愿参保服务。

表 22-6　传统型养老保险模式覆盖人群

国家	覆盖人群
奥地利	月薪不低于 438.05 欧元的工薪人员和受薪员工及学徒，对于矿工、农民和个体经营者等工作人员有特定制度
比利时	从业人员 对于个体户和公务员有特定制度
捷克	社会保险：各类从业人员；学生、失业人员及贫困人员 全民养老金：捷克共和国的永久居民，包括欧洲联盟的公民，以及法律规定的其他人
法国	社会保险：商业和工业的受雇人员、非农业个体经营者，以及部分弱势群体；部分非工作人员、以前参加保险的非受保人和在国外工作的法国公民可自愿参保；对于矿工、铁路和公共部门雇员等各类人员有特定制度 强制型补充养老金：与社会保险覆盖人群相同 社会救助：法国居民
德国	社会保险：雇员；学徒；部分条件下个体经营者；军人；以及部分弱势群体；在国外的德国公民和在德国的外国居民可以自愿参保；对于个体经营者、矿工、农民和公共部门雇员等人群有特定制度 社会救助：德国贫困居民；一定条件下的外国公民
希腊	全民养老金：希腊永久居民 社会保险：各类雇员；自雇人士；农民；公共部门雇员；提供自愿保险 社会救助：永久居住在欧盟、欧洲经济区或瑞士的养老金领取者
匈牙利	雇员；个体经营者；以及某些社会保险受益人 强制性保险未涵盖的人群可自愿参保
爱尔兰	社会保险：每周收入至少 38 欧元的受雇人员，包括大多数家庭工人；年收入至少 5000 欧元的自雇人员仅可享受缴费型养老金和遗属抚恤金。不包括兼职员工的每周收入低于 38 欧元；在 1995 年 4 月 6 日之前开始工作的永久性公务员（仅给遗属津贴）；临时家庭佣工 社会救助：爱尔兰常住居民
以色列	以色列居民
日本	国民养老金计划：20~59 岁日本居民，60~64 岁的居民（特定情况下为 69 岁）和居住在国外的 20~64 岁日本公民（特定情况下为 69 岁）可自愿参保 员工养老保险：承保公司内 70 岁以下的雇员；一定条件下 70 岁以上可自愿参保；不包括兼职员工
韩国	社会保险：包括农民和渔民在内的从业人员和自雇人员；对没有任何收入的人，包括 27 岁以下的人和有强制性保险的被保险人的配偶以及某些有需要的人可自愿；公务员，私立学校的雇员，军人和等部分雇员有特定制度 社会救助：韩国的低收入公民
立陶宛	全民养老金：立陶宛居民 社会保险：公共和私营部门雇员；个体经营者；军事人员；义务兵；宗教人员；居家照料残疾人人员 社会救助：立陶宛贫困居民
卢森堡	个体经营者、农民和学徒，以及 1998 年 12 月 31 日以后加入劳动力市场的公共部门雇员，可自愿参加保险；1999 年 1 月 1 日之前进入铁路部门的铁路雇员和公共部门雇员实行特定制度
荷兰	荷兰居民与在荷兰工作的人员
挪威	全民养老金：挪威居住和工作的人员及永久挪威大陆架上移动设施的人员 社会保险与名义账户：雇员与个体经营者；对于海员、渔民、铁路雇员、公共部门雇员有特定制度 强制型职业年金：私营部门雇员；个体经营者可自愿保险；公共部门雇员有特定制度

续表

国家	覆盖人群
葡萄牙	社会保险：就业人员；年总收入超过月社会福利率 6 倍的个体经营者。自愿参保适用于年总收入高达每月社会福利率六倍的自雇人员，以及没有参加任何其他强制性缴费计划的人员 社会救助：葡萄牙居民，包括在澳大利亚、巴西、加拿大、佛得角和欧盟的公民
斯洛伐克	全民养老金：斯洛伐克居民 社会保险和个人账户：年收入超过每月最低核定基数 12 倍的就业人员和个体经营者。每月最低的考核标准是 456 欧元。可以自愿参保。部分情报、安全、警察、消防、海关等从业人员和军人实施特定制度
斯洛文尼亚	社会保险：从业人员、个体经营者（包括农民），以及领取失业救济金的人。自愿承保的对象包括：15 岁或 15 岁以上未纳入强制保险的永久居民、某些类别的低收入工人、兼职工人、遗属和职业养老金的领取者以及在国外工作的斯洛文尼亚公民 社会救助：斯洛文尼亚居民，包括有永久居留权的外国人
西班牙	社会保险：基于 11 个职业类别的工业、商业和服务行业雇员。一定条件下的农民和家庭雇员；离职且过去工作有投保的人员可以自愿参保；公共部门雇员、军人、个体经营者、海员和煤矿工人实施特定制度 社会救助：贫困老人和残疾人
瑞士	社会保险：瑞士的居民或有收入的雇员。瑞士、欧盟（EU）国家和欧洲自由贸易联盟（EFTA）国家的公民，如果他们居住在瑞士和欧盟 /EFTA 国家以外，但在瑞士有至少连续五年的强制保险，则可自愿参保 强制性职业养老金：年收入在 21150 法郎以上的雇员，且雇主为同一雇主；领取残疾和遗属补助金的事业人员；一些没有资格参加强制性保险的受薪工人和个体经营者可自愿参加
土耳其	雇员：包括公务员、自由职业者、全职家政人员 不包括：兼职家务工人。提供自愿参保 为银行、保险公司、商会和证券交易所的雇员实施特定制度
英国	社会保险：每周收入在 162~892 英镑的雇员，年收入至少 6205 英镑的个体经营者。可以自愿参保 就业支持津贴：有资格领取法定病假工资或法定产妇工资的受雇和自雇人员；某些失业者和失业者 社会救助：英国居民
美国	社会保险：从业人员，包括年收入总额至少 2100 美元的家庭雇员、1984 年 1 月 1 日以来雇用的联邦政府雇员以及大多数州和地方政府雇员，以及年净收入至少为 400 美元的个体经营者。不包括某些宗教团体的成员，暂时在美国工作的无异议的工人，外国政府和国际组织在美国的非居民雇员，以及为他们所登记的教育机构工作的某些学生。铁路雇员、1984 年 1 月 1 日前雇用的联邦政府雇员以及某些州和地方政府雇员实施特定制度 社会救助：居住在美国一个月或连续 30 天以上的美国贫困公民，以及符合特定条件的非公民。不包括居住在美属萨摩亚、关岛、波多黎各或美属维尔京群岛的美国贫困公民

资料来源：根据 Social Security Throughout the World 中各国资料翻译整理。

3. 储蓄型养老保险模式覆盖面

储蓄型养老保险模式设计较为复杂（见表 22-7）。首先，智利、哥伦比亚、爱沙尼亚、拉脱维亚和瑞典等带有个人账户或名义账户的国家会根据就业者进入劳动力市场的时间划分群体覆盖面，但会对未覆盖的群体提供自愿保险服务。其次，其他实行储蓄型养老保险制度模式的国家，对个体经营者和特殊职业群体制度覆盖有明确规定，未受到强制保险制度覆盖的人群会有社会救助和补充养老金制度提供制度覆盖和自愿参保。最后，针对贫困群体、弱势群体和难民也提供社会救助制度。

表 22-7 储蓄型养老保险模式覆盖人群

国家	覆盖人群
智利	社会保险：在 1983 年 1 月 1 日前缴纳社会保险并选择继续参加社会保险的工薪人员、受薪员工和收入低于法定月最低工资三倍的个体经营者。针对铁路雇员、海员和港口工人、公共部门雇员、军队和警察人员实行特定制度 强制性个人账户：1982 年 12 月 31 日以后进入劳动力市场的雇员，以及年收入不低于法定月最低工资、开具专业服务发票的个体经营者。1983 年 1 月 1 日以前社会保险计划所覆盖的工作人员和年度收入低于法定月最低工资的个体经营者的可自愿参保 社会救助：智利居民

续表

国家	覆盖人群
哥伦比亚	社会保险与强制个人账户：公共和私营部门雇员，包括家庭、短期（连续工作少于1个月）和日常工作人员；未享受任何其他养老金计划的外籍雇员；在2003年1月29日或以后受雇的国家石油公司（Ecopetrol）雇员；个体经营者。没有强制性保险的哥伦比亚居民、居住在国外的公民和通过另一个养老金计划承保的外国雇员可自愿参保。在2003年1月30日前聘用的Ecopetrol雇员、公共教育系统教师以及军人和警察实行特定制度 自愿个人账户：每月收入少于828116比索的哥伦比亚公民 社会救助：哥伦比亚贫困居民
爱沙尼亚	全民养老金、社会保险与社会救助：爱沙尼亚的永久居民；暂时居住在爱沙尼亚的非本国公民；合法难民 强制性个人账户：1982年12月31日以后出生的，社会保险覆盖的个人，包括个体经营者。1941年12月31日以后和1983年1月1日前出生的人可自愿参保
意大利	社会保险和名义账户：私营部门雇员，包括家庭雇员和个体经营者。 签订合同的工作人员可自愿参保 社会救助：意大利公民，居住在意大利的欧洲联盟公民，以及持有居留许可证在意大利连续居住10年的非欧盟公民
拉脱维亚	社会保险：就业和个体经营者、照顾未满18个月儿童的人以及领取各类津贴的人员。未满正常退休年龄但未领取养老金的个体经营者配偶以及小企业的员工可自愿参保 名义账户：就业和个体经营者、失业残疾人、某些社会保险津贴的领取者、军事人员和驻外外交人员的配偶以及从事临时公共工作的人。拉脱维亚15岁或15岁以上不参加强制性保险且没有养老金的永久居民、未满正常退休年龄但未领取养老金的个体经营者配偶以及小企业的员工可自愿参保 强制性个人账户：指2001年7月1日时小于30岁以下的雇员和自营职业者。2001年7月1日时为30至49岁人员可以自愿参保 社会救助：拉脱维亚的居民和持有永久居留证和个人身份证号码的非公民
墨西哥	全民养老金和社会救助：墨西哥居民 强制个人账户和社会保险：私营部门雇员和合作社成员。自愿参保的对象不被其他养老金计划覆盖的范围的人群，包括家庭工人、某些个体经营者和无薪工人、家庭工人、雇主、佃户和社区农民、小地主和公共部门雇员等。针对石油工人、某些公共部门雇员和军事人员实行特定社会保险制度
波兰	社会保险，名义账户和个人账户：从事经济活动的人员；可自愿参保 针对农民、军人和警察实行特定制度 社会救助：波兰居民
瑞典	全民养老金：瑞典居民 社会保险：雇员和个体经营者 名义账户：自1954年以来出生的雇员和个体经营者。1938~1953年出生的人有特殊的过渡规定 强制性个人账户：雇员和个体经营者

资料来源：根据Social Security Throughout the World中各国资料翻译整理。

从制度覆盖的角度来看，各国的养老保险制度已发展较为完备。我们可以明显发现，尽管各国具体制度有所不同，但是现有三种模式基本均按照多支柱的思路建设本国的养老保险制度，制度在基本覆盖全体居民的同时还对各类职业人群和外国公民提供差别化参保服务，对于贫困和弱势群体提供社会救助制度覆盖，保证其基本生活水平。

二、OECD国家养老基金参与资本市场的基本情况

OECD国家近年来出现了快速人口老龄化现象，1980年，OECD国家中有20%参加工作的人年龄达到65岁以上，2020年预计这一数字接近30%，而到2060年，参加工作的人中将有60%年龄在65岁以上①。人口老龄化的持续深入以及预期寿命的增加给养老金体系发展带来巨大压力。过去金融危机所遗留下来的沉重历史债务压缩了大多数国家的政策操作空间，与此同时经济增长放缓与低利率环境给养老金制度的可持续发展带来了新的挑战。近年来，OECD国家纷纷采取措施诸如延迟退休以及提高覆盖面等改革方案，弥补制度结构性缺陷，改善其养老基金的财务可持续性。我们将通过养老基金资产总额和养老基金资产比重等养老基金财务状况指标回溯近年来OECD国家养老基金参与资本市场的基本情况。第一部分利用不同指标来分析养老基金的资产规模、资产配置和投资绩效；第二部分比较OECD国家大型养老基金（LPFs）项目的资产

① 资料来源于OECD养老金报告Pensions at a Glance 2019。

规模和投资发展趋势；第三部分考察 OECD 国家公共养老储备基金（PPRFs）[①] 的资产规模与投资概况。

（一）养老基金规模与资本市场

本节主要通过基金资产总额和基金资产占 GDP 比重两个指标分析金融危机过后 10 年里 OECD 国家养老基金资产规模变化情况，并利用资产配置和投资回报率两个指标分析 OECD 国家养老基金发展变化情况。

1. 养老基金资产规模（Pension Funds' Assets）

截止到 2018 年的最新公开数据，OECD 国家养老基金资产总额达到 26 万亿美元。其中美国拥有最大的养老基金资产，持有资产总额超过 16 万亿美元，占据 OECD 养老基金资产总额的 61.7%；随之其后的国家分别是英国、加拿大、澳大利亚、荷兰和日本等，五个国家共持有资产总额 8.6 万亿美元，占据 OECD 养老基金资产总额的 32.9%；其余国家共计资产总额约为 1.4 万亿美元，占养老基金资产总额的 5.4%[②]。具体数据如表 22-8 所示。

表 22-8　OECD 国家养老基金资产概况　　单位：百万美元

国家	2008 年	2010 年	2012 年	2014 年	2016 年	2018 年
澳大利亚	1058376	986839	1383456	1634818	1492332	1883127
奥地利	17460	20333	21514	23276	21980	24533
比利时	15875	17783	22753	27561	30612	35213
加拿大	676981	1054139	1199563	1297508	1289362	1372822
智利	74313	148437	162021	165432	174480	193110
捷克	9909	12395	14337	14854	15684	21754
丹麦	155961	154612	161358	152349	138345	154373
爱沙尼亚	1023	1431	1953	2676	3264	4511
芬兰	156896	197832	119 601	126446	116075	132184
法国	2587	5345	8840	12594	14757	19007
德国	165634	187280	221112	236204	227312	267557
希腊	47	71	113	1322	1254	1584
匈牙利	13662	19001	5029	5043	5105	5876
冰岛	13877	17132	18773	22985	30524	36437
爱尔兰	88399	100883	106212	130880	101684	118508
以色列	80594	112 071	129591	153547	175958	198895
意大利	74722	94617	115637	130658	130334	153471
日本	—	—	965097	869084	967680	1024787
韩国	24290	40 876	63642	98784	122620	171124
拉脱维亚	147	208	261	342	403	529
立陶宛	—	1515	1887	2330	2713	3739
卢森堡	542	1067	1190	1801	1659	1853
墨西哥	90799	134749	168563	181881	145820	181697
荷兰	932779	1015666	1229054	1282009	1360625	1536269
新西兰	15384	19275	28406	40496	45370	54481
挪威	21934	33135	39454	37380	36899	40013

① 大型养老基金和公共养老储备基金在后文将用 LPFs 和 PPRFs 进行名称简写。

② 资料来源：OECD .Stat，OECD 数据库中部分国家数据存在缺失，因此本数据仅计算 OECD 数据库中未缺失数据。

续表

国家	2008 年	2010 年	2012 年	2014 年	2016 年	2018 年
波兰	47137	75238	88464	43126	36930	42235
葡萄牙	28226	26356	19093	21254	19467	22290
斯洛伐克	4417	6523	8994	9645	9523	12038
斯洛文尼亚	1632	2317	2474	2566	2436	2954
西班牙	108734	112225	114228	121585	112021	121437
瑞典	29821	47127	57406	47036	20129	21117
瑞士	506274	661168	734001	785906	810967	892616
土耳其	9309	16769	30200	41119	35217	17541
英国	1412247	2018041	2529995	2784630	2607820	2809112
美国	8688089	11064340	12129261	14302897	14828688	16178148

资料来源：https://data.oecd.org/pension/pension-funds-assets.htm。

从养老基金的发展趋势来看，金融危机后的 10 年里，大部分 OECD 国家养老基金不断发展壮大，部分国家的基金资产总额不断攀升，养老基金占据 GDP 较大比重，具体数据如表 22-9 所示。其中，澳大利亚、冰岛、荷兰、瑞士和英国的养老基金资产已超越本国的 GDP 总额，占比均超过 100%；加拿大、智利、捷克、以色列、意大利、韩国、新西兰和斯洛伐克等大多数 OECD 国家在近 10 年里养老基金发展迅猛，从资产总额和占 GDP 比重来看呈现几何级数增长。当然，各国国情不同，国家间的养老基金发展存在不同程度的差异，从养老基金占 GDP 的比重进行考察，部分国家在近十年中养老基金发展呈现不规则的倒“U”形发展轨迹，养老基金占 GDP 的起伏变动较多，如芬兰、匈牙利、爱尔兰、波兰、葡萄牙和瑞典等国家；希腊是所有 OECD 国家中养老基金资产占比最低的国家，近十年间，其养老基金资产占比不足 1%。总体来看，近十年来 OECD 国家养老基金发展规模呈现上升态势（见表 22-9）。

表 22-9　OECD 国家养老基金资产占 GDP 比重

单位：%

国家	2008 年	2010 年	2012 年	2014 年	2016 年	2018 年
澳大利亚	93.4	89.0	90.5	108.6	120.9	137.9
奥地利	4.3	5.1	5.1	5.8	5.9	5.6
比利时	3.2	3.6	4.5	5.7	6.8	6.8
加拿大	49.8	62.9	65.3	75.5	85.4	84.4
智利	49.8	62.3	59.7	67.6	68.7	70.2
捷克	4.8	5.9	6.7	7.9	8.4	9.2
丹麦	45.8	47.9	48.2	47.1	46.5	45.3
爱沙尼亚	4.5	7.3	8.3	11.0	14.3	15.4
芬兰	58.2	79.1	45.4	50.7	51.0	49.7
法国	0.1	0.2	0.3	0.5	0.6	0.7

续表

国家	2008 年	2010 年	2012 年	2014 年	2016 年	2018 年
德国	4.6	5.4	6.1	6.6	6.8	6.9
希腊	0.0	0.0	0.0	0.6	0.7	0.7
匈牙利	9.4	14.6	3.9	4.0	4.2	3.9
冰岛	106.3	117.8	131.5	140.7	138.3	151.2
爱尔兰	33.8	45.0	46.0	55.3	35.5	31.9
以色列	39.5	45.5	48.7	53.8	55.2	56.2
意大利	3.3	4.4	5.4	6.6	7.3	7.6
日本	—	—	16.9	20.4	21.1	20.7
韩国	2.8	3.7	4.9	7.3	9.0	10.7
拉脱维亚	0.4	0.9	0.9	1.2	1.5	1.6
立陶宛	—	4.0	4.3	5.2	6.6	7.2
卢森堡	1.0	2.0	2.0	3.0	3.0	2.7
墨西哥	10.0	12.5	13.9	15.3	15.0	15.2
荷兰	103.6	118.9	142.7	157.2	182.2	173.3
新西兰	10.4	14.0	16.3	21.4	24.1	27.4
挪威	5.9	7.5	7.4	8.8	10.2	9.8
波兰	10.9	15.4	16.8	8.8	8.3	7.5
葡萄牙	11.3	11.0	8.6	10.1	9.9	9.7
斯洛伐克	4.6	7.2	9.4	10.4	11.1	11.7
斯洛文尼亚	3.1	4.8	5.2	5.6	5.7	5.6
西班牙	7.0	7.8	8.3	9.6	9.5	8.8
瑞典	6.9	9.0	10.1	9.2	4.2	3.9
瑞士	89.7	102.0	107.4	119.6	124.8	127.4
土耳其	1.4	2.2	3.4	4.7	4.8	2.5
英国	61.3	81.2	94.6	96.7	107.6	104.5
美国	59.1	73.8	74.9	81.6	79.3	78.9

资料来源：OECD. Stat.

2. 私人养老基金规模（Personal Pension Funds' Assets）

通过 OECD 数据库中收集的 19 个国家私人养老基金的数据显示，私人养老基金整体呈稳中向上的发展态势，以智利和美国为代表，16 个国家私人养老基金规模 10 年内呈现指数级别增长，其中部分国家私人养老基金资产已经翻倍。但是仍然有丹麦、匈牙利和波兰等国家私人养老基金发展迟滞，私人养老基金资产有不同程度的减少，其中匈牙利的私人养老基金资产缩水最为严重，

2018年私人养老基金资产仅为2008年的43%。具体数据如表22-10所示。

表22-10　OECD国家私人养老基金资产概况

单位：百万美元

国家	2008年	2010年	2012年	2014年	2016年	2018年
智利	74313	148437	162021	165432	—	—
捷克	9909	12395	14337	14854	15684	21754
丹麦	147879	145564	151219	142639	129961	145248
爱沙尼亚	1023	1431	1953	2676	3264	4511
匈牙利	13662	19001	5029	5043	5105	5876
冰岛	1325	1639	1831	2218	3011	3664
以色列	12724	25007	33831	48352	64891	85236
意大利	4932	8093	11097	15094	16556	20989
日本	34224	48430	53004	49898	133481	145977
拉脱维亚	—	145	200	271	335	455
立陶宛	—	1515	1887	2330	2713	3739
墨西哥	73672	112073	146288	161257	132846	—.
新西兰	5517	8029	14338	—	—	—
波兰	46787	74715	87853	42617	36472	41753
葡萄牙	589	583	492	531	487	683
斯洛伐克	4417	6523	8994	9645	9523	12038
西班牙	69046	70406	70821	77761	73910	82061
土耳其	4185	7652	11005	15694	16547	17541
美国	1305543	1839490	2192129	2884217	3332821	3716546

注：部分国家的数据缺失存在两个原因：一是由于OECD. Stat没有收集公布，因此存在缺失；二是部分国家不存在此项养老金资产。

资料来源：OECD. Stat.

从资产占GDP比重这一指标来考量，私人养老基金资产占GDP的比重在近十年间的变化趋势与资产变化趋势是一致的。但是略有不同的是丹麦，虽然近十年资产略有减少，占GDP比重也略有下降，但是丹麦一直维持40%以上的比重，这主要是由于丹麦实行了强制性个人养老金制度。GDP比重较高的还有智利，作为拉丁美洲的代表，其普遍实行强制性的个人账户制度，因此私人养老基金资产占GDP比重相对较高。关于GDP比重的具体数据如表22-11所示。

表22-11　OECD国家私人养老基金资产占GDP比重

单位：%

国家	2008年	2010年	2012年	2014年	2016年	2018年
智利	49.8	62.3	59.7	67.6	—	—
捷克	4.8	5.9	6.7	7.9	8.4	9.2
丹麦	43.4	45.1	45.2	44.1	43.6	42.6
爱沙尼亚	4.5	7.3	8.3	11.0	14.3	15.4
匈牙利	9.4	14.6	3.9	4.0	4.2	3.9
冰岛	10.1	11.3	12.8	13.6	13.6	15.2
以色列	6.2	10.2	12.7	17.0	20.3	24.1
意大利	0.2	0.4	0.5	0.8	0.9	1.0
日本	0.6	0.8	0.9	1.2	2.9	2.9
拉脱维亚	—	0.6	0.7	0.9	1.3	1.3
立陶宛	—	4.0	4.3	5.2	6.6	7.2
墨西哥	8.1	10.4	12.0	13.6	13.7	—
新西兰	3.7	5.8	8.2	—	—	—
波兰	10.8	15.3	16.7	8.7	8.2	7.4
葡萄牙	0.2	0.2	0.2	0.3	0.2	0.3
斯洛伐克	4.6	7.2	9.4	10.4	11.1	11.7
西班牙	4.4	4.9	5.2	6.2	6.3	5.9
土耳其	0.6	1.0	1.2	1.8	2.2	2.5
美国	8.9	12.3	13.5	16.5	17.8	18.1

注：部分国家的数据缺失存在两个原因：一是由于OECD. Stat没有收集公布，因此存在缺失；二是部分国家不存在此项养老金资产。

资料来源：OECD. Stat.

3. OECD国家养老基金发展变化分析

考虑到各国的养老金制度设计有所不同，各国之间的替代率、覆盖面以及老龄化程度均有不同，因此各国在养老金改革方向皆依照本国国情具体设计，养老基金间的差异是必然存在且不可避免的。但是本报告的主要目标是考察OECD国家近十年的发展变化情况，因此我们通过前文分析OECD不同类型养老基金资产和GDP比重等指标，可以清晰地发现大多数OECD国家在近十年间养老基金发展呈现上升态势，养老基金资产实现了快速增长。

但是部分国家养老基金资产呈现了倒“U”形发展曲线以及不断下降的发展情况，这里我们认为人口老龄化叠加了欧洲债务危机是造成部分国家养老基金资产变化的重要原因。芬兰、匈牙利、爱尔兰、波兰、葡萄牙、西班牙和瑞典等欧洲福利国家均受到了人口老龄化叠加欧债危机的冲击，其养老基金资产在近十年有不同程度的缩水及与停滞，尤其是在 2012~2016 年，这其中大部分国家经历了由养老基金上涨到大幅缩水的发展形态。人口老龄化与债务危机的出现为养老金制度未来可持续发展敲响了警钟。

4. 养老基金资产配置

2018 年，选择债券、集体投资计划以及股票作为养老基金投资的主要工具是多数 OECD 国家的战略选择，其中债券投资最高的国家分别是墨西哥、捷克、匈牙利、以色列和丹麦，投资占比均超过 60%；利用集体投资计划展开投资的有比利时、澳大利亚、德国、拉脱维亚、立陶宛和瑞士等国家，投资占比均超过 50%；通过股票直接进行投资的国家主要是为波兰、芬兰、奥地利和美国。除了韩国，其他 OECD 国家在此三项工具中的投资占比均超过 60%，智利、爱沙尼亚和墨西哥投资占比更是高于 95%。其他投资工具中，现金和存款也是部分国家投资选择之一，韩国作为 OECD 国家中投资相对保守的国家，利用现金和存款投资占其总投资的 43.4%。除此之外，有 36.8% 的养老基金投资于保险，土耳其、捷克和澳大利亚等国家也将部分养老基金投资于现金和存款。意大利和英国也在保险和证券回购协议、商业票据和应收账款等工具展开投资（上述均归类为其他投资）。除了上述投资工具外，贷款、房地产投资以及私募基金、对冲基金等其他投资仅占 2018 年养老金资产投资的相对较小份额。需要具体说明的一点是，墨西哥和智利在其他投资中出现了负值，主要是其产生于 2018 年 12 月最后几天购买的资产，但其实际支付发生在 2019 年 1 月初，由此产生了异常值。具体数据如表 22-12 所示。

表 22-12 2018 年 OECD 养老基金资产配置概况

单位：%

国家	现金与存款	债券	贷款	股票	房地产投资	集体投资计划(CIS)	其他投资
澳大利亚	10.1	6.0	0.2	25.3	4.6	51.5	2.4
奥地利	7.7	45.4	1.1	32.8	4.6	—	8.4
比利时	2.5	12.7	0.7	8.6	0.5	71.7	3.3
加拿大	3.5	22.0	0.5	23.2	7.9	37.8	5.1
智利	0.3	48.9	0.3	8.9	—	42.1	-0.4
捷克	19.7	76.5	—	0.7	0.4	2.2	0.5
丹麦	0.2	60.0	1.1	21.3	0.2	2.2	15.0
爱沙尼亚	3.1	49.5	0.0	15.7	0.0	31.5	0.2
芬兰	4.1	27.9	2.9	42.0	11.9	—	11.2
德国	1.6	30.0	8.9	0.3	3.1	51.2	4.9
希腊	12.6	54.7	—	11.9	—	19.1	1.8
匈牙利	3.8	61.8	0.1	7.5	0.6	25.1	1.2
冰岛	3.8	44.3	11.5	14.7	0.0	19.3	6.6
以色列	5.2	60.3	4.9	8.9	0.6	11.6	8.5
意大利	6.3	40.9	—	14.1	1.2	11.2	26.3
韩国	43.4	10.4	0.0	0.0	—	9.3	36.9
拉脱维亚	7.2	36.8	0.0	1.6	0.0	53.6	0.7
立陶宛	7.2	37.7	0.0	0.8	0.0	54.3	0.0
卢森堡	8.2	38.9	0.0	1.2	0.0	42.9	8.8
墨西哥	0.9	77.1	—	10.2	—	12.2	-0.4
荷兰	3.1	46.2	4.2	28.6	9.4	—	8.5
新西兰	7.9	24.2	0.0	31.8	—	35.0	1.2

续表

国家	现金与存款	债券	贷款	股票	房地产投资	集体投资计划(CIS)	其他投资
挪威	2.0	39.0	0.6	15.4	2.6	39.6	0.7
波兰	5.7	7.4	0.0	84.9	0.0	0.0	2.0
葡萄牙	6.9	49.9	0.0	5.3	8.1	28.2	1.7
斯洛伐克	11.2	58.6	—	2.5	—	23.5	4.2
斯洛文尼亚	10.3	56.8	0.0	1.7	0.9	29.8	0.4
西班牙	10.1	45.2	0.0	13.2	0.1	22.3	9.1
瑞典	1.7	47.3	0.6	18.2	2.5	27.3	2.4
瑞士	4.8	11.8	3.4	7.0	9.0	60.1	3.8
土耳其	22.1	54.5	0.0	13.8	0.0	0.0	9.5
英国	2.2	30.2	—	9.0	—	26.6	31.9
美国	0.6	28.2	0.3	32.1	0.7	26.5	11.7

注：法国、爱尔兰和日本的数据并未收录在 OECD 数据库中，因此存在数据缺失。

资料来源：OECD. Stat.

5. 养老基金投资回报率

从养老基金财务汇报分析来看，2018 年是继金融危机和欧债危机风波后，OECD 国家养老基金投资业绩最差的年份。2018 年 OECD 国家养老基金实际平均回报率为 -3.2%，有高达 26 个 OECD 成员国养老基金呈现负增长，其中波兰、土耳其和奥地利损失最为严重，实际投资回报率分别为 -11.1%、-9.4% 和 -7.1%。当然在 2018 年仍然有少部分国家实现了养老基金的保值增值，澳大利亚作为少数养老基金获利的代表，实现了 5.6% 的实际投资回报率。实际投资回报率是通货膨胀与名义投资回报率的结合，因此低数字的存在并不一定是单独由低收益决定的，我们可以参考土耳其的名义投资回报率 9%，这是一个相当高的投资回报率，但实际投资回报率为 -9.4%，因此我们可以很明显得知土耳其的通货膨胀较为严重，同样名义投资回报率为正，实际投资回报率为负的国家还有智利、捷克、以色列和斯洛伐克。具体数据如表 22-13 所示。

表 22-13　OECD 养老基金平均投资回报率概况

单位：%

国家	名义平均投资回报率				实际平均投资回报率			
	2018 年	5 年期	10 年期	15 年期	2018 年	5 年期	10 年期	15 年期
澳大利亚	7.8	8.7	6.6	7.3	5.6	6.7	4.4	4.7
奥地利	-5.3	2.7	3.8	3.1	-7.1	1.2	1.9	1.2
比利时	-3.2	4.3	6.0	5.3	-5.4	2.8	4.1	3.3
加拿大	2.7	6.5	7.5	6.6	0.7	4.7	5.7	4.8
智利	1.5	6.5	7.4	6.7	-1.0	3.1	4.7	3.3
捷克	0.4	0.8	1.4	2.1	-1.6	-0.5	-0.1	0.0
丹麦	-0.5	4.9	5.9	5.8	-1.3	4.2	4.6	4.2
爱沙尼亚	-2.3	2.3	4.2	2.6	-5.5	0.7	2.2	-0.7
芬兰	-1.5	4.5	—	—	-2.6	3.9		—
德国	1.9	3.5	3.9	4.0	0.4	2.5	2.7	2.5
希腊	-0.8	3.8	—	—	-1.4	4.1	—	—
匈牙利	-1.7	5.0	3.9	4.0	-4.3	3.6	—	—
冰岛	5.6	6.4	7.2	7.6	1.8	4.2	3.7	2.7
爱尔兰	-5.2	—	—	—	-5.9	—	—	—

续表

国家	名义平均投资回报率				实际平均投资回报率			
	2018 年	5 年期	10 年期	15 年期	2018 年	5 年期	10 年期	15 年期
以色列	0.6	4.1	7.1	—	−0.2	4.2	5.8	—
意大利	−1.7	2.2	3.2	3.2	−2.8	1.7	2.0	1.7
韩国	3.3	3.6	4.1	4.0	2.0	2.3	2.2	1.7
拉脱维亚	−4.4	1.5	3.6	2.8	−6.7	0.0	2.2	−1.0
立陶宛	−4.3	3.1	—	—	−6.0	1.7	—	—
卢森堡	−3.4	2.5	3.7	—	−5.2	1.5	2.0	—
墨西哥	−0.3	4.2	6.4	—	−4.9	0.0	2.3	—
荷兰	−1.2	6.1	7.7	6.1	−3.1	4.9	6.0	4.4
挪威	−0.1	4.9	6.2	5.9	−3.4	2.3	4.0	3.7
波兰	−10.0	—	—	—	−11.1	—	—	—
葡萄牙	−1.1	2.8	3.3	3.7	−1.8	2.2	2.2	2.2
斯洛伐克	0.0	1.8	1.7	—	−2.0	1.1	0.4	—
斯洛文尼亚	−0.5	5.0	5.1	—	−1.9	4.3	3.8	—
西班牙	−3.1	2.2	3.4	—	−4.3	1.6	2.1	—
瑞士	−3.0	3.1	4.2	3.3	−3.6	3.1	4.2	2.9
土耳其	9.0	9.1	9.1	—	−9.4	−2.1	−0.2	—
美国	−4.9	2.3	4.8	2.6	−6.7	0.8	3.0	0.5

注：部分国家基金投资相对较晚因此长期投资回报率没有数据。

资料来源：2019 年 OECD 养老金报告（Pensions at a Glance 2019）。

养老基金作为一项长期投资计划，长期投资回报率是衡量养老基金投资水平的重要指标。所有 OECD 国家中，5 年期、10 年期和 15 年期名义平均投资回报率均获利，但是在实际平均投资回报率中，部分国家出现了反转，在报告国家中，过去 5 年期、10 年期和 15 年期，年均名义回报率均为正值，而在扣除通货膨胀因素后，大部分国家仍然可以保持正向的实际投资回报率。加拿大和澳大利亚的 15 年平均投资回报率最高，分别为 4.8% 和 4.7%，随之其后的是荷兰的 4.4% 以及丹麦的 4.2%。而呈现相反态势的是，捷克、爱沙尼亚和拉脱维亚三国均有出现负向实际投资回报率。还有值得注意的是土耳其，其 10 年期的名义和实际投资回报率相差 9%，其较高的通货膨胀率是需要规避的问题。

（二）LPFs 资产规模与投资分析

1. LPFs 资产规模

截至 2017 年底，根据 OECD 国家汇报的数据显示，LPFs 管理的资产总额接近 4 万亿美元，其中，荷兰的国家公务员养老基金（ABP）是目前规模最大的基金，拥有资产 5455 亿美元，其次是美国的加州公务员退休基金（CalPERS）和荷兰的卫生保健基金（PFZW），分别拥有 3265 亿美元和 2365 亿美元。OECD 国家基金增长速度较快，资产增长率较前一年平均增长 9.7%，澳大利亚、立陶宛和美国资产增长尤为突出。澳大利亚的 Hostplus 养老基金较前一年增长 31.4%，澳大利亚超级年金（AS）增长 19.5%，建筑业养老基金（CBUS）增长 18.4%；立陶宛的第三和第四瑞典银行退休金分别增长 16.2% 和 21.8%；美国的威斯康星州投资委员会基金资产较前一年增长 24.7%。其他 OECD 国家部分基金也有大幅增长，瑞典的第七国民养老基金增长了 22.2%，英国的 BBC 养老金计划基金增长了 22.7%，总共有 11 只基金的资产增加量超过 15%，仅有爱尔兰和西班牙的两只基金资产规模下降。在占 GDP 比重方面，荷兰的国家公务员养老基金（ABP）和卫生保健基金（PFZW）总共占 GDP 的 88.3%，丹麦的劳动力市场补充养老基金（ATP）为 35.3%，冰岛的 LSR 养老基金占 31.4%。OECD 国家 LPFs 资产总额占 GDP 比重的加权平均值为 15.2%。具体数据如表 22-14 所示。

表 22-14　OECD 国家 LPFs 资产规模概况

国家	名称	LPFs 总资产		
		资产总额（十亿美元）	GDP 比重（%）	资产增长率（%）
澳大利亚	澳大利亚超级年金（AS）	101.2	7.2	19.5
	建筑业养老基金（CBUS）	33.9	2.4	18.4
	卫生员工退休信托基金（HESTA）	31.1	2.3	15.5
	Hostplus 养老基金	22.6	1.6	31.4
	昆士兰州养老基金（Qsuper）	72.3	5.3	7.2
	教育与科研员工退休金（UniSuper）	48.7	3.5	11.7
奥地利	APK 养老基金	5.6	1.3	7.1
	Valida 养老基金	6.7	1.5	7.0
	VBV 养老基金	7.9	1.8	12.7
加拿大	阿尔伯塔投资管理公司（AIMCO）	82.6	4.8	8.2
	不列颠哥伦比亚投资管理公司	101.9	6.6	11.2
	地方政府养老金计划（LAPP）	34.0	2.0	13.2
	安大略省职工养老保险基金（OMERS）	76.8	4.5	11.6
	安大略省教师退休金计划（OTPP）	147.7	8.6	7.7
智利	Cuprum 养老基金管理公司	41.1	14.0	6.3
丹麦	劳动力市场补充养老基金（ATP）	123.8	35.3	1.2
	丹麦养老金	34.4	9.8	10.8
	PFA 养老基金	76.9	20.5	7.1
芬兰	KEVA 退休基金	62.2	23.2	6.9
	Varma 共同养老保险公司	54.3	20.2	7.2
法国	法国公务员补充养老金（ERAFP）	28.3	1.0	9.8
德国	巴斯夫养老基金	11.4	0.3	10.1
	拜耳养老基金	10.3	0.3	2.8
冰岛	Birta 养老基金	3.1	12.5	8.7
	Gildi 养老基金	4.9	19.7	9.5
	LSR 养老基金	7.9	31.4	10.7
	商业养老基金	6.4	25.4	10.4
爱尔兰	爱尔兰银行	6.3	1.8	-2.1
	ESB 能源公司养老基金	4.5	1.3	16.0
意大利	Cometa 养老基金	13.1	0.6	6.0
	化学及制药行业养老金（Fonchim）	7.4	0.4	9.0
	Fonte 养老基金	4.4	0.2	9.3
日本	养老基金协会	109	2.3	4.1
韩国	三星生命保险公司	13.7	0.8	8.9
立陶宛	第二瑞典银行退休金	0.3	0.6	7.6
	第三瑞典银行退休金	0.5	1.0	16.2
	第四瑞典银行退休金	0.2	0.5	21.8

续表

国家	名称	LPFs 总资产		
		资产总额（十亿美元）	GDP 比重（%）	资产增长率（%）
荷兰	卫生保健基金（PFZW）	236.5	26.7	6.4
	金属行业退休基金（PMT）	83.4	9.4	1.9
	国家公务员养老基金（ABP）	545.5	61.6	8.3
	金属行业退休基金（PME）	55.9	6.3	4.2
葡萄牙	葡萄牙投资银行养老基金	1.8	0.8	16.2
	葡萄牙储蓄信贷银行	3.2	1.4	6.1
西班牙	恩德萨国家电力公司养老金	2.1	0.2	2.9
	Fonditel 养老基金	3.9	0.3	-3.3
	桑坦德银行养老基金	0.3	0.0	9.9
瑞典	Alecta 养老基金	101.1	16.7	7.7
	第七国民养老基金（AP7）	51.1	7.4	22.2
瑞士	邮政养老基金	17.4	2.4	6.6
	联邦公共养老基金（Publica）	40.4	5.6	5.2
土耳其	武装部队援助基金（OYAK）	19.6	2.4	7.1
英国	BBC 退休金计划	19.7	0.8	22.7
	电信养老金计划	64.0	2.5	7.0
	铁路养老金计划（RPS）	37.2	1.3	7.7
	苏格兰皇家银行集团养老基金	60.5	2.2	2.2
	英国高校退休金计划（USS）	87.1	3.0	6.5
美国	加州公务员退休基金（CalPERS）	326.5	1.7	9.3
	加州教师退休基金（CalSTRS）	208.7	1.1	10.6
	佛罗里达退休养老金计划	154.4	0.8	8.7
	洛杉矶员工退休协会	55.6	0.3	12.2
	马萨诸塞州退休金储备投资管理委员会	66.9	0.3	10.1
	纽约州地方退休计划	197.6	1.0	7.6
	威斯康星州投资委员会	104.6	0.5	24.7

注：资产增长率是较前一年计算所得。

资料来源：2019 年 OECD 调查报告（Annual Survey of Large Pension Funds and Public Pension Reserve Funds）。

2. LPFs 资产配置情况

LPFs 的资产投资配置包括固定资产、现金及存款、上市公司股票、对冲基金、房地产投资、基础设施、私募股票以及其他类别，如自然资源、贷款或商品。根据图 22-1 的资产配置概况，我们可以明显发现大多数 LPFs 的资产配置是以固定资产、现金和上市公司股票为主。

援引 OECD 调查报告的具体数据，2017 年，LPFs 总资产的 45.6%投资于固定资产和现金，股票占 35.6%，另类 / 其他投资占 18.8%。韩国、意大利和西班牙的 LPFs 对固定资产和现金的分配较高。意大利的 Fonte 养老基金投资了 81.0%的资产用于固定资产和现金，而其他投资相对保守的基金有韩国的三星生命保险公司基金和西班牙的桑坦德银行养老基金，两只基金分别投资了 64.4%和 68.7%的固定资产和现金。瑞士最大的联邦公共养老基金（Publica）也有 61.4% 投资用于固定资产和现金。瑞典的第七国民养老基金（AP7）基金有 90.4% 用于投资上市公司股票，其次是立陶宛的第四瑞典银行退休金，比例为 67.6%。与其他国家的基金相比，澳大利亚和美国的基金对股票投资分配更高。除上述三个主要投资分配渠道外，设在爱尔兰 ESB 能源公司养老基金将总资产的 62.6%投资于对冲基金、房地产投资、基础设施、私募股票等投资，加拿大的安大略省教师退休金计划（OTPP）在上述渠道中也投资了 50.6%①。而意大利的三只基金对于此类投资的配置微乎其微。

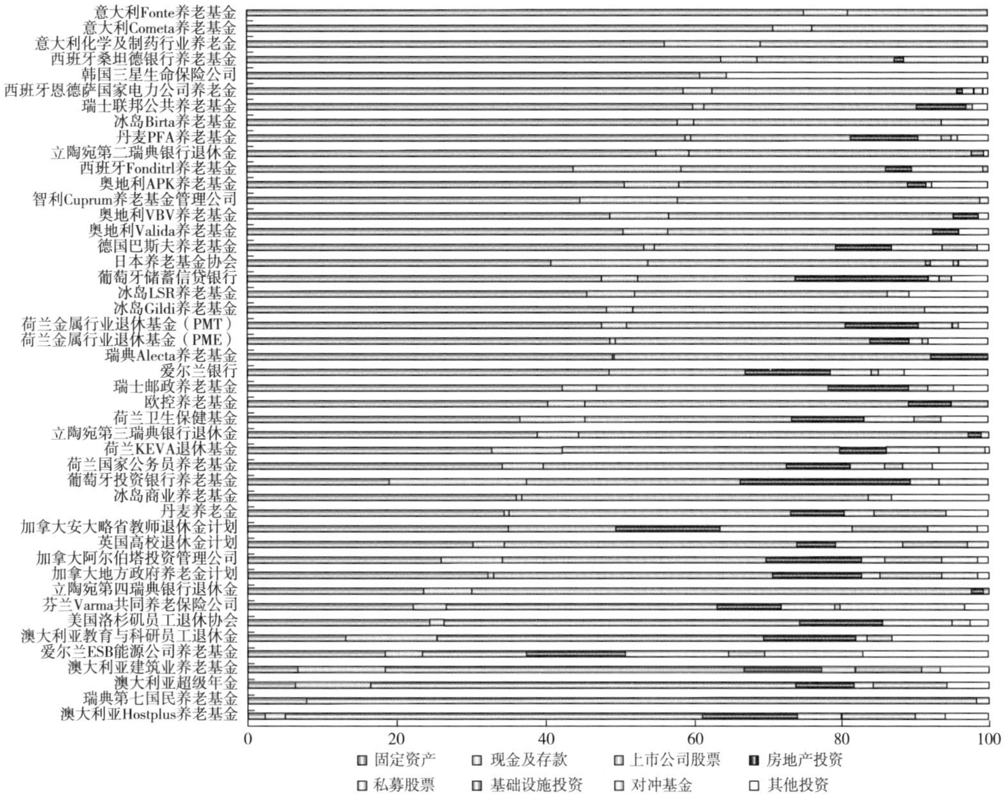

图 22-1　OECD 国家部分 LPFs 资产配置情况

资料来源：2019 年 OECD 调查报告（Annual Survey of Large Pension Funds and Public Pension Reserve Funds）。

3. LPFs 投资回报率

2017 年，美国标普 500 指数连续第九年取得正回报，这为 LPFs 投资提供了优势平台。欧洲各国股市也有不同程度的上涨，市场利好带动了投资收益的扩大。2017 年，LPFs 的投资回报率均为正值，部分基金投资回报率较高，澳大利亚、日本、葡萄牙和美国的四只基金在 2017 年的投资回报率都超过或接近 10%。市场中对全球增长的乐观态度以及各国实施的量化宽松政策推动了投资收益率的提高。从长期来看，所有国家的 5 年期投资回报率皆为正值，意大利和西班牙的 5 年期投资回报率较低，其他国家的投资收益率基本超过 5%，这也是由于意大利和西班牙对于 LPFs 资产配置相对保守造成的，因此当股票市场较热时，配置股票较多的 LPFs 便会取得良好的收益。具体数据如表 22-15 所示。

表 22-15　OECD 国家 LPFs 投资回报率分析　　单位：%

国家	名称	LPFs 名义平均投资回报率				LPFs 实际平均投资回报率			
		2013 年	2015 年	2017 年	5 年期	2013 年	2015 年	2017 年	5 年期
澳大利亚	澳大利亚超级年金（AS）	17.5	7.7	13.6	11.1	14.4	6.1	11.4	9.1
加拿大	安大略省教师退休金计划（OTPP）	10.9	13.0	9.7	9.8	9.5	11.2	8.0	8.2
智利	Cuprum 养老基金管理公司	7.6	6.6	4.8	8.7	4.4	2.1	2.6	4.9

① 资料来源：2019 年 OECD 调查报告（Annual Survey of Large Pension Funds and Public Pension Reserve Funds）。

续表

国家	名称	LPFs 名义平均投资回报率				LPFs 实际平均投资回报率			
		2013 年	2015 年	2017 年	5 年期	2013 年	2015 年	2017 年	5 年期
芬兰	KEVA 退休基金	7.5	4.8	7.7	7.2	5.8	5.1	6.9	6.6
意大利	Cometa 养老基金	3.9	1.7	1.9	3.1	3.2	1.6	0.6	2.7
	化学及制药行业养老金（Fonchim）	6.7	3.0	3.2	4.5	6.0	2.9	2.0	4.1
	Fonte 养老基金	4.3	2.2	1.9	3.3	3.6	2.1	0.7	2.9
日本	养老基金协会	24.3	1.9	10.5	9.8	22.3	1.8	9.9	8.9
荷兰	卫生保健基金（PFZW）	3.7	-0.1	5.1	7.1	2.0	-0.8	3.7	6.1
	金属行业退休基金（PMT）	1.1	2.3	4.1	7.6	-0.6	1.6	2.6	6.6
	国家公务员养老基金（ABP）	6.2	2.7	7.6	8.0	4.5	2.0	6.1	7.0
葡萄牙	葡萄牙投资银行养老基金	16.7	14.7	13.0	10.0	16.5	14.2	11.5	9.5
西班牙	恩德萨国家电力公司养老金	9.4	3.5	4.0	5.6	9.1	3.4	2.0	5.3
	Fonditel 养老基金	4.2	2.7	4.8	3.8	3.9	2.6	2.8	3.6
	桑坦德银行养老基金	7.2	2.1	3.6	4.3	6.9	2.1	1.6	4.1
英国	英国高校退休金计划（USS）	12.8	3.6	6.1	11.4	10.5	3.4	3.5	10.0
美国	洛杉矶员工退休协会	15.0	1.5	14.9	9.2	13.3	0.8	12.5	7.8

注：本表仅汇报有长期投资收益数据的基金，其余基金成立年限较短，因此本表不作汇报。

资料来源：2019 年 OECD 调查报告（Annual Survey of Large Pension Funds and Public Pension Reserve Funds）。

（三）PPRFs 资产分析与投资运作

1. PPRFs 资产规模

在 OECD 国家中，有许多国家在养老金制度设计中设置公共养老储备基金降低未来风险，以备不时之需，这些公共养老储备基金大多独立于三支柱体系存在，依照现收现付支付制展开运行。根据 OECD 最新的养老金数据显示，截至 2018 年底，17 个 OECD 国家 PPRFs 资产总额共计超过 6 万亿美元，PPRFs 平均占 GDP 比重为 14.2%。其中，美国拥有最大的 PPRFs 资产，共计 2.9 万亿美元，占 OECD 国家总资产的 48.7%；日本位居第二，接近 1.5 万亿美元的资产总额占据 OECD 国家总额的 24.5%，紧随其后的是韩国、加拿大和瑞典三国，共计占据 OECD 国家资产总额的 19.9%。GDP 占比中，韩国国民养老基金的比例最高，占 GDP 的 34.2%，其他比例较大的国家包括卢森堡为 30.8%，瑞典为 29.4%，日本为 28.8%，加拿大和芬兰分别为 28.4%。智利和波兰等国家 PPRFs 制度建立较新，因此资产水平相对较低，而西班牙等国家近几年养老金赤字严重，因此 PPRFs 资产相对较少。具体数据如表 22-16 所示。

表 22-16　2018 年 OECD 公共养老储备基金资产概况

国家	建立时间	GDP 比重（%）	资产总额（百万美元）	国家	建立时间	GDP 比重（%）	资产总额（百万美元）
澳大利亚	2006	7.7	103771	墨西哥	—	0.1	1552
加拿大	1997/2006	28.4	472278	新西兰	1989	13.2	26196
智利	2006	5.1	14138	挪威	2001	7.3	29258
芬兰	1997	28.4	75551	波兰	2002	2.0	11145

续表

国家	建立时间	GDP 比重（%）	资产总额（百万美元）	国家	建立时间	GDP 比重（%）	资产总额（百万美元）
法国	—	2.5	67899	葡萄牙	1977	8.1	18.911
德国	1972	1.0	40096	西班牙	1997	0.4	5725
日本	2006	28.8	1478578	瑞典	2000	29.4	157359
韩国	1988	34.2	573155	美国	1940	14.3	2939300
卢森堡	2004	30.8	20762				

注：部分国家并不存在 PPRFs，因此没有数据。加拿大存在"加拿大养老金计划投资委员会"和"魁北克退休金计划"两个 PPRFs 且建立时间不同，因此存在两个建立时间。

资料来源：2019 年 OECD 养老金报告（Pensions at a Glance 2019）。

2. PPRFs 资产配置

与 LPFs 类似，股票与固定资产也是 PPRFs 投资选择中的主要投资工具。多个储备基金热衷于投资股票市场，根据 OECD 养老金报告数据显示，挪威的养老储备基金将其总资产的 60.9% 投资于股票，固定资产投资了 35.6%，瑞典的第四国民养老基金也将大部分资产投资于股票和固定资产，其平均有 46% 的资产投资股票，33% 的资产投资固定资产。日本的政府年金投资基金（GPIF）也投资了 46.9% 的上市股票资产，高于其 46.6% 的固定资产投资。当然，仍然有少数国家的储备基金投资较为保守，智利、葡萄牙和波兰主要资产投资于固定资产。不过需要注意的是美国，区别于传统的储备基金，美国储备基金所有的资产受到法律限制，因此仅能投资政府债券。除了固定资产和股票，PPRFs 的投资选择还包括现金和存款、对冲基金、房地产以及基础设施等其他投资（见图 22–2）。加拿大退休金计划投资委员会（CPPIB）基金将 51% 的资产投资于对冲基金、房地产以及基础设施等其他投资，瑞典的第二、第三和第四国民养老基金也对其他投资项目进行不同比重的分配。而瑞典的第六国民养老基金（封闭式基金）专门从事未上市资产的投资，其中 64.3% 的投资组合为私募股权[①]。

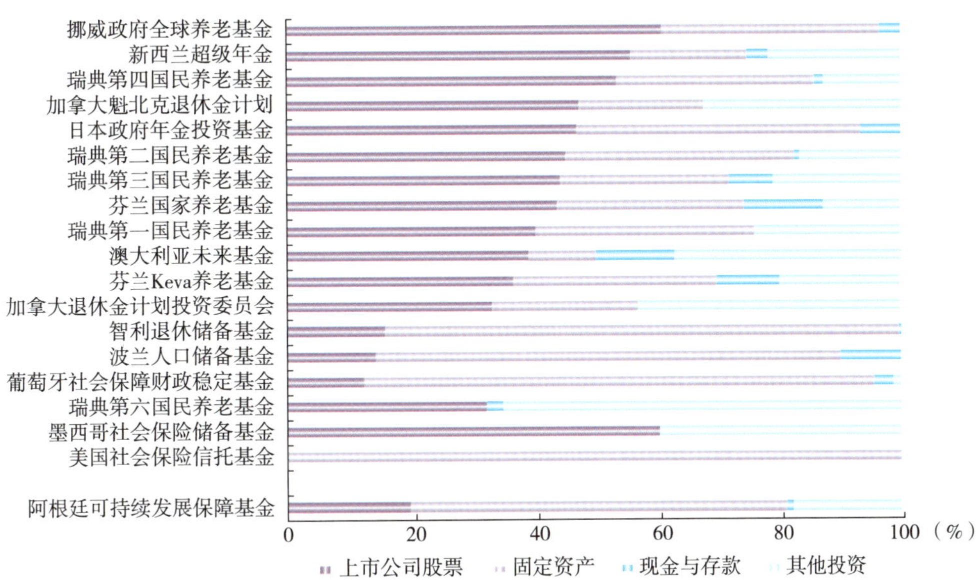

图 22–2　OECD 国家部分 PPRFs 资产配置情况

资料来源：2019 年 OECD 养老金报告（Pensions at a Glance 2019）。

① 资料来源：2019 年 OECD 养老金报告（Pensions at a Glance 2019）。

3. PPRFs 投资回报率

与 LPFs 相比，PPRF 的投资相对保守。2017 年，大部分 PPRFs 取得了投资正收益，但是智利和西班牙两只储备基金却遭受资产损失。从表 22-17 中的结果进行分析，许多储备基金取得了较高的投资回报率，新西兰超级年金 2017 年取得了 17.6% 的投资回报率，成绩斐然。挪威、日本和瑞典的第六国民养老基金（AP6）也紧随其后，均有超过 10% 的投资回报率。从长期投资回报率的角度进行分析，所有基金均能取得正向收益，新西兰、瑞典和加拿大的公共储备基金投资水平明显高于其他 OECD 国家，不俗的投资实力造就其公共养老储备基金的资产增值。

表 22-17 OECD 国家 PPRFs 投资回报率分析

单位：%

国家	名称	PPRFs 名义平均投资回报率				PPRFs 实际平均投资回报率			
		2013 年	2015 年	2017 年	5 年期	2013 年	2015 年	2017 年	5 年期
澳大利亚	未来基金	17.2	8.4	8.8	11.0	14.1	6.6	6.7	9.0
加拿大	加拿大退休金计划投资委员会	13.5	16.0	11.6	12.1	12.1	14.1	9.9	10.5
	魁北克退休金计划	15.3	10.5	10.7	11.4	13.9	8.8	9.0	9.7
智利	退休储备基金	10.5	12.8	2.0	7.9	7.2	8.1	-0.2	4.2
芬兰	国家养老基金	6.4	4.9	6.5	6.5	4.7	5.1	5.7	5.8
日本	日本政府年金投资基金（GPIF）	17.1	1.8	11.0	8.1	15.2	1.7	10.5	7.1
韩国	国民年金公司	4.2	4.6	7.3	5.2	3.0	3.4	5.2	4.0
卢森堡	公共养老储备金（FCCRGP）	5.6	3.5	3.8	5.8	4.0	2.4	2.0	5.0
墨西哥	社会保障储备基金	4.6	4.2	7.7	5.2	0.6	2.0	1.5	1.4
新西兰	新西兰超级年金	26.1	6.5	19.8	15.7	24.1	6.4	17.6	14.6
挪威	挪威政府全球养老基金	15.6	6.9	13.2	10.6	13.3	4.5	11.1	8.0
波兰	人口储备基金	3.0	-0.1	6.0	3.1	2.3	0.5	3.8	3.0
葡萄牙	社会保障财政稳定基金	6.9	3.6	8.9	6.6	6.7	3.1	7.4	6.1
西班牙	社会保障储备基金	9.1	1.1	-0.1	4.4	8.9	1.0	-2.0	4.2
瑞典	第一国民养老基金（AP1）	11.2	4.0	9.6	9.7	11.0	3.9	7.7	9.1
	第二国民养老基金（AP2）	12.7	4.0	9.0	9.8	12.5	3.9	7.1	9.2
	第三国民养老基金（AP3）	14.1	6.8	8.8	10.5	13.9	6.7	6.9	9.9
	第四国民养老基金（AP4）	16.4	6.8	9.1	11.5	16.2	6.7	7.2	11.0
	第六国民养老基金（AP6）	9.2	12.2	12.3	9.3	9.1	12.1	10.3	8.7
美国	社会保险信托基金	3.8	3.4	3.0	3.4	2.3	2.6	0.8	2.1

资料来源：2019 年 OECD 调查报告（Annual Survey of Large Pension Funds and Public Pension Reserve Funds）。

三、基于 OECD 国家发展经验的中国养老保险基金改革思考

2018 年，中国的基本养老保险基金结余为 5.82 万亿元，相比于 2008 年的基本养老保险基金结余 0.99 万亿元，呈现了几何级数增长[①]。直观地看，中国的养老保险基金规模增速远远高出 OECD 国家，养老保险基金发展取得了巨大进展，但是，中国的养老保险基金仍然面临着比许多 OECD 国家更加严峻的问题。

① 资料来源于《中国统计年鉴 2019》。

第一，从 2008 年至 2018 年，中国养老保险基金结余占 GDP 的比重由 3.09% 增至 6.48%[①]，呈现出较大的增长态势，但相对大多数 OECD 国家来说，这个比例仍然较低。第二，中国的抚养比将会在未来几十年急剧增加，这将会使养老保险基金结余面临着巨大压力，而许多 OECD 国家未来制度抚养比增速较缓，养老保险基金的压力不会迅猛上升。第三，中国当前积极推进降低养老保险企业缴费率的政策，对于养老保险基金收入规模的实际影响尚未明确，降费能否跨越"拉弗曲线"的拐点，以及最优费率增加养老保险基金收入，仍需要一段时间的尝试与验证；在目前的降费政策下，若使基本养老保险的基金收入减少，将会增加养老保险基金压力。第四，中国养老保险制度中，第一支柱养老金是养老保险基金的主要部分，第二支柱和第三支柱在养老保险基金中占比较低，养老保险对第一支柱的依赖过于严重；而许多 OECD 国家具有均衡的三支柱养老保险制度体系，健康的三支柱比例通常为 5：3：2 或 4：3：3，第二、三支柱在养老保险基金中起到了重要的支撑作用。第五，相比于大多数 OECD 国家，中国的养老保险基金投资渠道有限，并且养老保险基金分散管理，收益效率低，面临着保值增值的危机。

"欲木之长者，必固其根本；欲流之远者，必浚其泉源。"参考 OECD 国家养老保险基金规模和投资的经验，中国在面临养老保险基金可持续的巨大压力下，应在固本和浚源——养老保险基金的保值增值和扩大收入——两方面向 OECD 国家学习，实现养老保险基金的可持续发展。

当前中国养老保险基金的投资渠道比较有限，基本养老保险基金除少部分委托社保基金管理外，大部分由省级统筹，基本以银行存款和国债的形式存在。其中，银行存款是目前中国养老保险基金的主要投资渠道，而国债是中国养老保险基金的主要投资来源。银行存款结合国债的形式具备非常高的安全性和一定的流动性，但其投资业绩较差。根据艾伦条件，人口增长率和实际工资增长率之和是养老保险基金收益性的最低要求。然而，2018 年中国人口自然增长率为 3.81‰[②]，实际工资增长率大概为 4% 左右[③]，两者之和远远高出 2018 年的活期存款利率 0.35% 左右，也持平于三年期国债利率 4%[④]，考虑到中国养老保险基金以银行存款为主、国债为辅的投资渠道，未来的基金投资应参照 OECD 国家养老保险基金的经验与教训，结合自身制定更为灵活多变的保值增值策略。

（一）政府主导兼市场管理的混合模式

当前 OECD 国家主要有三类养老保险基金的投资运营与管理模式：一是政府管理模式，如日本、韩国等，该模式一般用于公共养老金的管理，能够防止基金被挪用和占用、降低投资管理成本，但收益率较低。二是市场管理模式，如智利，该模式多用于企业年金或部分公共养老保险基金管理，其营销成本和投资管理成本较高但同时具有较高的收益率。三是结合政府与市场的混合管理模式，如美国、德国等，该模式多用于多支柱养老保险体系，其中基本养老金采用政府管理模式，补充养老金为市场管理模式。并且，随着全球人口老龄化的发展和经济下行的压力，为实现养老保险基金的保值增值，目前 OECD 国家呈现出了市场化管理越来越重要的趋势。

目前中国养老保险基金仍主要来源于公共养老金，管理模式也以政府管理为主。在当前情况下，适度放宽市场化的投资范围，在政府管理的基础上逐步实行养老保险基金的市场化运行，在保证基金安全性的基础上，实现更高的基金收益率。

（二）安全性与流动性为基本、收益性为目标的原则

安全性、流动性和收益性是包括 OECD 和中国在内所有国家养老保险基金投资的三个原则，但三者难以同时兼备，因此不同国家存在不同的目标追求，而对三者的追求不同体现在对于投资渠道的限制程度上。根据 OECD 国家的经验，更加追求收益性和流动性的国家对投资限制较低，该类型国家可以被称为低限制类型国家，代表是美国、英国、荷兰等；更加追求安全性和流动性的国家对投资限制较高，该类型国家可以被称为高限制类型，代表是东欧各国；兼顾安全性、流动性与收益性的国家被称为中等限制类型国家，代表是法国、德国、瑞士等。

不同 OECD 国家的投资原则不同，与其福利体制、文化传统和政治目标等密切相关。比如，以美国和英国等为代表的以自由主义思想为主导的国家，更加注重养老保险基金投资的收益性和流动性，因此其养老保险基金的投资渠道较多，限制也较少；而法国和德国等保守

①② 资料来源于《中国统计年鉴 2019》。

③ 资料来源于光辉合益公司发布（Hay Group）《2017 薪酬调研及 2018 经济趋势预测报告》，2017 年中国实际工资增长率为 4.0%，并预测 2018 年中国实际工资增长率为 4.2%。

④ 资料来源于《中华人民共和国财政部公告 2018 年第 116 号》第一条：第五期和第六期国债（以下统称两期国债）最大发行总额 360 亿元，其中，第五期期限为 3 年，最大发行额 180 亿元，票面年利率 4%；第六期期限为 5 年，最大发行额 180 亿元，票面年利率为 4.27%。

主义福利体制强调政府管制，侧重考虑养老保险基金投资的流动性和安全性，将投资收益作为最后考虑的因素，因此对投资设置了较多的限制。因此，中国的养老保险投资原则也需要结合自身的文化背景、社会制度和目的等来决定。另外，投资的原则并非一成不变，随着中国养老保险制度的发展以及资本市场的完善与成熟，养老保险基金的投资原则可以及时进行调整，以实现更大的收益。考虑到中国养老保险基金的相对规模较小、基金收支压力大、风险承担能力弱，以及 OECD 国家近年来投资收益率较低甚至负收益等因素，中国目前的养老保险投资仍然需要以安全性和流动性为主，在此基础之上再兼顾收益性，因此，需要制定以安全性与流动性为基本、收益性为目标的原则；随着养老保险制度的发展和经济的复苏繁荣，在未来可以进一步由安全性向收益性过渡。

（三）集中管理和多元投资的手段

目前，中国由于养老保险统筹程度较低，养老保险基金由各统筹地区分别管理，这种分散化的管理会导致基金的利用效率低下。许多 OECD 国家，比如智利，通过建立专门的养老基金管理公司 AFP，集中管理与投资养老保险个人账户的基金。中国可以借鉴其经验，将各统筹地区养老保险基金集中于一个受托机构统一管理，同时推行集合养老金计划，将零散的私人养老金等资产集合，实现规模经济效益，提高养老保险基金收益。关于受托机构的委托方式，目前存在两种主流方式：一是契约制，主要存在于欧洲大陆和中东欧的 OECD 国家；二是信托制，主要存在于美国、英国、智利等非欧洲大陆 OECD 国家。相比于契约制，信托制虽然存在委托代理关系复杂、管理成本较高等缺点，但能够较为充分保护受托人的利益，符合养老保险基金安全性的投资管理要求，因此，中国可实行信托制进行委托。

在将养老保险基金集中管理时，应逐步向多元投资转变。多元投资时，参照 OECD 国家为保证安全性的经验，对养老保险基金投资低流动性、高波动性的风险性资产存在禁止性规定或最高比例限制，同时，对一些低风险的资产，如政府债券，则要求投资最低比例限制；另外，可以参照东欧部分 OECD 国家的经验，对不同风险特征的投资项目进行风险系数测算，划分投资项目的风险级别，如匈牙利就将投资项目划分为四个风险级别，以保证养老保险基金投资的安全性。考虑到中国安全性为基本、收益性为目标的投资原则，当前在进行多元投资时，不应投资风险过大的项目，而应以安全性为主，在适当降低银行存款和国债投资比例的情况下，将投资限制在几种较小的投资工具上，并适度开放股票市场；随着基金本身抗风险能力的增强和今后世界经济转向繁荣，可以逐渐放松对基金投资组合的管制，适当增加高收益产品的投资，同时合理搭配投资结构和投资期限，在满足安全性的基础上提高投资的收益性。另外，在长期上中国可以投资国内资本市场的同时，投资国外资本和金融市场，在降低一定投资风险的同时获得较高的投资收益，这也是如比利时、智利等 OECD 国家的普遍投资趋势。

（四）促进私人养老金发展

2018 年中国的基本养老保险基金总收入为 55005 亿元，基金总支出为 47550 亿元，覆盖 9.43 亿人①。面对越来越严峻的老龄化和越来越高的抚养比，基本养老保险收支压力将会越发沉重，因此扩大基金收入迫在眉睫。不过，基本养老保险覆盖范围已然较广，而且企业缴费率和个人缴费率较高，减税降费的政策正在实施中，通过基本养老保险缓解和解决养老保险基金可持续问题可行性不高。不过，中国私人养老金发展迟缓，参与率极低，因此可以通过参考 OECD 国家经验，促进私人养老金发展，以缓解基本养老保险基金可持续压力。近年来，大多数 OECD 国家私人养老金发展迅速，私人养老金资产规模实现了大幅度增长，私人养老金占 GDP 的比重也显著提高。而中国的私人养老金发展缓慢，个人商业养老金覆盖面较窄、基金较为匮乏。作为三支柱养老保险体系的重要部分，私人养老金对于缓解公共养老基金压力、保障退休人员收入意义重大。

对于个人商业养老金，中国自 2008 年起开始在试点实施个人税收递延型商业养老保险政策，不过对比 OECD 国家，中国的税延型养老保险还有许多需要改进之处。例如美国和德国，其对于税延型养老保险都设有专门立法，但中国目前仅依照政策性文件，且规定也仅局限于框架，较为笼统；并且，根据试点的结果来看，低收入群体和非正规部门就业人员的个人税收递延型商业养老保险参与率极低；另外，保险公司的产品划分相对简单，制度设计较为单一，未能充分考虑个体化差异。因此，中国应继续扩大个人税收递延型商业养老保险的试点和覆盖范围，建立专门的税延型养老保险法律法规，促进低收入群体和非正规部门就业人员的商业养老保险参与率，并多样化商业养老保险产品，以保证参保人可根据自身需求、偏好、年龄等因素对产品进行投资组合，通过渐进式改革，不断完善个人税收递延型商业养老保险，实现个人商业养老金的发展。

① 资料来源于《2018 年度人力资源和社会保障事业发展统计公报》。

分报告二十三
美国养老金投资公募基金的历史经验

20 世纪 90 年代以来，美国养老金和公募基金呈现出齐头并进的发展态势，两者相互促进，规模快速增长，产品和模式不断创新，共同推动了美国资本市场繁荣发展。1990 年末至 2019 年末，美国第二支柱和第三支柱养老金规模从 3.90 万亿美元增长至 32.60 万亿美元，公募基金行业规模从 1.06 万亿美元增长至 21.29 万亿美元；同期养老金投资公募基金的规模从 2080 亿美元增长至 9.94 万亿美元，贡献了期间公募基金规模增长的 48.1%，占公募基金行业的份额从 19.5% 上升至 46.7%[①]。公募基金是美国养老金最重要的投资工具，在过去 30 年间养老金投资表现出持有公募基金的比重提高、从固定收益资产转向权益类资产、境外股票基金占比提高、目标日期基金快速发展等特点。美国市场的发展经验对我国的养老金发展具有启发意义。

一、美国养老金和公募基金行业基本情况

美国养老金已经形成成熟的三支柱体系，养老金规模全球最大，投资运作市场化程度高（见图 23-1）。第一支柱为社会保障计划，该计划的投资管理投资远离资本市场，仅投资政府债券。第二支柱为政府和企业建立的雇主养老金计划，分为缴费确定型（DC 型）和收益率确定型（DB 型）计划，2019 年末规模达 19.3 万亿美元。第三支柱为个人养老金账户（IRAs）及其他年金，2019 年末规模达 13.3 万亿美元[②]。美国养老金体系的第二、三支柱的规模占养老金总规模比例超过 85%[③]，公募基金是养老金第二、三支柱进行市场化投资的重要工具。本报告主要研究了市场化运作的养老金第二、三支柱投资公募基金的相关问题。

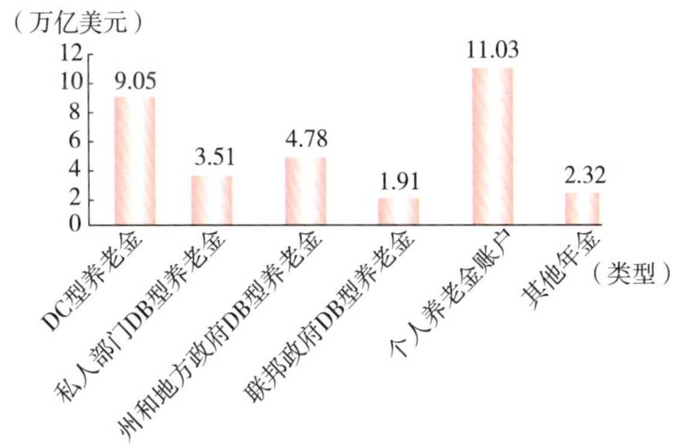

图 23-1　美国第二、三支柱养老金规模（2019 年末）

注：DC 计划含私营雇主发起式计划 {［含 401（k）］、403（b）计划、457 计划和联邦雇员退休系统（FERS）发起的 TSP 储蓄计划}；其他年金仅主要指由人寿保险公司提供的退休储蓄工具，可以延税，含固定和可变两种模式，下同。

资料来源：Investment Company Institute.

美国养老金第二支柱和第三支柱的规模从 1990 年末的 3.90 万亿美元增长至 2019 年末的 32.60 万亿美元，年化增长率为 7.6%，积累形成目前规模巨大的养老金储备，占美国家庭金融资产比例达 34.7%[④]，占公募基金行业的份额达 46.7%，是资本市场的重要资金来源。近 30 年美国

①②④　Investment Company Institute 官网。

③　人力资源和社会保障部社会保险基金监督司、博时基金管理有限公司：《海外养老金管理》，经济科学出版社 2015 年版。

养老金主要增长来源为 DC 型养老金计划和养老金个人账户（IRAs），年化增长率分别为 8.4% 和 10.3%，2019 年末合计占第二、三支柱总规模的 61.6%。其中，个人退休账户的资金主要来自第二支柱中各种雇主发起的养老金实现的资产转换，例如以个人退休账户中最主要的传统个人退休账户为例，2000 年以来通过第二支柱转换过来的资产占比超过 95%[①]。美国第二、三支柱各类养老金规模变化如图 23-2 所示。

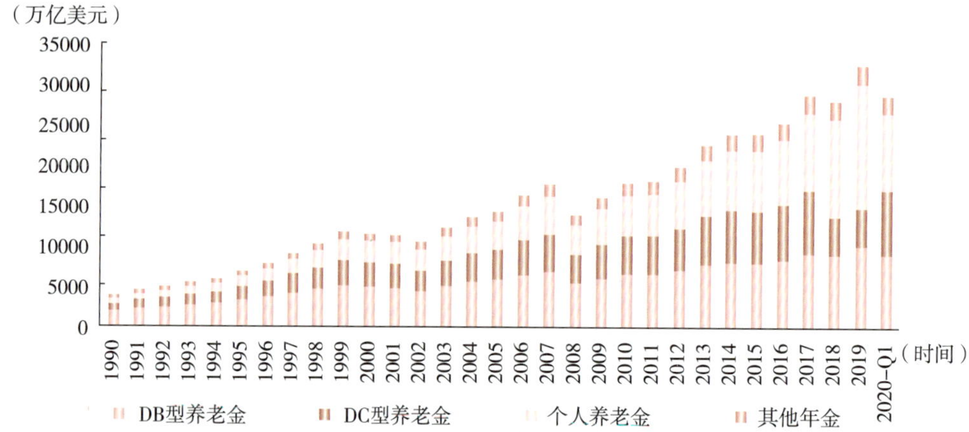

图 23-2 美国第二、三支柱各类养老金规模变化

资料来源：Investment Company Institute.

美国公募基金行业有近 100 年历史，1924 年美国首只公募基金"马萨诸塞州投资信托"产品问世，公募基金目前已发展成为美国最大的金融产业。美国共同基金规模在 2019 年末达 21.29 万亿美元[②]，超过 6000 万美国家庭持有公募基金[③]，相比 1990 年末 1.06 万亿美元规模增长 19 倍，年化增长率为 10.9%（见图 23-3）。公募基金按照投资方向划分，2019 年末非货币型基金[④]占比为 92.1%，货币类基金占比 7.9%[⑤]。

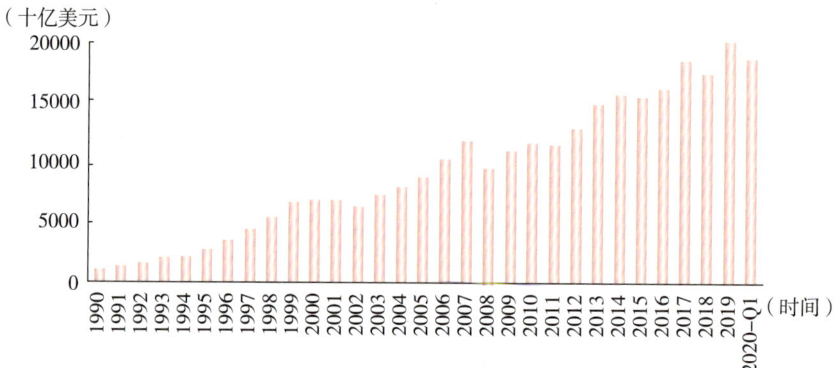

图 23-3 美国公募基金规模变化

资料来源：Investment Company Institute.

二、美国养老金投资公募基金回顾

本报告以 DC 型养老金计划和个人养老金账户（IRAs）为样本对养老金投资公募基金的历程进行了回顾（见图 23-4），上述两类养老金 2019 年末规模合计达 20.07 万亿美元，占第二、三支柱养老金总规模的 61.6%。这两类养老金 2019 年末投资公募基金的规模达 9.94 万亿美元，持有公

① 齐传钧：《美国个人退休账户的发展历程与现状分析》，《辽宁大学学报》（哲学社会科学版）2018 年第 4 期，第 77-87 页。

②⑤ Investment Company Institute 官网。

③ 中国证券投资基金业协会、晨星资讯：《中美公募基金发展情况与比较研究》，中国财政经济出版社 2020 年版。

④ 包括股票型、混合型和债券型公募基金。

募基金的占自身总规模的比例从 1990 年末的 13.8% 上升至 2019 年末的 49.5%，公募基金已成为养老金投资最重要的投资工具。

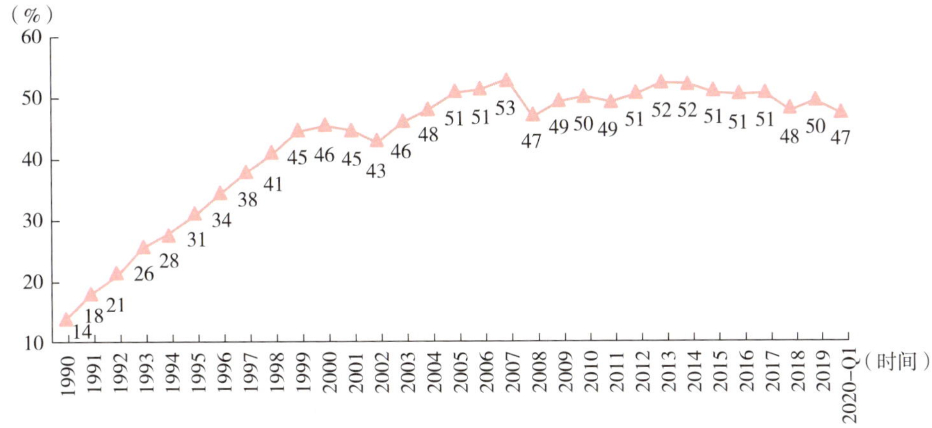

图 23–4　美国 DC 型养老金和 IRAs 持仓中公募基金占比

资料来源：Investment Company Institute.

养老金占公募基金行业的市场份额不断提升。2019 年末 DC 型养老金计划和个人养老金账户（IRAs）持有公募基金的规模占公募基金行业总规模的 46.7%，占比在 1990 年以来持续增长，如图 23–5 中间线条所示。在非货币公募基金中，DC 型养老金和个人养老金账户（IRAs）的市场份额为 53.7%，较 1990 年末的 25.8% 增加了 27.9%，成为公募基金和资本市场中最重要的长期资金来源；持有货币基金的市场份额维持在 13% 左右。

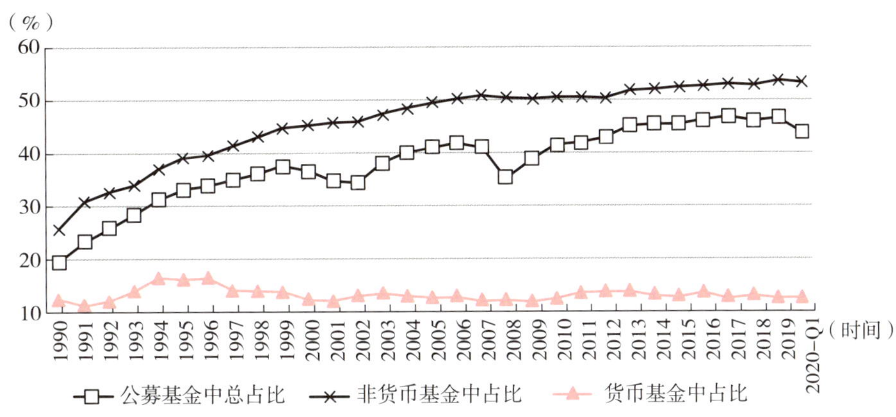

图 23–5　美国 DC 型养老金和 IRAs 在公募基金中市场份额

资料来源：Investment Company Institute.

美国养老金的市场化投资程度稳步推进，资产投向发生巨大变化。以个人养老金账户（IRAs）的资产投向为例，1980 年末固定收益品种的投资占比超过 90%，其中银行存款为 82%，保险公司固定收益年金产品为 10%，而投向公募基金的比重仅为 5%。过去 40 年间，个人养老金账户的资产从银行存款逐步转向公募基金和其他资产，2019 年末投资的公募基金占比为 44%，其他资产占比为 47%，两者合计占比超过了 90%。这意味着个人养老金账户中 90% 的固定收益品种转向了市场化程度更高、收益率较高、收益波动较大的市场化投资（见图 23–6）。

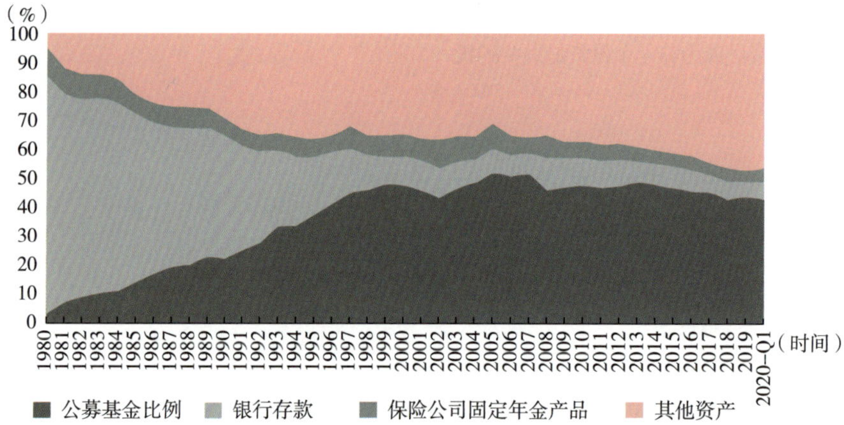

图 23-6　个人养老金计划各类机构资金投向

资料来源：Investment Company Institute, Federal Reserve Board, American Council of Life Insurers, and Internal Revenue Service Statistics of Income Division.

美国养老金投资公募基金以中长期限品种为主。以 DC 型养老金和个人养老金账户（IRAs）为例，如图 23-7 所示，投资货币基金的比例自 1990 年以来趋势性下行，货币基金的占比中枢从 90 年代初期的 15% 下降至目前的 5%；95% 的资产配置在股票型、混合型、债券型等公募基金中，为实体提供了长期资金。

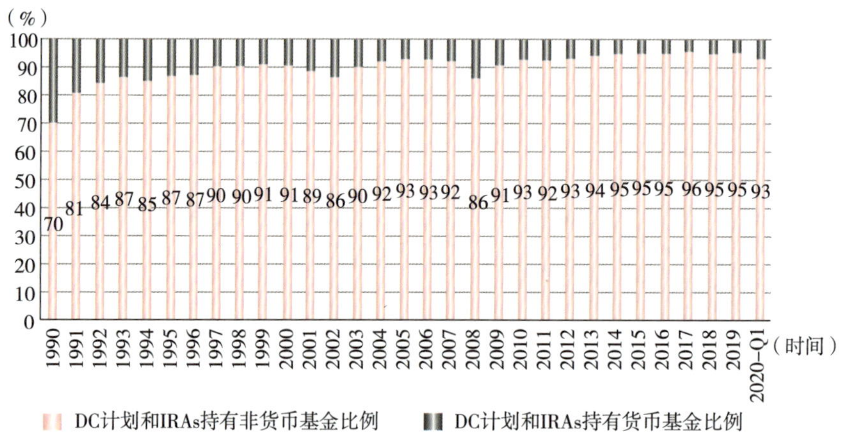

图 23-7　养老金投资公募基金以非货币基金为主

资料来源：Investment Company Institute.

三、美国养老金投资公募基金的特点

通过分析美国养老金投资公募基金在规模、投资结构、投资品种、资产所在市场等指标的趋势性变化，本报告发现以下四个比较鲜明的特点。

（一）从投资品种类看，公募基金发展成为美国养老金最主要的投资工具

从 DC 型养老金计划中规模最大的 401（k）计划和个人养老金账户（IRAs）的投资方向看，公募基金占资产组合的比重持续上升，2019 年末分别达到各自规模的 62.9% 和 43.7%（见图 23-8）。可见公募基金已经发展成为美国养老金最主要的投资工具。

（二）美国养老金投向股票基金的比例不断提升

图 23-9 和图 23-10 列示了 DC 型养老金计划和个人养老金账户（IRAs）投资各类公募基金品种的比例变化，

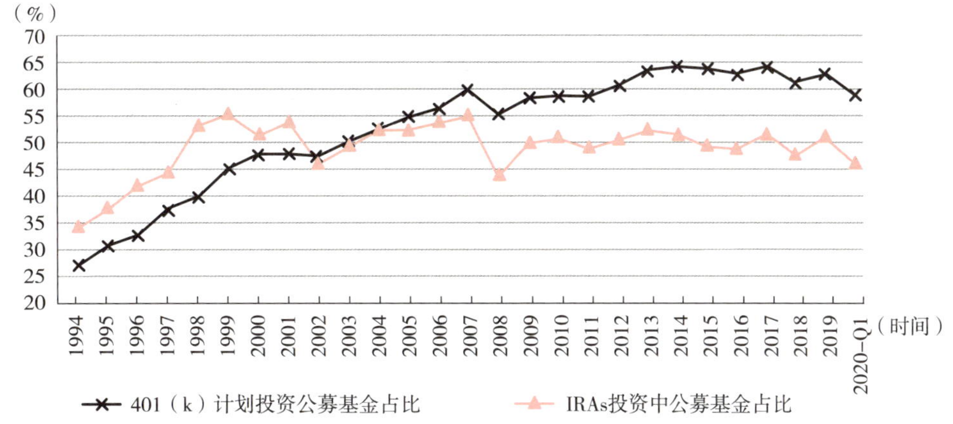

图 23–8　401（k）计划和个人养老金计划投资公募基金比例

资料来源：Investment Company Institute.

我们发现三个特点：第一，股票型基金是主要投资方向，2019年末两类养老金产品投资的公募基金中股票型基金的占比分别为60%和56%，均超过了投资公募基金规模的一半。第二，投资境外股票型公募基金的比重不断增加，DC型养老金的占比从1992年末的3%提升至2019年末的15%，个人养老金账户（IRAs）的占比从1990年末的4%提升至2019年末的13%。第三，混合型公募基金的占比显著提升，从90年代初的5%左右提升至2019年末的25%左右，混合型基金占比提升很大程度上来自于目标日期基金的增长。

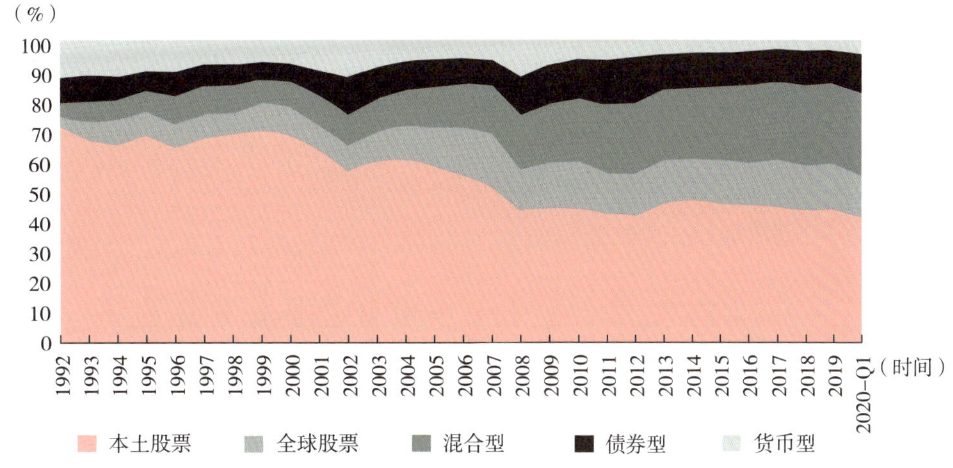

图 23–9　DC 型养老金计划投资各类公募基金比重

资料来源：Investment Company Institute.

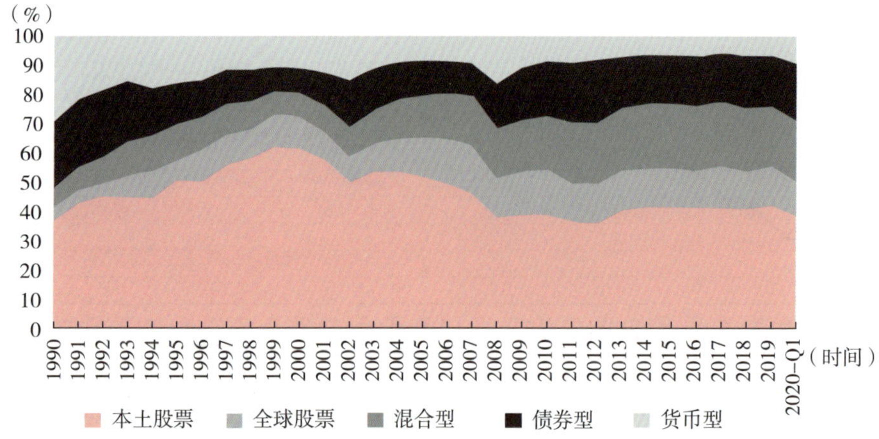

图 23–10　个人养老金账户（IRAs）投资各类公募基金比重

资料来源：Investment Company Institute.

（三）制度优化推动目标日期基金的快速发展

美国的目标日期基金近 20 年发展迅猛，如图 23–11 所示，规模从 1999 年末的 80 亿美元增长至 2019 年末的 1.4 万亿美元，是增长速度最快的公募基金品种。养老金是目标日期基金的主要投资者，直接推动了目标日期基金的规模增长。2019 年末 DC 型养老金计划和个人养老金账户分别持有 2600 亿美元和 9410 亿美元目标日期基金，占目标日期市场总规模的 86%。

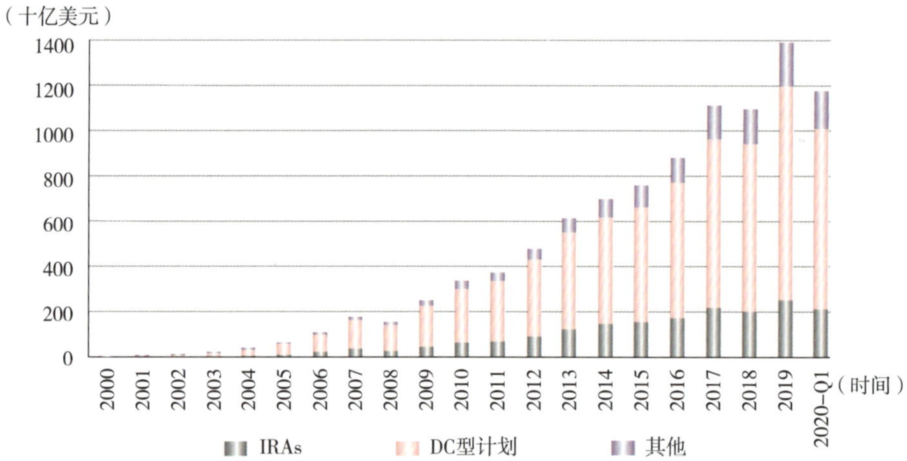

图 23–11　个人养老金账户（IRAs）投资各类公募基金比重

资料来源：Investment Company Institute.

美国养老金投资制度的修订为目标日期基金的爆发性增长创造了条件。美国 2006 年发布《养老金保护法案》（Pension Protection Act），法案中推出了自动加入机制和合格默认投资选择机制（Qualified Default Investment Alternatives，QDIA），约定雇主向雇员推荐 QDIA 产品时对产生的投资损失免于承担受托责任，而目标日期基金是四类 QDIA 品种之一[①]。目标日期基金能够满足不同年龄段人群个性化需求，根据下滑曲线和投资者选择的目标日期调整资产配置比例，成为 DC 型养老金计划和个人养老金计划中广受欢迎的投资品种。

优秀的下滑曲线能使目标日期基金的风险收益特征与投资者生命周期相匹配，是公募基金管理公司的核心竞争力。美国的目标日期基金市场中，Vanguard、Fidelity 和 T. Rowe Price 三家公司的市场份额超过 70%[②]，行业格局分化

① 中国证券投资基金业协会：《美国的养老金合格默认投资选择 QDIA 介绍》，详见 www.amac.org.cn/researchstatistics/report/bg_yljyjbg。
② 中国证券投资基金业协会、晨星资讯：《中美公募基金发展情况与比较研究》，中国财政经济出版社 2020 年版。

显著。

（四）指数基金逐步成为养老金重要的投资工具

养老金是美国指数基金市场的重要参与者。截至2019年末，DC型养老金计划持有指数基金的规模达12090亿美元，个人养老金账户（IRAs）持有指数基金规模达7000亿美元，这两类养老金持有指数基金的规模占指数基金市场总规模的45%[①]。养老金投资的指数基金以股票型品种为主，持仓股票型指数基金占全市场比例约78%[②]。指数基金与主动管理型基金相比最大的特色为管理费率低。根据晨星的统计，2018年指数基金的规模加权平均费率为0.20%，低于主动基金达50BP，费率呈现持续下降趋势，从2008年的0.35%下降至2018年的0.20%[③]。

养老金投资指数基金的比重呈现持续上升的趋势。DC型养老金计划投资公募基金中指数基金的占比从1996年末的5.7%提升至2019年末的23.6%，个人养老金计划投资公募基金中指数基金的占比从1996年末的1.8%上升至2019年末的14.5%（见图23-12）。投资业绩方面，与同类公募基金相比，股票型指数基金的优势较为明显。根据晨星的统计，2009~2018年股票型指数基金每年收益排名同类前1/2的数量均超过一半；指数基金的中长期表现更优，以2018年为基准的3年、5年和10年维度，股票型指数基金业绩处于同类前1/2的数量占比分别高达74%、78%和81%[④]。

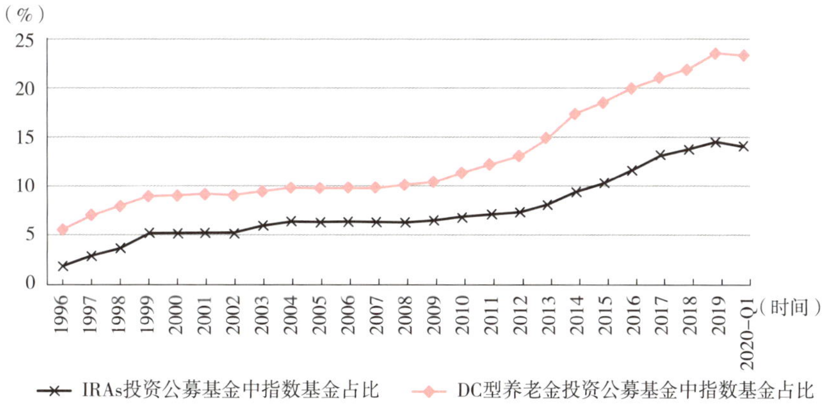

图23-12　DC型养老金计划和个人养老金账户投资公募基金中指数基金占比

资料来源：Investment Company Institute.

四、美国养老金投资公募基金的经验

通过对美国养老金投资公募基金历程和特点的分析，笔者认为其在制度设计、流程优化、投资方式、管理理念等方面的经验可供我国养老金和公募基金参考，主要归纳为如下五点：

（1）自动加入机制和默认投资工具的制度设计推动了养老金发展。自动加入机制的设计扩大了第二、三支柱养老金参与率。默认投资工具的推出提高了养老金资产市场化投资的程度和投资效率，间接推动了目标日期基金等公募基金产品的发展。

（2）维持较大的权益资产比重。从美国养老金的投向看，公募基金、其他资产等市场化程度更高的资产比重逐步增加，投资的公募基金中股票型基金的比重增加至50%以上。养老金资金作为稳定的长期资金，投向股票基金、私募股权、另类资产等偏权益资产从长期维度能够提供更高的回报率，而较长的持有时间能够有效缓冲这类资产收益的波动，更好发挥长期资金的优势。

（3）增加境外股票资产的配置。美国DC型养老金计划和个人养老金账户（IRAs）投资境外股票基金占投资公募基金的比重在近30年均提升了10%左右。从资产配置角度看，增加投资品种能够扩大投资组合的有效边界，在获得同等收益的情况下，可以降低投资组合波动性，优化组合的风险收益特征。

（4）投资模式以产品化投资为主。美国近30年规模扩张较快的DC型养老金计划和个人养老金账户（IRAs）均以产品化投资为主，给予参与员工投资选择权，参与员工能够自行选择投资标的、配置方向等，提高了员工的参与感。另外，默认投资工具的制度优化和养老目标基金等

①② Investment Company Institute官网。
③④ 中国证券投资基金业协会、晨星资讯：《中美公募基金发展情况与比较研究》，中国财政经济出版社2020年版。

产品创新提高了养老金的投资效率，也满足了不同参与者个性化的养老金投资需求。

（5）美国养老金投资管理资格的市场化程度高，牌照资格限制少。以养老金合格默认投资选择（QDIA）为例，根据 2006 年美国劳工部颁布的《养老金保护法案》，QDIA 在投管人资格和资产投向方面的限制较少，市场化运营程度高。QDIA 对投资管理人资格限制较少，投资管理人可以是银行、保险公司、信托公司等，只需要满足两个条件，一是受托人资格，二是需按照《1940 年投资顾问法》进行注册或者按照各州投资顾问法要求进行注册①。

QDIA 对可投资公募基金也没有牌照的限制，具体投资可由符合《1940 年投资公司法》的已注册投资公司承担，也可以由各类投资品承担。投资品包括普通公募基金、目标日期基金、目标风险基金、投管人直接管理账户等，只是限制了不能永久投向货币市场基金和稳定价值型产品，因为这两类资产投资风格保守，产生的回报难以满足参与人退休后收入的需求。

本报告回顾了近 30 年美国养老金投资公募基金的历程，美国养老金与公募基金实现了相互促进、互相成就、共同发展的良性循环。养老金达到了保值增值和资产积累的目的，公募基金实现了规模快速增长和产品创新。大量养老金资金通过公募基金进入资本市场，既为美国居民储备了规模巨大的养老金资产，也为实体经济提供了稳定长期资金，促进了美国资本市场的繁荣发展。在这个过程中，养老金制度完善、投资流程优化、基金品种创新、资产配置调整等变化有效推动了养老金和公募基金的发展。目前，我国的养老金、公募基金和资本市场也处于持续改革和快速发展时期，2020 年末养老金第二支柱规模有望突破 3 万亿元②，第三支柱中养老目标基金发展快速，美国养老金投资公募基金的发展经验对我国第二支柱和第三支柱的建设具有参考意义。

① 中国证券投资基金业协会:《美国的养老金合格默认投资选择 QDIA 介绍》，详见 www.amac.org.cn/researchstatistics/report/bg_yljyjbg。

② 《全国企业年金基金业务数据摘要（2020 年二季度）》中披露 2020 年 6 月末企业年金规模为 19797 亿元。根据中国社会保险学会会长胡晓义在中国养老金融 50 人论坛演讲中“职业年金结余去年（2018 年）年底只有 4900 亿元，今年 5 月底将近 6100 亿元”推算，2019 年底职业年金规模超过 7500 亿元。考虑部分省份职业年金成立运作、新增企业年金计划、年金日常缴费、存量资产增量等因素，2020 年末企业年金和职业年金的规模有望超过 3 万亿元。

分报告二十四
美国养老金及其投资管理*

一直以来，美国拥有世界上规模最庞大的养老金储备。截至2019年底，美国公共养老金（OASDI）储备为2.897万亿美元，私人养老金（含IRA）储备为32.6万亿美元，两者合计约为35.5万亿美元，接近2019年末美国国内股票总市值（36.33万亿美元），相当于其当年GDP（21.43万亿美元）的165%。也就是说，3亿美国人拥有高达35.5万亿美元之巨的养老金总储备，这既是美国庞大的养老财富储备，同时也是美国资本市场做大做强的最重要长期资金来源。

一、美国公共养老金及其投资管理

美国公共养老金是指美国基本养老保险（OASDI）基金，美国官方习惯称之为“社会保障信托基金”（Social Security Trust Fund），或称OASDI信托基金，其受托机构为信托基金理事会（Board of Trustees）。①

信托基金理事会是根据《社会保障法》设立的，负责监督联邦OASDI信托基金的财务运作。美国现行的信托基金理事会由六个成员所构成。其中，四个成员由他们在联邦政府中的位置自动担任，它们分别是：财政部长、劳工部长、健康与人力资源部长、社会保障局长。另外两个成员担任公众代表，由总统指定，并由参议院认定，这是根据1983年《社会保障法》修订案要求的，这两个成员的任期为四年。财政部长担任信托基金理事会牵头负责人，而社会保障管理局副局长担任信托基金理事会秘书。

信托基金理事会的责任：①负责监督信托基金财务运作；②每年向国会报告信托基金的过去和将来状况；③如果信托基金规模数量偏小，则必须立即向国会报告；④对信托基金收支及其缺口提供短期预测（10年期预测）及长期预测（75年期预测），并进行预警及政策评价。

信托基金理事会由法律赋予了两大关键政策：所有信托基金征缴的工薪税按法令在基金之间配置；凡是不需要支付福利或开支的收入必须投资于美国的生息债券和美国的担保债券。一旦信托基金收支相抵有盈余，就会投资联邦财政债券。这就相当于将剩余的信托基金贷款给联邦政府。事实上，早期的OASDI信托基金是被联邦政府纳入统一预算之内的，信托基金收支都必须符合1985年颁布的Gramm–Rudman–Hollings Act的赤字削减目标。1990年美国立法开始将信托基金节余计入联邦财政收入，以削减名义上的赤字，其结果是联邦政府真实的赤字被隐瞒了。

自从信托基金成立以来，由信托基金购买或持有的所有证券都是由联邦政府发行的。它们主要分为两类：一是财政部特别发行证券。只有信托基金可以购买或持有，不可上市，不可转让，只能赎回。二是财政部公募发行证券。所有投资者均可购买或持有，这是一种可上市证券。在过去，信托基金曾经持有过可上市的财政部公募发行证券，但20世纪90年代初以来，信托基金持有的公募发行证券

---

* 本报告内容是笔者主持的2020年国家社科基金项目“当代美国社会保障制度研究”的部分研究成果。

① 特别说明：美国是世界上唯一将基本养老保险（OASDI）称为“社会保障”（Social Security）的国家。

逐渐减少，并且从 2005 年 2 月 15 日开始，信托基金不再持有公募发行证券，而只持有财政部特别发行证券。其中的主要原因是：可上市证券能在公开市场上买卖，若在到期日前卖出，则有可能会遭受一定的损益。然而，与可上市公募证券不同，特别发行证券却可以在任何时间按面值赎回。一旦信托基金需要兑现支付相应社会保险福利，则可随时用证券向财政部赎回现金及利息，以便及时支付受益人应付福利。

目前信托基金可持有的财政部特别发行证券有两类：

（1）短期国库券。这类证券以日为基础每天发行，亦可每天赎回，到期日为发行后次年的 6 月 30 日。

（2）长期债券。也称特别发行债券。这类债券只在每年 6 月 30 日这一天发行。债券到期日为 1~15 年。

财政部特别发行债券按月计息，每半年支付一次，分别为 6 月底和 12 月底。因为 OASDI 信托基金并不持有现金，因此，每个月必须赎回部分投资用来支付养老金给付及管理费开支。当投资被赎回时，利息就要被支付，利息支付额被用来抵补投资赎回额。

财政部特别发行债券的利率计算方法，经历过三个阶段的变化。第一阶段是在 1956 年以前，特别发行债券利率是所有已发行的可交易国债的平均票面利率（Average Coupon Rate）。第二阶段是 1956 年《社会保障法》修订后，开始采用全部已发行可交易的未到期国债及发行五年后才能赎回的国债的平均票面利率，作为特别发行债券的利率。第三阶段是 1960 年《社会保障法》修订后，开始由联邦政府发行的所有可交易未到期债券及从上个月的最后一个交易日起算四年后才能赎回的债券计算的月平均市场收益率（Average Market Yield），作为特别发行债券的名义月利率。这一方法一直适用至今天。

自 1995 年以来，在 OASDI 信托基金所持有的财政部发行债券中，长期债券所占比例接近 90%，而短期国库券则仅占 10% 左右；所持债券加权平均到期时间大约为七年。但在所持债券的实际利率上，变化则较大，从 1940 年至 1968 年，OASDI 信托基金所持债券实际利率大体介于 2%~4%，波动较小；但在 1967~2012 年，最低为 4%（1968 年），最高为 11.6%（1981 年），其中，1982~1987 年，实际利率一直高达 10% 以上。不过，2012 年后，在美国量化宽松货币政策的作用下，实际利率再次回归至 4% 以下。

事实上，规模庞大的公共养老金储备在政治上和经济上存在着巨大吸引力。一直以来，华尔街总是在游说国会，他们希望允许美国基本养老保险基金“入市”，比方，从“克林顿时代”到“小布什时代”，他们主张在社会统筹“大账户”之外单设一个私有化“个人账户”，允许其投资股市，但最终均无功而返。

尽管美国人标榜自由经济，崇尚自由市场，然而，在社会保障基金投资问题上，却十分地谨慎、异常地保守。80 多年来，美国社保基金始终不允许“入市”，其主要理由有两个：一是美国政府认为社保基金安全性最重要，但入市有风险，因此，社保基金不能入市，只能购买国债或存入银行；二是美国大众认为庞大的联邦社保基金入市，有悖于自由市场的公平竞争，甚至会带来政府对私人经济的操纵与控制，因此，社保基金“入市”是美国民众所不能接受的。

二、美国私人养老金计划种类丰富

美国私人养老金计划种类繁多。按照给付和缴费模式不同，可分为待遇确定型计划和缴费确定型计划；按照参与维护计划的雇主数量不同，可分为单一雇主计划与多雇主计划；根据计划举办人身份不同，可分为私人部门计划与公共部门计划；根据计划是否享受税收优惠政策，可分为合格计划与不合格计划。

（一）DB 计划与 DC 计划

私人养老金计划是由雇主发起设立的一种补充养老金制度安排。按照计划是否设立个人账户，可将私人养老金计划区分为两类：待遇确定型（DC）计划和缴费确定型（DB）计划。此外，人们将待遇确定型计划与缴费确定型计划的“杂交”形式称为“混合计划”。

对雇主而言，DC 计划缴费具有较大弹性，计划管理成本（精算成本与保险成本）明显低于 DB 计划，而且雇主不必承担 DC 计划的投资风险和通胀风险。这一切正是中小企业雇主偏好 DC 计划的最主要原因。不过，从雇员角度看，因为 DC 计划为每个参加者设有独立的个人账户，它有利于调动雇员缴费的积极性，并能让雇员缴费享受税收递延的优惠政策，而且雇员有权参与个人账户资产的投资与管理，更重要的是，DC 计划具有较好的可携带性，这在很大程度上满足了雇员工作的流动性需要。因此，DC 计划深受众多雇主和雇员的欢迎（见表 24-1）。

表 24-1 美国 DB 计划与 DC 计划数量统计

年份	全部计划数		参加者超过100人的计划数	
	DB	DC	DB	DC
1975	103346	207748	20035	8587
1980	148096	340805	24505	13350
1985	170172	461963	24742	23917
1990	113062	599245	19242	33922
1995	69492	623912	17087	45200
2000	48773	686878	13557	57635
2005	47614	631481	11557	67278

资料来源：美国劳工部（DOL）网站。

正是基于 DB 计划与 DC 计划各自不同的优缺点，20 世纪 80 年代，出现了 DB 计划与 DC 计划嫁接、杂交的新品种，这就是混合计划（Hybrid Plan）。它吸纳了两者的优点，但仍以 DB 计划为基础，它被看作对 DB 计划的一种改良和改造。因此，在立法上，仍将混合计划归入 DB 计划一类进行监管。

（二）单一雇主计划与多雇主计划

单一雇主计划（Single-employer Program）是指传统意义上普通养老金计划，这类计划只有一个雇主，只能满足一个雇主的需要。与单一雇主计划相对应，多雇主计划（Multiemployer Plans）是在多个雇主与工会之间通过合同创设的一种私人养老金计划。这种计划是按照集体谈判合同建立的，它是在同一行业多个（至少两个或两个以上）不相干的雇主，在一个或多个集体谈判合同下共同维护的一个私人养老金计划，并有两个或两个以上的雇主缴费。这些集体谈判合同一般包括一个或多个地方工会，它们是全国性或国际性工会的组成部分，至少有两个或两个以上的雇主。

截至 2011 年底，美国共有 2741 个多雇主养老金计划，其中，DB 计划占 1442 个，DC 计划占 1299 个（见表 24-2）。值得注意的是，在许多地区，多雇主 DC 计划经常作为 DB 计划的补充计划，而不是替代计划。多雇主计划的参加者和受益人共计 1549.8 万人，其中，DB 计划覆盖 1104.1 万人，DC 计划覆盖 445.7 万人。由多雇主计划持有的资产 6370 亿美元，其中，DB 计划持有 4650 亿美元资产，DC 计划持有 1720 亿美元资产。

表 24-2 美国单一雇主计划与多雇主计划数量统计

单位：个

年份	单一雇主养老金计划			多雇主养老金计划		
	总数	DB	DC	总数	DB	DC
1975	308651	101214	207437	2443	2132	311
1980	486142	145764	340378	2759	2332	427
1985	629069	167911	461158	3066	2261	805
1990	709404	111251	598153	2904	1812	1092
1995	690265	67682	622584	3139	1810	1328
2000	732654	47015	685639	2997	1758	1239
2005	676151	46090	630061	2945	1524	1420
2010	698186	45072	653114	2826	1471	1355
2011	680906	43814	637092	2741	1442	1299

资料来源：美国劳工部网站提供。

（三）私人部门计划与公共部门计划

私人部门是相对于公共部门而言的。私人部门养老金计划（Private Sector Pension Plans），也称私人雇主养老金计划，它是由私人部门（公司）发起设立的养老金计划，例如 IBM 及 GE 公司发起设立的养老金计划。在私人部门养老金计划中，大公司主要以 DB 计划为主，中小企业主要以 DC 计划为主。在 DC 计划中，401（k）计划是资产规模最大、最流行的计划形式。此外，由非营利组织（Not-for-profit Organizations）包括学校及非政府机构发起设立的养老金计划，这类计划也包括在私人部门计划之列。

公共部门养老金计划（Public-sector Pension Plans），也称公共雇主养老金计划，它是为联邦、州、地政府的雇员发起设立的 DB 养老金计划，有别于政府责任下的、强制性的、全国性的社会保障计划。在美国许多研究文献中，也将政府责任下的全国性社会保障（OASDI）计划称为公共养老金（Public Pension）计划[①]，这一概念的表述不同于“公共部门养老金计划”。在公共部门养老金计划中，DB 计划的覆盖率高达 80% 以上，不过，DC 计划也被公共部门大量雇主采用，主要包括 403（b）、457 计划和节省储蓄计划（Thrift Saving Plan）。

（四）合格计划与非合格计划

所谓合格计划（Qualified Plan），也称税收优惠计划（Tax-qualified Plans），是指在形式和运作方面必须满足税法（Internal Revenue Code，IRC）、劳工部（DOL）及雇员退休收入保障法案（ERISA）提出的相关要求和条件。这一计划的合格性由国税局（IRS）按年度进行检测。合格计划是指在形式和操作上均满足美国税法（IRC）要求的养老金计划。或者说，雇主提供的养老金计划文件必须满足税法要求，并且这些计划的运行必须照章执行。合格计划满足税法要求，并因此可获得一定的税收优惠。

合格养老金计划在设计上必须服从法律规定及管制要求，并能广泛地覆盖大多数雇员，而不仅是高收入雇员或公司管理者。只有合格计划，才能获得某种税收优惠。合格计划允许雇主税前缴费至私人养老金计划，而且缴费投资所产生的收益暂不缴税，直至提取计划资产时，雇员才需要缴税，因此，合格计划一方面有利于雇主吸纳并留住优秀人才，另一方面为雇员提供税收递延及补充养老的好处。

在税法（IRC）下的合格计划可以享受税收优惠的好处：①雇主可以从应税所得中扣减雇主缴费；②雇员计划中的所有缴费及其投资收益只有实际支付或提取时，才需要缴纳个人所得税；③计划分配时一般可以转账至 IRA 或其他合格计划，并允许进一步的税收递延（Tax Deferral）。

但是，合格计划也有一些局限性或不足：①合格计划必须接受非歧视性检测，它禁止雇主只为高收入雇员提供福利，而将其他雇员排除在外。②合格计划的雇主缴费是受限制的。③合格计划必须服从规范的报告及信息披露要求。

非合格计划同样是一种递延的、雇主发起设立的退休计划，它处在 ERISA 规则之外。非合格计划被设计用来满足领导核心及其他特定雇员的特别退休要求。这些计划可以豁免歧视性检测和头重型检测（Discriminatory and Top-heavy Testing）。非合格计划的缴费通常不能扣减雇主的所得税，同样也不能扣减雇员的所得税。非合格计划经常被用来提供特定形式的报酬给关键高管或雇员。

非合格计划不能获得税收优惠待遇：①非合格计划的雇主可以选择或挑剔参与资格，而不必理睬服务期、工资水平或其他条件。②非合格计划允许企业提供福利给高管及其他高收入雇员。③非合格计划的雇主缴费额度不受限制。④非合格计划的建立与维护要比合格计划更省事、更节约成本。⑤非合格计划没有太重要、太实质性的填报要求。

合格计划必须要有充分的缴费或筹资，并建立独立的专户基金，因此，也称筹资型计划（Funded Plans）。相反，非合格计划则没有缴费要求，也称为非筹资型计划（Unfunded Plans）。

（五）ERISA 计划与非 ERISA 计划

1974 年颁布的 ERISA 可能是雇员福利计划管理规则中最为复杂的一部法律。其主要目的就是要限制退休计划的滥用及歧视性，比如，在参与资格、缴费及给付上，普通员工应与高管及高收入雇员保持一致性和公平性。只有满足 ERISA 规则计划，才是合格计划，雇主和雇员才能享受税收优惠待遇：雇主对合格计划的当期缴费，可获得即期所得税扣减；雇员对计划的缴费及投资收益在最终提取前是免税的。

可以豁免 ERISA 要求的计划，主要包括下列五类：①州地政府或联邦政府计划；②教会、教堂及犹太教等相关组织计划；③非居民外侨在美国以外参加的计划；④非筹资超额福利计划（Unfunded Excess Benefit Plans）；⑤“大礼帽计划”（Top Hat Plan）。

上述头三个豁免计划不能应用于美国企业和公司。第四种豁免计划提供的给付超过了 IRC 415 条款对合格 DB 养老金计划规定的给付限额。第五种豁免计划是几乎被每一个 NQDC 所采用的计划。“大礼帽计划”也是一个“非筹资”计划。

上述五类计划由于不需要遵守 ERISA 的大多数规则，或者说，它们可以豁免大多数有关 ERISA 规则的检测，因此，也称为“非 ERISA 计划”（Non-ERISA Plans），或称豁免计划（Exempt Plans）。相反，在上述五类计划之外的其他计划，必须遵守 ERISA 有关规则，并且不能豁免有关 ERISA 规则的检测，因此，这类计划称为 ERISA 计划，或非豁免计划（Non-exempt Plans）。美国私人养老金市场总资产统计如表 24-3 所示。

① John H. Ilkiw，Investment Policies，Processes and Problems In U.S. Public Sector Pension Plans: Some Observations and Solutions from a Practitioner，Public Pension Fund Management World Bank Group Washington，D.C. May 5-7，2003：4.

表 24-3　美国私人养老金市场总资产统计　　单位：万亿美元

年份	IRAs	DC 计划	私人部门 DB 计划	州地政府 DB 计划	联邦 DB 计划	人寿年金	总计
2000	2.63	2.96	2.02	2.34	0.71	0.95	11.61
2005	3.43	3.74	2.26	2.83	0.91	1.44	14.61
2010	5.03	4.82	2.48	3.07	1.16	1.65	18.21
2015	7.33	6.54	2.87	3.66	1.51	1.95	23.87
2019	11.03	9.05	3.51	4.78	1.91	2.32	32.60

注：表中 DC 计划包括 403（b）计划、457 计划、TSP 及私人部门雇主发起设立的各类 DC 计划。年金（Annuities）包括由人寿保险公司持有的各类固定年金及可变年金储备，但不包括由 IRA、403（b）计划、457 计划及私人部门养老金持有的年金。

三、美国私人养老金资产配置结构

与公共养老金只有单一的投资标的相比，美国私人养老金在资产配置上，投资品种却十分丰富，主要配置资产包括了货币市场和资本市场的几乎所有现货产品，比如，在货币市场上包括现金与银行存款、货币市场基金、公开市场票据、国库券、证券回购协议等；在资本市场上包括长期共同基金、中长期债券、公司股票、押抵贷款等。

不过，在私人养老金计划资产配置上，DB 计划与 DC 计划存在较大差别，同时，私人部门（以企业代表）养老金计划与公共部门（联邦及州地政府）养老金计划也存在较大差异。

我们先比较以企业为代表的私人部门在 DB 计划与 DC 计划上的资产配置差异性（见表 24-4）。

表 24-4　美国私人部门 DB 计划与 DC 计划资产配置结构　　单位：%

私人部门养老金计划	DB 计划		DC 计划	
（年底数）	2011 年	2019 年	2011 年	2019 年
现金及存款	1.3	1.23	0.3	0.28
证券回购协议	0.1	0.09	0	0
债券	23.0	34.49	7.2	7.36
抵押贷款	0.5	0.49	0.2	0.19
公司股权	31.5	34.97	21.8	23.16
共同基金	13.3	13.33	49.9	53.82
其他资产	30.3	15.4	20.6	15.19

资料来源：美联储网站。在“其他资产”项目中，DB 计划主要是“未筹资应计权益”，DC 计划主要是“被寿险公司持有的资产”。

表 24-4 中数据显示，在以企业为代表的私人部门，其 DB 计划与 DC 计划在资产配配置上存在较大区别，比如，2019 年底私人部门 DB 计划资产配置比例最高的前三类投资标的分别是：公司股权占 34.97%、债券占 34.49%、共同基金占 13.33%。然而，在私人部门的 DC 计划资产配置中，占比最高的前三项则分别是共同基金占 53.82%，公司股权占 23.16%，债券占 7.36%。

由此可见，私人部门在 DB 计划资产配置中，公司股权与各类债券占比大体相当，两者合计占比超过 60%，而共同基金占比较低，但在 DC 计划资产配置中，共同基金占比超过 50%，而债券占比较低。这里值得说明的是，私人部门养老金在债券投资上，主要以公司债为主，而投资国债和市政债券的比重很低，几乎可以忽略不计；此外，在公司股权投资上，则主要以设立该计划的公司股权为主。

事实上，在 1974 年 ERISA 颁布之前，利润分享计划、股票红利计划、节俭计划、雇员持股计划（Employee Stock Ownership Plans，ESOP）及货币购买计划的资产配置，是不受限制的，而且这些计划在当时均以投资雇主证券为主。因为他们认为，退休计划持有本公司股权，从理论上讲，可以解决两大难题：一是解决股东与雇员之间的代理成本问题；二是可以获得资本增值的好处。

直至 ERISA 立法时，仍有大量 DC 计划投资自己公司的股票，这些雇主（尤其是一些大公司）甚至威胁，如果 ERISA 立法不让 DC 计划持有自己公司的股票，他们宁愿放弃 ERISA 设定的合格退休计划。为此，ERISA 立法时做出了妥协，允许退休计划持有自己公司的股票，但为了退休计划资产安全，ERISA 只是原则上要求它们尽量分散投资，降低退休计划持有自己公司股票的比例。不过，一些大公司的 DC 计划对自己公司股票的投资，仍然是情有独钟，并且投资比例相当高，极端的例子就有不少（见表 24-5）。

表 24-5　2001 年持有本公司股票比例最高的十家公司的 401（k）计划

单位：%

公司名称	公司股票占 401（k）资产的比重	全年股价涨跌
宝洁（Procter & Gamble）	94.7	-2.2
辉瑞（Pfizer）	85.5	-12.3
可口可乐（Coca-Cola）	81.5	-25.1
通用电器（GE）	77.4	-23.3
得州仪器（Texas Instruments）	75.7	-34.5
麦当劳（McDonald's）	74.3	-22.1
安然（Enron）	57.7	-99.1
福特汽车（Ford）	57.0	-28.9
奎斯特通讯（Qwest）	53.0	-69.7
时代华纳（AOL Time Warner）	52.0	-8.1

资料来源：DC Plan Investing; Thomson Financial Datastream.

据统计，在安然事件发生前，有不少 401（k）计划都将大量资产配置在自己公司的股票上，其中，有十家知名的大公司比较极端，它们将 401（k）计划 50% 以上的资产投资在本公司股票上，这一比例最高的是宝洁公司，它将其 401（k）计划资产的 94.7% 都投资在了自己公司的股票上。此外，安然公司的 401（k）也将计划资产的 57.7% 投放在了本公司股票上。很显然，这样的投资政策对 401（k）计划资产的安全性构成了很大的威胁，存在较大的潜在风险。

2001 年 11 月，安然利润造假丑闻曝光，其股价从一年前的最高 90 美元跌至 30 美分，公司宣告破产，21000 名雇员的 401（k）计划投资在安然股票上的资产瞬间蒸发。据后来的调查，在此次安然股价暴跌时，安然一方面阻止雇员卖出 401（k）所持股票，另一方面，安然高管却在此次暴跌前悄悄卖出了数百万美元的公司股票。正是因为安然丑闻事件的巨大影响，后来以 401（k）为代表的 DC 计划，纷纷降低持有本公司股票的比例，进而强化了养老金资产投资多样化及风险分散的审慎管理理念。

安然事件后，美国出现了数百起有关退休金计划持股本公司股票的诉讼案件，主要诉讼理由有三类：一是隐瞒公司不利信息，人为拉高股价；二是通过虚假公司通信，误导参加者；三是在股票发行人与计划发起人利益冲突时，没有委派独立的受托人。除此之外，美国劳工部也加大了对高比例投资本公司股票的 DC 计划的审计或查账力度。

此外，在公共部门（主要以联邦政府和州地政府为主）的养老金计划资产配置上，既存在与私人部门养老金计划的不同，而且在 DB 计划与 DC 计划的资产配置偏好上也存在较大差异。

首先，从联邦政府的 DB 计划与 DC 计划资产配置来看（见表 24-6），与私人部门养老金计划相比，投资标的种类较少，比如，2019 年底联邦政府 DB 计划投资债券比例为 54.17%，而且债券主要以国债为主，而未筹资 DB 计划应计权益（雇主负债）占 45.37%；而 DC 计划则不存在“未筹资”情形，但它的投资比例最大的两个部分分别是：公司股权占 54.26%，债券占 43.33%，同样，债券主要以国债为主，其他债券占比很小，可以忽略不计。而 DC 计划所投资的公司股票，则以上市公司股票为主。此外，联邦政府的 DB 计划及 DC 计划均不投资共同基金，这也是它不同于私人部门养老金计划资产配置的重要区别。

表 24-6　美国联邦政府养老金计划资产配置结构

单位：%

联邦政府养老金计划	DB 计划		DC 计划	
（年底数）	2011 年	2019 年	2011 年	2019 年
债券	41.0	54.17	56.5	43.33
其中：国债	40.8	54.00	53.2	40.12
公司股权	0.3	0.44	43.5	54.26
未筹资应计权益	58.7	45.37	0	0

资料来源：美联储。

其次，从州地政府雇员的 DB 计划与 DC 计划的资产配置来看（见表 24-7），它与私人部门养老金计划十分类似，但 DB 计划与 DC 计划资产配置仍存在一定差异。从州地政府的 DB 计划看，其资产配置以公司股权和各类债券为主，比如，2019 年底公司股权占 33.79%，各类债券占 12.01%，而“其他”项主要是指未筹资 DB 计划应计权益

（雇主负债）；从 DC 计划资产配置来看，2019 年底共同基金占比为 47.43%，而“其他”项则主要指未配置保险合同。

表 24-7　美国州地政府养老金计划资产配置结构

单位：%

州地政府养老金计划（年底数）	DB 计划 2011 年	DB 计划 2019 年	DC 计划 2011 年	DC 计划 2019 年
现金及存款	0.9	0.39	0.2	0
证券回购协议	0.1	0.06	0.0	0
债券	16.2	12.01	8.1	0
抵押贷款	0.2	0.15	0	0
公司股权	36.8	33.79	27.7	0
共同基金	4.2	4.28	32.2	47.43
其他	41.5	49.33	31.7	52.57

资料来源：美联储。

四、401（k）计划投资政策及资产配置

401（k）计划诞生于 1978 年税法修订，落地于 1981 年末的实施细则颁布，随后快速发展壮大，并且成为美国私人养老金计划中最有代表性和特色的模板。作为 DC 计划的典范，其投资风险与投资组合，值得我们重点分析和研究，以便从中找出规律和特点。

一般情况下，大型计划（由大公司设立）都有比较明确的投资政策，但一些小型计划则没有明确的投资政策。不过，ERISA 并未强行要求计划发起人制定明确的投资政策。如果没有投资政策，要构建 DC 计划的具体投资策略是比较困难的。因此，大多数计划都制定了投资政策（见表 24-8）。

表 24-8　2007 年拥有投资政策的 DC 计划占比

单位：%

计划总资产规模	拥有投资政策的计划数所占比重
1000 万美元及以下	68
1000 万 ~5000 万美元	78
5000 万 ~5 亿美元	90
5 亿 ~10 亿美元	89
10 亿美元以上	92
全国平均（830 个样本计划）	83

资料来源：401（k）Benchmarking Survey，Deloitte Consulting.

无论是 DC 计划或是 DB 计划，大多制定有自己合适的投资政策（Investment Policy）。投资政策设计，主要用来指导发起人退休计划委员会、计划的金融服务供应商及计划参加者的投资决策与绩效评估。投资政策至少应包括以下几个方面的内容：①确立计划的投资目标、投资理念及投资风格。②确定谁来选择并监督计划的投资。③如何构建计划的投资菜单，提供什么样的投资选择，哪类资产被包括其中，理由是什么？④如何评估计划投资基金绩效，包括评估的时间间隔和评估标准？⑤在何种情况下，可以改变投资选择及管理人？

由计划发起人（雇主）负责制定的组合投资选择（Investment Options），是 401（k）计划投资政策的重要载体。一般地，雇主设定计划资产的组合投资选项，大体需要遵循以下三个原则：一是要提供多样化的资产选择；二是要用利于降低投资风险；三是要维持相对低的管理费水平。在 401（k）计划中，雇员缴费可以在计划发起人（雇主）提供的组合投资选择中，确定其账户资产的投资组合。在许多计划中，雇主也缴费给参加者的账户，并与雇员缴费相匹配，一些雇主要求雇主缴费必须投资本公司股票，参加者不能自主。

在 401（k）计划一般会为投资者提供不同收益 / 风险组合下的各类投资选择，其主要投资工具包括：①股票基金主要投资股票，具体分为国内股票基金和世界股票基金两类；②债券基金主要投资债券，具体分为应税债券基金和市政债券基金两类；③货币市场基金主要投资货币市场工具，具体分为应税货币基金与免税货币基金两类；④混合基金主要投资股票和债券，也称为混合基金，可分为目标日期基金（Target Date Funds）和非目标日期混合基金（Non-target Date Balanced Funds）；⑤公司股票（Company Stock）特指养老金计划发起人（雇主）自己的股权，也就是养老金计划所属公司的股权；⑥担保投资合约（Guaranteed Investment Contracts，GICs）一般由人寿保险发行；⑦稳定价值基金（Stable-Value Funds）具有保本、收益稳定的特征；⑧其他基金，包括银行集体信托（Bank Collective Trusts），人寿保险专户（Life Insurance Separate Accounts），集合投资产品（Pooled Investment Product）。

从 2009 年 401（k）组合投资选择来看（见表 24-9），第一类组合投资是“全基金”组合，无论从计划数，还是从参加者人数或总资产来看，都是占比最大，也是最受欢迎的。其次是第四类组合投资，它在第一类组合的基础上，增加了公司股票、GICs 及稳定价值基金。很有趣的是，参与这类组合投资的计划仅占 1.8%，但其计划参加

者人数及总资产却分别高达 30.2% 和 38.8%，这表明选择这一类投资组合的计划，多为大型雇主计划，比如大企业或大单位。由此可见，由于大型计划的总资产规模较大，因此，更适合分散投资，也可选择更多样的投资标的。从表 24–9 中数据可以发现，凡是含“公司股票”的组合投资，选择它的计划占比较低，但参加者人数及总资产却不低，这表明只有大公司的 401（k）计划更愿意选择投资本公司的股票。

表 24–9　2009 年 401（k）计划投资选择结构　　单位：%

组合投资选择	计划数	参加者	总资产
股票基金、债券基金、货币基金和 / 或混合基金	53.8	30.3	24.6
股票基金、债券基金、货币基金和 / 或混合基金；GICs 及稳定价值基金	43.2	24.0	20.7
股票基金、债券基金、货币基金和 / 或混合基金；公司股票	1.2	15.5	15.9
股票基金、债券基金、货币基金和 / 或混合基金；公司股票；GICs 及稳定价值基金	1.8	30.2	38.8

资料来源 :Tabulations from EBRI/ICI 401（k）Participant–Directed Retirement Plan Data Collection Project.

不过，从 2013 年的情况看（见表 24–10），401（k）组合投资选择发生了较大变化。一方面，第一类组合投资的“主体”地位进一步提升，无论从计划数，还是从参加者人数及总资产来看，占比提高较大；另一方面，原先占比较大的第四类组合投资占比有较大下降，另两类组合投资的占比变化不大。这充分表明共同基金（公募基金）仍是 401（k）最重要的资产配置。

表 24–10　2013 年 401（k）计划投资选择结构　　单位：%

组合投资选择（Investment Options）	计划数	参加者	总资产
股票基金、债券基金、货币基金和 / 或混合基金	71.0	43.1	35.3
股票基金、债券基金、货币基金和 / 或混合基金；GICs 及稳定价值基金	26.4	22.3	21.2
股票基金、债券基金、货币基金和 / 或混合基金；公司股票	1.5	18.3	18.9
股票基金、债券基金、货币基金和 / 或混合基金；公司股票；GICs 及稳定价值基金	1.1	16.3	24.6

资料来源：摘自美国投资公司协会网站发布的年度报告。

大多数 401（k）计划至少提供三种投资选择，但也有些计划提供数十个投资选择，不过，总的看来，401（k）计划提供投资选择的平均个数为 8~12 个，有时只有共同基金，有时是共同基金、GICs 及稳定价值基金、公司股票及可变年金的混合。还有一些计划提供经纪人账户，这意味着参加者能够选择所有的投资，包括股票、债券、共同基金及其他类型资产，而不必局限于少量的几种投资选择。

但从全美 401（k）计划总资产配置来看，近 20 年来，401（k）计划的投资结构（见表 24–11），大体呈现出了以下重要特征：

第一，401（k）计划的资产配置以共同基金为主，其中，投资在股票基金上的比例一直居高不下，并稳定

表 24–11　近 20 年来 401（k）计划资产配置　单位：%

结构	1996 年	1999 年	2008 年	2016 年
股票基金	44	53	37	44
混合基金	8	7	15	27
债券基金	7	5	12	8
货币基金	5	4	7	3
公司股票	19	19	10	6
GICs 及稳定价值基金	16	11	15	6
其他	1	1	4	6

注：表中“公司股票”是指 401（k）计划创设公司自己的股票，不包括其他公司的股票。

资料来源：表中数据摘自投资公司协会网站。

在 40%~50%，成为 401（k）最大的投资标的。一般观点认为，直接投资其他公司股票，风险太大；相反，通过股票基金来间接投资其他公司股票，则风险可控。因此，股票基金在 401（k）计划资产配置中，所占比例最大，将近一半。

第二，401（k）计划直接投资公司股票的比重正在不断下降。ERISA 规定，允许合格计划利用合格个人账户购买合格雇主的证券（Qualifying Employer Securities）。在 2001 年安然事件爆发前，401（k）计划投资本公司股票的比例逼近 20%，但在安然事件后，401（k）投资公司股票的比例不断下降，2002 年降至 16%，2007 年大牛市却仍降至 11%，2013 年继续降至 7%。

第三，401（k）持有混合基金的比例大幅提升。在 401（k）计划资产配置中，混合基金所占比重在近 20 年提高了近 20 个百分点，这主要归功于目标日期基金（TDF），因为 TDF 极好地迎合了投资者养老储备与长期投资的双重需求，因此，在近 20 年中 TDF 规模得以快速扩张。

401（k）计划是 DC 计划的最典型代表，它将 80% 左右的资产直接投资于共同基金，这也是美国公共基金得以快速扩张的最重要原因。事实上，截至 2019 年底，美国私人养老金储备规模达 32.6 万亿美元，其中，10 万亿美元直接投资共同基金。目前美国共同基金净资产规模已突破 20 万亿美元。也就是说，私人养老金对美国共同基金的贡献率接近 50%。

正因如此，美国私人养老金不仅支撑了美国共同基金的发展，而且它与共同基金又一起为美国资本市场提供了源源不断的长期资金支持，这正是美国股市做大做强的最根本动力，同时，也为美股长达十年的“慢牛”“长牛”提供了十分坚实的物质基础。

分报告二十五
澳大利亚强制积累型养老金基金与资本市场

澳大利亚是养老金制度探索的先驱，长期被认为是开创性社会实验的实验室[①]。1908 年就建立了非缴费型公共养老金制度（Age Pension）。1991 年，立法通过《超级年金（担保）法案》，澳大利亚成为最早建立强制性职业年金（超级年金）制度的国家之一，也是将职业年金作为多支柱养老保障体系主体的国家之一。强制缴费、实账积累和市场化投资是超级年金制度的基本特征，也是超级年金基金运营取得重大成效以及存在问题的根源。近年来，澳大利亚一方面在超级年金基金治理、投资、监管以及开放个人选择权、引入生命周期基金等方面进行了广泛改革探索；另一方面，从多支柱养老保障体系、税收制度方面优化超级年金积累和市场化运营的制度环境。

一、澳大利亚养老金体系与养老基金类型

（一）三支柱养老金体系

澳大利亚的养老金体系分三个支柱。第一支柱为一般税收融资的家计调查型公共养老金，待遇给付条件为居住至少满 10 年、年龄目前至少 66 岁（按每两年提 0.5 岁，到 2023 年 7 月 1 日提高到 67 岁为止）。待遇定额发放，目前全额水平分别为单身 944.3 澳元 / 两周，夫妻分别领取为每人 711.8 澳元 / 两周、夫妻联合领取为 1423.6 澳元 / 两周[②]。2015 年后家计调查采取照公认规则（Deeming Rules）折算，包括住房和账户资产。当公认资产价值低于下限时获得全额养老金，当高于上限时丧失资格。在上下限之间，随着家计调查公认资产价值上升，待遇水平按比例削减[③]。澳大利亚的第一支柱养老金是在老年人陷入困境情况下的目标定位型养老救助制度，相对欧洲福利国家比较吝啬。具体表现为待遇水平和实际覆盖率较低。有学者测算，澳大利亚单身和夫妻联合申领全额养老金待遇分别仅为男性平均工资的 28% 和 41%，而且只有一半左右的老年人可以获得全额待遇，1/4 左右的老年人可以获得部分待遇，另外 1/4 老年人因为超过家计调查资产上限而失 去资格[④]。第二支柱为强制超级年金（Superannuation Guarantee）。1991 年《超级年金担保法案》中，“担保”体现为强制要求雇主为其超过一定收入水平的雇员批准设立职业养老金机构缴费，最初的费率为工资的 3%~4%，法案要求在 2002 年前逐步将费率提高到 9%。原计划在 2025 年前进一步提高到 12%，但由于种种原因 2014 年澳大利亚政府连续两次暂时冻结了缴费提高计划，目前的费

① Hammond M B，“Judicial Interpretation of Minimum Wage in Australia”，Annals of the American Academy of Political and Social Science，1913：285.

② https：//www.superguide.com.au/accessing-superannuation/age-pension-rates.

③ 澳大利亚社会服务部网站，https：//www.servicesaustralia.gov.au/individuals/services/centrelink/age-pension/how-much-you-can-get/assets-test/assets#assetstestlimits。

④ Agnew J，Australia's Retirement System：Strengths，Weaknesses，and Reforms，Center for Retirement Research working paper No.13-5，April 2013，http：//crr.bc.edu/wp-content/uploads/2013/04/IB_13-5-508.pdf.

率为 9.5%[①]。强制性超级年金并没有强制雇员缴费。第三支柱包括自愿性超级年金和其他个人养老储蓄。政府对第二支柱和第三支柱养老金给予税收优惠激励。

（二）积累型养老基金类型与发展现状

超级年金基金按经营目标分为营利性和非营利性两类。除公共部门的超级年金外，其他基金在建立时可以自由选择。从覆盖成员看，可以分为面向公司、行业、一般社会成员和面向公共部门的基金。从监管机构看，分为审慎监管局（APRA）监管的行业基金、公司基金、公共部分基金、零售基金、小型基金，税务办公室（ATO）监管的自我管理基金。其中，前四类为委托人超过四个的“大型基金”。行业基金是主要面向本行业几个联合行业雇主的雇员，2005 年允许雇主选择至今后，该类基金开始向行业外雇主开放；公司基金主要由一个或多个大型雇主发起，面向自己雇员的基金；公共部门发起人是联邦、州和地区三级政府机构或政府控股企业；零售基金是面向所有雇主的集合年金。零售基金是唯一一种营利性基金，其他为非营利性基金（见图 25-1）。除部分公共部门超级年金外，都采取基金积累制、市场化信托运营模式。

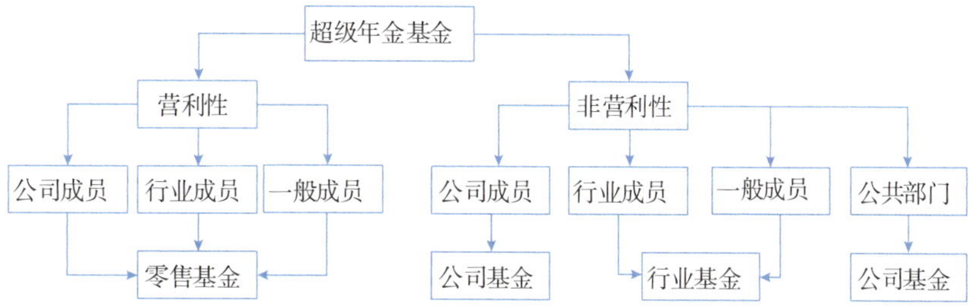

图 25-1　澳大利亚超级年金分类

资料来源：Australian Prudential Regulation Authority（APRA），Segmentation of Superannuation Entities，https：//www.apra.gov.au/sites/default/files/segmentation_of_superannuation_entities.pdf.

2009~2019 年，超级年金基金总资产从 1.1 万亿增长到 2.9 万亿澳元，增长了 163.6%。截至 2019 年 6 月底，2.9 万亿超级年金基金资产中，APRA 和 ATO 监管的基金总额分别为 1.9248 万亿和 7476 亿澳元；不归上述部门监管的公共部门基金和人寿保单法定余额基金分别为 1855 亿和 1484 亿澳元。同期，基金数目从 2009 年的 40.4 万个上升到 60.2 万个。基金数目增长主要是来自 ATO 监管的小型基金（SMSFs），从 399281 个增加到 599678 个，而 APRA 监管的基金数目从 4486 个下降到 1967 个，其中四个委托人以上的大型基金减少 228 个，小型基金减少 2238 个[②]。ATO 和 APRA 监管的超级年金基金数目反向变化的原因是，前者主要面向员工小于 20 人或营业额不足 1000 万澳元的小微企业[③]，重点在扩面，后者主要面向大中型企业，主要通过提高集中度增强竞争力。

二、超级年金基金与资本市场和经济发展的关系

（一）超级年金基金与资本市场

养老基金几十年不用考虑流动性问题，是发现市场价值和实施市场价值的本源性资金。养老基金一般委托养老金公司、投资公司等机构进行投资，这些机构投资者具有很强的低风险偏好，追求撑起稳定收益，换手率较低，从而降低资本市场投机比率，将市场引向长期价值投资理念，降低股票指数波动，提升收益率。反过来，资本市场的健康发展又为养老基金保值增值提供了基础。在养老基金和资本市场发达的国家，养老基金与资本市场都实现了相互促进和良性互动。郑秉文和孙守纪（2008）对澳大利亚、冰岛和瑞士的实证研究显示，实行强制性积累型养老基金发展深度（占 GDP 的比重）与股票市场规模、股票市场转手率存在显著的协整关系或格兰杰因果关系，澳大利亚养老基金和公共债券市场规模之间也存在显著的格兰杰因果关系[④]。

① Coates B，Mackey W and Cowgill M，No Free Lunch：Higher Superannuation Means Lower Wages，Grattan Institute. https：//apo.org.au/sites/default/files/resource-files/2020-02/apo-nid273876.pdf，2020.

② Annual Superannuation Bulletin，June 2019（Issued 31 January 2020）：6.

③ https：//www.ato.gov.au/business/super-for-employers/paying-super-contributions/small-business-superannuation-clearing-house/.

④ 郑秉文、孙守纪：《强制性企业年金制度及其对金融发展的影响》，《公共管理学报》2008 年第 2 期，第 1-11 页。

超级年金基金与资本市场的良性互动关系也可以用居民持有的投资资产结构反映。1995~2019 年，澳大利亚居民持有的养老金资产从 2952.8 亿澳元增加到 3.27 万亿澳元，占金融市场价值的比例从 77.1% 提高到 94.8%（见图 25-2）。如此规模的长期价值型基金入市必然会推动资本市场的健康发展。同时，居民持有养老金资产比例的上升也反映了资本市场保值增值能力对投资者的新引力不断增强。

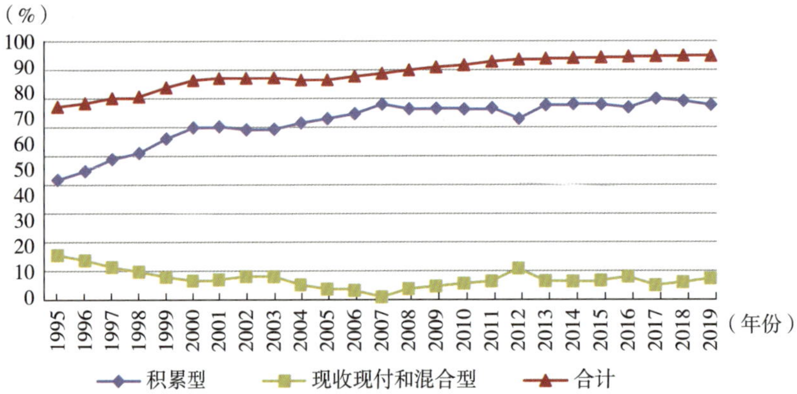

图 25-2　1995~2019 年澳大利亚居民持有超级年金基金资产占总投资资产的比例

资料来源：https：//stats.oecd.org/modalexports.aspx.

资本市场的制度和政策也会对超级年金计划结构产生影响。理论和实践都证明缴费确定积累型基金与资本市场价值投资理念高度契合，因此在市场化投资竞争中发展更快。1995~2019 年，缴费确定积累型超级年金基金从 1978.6 亿澳元增加到 2.67 万亿澳元，占金融市场价值的比例从 51.6% 提高到 77.5%，而同期现收现付和混合型超级年金基金虽然从 974.2 亿澳元增加到 5942.1 亿澳元，但增长率远低于缴费确定积累型超级年金，因此占金融市场价值的比例从 25.4% 下降到 17.2%（见图 25-2）。

（二）超级年金基金与经济发展

1991 年《超级年金担保法案》实施以来，尤其是 2003 年重新修订后，超级年金基金与资本市场相互依赖、相互促进作用日趋明显。一方面，超级年金制度的积累制、待遇确定型计划为主、完全的个人产权、私人基金管理等特征，使之成为资本市场重要的机构投资者，超级年金基金成为保障资本市场稳定发展的价值投资资金。2004~2019 年，超级年金总资产从 6139 亿澳元增长到 28787 亿澳元，占 GDP 的比例从 71% 提高到 148%；同期，超级年金的净资产从 3084 亿澳元增长到 18717 亿澳元，占 GDP 的比例从 36% 提高到 96%。另一方面，发育良好的资本市场、有效率的投资管理公司和适合的监管和支持政策为超级年金保值增值提供了条件。2004 年以来，除 2008~2009 年金融危机期间外均为正值，绝大多数年份投资收益率都远高于经济增长率（见表 25-1）。

表 25-1　超级年金基金资产积累情况（数据为截至当年 6 月底）

年份	总资产（亿澳元）	总资产占 GDP 比例（%）	净资产（亿澳元）	净资产占 GDP 比例（%）	净投资收益率（%）
2004	6139	71	3084	36	11.9
2005	7505	81	4475	48	12.4
2006	9044	91	5038	51	14.2
2007	11729	108	6388	59	14.6
2008	11313	96	7943	67	-7.5
2009	10598	84	7608	60	-12.1
2010	11881	91	6939	53	9.1
2011	13284	94	7820	55	7.9

续表

年份	总资产（亿澳元）	总资产占 GDP 比例（%）	净资产（亿澳元）	净资产占 GDP 比例（%）	净投资收益率（%）
2012	13812	92	8672	58	0.4
2013	15814	103	8962	58	13.9
2014	18039	113	10410	65	11.7
2015	20093	124	11878	73	8.9
2016	20974	126	13200	79	2.9
2017	25120	142	13786	78	9.1
2018	27039	146	17146	93	8.5
2019	28787	148	18717	96	7.1

资料来源：APRA，Annual Superannuation Bulletin，June 2019（Issued 31 January 2020），table9a，https：//www.apra.gov.au/sites/default/files/202001/Annual%20Superannuation%20Bulletin%20June%202019.xlsx.

从全球视角看，澳大利亚是全球七大养老金市场之一。《全球养老资产研究 2019》（Willis Towers Watsons Global Pension Assets Study 2019）调查显示，2018 年澳大利亚的养老金资产总额为 1.866 万亿美元，约占全球的 4.6%，仅次于美国、日本、英国，位列第四；养老金资产占当年 GDP 的 131%，仅次于美国位列第二。从长期趋势看，2008~2018 年澳大利亚养老金资产以本币衡量增长平均增长率为 9.9%，仅次于智利和墨西哥，位列第三，而以美元衡量平均增速高达 10.2%，在被调查的 22 个主要养老金市场中位列第一，澳大利亚养老金资产各项指标排名都较 2008 年都有所提高（见表 25–2）。从上述比较分析中可以看出，澳大利亚超级年金发展与经济增长之间呈现更强的良性互动关系。

表 25–2　全球视角下澳大利亚养老基金资产情况

国家和地区	总资产（十亿美元）		占全球总量的比例（%）		资产 /GDP（%）		2008~2018 年平均增长率（%）	
	2008 年	2018 年	2008 年	2018 年	2008 年	2018 年	美元	本币
澳大利亚	710	1866	3.4	4.6	67	131	10.2	9.9
美国	11762	24711	56.5	61.5	80	120	7.7	7.7
日本	3318	3081	15.9	7.7	66	61	−0.7	1.3
英国	1433	2856	6.9	7.1	49	102	7.1	8.6
加拿大	847	1630	4.1	4.1	55	94	6.8	7.9
荷兰	852	1517	4.1	3.8	89	167	5.9	8.1
瑞士	509	893	2.4	2.2	92	126	5.8	5
智利	74	196	0.4	0.5	41	65	10.2	11.3
墨西哥	92	185	0.4	0.5	8	15	7.2	11.2
……	……	……	……	……	……	……	……	……
合计 / 平均	20806	40173	100	100	—	60.4	5.3	7.2

注：①全球养老金资产共调查了 22 个主要养老金市场规模最大的经济体，表中所列的为至少一项指标高于澳大利亚的国家或地区；②由四舍五入原因比例数据有一定误差。

资料来源：Willis Towers Watsons Global Pension Assets Study 2019：8.

三、超级年金积累制度基础与激励政策

（一）制度基础

1. 工薪福利制度

超级年金基金市场化投资的基础是积累机制。作为福利体系和退休收入保障体系的重要组成部分，超级年金的积累必然受这两个体系的制度安排影响。澳大利亚作为自由福利体制国家，“意外”地建立了强制雇主缴费的超级年金制度，重要的原因是该国“工薪福利资本主义”传统。所谓工薪福利并非指基于工薪税（费）建立养老保障体系，在这个意义上，澳大利亚与其他福利国家差异不大。澳大利亚的特色是该国传统上将收入保障和社会保护作为“工资问题”，而不是国家福利支出问题。表现为：通过覆盖广泛且水平较高的最低工资制度，实现工资压缩（wage compression），使大多数人可以依靠工作获得保障；通过工薪协议和仲裁制度将养老金改革作为工资制度的附属物而进行。1986 年，工薪仲裁制度开始提供与收入挂钩的、雇主提供的计划，形成了超级年金的雏形[①]。1992 年，通过宪法修正并不断向所有工薪者扩展，超级年金制度建立。工薪福利传统是强制性超级年金制度立法通过的基础。而超级年金的强制性则保证了较高缴费率和覆盖面扩大，推动了基金规模快速扩张。

2. 特殊的多支柱养老保障体系

按照世界银行的标准，澳大利亚是少数没有强制缴费（税）第一支柱的国家之一。这为第二支柱的超级年金留下了更大的缴费空间。零支柱的公共养老金采取严格的家计调查规则，以及相对吝啬的待遇水平，使国民养老储蓄需求更大。潜在的养老积累储蓄需求为强制雇主缴费超级年金的建立，以及缴费水平的提高提供了条件。

（二）激励政策

1. 税收优惠

税收优惠是最普遍的养老金积累激励政策，因此私人养老金又称为税收递延计划。超级年金缴费和投资收益按 15% 的优惠所得税率征收；超级年金资产低于 10 万澳元时积累账户转化为养老金账户（退休收入流）免税，超出部分为多段，其中最低段是按 15% 优惠税率征收；领取阶段按照领取年龄和领取方式不同享受不同程度的税收优惠[②]。《2017~2018 财年税收统计报告》的调查研究显示，缴费税收减免额（Deductions）的平均值和中位值分别为 14307 澳元和 15000 澳元；养老金待遇领取的税收抵免额（Offsets）的平均值和中位值分别为 3151 澳元和 2630 澳元；投资阶段除个人税收优惠外，超级年金实体也享受一定的所得税优惠，2017~2018 财年超级年金营运收益为 1937.4 亿澳元，其中 518.3 亿澳元免征所得税[③]。

2. 对低收入者配比缴费

根据《2003 年超级年金法案》第 54（2）条款，政府对参加超级年金计划的低收入者给予配比缴费激励，该政策在 2007 年后扩展到自雇者。政府给予配比缴费的资格条件是 71 岁以下、不削减费率自愿缴费（不低于强制缴费费率）、总收入低于门槛收入（2017~2018 财年为不超过 51813 澳元）且至少 10% 的收入来自就业和商业活动、拥有超级年金账户资产不超过门槛值（2017~2018 财年为不超过 160 万澳元）。政府配比缴费比率最高为 50%，且免税[④]。截至 2018 年 6 月，享受政府配比缴费人数为 373698 人，总金额为 1.21 亿澳元。其中，2017~2018 财年的享受人数和金额分别占 88.2% 和 86.2%，享受两年及以上的人数和金额都很低（见表 25-3）。这表明配比缴费吸引和帮助了低收入者向超级年金计划缴费，同时也控制了财政补贴负担。

表 25-3　政府超级年金配比缴费情况

财年	享受人数（个）	配比金额（百万澳元）
2015~2016 年及以前	16945	6.81
2016~2017 年	29938	9.86
2017~2018 年	329515	104.33
合计	373698	121.00

资料来源：澳大利亚政府税务办公室网站，https：//www.ato.gov.au/About-ATO/Research-and-statistics/In-detail/Super-statistics/Super-co-contribution/Annual-reports--Super-co-contribution/。

四、澳大利亚超级年金治理与运营

（一）超级年金审慎人监管框架与投资策略

任何养老基金的治理运营都与国家监管政策密切相关。养老基金的监管一般分为审慎性人规则（Prudent Person

① ［澳］弗朗西斯・G. 卡斯尔斯：《澳大利亚和新西兰：以需求为基础的社会保障战略》，［丹］戈斯塔・艾斯平－安德森：《转型中的福利国家——全球经济中的国家调整》，杨刚译，商务印书馆 2010 年版，第 137-172 页。

② OECD，Financial Incentives and Retirement Savings，OECD Publishing，Paris，2018：198.

③ https：//www.ato.gov.au/About-ATO/Research-and-statistics/In-detail/Taxation-statistics/Taxation-statistics-2017-18/.

④ OECD，Financial Incentives and Retirement Savings，OECD Publishing，Paris，2018：199.

Rule）和资产组合数量合规规则（Quantitative Portfolio Regulation）。审慎性人规则是源于普通法系国家的一种信托投资方式，即受托人如同管理自己的资产一样管理受托养老基金。与审慎性人规则对应的是大陆法系下的，即严格限制资产组合中特定资产的数量。审慎投资的逻辑是资产组合分散化和广义资产负债匹配，风险收益管理的重点是养老基金资产本身。数量合规规则审查特定资产配置比例的合规性。实证研究显示，就养老金政策的关键目标而言，审慎人规则更适合养老基金，尤其是发达国家的竞争性部门，养老基金公司和管理养老基金的寿险公司都应实施审慎人规则[①]。

在澳大利亚，尽管证券投资委员会、税务办公室也参与超级年金的监督规范工作，但审慎监管局承担了大部分的规范职责。税务办公室主要负责自我管理型超级年金监管。审慎监管局与证券投资委员会、税务办公室签署谅解备忘录，并定期召开联席会议，从而形成制度化的监管信息共享机制，降低了监管重复及合规成本。各监管机构根据《超级年金（监管）法》的审慎人规则监管超级年金主体的治理和运营。对长期机构而言，很自然地就会将审慎人规则与广义资产负债管理一并使用。

（二）超级年金基金治理

《超级年金（监管）法》规定成立公募基金或实体必须符合审慎监管局的“核准受托人”（Registrable Superannuation Entity，RSE）标准。除自我管理型超级年金、退休储蓄账户（Retirement Savings Account，RSAs）外，所有超级年金实体和部分公共部分超级年金计划必须设立信托治理基金，以实现提供退休待遇这一超级年金，即唯一或第一位目标。

《审慎治理标准》（Prudential Standard Governance）对超级年金基金信托治理进行了具体的规范。根据最新的《审慎治理标准 SPS 500》，受托人遵守以下准则：责任机制、独立性、受托委员更新、专业、勤奋、审慎、透明、全面监管。SPS500 要求超级年金基金实体必须达到最低的适合标准、具备充足的资源、制订风险管理计划、完善的风险管理系统、完善服务外包系统以及达到审慎监管局要求的其他标准。超级年金基金的治理架构包括受托委员会（该机构中雇主和雇员代表数量一样，为保证决策审慎性，至少要有一名独立董事）、高级管理人员、审计委员会、薪酬委员会等[②]。

（三）超级资产配置

养老金计划投资决策的操作层面表现为基金资产在各类可投资资产之间的配置。在审慎人规则下，超级年金资产配置以选择最优资产组合为目标，实行战略性资产配置。即从长期考虑计划发起人的风险容忍度，设置股票、债券、现金等资产的占比，在风险容忍度范围内，采取有效战术，提高基金收益。治理和运营中表现为对长期适宜资产配置决策连续动态的定期评价，并随着计划发起人情况变化、资本市场情况变化而进行修正。

超级年金采取积极的投资策略，他们以追求投资收益率为主要目标，以流动性和安全性为控制风险的保障目标。超级年金资产配置的战略性体现为以下五个特点：第一，高收益资产比重大，2019 年股票和不动产占比分别为 46.8% 和 8.5%，较高的权益类资产配置比例是实现基金高收益率的基础。第二，保持适度流动性资产。2019 年现金和固定收益资产占比分别为 9.8% 和 21.6%，较低的流动资产配置要求有利于提高基金总体收益率。第三，将一定的资金配置到基础设施、对冲基金等另类资产，分享经济增长红利。第四，在国内外两个市场配置资产。2019 年国外资产配置比例为 33.3%，这就既有利于克服国内金融市场规模不足问题，也可以尽可能分散风险避免或降低资本市场波动造成的损失，也创造了分享世界经济增长的成果，实现基金保值增值。第五，资产配置的动态性。2008 年金融危机对超级年金造成很大冲击，导致资产配置中流动性资产和国内资产比例上升，权益类资产、另类资产和国外资产比例下降（见表 25-4）。

表 25-4 超级年金资产配置情况

单位：%

年份	现金	国内固定收益资产	国外固定收益资产	国内股票	国外股票	上市公司不动产	非上市公司不动产	基础设施	对冲基金	非上市公司股权	其他
2008	8.6	10.6	5.7	29.3	22.7	3.2	6.9				13.0
2019	9.8	12.7	8.9	22.4	24.4	3.1	5.4	5.7	1.7	4.0	1.7

资料来源：APRA，Annual Superannuation Bulletin June 2008（Revised 10 June 2009）：45;ASFA，Superannuation Statistics（December quarter 2019）：1.

① OECD：《养老金治理与投资》，孙建勇、杨长汉等译，中国发展出版社 2007 年版，第 121-166 页。

② https：//www.apra.gov.au/sites/default/files/spg_510_governance_0.pdf.

从国际比较来看，澳大利亚养老基金中权益类资产配置战略相对积极。第一，具有高收益高风险的权益类资产和另类资产占比相对较高。权益类资产占 43.7%，位列 OECD 国家第三，比平均水平高 21 个百分点；其他资产（包括贷款、土地和建筑物、未分配保险合同、对冲基金、私募股权基金、结构性金融产品、其他共同基金）占 28.1%，位列 OECD 国家第八，比平均水平高 13 个百分点。第二，票据和债券类资产仅占 14.6%，仅高于波兰，位列倒数第二，比 OECD 国家平均水平低 30 个百分点。第三，澳大利亚将持有现金，而非传统的债券作为保持待遇给付流动性的主要工具。2018 年现金和存款占资产总额的 13.7%，位列 OECD 国家第二，比平均水平高 6 个百分点（见图 25–3）。

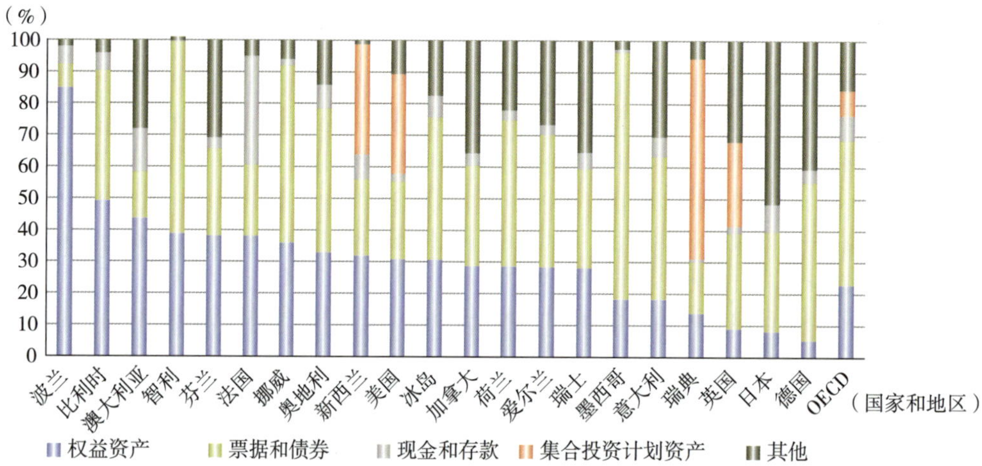

图 25–3 部分国家养老基金资产配置（2018 年或以前数据）

注：如果某个国家没有数据则只报告直接投资资产。

资料来源：OECD，Pension Markets in Focus，2019：30.

（四）超级年金运营绩效

1. 投资收益

超级年金的投资收益绩效总体上比较理想。除了 2008~2009 年，金融危机导致亏损外，其他年度收益率均为盈利，而且八个年度的收益率高于 7%，远高于通货膨胀和 GDP 的增速。从长期看，虽然金融危机导致 2008~2012 年五年平均收益率持续下降，并在 2012 年将为 –0.8%，但由于从 2010 年已经开始盈利，因此 2012 年后 5 年和 10 年平均收益率呈上升趋势。截至 2019 年 6 月，超级年金基金的 5 年和 10 年投资收益率分别高达 7.3% 和 7.9%，实现了养老基金保值增值，保证老年退休收入的目标（见表 25–5）。

表 25–5 超级年金超期投资收益情况

年份	超级年金收益率（%）			国债收益率（%）		夏普指数	
	年度	五年平均	十年平均	五年平均	十年平均	五年平均	十年平均
2008	–7.5	8.8					
2009	–12.1	3.6					
2010	9.1	3.0					
2011	7.9	1.9					
2012	0.4	–0.8					
2013	13.9	3.4	6.1	2.96	3.54	0.05	0.28
2014	11.7	8.5	6.0	3.12	3.7	1.17	0.25
2015	8.9	8.4	5.7	2.29	2.98	1.33	0.30
2016	2.9	7.4	4.6	2.15	2.73	1.02	0.22
2017	9.1	9.2	4.1	1.99	2.41	1.95	0.21

续表

年份	超级年金收益率（%）			国债收益率（%）		夏普指数	
	年度	五年平均	十年平均	五年平均	十年平均	五年平均	十年平均
2018	8.5	8.2	5.8	2.36	2.7	2.02	0.44
2019	7.1	7.3	7.9	1.07	1.38	2.70	1.76

资料来源：APRA，Annual Superannuation Bulletin，June 2019（Issued 31 January 2020），table9a，https：//www.apra.gov.au/sites/default/files/202001/Annual%20Superannuation%20Bulletin%20June%202019.xlsx；澳大利亚储备银行，https：//www.rba.gov.au/statistics/tables/xls/f02hist.xls?v=2020-07-19-16-37-58。

由于风险和收益之间存在显著正相关性，因此绝大多数专家采用的指标总是将风险和收益联系起来考虑风险调整后的收益。夏普指数就是常用的指标。该指标是资产组合的平均超额收益（超过投资于无风险资产国债的收益率）与资产组合的标准差纸币。夏普指数反映了单位风险所获得的超额回报。表 25-5 显示，审慎人投资策略获得了较高的风险超额回报。以 2019 年的五年夏普指数为例，该年度指数为 2.7，这意味着资产组合的投资绩效高于国债，承受一单位风险将会取得 270 个基准点的超额收益。从近年趋势来看，超级年金投资的夏普指数呈现不断提高趋势。例如，2014~2019 年，超级年金的五年平均收益率比同期限国债收益率高 5.38~7.21 个百分点，从而推动夏普指数从 1.17 提高到 2.70。因此，从风险调整后收益看，超级年金基金投资策略较好地实现了收益和风险平衡，使缴费积累能够在可控风险基础上分享经济增长成果。

2. 运营成本

在 APRA 规定的范围内，超级年金的管理从基金中提取。广义上运营成本包括行政管理费用、运营费用和投资费用。行政管理费用指受托实体自身提供服务产生的成本；运营费用指基金运行中咨询费、退出管理费、保险费、外包服务费以及宣传营销等费用；投资费用指在基金中抽提的用于市场投资的费用。2019 年委托人超过四个的超级年金基金的三项费用分别为 38 亿、18 亿和 30 亿澳元。从费用负担看，共收取费用 88.5 亿澳元，绝大部分是向雇主收取或由基金储备承担，分别占比为 90.68% 和 7.81%。从费用流向看，约 57 亿澳元用于购买外部服务或服务外包，20 亿澳元用于内部服务[①]。

超级年金是积累型个人账户制度。高昂的运营成本是个人账户制受到的重要诟病。从超级年金建立起，各类运营实体就不断寻求各种方法控制和降低运营成本。2004~2019 年，委托人超过四个的超级年金基金运营成本总体呈下降趋势，从占总资产的 0.96% 下降到 0.6%。主要原因是基金合并和资金规模扩大造成的规模经济效应造成的行政与运行成本的下降。投资费用占总资产的比率变化较少，在 0.23%~0.27% 波动，主要原因是该费用主要取决于资产规模，而不是投资收益（见图 25-4）。

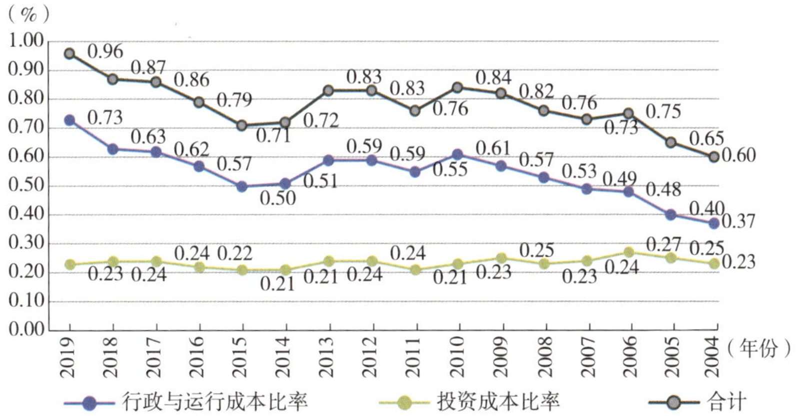

图 25-4　2004~2019 年委托人超过四个的大型超级年金基金行政与运营费用、投资费用占资产比例

资料来源：APRA，Annual Superannuation Bulletin，June 2019（Issued 31 January 2020），table9a，https：//www.apra.gov.au/sites/default/files/202001/Annual%20Superannuation%20Bulletin%20June%202019.xlsx.

① APRA，Annual Superannuation Bulletin June 2019（Issued 31 January 2020）：14-15.

五、超级年金基金市场化投资存在的问题

（一）提前领取

从超级年金支柱本身看，领取时间越晚，积累和投资时间越长，个人受益越大。但由于公共养老金制度与超级年金制度协同性不足，导致低收入者在退休前领取超级年金待遇成为理性选择。公共养老金是家计调查型制度，超级年金资产在领取阶段列入资产调查，因此会影响公共养老金待遇资格及待遇水平。目前超级年金最低领取年龄为 55 岁，而公共养老金为 66 岁。对低收入者而言，理性选择是 55 岁领取，并尽可能用于退休前 11 年的消费，从而提高退休后领取公共养老金待遇的机会和水平。虽然 2024 年前超级年金最低领取年龄将提高到 60 岁，但退休年龄也将提高到 67 岁，仍然有 7 年的时间差。在公共养老金家计调查条件下，只要有领取时间差，必然存在激励提前领取超级年金的扭曲机制，进而削弱超级年金补充公共养老金制度，保障老年退休收入的目标。

（二）无意多账户与丢失账户

作为市场化投资基金，将缴费集中于一个账户有利于提高收益，降低管理费用。但由于超级年金担保法锚定的是雇主而非成员本身，雇主考虑的是依法建立或参加一个超级年金，并为其缴费，不太关注所有权属于个人的账户。当个人更换工作时，企业倾向新建一个账户而非转移合并旧账户，因此出现了大量雇员无意识持有多个账户（见图 25-5）。无意识多账户不仅会降低超级年金账户基金的投资效率（隐性成本），而且还会带来额外保险费和管理费用支出（显性成本）。根据澳大利亚生产力委员会研究，2017 年约 1000 万个账户属于无意多账户，约占账户总数的 1/3。生产力委员会的测算解雇显示，由于规模经济效应，对一个典型全职工人而言，持有多个账户可能侵蚀其退休账户终生资产的 6%（约 5.1 万澳元）。更糟糕的是收入越低被侵蚀的概率和程度越高。从全国看，持有多个账户还会产生 19 亿澳元的额外保险费和 6.9 亿澳元的行政管理费。因此，2017 年全国无意多账户问题带来的额外成本高达 26 亿澳元[①]。

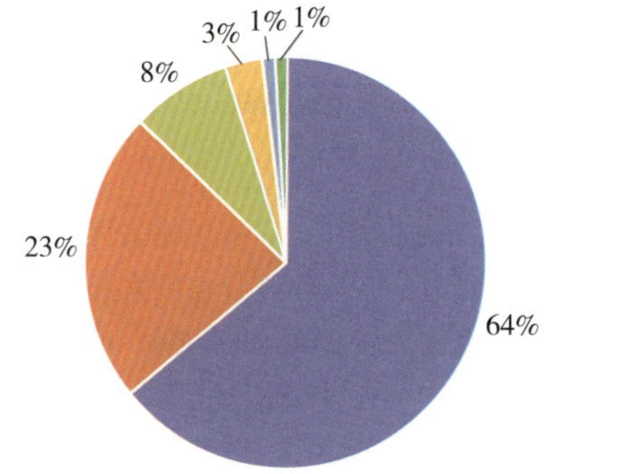

图 25-5 拥有不同数目超级年金账户的人数占比（2018 年 6 月）

资料来源：https ://www.ato.gov.au/About-ATO/Research-and-statistics/In-detail/Super-statistics/Super-accounts-data/Multiple-super-accounts-data/#Trend.

由于与无意多账户同样的制度原因，丢失账户（Lost Account）也是超级年金投资和管理存在的难题。所谓丢失账户指长期不活动（一年及以上）和失去联系的超级年金账户。一旦被认定为丢失账户，其资金将从投资转向“合格展期基金”（Eligible Rollover Fund），降低市场化投资资金规模。2006~2007 年简化账户改革以来，丢失账户数目已经大幅下降，但总金额呈上升趋势。2015~2019 年，税务局公布的丢失账户数目从 63.8 万个下降到 32 万个，但金额从 77.26 亿澳元上升到 91.28 亿澳元（见图 25-6）。

图 25-6 2015 年委托人超过四个的大型超级年金丢失账户情况

资料来源：APRA，Annual Superannuation Bulletin，June 2019（Issued 31 January 2020），table11b，https ://www.apra.gov.au/sites/default/files/202001/Annual%20Superannuation%20Bulletin%20June%202019.xlsx.

① Productivity Commission，Superannuation : Assessing Efficiency and Competitiveness，Report no. 91，21 December 2018，Canberra : 16.

从 2019 年 6 月数据看，超级年金丢失账户占比为 1.21%，资产金额占比为 0.45%，损失并不大。生产力委员会估计 2017 年丢失账户的投资隐性损失和显性成本约为 1.51 亿澳元①。但关键问题是这些损失大多由流动性强、刚参加工作者和低收入者承担。根据 2019 年 6 月的统计，上述群体参加的主要计划为行业基金和零售基金，而这两类基金丢失账户数目占比分别为 34.69% 和 55.94%，金额占比分别为 25.08% 和 49.91%（见表 25-6）。丢失账户的分布结构加大了对退休收入积累的不利影响。

（三）年金化过低

年金化对个人而言是应对长寿风险、通胀风险和退休阶段投资风险的有效工具，对基金公司而言则有利于增加投资资金总量。理论上，强制性制度有利于提高基金规模和年金化需求，可以降低购买年金的价格。但实际情况是，由于与公共养老金家计调查、税收优惠政策不协同以及年金产品供给不足价格高等原因，导致超级年金退休待遇年金化水平很低，而且不断下降。APRA 给出了年金化的三个指标：账户数目比例（年金化领取的账户数 / 所有退休账户数）、金额占比（年金化领取的账户资产总额 / 退休人员超级年金资产总额）和待遇占比（当年领取年金化待遇总金额 / 年金发放待遇总额）。图 25-7 显示，2015~2019 年以上三个年金化指标均很低，都有不同程度下降。

表 25-6　超级年金丢失账户情况

基金	账户数目（千个）	账户金额（百万澳元）	数目占比（%）	金额占比（%）
企业基金	2	119	0.63	1.30
行业基金	111	2289	34.69	25.08
公共部门	28	2164	8.75	23.71
零售基金	179	4556	55.94	49.91

资料来源：APRA, Annual Superannuation Bulletin, June 2019 (Issued 31 January 2020), table11b, https://www.apra.gov.au/sites/default/files/202001/Annual%20Superannuation%20Bulletin%20June%202019.xlsx.

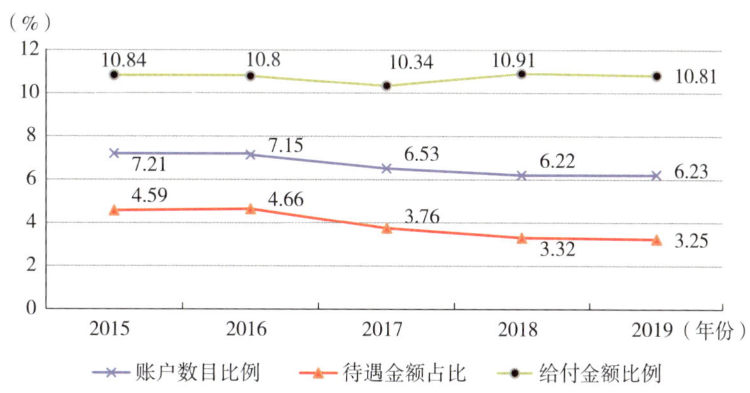

图 25-7　2015~2019 年超级年金待遇年金化比例情况

资料来源：APRA, Annual Superannuation Bulletin, June 2019 (Issued 31 January 2020), table13, https://www.apra.gov.au/sites/default/files/202001/Annual%20Superannuation%20Bulletin%20June%202019.xlsx.

（四）系统性投资风险

超级年金投资风险指运营机构无法通过资产配置克服的大规模宏观经济冲击和全球经济危机冲击的风险。理论上，超级年金具有完全私人产权，采取市场化投资，个人具有投资选择权，政府不必提供担保。但考虑到澳大利亚成为第一支柱的公共养老金实际上是世界银行界定的零支柱，而且家计调查又限制了其实际覆盖率，强制超级年金实际上承担了保障退休收入的主体责任，其运营绩效也是影响公共养老金负担的重要因素。因此，强制性超级年金具有相当的公共养老金属性。但澳大利亚政府并未向超级年金制度提供一定程度的担保（如智利），也没有提供大型冲击情况下的避险渠道（如专用债券等），市场风险完全由个人承担。如果在危机发生时达到退休年龄，账户基金将面临巨大的损失，这将导致老年贫困率上升。研究显示，2008~2009 年金融危机冲击下，超级年金的亏损率分别为 8.1% 和 11.5%（见图 25-8），

① Productivity Commission, Superannuation: Assessing Efficiency and Competitiveness, Report No. 91, 21 December 2018, Canberra: 307.

导致2009年老年贫困率达到23.6%[①]。虽然澳大利亚允许并鼓励老年人延迟退休，但一方面危机期间老年人继续就业机会下降，另一方面临近退休投资损失的基数是整个职业生涯缴费和投资的积累，弥补损失需要较长时间，仅靠延迟退休政策难以抵消系统风险冲击的影响。

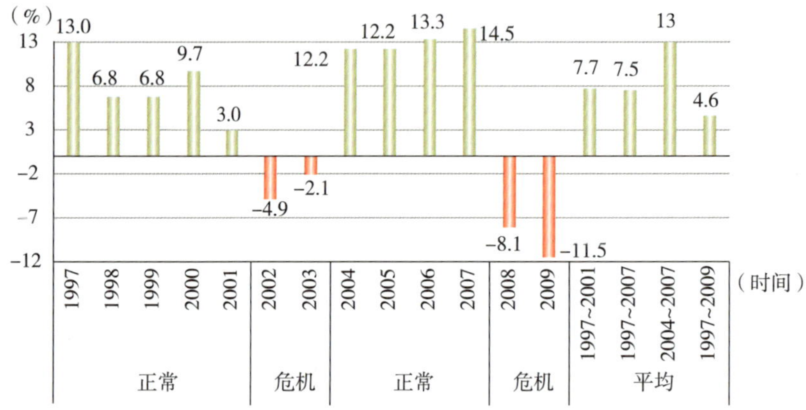

图 25-8 1997~2009 年金融危机期间超级年金投资收益率

资料来源：APRA，Annual Superannuation Bulletin，June 2013（revised 5 February 2014）：33；APRA，Celebration 10 Years Superannuation Data Collection 1996-2006，Insight issue2，2007：41.

（五）运营成本问题

近年来，澳大利亚超级年金的管理和投资成本大幅下降，并推出低成本的“我的超级年金”，但仍是运营成本最高的国家之一。OECD的研究显示，澳大利亚超级年金运营成本占总资产的比例高达0.8%，仅次于拉脱维亚、捷克和爱沙尼亚。尤其是管理成本占总资产比例高达0.5%，仅次于西班牙，位列第二（见图25-9）。关于超级年金原因包括：基金数量，尤其是小型基金（SMSFs）过多，导致规模不经济；缴费确定基金比例占主导地位；高风险－高收益的国内外权益投资比例相对较高；另类投资（持有非上市公司资产和不动产等）比例较高等[②]。需要指出的是成本衡量必须与收益挂钩，高收益必然与高成本对应，超级年金的投资收益率在OECD国家也名列前茅。因此，关于超级年金运营成本比例是否过高问题仍然争论激烈。

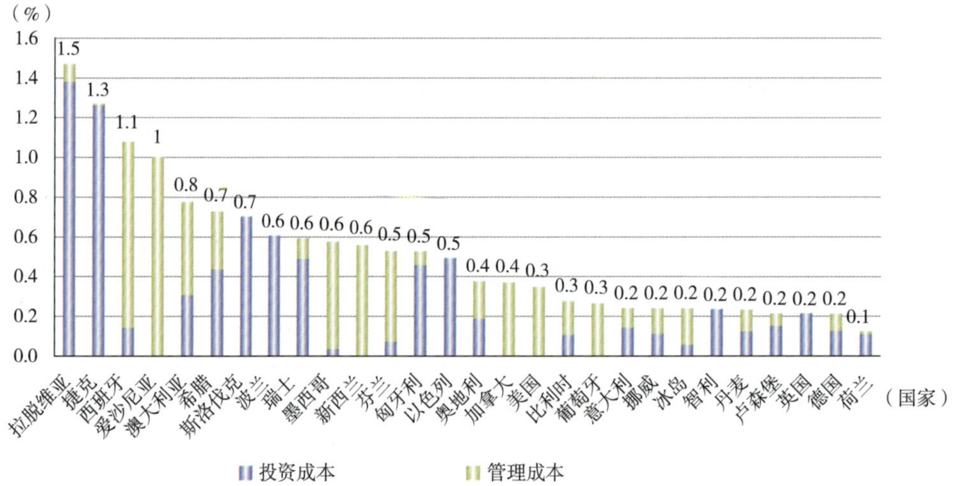

图 25-9 2016 年 OECD 国家私人养老基金投资和管理成本占总资产比例

资料来源：OECD，Pensions at a Glance 2017，OECD Publishing：161.

① OECD，Pensions at a Glance，www.oecd.org，2009.

② Australian Government Productivity Commission，Superannuation：Assessing Efficiency and Competitiveness，Productivity Commission Inquiry Report No. 91，21 December 2018：157，161.

六、结论与近期改革措施

通过市场化投资，尤其是审慎规则下的资产配置，推动了超级年金基金积累与保值增值，总体上实现了保障退休收入的基本目标。但市场化也是丢失账户与多账户、管理成本过高等问题产生的重要原因。需要特别强调的是，超级年金是多支柱退休收入保障体系，国民收入分配和再分配的重要组成部分，这些制度安排必然对超级年金缴费积累、投资和待遇领取行为产生影响，是影响基金市场化投资绩效和面临问题的深层次原因。

2008 年金融危机后，澳大利亚针对超级年金制度本身存在的问题以及市场化运行的相关政策进行了改革。从超级年金与资本市场视角看，这些改革措施具有协调多支柱养老金激励机制、引导市场竞争重点转向净费用和收益、提高超级年金待遇年金化激励、应对长寿风险的能力作用。

第一，推出“我的超级年金”账户。“我的超级年金”是一种账户管理模式。零售基金、行业基金、公司基金都可以向 APRA 申请批准提供这种新产品。推出“我的超级年金”账户的主要目的是逐步替代种类过多、设计复杂的默认投资选项。“我的超级年金”产品结构简明、管理费用明确透明、可比性强，有利于让雇主和雇员进行选择，倒逼基金运营机构将竞争重点放在降低成本和提高净收益上。“我的超级年金”账户的推出便利并激励了超级年金基金运营机构投资策略创新，推动了生命周期投资产品、单一分散化投资产品的发展，提高了超级年金基金资本市场投资的时间和规模以及应对市场风险的能力。截至 2019 年 6 月 30 日，共有 101 个超级年金基金实体推出了 97 种“我的超级年金”产品，账户数目为 1518.7 万个，总资产为 7591 亿澳元。其中生命周期型产品、账户数目和资产分别 36.08%、40.26% 和 39.94%[①]。

第二，改革公共养老金家计调查方式，矫正超级年金缴费和投资决策扭曲。2015 年 1 月 1 日起，超级年金纳入社会福利家计调查公允规则（Deeming Rules）计算。在此规则下如果资产收益超过公允收益，按公允收益纳入收入调查。该规则降低了超级年金收益影响公共养老金待遇的概率和待遇水平，激励个人超级年金缴费、市场化投资决策激励[②]。

第三，改革公共养老金家计调查方式，提升年金化激励。2019 年 7 月 1 日，公共养老金新家计调查规则实施。在新规则下，65 岁至预期寿命（目前男性为 84 岁）之间购买合格的年金产品，可以选择 60% 的收入和名义购买价格的 60% 纳入相应公共养老金资格调查；或者至少购买 5 年年金，以 70% 的名义购买价格纳入资产调查。这将增加购买年金产品对老年人，尤其是对只能领取部分公共养老金待遇的老年人的吸引力[③]。从养老基金与资本市场看，新规则增加了市场资产规模。

第四，调整超级年金税收政策，提高政策优惠激励效果。2016~2017 财年，通过超级年金（税收）“一揽子”改革计划，总计 12 项措施。核心是限制高收入者税收优惠强度，增加低收入者税收优惠激励，增强公平性，提高激励效果，强化保障老年退休收入核心目标。例如，引入 16 万账户自查税收优惠限额和低收入者税收抵免制度（Low Income Superannuation Tax Offset，LISTO）等。财政部估计前者影响不到 1% 的资产总额高的超级年金账户，而后者将使 310 万低收入者受益，其中约 190 万是女性[④]。因此，总体上会对超级年金积累和市场化投资产生积极影响。

第五，运用多种手段解决丢失账户和无意多账户问题。2013 年，税务局推出 SuperTICK 软件，帮助基金公司纠正账户错误的税务号。利用税务号为标识查找丢失账户，合并基金内部属于同一个人的账户。通过 MyGov 和 SuperMatch 网站在线公布丢失账户等。针对无意多账户问题，将非活动账户和丢失账户转移到税务局自动统一系统，匹配成功后，从合格展期基金（ERF）移出与匹配的活跃账户合并。

第六，规范收费和账户整合，强化信息透明性，降低运营成本。2018~2019 年预算报告中，政府向议会提交“保护你的超级年金‘一揽子’改革方案”，主要内容包括低于 6000 澳元账户费用设置 3% 的封顶线、取消退出费用、降低年轻会员和小金额账户保险费、要求将 6000 澳元以下小额账户转移到税务局系统，授予税务局根据成员税务号匹配整合账户。证券投资委员会提出新的超级年金收益和成本费用披露方法，提高披露的一致性，减少漏报。新方法要求基金运营机构提供统一简化成本收益格式的报表（Product Dashboards）以及持有的全部投资组合，从而形成通过成员产品选择倒逼运营机构削减成本机制。

需要指出的是，由于超级年金在全球金融危机后恢复较快，并且长期收益率较高，这在一定程度上掩盖了金融危机冲击暴露的问题。再加上自由主义文化传统下缴费确定型基金无须担保等原因，澳大利亚并未推出应对全球金融危机等系统性投资风险的政策和措施。

① APRA，Annual Superannuation Bulletin，June 2019（Issued 31 January 2020），table15.

② https：//www.servicesaustralia.gov.au/individuals/topics/deeming/29656#earnmore.

③ https：//simplyretirement.com.au/finance-retirement-annuities-guide.

④ https：//treasury.gov.au/superannuation-reforms#listo.

分报告二十六
德国养老基金与资本市场

经过 100 多年的发展，德国逐步形成了四层次的养老保险体系。其中，第一层次的法定养老保险实行现收现付的融资模式，剩余资金存量有限，基本不存在用于投资的资金。第四层次的基本养老保障资金来源为国家税收，也不参与市场化运作。德国实行市场化投资的养老基金主要是第二、三层次的私营养老金。德国养老基金资产配置模式具有明显的偏保障色彩，权益类资产占比低，这与德国资本市场相对滞后以及对养老基金投资的限制等因素都有关系。

一、德国养老保险体系的演进与四层次架构

（一）养老保险体系演进

作为现代社会保障制度的发源地之一，德国养老保险制度已有 100 多年的历史。随着老龄化及经济社会发展，德国养老金体系不断调整和完善。德国向来注重“先立法，后实践”，与养老保障相关的重大发展与变革等都建立在相关的法律基础上（见表 26–1）。

表 26–1　德国养老金体系的演进

年份	法律	主要内容（意义）
1879	《皇金诏书》	提出工人因年老而出现经济困难时有权得到救济，并颁布了养老保障的实施计划
1889	《老年和残疾社会保险法》	提出为年满 70 岁的退休者或因伤残而丧失劳动能力的人提供保险，养老保险费用由雇主、雇员和国家三方负担并实行基金制
1911	《雇员保险法》	养老保障制度覆盖范围扩展到职员和遗属
1923	《矿工保险法》	建立全国性矿工保险基金，对从事矿业工作的所有雇主和雇员提供疾病和养老保险津贴
1938	《手工艺者养老金法》	将强制性老年和残疾保险扩大到大部分自我雇佣的手工业者
1949	《社会保险法调整法》	提高养老保险缴费率以及养老金津贴；实行最低养老金标准；在工人养老保险中推行无条件的寡妇养老金
1951	《农民养老保险法》	开始建立农村养老保险制度
1957	《养老金改革法》	确立了现收现付的现行养老保险筹资模式
1967	《财政修正法》	降低国家对养老金的补贴，分阶段提高养老金缴费率
1972	《退休改革法》	推出灵活退休年龄制度，确立养老金指数化调整机制
1974	《企业补充养老金法》	补充养老金逐步成为一种制度
1989	《1992 年养老金改革法》	引入联邦补贴自我调整机制；调整养老金与工资收入的关联；退休年龄标准提高到 65 岁
1995	《农业社会改革法》	实行农民养老保险改革

续表

年份	法律	主要内容（意义）
1997	《1999 年养老金改革法》	在养老金计算公式中加入人口发展因子（未实施）
2001	《养老保险改革法令》	确定法定养老保险缴费率；采取现金补贴、所得税减免、所得税延期缴付等措施促进商业养老保险的发展
2004	《法定养老保险可持续发展法》	在养老金计算公式中加入“可持续发展因子”，将养老金的发展水平同制度赡养率的变化联系起来；提高退休年龄
2005	《老年收入法》	引入了养老金延迟纳税制度；对企业补充养老保险和个人自愿养老保险进行改革
2007	《养老保险改革法案》	将法定退休年龄从 2012 年起至 2029 年逐步由 65 岁延迟至 67 岁
2014	《法定养老保险改进法案》	缴费满 45 年的参保者，可以提前至 63~65 岁退休并领取全额养老金；改善弱势群体的公共养老金待遇，引入“母亲养老金”，上调劳动能力受限者养老金额度等
2018	《职业养老金改善法》	职业养老金中引入 DC 计划；资助低收入雇员的雇主获得税收减免的金额；提高里斯特计划的基本补贴

资料来源：笔者整理。

1881 年德皇威廉一世在《黄金诏书》中提出工人因患病、事故、伤残和年老而出现经济困难时有权得到救济，为养老保障制度的建立奠定了基础；1889 年颁布《老年和残疾保险法》（*die Invaliditäts-und Altersversicherung*），标志着德国养老保险制度建立；之后，手工业者（1983）、农民（1995）等养老保险建立，退休年龄（1889，1972，1989，2004，2007，2014）、缴费率（1889，1949，1967，2001）不断调整以及补充养老保障（2001，2005）不断发展，德国养老体系不断完善。

德国养老保险体系具有如下特点：

首先，养老保险层次不断丰富。德国从 1889 年建立法定养老保险开始，便不断对其进行完善，如提高法定养老保险的覆盖率和保障水平。同时，为了更好地保障人们年老后的生活水平以及养老体系的可持续发展，德国也在逐渐发展补充养老保障，如 1974 年《企业补充养老金法》标志着德国企业补充养老金计划逐步成为一种制度；2001 年颁布《养老保险改革法令》，通过补贴和税收措施促进商业养老保险发展；2018 年在职业养老金中引入 DC 计划以及提高里斯特计划的基本补贴。

其次，覆盖范围不断扩大。德国养老保险制度最开始承保工人，1911 年通过《雇员保险法》扩展到职员和遗属，1938 年通过《手工艺者养老金法》扩大到大部分自我雇佣的手工业者。1951 年的《农民养老保险法》建立了农民养老保障制度。养老保障覆盖人群越来越多、阶层越来越广泛。

最后，养老金管理不断完善。1957 年确立现收现付制的筹资模式，1974 年鼓励发展积累制的补充养老保险，1972 年的《退休改革法》确定了养老金指数化调整机制，2004 年《法定养老保险可持续发展法》在养老金计算公式中加入“可持续发展因子”。同时，为了应对人口老龄化对于养老保险基金的压力，德国逐渐提高养老金领取年龄。《1992 年养老金改革法》将退休年龄提高到 65 岁，2007 年规定把领取养老金的年龄标准从 2012 年起至 2029 年逐步由 65 岁提高到 67 岁。

（二）养老金体系的四层次架构

1980 年，德国老年人口与工作年龄人口的比例为 27.3%，2020 年提高至 36.5%，2060 年将进一步提高至 60.3%（见表 26–2），老龄化程度高于 OECD 国家平均水平（58.2%）。人口老龄化对德国现收现付制的基本养老保险的可持续性带来挑战，是德国养老保险改革的重要原因。

表 26–2　老年人口赡养率变化趋势（1980~2060 年）

国家或地区	1980 年	2020 年	2060 年
墨西哥	9.7	13.2	36.0
土耳其	10.4	15.2	44.7
智利	9.7	19.7	55.4
卢森堡	22.8	22.3	48.6
韩国	8.2	23.6	89.7
以色列	17.5	23.9	33.0
爱尔兰	21.7	25.0	51.5
斯洛伐克	19.0	26.5	64.0
冰岛	18.7	26.6	53.4
澳大利亚	17.1	27.7	45.8

续表

国家或地区	1980 年	2020 年	2060 年
新西兰	18.4	28.3	48.6
美国	20.4	28.4	44.5
挪威	26.6	29.6	47.1
加拿大	16.3	29.8	49.2
波兰	17.6	30.5	72.4
经合组织	20.4	31.2	58.2
瑞士	23.8	31.3	57.5
奥地利	27.2	31.3	61.9
英国	26.9	32.0	51.5
西班牙	20.4	32.8	77.7
比利时	25.2	33.1	53.9
匈牙利	23.3	33.4	57.8
捷克共和国	24.0	33.8	59.5
荷兰	19.8	34.3	55.9
立陶宛	20.0	34.7	63.8
斯洛文尼亚	19.8	34.7	66.3
爱沙尼亚	21.3	34.9	67.0
丹麦	25.3	34.9	47.2
拉脱维亚	22.1	35.5	61.5
瑞典	28.5	35.9	51.5
德国	27.3	36.5	60.3
法国	25.0	37.3	56.0
希腊	22.2	37.8	76.0
葡萄牙	21.4	38.6	70.6
意大利	23.6	39.5	75.6
芬兰	20.1	40.1	56.3
日本	14.7	52.0	83.3

注：工作年龄为 20~64 岁，老年年龄为 65 岁及以上。

资料来源：United Nations World Population Prospects：The 2019 Revision.

经过 100 多年的发展，德国养老保险制度在以前三支柱（法定养老保险、企业补充养老保险以及私人养老保险）的基础上又增加和调整了吕库普养老保险（die Rürup-Rente）和里斯特养老保险（die Rieste-Rente），逐步形成了四层次的养老保险体系（见表 26-3）。不同层次的养老保险在资金来源以及筹资模式方面存在差异（见表 26-4）。

表 26-3　德国养老金体系

层次	体系
第一层次	法定养老保险（GRV，Gesetzliche Renten Versicherung）
	农民养老保险（Landwirtschaftliche Alterskassen）
	特定职业的养老保险（Berufsstandische versorgungswerke）
	公务员养老金（Beamtenversorgung）
	吕库普养老金（die Rürup-Rente）
第二层次	企业补充养老保险（BAV，Betriebliche Alters Vorsorge）
	里斯特养老金（die Rieste-Rente）
第三层次	私人养老保险（PAV，Private Versicherung）
第四层次	基本养老保险（Grundsicherung im Alter）

资料来源：① Safima，https：//www.safima-net.de/kc-altersvorsorge/；② Sozialpolitik，http：//www.sozialpolitik-aktuell.de/tl_files/sozialpolitik-aktuell/_Politikfelder/Alter-Rente/Datensammlung/PDF-Dateien/abbVIII200.pdf.

表 26-4　德国各层次养老保险资金来源

	第一层次		第二层次		第三层次	第四层次
	法定养老保险	吕库普养老金	企业补充养老保险	里斯特养老金	私人养老保险	基本保障
资金来源	雇主、雇员缴费以及国家补贴（延迟纳税）	个人、国家税收补贴	雇主、雇员（延迟纳税）	个人、政府补贴（延迟纳税）	个人（非延迟纳税）	国家税收
资金运行	现收现付制（DB）	资金积累制（DC）	资金积累制（DC）	资金积累制（DC）	资金积累制（DC）	

注：第一层次还包括农民养老保险、公务员养老保险以及特定职业养老保险等部分特定人群养老保险。

资料来源：笔者整理。

第一层次包括法定养老保险、农民养老保险、公务员养老保险、特定职业养老保险和吕库普养老金。其中，法定养老保险是德国覆盖面最广、支出占比最高的养老保险，它为几乎所有雇员提供基本的养老保障。截至 2017 年底，共有 5511 万名德国民众参与法定养老保险，占德国总人口的 66.78%，用于法定养老金的开支为 3078.5 亿欧元，占 GDP 的 9.4%。[①] 农民养老保险、公务员养老保

① Sozialpolitik，http：//www.sozialpolitik-aktuell.de/tl_files/sozialpolitik-aktuell/_Politikfelder/Alter-Rente/Datensammlung/PDF-Dateien/tabVIII5.pdf.

险以及特定职业养老保险是针对特定人群设立的养老保险。如德国农民养老保险保障的对象主要是独立经营的农民与配偶，于 1951 年开始建立，实行现收现付模式，政府的财政补贴是主要资金来源，投保人只需缴纳少部分的养老保险费。吕库普养老保险是 2004 年改革引入的一项新的养老保险，又称“基本养老金”。与法定养老保险的作用类似，都是为了保障人们的养老基本需求。但是法定养老保险采用的是现收现付制，资金主要来源为法定养老保险的保费和联邦政府补贴，吕库普养老保险采用基金积累制的融资结构，享受政府减税和一定的免税政策。①

第二层次囊括了原有第二支柱的企业补充养老计划和本应划归第三支柱的里斯特计划，作为第一层次的补充。企业补充养老保险是企业为其雇员提供的福利待遇，不具有强制性，通常采用完全积累制的融资模式。里斯特养老保险计划覆盖的人群主要是那些由于法定养老金支付水平降低而影响其收入的人，该计划主要目标群体为中低收入者和孩子较多的家庭，个人也可自愿参加里斯特养老保险计划。为了促进里斯特养老保险的发展，德国政府特别制定了包括基础补贴、子女补贴、特别补贴以及税收优惠的激励方案。2005 年里斯特养老保险的覆盖范围（在第二层次中）为 13%，到 2010 年上升到 38%，覆盖范围扩大了近 3 倍。其中 2007 年里斯特养老保险覆盖范围比例超过企业补充养老保险，成为推动德国第二层次养老保险发展的主要力量。②

第三层次私人养老保险是第二层次的继续补充，是原则上不能享有国家税收优惠政策的个人自发建立的养老金计划，主要是通过个人净收入支付保险费而在退休领取养老金，是自愿性的养老保险。

第四层次基本养老保险于 2003 年设立，为低收入老年人提供基本保障。③ 该计划类似于世界银行 2005 年提出的零支柱，主要针对的是那些退休后收入不足或完全残疾的老年人。为了保障其必需的基本生活，这些人可以在完成申请后获得一定的社会援助。④ 2017 年底，65 岁以上基本保障的领取者数量为 54.4 万人，占所有养老金领取者的 3.16%；预计到 2030 年底，人数将上升至 83.7 万人，占养老金领取者的 4.4%。⑤

二、德国养老保险基金收支状况

2019 年，德国养老基金为 2855.22 亿美元，占 GDP 的 7.4%，远远低于经合组织国家 60.1% 的平均水平（见表 26–5）。

表 26–5　2019 年养老基金和所有退休产品的资产（初步统计）

OECD 国家	养老基金			所有退休产品
	增长（%）	百万美元	占 GDP 比例（%）	占 GDP 比例（%）
澳大利亚	6.3	1779374	132.0	135.0
奥地利	13.5	27293	6.1	—
比利时	18.0	44674	8.4	—
加拿大	7.3	1531845	89.1	158.9
智利	19.4	215373	80.8	—
哥伦比亚	16.6	83737	26.0	26.0
捷克共和国	8.0	22445	9.0	9.0
丹麦	12.4	169434	48.7	219.1
爱沙尼亚	20.7	5342	17.0	18.6
芬兰	—	132184	49.4	—
法国	20.5	22468	0.8	10.0
德国	8.4	285522	7.4	—
希腊	8.6	1750	0.8	—
匈牙利	8.9	6098	3.8	5.4
冰岛	17.6	41036	167.6	178.2
爱尔兰	20.8	140425	36.0	—
以色列	17.9	259905	63.8	—
意大利	11.9	168510	8.4	10.8
日本	0.4	1443125	28.4	—
韩国	16.4	191061	11.6	—
拉脱维亚	21.2	629	1.8	16.7
立陶宛	24.9	4520	8.3	8.3
卢森堡	12.8	2050	2.9	—
墨西哥	18.8	225519	17.5	18.5
荷兰	17.5	1746262	191.4	—

① 于秀伟：《从“三支柱模式”到“三层次模式”——解析德国养老保险体制改革》，《德国研究》，2012 年第 27 卷第 2 期，第 70–79 页。

② 林义、周娅娜：《德国里斯特养老保险计划及其对我国的启示》，《社会保障研究》，2016 年第 49 卷第 6 期，第 63–70 页。

③ European Commission. Pension Adequacy Report 2018–Current and Future income Adequacy in Old Age in the EU（Vol. 2）. Luxembourg：Publications Office of the European Union，2018.

④ Deutsche Rentenversicherung，https：//www.deutsche-rentenversicherung.de/SharedDocs/Downloads/DE/Broschueren/national/grundsicherung_hilfe_fuer_rentner.pdf?_blob=publicationFile&v=8.

⑤ Wikipedia，https：//de.wikipedia.org/wiki/Grundsicherung_im_Alter_und_bei_Erwerbsminderung.

续表

OECD 国家	养老基金			所有退休产品
	增长（%）	百万美元	占 GDP 比例(%)	占 GDP 比例（%）
新西兰	20.7	65769	31.1	31.1
挪威	10.9	43938	10.9	—
波兰	-2.0	40874	6.8	7.8
葡萄牙	12.1	24524	10.3	—
斯洛伐克共和国	12.8	13324	12.6	12.6
斯洛文尼亚	11.6	3234	6.0	7.3
西班牙	11.8	133214	9.5	13.2
瑞典	—	22007	4.1	81.9
瑞士	12.6	1018080	141.1	—
土耳其	37.3	21325	3.0	—
英国	16.1	3582910	123.3	—

续表

OECD 国家	养老基金			所有退休产品
	增长（%）	百万美元	占 GDP 比例(%)	占 GDP 比例（%）
美国	15.6	18750788	87.5	147.1
经合组织总计	13.9	32270568	60.1	—

资料来源：OECD Global Pension Statistics；French Asset Management Association；Bank of Japan；Swiss Occupational Pension Supervisory Commission.

近年来，德国法定养老金收入和支出不断增加。其中，法定养老金收入从 2009 年的 3144.8 亿欧元增加至 2017 年的 3849.46 亿欧元，增长了 22.4%；支出从 2019 年的 2385.43 亿欧元增加至 2982.77 亿欧元，增长了 25%（见图 26-1）。2009~2017 年，德国法定养老金支出在社会保障总支出中占比维持在 31% 左右，占 GDP 的比例维持在 9% 左右（见表 26-6）。

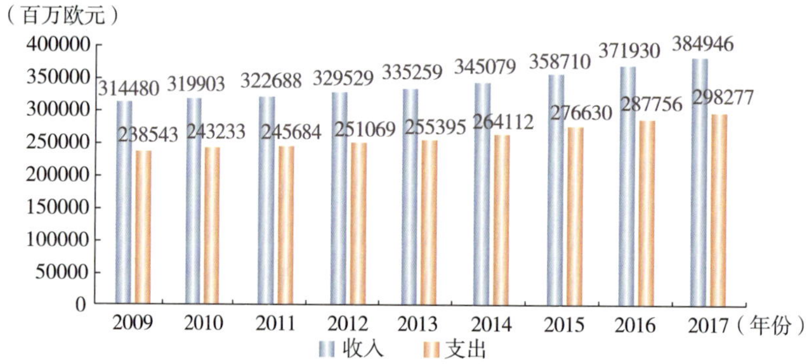

图 26-1 德国法定养老金收支统计（2009~2017 年）

资料来源：Eurostat，https：//appsso.eurostat.cc.europa.eu/nui/submitViewTableAction.do.

表 26-6 德国养老金支出及其占比

年份	社保支出总额（百万欧元）	养老金支出（百万欧元）	养老金支出占社保总支出的比例（%）	养老金支出占 GDP 的比例（%）
2009	753781	238543	31.65	9.8
2010	771451	243233	31.53	9.5
2011	776535	245684	31.64	9.1
2012	794599	251069	31.60	9.1
2013	823635	255395	31.01	9.1
2014	852573	264112	30.98	9.0

续表

年份	社保支出总额（百万欧元）	养老金支出（百万欧元）	养老金支出占社保总支出的比例（%）	养老金支出占 GDP 的比例（%）
2015	889688	276630	31.09	9.1
2016	929823	287756	30.95	9.2
2017	965332	298277	30.90	9.2

资料来源：Eurostat，https：//appsso.eurostat.ec.europa.eu/nui/submitViewTableAction.do.

德国私营养老金的参加人数不断增加，从 2004 年的 628.7 万人，增加至 2018 年的 1046 万人（见图 26–2）。

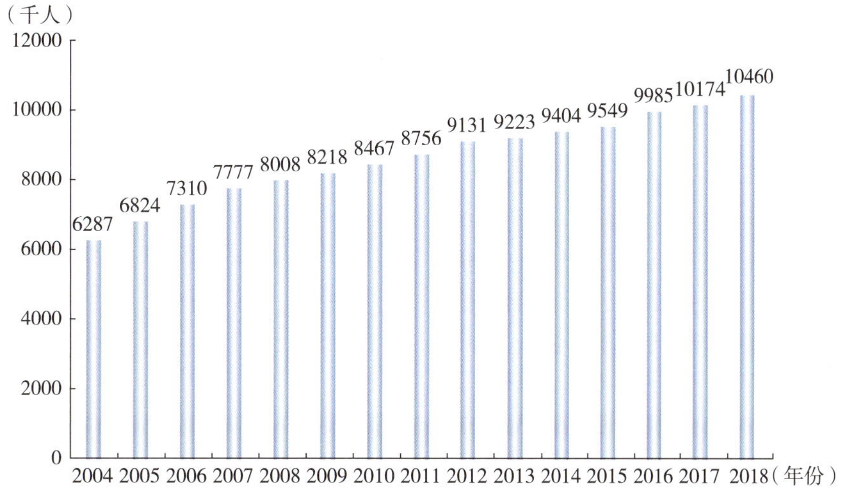

图 26–2　德国私营养老金参加人数

资料来源：Eiopa，https：//www.eiopa.europa.eu/tools–and–data/occupational–pensions–statistics_en.

2018 年，德国职业养老金收入为 174.63 亿欧元，支出为 81.46 亿欧元（见图 26–3）。根据 OECD 的数据，德国私营养老金支出约占 GDP 的 0.8%（见图 26–4）。

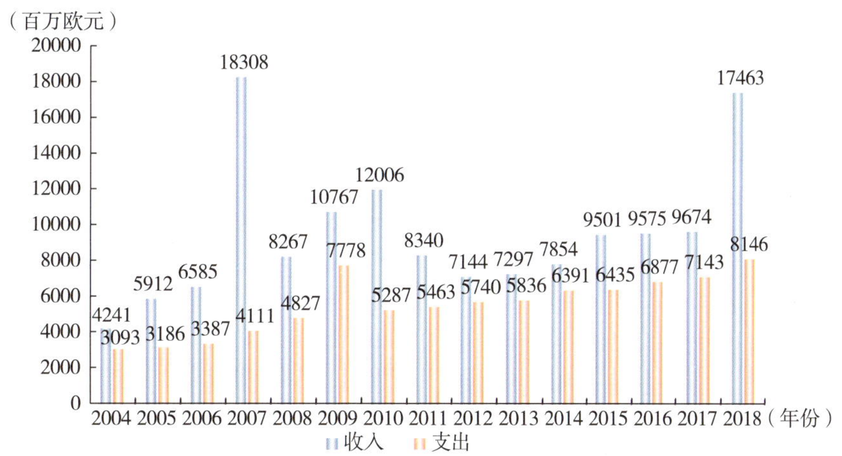

图 26–3　德国私营养老金的收入与支出（2004~2018 年）

资料来源：Eiopa，https：//www.eiopa.europa.eu/tools–and–data/occupational–pensions–statistics_en.

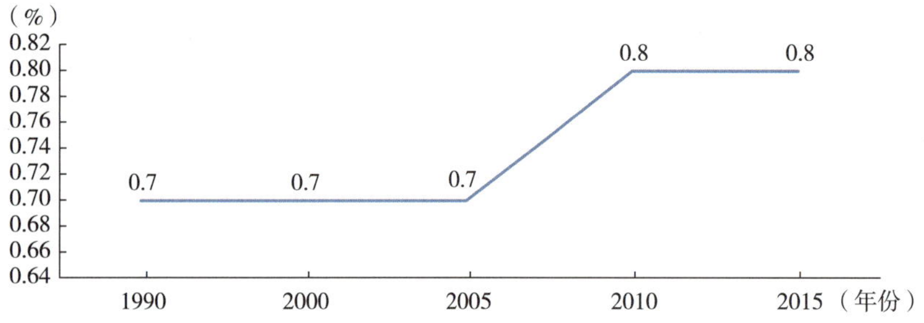

图 26-4 德国私营养老金支出占 GDP 比例

资料来源：经济合作与发展组织（OECD），Pensions at a Glance：OECD and G20 Indicators.2020。

三、德国资本市场发展"大逆转"及其原因[①]

（一）德国资本市场"大逆转"

德国股票市场经历了一个由发达到不发达的过程。1870年后，德国股票市场快速发展，并在"一战"前后达到一个顶峰。1913年柏林证券交易所上市公司已达到922家，既高于同期纽约证券交易所的水平，也比目前德国上市公司数多；1913年德国证券化率已达到44%，既高于同期美国39%的水平，也与100年后的当前基本持平。尽管"一战"和大通胀严重冲击了德国股票市场，但德国股票市场的"大逆转"主要发生在19世纪30年代纳粹上台之后。进入30年代和40年代后，股票市场出现明显倒退，IPO市场几乎冻结，IPO数量仅分别为1家和3家，远远低于同期美国的105家和141家；柏林证券交易所上市公司数大幅下降，1930年、1932年和1938年分别下降至767家、659家和469家。自此之后，德国股票市场才在发达国家中掉队并持续落后。

20世纪90年代以来德国就通过调整法律、新设市场等方式致力于发展股票市场。1990年，德国出台历史上第一部统一的资本市场法——《金融市场第一促进法》(Erstes Finanzmarktförderungsgesetz)，首次将投资者保护作为目标，并废除了股票市场交易税。1994年，出台《金融市场第二促进法》(Zweites Finanzmarktforderungsgesetz)，拓宽风险投资基金的法律形式、禁止内部人交易（Insider Trading）和设立联邦证券交易监督办公室。1997年3月，设立类似于美国纳斯达克的"新市场"。1998年，出台《金融市场第三促进法》(Drittes Finanzmarktförderungsgesetz)，致力于提升透明度、提高监督效率，并聚焦股东利益、允许股票回购、允许以股票期权支付高管薪酬。2002年，出台《第四金融市场促进法》，进一步强化了投资者保护和增强市场一体化和透明度。2002年之后，德国又颁布了大量与促进资本市场发展相关的法律，比如2004年的《投资现代化法》《投资者保护改进法》，2005年的《管理层薪酬披露法》，2007年的《房地产投资信托基金法》，等等。在监管法律框架大调整背景下，德国资本市场取得了较快发展，20世纪90年代和21世纪前十年IPO数量分别达到352家和504家，远高于20世纪80年代，证券化率在波动中呈趋势性上升，资本市场透明度明显提升。但总体而言，转型效果并不明显，德国的创业板市场——"新市场"昙花一现，"泡沫破灭"后于2003年6月关闭。德国金融体系的银行主导型特征虽有弱化，股票市场规模也有所增长，但与美国、英国乃至法国相比，远未实现向资本市场主导型的转变，相对于美国以及其他欧洲大陆国家（如法国）而言差距不仅没有缩小，反而在进一步拉大。1980~1989年，德国证券化率（股市总市值与GDP总量的比值）平均为15.6%，略高于法国，比美国低33.8个百分点。1990~1999年，德国证券化率平均值虽然提高至30.0%，但已被法国（42.3%）反超，与美国的差距拉大到65.4个百分点。2000~2009年，德国证券化率平均值升至46.6%，与法国和美国的差距进一步拉大到34.8个和76.6个百分点。2010~2018年，德国证券化率平均值维持在46.6%的水平，与法国差距略微缩小至32.7个百分点，但与美国的差距继续扩大到89.1个百分点。在过去近40年里，德国证券化率提高了31.0个百分点，而法国和德国分别提高了65.4个和86.3个百分点（见图26-5）。

① 本部分主要为中国金融四十人论坛（CF40）课题"德国金融体系比较研究"的部分成果。特别感谢国务院发展研究中心金融研究所朱鸿鸣副研究员的支持。

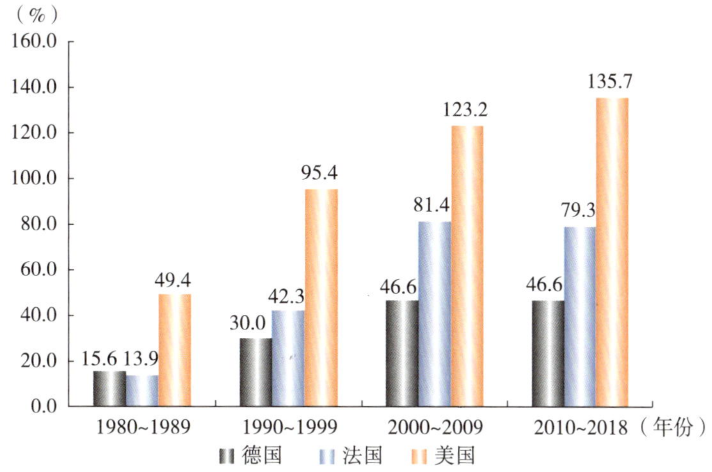

图 26-5　1980~2018 年德国、法国、美国证券化率

资料来源：世界银行数据库。

事实上，无论从证券化率还是从上市公司数上来衡量，德国股票市场的规模都很小，不仅大幅落后于英美等资本市场主导型经济体，甚至低于欧洲国家的平均水平和中国水平，与其全球经济地位和经济发达程度形成强烈反差。从证券化率看，2018 年末德国上市公司市值与 GDP 之比为 44.5%（见图 26-6），低于美国（148.1%）、日本（106.5%）和中国（46.5%），也低于欧元区各国平均水平（54.8%）。2009~2018 年，德国证券化率平均为 45.7%，低于美国（132.6%）、日本（86.6%）、法国（78.6%）、欧元区（60.4%）和中国（58.2%）。

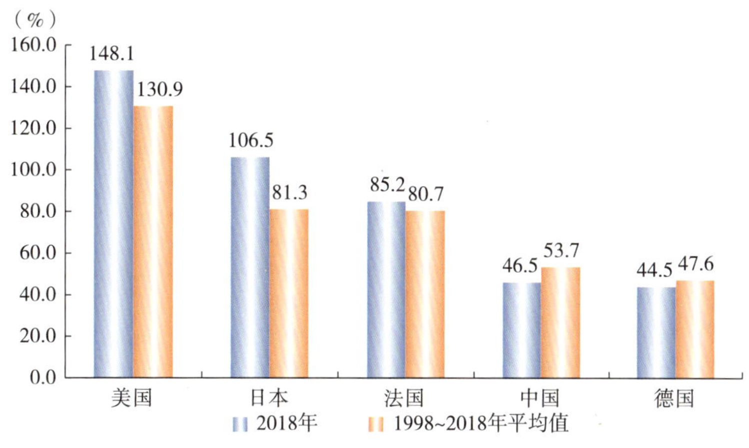

图 26-6　主要经济体证券化率

注：世界银行数据库中无英国 2008 年之后的证券化率数据；1998~2018 年中国平均值实际上为 2003~2018 年平均值。

资料来源：世界银行。

从上市公司数看，2009~2018 年德国上市公司数量呈快速下降态势，2018 年末为 465 家，10 年间减少 277 家；虽略高于法国（457 家），但明显低于美国（4397 家）、日本（3652 家）、中国（3584 家）的水平（见图 26-7）。

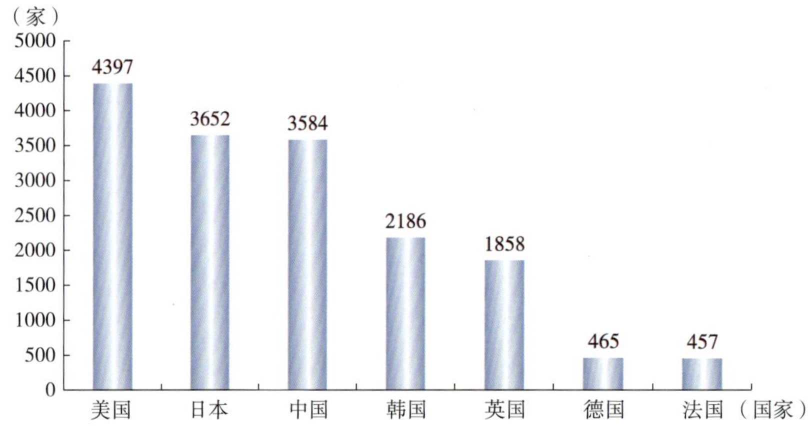

图 26-7　2018 年末主要国家上市公司数

资料来源：世界银行数据库。

（二）德国资本市场“大逆转”的原因

近 30 年德国股票市场长期发展滞后，而 19 世纪后期德国股票市场却经历了大发展。主要原因是这两个时期德国实体经济的发展状态发生逆转性变化。19 世纪后期，德国深度参与甚至引领第二次工业革命，实体经济迅猛发展，电力、化学、汽车、制药等新经济蓬勃发展，新的明星企业浪潮式涌现，企业纵向流动性强，整个德国经济是成长型经济。经济充满活力，新产业、成长性企业对股票市场需求大。而过去 30 年，尽管中小企业仍然保持了强劲竞争力，但德国参与第三次工业革命程度有限。计算机、软件、通信、互联网等新兴产业发展滞后、新创企业或小企业难以成长为大企业、企业纵向流动性大幅丧失，德国经济是成熟型甚至固化型经济。在德国，我们已很难看到新的明星企业的崛起，对股票市场的需求也远不如一个多世纪以前。与此同时，德国大多数成立时间较长的优质企业（如“隐形冠军”）经营已趋于保守化，崇尚节制和适度，缺乏扩张动力。根据德国复兴信贷银行的调查，创新型中小企业比重持续大幅下降，2016~2018 年降至 19%（见图 26-8）。德国企业创业活力和扩张动力不足，可能与对失败的宽容度不够相关。对于一个缺乏新兴产业、新创成长型企业的经济体，对于一个优质企业扩张导向度低的经济体，我们很难奢望涌现出大量的上市公司和上市公司市值的大幅增加，很难奢望股票市场得到快速发展。

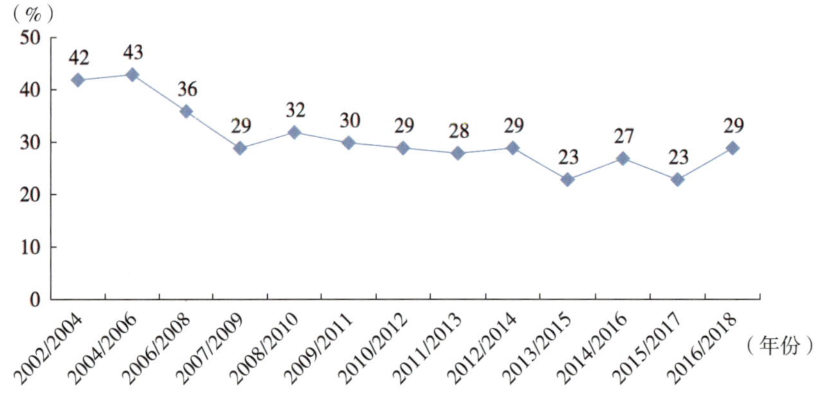

图 26-8　德国创新型中小企业比重

资料来源：KfW SME Innovation Report 2019.

除了实体经济的逆转造成企业对股票市场的需求大幅下降，德国银行主导型金融体系也具有一定的惯性和路径依赖，对资本市场功能形成一定程度的替代。另外，德国大陆法系的法律制度更侧重保护债权人，对股东保护相对薄弱，也不利于资本市场的发展。

四、德国养老基金与资本市场

德国第一层次的法定养老保险实行的是现收现付的融资模式，除了可持续储备金外，剩余资金存量有限，基本不存在用于投资的资金。第四层次的基本保障资金来源为国家税收，也不参与市场化运作。德国实行市场化投资的养老基金主要是第二、三层次的私营养老金。

（一）养老基金投资限制

德国私营养老金没有采纳“谨慎人”监管原则，受投资公司法约束，量化限制较多，基金可投资于债券、房地产、股票以及储蓄等，但有不同的比例限制。根据德国投资公司法规定，养老保险基金投资于股票的比例为20%~25%，具体比例由各养老金计划灵活掌握；投资于房地产的比例为15%~25%；对自有股票的投资比例低于10%，对外国资产投资也有不同的比例限制要求（见表26-7）。

表 26-7　德国私营养老金投资限制

是否为“谨慎人”原则	本国资产的量化限制	对投资委托人自有股票的限制	外国资产投资限制
否	股票投资比例为20%~25%；房地产投资比例为15%~25%。在单个信贷机构的储蓄小于基金资产的2%	自投资比例小于10%	80%货币匹配限制；20%其他投资资产限制；6%非欧盟投资比例限制

资料来源：E Philip Davis，Portfolio Regulation of Life Insurance Companies and Pension Funds.

（二）养老基金资产配置结构

根据欧洲中央银行的数据，德国养老基金资产配置模式具有明显的偏保障色彩。一是基金类和存款类资产占比高。2019年末，德国养老金配置现金及存款、基金的比例分别为11.8%和58.2%。二是权益类资产占比低。2016~2019年，股票占比仅为3%~4%，远远低于绝大多数OECD国家。三是无金融衍生品投资（见表26-8）。

表 26-8　德国养老金各类资产配置比例　单位：%

年份	现金及存款	贷款	债券	保险	权益	基金	金融衍生品	非金融资产	其他
2016	17.5	4.9	10.0	1.1	3.3	53.8	0.0	6.1	3.4
2017	14.9	4.6	10.1	1.1	3.9	55.7	0.0	6.4	3.3
2018	13.7	4.7	9.7	1.2	4.1	56.8	0.0	6.6	3.3
2019	11.8	4.5	10.3	1.2	4.1	58.2	0.0	6.5	3.4

资料来源：欧洲中央银行。

OECD的数据与欧洲中央银行数据的口径不尽一致，但也同样反映出德国养基老金资产配置较为保守的特征。2019年，德国养老基金资产配置中，股票占6.1%，票据和债券占47.3，集合投资计划占3.9%，其他占42.7%。其股票占比远低于绝大多数OECD国家（见表26-9）。

表 26-9　2019年部分投资类别养老基金资产配置情况（初步统计）　单位：%

国家	股票	票据和债券	现金和存款	集合投资计划	其他
德国	6.1	47.3	3.9	—	42.7
波兰	82.5	10.2	7.2	0.0	0.1
立陶宛	74.8	20.2	2.2	—	2.8

续表

国家	股票	票据和债券	现金和存款	集合投资计划	其他
荷兰	46.1	50.4	3.2	—	0.3
澳大利亚	45.2	16.1	13.0	—	25.7
比利时	42.3	40.4	2.4	—	14.9
冰岛	42.2	52.1	4.1	—	1.6
芬兰	42.0	27.9	4.1	—	26.0
爱沙尼亚	40.0	56.3	3.5	—	0.1
智利	38.1	61.0	0.8	—	0.1
挪威	36.6	53.9	—	—	9.4
新西兰	36.1	23.6	7.3	31.0	2.0

续表

国家	股票	票据和债券	现金和存款	集合投资计划	其他
哥伦比亚	36.1	53.8	2.3	—	7.9
奥地利	34.2	43.3	7.0	—	15.5
美国	33.5	26.9	0.5	27.1	12.0
拉脱维亚	30.7	59.4	7.7	—	2.1
加拿大	28.2	32.6	3.6	—	35.6
瑞士	28.0	31.4	5.2	—	35.4
爱尔兰	25.3	45.6	3.8	—	25.3
瑞典	24.1	45.4	1.6	19.5	9.3
卢森堡	23.1	57.7	0.3	—	18.8
丹麦	21.5	59.0	0.3	2.0	17.2
意大利	21.3	45.1	5.6	—	28.0
以色列	20.5	62.5	5.5	—	11.5
葡萄牙	17.3	63.2	4.8	—	14.7

续表

国家	股票	票据和债券	现金和存款	集合投资计划	其他
希腊	16.2	51.7	12.0	18.7	1.5
墨西哥	15.9	81.1	0.6	—	2.5
土耳其	14.6	51.5	15.3	0.0	18.7
西班牙	14.1	44.3	8.2	25.7	7.7
英国	9.0	30.2	2.2	26.6	31.9
日本	8.9	30.5	7.4	—	53.2
匈牙利	7.9	56.5	5.5	27.2	2.8
德国	6.1	47.3	3.9	—	42.7
斯洛伐克共和国	2.6	56.6	10.9	28.7	1.2
斯洛文尼亚	2.3	55.4	9.2	31.3	1.7
韩国	2.2	13.8	39.2	—	44.9
捷克共和国	1.0	72.8	22.9	2.5	0.7

资料来源：OECD Global Pension Statistics；Bank of Japan.

2018 年，德国企业养老保险基金总资产为 2435.25 亿欧元，其中，投资于债券和其他固定收益证券的金额为 702.1 亿欧元，占比 28.83%；权益和其他可变受益证券的金额为 9.66 亿欧元，占比 0.40%；可转让证券集合投资计划的金额为 1196.52 亿欧元，占比 49.13%；衍生工具的金额为 0；贷款金额为 209.01 亿欧元，占比 8.58%；房地产投资金额为 72.49 亿欧元，占比 2.98%；其他投资为 128.91 亿欧元，占比 5.29%；再保险准备金金额为 64.33 亿元，占比 2.64%；其他资产为 52.23 亿欧元，占比 2.14%（见表 26–10）。

表 26–10　2009~2018 年德国企业养老金投资情况

单位：百万欧元

类别	年份	2009	2010	2011	2012	2013	2014	2015	2016	2017	2018
债券和其他固定收益证券	总计	41530	43858	51024	58630	66774	68913	69345	71868	71705	70210
	主权基金	—	—	2974	3862	16041	7487	8239	8896	9804	9881
	金融	—	—	32017	31809	37847	29507	29493	28882	29014	28393
	其他	—	—	16034	22959	12885	31919	31613	34090	32887	31936
权益和其他可变收益证券	总计	555	617	536	518	951	513	630	828	885	966
	上市股票	33	26	27	34	733	290	390	485	581	692
	其他可变收益证券	383	405	297	222	218	223	240	343	304	274
可转让证券集合投资计划	总计	47576	54359	55588	65658	70768	82671	89668	100940	111179	119652
	债务证券	19874	19853	20316	26244	28340	33808	36891	41188	45538	46294
	权益证券	7330	6374	4592	5772	6801	8547	9626	11954	13417	11822
	房地产	2711	2770	3071	3204	3358	4615	5328	6451	7617	8065
	其中其他资产	17662	25363	27610	30438	32269	35701	37823	41347	44607	53471
衍生工具		—	—	—	—	—	—	—	—	—	—

续表

类别 \ 年份	2009	2010	2011	2012	2013	2014	2015	2016	2017	2018
贷款	32084	32385	31369	32182	28676	28600	25574	24036	21980	20901
房地产投资	3803	3856	3776	4003	4585	5141	5673	6272	6754	7249
其他投资	4910	5084	6800	6594	7850	8714	9927	10450	11311	12891
再保险准备金	2548	2903	3161	3339	3526	3841	4088	5192	5539	6433
其他资产	3983	3656	3768	4072	4218	4472	4764	4756	5355	5223
总资产	136989	146717	156023	174996	187348	202865	209669	224342	234708	243525

资料来源：Eiopa，https：//www.eiopa.europa.eu/tools-and-data/occupational-pensions-statistics.

（三）养老基金投资收益率

随着金融市场的变化，德国私营养老金投资收益率存在一定的波动（见图 26-9）。2018 年投资收益率为 1.90%，较 2017 年下滑的幅度较大，私营养老金实际投资收益率为 0.35%，为近年来的低点。但总体来看，投资收益率较为可观。最近 5 年、10 年、15 年的平均实际投资收益率分别为 2.50%、2.66% 和 2.48%（见表 26-11）。投资收益从 2004 年的 37.92 亿元增加至 2018 年的 55.45 亿元，净投资收益从 2004 年的 39.94 亿元，增加至 2018 年的 44.04 亿元（见表 26-12）。

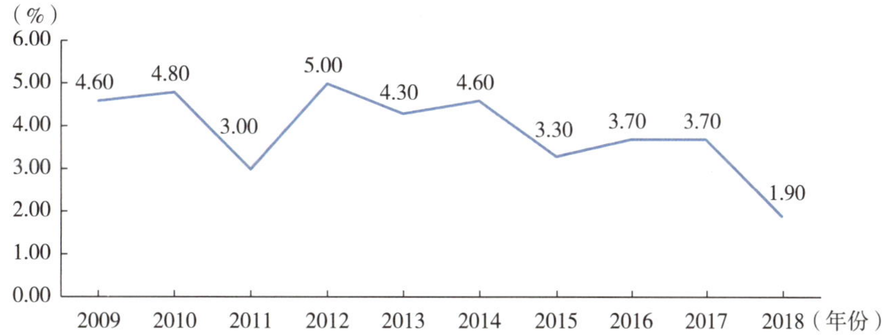

图 26-9　2009~2018 年德国私营养老金投资收益率

资料来源：Eiopa，https：//www.eiopa.europa.eu/tools-and-data/occupational-pensions-statistics_en.

表 26-11　2017~2018 年德国私营养老金收益率　　单位：%

年份 \ 收益率	实际投资收益率	最近 5 年平均实际投资收益率	最近 10 年平均实际投资收益率	最近 15 年平均实际投资收益率
2018	0.35	2.50	2.66	2.48
2017	2.07	2.89	2.61	2.65

注：此处私营养老金包含第二、三层次养老金。

资料来源：OECD Pension at a Glance，2019.

表 26-12　德国私营养老金投资损益　　单位：百万欧元

年份	投资收益	投资资产市值变动	投资费用	净投资收益	净现金流量	其他收入	其他费用	基金净增加额
2004	3792	364	162	3994	1277	785	1034	5022
2005	4072	526	173	4425	2656	798	923	6956

续表

年份	投资收益	投资资产市值变动	投资费用	净投资收益	净现金流量	其他收入	其他费用	基金净增加额
2006	4328	358	181	4505	3103	522	688	7442
2007	4916	–244	167	4505	14109	681	633	18662
2008	4671	–2594	171	1906	3378	519	618	5185
2009	5143	978	181	5940	2983	600	586	8938
2010	5314	1549	179	6684	6757	972	622	13791
2011	5415	–703	177	4535	2929	587	592	7459
2012	6038	2302	197	8143	1500	540	770	9413
2013	5913	1766	196	7483	1566	529	647	8930
2014	6119	2756	215	8660	1514	538	633	10079
2015	5934	989	246	6677	3138	760	667	9908
2016	6067	2131	239	7959	2861	512	658	10674
2017	6562	1976	244	8294	2782	421	653	10844
2018	5545	–879	262	4404	9665	817	628	14258

资料来源：Eiopa，https：//www.eiopa.europa.eu/tools–and–data/occupational–pensions–statistics_en.

分报告二十七
瑞典竞争性养老基金投资与资本市场发展

伴随着人口老龄化和现收现付型养老金制度的改革，各国养老基金投资备受关注，逐渐成为该国及全球资本市场的重要组成部分。2018 年底，全球养老基金资产规模高达 44.1 万亿美元，其中 OECD 国家该资产规模为 42.5 万亿美元[①]。2018 年瑞典老年人口抚养比达 35.9%，远超 OECD 平均水平（31.2%），在 21.7% 的养老金总缴费率水平上（OECD 国家中等水平），积累了 58650 亿瑞典克朗的养老金总资产[②]（相当于 GDP 的 4.6 倍[③]），实现了 51.4% 的养老金总替代率（OECD 国家该指标平均为 48.9%）[④]。瑞典公共养老基金主要由六个政府建立的专业养老基金管理公司进行集中投资，旨在分散投资风险的同时降低单个养老基金公司对资本市场的影响，有限数量的投资机构的有序竞争既有助于实现投资的规模效应，又能激发投资效率，对瑞典养老基金有效积累和该国资本市场的稳定发展做出了贡献。

本报告在介绍瑞典养老基金构成基础上，对瑞典公共养老基金的投资管理和六个国家建立的专业养老基金管理公司（AP1、AP2、AP3、AP4、AP6 和 AP7）的投资运营情况进行分析，进一步探究其对该国资本市场发展的影响。

一、瑞典养老金制度及养老基金构成

瑞典养老金制度包括三个支柱：公共养老金制度、职业养老金制度和个人养老储蓄制度。公共养老金制度形成两类养老基金：进入名义账户制度的国民养老基金和进入实账积累账户的积累型养老基金。前者由国家建立的五个专业养老基金投资管理公司（分别用 AP1、AP2、AP3、AP4 和 AP6 表示）进行集中投资，后者给予个人投资选择权，允许个人自主选择基金产品进行投资，没有进行投资选择的个人的对应基金纳入默认投资，由国家建立的专业养老基金投资管理公司 AP7 进行投资运营。第二和第三支柱产生的职业养老金基金和个人养老储蓄基金的投资管理方式与积累型养老基金比较相似，均采取市场化投资，给予个人投资选择权，并将没有进行投资选择的个人纳入默认基金进行投资（见图 27-1）。后文主要以国民养老基金和积累型养老基金的投资管理为研究对象，分析养老基金投资与该国资本市场发展的关系。

（一）公共养老金制度及相应养老基金

瑞典的公共养老金制度是覆盖全民的强制性制度，包含三个层次：名义账户制养老金（Inkomst Pension）、实账积累制养老金（Premium Pension）和担保养老金（Guaranteed Pension）。其中，最低担保养老金为家计调查型养老金，由中央政府通过一般税收筹资，没有养老基金积累。名义账户制养老金和实账积累制为收入关联型养老金，养老金由雇主和

① OECD，Pension Markets in Focus 2019 © OECD 2019：7.

② Swedish Pensions Agency. Orange Report，Annual Report of the Swedish Pension System 2018：1，https://www.pensionsmyndigheten.se/sokresultat?query=Orange+Report%3A+Annual+Report+of+the+Swedish+Pension+System.

③ Statistics Sweden Statistical database，https://www.statistikdatabasen.scb.se/pxweb/en/ssd/.

④ OECD，Pension at a Glance 2019：OECD and G20 Indicators，OECD Publishing，Paris：151，175.

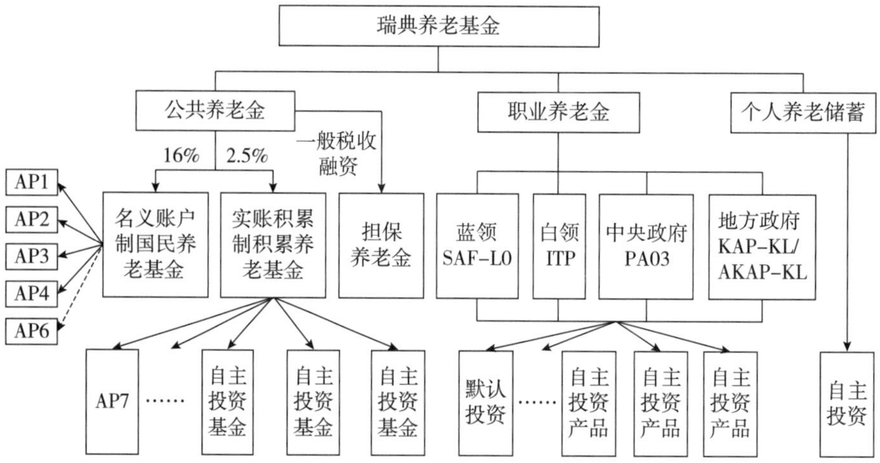

图 27-1 瑞典养老基金构成

资料来源：笔者根据瑞典养老金制度体系绘制。

雇员共同缴费，缴费率为个人缴费后收入的 18.5%。其中 16% 进入名义账户制，资金平均分配进入四个国民养老基金公司进行市场化集中投资，同时这四个国民养老基金均担当年养老金支出任务；2.5% 进入实账积累制账户，由雇员个人自主选择产品进行市场化投资，并由个人承担投资风险。

1. 名义账户制和国民养老基金

瑞典于 1994 年引入名义账户制改革，待遇支付采取 DC 型积累模式，养老金待遇与缴费精算关联，融资方式采取现收现付模式，当年养老金缴费用于支付当年养老金待遇，并且规定养老金待遇根据工资增长率进行收入指数调整。要实现该制度下养老金收支平衡，需要相应养老金投资收益率超过工资增长率与老年人口抚养比增长率。2000 年之前瑞典原有五个国民养老基金公司负责名义账户制养老基金投资，但仅能投资于低风险资产，投资收益率难以满足保障养老金收支平衡的要求。2000 年《国民养老基金法案》（Swedish National Pension Funds Act）将五个国民养老基金公司合并成四个（分别为 AP1、AP2、AP3 和 AP4），并制定了新的投资规则和投资使命，要求在可接受风险水平下尽可能提高投资收益率，保障名义账户制的财务平衡。2000 年之后国民养老基金投资于权益类资产的比重较高，相对较高的投资收益率为名义账户制的财务可持续提供了保障。

除了上述四个国民养老基金公司以外，瑞典还于 1996 年成立第六国民养老基金公司（AP6）用于管理公共养老金制度的储备基金。该公司管理的基金为封闭基金，初始投入 104 亿瑞典克朗后再无缴费注入和待遇支出，资产规模的增加全部依赖于投资收入。与上述四家国民养老基金管理公司不同，AP6 主要投资于非上市的中小型企业，通过向产业界提供资本来促进瑞典产业的成长和就业增加，投资形式主要有三类：直接投资（包括直接收购和风险投资，约占总资本的 42%）、基金投资（由 30 多个团队管理 80 多只基金，主要投资于初级市场，采取直接收购和风险投资行为，约占总资本的 46%）和流动性管理（投资于具有高流动性的生息证券，约占总资本的 12%）。直接投资和基金投资为 AP6 带来较高投资收益率，自 1996 年注资以来 23 年产生了 270 亿瑞典克朗的投资收益，其管理的养老基金资产增加至 375 亿瑞典克朗①。

2. 实账积累制和积累型养老基金

瑞典 18.5% 的公共养老金缴费率中有 2.5% 进入实账积累制，形成积累型养老基金，相应养老金待遇与实账缴费和投资收益精算关联。积累型养老基金由瑞典养老金管理局（The Swedish Pensions Agency）进行管理，建立积累型养老基金交易平台（PPM），允许所有瑞典有资质的基金管理机构备案进入该平台进行基金交易。个人拥有投资选择权，可以根据自己的风险偏好在该交易平台选择相应产品进行投资交易，但每天选择的产品不得超过 5 个。2018 年底，该平台有 94 家基金管理公司提供了 802 只基金产品。此外，政府还建立了一家第七国民养老基金管理公司（AP7）为没有作出任何投资选择的个人提供默认投资，并规定，一旦个人作出了投资选择，即便只选择了一只基金，也不得将其资产转入 AP7②。默认投资产品（AP7 Såfa）设计吸收了生命周期基金

① AP6，Sixth AP Funds Annual Report 2019：7. https：//www.ap6.se/en/documents/annual-report/.

② Cronqvist H，Thaler R H and Yu F：When Nudges Are Forever：Inertia in the Swedish Premium Pension Plan. AEA Papers and Proceedings，2018，108（5）：153–158. https：//doi.org/10.1257/pandp.20181096.

投资理念，根据个人年龄不同选择权益类基金和固定收益类基金的不同组合，55 岁之前全部采取权益类投资，之后逐渐增加固定收益类投资比重（见表 27-1）。自建立起，AP7 就致力于通过低管理费和高收益率来实现积累型养老基金增值，2000~2018 年 AP7 Såfa 年均投资收益率高达 10.6%，基金增值 275.2%，远高于个人自主投资的增值倍数（113.8%）和收入关联养老金收益率（3.1%），管理费用却远低于其他市场基金管理公司收取的个人自主投资管理成本[①]。

表 27-1　AP7 默认投资基金的生命周期组合　单位：%

类型	≤55 岁	61 岁	65 岁	70 岁	≥75 岁
权益类投资比重	100	80	66	50	33
固定收益类投资比重	0	20	34	50	67

资料来源：AP7. AP7 Sustainability Report 2019：5.

3. 担保养老金

担保养老金为家计调查养老金，向低收入人群提供，通过一般税收融资。获得养老金担保的资格条件为 25 岁之后在瑞典居住满 40 年的 65 岁以上老人。担保养老金根据价格指数化调整，单身老人年度可获得担保养老金最高为 2.13 个价格关联基数（2018 年折合 8076 瑞典克朗 / 月）[②]，有配偶的老年人年度可获得担保养老金最高为 1.9 个价格关联基数（折合 7204 瑞典克朗 / 月）。领取的担保养老金随着收入关联养老金的增加而减少，1.26 个价格基数以内的收入关联养老金直接从担保养老金收入中扣除相应金额，超过 1.26 个价格基数的收入关联养老金按该部分金额的 48% 从担保养老金扣除，直至担保养老金为零。这意味着当单身老人和有配偶老人月收入关联养老金分别超过 3.07 个价格基数（=［（2.13-1.26）÷48%］+1.26）和 2.72 个价格基数时，担保养老金为零。2018 年担保养老金为零的收入关联养老金月收入上限分别为：单身老人 11650 瑞典克朗和有配偶老人 10326 瑞典克朗[③]。

（二）职业养老基金

瑞典的职业养老金制度具有准强制特征，由雇主和工会通过集体谈判产生，面向蓝领工人、白领工人、中央政府雇员和地方政府雇员四类群体形成四种不同的职业养老金计划，分别为 SAF-LO、ITP、PA03 和 KAP-KL/AKAP-KL。这四类职业养老金计划均由雇主缴费，缴费率是个人收入的 4.5%，覆盖了瑞典 90% 的劳动力人口，养老金替代率超过 10%。四类职业养老金计划均采取 DC 型完全积累模式，投资方式与积累型公共养老基金非常相似，也是个人拥有投资选择权，并完全承担投资风险。雇主和工会与金融管理机构进行协商，选择基金管理机构并确保较低基金管理费用。个人可以选择购买基金管理机构推出的固定收益类年金产品或投资连结型年金产品，但限制个人可选择的产品数量（如 KAP-KL 规定个人可选择的产品数量上限为 4~14 个，取决于选择的基金管理机构提供的产品种类[④]）。没有做出选择的个人，其职业养老基金实行默认投资，产品通常为固定收益年金产品。2017 年底，职业养老金资产为 27870 亿瑞典克朗，为养老金总资产的 48%，职业养老金年度缴费和支出分别为 1890 亿瑞典克朗和 1210 亿瑞典克朗，相当于当年养老金总收入和支出的 38% 和 27%[⑤]。

（三）个人养老储蓄基金

瑞典通过税收优惠激励个人进行第三支柱个人养老储蓄，包括各种形式的养老储蓄保险，采取市场化投资，投资产品组合以权益类资产为主，投资收益率相对较高。尽管相对其他两个支柱而言，第三支柱养老金总体规模较小，但其以相当于养老金年度总缴费 1% 的个人养老储蓄年度缴费，积累了占养老金总资产 8% 的个人养老储蓄资产，提供的养老金待遇支出占养老金年度总支出的 6%[⑥]。因个人养老储蓄基金规模较小，本报告暂不分析。

考虑到职业养老基金的投资管理模式与积累型养老基金相似，且前者以英文发布的公开数据较少，下文主要分析名义账户制下的国民养老基金和实账积累制下的积累型养老基金这两大公共养老基金的投资管理及其对资本市场的影响。

二、瑞典公共养老基金投资管理概况

瑞典养老基金投资采取垄断竞争与完全市场竞争相结合的模式，名义账户制下的国民养老基金由四个职能相似、规模相当的专业养老基金管理机构（AP1 至 AP4）进行垄断竞争，并允许将一定比例养老基金外包给外部市场

① AP7，AP7 Sustainability Report 2019：5，https：//www.ap7.se/english/about-us/sustainability-reporting/.

② 价格关联基数是瑞典的一种指数化工具，随着价格变化进行调整，2018 年 1 个价格关联基数为 45500 瑞典克朗。

③ Swedish Pensions Agency，Orange Report 2018 Annual Report of the Swedish Pension System：21.

④ Ministries of Finance and Social Affairs（2013），Vägval för premiepensionen，Ds 2013：35. Stockholm.

⑤⑥ Swedish Pensions Agency .Orange Report 2018 Annual Report of the Swedish Pension System：1.

化金融管理机构进行外部管理，形成竞争的二级市场①。积累制下的积累型养老基金由个人自由选择市场化金融机构推出的养老基金产品进行自主投资，鼓励自由竞争，同时为不愿意选择的个人提供政府建立的养老基金管理机构（AP7）进行默认投资，使政府主办的基金管理机构与市场化金融机构同台竞争。有限数量的养老基金管理机构（六个国民养老基金管理公司）通过有限竞争，提升了养老基金管理机构和市场金融管理机构的公司治理能力，有效降低了养老基金管理成本，提高了风险调整后收益水平，同时促进了资本市场的稳健发展。

（一）瑞典公共养老基金投资规则

AP1、AP2、AP3、AP4 和 AP6 这五家养老基金管理公司负责管理名义账户制下结余的国民养老基金，前四家每年从名义账户制注资，均分名义账户制缴费并均摊相应待遇支出。AP6 是封闭基金，除 1996 年初始注资外，再无其他资金注入，也无须支付养老金待遇，凭借投资收益进行资金积累。积累制下的积累型养老基金通过相应基金交易平台进行市场化交易，2018 年有 94 家基金管理公司提供 802 种基金产品供个人进行自主投资选择，其中 AP7 负责默认投资管理，2018 年养老金制度新进入成员中 99% 以上成员的基金自动进入 AP7 进行默认投资。

上述六家养老基金管理公司均为国家成立，每家养老基金公司均由各自的董事会全权负责。AP1 至 AP4 均由政府任命的 9 人董事会治理，并分别含 2 名雇主代表和 2 名雇员代表。按照《国民养老基金法案》进行投资运营，投资目标为在可接受风险水平下实现投资收益率最大化，保障名义账户制收支平衡。可以投资于权益类、固定收益类及另类资产，可以在全球范围投资。2000 年颁布的《国民养老基金法案》对资产配置进行了量化限制，如规定固定收益类资产比重不得少于 30%，2019 年修订该法案，将固定收益类资产比重下限下调为 20%，增加了权益类资产比重的增长空间。

AP6 由政府任命的 5 人董事会管理，按照《第六国民养老基金法》规定进行运营，并由财政部对其年度运营进行监管评估。其投资目标为长期收益最大化并促进瑞典产业发展，主要投资于非上市公司，2007 年之前只能在瑞典国内投资，2007 年之后放宽了投资区域限制，可以参与国外市场投资。

AP7 为积累型养老基金的默认投资管理机构，同样由政府任命的董事会负责管理，按照《国民养老基金法案》进行投资运营，投资目标为长期实际收益最大化，实现积累型养老基金价值增值。AP7 进行全球战略资产配置，可以投资于权益类和固定收益类资产，并采取根据个人生命周期设计投资组合。

六家公共养老基金管理公司的投资规则如表 27-2 所示。

表 27-2 瑞典六家公共养老基金管理公司投资规则

AP1 至 AP4		AP6	AP7[1]
2000 年投资规则[2]	2019 年修订规则[3]		
固定收益类投资比例≥30%； 投资于任一上市公司发行股票的比例≤10%； 瑞典股市投资额≤2% 瑞典股市资产总额； 投资非上市公司证券比例≤5%； 暴露于外汇风险资产比例≤40%； 外部管理资产比例≥10%； 不得投资于期货	固定收益类投资比例≥20%； 投资于任一上市公司发行股票的比例≤10%； 瑞典股市投资额≤2% 瑞典股市资产总额； 投资非流动资产比例≤40%； 暴露于外汇风险的资产比例≤40%； 不得投资于期货	投资于非上市公司资产； 包括三种投资类型：企业直接投资、私募股权基金投资和流动性管理； 前两者通过收购投资和风险投资两种方式实现	投资于权益类和固定收益类两类基金； 根据参加人年龄调整权益类资产和固定收益类资产比重，55 岁之前全部投资于权益类资产，之后固定收益类资产比重增加，75 岁固定收益类资产占比达到 2/3，权益类占比降为 1/3

注：① AP7，AP7 Sustainability Report 2018：4–5.
② AP1，AP1 Annual Report 2014：13，https：//www.ap1.se/en/reports/.
③ AP1，Investment rules Change in legal requirements，https：//www.ap1.se/en/our-investments/investment-rules/.
资料来源：根据 AP1、AP6 和 AP7 官网投资规则信息整理。

（二）瑞典公共养老基金资产构成

瑞典收入关联型公共养老金资产包括名义账户制和实账积累制养老金，18.5% 的公共养老金缴费中 2.5% 进入实账积累制进行市场化投资积累，16% 进入名义账户制，均分至四家国民养老基金管理公司（AP1 至 AP4）进行投资，同时为当年养老金待遇支出提供资金来源。2000 年国民养老基金改革时，原公共养老金制度积累资金除少部分移交给中央政府外，剩余 5360 亿瑞典克朗均分至新

① 郑秉文：《建立养老基金管理公司是社会保障全面深化改革的“牛鼻子”》，《全球化》2014 年第 12 期，第 15–27 页。

改制的四家国民养老基金管理公司进行投资。随着相应国民养老基金投资增值及 AP6 的投资积累，再加上每年名义账户制下养老金缴费和支出结余，2018 年名义账户制下 AP1 至 AP6 管理的养老基金总资产达到 13830 亿瑞典克朗，与 2002 年相比，增加了 1.83 倍。尽管进入实账积累账户的养老金缴费仅为 2.5%，远小于进入名义账户的缴费比例，但因实账积累养老基金没有当前支付压力，全部进行市场化投资，2018 年积累型养老基金资产规模为 11802 亿瑞典克朗，较 2002 年增加了 18.87 倍，与名义账户制下的国民养老基金资产规模差距逐渐缩小。2018 年公共养老基金总资产规模为 25632 亿瑞典克朗，是 2002 年的 4.68 倍（见图 27–2）。

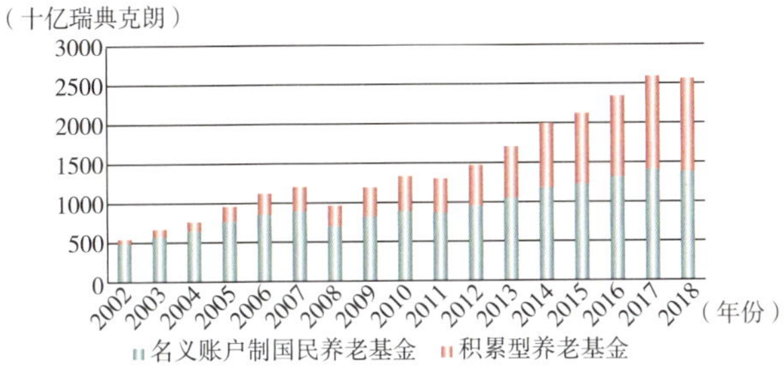

图 27–2　2002~2018 年瑞典公共养老基金资产构成

资料来源：根据 Swedish Pensions Agency，2006~2018 年 Orange Report Annual Report of the Swedish Pension System 相应数据整理而成。

从六个公共养老基金公司管理的公共养老基金资产构成来看，AP1、AP2、AP3、AP4 和 AP6 管理的养老基金资产总额构成了名义账户制下国民养老基金总资产。AP7 管理的积累型养老基金随着默认投资人员增加和投资积累，其占积累型养老基金的比重不断上升，从 2010 年的 24.9% 增至 2018 年的 39%。

因每年名义账户制缴费和待遇支付均由 AP1 至 AP4 四家国民养老基金管理公司均分和均摊，且四家公司的投资战略基本相似，每年 AP1、AP2、AP3 和 AP4 各自管理的资产总额基本相同，随着各公司投资收益的不同略有波动。2019 年 AP1、AP2、AP3 和 AP4 管理资产基本是 2010 年的 1.6~1.9 倍。AP6 是封闭基金，资产积累完全来自投资收益，相较 2010 年，其管理资产增加了 0.9 倍，十年间资产将近翻了一番。AP7 管理的资产来自默认选择人员的缴费资金注入和投资积累，因 AP7 以权益类资产投资为主，投资收益率相对较高，默认投资人员增加与高投资收益率的共同作用，使 2019 年 AP7 管理的资产相较 2010 年增加了 5.1 倍，其增幅远高于其他五个国民养老基金管理公司（见图 27–3）。

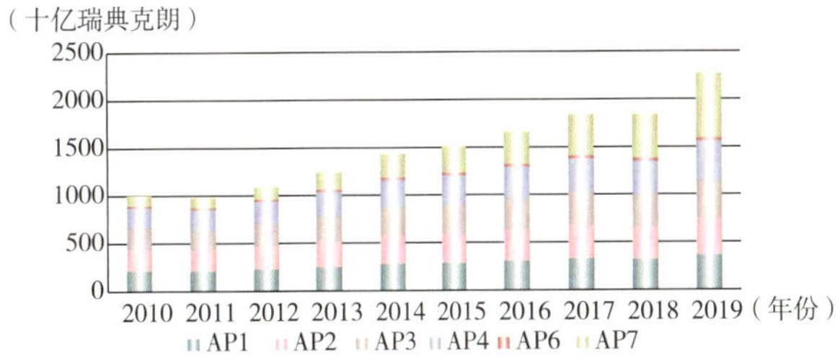

图 27–3　2010~2019 年 AP1 至 AP7 管理的养老基金资产

资料来源：相应数据分别来自 2010~2019 年 AP1、AP2、AP3、AP4、AP6 的 Annual Report 以及 AP7 的 Sustainability Report。

（三）瑞典公共养老基金投资管理资产组合

AP1 至 AP4 管理的国民养老基金负有平衡名义账户制财务收支的职责，随着老年抚养比增加，以及养老金待遇的收入指数化增长，要实现名义账户财务收支平衡，需要国民养老基金的投资收益率超过老年抚养比增长率与工资增长率之和。因此，各国民养老基金公司通常设置较高的收益目标，如 AP1 将其投资收益目标设置为 10 年年均通胀调整后收益率达到 4%。为了实现较高收益率，2000 年颁布的《国民养老基金法案》允许 AP1 至 AP4 管理的国民养老基金投资于权益类资产的比重最高可达 70%，2019 年进一步将权益类比重上限上调为 80%。事实上，各国民养老基金管理公司均秉持长期投资战略，坚持在《国民养老基金法案》投资规则指引下制定资产配置战略，并参考不同类型资产配置标的指数进行投资产品选择。2001 年以来，AP1 至 AP4 投资于权益类资产的比重基本处于 60% 左右，且波动幅度很小。

AP6 和 AP7 管理的公共养老基金的功能与 AP1、AP2、AP3 和 AP4 有所不同。前者作为封闭管理的养老储备基金，其使命为公共养老金制度财务可持续提供资金储备的同时促进中小型非上市公司发展，通过对非上市公司进行直接投资和私募股权投资，取得了较高收益率。其作为另类投资的典范，吸引了 AP1 至 AP4 逐渐增加了包括私募股权投资和不动产投资在内的另类投资的资产配置比重。后者作为积累型养老基金的默认投资工具，其使命为尽可能实现养老基金价值增值，提高个人老年收入替代率。鉴于其为归属于个人的完全积累型养老基金，具有资金来源稳定、投资期限长的特点，AP7 坚持实施长期投资战略，通过全球资产配置，将小于 55 岁个人的养老基金完全投资于权益类资产。尽管 55 岁以上个人的权益类资产配置比例随着年龄增加逐渐缩小，但其管理的养老基金总资产投资组合依然以权益类资产为主，2019 年权益类资产所占比重高达 91%。

表 27-3 分别展示了国民养老基金改制之初（2002 年）、金融危机前（2007 年）、金融危机复苏和欧洲债务危机前（2010 年）及最近（2018 年）六家国民养老基金管理公司的养老基金投资资产配置情况，无论是在危机前、危机中还是危机后，该国养老基金权益类风险资产的比重基本保持稳定，资产配置的稳定性充分反映了瑞典公共养老基金的长期投资战略。从权益类资产配置的国别结构看，危机中及危机后复苏期国外权益类资产比重略有下降，之后随着经济环境趋于稳定，国外权益类资产比重又有所增加。从内外部管理情况来看，危机中及之后的复苏期，为了降低系统性风险的影响，将养老基金委托外部投资机构进行积极管理的比重有所增加，在经济稳定期，随着管理经验提升及降低管理成本的需要，外部管理比重逐渐降低，如 AP2 外部管理所占比重从 2002 年的 38% 降为 2018 年的 17%。

表 27-3　2008 年金融危机前后及当前瑞典六家公共养老基金管理公司资产配置情况　单位：%

年份	AP1	AP2	AP3	AP4	AP6	AP7
2002	权益：55.2 瑞典：13.6 国外：41.6 固定收益：40.7 瑞典：18.3 国外：22.4 其他：4.1 其中： 另类投资：3 外部管理：31	权益：51.6 瑞典：22.4 国外：29.2 固定收益：43.5 瑞典：24.4 国外：19.1 其他：4.9 其中： 另类投资：3 外部管理：38	权益：53.4 瑞典：19.2 国外：34.2 固定收益：42.1 瑞典：21.8 国外：20.3 其他：4.5 其中： 另类投资：6.8 外部管理：28.4	权益：58.4 瑞典：23.4 国外：35 固定收益：34.8 瑞典：15.3 国外：19.5 其他：6.8 其中： 另类投资：2.9 外部管理：13.5	权益：69.9 瑞典：69.9 国外：0 固定收益：18.3 瑞典：18.3 国外：0 其他：11.8	—
2007	权益：58.8 瑞典：13.3 国外：45.5 固定收益：38.8 瑞典：13.8 国外：24.9 其他：2.4 其中： 另类投资：3 外部管理：36	权益：60.6 瑞典：21 国外：39.6 固定收益：37 瑞典：22.1 国外：14.9 其他：2.4 其中： 另类投资：5.4 外部管理：24	权益：52.5 瑞典：12.2 国外：40.3 固定收益：42.2 瑞典：12.5 国外：29.7 其他：5.3 其中： 另类投资：2.8 外部管理：39.9	权益：57.1 瑞典：20.3 国外：36.9 固定收益：36.3 瑞典：16.1 国外：20.2 其他：6.6 其中： 另类投资：2.4 外部管理：17.1	权益：92 瑞典：92 国外：0 固定收益：7 瑞典：7 国外：0 其他：1	—
2010	权益：60.4 瑞典：16.1 国外：44.3 固定收益：35.4 瑞典：16.3 国外：19.1 其他：4.2 其中： 另投资：7.7 外部管理：39.3	权益：55.4 瑞典：22.7 国外：32.7 固定收益：38.3 瑞典：22.1 国外：16.2 其他：6.3 其中： 另类投资：11 外部管理：23	权益：53.9 瑞典：15.3 国外：38.6 固定收益：39 瑞典：15.6 国外：23.4 其他：7.1 其中： 另类投资：36.8 外部管理：41	权益：58 瑞典：20.3 国外：37.7 固定收益：34.9 瑞典：17.8 国外：17.1 其他：7.1 其中： 另类投资：8.3 外部管理：22	权益：98.4 瑞典：97.7 国外：0.7 固定收益：1.3 瑞典：1.3 国外：0 其他：0.3	权益：94.5 固定收益： 5.5

续表

年份	AP1	AP2	AP3	AP4	AP6	AP7
2018	权益：61.9 瑞典：18.4 国外：43.5 固定收益：33.9 瑞典：10.8 国外：23.1 其他：4.2 其中： 另类投资：35.1 外部管理：33.5	权益：59.7 瑞典：14.4 国外：45.3 固定收益：37.9 瑞典：11.2 国外：26.7 其他：2.4 其中： 另类投资：24.5 外部管理：17	权益：57.1 瑞典：23.8 国外：33.4 固定收益：38.8 瑞典：9.3 国外：29.5 其他：4.1 其中： 另类投资：24.4 外部管理：26	权益：64.2 瑞典：25.4 国外：38.8 固定收益：32.7 瑞典：13.1 国外：19.6 其他：3.1 其中： 另类投资：12.1 外部管理：16	权益：94.4 瑞典：29.2 国外：65.2 固定收益：3.1 瑞典：3 国外：0.1 其他：2.5	权益：91 固定收益：9

资料来源：AP1 至 AP6 相应资料根据 Swedish Pensions Agency .Orange Report，Annual Report of the Swedish Pension System 2002 年、2007 年、2010 年和 2018 年相关数据整理而得。AP7 相应资产配置情况根据 2010 年和 2018 年 AP7 Sustainability Report 权益类资产和固定收益类资产金额计算而成。因 AP7 官网没有发布 2002 年和 2007 年相关报告，在此没有显示这两年 AP7 的资产配置情况。

从表 27-3 中还可以看出，因另类投资非流动性及高收益特点，能较好地满足国民养老基金的投资目标，金融危机后另类投资所占比重大幅上升。此外，瑞典私人养老基金和职业养老基金的权益类投资比重及另类投资的增长趋势与公共养老基金也非常相似[①]。可见，瑞典公共养老基金的投资管理可以基本反映该国所有养老基金的投资管理情况。

（四）瑞典公共养老基金投资管理绩效

反映基金投资管理绩效的指标通常包括投资收益率、投资收益波动率（标准差）、管理成本率（管理成本占管理资本的比重）及综合考虑风险与收益的风险调整后收益指标（如夏普比率）[②]。2003 年之后瑞典经历了 2008 年金融危机和 2011 年欧债危机，下文将 2003~2018 年分为三个阶段，分别为危机前阶段（2003~2007 年）、危机阶段（2008~2012 年）和危机后阶段（2013~2018 年），运用上述指标分析三个阶段和最近年份（2019 年）以及 2007~2019 年五家国民养老基金公司（考虑到 AP6 主要投资于非上市公司，其投资对象与其他五个公司差异较大，在此不与其他五个公司进行比较）的投资管理绩效情况（见表 27-4），通过与该国股票市场（在此用 S&P 500 反映）的相应投资绩效进行比较，判断瑞典公共养老基金投资运营管理绩效。

表 27-4　危机前后瑞典公共养老基金投资管理绩效

年份	AP1	AP2	AP3	AP4	AP7	S&P 500
平均投资收益率（扣除成本后）（%）						
2003~2007	11.75	12.77	11.85	11.27		
2008~2012	2.49	2.39	1.81	3.29	-4.58	-0.57
2013~2018	7.86	7.81	8.79	9.49	16.00	9.85
2007~2019	6.05	6.00	6.40	7.38	8.15	6.54
2019	15.18	15.95	17.61	21.8	36.2	28.84
管理成本率（%）						
2003~2007	0.15	0.17	0.16	0.10		

① 根据 Official Statistics of Sweden，Statistical Database：Market Value of Funds of Individual Pensions Savings（IPS）作出的判断，https://www.scb.se/en/finding-statistics/statistics-by-subject-area/financial-markets/。

② Auer B R and Schuhmacher F，Performance Hypothesis Testing with the Sharpe Ratio：The Case of Hedge Funds，Finance Research Letters，2013，10（4）：196-208.

续表

年份	AP1	AP2	AP3	AP4	AP7	S&P 500
2008~2012	0.14	0.17	0.14	0.10	0.15	
2013~2018	0.15	0.16	0.11	0.10	0.12	
2019	0.12	0.15	0.09	0.10	0.09	
标准差（%）						
2003~2007	6.47	7.06	6.42			
2008~2012	9.70	11.18	9.60	10.2	17.68	25.72
2013~2018	5.57	6.23	5.28	6.37	13.10	14.79
2007~2019	7.28	8.34	7.02	7.93	14.72	19.24
2019	3.8	6.40	4.20	5.30	15.10	15.40
夏普比率						
2003~2007						
2008~2012	−0.04	−0.04	−0.11	0.04	−0.42	−0.13
2013~2018	1.22	1.07	1.46	1.32	1.14	0.59
2007~2019	0.57	0.49	0.64	0.69	0.42	0.24
2019	3.87	4.00	4.07	4.00	2.40	1.87

资料来源：平均收益率、管理成本率、标准差相关数据根据 AP1 至 AP6 历年 Annual Report 和 AP7 历年 Sustainability Report 数据整理而得，夏普比率根据公式：夏普比率 =（平均收益率 – 无风险收益率）÷ 标准差计算而得。其中无风险收益率用瑞典发行的 10 年国债收益率表示，因只有 2007 年之后的国债收益率数据，表中仅显示 2008 年之后的夏普比率。10 年国债收益率数据来自 FINANSINSPEKTIONEN. Stability in the Financial System（2020–1），https：//www.fi.se/en/financial-stability/stability-report/。

有限数量的养老基金管理公司可以通过有序、有限竞争在分散市场风险的同时促进基金管理公司治理能力，通过相互比照提升经营管理水平，实现更高收益率和更低管理成本[①]。表 27-4 相应数据验证了该判断，2003 年以来各公司的管理成本率呈下降趋势，各公司夏普比率较 S&P 500 的倍数也有所提升。

总体看来，各国民养老基金公司在危机阶段均表现出投资收益率较低、波动率较高、夏普比率基本为负的特点，而在危机前和危机之后则呈现出较高的投资收益率、较低的收益变动和较高的夏普比率。由于各国民养老基金公司的资产配置未根据经济周期进行大幅调整，在危机时依然坚持较高的权益类资产配置，使其在危机阶段面临着较高的系统性风险，该阶段整体投资收益难以达到无风险收益率水平。AP7 更为典型，因其管理的养老基金权益类资产比重高达 90% 以上，在金融危机阶段其投资收益损失更大、收益波动也更大。即便如此，与该国 S&P 500 的投资管理绩效相比，五家国民养老基金管理公司均能以较低的波动率取得了类似甚至更高的投资收益率，夏普比率相当于 S&P 500 的 2~3 倍。

具体从 AP1 至 AP4 这四个管理资产规模相当、投资运营使命相似的国民养老基金公司来看，各公司的投资管理绩效比较相似，相比而言，AP2 的夏普比率相对较小，可能与其国内权益类资产投资比例和管理成本相对较高有关。国内权益类资产总规模及品种有限，在危机阶段分散风险能力相对较弱，导致相应阶段面临更高风险（标准差更大）的同时仅取得较小投资收益。2018 年之后 AP4 增加了国外权益类投资比重，2019 年其夏普比率与 AP1、AP3 和 AP4 比较接近。

从管理成本来看，较高的管理成本率将影响扣除成本后的有效投资收益率，进而影响养老基金的投资积累能力。相对于 AP1、AP3 和 AP4 而言，AP2 的管理成本率较高，需要通过承担更高风险才能达到相似的有效投资收益率。AP3 年报每年报告其管理成本率与 CEM 基准（CEM Benchmarking）[②] 的比较情况，与具有类似投资组合的其

① 周小川：《养老金改革考验我们经济学的功底和智慧》，《金融研究》2020 年第 1 期，第 1–8 页。
② CEM Benchmarking 是加拿大一家专业进行养老基金管理成本比较的专业咨询公司。

他国家养老基金相比，AP3 的管理成本率处于较低水平。2005~2018 年 AP3 平均管理成本率相当于全球平均水平的 67%[①]，相当于 AP2 平均水平的 80%。可见，瑞典国民养老基金的管理成本相对较低，即便作为五家国民养老基金公司中管理成本率最高的 AP2，其管理成本也低于全球平均水平。

三、瑞典养老基金投资促进该国资本市场发展

养老基金投资与资本市场发展通常表现为良性互动关系。养老基金具有资金稳定、投资期限超长的特点，投资追求长期价值增值，换手率较低，有利于降低资本市场的投机比例和波动性，促进资本市场稳定发展，而资本市场的健康发展又为养老基金价值增值提供保障。

瑞典作为人口小国，资本市场规模有限，较易受到经济危机和外部市场冲击，但瑞典却实现了资本市场的相对稳定发展，这与该国养老基金尤其是六家国民养老基金管理机构的多元化和长期投资导向密切相关。

（一）养老基金成为瑞典资本市场"压舱石"

由前文可知，瑞典六家国民养老基金管理公司均秉持长期投资战略，自 2000 年国民养老基金改制以来，各公司的养老基金投资资产配置组合基本保持稳定，即便在金融危机阶段也未出现明显撤资。2000~2019 年，瑞典养老金总资产占该国金融资产的比重基本稳定在 8%~9%[②]，波动较小，成为稳定该国资本市场的"压舱石"。

资本市场的稳定性可以通过股票指数波动率、资本市场压力指数和银行机构资本充足率等指标来反映。银行机构资本充足率反映银行承担风险的能力，以资本占风险加权资产比重反映，不低于 8% 即为达到理想水平。2011~2019 年瑞典银行机构资本充足率均在 10% 以上，平均水平高达 17.8%[③]，反映了该国银行机构具有较强风险承担能力。从瑞典 S&P 500 指数波动率来看，2002~2019 年瑞典 S&P 500 指数平均波动率为 11.14%，比中国（15.82%）低 4.68 个百分点。从其发展趋势来看，除金融危机期间出现较大波动以外，其他期间瑞典 S&P 500 指数波动率呈减少趋势，反映了该国股票市场趋向稳定。从资本市场压力指数[④]来看，2009~2019 年瑞典资本市场压力指数均值为 0.18，除欧债危机期间压力指数较高外，其他时期均处于较低水平，且总体上呈现下降趋势，反映了该国资本市场比较稳健，总体上面临较小系统风险压力（见图 27-4）。

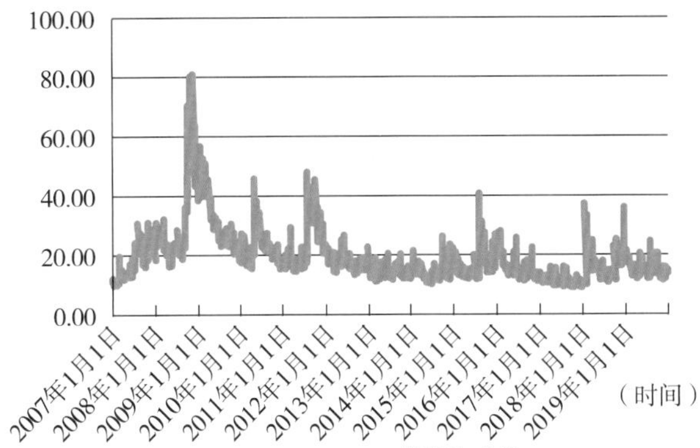

S&P 500 指数波动率

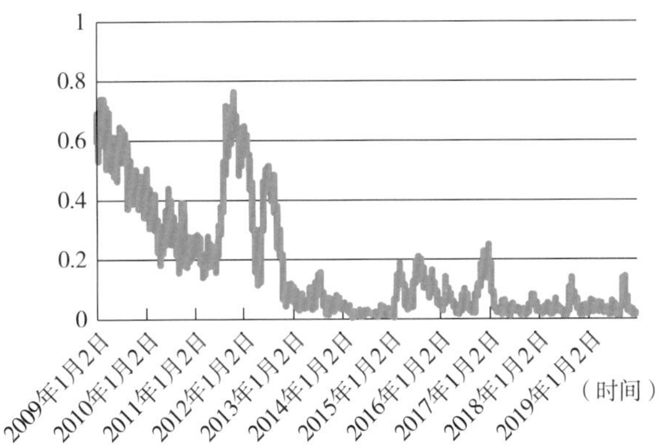

资本市场压力指数

图 27-4　瑞典资本市场 S&P 500 指数波动率和资本市场压力指数

资料来源：Finansinspektionen, Stability in the Financial System（2020-1）.

此外，瑞典《国民养老基金法案》规定每家国民养老基金管理公司投资于瑞典国内的权益类资产不得超过该国股票市场总值的 2%，设置这一投资上限限制了体量资金对该国资本市场可能产生的冲击，为该国资本市场的稳定提供了一定保障。

（二）国民养老基金管理公司的长期投资策略引领瑞典资本市场长线投资

瑞典六家国民养老基金公司的长期投资策略，通过相对稳定的资产配置组合和长期持有，实现了较高投资收益率和较低管理成本率，推动了该国资本市场长线投

① AP3，AP3 Annual Report 2019：41，https：//www.ap3.se/en/rapporter/.

② 根据 Statistics Sweden，Statistical Database：Type of Assets 相关数据计算而得。

③ 来自 Statistics Sweden，Statistical Database：Financial Soundness Indicators by IMF 中的 capital to risk-weighted assets 相应数据。

④ 该指数由 Sveriges Riksbank 开发，反映资本市场的系统性风险压力，压力指数 0 为最小、1 为最大，在此显示债券市场、外汇市场、货币市场和股票市场压力之和。

资发展。

长线投资情况可通过股票换手率和债券期限结构来反映。从债券期限结构来看（见图 27-5），2013~2019 年瑞典近 80% 的国债期限超过 1 年，65% 以上的国债期限超过 2 年，可见债券发行和债券持有具有较强的长线投资倾向。股票换手率反映市场中股票转手买卖的频率，用成交量与流通股本的比值表示。换手率越高意味着投资的投机性越强，换手率越低意味着同一产品的持有时间越长。2019 年瑞典股票换手率为 43.5%，同期中国该指标为 223.7%，是瑞典的 5.14 倍。图 27-5 显示了 2002~2019 年瑞典、美国、加拿大和中国的股票换手率变化情况，因瑞典仅公布了 2002 年、2003 年和 2019 年数据，从这三年数据看，瑞典股票换手率相对较低，与加拿大水平相似。加拿大也是国家建立专业养老基金投资公司进行国家养老基金管理，并且运行非常成功。比较四个国家股票换手率水平，可以看出，相较市场化投资管理公司而言，国家专门建立专业养老基金投资公司有更明显的长期投资倾向，更有利于降低相应国家股票市场的投机比例，提高股票市场稳定性。

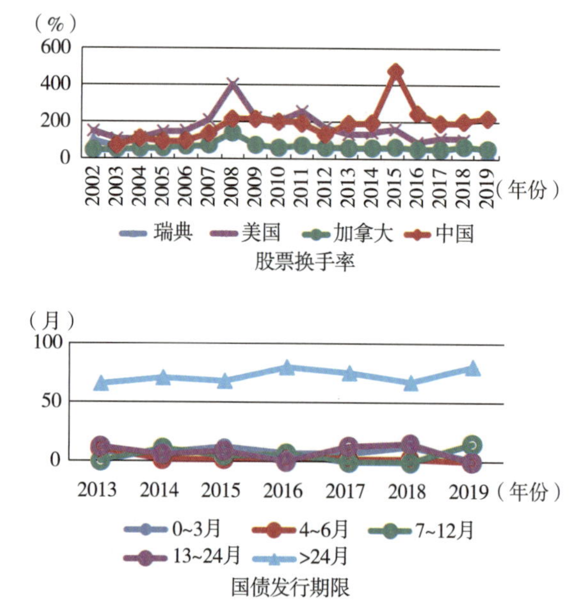

图 27-5　瑞典、美国、加拿大、中国股票换手率和瑞典国债发行期限结构

资料来源：股票换手率数据来自 WorldBank，DataBank：Stocks traded，turnover ratio of domestic shares，https：//data.worldbank.org.cn/indicator/CM.MKT.TRNR；国债发行期限数据来自 Statistics Sweden，Statistical database：Maturity Structure。

（三）养老基金管理公司有序竞争促进瑞典资本市场产品创新

前文显示，瑞典国民养老基金管理公司之间的有序竞争，有效提升了基金管理公司的公司治理能力和投资运营管理能力，较高的投资管理绩效成为个人投资的参考，当个人通过自主投资难以达到机构投资的绩效水平时，可能会抑制个人投资者的投资积极性。国民养老基金管理公司的标杆效应激发了市场化金融管理机构不断进行资本市场产品创新，以提升其金融产品的竞争能力。以积累型养老基金交易平台为例，AP7 与其他市场化金融管理机构同台竞争，个人可以自主选择投资产品，也可以放弃选择默认由 AP7 进行投资管理。市场化金融管理机构为了增强其基金产品吸引力，不断进行产品开发，2000 年时该交易平台提供的基金产品数量为 456 个，2014 年增加至 851 个①，后随着 AP7 管理成本下降及投资收益率上升，养老金制度新进入者基本选择默认投资，相应基金产品数量略有下降（见图 27-6）。

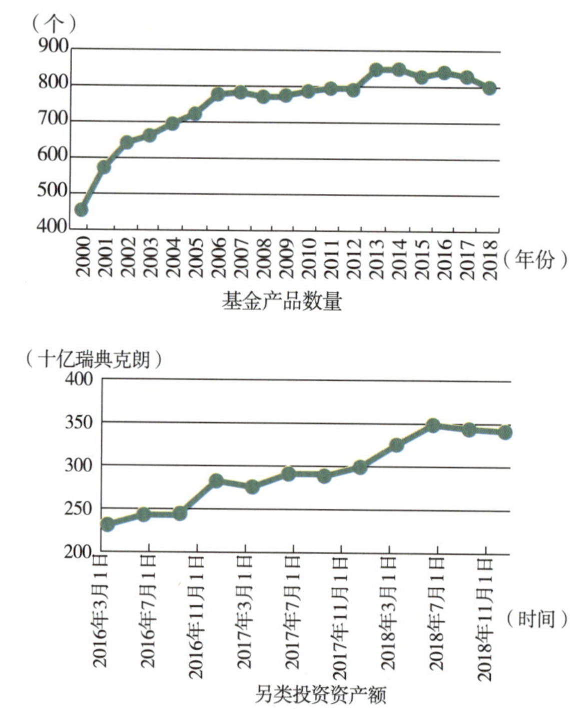

图 27-6　瑞典资本市场基金产品数量和另类投资资产变化情况

资料来源：基金产品数量来自 Swedish Pensions Agency（2001-2018），Orange Report Annual Report of the Swedish Pension System；另类投资资产额来自：Finansinspektionen.Stability in the Financial Syste-m（2019-1）。

① Swedish Pensions Agency，Orange Report 2001/2014 Annual Report of the Swedish Pension System.

除了金融产品数量变化以外，金融产品投资领域也不断拓展。另类投资作为有别于传统权益类和固定收益类资产以外的其他金融和实物资产投资，承担了非标准化和非流动性风险，相应也能获得较高回报。养老基金作为流动性需求较低的长期资金，可以通过另类投资放弃部分流动性获得非流动性溢价。如AP6自建立伊始就专注于另类投资，取得较高收益率。2010年之后AP1至AP4均加大了另类资产投资比重，试图获得更高长期投资回报。养老基金投资加大另类资产配置比例相应促进了瑞典资本市场另类投资领域和产品开发，2016~2018年，瑞典各保险机构进行另类投资的资产从2320亿瑞典克朗增加至3420亿瑞克克朗，增加了48%（见图27-6）。

四、结论与评价

瑞典公共养老基金由名义账户制下的国民养老基金和实账积累制下的积累型养老基金构成，两类基金的使命和投资管理模式存在差异。前者负有通过投资增值保障名义账户制财务收支平衡的功能，由四家国民养老基金管理公司（AP1至AP4）均分名义账户制基金结余进行投资，其竞争模式为垄断竞争，同时通过外部管理形成完全竞争的二级市场。另有AP6通过另类投资进行封闭基金积累，为养老金制度提供基金储备。后者负有改进投资管理，提升实际投资收益率，实现积累型基金保值增值功能。允许个人在积累型养老基金交易平台进行自主投资，同时由国家建立的专业养老基金管理公司（AP7）为不自主选择的个人提供默认投资，积累型养老基金的初始竞争模式为完全竞争，后逐渐发展成一家独大引领其他公司的寡头与完全竞争并存模式。

AP1至AP4这四家国民养老基金管理公司在《国民养老基金法案》指引下均以长期投资为导向，保持了资产配置组合的稳定性和渐进性，对瑞典资本市场稳定起到了压舱石作用。四家管理公司之间的有序竞争提升了各公司的公司治理能力和投资管理能力，表现为管理成本不断下降，风险调整后收益水平逐渐提升，同时外部管理比重有所减小。AP6进行另类投资产生了较高收益率，引领其他四家国民养老基金公司加大了另类投资比重。与2007年相比，2018年AP1至AP4另类投资所占比重增加了近10倍，同时也推动了瑞典资本市场另类投资领域和产品的创新，2016~2018年三年间瑞典资本市场另类投资资产增加了48%。积累型养老基金交易平台上，负责默认投资的AP7致力于降低管理成本，并通过专业化投资提升投资收益率，该公司的标杆效应激发了瑞典资本市场产品创新，2000~2018年积累型养老基金交易平台提供的基金产品增加了近1倍。

尽管瑞典公共养老基金管理公司之间的有序竞争激发了资本市场活力，提升了金融机构的公司治理能力，但也存在一些问题，主要表现在如下两点：

第一，AP1至AP4平均分配资金导致激励不足。AP1至AP4均分名义账户制缴费并均摊相应待遇支出，这种平均分配而非根据投资管理绩效确定资产分配比例的模式，不利于激励四个国民养老基金管理公司改善投资管理效率和效果。有研究者[①]对2001~2012年四家国民养老基金公司在瑞典国内的权益类产品选择及相应投资行为进行研究，发现四家公司投资管理行为趋同，各公司均避免偏离其他公司，不求有功但求无过。具体表现为四家公司在瑞典股票市场上选择产品的重合率高达60%~85%，具体股票产品的购入和抛售行为也明显具有同步行动特征。

第二，积累型养老基金市场过度竞争导致个人投资选择困难。积累型养老基金允许个人选择产品进行自主投资，有近百家基金管理公司提供了800多个基金产品供个人进行选择，并允许个人每天进行5笔以下交易，竞争非常激烈。过多的基金产品产生了信息过载，导致个人难以进行有效选择，影响了个人投资选择积极性。Czech（2016）对2000~2011年瑞典积累型养老基金的投资选择情况进行研究，发现已选择自主投资的个人投资积极性极低，2011年积累型制度下有49%的个人进行自主投资，其中42%年平均基金交易次数少于1次，从养老金制度新加入人员选择来看，选择自主投资的个人不到3%[②]。2000~2016年养老金制度新加入成员中选择自主投资的比例从66.6%降至0.9%，之后一直小于1%[③]。可见，过度竞争不利于投资者的投资选择，将影响资本市场活力，适度有序竞争才能促进资本市场健康发展并改善养老基金的投资管理绩效。

① Naufal A N, Competition as a Driving Force among Institutional Investors：The Case of Swedish Pension Funds. Publications of the Hanken School of Economics，2016，No.308.

② Czech S, Choice Overload Paradox and Public Policy Design：The Case of Swedish Pension System. Equilibrium. Quarterly Journal of Economics and Economic Policy，2016，11（3）：559-584. DOI：http：//dx.doi.org/10.12775/EQUIL.2016.025.

③ Cronqvist H，Thaler R H and Yu F，When Nudges Are Forever：Inertia in the Swedish Premium Pension Plan，AEA Papers and Proceedings，2018（108）：153-158，https：//doi.org/10.1257/pandp.20181096.

分报告二十八

法国养老基金构成及投资情况

总体上，法国的养老保障基金以现收现付制为主，市场投资率较低。法国养老保障基金由四部分组成：国家战略储备基金（FRR）、第一支柱公共养老金、第二支柱企业补充养老金和第三支柱个人养老计划。其中，FRR 是养老金在资本市场中的主要力量，与法国国内及国际资本市场实现了良性互动。大部分第三支柱个人养老计划和部分第二支柱养老金采用基金制，需要进入资本市场实现增值。

一、法国养老金概况

按照是否进入资本市场投资运营，法国养老金可划分为非投资类（现收现付）养老金和投资类（基金制）养老金。

（一）非投资类养老金

法国的养老金为多支柱构成，其中第一支柱为强制性的公共养老金，第二、第三支柱为自愿性质的补充养老金。这三大支柱计划繁多、基金分散，对资本市场的参与程度高低不一，但总体参与程度偏低。

1. 第一支柱养老金

法国国家强制性养老金（也称“第一支柱”）的前身是《社会保险法》中所约定的公民权益，是法国政府在第一次世界大战之后为保障养老、工伤以及丧失工作人群的基本生活而建立，而后职能分化，逐步演变为当前法国公共养老金，即第一支柱，基本实现了对法国公民的全覆盖。

第一支柱养老金的资金来源是参保人按照工资对应缴费标准，定期缴纳养老保险费，在缴费达到法定年限之后可全额领取养老金。近年来，为了应对人口老龄化趋势，法国等欧洲国家调整了养老金给付参数，如延长缴费年龄和退休年龄等。例如，2014 年法国养老金改革规定，从 2020 年至 2035 年，领取全额养老金的缴费年限将从 40 年提高到 43 年[①]。

由于历史上法国行业互助工会发达，法团主义文化影响深远，彰显了以职业为单位的“内部团结”。因此，法国养老金体系“碎片化”严重，局面复杂，针对“是否自雇、职业种类、部门性质”都有不同的养老金政策。本报告以劳动者所处的部门性质为划分标准，对第一支柱养老金的繁杂计划做简单区分介绍。

（1）私营机构养老金。法国私营部门构成复杂。例如，从产业结构上来看，农业部门和工商业部门具有明显区别。对私营农业部门的雇员与管理者实行“农业社会互助”（Mutualité Sociale Agricole）的养老金方案，该方案具有行业互助保障的性质。而私营工商业部门的雇员和管理者采用“一般社会保障计划”（Régime général de la Sécurité Sociale）[②]。

（2）公营机构养老金。公营机构主要包括政府职员、军人其他国有资产雇用人员，每类雇员的养老金计划也有相应区别。国家公务员和军队成员采用的是“国家代

① 彭姝祎：《法国养老金改革的选择：参数改革及效果分析》，《欧洲研究》2017 年第 35 卷第 5 期，第 46–59 页。

② Marek Naczyk，Bruno Palier，“Complementing or Replacing Old Age Insurance?”，The Working Papers on the Reconciliation of Work and Welfare in Europe，2010（8）：9–10.

理人制度“（Régime des Agents de l’Etat）[①]，而地方政府雇员和公立医院雇佣公务员则采用地方政府雇员国民养老金（Caisse Nationale de Retraite des Agents des Collectirites Localés，CNRACL）方案。

（3）自雇人员养老金。自雇劳动者根据职业性质分别加入不同的养老金计划。例如，农业自雇人员与私营农业机构的雇员加入相同的养老金方案，即行业互助性质的“农业社会互助”[②]，而自雇工匠和工商业人士的养老金方案“社会自雇计划”（Régime Social des Indépendants）[③]是从 ORGANIC 和 AVA 计划调整过来的。

第一支柱养老金采用“现收现付制”（Pay As You Go），即将当下劳动者缴纳的养老保险费投入当期养老金发放中，实现当期收支平衡。第一支柱养老金并未参与投资，基金增值率较低。但现收现付制的偿付能力受人口年龄结构的影响较大，早在 1865 年，法国就进入了人口老龄化社会，给养老保险基金带来“入不敷出”的风险。为缓解基金支付压力，法国政府对养老金“开源”，发展多支柱养老保障计划，推动建立了第二支柱的养老金计划。

2. 采用现收现付模式的第二支柱养老金

为了改善第一支柱养老金入不敷出的窘境，法国政府建立了以企业为主体的第二支柱补充性养老金计划，第二支柱的大部分养老金计划具有自主选择性，小部分具有强制性，通过多主体参与的方式缓解养老金支付压力。第二支柱更加凸显了行业团结特征，延续了第一支柱的“碎片化”模式，养老金计划职业关联性强并且条块分割严重。法国的第二支柱养老金包括现收现付制和基金积累制两种形式，其中，现收现付制的养老金计划不参与资本市场投资。

（1）私营机构的现收现付制第二支柱养老金。覆盖私营机构的第二支柱养老金方案与第一支柱中按照部门性质分类不同，其根据机构职员是否为“管理职位”进行区分。针对工商业和农业部门的管理人员，设立了“管理人员补充养老制度（AGIRC）”，而上述部门的普通雇员则加入“退休补充养老制度（ARRCO）”[④]。这两种计划均采用现收现付制度，对资本市场的参与程度较低。

同时，法国政府于 1971 年在针对公共法律实体协助的、合同征聘的干事、非全职官员、非全职政府成员、没有养恤金权利的全职官员、医院从业人员、地方民选官员设置了“公共补充养老基金”（IRCANTEC）[⑤]，旨在保障在“AGIRC”和“ARRCO”覆盖范围之外的私营机构人群和部分无法享受公营机构养老金制度的地方非全职人士，以实现第二支柱养老金的全覆盖。

（2）公营机构的现收现付制第二支柱养老金。针对法国国家公务员和军队人员的强制性补充养老金制度——“公共服务补充养恤金计划”（Régime Additionnel de la Fonction Publique）[⑥]。这一计划建立于 2003 年，相比于第一支柱中的 IRCANTEC 计划迟缓了 30 余年。该计划是法国行政和公共服务总局（Direction Générale de L’administration et de la Fonction Publique）发起，由公共服务退休机构（PSRA）代管理的国家层面公共补充养老金计划。

（3）自雇人员的现收现付制第二支柱养老金。第二支柱所覆盖的自雇人员主要包括“农民”“工匠”“私营商人”“教育人士”。其中，针对农场或农业公司的雇员、农场看守者以及首席经营管和农业公司经理制定了“农业社会退休补充计划（RCO–MSA）”[⑦]，且具有强制性；“工匠”和“私营商人”享受了同样的补充性养老计划——RCO–RSI。针对教育人士（Learned Professions）法国政府目前还未明确规定针对该集体的方案，仍凭个人意愿选择。因此可选择的补充性养老计划则更加多样，既可以选取市场上的投资型计划，也可以采取现收现付型计划。

法国第二支柱养老金同样结构复杂、计划多样，部分计划具有强制性，几乎都采用现收现付制养老基金，养老保险基金资产池难以形成规模效应，其支付能力取决于国家人口年龄结构。这种代际转移的支付方式对年轻化人口结构的依存度高，只有保证合理的在职 – 退休人群抚养比，该模式才能平稳运行，否则同样会面临支付危机。因此，第二支柱养老金与第一支柱具有风险同向性，难以从根本上应对人口老龄化带来的偿付能力风险。

根据法国国家统计和经济研究所（INSEE）数据显示，2000 年法国老龄化率逼近 15%；2020 年法国老龄化率已经达到 26.6%，老龄人口数量约 1785 万[⑧]。深度老龄化

①②③⑦　Marek Naczyk，Bruno Palier，“Complementing or Replacing Old Age Insurance?”，The Working Papers on the Reconciliation of Work and Welfare in Europe，2010（8）：9–10.

④　AGIRC–ARRCO，计划类型参见官网：https：//www.agirc–arrco.fr/qui–sommes–nous/notre–identite/，于 2020 年 8 月 2 日访问。

⑤　公共补充养老基金（IRCANTEC），参见法国官网：La retraite complémentaire publique，网址：https：//www.ircantec.retraites.fr/nous–connaitre/notre–institution–retraite–complementaire，于 2020 年 7 月 31 日访问。

⑥　公共服务补充抚恤金计划（Le régime additionnel des retraites de la fonction publique），官网网址：https：//www.fonction–publique.gouv.fr/archives/home20111012/article1626.html，于 2020 年 7 月 28 日访问。

⑧　INSEE，Age Structure of the Population，France，2020.

意味着法国养老金体系需要开源节流，因此在2000年法国逐步完善了投资型养老金体系，以弥补国家养老金的资金缺口。

（二）投资类养老金计划

法国的投资类养老金计划包括采用基金制的第三支柱养老金、第二支柱养老金计划和国家储备金（FRR）。

1. 第三支柱养老金

私人补充养老金储蓄计划（简称“第三支柱”）是以个体为单位参与私人退休储蓄金计划，没有国家强制性规定，投保人可以根据自身的经济、自然、职业，状况自主选择补充养老金计划。当前法国主要的几款私人养老储蓄金计划分别是由政府主导支持的“人民退休储蓄计划（PERP）”[①]、个人保险公司（CNP）[②]的人寿保险，以及个人薪资储蓄、“以房养老”等。除上述主要计划外，法国还有其他零散的第三支柱计划，包括农民、自由职业者、国家公务员、地方官员律师提供自愿型补充养老金，以及具有相互保险性质的军人互助退休计划（Retraite Mutualiste du Combattant，RMC）[③]。

第三支柱养老金的运营模式以投资型为主。以2003年建立的PERP为例，它是法国第一只可以自愿选择的储蓄型养老金，而且打破职业界限向所有人开放。其中，PERP计划向全体法国国民开放，投保人可享受一定的税收优惠政策，最高免税额度可达薪资收入的10%[④]。这一计划在一定程度上改善了第一、第二支柱“职业分割”的碎片化劣势。PERP采用基金制，基金储蓄期限最短为30年[⑤]。参与者享受税收优惠政策，在退休后可选择两种养老金领取方式：一是获取全额年金；二是最高可继续持有原有20%的投资产品，剩下总额的80%以强制年金的形式支付[⑥]。CNP和PERCO都是投资性养老计划，其中CNP在2019财年的保费收入是32.4亿欧元，标准普尔财务实力评级为A。

2. 采用基金制的第二支柱养老金

由企业承担缴费责任的“集团退休储蓄计划（PERCO）”是法国少有的基金制养老金计划[⑦]，它进入资本市场投资，可取得定期收益。但PERCO计划将于2020年10月1日之后停止，员工所属公司将无法继续为员工注册PERCO计划，取而代之的是“集体公司退休储蓄计划（PERECO）”[⑧]。除此之外，法国的基金制第二支柱养老金还有职业生涯津贴（indemnités de Fin de Carrière，IFC），为特定职业（Certaines Catégories Socio-Professionnelles，CSP）提供的退休计划，特定职业一般包括独立职业及公职部门的雇员[⑨]。

3. 国家储备基金（FRR）

国家储备基金（Fonds de Reserve pour les Retraites，FRR）是法国政府在2000年为缓解现收现付制度下重度老龄化带来的养老金支付压力而建立的投资型养老基金。所有权归属国家，由政府负责日常管理和投资运营。

FRR的资产主要来自四个方面：①法国房产和资本收益所缴纳社会税的2%；②原有“国家老年基金（CNAV）”的资产盈余；③变卖部分国有资产的收入；④社会捐赠和本基金投资收益。

截至2020年，FRR已经累计运行20年，并且通过混合投资的方式实现了良好收益。截至2019年，该基金资产总额达到326亿欧元，2004~2018年，年均投资回报率达到3.7%[⑩]，FRR从2000年至2020年的主要任务是实现对法国社会发展的年度投资承诺，在2020年之后将供给法国养老金的财务支出。

① Alexis Direr，Muriel Roger，“The Popular Retirement Savings Plan（PERP）in France：Holders' Characteristics and Projected Annuity Levels”，in Economie & Prévision，2010，194（3）：79-92.

② 法国私人个体养老保险公司（CNP），相关服务范围与基本情况参见官方网址：https：//www.cnp.fr/en/the-cnp-assurances-group/investors/results/key-figures，于2020年7月24日访问。

③ Patrick Aubert，“La Retraite Supplémentaire Facultative en France：Panorama Statistique”，Revue Française des Affaires Sociales，2012（4）：187-206.

④⑨ Alexis Direr，Muriel Roger，“Le Produit d'Épargne Retraite Populaire（Perp）：Caractéristiques des Détenteurs et Projection des Niveaux de Rentes”，Économie & Prévision，2010（3）：79-92.

⑤ 杨娟：《21世纪西欧国家养老金改革述评》，《公共管理学报》2009年第10期，第105-111页。

⑥ Institut National de la Consommation，Epargner Dans un Pland' Épargne Retraite Populaire（PERP），11/2018，网址：https：//www.inc-conso.fr/content/banque/epargner-dans-un-plan-depargne-retraite-populaire-perp，于2020年7月26日访问。

⑦ 集团退休储蓄计划（PERCO）的相关目标和内容参见官网：https：//droit-finances.commentcamarche.com/contents/1092-les-plans-d-epargne-entreprise-pee-et-perco#perco，于2020年7月28日访问。

⑧ 关于PERCO和PERECO的计划继承关系参见官网：https：//droit-finances.commentcamarche.com/contents/1092-les-plans-d-epargne-entreprise-pee-et-perco#perco，于2020年7月24日访问。

⑩ FRR，Sustainable Investment：A Matter of public Investment，France：The Supervisory Board of FRR，2018：5-8.

二、FRR 与全球资本市场的良性互动

（一）法国养老储备金基本情况

FRR 是法国政府为应对现收现付制下人口老龄化导致的养老金入不敷出情况而设立的补充性投资基金。目标是通过长期投资，获得稳定的投资回报率，促进资产增值，并在 2020 年以后正式补贴国家养老金支出。

FRR 属于混合投资基金，其投资范围涉及股票、债券、可转账债务担保（Negotiable Debt Security）、集体投资（Collective Investment）、私募股权基金、债务基金（Debt Funds）以及专项基金（Dedicated Funds）[①]。各类投资工具在 FRR 的长期稳定增收目标中均起到积极作用。

根据 FRR 年报显示，截至 2019 年，FRR 总资产达到 326 亿欧元，除 2008 年受经济危机影响导致资产年度亏损 24.9% 和 2018 年资产缩水 5.2% 以外，从 2004 年至 2018 年底，FRR 的年度投资回报率普遍高于 2.9%；2004 年 6 月至 2018 年 12 月，年均投资表现为 3.7%，投资收益率较好[②]（见图 28-1）。

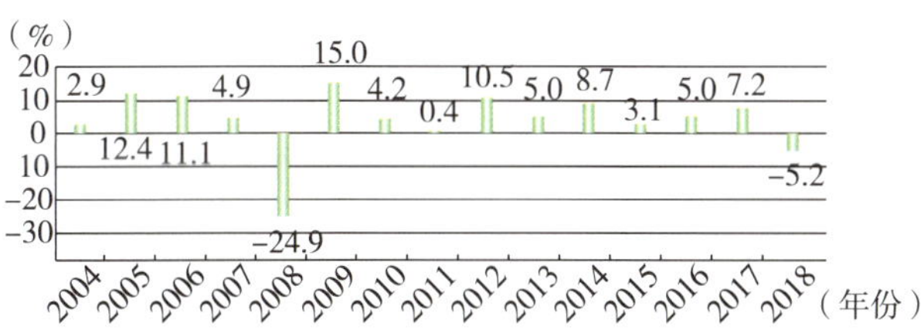

图 28-1　FRR 2004~2018 历年度投资表现

资料来源：FRR，Sustainable Investment：A Matter of public Investment，France：The Supervisory Board of FRR，2018.

（二）FRR 的投资组合分析

FRR 优秀的年度投资回报率与其投资组合有关。法国国家养老储备基金投资种类丰富，由七类投资产品组成，覆盖机械、化工、传媒、生物、制药、计算机、互联网等诸多领域，投资对象遍布全球资本市场，日本三菱重工、美国 3M、计算机软件公司 Adobe 都是 FRR 的投资对象，全球范围多领域的投资策略为 FRR 的稳健增长提供保证[③]。

FRR 的投资产品以债券、股票、可转账债务担保和集体投资为主，2019 年共 302 亿欧元，占年度投资总额的 92.64%。其余三类投资产品共占仅为 24 亿欧元[④]。针对不同的投资种类，FRR 制订了具有鲜明特点的投资计划，以兼顾增长和稳定的投资目标。

1. 长期保守投资占主导

在 2018 年 FRR 的投资结构公示表中，债券总额最高，约 136.2 亿欧元，占投资总额的 42%；其次是集体投资，总额约 58.7 亿欧元，约占投资总额的 18%。两项投资产品共占 FRR 2018 年投资总额的 58%[⑤]。

这两项投资标志着 FRR 在选择投资策略时将“稳定性”放在第一位。首先，由于债券利息固定，到期后本息共同收回，虽然在流动性和盈利能力上都不如股票，但是在抵抗市场风险和保本能力上比股票更具有优势。加之 FRR 持有的长期性和资金盘的总量大，综合收益可观。其次，集体投资倾向于保障稳定性与降低风险，该投资可通过规模效益分摊风险。更重要的是，集体投资基金享受法国政府的免税或延税政策[⑥]，降低了投资成本，有利于 FRR 的投资回报率稳定增长，进而加快实现在 2020 年向法国养老金现收现付体系提供资金支持的目标。

2. 中短期激进投资占比高

根据 2018 年 FRR 投资结构公示，股票购买总额达 98.4 亿欧元，覆盖约 1620 个全球上市公司，约占总投资额的 30.2%[⑦]。该机构充分发挥了股票的流动性和高收益性，在欧洲市场、日本市场和美洲市场投资了覆盖工业、银行、原材料等重资产行业，同时也投资了覆盖健康、互联网、移动通信等新兴产业。同时，为了充分应对股票的高风险，FRR 购入了约 147 亿欧元的套期保值资产，对冲市场波动风险。

（三）FRR 与全球资本市场的互动

2015~2018 年，全球资本市场不稳定因素频发，如欧元区意大利债务危机、英国脱欧、政治危机阻碍资本流入新兴经济体、美国单边贸易保护主义等。在复杂的政治经济局面下，FRR 依旧保持了稳定增长态势，这得益于 FRR 与全球资本市场特别是法国国内资本市场的良性互动。

1. 应对市场风险并推动管理改革

FRR 的所有投资都是通过投资服务供应商完成的，即通过招标程序授权服务商管理认购的债券与基金。但在预测到 2017~2018 年的市场风险性可能加大之后，FRR 调整了管理模式，在传统的委托代理投资的管理方法上新增了“覆盖管理”（Overlay Management Approach）的方法，即在已有的基金项目之外，直接任命两名基金经理进行风险管理，赋予其垂直调整 FRR 的资产分配状况的权力，以对冲

①③④　FRR，FRR Portfolio Composition，France：The Supervisory Board of FRR，2019：1–69.

②　FRR，Sustainable Investment：A Matter of Public Investment，France：The Supervisory Board of FRR，2018：5–8.

⑤⑦　FRR，Sustainable Investment：A Matter of Public Investment，France：The Supervisory Board of FRR，2018.

⑥　杨娟：《21 世纪西欧国家养老金改革述评》，《公共管理学报》2009 年第 6 卷第 4 期，第 105–111、128 页。

市场风险[①]。覆盖管理属于积极的资产管理方式，在市场前景较为模糊的背景下，增加了应对市场风险的灵活性。

2. 增持对冲资产以应对股市疲软

面对 2017 年底全球股票市场下降的趋势，FRR 减持了分布于全球发达国家金融市场的绩效资产（股票、高息债券），从 2017 年底绩效资产占总资产的 43.6% 下降至 41.2%。同期提高了“套期保值”资产的占比，将其从 2017 年底的 8% 提高到了 2018 年底的 10%[②]。

这一风险预判性决策使 FRR 收益向好。从 2010 年改变投资管理模式以来，对冲资产收益首次抵付了 FRR 在当年内对法国政府的负债，使 FRR 的对冲率首次超过 100%，进一步推动了 FRR 实现“在 2020 年后实现对国内养老金供给资金”的承诺。

3. 稳定国内市场、加注新兴国家

FRR 作为法国国家养老储备基金，担负促进国内经济发展的责任。但 2017~2018 年欧洲金融市场动荡，给法国金融市场带来较大冲击，FRR 支持国内非上市公司来规避股票市场的高风险。

FRR 对法国政府兑现了两项承诺：第一，对国内非上市资产投入 20 亿欧元参与融资；第二，向国内的私募股权和基础设施建设以及房地产投资行业注入了约 11 亿欧元以提振经济。与此同时，为了对冲由于全球资本市场（主要是欧洲和日本市场）的疲软和不确定性风险，FRR 于 2017 年底增持了新兴国家的企业债券，在 1 年内从 2017 年初占总投资比的 6.2% 提升到了 7.4%，同时将全球分布于发达地区的股票资产从 43.6% 减持至 41.2%[③]。这一投资地域组合的重新“洗牌”在一定程度上平衡了国际金融市场的收益波动。虽然未能挽回持有资产在国内和国际金融市场上的颓势，但是根据 FRR 在 2018 年度的财报显示，增持对冲资产和投资新兴市场减缓了其在 2018 年第四季度的资产缩水速度。

总的来看，FRR 在全球资本发展不景气的大背景下，通过一系列管理制度改革和资本运营手段，成功地应对了近年来全球资本市场动荡带来的投资风险；另外，有效地回馈了法国国内市场经济，实现了其对于法国国内企业融资、基础设施建设的承诺，维持了其在 2014~2018 年的资本增长，与国内和国际资本市场形成了良性的互动。

① FRR，Sustainable Investment：A Matter of public Investment，France：The Supervisory Board of FRR，2018：5-8.

② FRR，Sustainable Investment：A Matter of public Investment，France：The Supervisory Board of FRR，2018：10-13.

③ FRR，FRR Portfolio Composition，France：The Supervisory Board of FRR，2019.

分报告二十九
英国养老基金投资管理

一、英国养老金制度及其投资管理概况

（一）英国养老金体系概要

英国的养老金制度可以用三支柱体系来划分。

第一支柱是国家养老金（State Pensions），分为新旧两种方案。在 2016 年 4 月 6 日之前达到国家养老金年龄（State Pension age）而有资格领取国家养老金的，适用旧方案，包括三种：一是基本国家养老金（Basic State Pension），金额取决于国家保险缴费或信用分数，每周最多 134.25 英镑。二是附加国家养老金（Additional State Pension），需要高于一定收入或符合其他福利资格。三是养老金补贴（Pension Credit），是面向低收入及困难人群的家计调查型救助。在 2016 年 4 月 6 日之后达到国家养老金年龄的，适用新方案，包括三种：一是新国家养老金（New State Pension），金额取决于国家保险缴费或信用分数，每周最多 175.20 英镑。二是受保护的支付（Protected Payment），即之前为附加养老金缴纳的保费仍然计入其中。三是与改革前相同的养老金补贴。也就是说，2016 年后国家养老金制度得到了简化，将基本养老金与附加养老金合并，提高了国家养老金待遇，而针对低收入人群的养老金补贴则保持不变。

第二支柱是职业养老金（Workplace Pensions）。从缴费与给付方式上来说，职业养老金有待遇确定型（Defined Benefit，DB 型）和缴费确定型（Defined Contribution，DC 型）两种。DB 型计划多为信托型基金，包括按退休前最终工资以及按平均工资领取两种。DC 型计划分为信托型和契约型两种，信托型包括由单一雇主运营的单一信托以及向多个雇主开放的集合信托计划（Master Trust Schemes），而契约型一般指团体个人养老金计划（Group Personal Pension Schemes）。

第三支柱是个人养老金（Personal Pensions）。除了一般的个人养老金以外，还包括利益相关者养老金（Stakeholder Pension）和自投资个人养老金（Self-invested Personal Pension），通常都属于 DC 型计划。利益相关者养老金的最低缴费限额、管理费用以及资金增长方面都比一般的个人养老金更低，而自投资个人养老金则相反，可以灵活选择多种资产类别进行投资，其风险、增长水平以及管理费用相对更高。

（二）英国养老基金投资管理概况

就投资管理角度而言，英国国内对其养老金体系还有一种划分方法，根据养老金提供者分为国家养老金与私人养老金（Private Pension），其中私人养老金包括职业养老金与个人养老金。

国家养老金的资金进入国家保险基金（National Insurance Fund），其运作方式为现收现付制。2018~2019 年的收入为 1089.49 亿英镑，支出为 1032.35 亿英镑，当年盈余 57.14 亿英镑[①]。

在私人养老金方面，2018 年全英国的私人养老金资产总额大约为 3 万亿英镑（见表 29-1），其中 DB 型职业养老金资产为 20000 亿英镑，占据了英国养老金市场的 2/3，DC 型职业养老金资产为 4000 亿英镑，个人养老金

① HM Revenue & Customs, Great Britain National Insurance Fund Account 2018-2019.

资产为 3200 亿英镑，退休后继续投资以及未领取的年金的资产共计 3650 亿英镑[①]。但是，随着 2012 年自动加入机制的施行，以及向新成员开放的 DB 型计划越来越少，当前 DC 型计划的加入人数已经超过了 DB 型，具备较大的发展潜力。

表 29-1 2018 年英国私人养老金资产规模

单位：英镑

总资产：约 30000 亿						
职业养老金			个人养老金	退休后继续投资的资产	退休后未领取年金的资产
DB 型：20000 亿	DC 型：4000 亿		DC 型：3200 亿	1150 亿	2500 亿
	信托型：2000 亿	契约型：2000 亿			

资料来源：The Investment Association，Investment Management in the UK 2018–2019.

二、英国国家养老金的投资管理

（一）英国国家保险基金的基本概况

1. 管理机构

国家保险基金成立于 1975 年，设立了专门的国家保险基金投资账户（NIFIA），由国家债务减免委员会（CRND）对其进行投资管理。国家保险基金是 CRND 管理的最大规模的基金，它是国民保险计划的“经常账户”，以保证在收支波动中能提供足够的资金。

CRND 则作为国家保险基金的投资机构，与税务及海关总署签订谅解备忘录，以确定实现投资目标的方式，并按照财政部的指示对国家保险基金的投资账户进行投资。CRND 是债务管理办公室（DMO）的下属部门，属于 DMO 框架内管理的独立业务实体（Separate Business Entity），DMO 则是财政部的执行机构，其工作人员属于政府雇员。

2. 资金来源

国家保险基金的资金来源于雇员、雇主以及自雇人士缴纳的国家保险金（National Insurance Contributions），还包括部分来自税收的国家财政拨款，用于支付社会保障福利，其中养老金占基金支出的 90% 以上[②]。而国家保险基金的管理费用等收入则由国家财政提供，与其他收入分开存放支取。

根据 1992 年《社会保障管理法案》，英国税务及海关总署在收到国家保险金后，扣除部分用于国民健康服务（NHS）的拨款后，将其余款项拨付给国家保险基金。就财政拨款而言，由于国家保险基金没有被赋予借款的权利，必须留有一定的营运结余来应对可能的短期支出波动，因此，政府精算部（GAD）建议国家保险基金的营运结余应维持在每年养老金支出的 1/6 以上，不足时需要财政拨款予以支持。比如，2018~2019 年度的最低营运结余应为 171 亿英镑，即占预估福利支出的 1/6。而 2018~2019 年度的实际累计结余为 299 亿英镑，高于该最低结余要求，因此该年度英国政府不对国家保险基金进行财政拨款[③]。

（二）英国国家保险基金的投资策略与业绩

1. 投资策略与资产配置

在 2007 年以前，国家保险基金的资产配置主要是银行存款与英国国债，财政部还为其专门发行了非市场化国债（NILO）[④]。但为了保证拥有足够的头寸、提高资金流动性以及降低管理费用，从 2007 年起，国家保险基金将其投资策略转向更加保守的方向，出售了投资账户中持有的所有国债，将主要资金存入债务管理账户存款工具（Debt Management Account Deposal Facility），少量资金存入国家贷款基金（National Loans Fund）。这样一来，国家保险基金投资账户的收益率基本与英国央行市场基准利率挂钩。

总的来说，作为现收现付制的主权养老基金，国家保险基金在投资策略上首要考虑的是保证基金的高度流动性与安全性，而不看重收益性，因此，国家保险基金选择了操作简单、收益较小的投资工具，并通过改革，进一步趋于更加保守的投资策略。

2. 投资收益

在投资收益方面，2007 年以前，国家保险基金的投资收益情况比较稳定，并有逐年增加的趋势。但从 2007

① The Investment Association，Investment Management in the UK 2018–2019.

② Antony Seely. National Insurance contributions（NICs）: An introduction. House of Commons Library Briefing Paper Number 4517，2019，https://commonslibrary.parliament.uk/research-briefings/sn04517/?doing_wp_cron=1591494756.3315870761871337890625.

③ HM Revenue & Customs，Great Britain National Insurance Fund Account: For the year ended 31 March 2019.

④ 徐璨：《英国国家保险基金：传统缴费型主权养老基金的发展及对中国的启示》，《国际经济评论》2019 年第 3 期，第 60–72 页。

年改革后，由于采取了更加保守的投资策略，再加上2008年英国市场基准利率从6%大幅下降至0.5%，国家保险基金的投资收益额呈断崖式下跌，从2008~2009年度的19.57亿英镑，骤降至2009~2010年度的2.37亿英镑，然后一直保持稳步下降的趋势（见图29-1）。就2018~2019年度而言，国家保险基金的投资收益额为1.87亿英镑，比上一年增长1.04亿英镑，为近年来首次大幅增长，这是由于年度平均利率上升，而且平均基金结余额较高的缘故。投资总额则为295.06亿英镑，比上一年增长29.79亿英镑，这一增长来自NIF基金内净存款的增加。另外，2018~2019年度CRND对国家保险基金投资账户的管理费用为7.3万英镑，由税务及海关总署给付[①]。

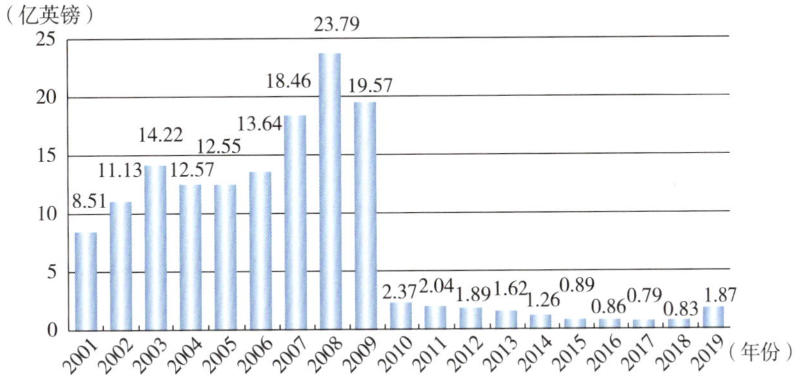

图29-1　2001~2019年英国国家保险基金投资收益

注：2001年实际代表2000年4月1日至2001年3月31日，非日历年，其他年份亦同。

资料来源：United Kingdom Debt Management Office，National Insurance Fund Investment Account: Report and Accounts 2001-2019.

三、英国DB型职业养老金的投资管理

（一）DB型职业养老金的基本概况

1. 走向萎缩

DB型养老金计划诞生于19世纪末，首先出现在英国铁路公司，随后路透社等企业也开始为其员工提供。在当时，DB型养老金计划被认为是一种有效维持员工忠诚度的手段。从1921年起，由于税收减免政策的推出，DB型计划参与人数不断增加，在1967年缴费人数达到了约800万的高峰。但是从20世纪70年代起，DB型计划的参与人数开始下降。尤其是近十年来，缴费人数从2010年的242万人，持续减少至2019年的106万人。从计划的状态来看，在2019年总共5806个DB型计划中，只有13%是仍在接受新成员加入的开放计划（多为公共部门的职业养老金），43%是只为已加入的旧成员继续积累养老金的计划，40%是未来不再积累任何人员养老金的计划，其余3%的计划直接走向关闭[②]。

2. 萎缩原因

DB型养老金计划持续萎缩的原因是多重的。第一，随着劳动力市场政策的放松，就业形式愈加灵活、劳动力流动性加大，加上国家养老金、失业救济、家庭福利等社会保障制度愈加完善，企业凭借养老金提高员工忠诚度的初衷不再，反而当前的DB型筹资给付模式对雇主与基金运营者来说负担不断加重。第二，20世纪末，DB型计划的缴费人数很多，且当时英国股票的平均回报率为13%，而随着资产增长率的下降与投资波动性的增加，过去十年的平均回报率为5.8%，实际投资回报率远低于预期，这造成了许多DB型计划资金的不足。第三，除了投资回报以外，英国预期寿命的增长速度也快于预期，同样促使养老基金的负债情况持续走高。第四，尽管英国政府延长了退休年龄，但不足以抵消其他削弱养老基金偿付能力的负面因素。第五，近年来英国实行了量化宽松的货币政策，在一定程度上也使养老基金的赤字情况有所增加。第六，由于取消股息税抵免和外包、限制盈余水平、变更会计准

① United Kingdom Debt Management Office，National Insurance Fund Investment Account: Report and Accounts for the year ended 31 March 2019.

② The Pensions Regulator，The Pensions Landscape: Defined Benefit Pensions 2019.

则等因素，导致 DB 型计划的各方面成本增加[①]。

（二）DB 型养老基金的资金水平与资产配置

1. 资金水平

从总的资金水平来看，DB 型养老基金整体处于赤字状态。根据养老金保护基金的 PPF7800 指数，在 2018~2019 年度，DB 型养老基金的净资产总计为赤字 127 亿英镑，与上一年赤字 705 亿英镑相比有所减少，总筹资比例从 95.7%提高到 99.2%[②]。而根据涵盖计划更全面的养老金监管局的数据，2018~2019 年度所有 DB 型养老基金合计赤字 159 亿英镑，比上一年度增加 7 亿英镑。总体来说，不同状态的计划在资产负债上有一定差异，开放式计划的资产负债情况更好（见表 29–2）。

表 29–2　2018~2019 年度所有 DB 型计划基金资产负债情况　　单位：亿英镑

状态	资产	负债	净资产
向新成员开放的计划	289.62	317.28	–27.66
不开放但继续为旧成员积累养老金的计划	987.18	1075.10	–87.92
不开放也不再继续积累养老金的计划	424.15	467.82	–43.67
合计	1700.95	1860.20	–159.25

资料来源：The Pensions Regulator，The Pensions Landscape: Defined Benefit Pensions 2019.

2. 资产配置

在资产配置方面，DB 型计划愈加注重投资的安全性，以防止基金资产价值进一步下跌。按照加权平均比重来看，股权投资比例逐年缩小，债券投资比例逐年增大，而其他投资中对冲基金的规模逐年增大。与上一年度相比，2018~2019 年度，投资于债券市场的比例从 59.0% 上升至 62.8%，而投资于股权市场的资产占比从 27.0%下降至 24.0%。债券与股票之外的其他投资占比为 13.2%，其中财产占 5.0%、现金和存款占 4.4%、保单占 0.3%、对冲基金占 7.4%、年金占 4.0%（见图 29–2）。就债券而言，政府债券占比一度减少，但近年来又有所回升，公司债券占比有一定减少，指数挂钩债券占比有小幅度增加，各类债券的持有比例相对稳定。2018~2019 年度，持有比例最大的是指数挂钩债券，约占 46.2%，投资公司债券与政府固定利率债券的比例则分别为 28.4%与 25.4%。就股权而言，持有的海外股票与私募股权比例逐年增加，英国股票占比逐年减少，愈加注重对海外市场的投资。2018~2019 年度，投资于英国上市股票的比例从 18.6%降至 16.6%，而在海外上市股票和私募股权的占比均分别小幅增长至 69.7%和 13.7%。债券与股权的具体投资配置的历年变化情况如图 29–3 和图 29–4 所示。

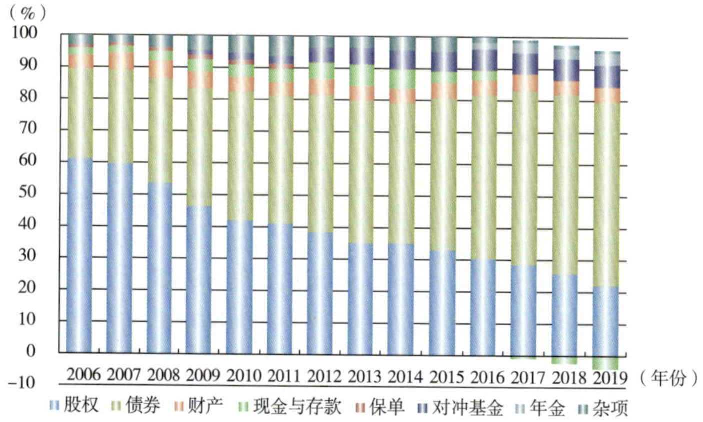

图 29–2　2006~2019 年度 DB 型养老金各类资产配置加权平均比重变化

注：部分现金与存款的加权平均比重为负，这代表了一些养老基金的现金持有量显著为负，可能与其掉期和回购等投资行为有关。

资料来源：Pension Protection Fund，The Purple Book 2019.

① Pensions Policy Institute，Approaching the Endgame: The Future of Defined Benefit Pension Schemes in the UK，2019.

② Pension Protection Fund，The Purple Book 2019.

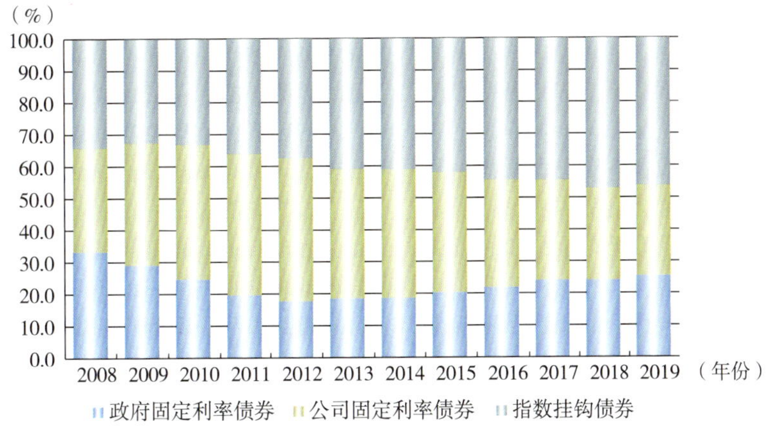

图 29-3　2008~2019 年度 DB 型养老金债券投资配置加权平均比重变化

资料来源：Pension Protection Fund，The Purple Book 2019.

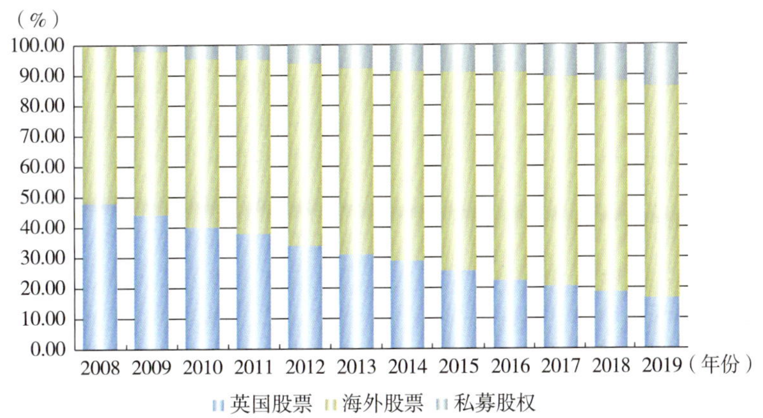

图 29-4　2008~2019 年度 DB 型养老金股权投资配置加权平均比重变化

资料来源：Pension Protection Fund，The Purple Book 2019.

（三）DB 型养老基金的风险规避方案

由于缴费人数减少、预期寿命延长以及投资收益率下降等因素，越来越多的 DB 型养老基金走向收不抵支。据统计，2018~2019 年度，高达 73% 的 DB 型计划处于赤字状态[①]。为了降低偿付风险，目前有以下几种应对方案：

一是通过年金产品的购买转移风险，具体分为 buy-ins 与 buy-outs 两种方案。在 buy-ins 方案中，DB 型养老基金作为受托人，与保险公司签订合同，支付保险费，保险公司会按时将年金支付给养老基金，养老基金再将养老金发放给养老金领取者。而在 buy-outs 方案中，养老基金直接转移其责任，保险公司与个人签订合同，当一个计划内的所有成员都参与了该方案的时候，该 DB 型计划随即关闭。简单来说，buy-ins 方案只转移资产，而 buy-outs 方案将其资产与负债全部转移给保险公司[②]。

二是长寿风险对冲（Longevity Hedging），通过将成员比预期寿命长的风险从养老金计划转移到保险公司或银行，以进行套期保值。养老基金向保险公司或银行支付该计划下预期应付福利以及附加手续费，保险公司或银行则根据计划成员的实际情况支付到期福利，以减弱长寿风险带来的冲击。

三是转变投资策略，通常包括负债驱动投资（Liability-Driven Investment）和现金驱动投资（Cash-

① Pensions Policy Institute，Approaching the Endgame: The Future of Defined Benefit Pension Schemes in the UK，2019.

② 陈翠霞、周明：《DB 养老金计划去风险化研究——基于 buy-ins 与 buy-outs 工具》，《首都经济贸易大学学报》2018 年第 1 期，第 24-31 页。

flow Driven Investment）两种策略。负债驱动投资注重如何对冲负债价值的波动，需要对未来的流动负债进行预测，以预计能够满足预期负债所需的资产。该投资策略下，会更多地通过掉期交易与其他衍生品来规避利率风险。现金驱动投资则是通过债券的预期收益来匹配预期负债现金流。该投资策略下的短期投资通常会配置预期收益更高的公司债券，相比国债，购买公司债券就是用更少的支出来匹配未来的短期负债。

四是改变资产配置，趋向于投资降低风险、与现金流匹配的资产。例如，增加债券投资，降低股票投资，增加另类资产投资（包括基础设施建设、商业房地产、高收益债务工具如公司贷款、结构性融资、房地产债务等），防止基金资产价值的进一步下降。

五是进行多个 DB 型计划的整合。通常适用于通过改变投资策略和资产配置也难以缓解收不抵支的计划，可以选择不同程度的整合方案，包括管理上的合并、资产并购、计划方案的合并以及将多个计划直接整合成超级基金（Superfunds）等多个层次。

六是授信管理（Fiduciary Management），将养老金计划的投资决策委托给投资专家，通过外包或完全合作等方式，进行积极投资，以获取更高的投资收益。

七是转变 DB 型养老金方案。这也是一种最后阶段的挽救方案，包括转向 DC 型计划或者 DB 型与 DC 型混合计划等方案，从而减轻 DB 型计划的偿付风险。

八是养老金保护基金（Pension Protection Fund），这是为 DB 型计划成员提供的最后安全网。在雇主破产、养老基金无力承担养老金负债等情况下，养老金保护基金首先要对该计划的资产收益等情况进行评估，评估期大约需要两年的时间，在评估与接管工作完成后，养老金保护基金会向符合资格的成员支付补偿。

四、英国 DC 型职业与个人养老金的投资管理

（一）DC 型养老金的基本概况

1. 走向繁荣

与 DB 型养老金计划相比，DC 型计划对雇主和养老基金运营者更友好，承担的责任较小，再加上随着自动加入机制的推行，因此，近年来 DC 型养老金计划愈加普遍，参加 DC 型养老金计划的人数已经超过了 DB 型养老金的参与人数。由于许多人才开启进行养老金的积累，使 DC 型养老金资产中位数从 2008 年的 15000 英镑降至 2018 年的 9300 英镑，但 2019 年则有所提升，为 9600 英镑[①]。不同的 DC 型养老金，其投资方式存在较大不同，比如包括低风险、高风险、生活方式（Lifestyle）、有利润（With-Profits）、按退休日期（Retirement-Date）等多种类别。

2. 改革措施

2012 年起，职业养老金开始实行自动加入机制（Auto Enrolment），即年满 22 岁、未满国家养老金年龄，并且年薪超过 1 万英镑的雇员，雇主将必须为其提供职业养老金。这大大提高了职业养老金的覆盖面，在所有劳动年龄人口中，参加职业养老金计划的人口比例从 2015 年的 38%，迅速增加到 2018 年的 46%[②]。

除了自动加入机制的引入，英国还于 2014 年进行了名为“自由与选择”（Freedom & Choice）的养老金改革，个人在达到退休年龄时，不必一定选择用其积累的 DC 型养老金来购买每年领取的年金，还可以选择一次性提取全部或部分储蓄（Lump Sums），或是选择继续投资、分期领取的方案（Income Drawdown）等方式。因此，2014 年起，选择领取年金的人数从每年约 40 万人迅速下降，到 2016~2018 年稳定在 7 万人左右。而选择继续投资的人数大幅增长，从最初的每年 2 万人增至 2018 年的 11 万人，总价值达到 95 万亿英镑。但是，在 2018 年更多的人则选择一次性全部提取，约 21.9 万人。尽管退休时提取储蓄的人数最多，但就人均资产而言，退休时提取储蓄者的平均资产为 8600 英镑，远远低于选择继续投资的人均 86000 英镑的资产，但高于领取年金者的人均 6200 英镑的水平[③]。可以发现，养老金积蓄越高的人，越愿意在退休后选择继续投资，而积蓄较少的退休者，则更多选择一次性提取或按年金方式领取。

（二）DC 型养老金不同计划的资产配置

根据 2019 年 PPI 的 DC 型养老基金资产配置调查显示（35 家 DC 养老金提供者，涵盖 2100 万个人的基金池），在 2012 年起开始推广的自动加入机制之下，职业养老金中的集合信托计划中有 91% 的计划参与者都依据默认策略进行投资，总资产高达 18 亿英镑。

就距离退休日期还有 20 年的计划而言，投资策略通常较为积极，多数计划会将大比例的资金投入股市，所有计划都至少投入两成，甚至有 39% 的计划会投入八成以上的资金；在现金与债券方面则持有比例较低，所有计划的占比都不超过四成；非流动和另类资产的总体投

①③ Pensions Policy Institute, The DC Future Book: 2019 Edition.

② OECD, Pension Markets in Focus 2019.

资占比较低，但也存在 8% 的计划会投入八成以上的资金。但到了临近退休日期的时候，多数计划的投资策略会趋于保守，投资于股市的资金量大幅度下降，46% 的计划只投入不超过两成，没有任何一个计划投入八成以上资金；多数计划将更多的资金转移至现金与债券，甚至有 38% 的计划投入八成以上资金；非流动资产占比整体仍偏低，但也有极少数计划会加大投资（见图 29–5）。

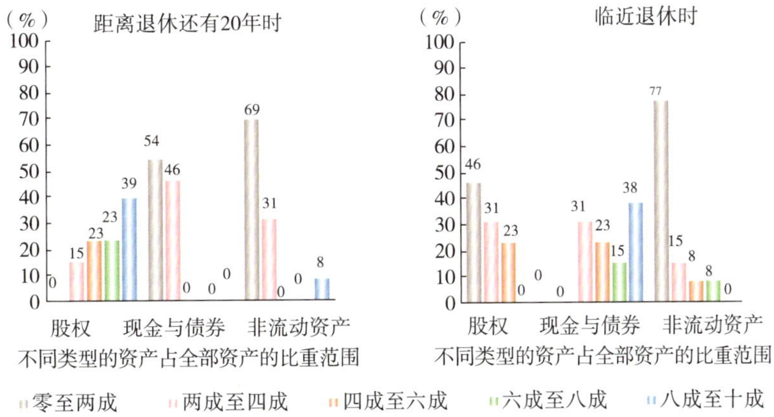

图 29–5　集合信托计划的资产配置占比情况

资料来源：Pensions Policy Institute，The DC Future Book: 2019 Edition.

对于利益相关者养老金和团体个人养老金而言，在距离退休还有 20 年的计划中，其投资策略与集合信托计划存在一定的相似性，多数计划同样会将较多的资产投资于股权市场，但仍有 33% 的计划投入两成以下；所有计划持有的现金与债券都不超过四成，并且高达 78% 的计划只投入两成以下；非流动和另类资产的总体投资占比较低，但同样有 8% 的计划会投入八成以上的资金。而到了临近退休日期的时候，其资产配置与集合信托计划相比出现了一定差异，有 78% 的计划会仍将一半左右的资金投入股权市场；多数计划同样会将持有现金与债券的比例提升，占比多在四成至八成；配置在非流动和另类资产的资金整体有所减少（见图 29–6）。

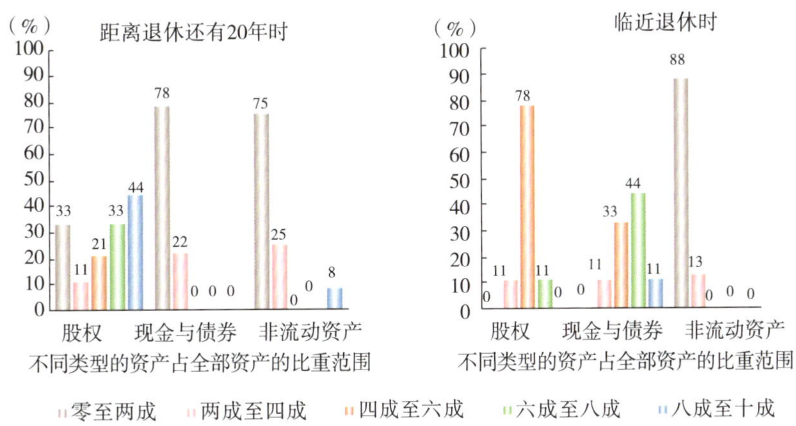

图 29–6　利益相关者和团体个人计划的资产配置占比情况

资料来源：Pensions Policy Institute，The DC Future Book: 2019 Edition.

在管理费用方面，集合信托计划的平均基金运作费率（Total Expense Ratio）较低，其中低风险策略为 0.39%，中风险策略为 0.80%，高风险策略为 0.35%，各档次的策略的费率都比其他团体个人和利益相关者养老金低

0.1~0.2 个百分点[①]。总体而言，无论哪种养老金，都是中风险投资策略的费率更高，这是因为，相比于低风险更追求安全性，高风险更追求收益性，中风险策略的计划要保证风险与收益的平衡，在资产配置上需要更多元化、更灵活的方案，进行更频繁的动态化的投资操作。

（三）典型案例：国家职业储蓄信托的投资管理

由于各个 DC 型养老金在投资管理方面存在较大差异，本报告选择参与人数较多、资产规模较大的国家职业储蓄信托（NEST）作为典型案例，以进行更深入的探究。

1. NEST 计划简介

NEST 计划是根据 2008 年《养老金法案》设立的职业养老金计划，目的是支持 2012 年开始实行的职业养老金自动加入机制。企业无论规模大小，都可以加入 NEST。目前的最低缴费率是工资的 8%，其中雇员 5%、雇主 3%。

2013~2014 年度，NEST 计划的资产总额还比较小，仅为 380 万英镑，共有 347 名雇主的 8 万名员工参加。随着 2018 年自动加入机制实现全面覆盖，NEST 的资产总额与参与人数都有了大幅度增长。2018~2019 年度，Nest 管理的资产总额为 57 亿英镑，共有 72 万名雇主的 790 万名雇员参与计划，其中缴费人数为 410 万人[②]。

2. NEST 的管理机构

Nest 公司（Nest Corporation）是 NEST 养老金计划的受托人，属于非政府公共机构，通过工作和养老金部向议会负责，在日常决策上具有一定独立性。Nest 公司的各项工作由英国政府予以贷款筹资，通过养老金计划成员缴纳的有关费用予以偿付，以此过渡到自负盈亏的运营模式。目前，Nest 公司对计划成员收取两种额外费用：一是月度手续费，金额为每月缴费的 1.8%；二是年度管理费，每年收取养老金个人累积总额的 0.3%。

Nest 公司由主席和最多 14 位受托成员组成，由工作和养老金部大臣公开任命。内部包括审计委员会、风险委员会、投资委员会、任命与薪酬委员会以及决策委员会，并设有内部投资专家团队，以把握宏观市场环境、进行风险管理与绩效管理、监督审查投资状况。

3. NEST 的计划类型

在自动加入机制下，NEST 设有默认方案，名为“退休日期基金”（Retirement Date Fund）。NEST 会根据成员确定的退休年龄，将其养老金存入与之相匹配的退休日期基金。据统计，高达 90% 以上的成员会留在默认基金中。

除了默认的退休日期基金以外，NEST 还提供六个额外计划，成员可以自由选择。例如，需要较高风险承受能力的高风险基金（Higher Risk Fund）、关注环境或社会友好型企业的道德基金（Ethical Fund）、基于伊斯兰教法的伊斯兰基金（Sharia Fund）、追求低风险的低增长基金（Lower Growth Fund）、适用于临近退休时才加入的临退休基金（Pre-retirement Fund），以及达到退休年龄后希望继续投资的指导退休基金（Guided Retirement Fund）等。

4. NEST 计划的资产配置

一般情况下，NEST 计划投资的资产类别包括股权、增长型信贷、投资级债券、实物资产（目前仅限房地产）以及现金（货币市场投资）。为了更好地进行资产的动态管理，允许内部投资团队短期内在一定范围内偏离预先设定的投资组合。

以默认的退休日期基金为例，该基金按照生命周期理论进行投资，根据距离退休日期的远近，分为三个投资阶段，各阶段的资产配置范围如图 29-7、图 29-8 与图 29-9 所示。首先是基础阶段（约 5 年），目标长期波动率为平均每年 7%，目标投资回报率最低为扣除费用后的通货膨胀率。基础阶段各类投资比重比较均匀，略侧重债券与股权投资。然后是成长阶段（约 30 年），目标长期波动率为平均每年 10%~12%，目标投资回报率为扣除费用后的通货膨胀率加 3%。该阶段注重投资增长潜力大的多样化资产，会增加股权投资比例，基本不持有现金，以实现实际价值的稳定增长。最后是巩固阶段（约 10 年），目标投资回报率最低为通货膨胀率，会逐步将资金从风险较高的资产中撤出，转向中低风险的投资组合，即减少对股权、房地产的投资，将大比例的资金投入债券，以实现养老金在最后一阶段的安全保值。

5. NEST 计划的投资业绩

截至 2020 年 3 月，Nest 管理的总资产为 95 亿英镑[③]。但由于世界局势变化以及新冠肺炎疫情的影响，2020 年投资市场波动较大，Nest 基金也受到了一定损失，但相比于严重依赖单一资产类别的基金，多元化投资使多数 NEST 计划更能经受住市场的考验。部分 NEST 计划收益率情况如表 29-3 所示，尽管少数基金 2019~2020 年度的投资收益率为负，但从长期的年均收益率来看，除了追求安全性的低增长基金以外，其他计划的投资收益情况表现较好。

---

① Pensions Policy Institute, The DC Future Book: 2019 Edition.

② Nest Corporation, National Employment Savings Trust Corporation Annual Report and Accounts 2018/2019.

③ Nest Corporation, Nest Quarterly Investment Report – At end March 2020.

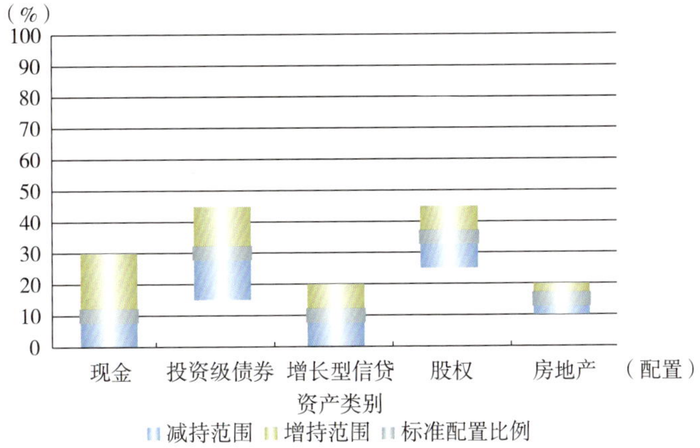

图 29-7 退休日期基金基础阶段的资产配置

资料来源：Nest Corporation，NEST's Strategic Asset Allocation.

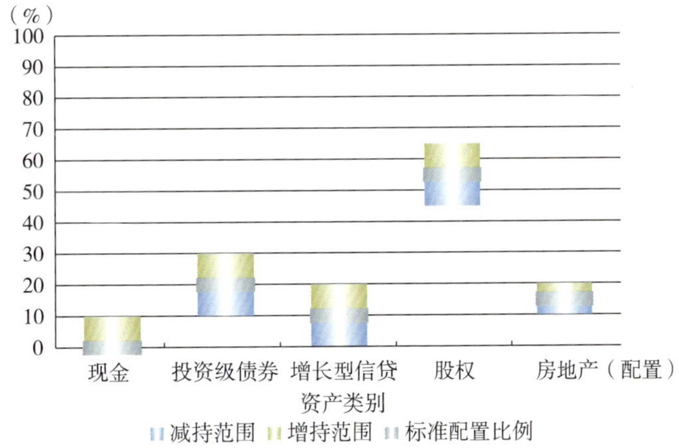

图 29-8 退休日期基金成长阶段的资产配置

资料来源：Nest Corporation，NEST's Strategic Asset Allocation.

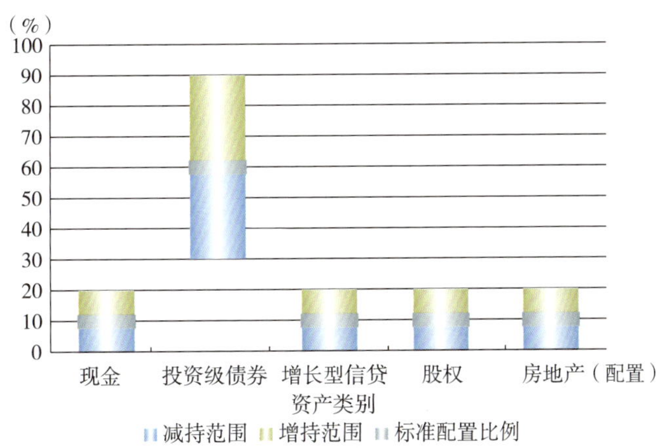

图 29-9 退休日期基金巩固阶段的资产配置

资料来源：Nest Corporation，NEST's Strategic Asset Allocation.

表 29-3 部分 NEST 计划年度收益率（截至 2020 年 3 月）

单位：%

NEST 基金	本年度收益率	三年年均收益率	五年年均收益率	自设立以来的年均收益率
2040 年退休日期基金（成长阶段）	-5.8	0.8	4.6	7.0
道德基金（成长阶段）	1.3	5.2	7.2	9.2
高风险基金	-8.6	0.0	5.0	7.9
伊斯兰基金	8.1	8.7	11.0	12.2
低增长基金	0.4	0.7	0.5	0.3

注：该年均收益率已扣除年度管理费用。

资料来源：Nest Corporation，Nest Quarterly Investment Report – At end March 2020.

五、英国养老基金与资本市场发展

（一）英国资本市场概况

资本市场通过债权和股权等渠道使政府和企业等主体得以筹集长期资金。英国是全球资本市场最为发达的国家之一，无论是其规模还是深度，在欧洲都居于首位，但与美国相比仍存在不小的差距。英国的股票市场包括主板市场、另类投资市场、专业证券市场、专业基金市场等。英国的债券市场包括金边债券市场（即中央政府债券）、国际债券市场以及公司债券市场等。

近年来，英国的企业债券市场发展迅猛，企业逐渐从银行贷款转向以债券市场主导的融资方式，金融危机以来高收益债券的发行量增加了两倍以上，投资级债券发行量增加了一倍以上；而股票市场的发展稍显萎靡，股市市值相对于 GDP 增长率下降了 4%，但近期逐渐恢复了增长。总体而言，英国资本市场的发展水平要低于金融危机之前的水平。据一项报告显示，相对于 GDP 的增长，英国资本市场缩水了将近 1/5，有超过一半以上的部门缩水；就绝对价值而言，也有超过 1/4 的部门缩水；资本市场可用资金总值占 GDP 的比重也略有下降①。虽然近年来英国资本市场整体发展水平有限，加上脱欧等事件存在一定的负面影响，但总的来说，英国的资本市场仍有巨大的增长潜力。

（二）英国养老基金投资与资本市场发展

从投资收益情况来看，2017 年英国养老基金名义投资回报率为 5.6%，相比而言，当年股市的平均名义投资回报率为 12.9%，长期国债为 2.2%，短期国库券为 0.1%②。而从 2008~2017 年整体投资回报率变化情况来看（见图 29-10），除 2010 年和 2015 年外，养老基金的每年投资回报率都不是最高的，但就长期表现而言，由于英国养老基金具备专业化的投资团队，进行多元化的组合投资，因此，养老基金投资收益的整体波动性比股市和金边债券要低，其十年平均名义投资回报率（8.2%）好于股市（7.4%）、金边债券（7.3%）以及国库券（0.9%）等单一市场。

由于金融危机等事件的影响，股票市场行情波动较大，债券市场的长期实际回报率好于股票市场。据统计，2007~2017 年，英国股票的实际投资回报率为 3.2%，政府债券为 4.0%，现金为 -1.9%③。因此，养老金投资的资产配置也随之进行了调整（见图 29-11）。许多养老基金逐渐缩减了对股票市场的投资，其投资比重从 2008 年的 24.7% 下降至 2018 年的 8.0%，但其投资规模仍旧超过千亿英镑。同时，逐渐增加了对债券的投资，其投资比重从 2008 年的 23.2% 增加至 2018 年的 30.2%。而其他投资在 2008 年占比为 27.7%，经过上下波动后，在 2018 年投资占比为 31.9%，超过了对股市、债市的投资比重，具体投资项目包括了贷款、土地和建筑物、未分配的保险合同、对冲基金、私募股权基金、结构性产品、其他共同基金（非股票、债券或现金类投资）等投资。

尽管近年来英国养老基金在股市、债市上的投资比重有一定调整，但是养老金的整体资产规模仍旧较大，如此大规模养老基金的投资会对英国的资本市场产生一定的影响。具体而言，根据 OECD 的数据，2018 年英国积累制养老金资产规模为 2.21 万亿英镑（个人养老金数据缺失），

① New Financial，Report: The Size，Depth & Growth Opportunity in UK Capital Markets.

②③ Barclays，Equity Gilt Study 2018.

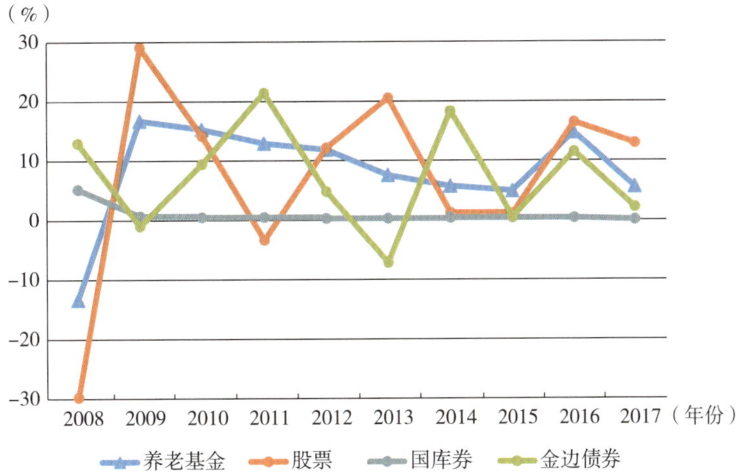

图 29–10　2008~2017 年养老基金以及各类市场名义投资回报率变化情况

资料来源：养老基金投资回报率数据来自 OECD Global Pension Statistics；各类市场投资回报率数据来自 Barclays，Equity Gilt Study 2018。

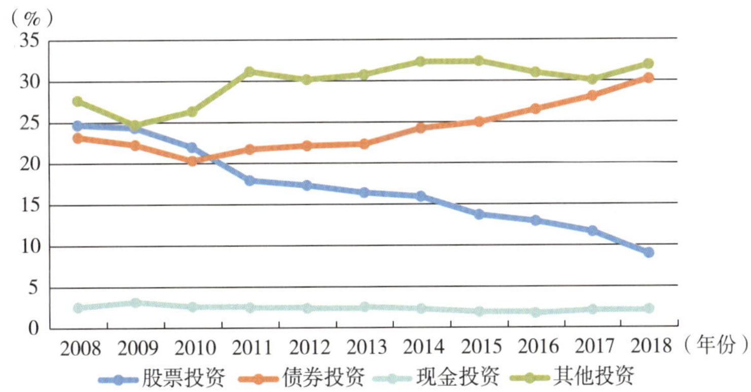

图 29–11　2008~2018 年英国养老基金资产配置变化情况

资料来源：OECD Global Pension Statistics.

占 GDP 的 104.5%。该资产规模位居经合组织国家第二，占经合组织养老金总资产的 6.6%。从图 29–12 中可以看出，尽管英国养老金其资产规模及占 GDP 比重在近一两年来有小幅度缩减，但在整体上仍呈现增长的趋势。英国养老基金如此庞大的投资规模，加上其长期稳定的投资偏好，使养老基金对股市和债市等资本市场来说成为具有较大影响力的投资方。例如，就英国股市而言，2018 年伦敦证券交易所上市公司股票总市值为 1.88 万亿英镑[①]，而养老金投资占比将近 1/10；就英国债市而言，养老基金也是长期国债和指数挂钩国债等债券的主要持有方。在市场投资增量方面，英国每年养老金新增缴费金额能够达到 GDP 的 2%~3% 的水平，这对于英国资本市场来说，也是一处稳定注入且极具分量的资金来源[②]。此外，随着每年养老基金规模的不断扩大，养老金投资不仅在一定程度上促进了资本市场的繁荣，拥有长期投资特性且资产规模庞大的养老基金，还可以对资本市场的稳定性的提升有所助力，能够在一定程度上缓解股票市场的波动性风险。

① Office for National Statistics，Ownership of UK quoted shares: 2018.

② OECD Global Pension Statistics.

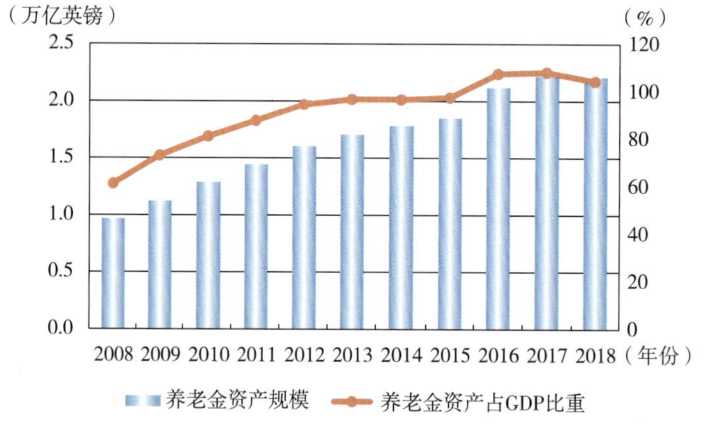

图 29-12　2008~2018 年英国养老金资产规模及占 GDP 比重

资料来源：OECD Global Pension Statistics.

同时，养老金投资于资本市场，也反过来提高了养老基金的资金积累。尤其是通过进行多元化的投资，养老基金能够从资本市场中获得较高的投资收益。在人口老龄化愈加严重的历史趋势下，规模性的投资收益可以在一定程度上缓解人口老龄化带来的财务风险。此外，近年来英国进行的一系列养老金体系的改革，使拥有第二、第三支柱的养老金计划的人数大量增加，这不仅促进了更多养老金注入资本市场，还引导了居民储蓄向实体经济的流动，有助于英国的经济增长。因此，英国在养老金制度方面的多项改革，同时也是促进养老金金融化的举措，能够使养老基金通过资本市场提升其保值增值的能力，从而达到更好地保障老年人退休收入的目的①。

① 李亚军：《英国养老金金融化改革的经验和启示》，《社会保障研究》2017 年第 1 期，第 84-94 页。

分报告三十
爱尔兰养老金投资与资本市场

一、爱尔兰养老金体系的基本概况

爱尔兰养老金制度由三支柱构成：第一支柱为国家福利养老金（State Welfare Pension），由缴费型养老金、非缴费型养老金和过渡型养老金制度（2014年已取消）构成；第二支柱为职业养老金（Occupational Pensions），涵盖公共部门和私人部门劳动者；第三支柱为基于自愿原则的私人养老金（Private Pension），包括自雇者参加的退休年金契约（Retirement Annuity Contracts，RACs）和2002年推出的个人退休储蓄账户（Personal Retirement Savings Accounts，PRSAs）。职业年金和个人养老金计划是对国家福利养老金制度的补充，缴费享受税收优惠。此外，爱尔兰于2001年正式建立完全独立于社会保障制度的"储备型"主权养老基金——国家养老储备基金（National Pension Reserve Funds，NPRFs），其资金直接来源于政府的财政拨款，在人口老龄化高峰期到来前预先积累一定规模的资产，减轻政府的财政负担。

（一）国家福利养老金制度

国家福利养老金是爱尔兰公共养老金制度的基础，该制度由政府主导，为符合条件的退休者提供统一的养老金待遇，主要包括缴费型国家养老金和非缴费型国家养老金。国家福利养老金计划的待遇支出范围较广，包括求职者津贴、疾病津贴、产妇分娩津贴、抚养津贴、健康和安全津贴、伤残津贴、鳏寡缴费型养老金、监护人缴费型待遇、缴费型和非缴费型国家养老金、过渡型国家养老金、职业伤害待遇和照护者津贴。

1. 缴费型国家养老金制度

缴费型国家养老金制度为所有符合年龄和缴费条件的退休者提供基础养老金待遇，资金来源于雇主和雇员缴纳的"与工资相关的社会保险缴费额"（Pay Related Social Insurance Contributions），年满16周岁、66岁以下的雇员根据自身收入和职业对应的等级缴纳社会保险费，缴费等级主要划分为A、B、C、D、E、H、J、S、K、M、P共11个类别，属于收入关联型养老金计划，A类缴费较普遍，总缴费率为14.75%，其中，雇主缴费率为10.75%，雇员缴费率为4%。劳动者必须年满66岁且在56岁之前缴纳了一定数额社会保险费或满足最低缴费年限（对于2012年4月6日以后退休的，需要缴费满10年）才可领取待遇。雇员要想获得足额缴费型养老金待遇需要全额缴费，劳动者缴费额的多少与退休时点有关：一是2002年4月6日前退休者必须全额缴费满156周；二是2002年4月6日以后退休的劳动者需缴费满260周；三是2012年4月6日以后退休者需缴费满520周。缴费型国家养老金计划的缴费额全部进入社会保险基金。2010年，爱尔兰委员会倡议的国家养老金政策框架中，建议社会福利养老金待遇水平为平均收入的35%，并考虑为雇员提供自动加入计划，当前缴费型国家养老金待遇水平为平均行业收入的32%[①]。

当前制度规定的养老金待遇领取年龄为66岁，预计

① Social Justice Ireland, A Universal State Social Welfare Pension：Recognising the Contribution of all our Senior Citizens, March 2018：8. website：www.socialjustice.ie.

在 2021 年增加到 67 岁，2028 年增加到 68 岁。2019 年，对于单身者年平均缴费记录在 48 周及以上，其每周获得的最高养老金待遇为 248.30 欧元，如果家中还有一位 66 岁以下的符合条件的成人（配偶或共同居住者）周待遇额外增加 165.40 欧元，如果另一位家庭成员为 66 岁及以上则增加 222.50 欧元。国家福利养老金是爱尔兰老年人最重要的收入来源，约占 65 岁及以上老年人退休总收入的 2/3，其中约 26% 老年人依靠政府财政转移支付作为唯一收入来源。

国家福利养老金制度采取现收现付筹资模式，制度通过社会保险基金运作，不足由财政补助，大部分年份社会保险基金一直处于赤字状态，自 1953 年建立以来仅有 11 年有基金盈余，未来因人口老龄化的影响，将有越来越多的劳动者收入依赖缴费型养老金计划，爱尔兰财政部对社会保险基金的补贴将会大幅增加。2019 年爱尔兰缴费型国家养老金待遇水平如表 30–1 所示。

表 30–1　2019 年爱尔兰缴费型国家养老金待遇水平　　单位：欧元

每年平均缴费周数	每周养老金待遇	家中有 66 岁以下成年人周补贴增加额	家中有 66 岁及以上成年人周补贴增加额
48 周及以上	248.30	165.40	222.50
40~47 周	243.40	157.40	211.40
30~39 周	223.30	149.80	200.50
20~29 周	211.40	140.10	188.70
15~19 周	161.80	107.80	144.50
10~14 周	99.20	65.70	89.50

资料来源：Department of Employment Affairs and Social Protection，https：//www.gov.ie/en/publication/927721-state-pension-contributory-rates/.

2. 非缴费型国家养老金制度

爱尔兰于 2006 年 9 月引入非缴费型养老金计划，覆盖年满 66 岁及以上不符合缴费型养老金计划受益资格条件的劳动者，该计划基于家计调查，资金来源于一般税收，属于救助范畴，非缴费型养老金计划的待遇领取年龄为 66 岁，如果待遇领取者年龄在 80 岁及以上，每周额外支付 10 欧元。2019 年，66~80 岁退休者非缴费型养老金待遇最高水平为 237 欧元，80 岁以上者最高待遇水平为 247 欧元。

（二）职业年金制度

职业年金制度也被称为雇主养老金制度，是雇主为雇员提供养老金及其他待遇的养老金计划。该制度由私营部门和公共部门雇主自愿发起设立，资金来源于雇主和雇员缴费，享受税收优惠，雇主设定养老金计划的规则并任命受托人管理基金。私营部门雇主发起设立的职业年金计划通常实行积累制，由养老金委员会（Pension Board）管理，公共部门雇主建立的职业年金计划一般实行现收现付（除个别商业性国有组织外），爱尔兰职业年金制度主要以信托形式成立，很多计划通过某种形式的保险合同投资职业年金基金。

职业年金待遇水平的多少取决于雇主养老金计划是 DB 计划还是 DC 计划。不同职业年金计划的缴费率不同：大多数 DC 养老金计划下，雇主和雇员缴费率各为 5%。DB 计划通常要求雇员缴费，雇主缴费根据计划基金偿付能力波动调整，还有很少一部分计划实行雇主缴费、雇员不缴费。2012 年 10 月爱尔兰国家福利养老金计划引入自动加入政策后，要求雇主从 2018 年 10 月必须为雇员提供职业年金计划，雇主缴费率不得低于雇员基本工资的 3%[①]。DB 计划下，雇员退休时获得的每期养老金待遇或一次性待遇支付与雇员最后工资收入和服务年限挂钩，雇员服务年限每多一年，退休养老金待遇平均增加退休前工资收入的 1/60（包括国家养老金），服务年限满 40 年，个人最高可获得本人工资收入的 50% 或占工资收入的 2/3（含国家养老金）。DC 计划下，雇员退休时养老金待遇水平取决于雇员和雇主的缴费额、基金的投资损益和养老投资公司的费用。现阶段 DB 计划占 2/3，DC 计划占 1/3。2008 年金融危机后，因全球市场投资风险复杂性的增加，特别是债券收益率的下降，雇主逐渐将 DB 计划转为 DC 计划。

（三）个人养老金计划

个人养老金计划是爱尔兰养老金制度的第三支柱，基

① UNISON，Occupational Pensions and Auto-Enrolment，https：//www.unison.org.uk/get-help/knowledge/pensions/occupational-pensions/.

于自愿原则，主要包括针对自雇者建立的退休年金契约以及2002年为没有职业年金计划的劳动者引入个人退休储蓄账户，私人养老金由人寿保险公司或投资公司负责管理。私人养老金制度的个人缴费享受税收优惠，随着年龄的增长，税收优惠的力度更大。退休时，劳动者可选择将全部或部分退休基金转换成年金、投资于批准退休基金（Approved Retirement Fund，ARF）或批准最低退休基金（Approved Minimum Retirement Fund，AMRF）。

表 30-2 不同年龄劳动者享受税收优惠的情况

单位：%

年龄	符合税收优惠资格条件的数额
30岁以下	相关净工资收入的15
30~39岁	20
40~49岁	25
50~54岁	30
55~59岁	35
60岁及以上	40

资料来源：Finfacts Ireland，Irish Personal Pensions，2019，http://www.finfacts.ie/fincentre/ppp1.htm.

（四）国家养老储备基金

爱尔兰目前是欧洲国家中人口老龄化程度相对较轻的国家，但中长期内人口老龄化对现收现付养老保险制度筹资的影响不容忽视。据预测，老年人口赡养率将从2001年的19.05%上升到2025年的23.26%和2055年的55.56%[①]。老年人口赡养率的上升会对爱尔兰社会福利和公共服务养老金制度的财务预算带来筹资挑战。为有效平衡代际负担，爱尔兰于2000年颁布了《国民养老储备基金法案》，决定建立预筹积累的储备型主权养老基金，对现收现付养老保险制度进行有益补充。2001年4月2日，爱尔兰正式建立国家养老储备基金，基金的初始资金来源于财政部划入的65.15亿欧元，包括爱尔兰电信公司净收益和财政注入GNP的1%。预先积累的储备基金通过市场化投资实现基金的保值增值，减轻或平滑爱尔兰未来额外养老金支出带来的财政负担。

2008年因受国际金融危机的影响，爱尔兰经济遭遇重创，财政状况恶化，很长一段时间未能从危机中恢复，政府决定利用国家养老储备基金部分资产促进国内经济复苏，2009年爱尔兰政府颁布了《国家养老储备基金投资及相关规定法案》，对2000年法案进行必要的立法修改。新通过的法案授权财政部指导委员会投资上市信用机构或承销这些机构的股票发行。爱尔兰政府利用国家养老储备基金对爱尔兰银行和爱尔兰联合银行进行资本重组。考虑到银行投资的直接性和NPRF原有投资政策的不适用性，出于管理目的，委员会决定将NPRF分为可自由支配投资组合（Discretionary Portfolio）和定向投资部分（Directed Investments），其中，可自由支配投资组合部分继续履行国家养老储备基金建立时肩负的法定使命，定向投资部分按照财政部的要求用于银行资本重组的目的。

2014年12月22日，爱尔兰根据《国债管理局修正法案》正式成立战略投资基金（Ireland Strategic Investment Fund，ISIF），将国家养老储备基金资产分阶段划入ISIF，管理权限由国家养老储备基金委员会转移到国债管理局。战略投资基金是对国家养老储备基金的继承和发展，除了继续履行国家养老储备基金法定职责外，还赋予新的投资使命，即采取商业化运作方式，通过投资爱尔兰支持经济发展和促进就业，为此，爱尔兰政府将可自由支配投资组合，进一步划分为爱尔兰投资组合和全球投资组合，这一变化意味着爱尔兰储备型主权养老基金正在从只关注财富创造的基金转变成肩负双重使命目标的主权发展基金，注重投资回报的同时强调经济的正外部性影响。

二、爱尔兰养老基金的投资管理

爱尔兰养老基金包括社会保险基金、职业年金基金、个人养老基金和国家养老储备基金。第一支柱国家福利养老金制度通过社会保险基金运行，每期社会保险缴费收入满足待遇支付后的盈余资金积累形成社会保险基金，社会保险基金由经常账户和投资账户组成，分别由社会保护部和财政部管理。经常账户资金来源于雇主、雇员和自雇者的缴费收入，负责国家福利养老金待遇支出，投资账户则是储蓄账户。社会保险基金支付完各项待遇后的结余资金转移至投资账户。社会保险基金盈余资产除部分存于中央银行之外，剩余资金由财政部授权国债管理局进行投资，社会保险基金实行被动型投资策略，主要投资境内，以银行存款、财政部短期票据和欧元区政府债券（最长期限不超过5年）等固定收益类产品投资为主。第二、三支柱养老基金实行完全积累制，采取市场化投资方式，国家养老储备基金属于储备型主权养老基金，采取全球化市场投资，以境外投资为主，股票资产配置比例相对较高，其与资本市场的联系更加紧密。因此，进入资本市场的养老基金以第二、三支柱养老

① National Pensions Reserve Fund Commission，National Pensions Reserve Fund Commission Annual Report 2002，2003：7.

基金和储备型主权养老基金为主，考虑到两类基金性质和资金来源的差异性，下文分析时将分开阐述。

（一）爱尔兰第二、三支柱养老基金的资产规模及资产配置

爱尔兰第二、三支柱养老基金绝对规模从 2003 年的 700.35 亿美元上升至 2007 年的 1274.87 亿美元，2008 年金融危机影响下，养老基金规模缩小至 883.99 亿美元，之后缓慢上升到 2014 年的 1365.35 亿美元，随后下降到 2018 年的 1257.46 亿美元（见图 30–1）。相对规模上，2018 年爱尔兰第二、三支柱养老基金占 GDP 的比重为 31.9%，因资本市场波动的影响，爱尔兰第二、三支柱养老基金占 GDP 的比重从 2008 年的 33.8% 上升到 2014 年的 55.3%，随后下降到 2018 年的 31.90%。

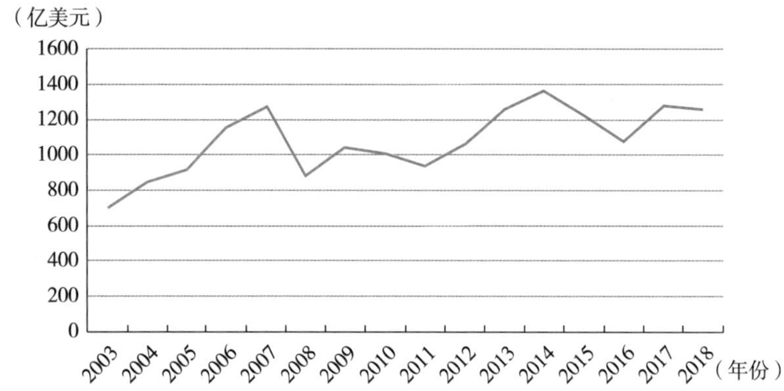

图 30–1 2003~2018 年爱尔兰第二、三支柱养老基金资产规模

资料来源：Statista，Total investment of pension funds in Ireland from 2003 to 2018，2019，website：https：//www.statista.com/statistics/419834/ireland–pension–funds–investments/.

职业年金基金在养老基金资产中占主导地位，由 DB 计划和 DC 计划构成，2012~2016 年 DB 计划占比稳定在 62% 左右，DC 计划占比在 37% 左右①（见表 30–3）。

表 30–3 2012~2016 年爱尔兰职业年金基金总资产规模及分类情况

单位：%

年份	DB 计划占比	DC 计划占比
2012	62.7	37.3
2013	63.5	36.5
2014	62.9	37.1
2015	62.0	38.0
2016	62.1	37.9

资料来源：IAPF，IAPF Pension Investment Survey 2016，2017：1.

资产配置上，爱尔兰第二、三支柱养老基金投资工具包括股票、债券、不动产、现金和另类资产，股票和债券投资占比较大。根据美世 2019 年欧洲资产配置调查报告显示，爱尔兰 DB 养老金计划股票投资比例从 2012 年的 47.2% 下降到 2019 年的 28%，2019 年债券投资比例为 50%，另类资产投资（比如不动产、基础设施和混合基金等）比例从 2015 年的 11% 上升到 22%②。DB 计划资产以被动资产管理为主，2016 年占比为 54.8%，主动资产管理占比为 45.2%。2012~2016 年，DB 计划资产配置发生了一些变化：股票投资比例从 2012 年的 47.2% 下降到 2016 年的 40.6%，另类投资比例从 2012 年的 5.1% 上升到 2016 年的 13.7%，债券、不动产和现金资产配置比例相对稳定。从区域分布上看，DB 计划欧元区投资占比高达 80.7%，非欧元区投资占比为 19.3%。

DC 计划下，股票、现金资产配置比例较 DB 计划高，股票投资比例占到 50% 左右，现金配置比例从 2012 年的 16.8% 下降到 2016 年的 11.5%（见表 30–4）。2016 年，DC 计划实行主动资产管理占比为 60.9%，被动资产管理占比为 39.1%。DC 养老金计划股票和债券资产配置比例较高的原因在于生命周期基金的运用，也从侧面反映出劳动者投资更为谨慎。

① https：//www.top1000funds.com/2018/08/irish-pensions-headed-for-major-reforms/.

② Mercer，Irish Pension Funds Reduce Equity Exposure to Diversify into Property，Infrastructure and Hedge Funds，8 July 2019，https：//www.mercer.ie/newsroom/asset–allocation–survey–2019–ireland.html.

表 30-4　爱尔兰 DB 型和 DC 型养老金计划资产配置比例　　单位：%

年份	股票		债券		不动产		现金		另类投资	
	DB	DC	DB	DC	DB	DC	DB	DC	DB	DC
2012	47.2	53.3	38.5	23.0	3.6	3.0	5.7	16.8	5.1	3.8
2013	47.5	53.4	36.7	21.1	3.0	3.4	5.6	17.3	7.2	4.9
2014	42.5	52.0	41.2	23.1	3.7	4.8	4.6	14.2	8.0	6.0
2015	41.1	50.0	39.0	23.6	2.8	5.4	6.0	14.3	11.1	6.8
2016	40.6	53.9	36.9	22.8	3.5	5.3	5.2	11.5	13.7	6.6

资料来源：IAPF，IAPF Pension Investment Survey 2016，2017：2-4.

（二）爱尔兰储备型主权养老基金的资产构成及配置

爱尔兰储备型主权养老基金自 2001 年建立至今运行已有 20 年，虽然 2014 年开始国家养老储备基金资产被全部划入爱尔兰战略投资基金，成为新的主权发展基金，投资策略相应经过多次调整改革，但有两点始终保持不变：一是政府每年将 GNP 的 1% 注入基金；二是 2025 年以前不支取资金，建立初衷提出的尽可能满足人口老龄化高峰时期养老金待遇支付的目标始终不变。

1. 爱尔兰储备型主权养老基金的资产规模

爱尔兰储备型主权养老基金的初始资金来源于政府的财政拨款，资产规模从初期的 65.15 亿欧元上升到 2007 年的 211.53 亿欧元，占同期 GNP 的 13.4%。2008 年因金融危机的影响，储备基金资产价值缩水到 161.42 亿欧元，后逐步上升到 2014 年的 221.69 亿欧元，基金资产规模增长了 3.4 倍。预计到 2025 年国家养老储备基金规模将达到 1400 亿欧元或是占同期 GNP 的 40%[①]。从资产构成看，储备型主权养老基金资产规模变化主要来源于两方面：一是稳定的财政拨款。爱尔兰政府规定每年将 GNP 的 1% 划入基金（特殊情况除外）。随着爱尔兰经济的增长，划入国民养老储备基金的财政资金已经从 2002 年的 10.35 亿欧元上升到 2008 年的 16.90 亿欧元，NPRF 财政拨款额占当期期末净资产的比重维持在 7.64%~13.94%。为促进爱尔兰经济复苏和实现银行重组，财政部于 2009 年一次性划入 30 亿欧元资金，并将 16 所大学和非营利商业机构的部分资金注入，这意味着财政部在特殊时期将本该划入 NPRF 的资金提前注入，因此 2010~2013 年财政资金不再注入，爱尔兰政府财政拨款的持续注入促进基金规模的壮大。二是投资损益。2001~2018 年，基金年化投资收益率为负的情况出现四次，其他年份均为正向回报，其中，2008 年投资损失最严重，投资收益率为 -30.4%，当期基金资产价值损失了 66.49 亿欧元，占同期年末净资产的 41.19%（见表 30-5）。

表 30-5　2002~2014 年爱尔兰国家养老储备基金资产构成　　单位：亿欧元

年份	财政拨款 / 支取	当期投资损益	基金管理费用	税收支出	年初净资产	年末净资产
2002	10.35	-13.15	-0.09	—	77.15	74.26
2003	11.03	10.46	-0.14	—	74.26	95.61
2004	11.77	9.69	-0.18	—	95.61	116.89
2005	13.20	24.33	-0.24	—	116.89	154.18
2006	14.47	20.64	-0.29	—	154.18	189.00
2007	16.16	7.16	-0.24	-0.54	189.00	211.53
2008	16.90	-66.49	-0.25	-0.27	211.53	161.42
2009	39.93	22.49	-0.22	-0.27	161.42	223.35
2010	10.79	-7.05	-0.21	-0.015	223.16	226.87

① National Pensions Reserve Fund Commission，National Pensions Reserve Fund Review 2005，2006：2.

续表

年份	财政拨款 / 支取	当期投资损益	基金管理费用	税收支出	年初净资产	年末净资产
2011	-10.17	-82.23	-0.17	-0.15	226.87	134.15
2012	0.11	12.71	-0.10	-0.03	134.15	146.84
2013	0.01	52.09	-0.13	-0.04	146.84	198.77
2014	221.53	0.17	-0.01	—	—	221.69

注：2009 年划入的 39.93 亿欧元由两部分构成：一是财政部一次性划入 30 亿欧元；二是部分大学和非营利性商业机构将 9.93 亿欧元资产转移到基金。因这些资金的注入，2010~2013 年财政部不再将 GNP 的 1% 划入国家养老储备基金。2014 年财政注入资金 221.53 是指从国家养老储备基金转入的基金资产。

资料来源：根据 2002~2014 年国家养老储备基金年度报告整理而来。

2014 年爱尔兰逐渐将国家养老储备基金资产划入战略投资基金，其更加注重爱尔兰国内投资。2018 年，爱尔兰战略投资基金资产价值为 168 亿欧元，其中，可自由支配投资组合为 88 亿欧元，直接投资组合为 80 亿欧元。基金职能发生部分转变的目的在于满足投资爱尔兰所需现金的流动性要求，ISIF 及时调整投资策略，更加注重流动性和投资的低风险性，基金资产价值从 2015 年的 219 亿欧元逐步下降到 2018 年的 168 亿欧元（见表 30-6）。

表 30-6 2015~2018 年 ISIF 基金资产规模

单位：亿欧元

年份	可支配自由组合	定向投资组合	总计
2015	79	140	219
2016	81	129	210
2017	87	118	205
2018	88	80	168

资料来源：根据 2015~2018 年国债管理局年度报告整理而来。

2. 基金的资产配置情况

基金资产配置是获取良好投资回报的重要决定因素。根据投资组合理论，投资者投资的主要目标在于实现给定风险水平下的投资回报最大化或是给定投资回报的风险最小化。投资区域多元化有助于降低投资组合的总风险。委员会通过咨询美世公司和在大量建模的基础上制定了初期战略资产配置，实现风险和收益的有效平衡，其主要基于以下前提假设：经济增长的条件下，股票和房地产等实物资产的长期投资表现将优于债券等金融资产。虽然股票比债券波动性更大，短期内的表现会出现剧烈波动，但基金长期投资性使其能够接受这种波动，以获取更高的预期回报。爱尔兰对养老基金投资的资产类别没有比例上限的规定，监管的要求之一是资产投资必须多元化，避免过度依赖特定资产或发行者①。

资产配置多元化包括投资资产类别的多样化和投资区域多元化两方面。从资产类别上看，爱尔兰养老储备基金投资的资产类别包括股票、金融资产和另类资产，基金资产组合配置随着投资策略变化历经多次调整。2003 年以前储备型主权养老基金以境外投资为主，大盘股股票和债券投资为主要投资工具，2008 年金融危机以后，储备型主权养老基金海外投资规模减少，更多集中于爱尔兰国内投资。随着多元化投资策略的逐步推进，爱尔兰国家养老储备基金资产配置比例变化明显：股票投资比例已经从 2005 年的 78.7% 稳步下降到 2014 年的 25.1%；债券、现金和货币基金等金融资产投资占比从 2005 年 19.1% 逐步上升到 2008 年的 33.4%，随后下降到 2011 年的 23.7%，之后快速上升到 2014 年的 54.9%；私募股权、房地产及基础设施等另类资产投资的比重从 2005 年的 2.2% 缓慢上升到 2011 年的 37.2%，之后缓慢下降到 2014 年的 20.1%（见表 30-7）。

表 30-7 2005~2014 年爱尔兰国家养老储备基金资产配置的占比情况

单位：%

配置	2005 年	2006 年	2007 年	2008 年	2009 年	2010 年	2011 年	2012 年	2013 年	2014 年
大盘股	73.1	70.5	66.6	55.2	52.8	38.4	24.7	20.6	15.2	17.5

① OECD, Annual Survey of Investment Regulation of Pension Funds, OECD Report, 2019, http ://www.oecd.org/daf/fin/private-pensions/2019-Survey-Investment-Regulation-Pension-Funds.pdf.

续表

配置	2005 年	2006 年	2007 年	2008 年	2009 年	2010 年	2011 年	2012 年	2013 年	2014 年
小盘股	3.5	4.1	3.5	3.3	5.1	6.7	2.6	3.3	4.8	3.5
新兴市场股票	2.1	1.9	2	1.3	5.4	10.3	6.9	8.4	4.9	3.7
股票期权	—	—	—	—	—	—	4.9	1.4	1.0	0.4
私募股权	0.1	0.6	1.9	3.1	4.3	6.3	14.2	12.1	2.0	3.4
房地产	0.9	3.0	3.1	3.2	2.7	6.9	9.3	7.5	5.1	3.5
大宗商品及林业	1.3	1.3	1.3	0.5	1.1	3.5	5.0	4.4	4.9	4.3
基础设施投资	—	—	—	—	—	3.5	5.6	6.1	5.0	5.1
绝对回报基金	—	—	—	—	—	1.1	3.1	4	3.6	3.8
债券	11.7	13.3	16.9	21.8	8.5	8.1	6.4	8.8	9.9	21.3
现金和现金等价物	7.3	4.7	3.9	10.3	18.8	15.2	—	23.4	35.7	33.6
货币基金	—	0.6	0.8	1.3	1.3	—	17.3	—	—	—
其他	—	—	—	—	—	—	—	—	7.8	—

注：其他类包括其他债券和长期应收账款。2009~2014 年均为考虑可自由支配投资组合的资产配置情况。

资料来源：根据爱尔兰国债管理局历年年度报告整理。

2014 年，爱尔兰国家养老储备基金逐步向战略投资基金过渡，投资策略从资产保值策略向中期全球投资组合转型策略（Global Portfolio Transition Strategy，GPTS）转变，实现从全球化多元投资逐步转向爱尔兰国内投资，规定爱尔兰国内市场的投资比例上限为20%①，投资工具包括现金、固定收益类、信贷、股票等。表 30–8 显示，战略投资基金股票投资比例从 2015 年的 13.6% 小幅下降到 2017 年的 11.78%，另类资产投资比例相对稳定在 30% 左右，变化最明显的是金融资产投资：债券投资比例从 2015 年的 20.4% 大幅上升到 2017 年的 48.9%，同期现金投资比例则从 2015 年的 45.7% 快速下降到 2017 年的 9.68%（见表 30–8）。

表 30–8　2015~2017 年战略投资基金投资组合情况

单位：%

年份	2015 年	2016 年	2017 年
上市股票投资	13.6	10	11.78
私募股权	4.9	6	0.06
房地产	3	3	0.93
大宗商品和林业	3.8	1	—
基础设施投资	4.7	3	—
绝对回报基金	3.8	24	28.65
债券	20.4	44	48.9
现金和现金等价物	45.7	9	9.68

资料来源：根据 2015~2017 年爱尔兰国债管理局年度报告数据整理。

从投资区域分布看，爱尔兰储备型主权养老基金的投资区域包括欧洲地区、北美地区、日本和除日本外的亚太地区，为获得高质量的多元化投资组合，2005 年开始投资韩国、智利等国家在内的新兴市场。因股票投资是储备

① NTMA，National Treasury and Management Agency Annual Report and Accounts 2014，2015：19.

型基金重要的投资工具，表 30–9 以股票投资为例具体分析储备基金在全球股票市场的投资占比情况。结果显示，储备型主权养老基金偏重投资欧元区市场和北美市场，区域分布多元化有助于分散系统性风险，促进基金双重底线目标的实现。

表 30–9　2002~2018 年储备型主权养老基金股票投资区域分布情况

单位：%

年份	欧元区	北美地区	日本	亚太地区	新兴市场	其他	股票投资总比例
2002	35.1	21.2	0.43	0.20	—	—	56.93
2003	41.86	24.44	3.92	1.50	—	—	71.72
2004	46.47	23.29	4.69	1.88	—	—	76.33
2005	44.02	23.66	5.73	2.30	2.06	—	77.77
2006	44.76	22.65	4.30	2.32	1.95	—	75.98
2007	42.25	19.55	3.47	2.76	2.04	—	70.07
2008	32.88	18.41	3.65	1.83	1.30	0.33	58.40
2009	30.27	17.31	3.25	2.73	2.80	2.77	59.08
2010	13.95	14.98	2.50	2.81	4.60	2.37	41.21
2011	4.40	7.80	1.02	1.32	2.89	0.63	18.06
2012	4.80	7.95	0.98	1.49	3.40	0.66	19.28
2013	3.38	3.62	0.03	0.47	1.64	4.15	13.29
2014	2.57	2.04	0.03	0.32	0.89	6.39	12.24
2015	2.55	1.68	0.03	0.22	0.60	—	5.08
2016	0.88	0.65	0.04	0.03	0.01	—	1.61
2017	1.35	0.76	0.04	0.03	0.01	—	2.19
2018	1.72	0.89	0.05	0.03	0.01	—	2.70

注：其他指全球股票指数期权和全球股票基金占比情况。

资料来源：根据历年国家养老储备基金年度报告和国债管理局年度报告公开数据整理。

综上所述，爱尔兰储备型主权养老基金投资有两个鲜明特点：一是资产类别和区域分布多元化，实现风险和收益的相对平衡；二是动态调整资产配置，随着外部宏观环境和基金职能的部分转变，适时调整投资策略、投资目标和资产配置。2012 年以来，国家养老储备基金提高现金持有比例，与确保未来 4~5 年内现金流能够随时满足爱尔兰投资国内这一政策目标一致。

三、爱尔兰股票市场的特征及运行情况

爱尔兰证券交易所成立于 1793 年，其整个发展历史与伦敦证券交易所有着密切联系。1973 年，爱尔兰证券交易所加入“大不列颠和爱尔兰共和国国际证券交易所”，两家交易所之间建立了联盟。20 世纪 90 年代，这两个市场逐渐分离，1990 年爱尔兰颁布的《公司法》赋予爱尔兰证券交易所自我监管的权利，1995 年的《证券交易法》正式将两家交易所分开。虽然两家交易所结成了监管联盟，但都柏林和伦敦交易所使用的交易系统截然不同。2000 年 6 月 7 日，爱尔兰证券交易所采用 Xetra 作为官方交易系统，预示着都柏林市场微观结构的重大改革。Xetra 是完全电子交易系统，能够提供全天连续交易，有助于提升交易效率。

（一）爱尔兰股票市场的基本特征

爱尔兰股票市场是实施国际标准的小型区域性市场，根据摩根士丹利资本国际的统计数据，爱尔兰股票交易

所综合指数（ISEQ）的资本额约占金融时报全股票指数（FTSE）的 5%，而富时指数则约占道琼斯 30 指数的 30%[①]。此外，爱尔兰股票市场与伦敦国际股票市场高度融合，爱尔兰是欧洲共同体和欧洲货币体系的成员，这确保其金融和实体经济部门与国际发展密切相关，爱尔兰股票市场属于比较典型的小型开放经济。

虽然爱尔兰股票市场规模小，但成功吸引了不少投资者，究其原因主要有三个：一是开放、透明、良好的监管环境，爱尔兰是第一个实行投资基金监管框架的国家，基金投资具有灵活性，能够适应各国监管发展及更大规模的欧盟监管。爱尔兰认为其养老金监管环境为 OECD 其他成员国养老基金的投资提供了吸引力。爱尔兰监管体系在必要监管和节约成本之间取得了合理平衡。爱尔兰注重完善信息披露标准和促进养老金安全的整体政策。二是投资工具丰富、税收结构有效及高度重视对投资者的保护，爱尔兰针对股票市场投资基金的税收政策完备且清晰。三是注重技术的创新运用，提升交易所运行效率。爱尔兰已经发展成为一个强大的知识经济体，专注于服务业和高科技产业，在投资产品创新上保持着领先地位，积极寻求机会并提供解决方案，技术的进步使爱尔兰在不断变化的监管和运行效率中处于领先地位。爱尔兰投资行业的自动化率高达 89.1%，基金和股票的跨境处理高效[②]。

（二）爱尔兰股票市场的运行情况

爱尔兰股市规模较小，占全球股票市值的比例不到 1%[③]。1996~2017 年，爱尔兰股票市值占同期 GDP 的比重基本维持在 40%~60%（除个别年份外），股票市场交易总额占 GDP 的比重已经从 1996 年的 16.6% 稳步下降到 2017 年的 7.8%。20 世纪 90 年代中后期，因爱尔兰股票市场的繁荣，其股票市场换手率基本在 50% 以上，进入 21 世纪，在金融危机的影响下，股票市场换手率出现阶段性下降，随着经济复苏逐渐上升到 2017 年的 21.4%，股票市场交易逐渐活跃（见图 30–2）。

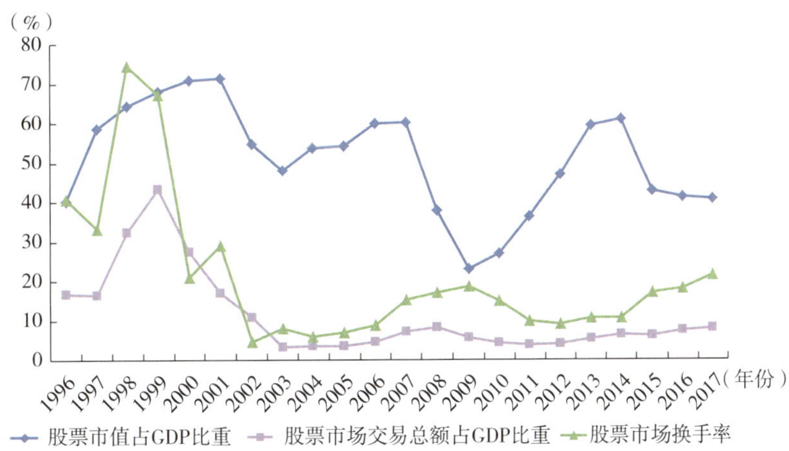

图 30–2　1996~2017 年爱尔兰股票市值、股票市场交易总额占 GDP 比重及换手率

注：股票换手率是指股票交易量占国内发行总股数的比重。

资料来源：世界银行数据库，https://databank.worldbank.org/reports.aspx?source=global-financial-development。

从投资收益率上看，1984~2017 年爱尔兰股票市场平均回报率为 10.4%，尤其是 20 世纪 80 年代中期和 90 年代中后期，股票市场获得较高的投资回报率，例如 1987 年的 45.5% 和 1997 年的 35.3%。1999~2017 年爱尔兰股票市场投资回报率和 CPI 数据显示（见图 30–3），短期内股票市场投资收益率波动明显，但长期投资收益趋于稳定。整体而言，股票市场平均投资回报率高于 CPI，这意味着投资于爱尔兰股票市场将获得较高的长期投资收益，有利于基金保值增值。

① Colm Kearney, The Cause of Volatility in a Small, Internationally Integrated Stock Market: Ireland, July 1975–June 1994, August 2014: 1–2.

② Company Bureau, Why is Ireland so popular for the funds industry? https://www.companyformations.ie/blog/why-is-ireland-so-popular-for-the-funds-industry/.

③ Dimitri Vittas, Gregorio Impavido and Ronan O' Connor, Upgrading the Investment Policy Framework of Public Pension Funds, Policy Research Working Paper 4499, 2008: 49.

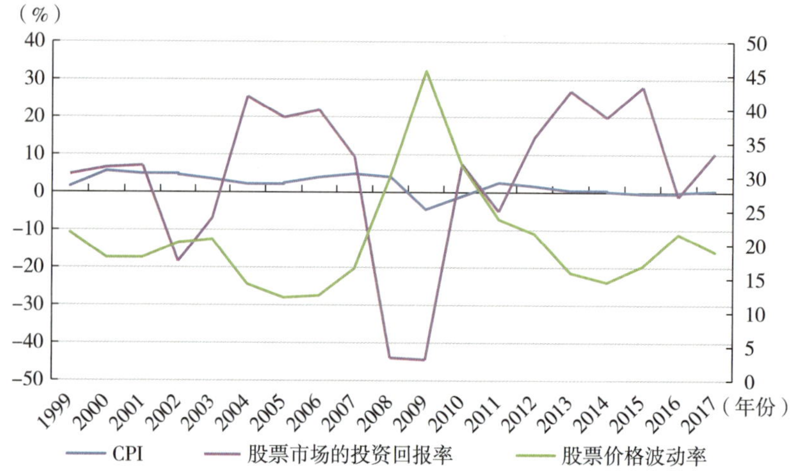

图 30-3　1999~2017 年爱尔兰股票市场投资回报率、价格波动率和 CPI

资料来源：CPI 数据来源于爱尔兰国家统计局，https：//statbank.cso.ie/multiquicktables/quickTables.aspx?id=cpa01_2。

四、爱尔兰养老基金与资本市场发展的相互影响

爱尔兰养老基金资产规模的发展壮大离不开资本市场的积极推动。爱尔兰较为发达的资本市场是养老基金发展的重要基础。股票市场上投机行为的有效治理有助于明显降低市场的波动性，而养老基金提供的稳定现金流和积累周期长的特点有助于发挥资本市场稳定器功能，因此，养老基金与资本市场的影响是双向的。

（一）股票市场对养老基金的影响

爱尔兰股票市场具有的收益性和风险的不确定性特征使其对养老基金的投资既有积极影响也有消极影响。运行良好的资本市场能够吸引资金净流入和提高基金投资回报率，壮大基金规模。爱尔兰 DB 型和 DC 型养老基金资产投资股票市场的比重分别超过 30% 和 50%，股票市场中长期内获得的较高投资回报有助于壮大养老基金资产规模，减轻未来人口老龄化高峰时期的政府财政负担。然而，股票市场具有短期波动性，会导致基金资产规模缩水和投资收益下降，最终影响退休者的待遇水平。以储备型主权养老基金为例，较大规模的国家养老储备基金投资股票市场，基金易受股票市场波动的影响。为有效应对股票市场周期性波动的影响，国家养老储备基金委员会根据国内外环境的变化适时调整资产配置。在 2008 年金融危机影响下，为服务于国内经济的发展，爱尔兰财政部实现储备型主权养老基金职能的分化，并转变基金投资策略，从全球多元化投资向国内投资转移，更加注重流动性，相应降低股票资产投资比例，增加了短期资产配置比例，实现从注重价值增长向注重安全性增长的转变。

（二）养老基金对股票市场的影响

养老基金是储蓄转化为长期投资的有效工具，养老基金具备的规模性和长期积累性是其他机构投资者不可比拟的优势，通常散户投资者持有较大比例的短期资产，爱尔兰养老基金专业的资产管理、较少的投资限制、充分的投资工具选择及投资国内优秀公司成为长期股东，使其发挥着市场稳定功能，同时因养老基金秉持的保障退休者权益社会目标，对风险管理要求更高。

1. 养老基金为资本市场提供了稳定的长期资本

养老基金从质和量两方面对资本市场产生影响，从量上看，半数以上资产投资于股票和债券，为资本市场提供规模庞大、长期、稳定的长线资金。作为资本市场的长期投资者，养老基金无须立即偿还债务，在市场低迷时期不会强制出售资产偿还债务，而是每年以稳定的现金流投入市场，可在一定程度上防止资本市场的波动，发挥着稳定器功能。从质上看，国家养老储备基金通过资产组合的选择，对资本市场的结构和效率产生影响。

2. 秉承社会责任投资，提高公司治理水平

养老基金通过投资公司股票成为股东，有助于提高公司治理水平。爱尔兰养老基金对公司治理的影响以国家养老储备基金投资为典型。2006 年 4 月，联合国秘书长科菲·安南（Kofi Annan）发布了《负责任投资原则》，国民养老储备基金委员会与全球 70 多家最大的机构投资基

金共同签署了该原则。负责任投资原则旨在投资决策中考虑环境、社会和治理问题（Environmental，Social and Governance，ESG），社会责任投资不仅关注所投资企业的财务和投资表现，还关注企业社会责任的履行，注重企业的长期可持续发展。国家养老储备基金委员会作为基金资产所有者，于2007年7月任命爱马仕股权服务公司代表委员会进行代理投票，并针对全球股票投资组合中的ESG问题与公司进行直接接触。储备基金通过社会责任投资成为公司股东，重点在于制定和实施全面的委托投票政策，通过参与公司治理和行使股东权利等方式直接或间接影响公司的管理活动。委员会参与公司治理的行为包括：与公司董事和管理层会面、与其他投资者参与正式投票和在股东大会上提交股东决议。作为负责任的积极投资者，委员会直接向公司董事会提出建设性意见解决问题并促成企业改革。国家养老储备基金参与公司治理的企业数已经从2007年的85家上升到2012年的373家，2013年略下降到264家，其行使股东权利的会议总数从2007年的292个上升到2013年的3875个（见表30-10）。

表 30-10　NPRF 参与公司治理和行使股东投票权的情况

单位：个

年份	参与公司治理的企业数量	行使股东权利的会议总数	投反对票的次数
2007	85	292	68
2008	238	2736	1127
2009	323	2812	—
2010	373	3448	1477
2011	343	—	2633
2012	373	3926	2022
2013	264	3875	1908

资料来源：根据2007~2013年国家养老储备基金年度报告整理。

国家养老储备基金委员会高度重视社会责任投资，因其认识到公共管理环境、社会和治理等问题会对企业长期业绩产生影响，在基金投资分析中考虑ESG问题有助于评估难以预测的风险和潜在的企业负债情况，如环境退化或公司治理不足可能导致的风险和负债，对这些因素的透彻分析有助于全面了解与潜在投资相关的可能风险和回报。国家养老储备基金委员会有责任为受益人的长远利益着想，利用其自身影响力成为所投资公司的股东，积极推动公司治理，降低投资风险。社会责任投资能够维护利益相关者的权益、追求较高的投资收益及规范企业经营行为，大规模社会责任投资不仅有助于养老基金的保值增值，还能有效促进企业社会责任意识的培育和规范引导资本市场社会责任投资行为。

五、小结

爱尔兰养老基金资产规模虽不算大，但因其完善的治理结构、专业的投资管理和透明的信息披露使养老基金投资获得了良好的收益。第二、三支柱养老基金及国家养老储备基金通过市场化投资与资本市场发生联系，养老基金与资本市场两者相互影响：一是资本市场通过基金资产规模和投资收益变化对养老基金产生积极或消极影响；二是养老基金通过提供稳定的资金流、秉承社会责任投资的价值理念发挥着稳定资本市场、提高公司治理水平的作用。爱尔兰资本市场规模虽小，但因其完善的金融市场环境、强有力的监管规则和税收改革的积极配合，吸引着国内外众多机构投资者。

分报告三十一
丹麦养老基金投资

一、背景：丹麦四支柱养老金体系

丹麦是世界上第二个建立法定养老金制度的国家，1891 年，丹麦建立收入调查式的非缴费养老金制度，是世界养老金的两大源头之一（另一源头是德国 1889 年建立的社会养老保险制度）。从 1891 年至今，丹麦已经形成相对成熟的“四支柱”养老保障体系。其中，第一支柱是国家养老金（Folkepension），第二支柱是劳动力市场补充养老金（Labor-market Supplementary Pension，即 ATP 养老金），第三支柱是职业养老金（Labor-market Pension/Company Pension），第四支柱是个人储蓄养老金（见表 31-1）。

表 31-1　丹麦养老保障四支柱

	第一支柱 国家养老金	第二支柱 ATP 养老金	第三支柱 职业养老金	第四支柱 个人养老金
制度基础	立法	立法	集体协议	私人协议
融资	一般税收	统一缴费	收入关联缴费	灵活缴费
权益积累	居住年限	缴费	缴费	缴费
养老金待遇	基础养老金 + 补充养老金	与工作时间相关	与收入和就业相关	与储蓄相关

资料来源：笔者根据相关材料绘制。

（一）国家养老金

国家养老金建立于 1891 年，属于非缴费型制度，其资金来源是财政。覆盖全体丹麦居民，领取全额国家养老金需要 15 岁以后在丹麦居住 40 年，养老金水平随居住年限的减少而降低。在养老金领取年龄方面，正常领取年龄是 65 岁（到 2022 年将提高到 67 岁，到 2030 年将提高到 68 岁，此后，国家养老金领取年龄将随着人口预期寿命的延长而提高），不可提前领取国家养老金，但可以推迟领取。相应地，国家养老金待遇也会有所提高。在待遇方面，国家养老金分为两个部分：基础部分和补充部分，2018 年，全额基础国家养老金为每月 6237 克朗（或每年 74844 克朗），大约相当于社会平均工资的 18%，当然，养老金领取者还要接受收入检验，如果领取者一年的收入超过 322500 克朗（大约为社会平均工资的 75%），对于超出的部分将扣除 30% 的待遇。补充部分主要是面向贫困老年人，在发放补充国家养老金前需要对其 ATP 养老金和职业养老金待遇进行检验，如果这部分收入超过 71200 克朗，那么补充养老金部分将会相应地减少 30.9%。2018 年全额补充国家养老金为每月 6728 克朗（或每年 80736 克朗）[①]。

（二）ATP 养老金

丹麦的 ATP 养老金建立于 1964 年，属于完全积累的、缴费确定型制度，资金来源主要是雇主和雇员缴费。值得注意的是，丹麦 ATP 养老金不是按收入的一定比例缴费，而是根据工作时间的长短进行定额缴费，工作时间越长，缴费金额越高，因此，丹麦 ATP 并不属于收入关联养老金。这也成为丹麦 ATP 区别于其他北欧国家 ATP 制度的重要特征。在制度建立之前，丹麦的社会民主党试图建立一个瑞典式的收入关联 ATP，但遭到严重反对：一方面，农业自由党和保守党反对建立由政府控制的、大规模的缴费型养老金；另一方面，工会惧怕收入关联养老金制度会将工作时的收入不平等延续到退休，同时雇主组织也反对建立养老金自动调整机制，主张实行固定水平的养老金制度。在经历了几年的协商和妥协后，丹麦只建立了较小规模的 ATP 制度。1964 年建立 ATP 制度是丹麦养老金体系发展的里程碑式标志。从此之后，丹麦几乎没有经历过大的改革。

（三）职业养老金

如前所述，丹麦国家养老金和 ATP 养老金替代率水平相对有限。这就意味着，公共养老金的不足给职业养老金和私人养老金留下了极大的发展空间，从 20 世纪六七十年代起，公共部门开始通过集体协商建立职业养老金计划，之后私人部门雇员也加入进来，虽然这些计划并非国家立法建立，但通常是强制性的，人们一旦加入就无法选择退出，由此导致职业养老金计划覆盖率较高。从当前情况看，所有公共部门雇员以及多数私人部门雇员都已加入某个职业养老金计划，所有雇员的参与率在 85% 左右（自雇者可以不参加该计划，但要选择类似的计划）。在缴费方面，根据不同收入群体，职业养老金缴费率在 10%~18% 变动，高收入群体通常选择较高的缴费率，低收入群体选择较低的缴费率[②]。

（四）个人储蓄养老金

丹麦职业养老金计划的扩展并未影响个人储蓄养老金计划的发展，个人养老金通常由保险公司提供，总的来看，丹麦个人储蓄养老金主要包括三种形式：第一，租金养老金（Rent Pensions），该类养老金提供全生命周期的养老金；第二，利率养老金（Rate Pension），该来养老金仅提供 10 年的养老金；第三，年龄养老金（Age Pension），该类养老金属于一次性支付的养老金，领取人在退休前五年的任何时间都可以领取。租金养老金和利率养老金的缴费均可享受免税待遇，但在领取养老金待遇时需要缴税。对此，丹麦为这两类养老金设置了缴费上限。在年龄养老金方面，缴费不享受免税待遇，领取养老金时也无须缴税，但是养老基金收益需要缴纳 15.3% 的税[③]。

综上所述，丹麦养老金体系包括公共养老金和私人养老金在内的四类养老金制度，其中国家养老金属于财政支持的、非缴费型的现收现付制养老金，ATP 养老金属于强制的、缴费型的完全积累制养老金，职业养老金属于半强制型的完全积累制养老金，个人养老金则属于寿险性质的积累制养老金。相应地，我们在理解丹麦的养老基金以及养老基金在资本市场的表现时，也应当从不同的养老金制度入手，本报告将丹麦的养老基金划分为公共的养老基金以及私人的养老基金，前者是指 ATP 养老金，后者包括职业养老金和个人养老金共同累积的基金。

二、丹麦 ATP 养老基金的投资管理

我们可以从以下几个方面认识 ATP 养老金制度：首先，制度全面覆盖就业者，除了自雇者，其他领薪雇员和社会保障待遇领取者都要加入该制度。其次，缴费模式为定额缴费，具体缴费额与缴费者的工作时间相关，工作时间越长，缴费额越高。2009 年以来，全职领薪雇员每年的 ATP 缴费为 3408 丹麦克朗，由雇主和雇员共同缴纳，其中，雇主缴纳 2/3，雇员缴纳 1/3，而对于一些弱势的群体，如财政转移支付的补助对象，在经过收入的调查之后，符合条件的人，政府将为其支付缴费的 2/3。再次，ATP 账户收益分为法定收益和分红收益，其中，法定收益是指 ATP 制度担保账户资金的最低年收益率；而账户分红的收益则完全来自 ATP 的投资收益。需要说明的是，不管是法定收益还是分红收益，都由 ATP 管理机构自己确定，分红收益每年都会修改，主要根据当年的投资收益状况等因素决定，而法定收益则相对稳定。最后，在待遇领取方面，2019 年，全额 ATP 养老金的领取年龄是 65.5 岁，全额 ATP 养老金待遇为每年 24500 丹麦克朗，平均 ATP 养

① OECD, Pensions at a Glance 2019：Country Profiles– Denmark, https：//www.oecd.org/els/public-pensions/PAG2019-country-profile-Denmark.pdf. 本段涉及的养老金待遇都是针对单独生活的养老金领取者。

② OECD，Pensions at a Glance 2019：Country Profiles– Denmark，https：//www.oecd.org/els/public-pensions/PAG2019-country-profile-Denmark.pdf.

③ Anderson Jorgen Goul, The Danish Pension System, Policy Network 2016：4.

老金待遇为 16400 丹麦克朗①。经过多年发展，丹麦 ATP 养老金覆盖面不断扩大，形成对国民的有效保障。如图 31-1 所示，2009~2019 年，ATP 养老金制度的覆盖人数从 2009 年的 464.1 万增加到 2019 年的 526.4 万，参保人口占全国总人口的比重从 84.2% 增至 2019 年的 90.7%。同期，ATP 待遇领取人数从 75.6 万人增加到 105.7 万人，占 65 岁及以上老年人口的比重从 90.2% 提高到 98.3%。如前所述，ATP 养老金是通过立法对国家养老金的补充，其功能是防止贫困并形成对老年人口的基本保护，从 ATP 的参保情况来看，其制度目标已经基本实现。

ATP 养老金制度的保障功能是以其充足的资产作为基础和前提的，如前所述，ATP 养老金的资金来源包括雇主和雇员缴费，缴费额以工作时间为基础，这也就意味着 ATP 养老金缴费水平相对较低，若要维持较好的保障功能，则对其投资管理提出了较高的要求。

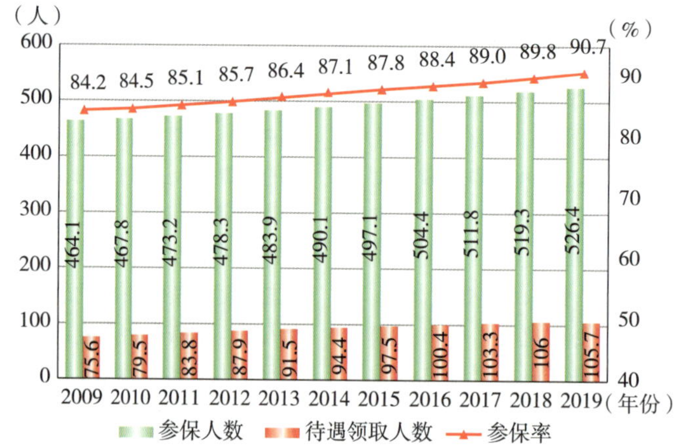

图 31-1 2009~2019 年丹麦 ATP 养老金制度的覆盖情况

资料来源：ATP 制度的资料来自 The ATP Group：Annual Report 2014：110；Annual Report 2019：132；人口数据的资料来自丹麦统计局。

（一）ATP 养老基金的概况

1. 近年来丹麦 ATP 养老基金的发展状况

从整体来看，近年来丹麦 ATP 养老基金规模水平呈上升趋势，从 2009 年的 6093.22 亿克朗增加到 2019 年的 10244.72 亿克朗。在 GDP 占比方面，2009~2019 年，ATP 养老基金的 GDP 占比水平相对平稳，长期维持在 4% 左右，这也可以反映出丹麦 ATP 养老金制度是以最基本的养老保障为目标（见图 31-2）。

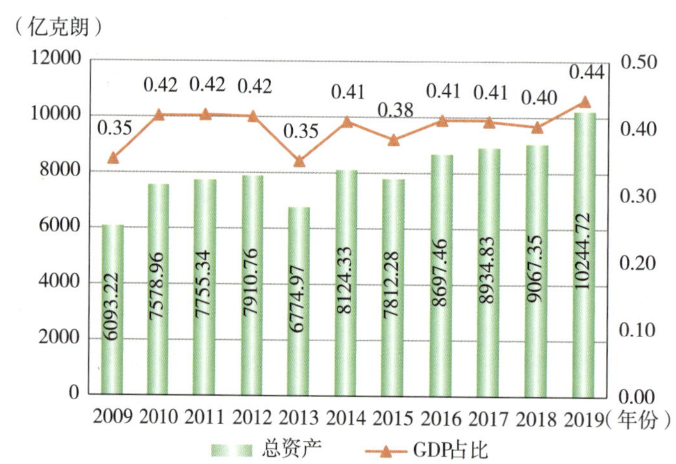

图 31-2 2009~2019 年丹麦 ATP 养老金的总资产规模及其 GDP 占比

资料来源：ATP 养老基金总资产数据来自 The ATP Group：Annual Report 2014：110；Annual Report 2019：132；GDP 数据来自丹麦统计局。

① OECD, Pensions at a Glance 2019：Country Profiles- Denmark, https：//www.oecd.org/els/public-pensions/PAG2019-country-profile-Denmark.pdf。The ATP Group：Annual Report 2019：19.

值得注意的是，经过多年的发展，丹麦 ATP 养老金的资金来源除了缴费外，投资收益成为主要的资金来源，甚至在多数年份，投资收益远远超过缴费收入，比如在 2011 年、2014 年和 2019 年，ATP 养老基金的投资收益均超过 1000 亿克朗，但制度的缴费收入仅为 100 亿克朗左右。这与制度较高的投资收益率密不可分，自 1964 年建立制度到 2005 年，其间的平均实际收益率达到 5.69%，20 世纪 80 年代无疑是 ATP 集团最辉煌的时代，平均实际收益率高达 12.05%；进入 90 年代，丹麦经济进入所谓的"低通胀，高增长"的黄金时代，平均实际收益率也是令人印象深刻的 7.43%[①]。即使是在 2008 年，由于 ATP 集团从 2006 年开始及时做出了投资战略调整，当年投资收益率也是达到 1.2%[②]，2009 年，ATP 养老金的投资收益率超过 20%，2009~2019 年平均投资收益率为 11.37%，甚至在 2011 年高达 26.20%。与高投资收益同时存在的是较低的管理费用，长期以来，ATP 集团一直以"低费用"和"最高效的投资方式"作为管理目标，近年来，管理费用占集团总资产的比重均不超过 0.5%，如表 31-2 所示。

表 31-2　2009~2019 年丹麦 ATP 养老金制度的缴费、投资和管理费用

年份	2009	2010	2011	2012	2013	2014	2015	2016	2017	2018	2019
缴费收入（亿克朗）	81.85	82.93	96.02	85.54	115.87	90.49	90.55	95.72	97.03	98.71	100.61
投资收益（亿克朗）	83.87	713.7	1057.92	485.52	-301.09	1167.52	65.84	601.49	158.79	241.08	1073.41
投资收益率（%）	20.60	17.20	26.20	9.90	-5.70	23.30	1.10	10.10	2.50	3.70	16.20
管理费用占比（%）	0.29	0.34	0.30	0.25	0.25	0.23	0.42	0.31	0.33	0.34	0.32

资料来源：The ATP Group：Annual Report. 即 ATP 集团 2009~2019 年年度报告。

2. ATP 养老基金的运作主体——ATP 集团

"ATP 集团"（ATP Group）是 ATP 养老金的管理机构，是在丹麦议会的委托下，由政府发起的对 ATP 养老金进行管理，并独立于政府和任何政治团体之外的基金管理主体，其组织结构包括董事会（Board of Representatives）、监管委员会（Supervisory Board）、执行委员会（Executive Committee）和一个 CEO。其中董事会和监管委员会的成员均由同等人数的雇员和雇主代表构成。

在具体运营中，ATP 采取集团化经营的方式，由母公司和旗下 13 家子公司组成，集团内下设人力资源部、IT 技术支持部、资产管理部、财务部、法律秘书处、精算部、研究部、外联部、对冲部等功能部门。从总体上来说，ATP 将其经营活动总结为四个方面：养老金管理、投资管理、对冲管理和咨询管理。第一，在养老金管理方面，ATP 提供的是"一站式"服务，肩负着对 16.6 万个雇主、782.7 万个雇员和 211.9 万个福利津贴领取者缴费的征缴，同时还要向 109.5 万领取者支付待遇的任务[③]。由于此项业务是 ATP 的常规的业务，所以 ATP 把其他一些相关的经营管理活动也归属到此项，比如保险精算、人力资源和 IT 技术支持等。第二，在投资管理方面，投资管理是 ATP 最重要的经营活动之一，也是与他的 13 个子公司联系最紧密的管理活动，主要的对象就是 ATP 庞大的养老金资产负债，包括资产组合管理、风险管理等一些基本的资产管理内容。第三，在对冲管理方面，2006 年，ATP 集团专门成立了一个"对冲部门"，负责对 ATP 的资产进行投资的对冲，包括利率掉期、国债回购、汇率掉期等对冲管理活动。第四，在咨询管理方面，作为成立于 1964 年的养老金管理机构，ATP 集团积累了宝贵的养老金管理经验，其很重要的一项业务就是为其他的养老金计划提供咨询服务，通常情况下，ATP 还要接受委托直接管理一些计划，如雇员实习补助基金、劳动力市场工伤意外基金等。除此之外，ATP 还会提供一些其他短期的金融服务。当然，由于 ATP 计划是个人账户制的，针对一般参保人的咨询服务，也是 ATP 的一项重要日常工作。

（二）ATP 养老金资产管理：对冲管理和投资管理

ATP 作为丹麦的第二支柱法定养老保障制度，考虑到

① Dimitri Vittas, A short note about ATP fund of the Denmark, Financial Sector Development, World Bank, Feb. 2008.

② The ATP Group：Annual Report 2009：71.

③ The ATP Group：Annual Report 2019：24.

丹麦人预期寿命的提高，ATP 有一种强制的义务，必须保证能够通过合理的资产管理和投资，获得最大的资产收益，使其在长期内，能够偿付到期参保人的养老权益；然而，名义的偿付能力只是问题的一个方面，保证养老金的实际价值，也即长期内的实际购买力，让人们摆脱通货膨胀的困扰，则是 ATP 资产管理的另外一个基本目标。因此，针对以上两项战略目标，ATP 在 2005 年将其资产管理活动归结为两个方面：对冲管理和投资管理[①]。对冲管理主要用来保护 ATP 养老资产可能面对的利率风险，保证 ATP 可以获得名义利率收益；而投资管理则主要是为了在长期内规避通货膨胀的风险，并且 ATP 的投资收益必须要至少达到这样一个水平：在剔除了通货膨胀的影响之后，还能消化掉由于人口预期寿命和死亡率的不利变化而带来的养老金支付压力。将资产的管理专业化为对冲管理和投资管理两个方面，是 ATP 集团在历年的资产管理经验中总结出来的，ATP 认为这是获得长期的、令人满意的投资回报的前提条件[②]。

1. 对冲管理

最早的 ATP 的资产管理是没有对冲这一环节的，直到它的业务开始涉及非欧元结算的债券，ATP 才首次被动地运用外汇对冲工具来抵御外汇风险。2001 年，ATP 第一次真正地采取积极的对冲计划来安排自己的资产，并将重点集中于对冲养老资产的利率风险。2005 年，ATP 的对冲计划终于达到了对养老金资产 100% 的覆盖[③]。

对冲管理主要是为了保证 ATP 养老金待遇不受利率变动的影响并维持 ATP 制度的支付能力。以 2018 年为例，在正常情况下，市场利率的变动会导致 ATP 养老金实际价值的变动，由于第一季度和第二季度市场利率的下降，ATP 养老金的实际价值上升，但是在第三季度，由于利率上升，ATP 养老金的实际价值下降，并且在第四季度，ATP 养老金实际价值重新上升。通过对冲管理，能够将整年养老金的实际价值保持在相对稳定的水平。不仅如此，对冲管理还将“熨平”个人整个缴费生涯的养老金价值，其原理如下：ATP 养老金制度计算收益包括市场利率部分和固定利率部分，比如在缴费的前 40 年，都将以市场利率来计算收益，但在 40 年之后，将不再按照市场利率计算收益，而是采取固定利率，并且固定利率通常高于之前的市场利率。在 2018 年底，通过对冲管理，ATP 养老金的收益将增加 0.3 亿克朗[④]，但并非所有年份的对冲管理都能取得正收益，比如在 2011 年，由于缴纳由对冲管理产生的 162 亿克朗的税，从而导致 115 亿克朗的负收益，如表 31-3 所示。在对冲管理投资组合方面，ATP 养老金选择通过长期固定利率的政府债券或利率掉期来对冲掉养老金面临的利率风险。

表 31-3　2009~2019 年丹麦 ATP 养老金对冲管理收益　　单位：亿克朗

年份	2009	2010	2011	2012	2013	2014	2015	2016	2017	2018	2019
收益	22	29	-115	15	-8	-3	-0.7	8.6	14.8	0.3	11

资料来源：The ATP Group：Annual Report 2010：38. The ATP Group：Annual Report 2012：38. The ATP Group：Annual Report 2014：39. The ATP Group：Annual Report 2016：22. The ATP Group：Annual Report 2018：31. The ATP Group：Annual Report 2019：33.

2. 投资管理

20 世纪 90 年代以前，ATP 集团的投资组合主要集中于国内的证券市场，包括股票与债券，并主要投资于债券，包括政府债券和抵押债券等。90 年代以后，ATP 尝试提高其投资资产组合中股票资产的比例，从 1990 年的 22% 提高到 1999 年的 43%，其中投资于国内外股票市场的比例是 60：40；在债券投资方面，政府债券还是占主导地位，其次是抵押债券，通货膨胀债券和很少一部分的国外债券。值得注意的是，从这时候开始，房地产投资开始崭露头角，占整体投资的 3%。在 1999 年，ATP 采用了一种全新的资产投资组合战略指导思想，这种指导思想主要是强调在投资策略中要采取科学的分析方法和投资工具，要利用历史资料，综合考虑养老金资产的长期特性、资产的绝对和相对规模、不同市场的证券供求关系，尤为重要的一点是，随着 ATP 养老金资产在 90 年代末的急剧增长，丹麦国内资本市场的消化能力已经显得捉襟见肘。在将投资组合进一步国际化这个问题上，ATP 从上到下取得了惊人的一致。此后，ATP 提高了其在国外债券上的投资比例，并重点投资于主要的欧洲国家，这一方面是因为欧洲一体化进程中丹麦货币挂钩欧元的必然要求；另一方

① The ATP Group：Annual Report 2005：47.

② The ATP Group：Annual Report 2006：46.

③ Dimitri Vittas, A short note about ATP fund of the Denmark, Financial Sector Development, World Bank, Feb. 2008.

④ The ATP Group：Annual Report 2018：30.

面，在 ATP 当时的股票投资组合里面，所持有的主要的 10 只股票占组合资产的 50% 以上，这相当于 ATP 投资资产的 20%；同时，持有的三种最主要的抵押债券的资产，占全部投资资产的 30%，风险集中度非常高。此时，房地产投资的规模进一步上升到 5%①。进入 21 世纪以后，ATP 集团的投资策略更加凸显分散化和多样化的特征。

如图 31-3 所示，近年来，丹麦 ATP 养老金投资方向集中在政府和抵押债券、股票、信用票据、私募股权、基础设施、房地产以及应对通胀的投资产品等。与 2018 年相比，2019 年 ATP 养老金在投资组合各领域都取得了较好的成绩，特别是在政府和抵押债券方面，2019 年的投资收益高达 126.6 亿克朗。其次是国际股票和国内股票方面，收益分别是 92.9 亿克朗和 81.4 亿克朗，但是在应对通胀产品的投资方面，收益为 -24.4 亿克朗。2018 年，仅在政府和抵押债券、私募股权、投资基础设施和房地产方面取得了正收益，其他领域投资收益均为负值。

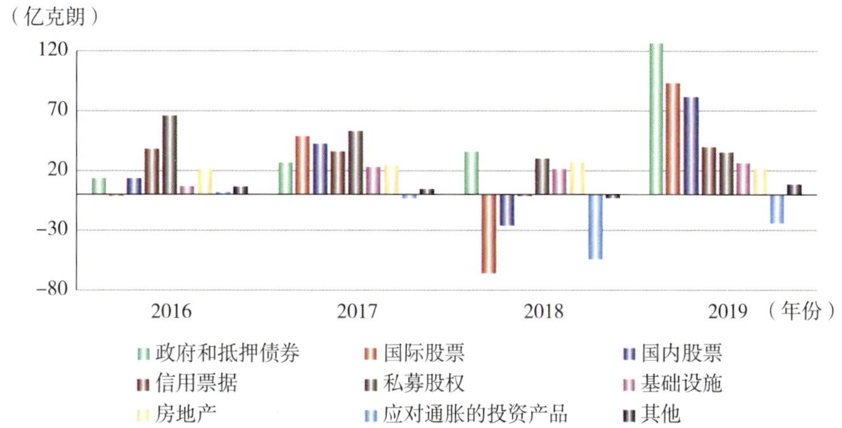

图 31-3　2016~2019 年丹麦 ATP 养老基金投资回报组合收益

资料来源：The ATP Group，Annual Report 2016：27；Annual Report 2017：32；Annual Report 2018：36；Annual Report 2019：39.

如前文所述，投资收益构成了丹麦 ATP 养老金的主要资金来源，但在计算净收益时还要将费用和税扣除掉，如表 31-4 所示，近年来，丹麦 ATP 养老金投资收益并非呈现均匀分布的态势，在 2013~2019 年，2019 年的投资净收益高达 340.5 亿克朗，但是在 2018 年 ATP 养老金却亏损 37.1 亿克朗。

表 31-4　2013~2019 年丹麦 ATP 养老金投资总收益、费用、扣税和净收益　单位：亿克朗

	2013	2014	2015	2016	2017	2018	2019
总收益	147.1	56	165.5	153.4	297.4	-37.1	407.1
费用	2.6	2.6	8.4	8.2	8.6	-9.5	9.4
扣税	22.5	5.8	22.6	19.9	44	-9.5	57.2
净收益	122	47.5	134.5	125.3	244.8	-37.1	340.5

注：净收益 = 总收益 - 费用 - 扣税。

资料来源：The ATP Group，Annual Report 2013：26；Annual Report 2014：29；Annual Report 2016：26；Annual Report 2018：34；Annual Report 2019：36.

三、丹麦私人养老金的投资管理

如前文所述，丹麦公共养老金制度主要包括国家养老金和 ATP 养老金，私人养老金制度包括职业养老金和个人养老金。由于公共养老金制度水平相对有限，丹麦建立起接近于强制性的职业养老金制度，覆盖面较高；再加上个人养老金制度，丹麦建立起规模较大的私人养老金体系。近年来，丹麦私人养老金制度的发展及其投资管理表现体现在以下几个方面。

① Dimitri Vittas，A short note about ATP fund of the Denmark，Financial Sector Development，World Bank，Feb. 2008.

（一）私人养老金规模持续扩大

2008~2018 年，丹麦私人养老金基金规模呈现整体上升的趋势，私人养老金总资产从 2008 年的 5010.5 亿美元增加至 2018 年的 6770.9 亿美元，从 2014 年开始，私人养老金总资产规模开始有所缩减，从 2013 年的 6611.7 亿美元降至 5985.7 亿美元，这种缩减趋势一直延续到了 2015 年，从 2016 年开始，总资产规模再次扩大，直到 2017 年的 7216.7 亿美元。但是到了 2018 年，由于不利的经济和投资环境，丹麦私人养老金总资产再次迎来近十年内的第三次下滑，总规模缩减至 6770.9 亿美元。在总资产的 GDP 占比方面，私人养老金总资产占 GDP 的比重整体从 2008 年的 147.0% 增加到 2018 年的 198.6%，在此期间略有波动，GDP 占比最大值为 2017 年的 205.7%（见图 31–4）。对比 ATP 养老金和私人养老金的 GDP 占比，丹麦私人养老金的规模是要远超过 ATP 养老金的，总资产规模的不断扩大为私人养老金发挥作用提供了有力的保障。

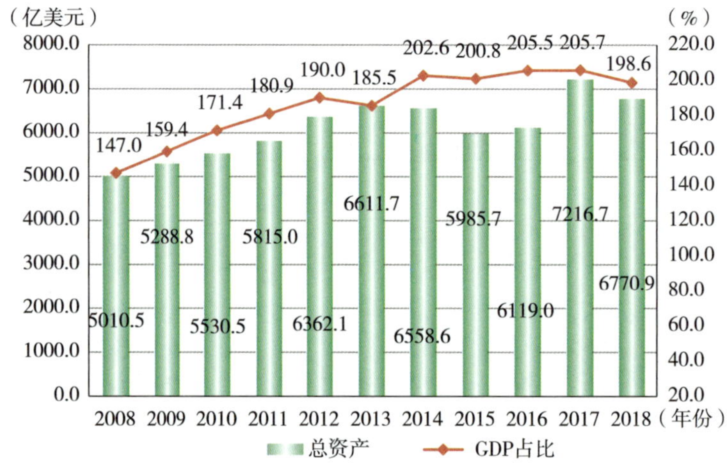

图 31–4 2008~2018 年丹麦私人养老金总资产及其占 GDP 的比重

资料来源：OECD，Pension Markets in Focus 2019，http：//www.oecd.org/daf/fin/private-pensions/pensionmarketsinfocus.htm：70–72.

（二）私人养老金投资呈现多元化特征

根据 2008 年以来丹麦私人养老金的投资组合情况发现：股票、票据、债券是私人养老金投资的主要渠道，如图 31–5 所示。根据 2008~2018 年的投资发展趋势看，股票投资所占比重有所上升，从 2008 年的 17.1% 升至 2018 年的 25.2%，票据和债券类投资所占比重有所下降，从 2008 年的 53.1% 降至 2018 年的 30.9%，现金和存款类投资所占比重相对稳定，长期在 1% 和 2% 上下浮动，值得注意的是，“其他”类投资所占比重呈现明显的上升态势，从 2008 年的 20.1% 增加至 2018 年的 39.0%。从 2008~2018 年的整体变化看，丹麦私人养老金基金投资呈现出更加多样性组合的投资特征，并且投资更加倾向于风险更高、收益更高的领域。

近年来，丹麦私人养老金多元化投资的特征越来越明显，从 2016 年起，丹麦私人养老金基金开始向国外市场投资，并且呈现逐年递增的趋势，国外投资占总投资的比重从 2016 年的 28.7% 增加至 2018 年的 32.9%[①]。2018 年，丹麦最大的养老基金公司之一 Pensionskassernes Administration 以 20 亿丹麦克朗的价格收购两座太阳能光伏电站项目 49% 的股权[②]。此外据相关报道显示，丹麦最大的商业养老基金将在未来进行房地产投资，并且主要集中在北欧以外的地区，在 2019 年，该基金大约有 55% 的房地产投资在丹麦境外[③]。同年，丹麦三大养老基金共同投资超过 3 亿元，用于建立新的海事基金投资于航运业，以期获得较好的回报[④]。

① OECD，Pension Markets in Focus 2019，http：//www.oecd.org/daf/fin/private-pensions/pensionmarketsinfocus.htm：90.
② 《丹麦养老基金公司斥巨资接手阿特斯“花冠女神”和“宁静”太阳能电站》，https：//www.sohu.com/a/271437163_418320。
③ 《丹麦最大的养老基金瞄准外国房地产》，http：//news.bzfc.net/fangchan/201910/1813203.html。
④ 《全球航运曙光再现，丹麦养老基金启动海事投资基金第二只》，https：//www.sohu.com/a/345741033_624484。

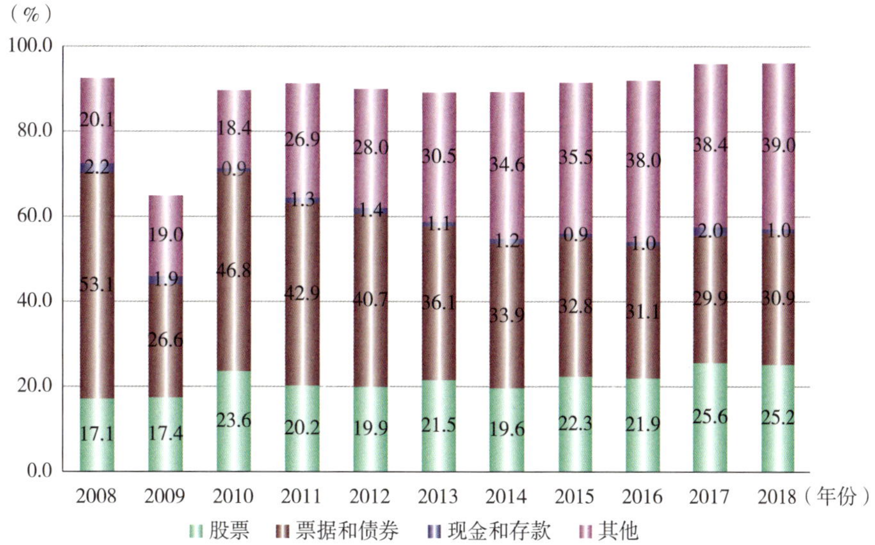

图 31-5 2008~2018 年丹麦私人养老金基金直接投资部分中各类投资占比

注：其他投资包括：贷款、土地和建筑物、对冲基金、私募股权基金、结构性产品等。

资料来源：OECD，Pension Markets in Focus 2019，www.oecd.org/daf/fin/private-pensions/pensionmarketsinfocus.htm：80-88.

（三）私人养老金投资收益表现相对较好

在 2008~2018 年，丹麦私人养老金平均名义投资回报率高达 5.33%，平均实际投资回报率为 3.91%，这与丹麦越来越多样化的投资策略密切相关。从横向比较看，相对于其他 OECD 国家的私人养老金，丹麦私人养老金投资收益汇报处于较高水平。在 2008 年，丹麦私人养老金名义投资回报率为 -0.8%，实际投资回报率为 -3.1，在 OECD 的 35 个国家中处于第七位。尤其是在 2014 年，名义投资回报率为 11.8%，实际投资回报率为 11.3%，在 OECD 的 35 个国家中分别处于第三位和第二位（见图 31-6）。

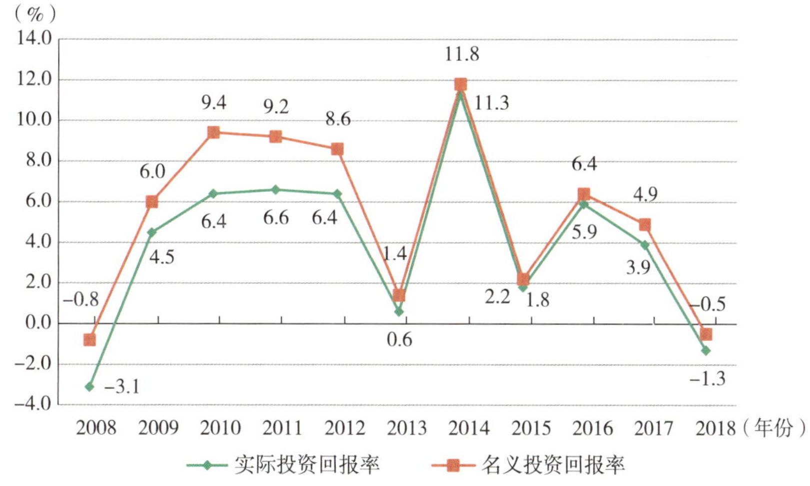

图 31-6 2008~2018 年丹麦私人养老金基金的投资回报率

资料来源：OECD，Pension Markets in Focus 2019，www.oecd.org/daf/fin/private-pensions/pensionmarketsinfocus.htm：78-80.

四、小结

有研究指出，丹麦养老金是世界上运行状况最好的养老金体系之一，因其充足性、可持续性和完整性而受到广泛的认可[①]。首先，丹麦建立起了较为完整的养老保障支柱，有完整的公共养老金和私人养老金，有职业养老金和个人养老金，并且由于公共养老金体系相对弱小，私人养老金体系较为完整，并且逐步具备强制性特征，规模日益庞大，我们也能从 ATP 养老金和私人养老金的不同 GDP 占比中发现这一特征。其次，ATP 养老金和私人养老金保障功能逐步强大，是与资本市场密不可分的，由于在资本市场的多元化投资，以及 ATP 集团和私人养老金公司所进行的一系列投资管理，丹麦养老基金得以壮大并成为发挥其养老功能的重要保障。

① Why Denmark has the world's best pensions system，https：//www.thelocal.dk/20191022/why-denmark-has-the-worlds-best-pensions-system.

分报告三十二
日本养老基金与资本市场

2005年，日本65岁及以上老人占总人口比重达到20%，标志着日本进入了超老龄化社会。2015年，占比升至26.6%，成为全世界人口结构最老的国家。截止到2017年底，日本人口平均寿命是83.9岁，是全球最长寿的国家。根据2019年10月数据得出，日本65岁及以上人口是3588.5万人，占总人口的28.4%，75岁及以上人口是1849万人，占比14.7%，两项占比均创新高。15~64岁劳动年龄人口是7507.2万人，占比59.5%，14岁及以下人口为1521万人，占比12.1%[①]，两项占比均创新低。

面对严峻的"老龄化"和"少子化"问题，日本养老金体系经过多年改革，已经建立了完整的架构，包含三个层次：第一层次是国民年金（National Pension Insurance，NPI），第二层次是与收入关联的厚生年金（Employment Pension Insurance，EPI），第三层次是企业年金和个人年金，其中第一、二层次为公共养老金，在养老金体系中处于主导地位[②]。

一、日本公共养老金概况

（一）日本公共养老金制度概况

日本公共养老金体系包含国民年金（又称基础年金）和与收入关联的厚生年金。根据职业不同，将参保人分为三类：第一类参保人是20~60岁，在日本国内有固定住所，除去第二类和第三类参保人外的所有居民，包括学生、个体经营者、农民和无业人员等。第二类参保人是指私营企业的职工、中央和地方公务员及私立学校教师。第三类参保人是指第二类参保人的无工作或者低收入配偶。这三类人强制参与国民年金，第二类人同时要参加厚生年金。缴费金额是按照参保人分类进行划分，第一类参保人实行定额缴费，月缴费金额每年递增270日元，2019年的标准为每月16410日元[③]。第二类参保人中的私营企业职工、中央和地方公务员是根据月收入和奖金的固定比例缴费，2019年标准为18.3%，雇主和雇员各承担一半。第二类参保人中的私立学校教师是固定金额缴费，标准为每月15770日元。第三类参保人无须缴费（见表32-1）。

表32-1　日本公共养老金体系参保人分类

参保人员分类	覆盖人群	加入制度类型	缴费标准
第一类参保人	20~60岁，自雇者及其配偶、学生等	国民年金	16410日元/月

① 资料来源：《人民日报》（2020年4月21日第17版），https://baijiahao.baidu.com/s?id=1664525970754682639&wfr=spider&for=pc。

② 日本厚生劳动省官网，https://www.mhlw.go.jp/stf/seisakunitsuite/bunya/nenkin/nenkin/kyoshutsu/taishousha.html。

③ 日本厚生劳动省官网，https://www.mhlw.go.jp/stf/seisakunitsuite/bunya/0000128073.html。

续表

参保人员分类	覆盖人群	加入制度类型	缴费标准
第二类参保人	私营企业雇员、中央和地方公务员	国民年金＋厚生年金	月收入和奖金的 18.3%（雇主雇员各承担一半）
	私立学校教师		15770 日元 / 月
第三类参保人	第二类参保人的无工作或低收入配偶	国民年金	不需要缴纳

资料来源：日本厚生劳动省官网，https://www.mhlw.go.jp/stf/seisakunitsuite/bunya/0000128073.html。

国民年金的领取年龄是 65 岁，厚生年金中按照比例缴费的参保人领取年龄是 63 岁，定额缴费领取年龄是 65 岁。在连续缴费满 40 年，在职职工退休时每年可以领取 79.2 万日元的基础养老金和 180 万日元的厚生年金，可以满足基本生活的一半花费。国民年金和厚生年金都是现收现付制，每年基金支出一半由财政负担，一半由保险费负担。若产生结余则归入积累基金，若产生缺口则由积累基金进行支付。

根据厚生劳动省官网信息统计，2018 年国民年金参保人数为 6499 万人，厚生年金参保人数为 4428 万人。缴费收入分别是 13904 亿日元和 369892 亿日元。基金支出分别为 26123 亿日元和 503604 亿日元。抚养比分别为 1.91 和 2.33[①]，与 2017 年相差不大（见表 32-2）。由于日本老龄化问题越来越严重，收不抵支，当前公共养老金的替代率为 50%，未来可能会采取降低替代率的措施来缓解基金支出负担，预计替代率可能会降低到 40% 左右。

表 32-2　2018 年日本公共养老基金基本情况

	国民年金	厚生年金
参保人数	6499 万人	4428 万人
缴费收入	13904 亿日元	369892 亿日元
基金支出	26123 亿日元	503604 亿日元
抚养比	1.91	2.33
领取年龄	65 岁	比例缴费 63 岁，定额缴费 65 岁

资料来源：日本厚生劳动省官网，https://www.mhlw.go.jp/stf/seisakunitsuite/bunya/0000128082.html。

（二）GPIF 投资概况

1. 组织管理架构

日本公共养老基金是由日本政府养老投资基金（Government Pension Investment Fund，GPIF）统一运营管理。该机构具有独立行政法人资格，同时也具有完整的内控系统，包括审计委员会和委外监督委员会。

GPIF 负责管理国民年金和厚生年金两部分资金运营，2019 年披露资产规模 151 万亿日元[②]，比 2008 年增长了 58 万亿日元（见图 32-1）。

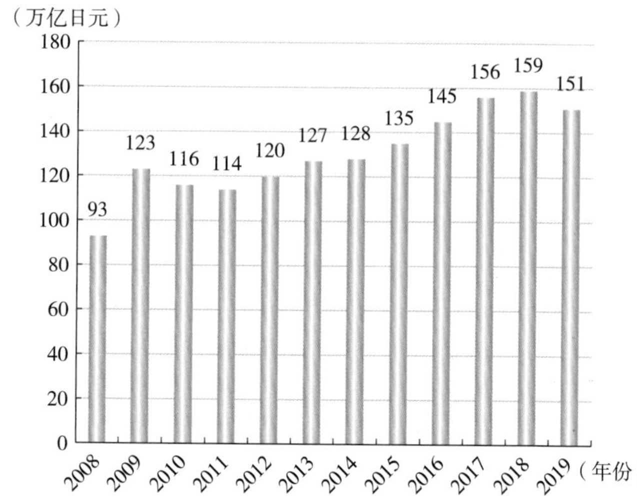

图 32-1　GPIF 历年资产规模

资料来源：Government Pension Investment Fund Annual Report Fisical Year 2008-2019.

投资收益目标是确保长期实际收益率在最低风险水平下达到 1.7%。投资模式采用的是直接投资与委外投资相结合的模式。其中以委外投资为主，流程分为三步：首先由厚生劳动省制定投资目标及可用于投资的养老金金额，其次由 GPIF 制定投资策略和目标收益率，最后交由委托的外部资产管理机构进行投资运营。据 2017 年 3 月末统计，委外投资机构共有 37 家，负责投资 GPIF 总资产的 70%[③]。

① 日本厚生劳动省官网，https://www.mhlw.go.jp/stf/seisakunitsuite/bunya/0000128082.html。

② Government Pension Investment Fund Overview of Fisical 2019 .

③ 董克用：《中国养老金融发展报告 2018》，社会科学文献出版社 2018 年版，第 204 页。

2. 投资收益

2001 年以前，公共养老基金是由大藏省负责投资运营，长期投资于“财政投资融资计划”的社会福利类项目，收益亏损严重。2001 年改革后，由 GPIF 负责管理运营，开始进行市场化投资，但是从历年 GPIF 年报信息披露统计得出，投资收益也并不理想。2001~2018 年的平均名义收益率为 2.70%，实际收益率为 2.87%（见图 32-2 和表 32-3）。相比发达国家公共养老金投资收益率差距较大[①]。

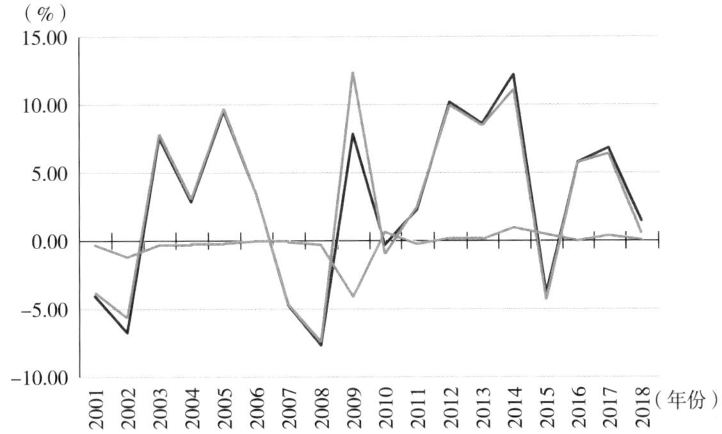

图 32-2　GPIF 历年投资回报率曲线

资料来源：Government Pension Investment Fund Annual Report Fisical Year 2018.

表 32-3　GPIF 历年投资回报率

单位：%

年份	2001	2002	2003	2004	2005	2006	2007	2008	2009
名义投资收益率	-4.01	-6.69	7.61	2.91	9.57	3.52	-4.69	-7.61	7.88
名义工资增长率	-0.27	-1.15	-0.27	-0.20	-0.17	0.01	-0.07	-0.26	-4.06
实际投资收益率	-3.75	-5.61	7.90	3.1	9.76	3.51	-4.63	-7.37	12.44

年份	2010	2011	2012	2013	2014	2015	2016	2017	2018	年化
名义投资收益率	-0.27	2.29	10.21	8.62	12.2	-3.84	5.82	6.86	1.49	2.70
名义工资增长率	0.68	-0.21	0.21	0.13	0.99	0.50	0.03	0.41	0.10	-0.16
实际投资收益率	-0.95	2.51	9.98	8.48	11.14	-4.31	5.79	6.43	0.54	2.87

资料来源：Government Pension Investment Fund Annual Report Fisical Year 2018.

3. 资产配置

根据 2018 年 GPIF 年报信息披露，投资境内债券占比最高为 26.30%，其次是境外股票，占比 25.53%。与目标资产配置出入不大，比例偏差也在规定范围内（见表 32-4）。受全球经济形势和日本境内长期通货紧缩的影响，投资境内外股票超额收益率均为负，境内债券市场也不景气，超额收益率仅为 0.05%（见表 32-5）。

表 32-4　2018 年 GPIF 资产配置结构

	市值（十亿日元）	权重（%）	目标资产配置（%）	标准偏差（%）
境内债券	43162.7	26.30	35(±10)	-8.70
其中：市场化投资	42266.4	—	—	—

① Government Pension Investment Fund Annual Report Fisical Year 2018.

续表

	市值（十亿日元）	权重（%）	目标资产配置（%）	标准偏差（%）
财投债券 FILP	896.3	—	—	—
境内股票	38655.6	23.55	25(±9)	-1.45
境外债券	27818.7	16.95	15(±4)	1.95
境外股票	41897.5	25.53	25(±8)	0.53
短期资产	12587.1	7.67	—	—
共计	164121.6	100.00	100.00	—

资料来源：Government Pension Investment Fund Annual Report Fisical Year 2018.

表 32-5 2018 年 GPIF 资产配置收益率

单位：%

	GPIF 收益率	基准收益率	超额收益率
总计	1.52	1.92	-0.40
境内债券	1.55	1.39	0.05
境内股票	-5.09	-5.04	-0.05
境外债券	2.70	2.46	0.24
境外股票	8.12	8.21	-0.09
短期资产	0.02	0.02	0.00

资料来源：Government Pension Investment Fund Annual Report Fisical Year 2018.

GPIF 投资风格在改革前是趋于保守的态度，境内债券占比 60%，而风险类的股票投资境内外一共仅占 24%。2014 年 GPIF 将投资策略调整为较为积极的投资组合，进行了大幅度调整，境内债券市场从 60% 调整为 35%[①]，境内与境外股票分别从 12% 调整为 25%，共占总投资组合的一半。从表 32-6 中可以看出，境内债券占比逐年降低，对应的境外债券占比不断上升，作此调整也是基于日本境内债券市场长期不景气，GPIF 上升了境外债券投资比例。GPIF 历年资产配置结构如图 32-3 所示。

表 32-6 改革前后资产配置对比

单位：%

		境内债券	境内股票	境外债券	境外股票
2013 年 6 月 7 日	比例	60	12	11	12
	浮动范围	±8	±6	±5	±5
2014 年 10 月 31 日以后	比例	35	25	15	25
	浮动范围	±10	±9	±4	±8

资料来源：李兰秀：《日本养老基金 GPIF 改革启示》，《中国财政》2017 年第 20 期（总第 745 期）。

另外，GPIF 规定可投资于不超过 5% 的另类投资资产，包括基础设施建设、私募股权投资、房地产投资等。另类资产具有长期性、高回报性、与资本市场低相关性的优点，是近些年全球养老基金投资的热点领域。2018 年 GPIF 投资基础设施建设的领域有通信、可再生能源、港口、机场等，其中港口占比最高为 19%，机场其次占比 18%。房地产投资基本投资于日本境内，投资范围为物流、仓储、办公、公寓以及房地产信托投资基金（Real Estate Investment Trust，REITs）。从历年 GPIF 年报信息披露得出，另类投资从 2014 年开始逐年上升，资产规模从 2 亿日元上升至 2019 年的 4328 亿日元（见图 32-4）。

① 李三秀：《日本养老基金 GPIF 改革启示》，《中国财政》2017 年第 20 期（总第 745 期），第 72-73 页。

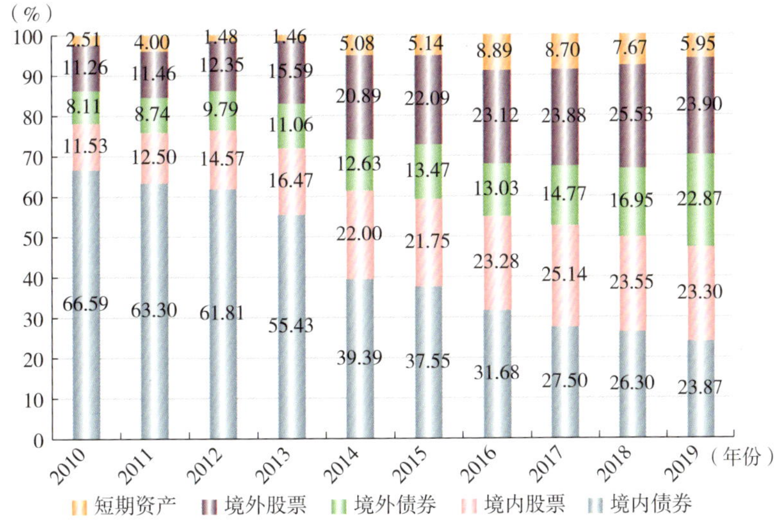

图 32-3　GPIF 历年资产配置结构

资料来源：Government Pension Investment Fund Annual Report Fisical Year 2010-2018.

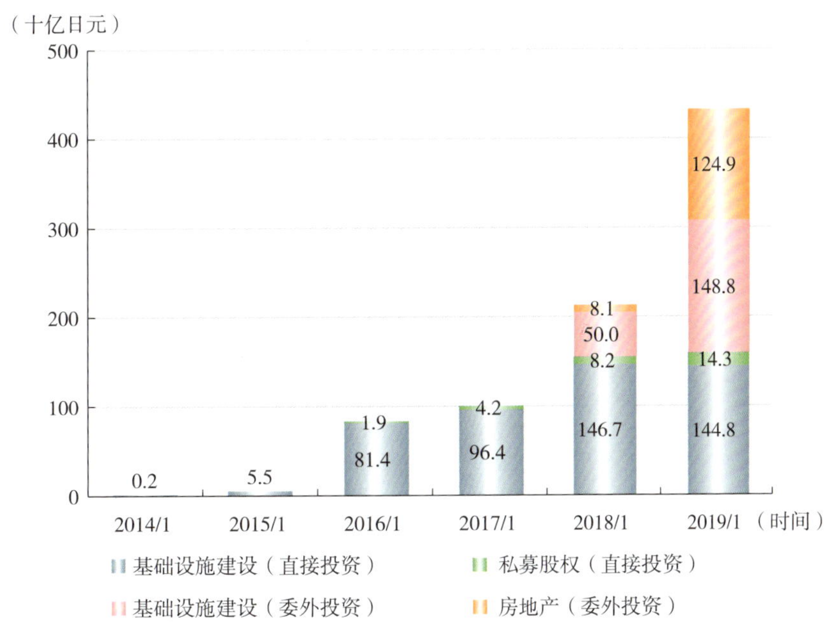

图 32-4　2014~2018 年 GPIF 历年另类投资资产规模

资料来源：Government Pension Investment Fund Annual Report Fisical Year 2014-2018.

4. ESG 投资

（1）定义。GPIF 定义 ESG 是指环境（Environment）、社会 (Social）和公司治理 (Government)，其中环境是指气候、生态环境等，社会是指职场女性参与度与晋升以及提高妇女社会地位等，公司治理是指董事会构成、信息披露等治理等。ESG 最早是由联合国秘书长菲克于 2006 年提出，后由安南提出《负责任的投资原则》(Principles for Responsible Investment，PRI)。在 2015 年日本签署了 PRI，随后将 ESG 因素整合到 GPIF 的投资策略中，目的是提高企业 ESG 绩效，加强企业 ESG 信息披露，从而降低企业负外部效应，稳定企业长期价值和投资收益。

近些年，日本投资更加注重 ESG 因素，投资策略中由传统的“三方受益”原则调整为现在的“六方受益”原则，传统的“三方”是指买方、卖方、社会，现在的“六方”增加了股东、员工和环境。ESG 投资项目不仅限于 ESG 指数投资，也包括发行绿色债券、投资 ESG 固定收益类投资，以及绿色建筑等。根据全球稳定投资协会（Global Sustainable Investment Alliance，GSIA）统计，2018 年全球 ESG 投资资产规模是 30.7 亿美元，其中日本占 2 亿美元，是 2016 年投资金额的 4.6 倍，日本 ESG 投资正在迅速发展[①]。

（2）投资准则。2015 年 GPIF 制定了 ESG 投资准则，随后在 2017 年进行了修订，更加突出了投资的收益性、多元化和长期性。具体如下：一是首要目标是以最小的风险实现公共养老金体系所需的投资回报，长期来看，是完全符合养老金受益者的利益，也有助于养老金体系的稳定发展。二是主要投资策略是通过资产类别、地区和投资期限进行多元化分散投资。由于资本市场短期波动性较大，可以通过长期投资来获得稳定有效的投资收益，同时，也要保证足够的流动性以支付养老金发放。三是对所有的投资组合、每一类投资资产和每一位投资经理都制定了风险控制和资产管理准则。采用被动投资与主动投资相结合的投资策略，以获得市场基准回报，同时也努力争取获得超额收益。四是通过我们履行管理职责，将继续争取获得养老金中长期投资回报最大化。

（3）ESG 指数投资。2017 年 GPIF 筛选出了三个 ESG 指数，分别是富时繁荣日本指数（FTSE Blossom Japan Index）、MSIC 日本 ESG 精选指数（MSCI Japan ESG Select Leaders Index）和 MSCI 日本女性赋权指数（MSCI Japan Empowering Women Index (WIN)）[②]。MSCI 日本女性赋权指数根据《促进职场女性参与和晋升法》要求公司必须披露以下五个内容，分别是新聘用的员工中女性比例、全部员工中女性比例、男女员工工作年限比例、高管中女性比例以及董事会成员中女性比例。

GPIF 希望可以通过 ESG 指数投资，来改善日本企业 ESG 绩效和信息披露水平，提高长期投资回报率。2017 年指数投资总额是 1 万亿日元，占日本股票投资组合的 3%。2018 年新增了两个 ESG 指数，分别是境内的标普日本碳效率指数（S&P/JPX Carbon Efficient Index）和境外的标普全球除日本外大中型碳效率指数（S&P Global Ex-Japan LargeMid Carbon Efficient Index），这两个指数能够帮助碳排放超标的公司降低排放量，同时能鼓励企业更加积极主动地披露碳信息（见表 32-7）。跟踪指数投资的被动投资金额在 2018 年增加到了 3.5 万亿日元。

表 32-7　ESG 指数基本情况

指数	富时繁荣日本指数	MSCI 日本 ESG 精选指数	MSIC 日本女性赋权指数	标普日本碳效率指数	标普全球除日本外大中型碳效率指数
指数概念	该指数采用了日本 ESG 评估方案，由 ESG 绝对得分较高的股票构成，并将行业权重调整为中性。	该指数集合了多种 ESG 投资风险，由每个行业 ESG 评估得分较高的股票构成	根据《促进职场女性参与和晋升法》披露的各种信息计算评估得出分数，并从每个行业中选出得分较高的股票构成该指数	该指数增加了碳排放量低的公司的权重，以促进企业积极披露碳排放相关信息	
投资类型	境内股票	境内股票	境内股票	境内股票	境外股票
母指数	富时日本指数	MSIC 日本 700	MSIC 日本 500	TOPIX	标普全球除日本外大中型指数
指数组成数	152	268	213	1738	2199
资管规模（十亿日元）	642.8	804.3	474.6	387.8	1205.2

资料来源：Government Pension Investment Fund Annual Report Fisical Year 2018.

二、日本私人养老金概况

（一）日本私人养老金制度概况

日本私人养老金体系包括企业年金和个人养老金两部分，企业年金分为待遇确定型（DB 型）企业年金和企业型缴费确定型（DC 型）企业年金。个人养老金是指个人型 DC 企业年金 iDeCo（Individual Defined Contribution）

① Government Pension Investment Fund ESG Report 2018.

② Government Pension Investment Fund ESG Report 2017.

和 iDeCo+（Individual Defined Contribution Plus）[①]。

DB 型企业年金分为两类：基金型待遇确定型企业年金（Fund–Type Defined Benefit Plan，基金型 DB 计划）和契约型待遇确定型企业年金（Contract–Type Defined Benefit Plan，契约型 DB 计划）。基金型 DB 计划是由雇主和雇员通过合约建议一个基金，该基金有独立于企业之外的法律实体，设有决议机关和执行机关，由执行机关与信托公司、投资公司、保险公司等签订资产委托合同。契约型 DB 计划是由雇主实施，没有独立法律实体，雇主根据雇员的工作年限、工资与职位情况，事先确定未来所需支付的养老金待遇，直接委托信托公司、投资公司或者保险公司进行资产委托管理。根据厚生劳动省统计，如表 32–8 所示，从 2013 年到 2017 年，历年参保人数在增加，到 2017 年该计划加入者共有 883.4 万人，比 2016 年新增了 7.7%。缴费收入从 2013 年开始逐年递减，从 2013 年的 35245 亿日元下降到 2017 年的 27882 亿日元，下降 21%[②]。

表 32–8　DB 型企业年金历年参保人数与缴费收入

	2013 年	2014 年	2015 年	2016 年	2017 年
参保人数（万人）	775.9	773.9	774.4	820.6	883.4
缴费收入（亿日元）	35245	32759	29861	28263	27882

资料来源：《待遇确定型企业年金的事业状况（2017（平成 29）年度）》，日本厚生劳动省官网，https://www.mhlw.go.jp/stf/seisakunitsuite/bunya/0000062851.html。

DC 型企业年金也分为两类：企业型缴费确定型企业年金（Corporate–Type Defined Contribution Plan，企业型 DC 计划）和个人型缴费确定型企业年金（Individual–Type Defined Contribution Plan，个人型 DC 计划）。企业型 DC 计划是由雇主发起，雇主和雇员共同缴费并委托资产管理机构进行资产管理的，与我国企业年金类似。个人型 DC 计划是个人养老金计划 iDeCo 和 iDeCo+，可自愿参加，只有个人进行缴费，并由个人自行选择投资组合配置进行资产管理。根据数据统计，DC 型企业年金计划参保人数从 2015 年到 2019 年呈现逐渐增加的趋势，缴费收入也从 2015 年的 90748 亿日元增加到 2019 年的 125472 亿日元，增加 38%[③]（见表 32–9）。

表 32–9　企业型 DC 企业年金历年参保人数与缴费收入

	2015 年 3 月末	2016 年 3 月末	2017 年 3 月末	2018 年 3 月末	2019 年 3 月末
参保人数（万人）	508	550	593	650	691
缴费收入（亿日元）	90748	95662	105254	117219	125472

资料来源：《缴费确定型企业年金统计资料 2002 年 3 月末—2019 年 3 月末》，日本厚生劳动省官网，https://www.mhlw.go.jp/stf/seisakunitsuite/bunya/nenkin/nenkin/kyoshutsu/index.html。

个人型 DC 企业年金在 2017 年以前仅限于第一类参保人和厚生年金中没有参加企业年金的参保人参加，在 2017 年之后，政府将企业年金参保人、第三类参保人均加入该计划中。参保人数从 2015 年的 21 万人增加到 2019 年的 121 万人，增加了将近五倍，缴费收入每年都在递增，2019 年较 2015 年同比增加了 72%（见表 32–10）。2018 年 5 月政府新推出的 iDeCo+ 资产现在是 1.9 万亿日元，截止到 2020 年 5 月底，加入 iDeCo+ 企业数是 1587 家，参保人数为 10600 人[④]。

① 《私的年金制度概要（企业年金、个人年金）》，日本厚生劳动省官网，https://www.mhlw.go.jp/stf/seisakunitsuite/bunya/nenkin/nenkin/kigyounenkin.html。

② 《待遇确定型企业年金的事业状况（2017（平成 29）年度）》，日本厚生劳动省官网，https://www.mhlw.go.jp/stf/seisakunitsuite/bunya/0000062851.html。

③ 《缴费确定型企业年金统计资料 2002 年 3 月末—2019 年 3 月末》，日本厚生劳动省官网，https://www.mhlw.go.jp/stf/seisakunitsuite/bunya/nenkin/nenkin/kyoshutsu/index.html。

④ 《缴费确定型企业年金施行状况》，日本厚生劳动省官网，https://www.mhlw.go.jp/stf/seisakunitsuite/bunya/nenkin/nenkin/kyoshutsu/index.html。

表 32-10　个人型 DC 企业年金历年参保人数与缴费收入

	2015 年 3 月末	2016 年 3 月末	2017 年 3 月末	2018 年 3 月末	2019 年 3 月末
参保人数（万人）	21	26	45	87	121
缴费收入（亿日元）	11023	12150	13814	16225	18977

资料来源：《缴费确定型企业年金施行状况》，日本厚生劳动省官网，https://www.mhlw.go.jp/stf/seisakunitsuite/bunya/nenkin/nenkin/kyosh-utsu/index.html。

（二）日本私人养老金改革趋势

日本企业年金一直是养老金体系改革的重心，2001 年之前，企业年金部分是由税务适格养老金计划（Tax Qualified Pension Plan）和厚生年金 (Employees' Pension Fund）组成。税务适格养老金计划是 1962 年建立，允许不少于 15 人雇员的企业申请。该计划是由雇主缴费，受益人可以选择年金或者一次性给付两种方式，根据统计，大约有 80% 的民众选择的是一次性给付。此后，日本政府实施企业年金计划改革，于 2012 年结束了该计划。厚生年金是 1942 年建立，对于申请企业的要求比较高，一般为大中型企业。但是，由于无法保障雇员的退休收入，部分行业申请退出厚生年金计划。恰逢 20 世纪 90 年代日本资产泡沫破裂，投资收益遭受严重损失。政府迫于压力于 2001 年推出 DB 企业年金计划，并宣布从 2014 年 4 月 1 日起结束厚生年金计划的申请。同时允许企业可以将部分厚生年金以一次性给付的方式转移给政府。据统计，2004 年转移金额占当年 GDP 的 0.4%。

2001 年之后，建立了 DB 型企业年金，基金型和契约型分别沿袭了厚生年金和税务适格养老金计划的职能。由于大部分民众仍然选择一次性待遇给付，外加资本市场波动较大，这给企业带来了很大的投资管理风险。DB 型企业年金与 DC 型企业年金最大的不同点是，DB 型的资产配置是事先确定的，按照预设的计划进行投资即可，但风险由企业承担。DC 型则是由资产管理公司提供存款、保险和信托基金三类投资选项以供参保者自行投资，风险由参保者自行承担。于是很多企业都纷纷转向 DC 型企业年金计划。同时，DC 型比 DB 型企业年金更具有可转移性，参保人在更换工作时，年金计划可以跟着转入新的公司，增强了计划的流动性。

但是 DC 型企业年金计划也存在诸多问题，需要不断进行改革。2014 年日本社会保障理事会企业年金小组公布了改革内容：一是要提高 DC 型企业年金缴费额度限制，二是计划取消禁止 60 岁前提取年金的规定，三是扩大个人型 DC 企业年金计划的覆盖人群，四是需要加大对参保者投资教育。近些年，日本政府也在不断对企业年金运营模式进行改革①。例如，在 2018 年 5 月政府新推出 iDeCo+，针对超过 100 人的没有企业年金的小企业，目标是扩展中小企业和小微企业的年金计划。允许合格的雇主给雇员 iDeCo 账户缴费，只要总和不超过缴费上限，雇主和雇员缴费不受限制。

（三）日本私人养老金投资概况

1. 资产管理规模

2017 年，企业年金总资产是 75 万亿日元，其中 DB 型企业年金资产大约为 62 万亿日元，DC 型企业年金是 13 万亿日元。2019 年 3 月 31 日之前，厚生年金基金大部分资产解散或者转移到政府，该计划需要遵循更加严格的精算和管理标准。2017 年，厚生年金有 41 只基金被解散，33 只基金被撤销。剩余的 36 只基金到 2017 年底有 570000 名参与者和 17 万亿日元资产，其中 12 万亿日元由养老基金协会（Pension Fund Association）负责管理②。

在 DB 型企业年金中，契约型 DB 型企业年金基金数量在减少，2017 年新设立了 43 个基金型 DB 型企业年金基金，使数量达到了 748 个，DB 型企业养老金参加人数超过 900 万人。DB 型企业年金资产从 2017 年的 3 万亿日元增长到 2017 年的 62 万亿日元。然而，随着厚生年金的解散和向政府的转移达到顶峰，现存的养老金转向 DB 型企业年金变得越来越慢。我们几乎看不到未来 DB 型大幅度增长。DC 型养老金稳定增长，在 2017 年有 648 万人参加，资产为 14.3 万亿日元，比 2016 年增加了 1.1 万亿日元。个人型 DC 型计划注册参与者也在不断大幅增加。

2. 投资运营监管

厚生劳动省是日本负责医疗卫生和社会保障的主要部门，在养老金体系中主要负责相关政策的规划和实施，具体审查所有企业年金计划的申请及变更，同时根据受托机

① Akiko Nomura，Defined Contribution(DC）Pension System Ready for Reform，Nomura Journal of Capital Markets，2015，6(3）.
② Nomura Research Institute，"Japan's Asset Management Business 2018/2019".

构的选任条件筛选满足条件的受托人，包括银行、信托公司、寿险公司和基金公司等[①]。作为受托人的金融机构同时也受日本金融厅（Financial Services Agency，FSA）的监管。投资运营模式采用的是谨慎人原则，由监管机构明确资产委托人、资产受托人、资产投资人之间的权利与义务，避免存在利益冲突发生 AIJ 类事件。

企业年金依据的法律是《日本给付确定型企业养老金法》《日本缴费确定养老金法》《劳动基准法》，依据的行为规范有《日本给付确定企业养老金实施规则》《日本缴费确定养老金实施规则》。

3. 日本私人养老基金资产配置及投资收益

（1）DB 型企业年金。根据厚生劳动省官网统计，2017 年 DB 型企业年金总资产为 61.5 万亿日元，其中契约型 DB 型企业年金资产为 25.8 万亿日元，基金型 DB 型企业年金资产为 35.7 万亿日元。表 32–11 为两类 DB 型企业年金资产配置比例，契约型 DB 型企业年金以境内债券投资比例最高 25.19%，境内股票和境外股票总投资比例为 22.87%，与基金型 DB 型企业年金占比 25.59% 相差不大，都属于偏保守型投资策略。2017 年两类，DB 型企业年金投资回报率分别为 3.76% 和 3.91%，总投资回报率为 3.77%。

表 32–11　2017 年日本 DB 型企业年金资产配置金额及比例

类型	契约型 DB 企业年金金额（万亿日元）	占比（%）	基金型 DB 企业年金（万亿日元）	占比（%）	DB 型企业年金总计（万亿日元）	占比（%）
国内债券	6.5	25.19	8.6	24.09	15.1	24.6
国内股票	2.8	10.85	4.0	11.20	6.8	11.1
境外债券	2.9	11.24	6.0	16.81	8.9	14.5
境外股票	3.1	12.02	5.2	14.57	8.3	13.5
一般账目	7.4	28.68	5.1	14.29	12.5	20.3
短期资金	1.2	4.65	2.1	5.88	3.3	5.4
其他资产	1.9	7.36	4.7	13.17	6.6	10.7
总计	25.8		35.7		61.5	100.0

资料来源：《待遇确定型企业年金的事业状况（2017（平成 29）年度）》，日本厚生劳动省官网，https://www.mhlw.go.jp/stf/seisakunitsuite/bunya/0000062851.html。

DB 型企业年金历年资产配置比例如表 32–12 所示，从 2013 年资产额的 52.4 万亿日元发展到 2017 年的 61.7 万亿日元（见图 32–5），资产规模每年均有增加，但是收益率波动较大（见图 32–6），受日本资本市场波动率变化影响较大。

表 32–12　DB 型企业年金历年资产配置比例

单位：%

类型	2013 年	2014 年	2015 年	2016 年	2017 年
国内债券	29.5	28.2	27.6	26.7	24.6
国内股票	12.3	12.0	10.5	10.5	11.1
境外债券	11.4	12.7	13.8	13.4	14.5
境外股票	14.8	14.8	13.6	13.5	13.5
一般账目	20.4	19.8	20.6	20.6	20.4
短期资产	—	—	—	—	5.3
其他资产	11.5	12.5	13.9	15.3	10.8

资料来源：《待遇确定型企业年金的事业状况（2017（平成 29）年度）》，日本厚生劳动省官网，https://www.mhlw.go.jp/stf/seisakunitsuite/bunya/0000062851.html。

① 中国证券投资基金业协会：《个人养老金：理论基础、国际经验与中国探索》，中国金融出版社 2018 年版。

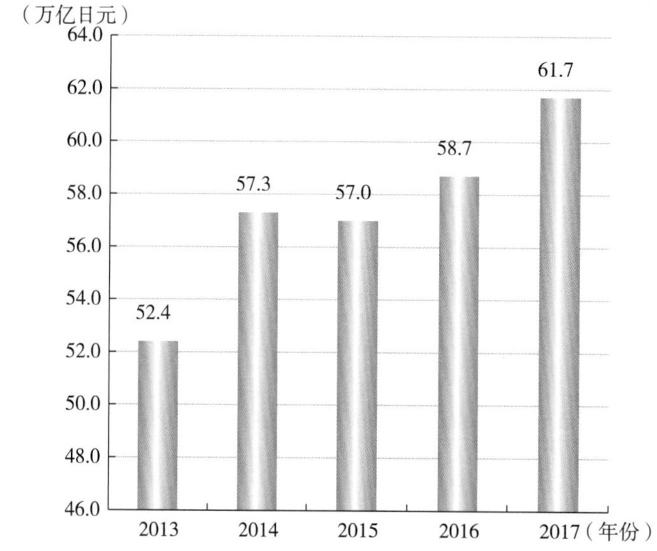

图 32-5 DB 型企业年金历年资产总额

资料来源：《待遇确定型企业年金的事业状况（2017（平成 29）年度）》，日本厚生劳动省官网，https://www.mhlw.go.jp/stf/seisakunitsuite/bunya/0000062851.html。

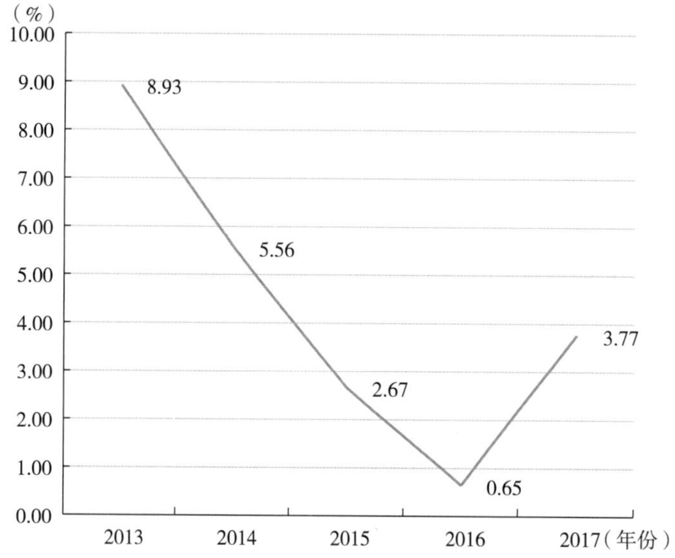

图 32-6 DB 型企业年金历年投资收益率

资料来源：《待遇确定型企业年金的事业状况（2017（平成 29）年度）》，日本厚生劳动省官网，https://www.mhlw.go.jp/stf/seisakunitsuite/bunya/0000062851.html。

（2）DC 型企业年金。表 32-13 为 2018 年 3 月末至 2019 年 3 月末日本 DC 型企业年金两种类型资产配置金额及比例统计表，总资产为 14.3 万亿日元，比 2017 年增长了 1.3 万亿日元。其中，企业型 DC 企业年金是 12.4 万亿日元，个人型 DC 型企业年金是 1.9 万亿日元。其中，信托比例占比最高为 48%，其次是存款占比为 35%。两种年金资产配置比例基本相同，均趋向于保守投资模式。信托投资中占比最高的为平衡型基金，分别为 16.1% 和

10.5%。基于对历年 DC 型企业年金资产配置统计分析得出（见表 32–14），资产配置比例变化不大，民众投资更趋向于保本。对于存款部分，部分民众是因为没有发出投资选择指令，系统自动默认投资定期存款计划。

表 32–13　日本 DC 型企业年金资产配置金额及比例（2019 年 3 月末）

类型	企业型 DC 企业年金		个人型 DC 企业年金		总计（万亿日元）	占比（%）
	金额（万亿日元）	占比（%）	金额（万亿日元）	占比（%）		
资产总额	12.4	—	1.9	—	14.3	—
存款	4.3	34.7	0.7	36.8	5.0	35
保险	2.0	16.1	0.4	21.1	2.4	17
信托	6.1	49.2	0.8	42.1	6.9	48
其中：境内股票基金	1.6	12.9	0.2	10.5	1.8	13
国内债券基金	0.7	5.6	0.1	3.7	0.8	5
境外股票基金	1.1	8.9	0.2	10.5	1.3	9
境内债券基金	0.5	4.0	0.1	3.2	0.6	4
平衡型基金	2.0	16.1	0.2	10.5	2.2	15
货币基金型	0.0	0.0	0.0	0.1	0.0	0
其他	0.1	0.8	0.0	2.1	0.1	1

资料来源：《缴费确定型企业年金统计资料 2002 年 3 月末—2019 年 3 月末》，日本厚生劳动省官网，https://www.mhlw.go.jp/stf/seisakun-itsuite/bunya/nenkin/nenkin/kyoshutsu/index.html。

表 32–14　日本企业型 DC 型企业年金历年资产配置比例　单位：%

类型	2016 年 3 月末		2017 年 3 月末		2018 年 3 月末		2019 年 3 月末	
	企业型 DC	个人型 DC	企业型 DC	个人型 DC	企业型 DC	个人型 DC	企业型 DC	个人型 DC
存款	35.6	38.9	35.6	38.6	34.7	37.3	34.4	36.0
保险	18.8	26.8	18.0	26.0	16.8	22.8	16.2	19.9
信托基金	44.7	34.0	46.1	35.1	48.2	39.5	49.0	43.7
其中：境内股票基金	12.5	10.9	12.9	10.9	14.2	12.8	12.9	12.3
国内债券基金	5.7	3.1	5.7	3.3	5.5	3.2	5.7	3.6
境外股票基金	6.9	6.0	7.6	6.8	8.1	8.2	9.0	10.3
境内债券基金	4.3	3.1	3.9	3.0	3.9	3.1	3.9	3.2
平衡型基金	13.8	8.9	14.7	9.4	15.8	10.7	16.6	12.1
货币基金型	0.9	0.8	0.5	0.2	0.0	0.1	0.0	10.0
其他	0.7	1.3	0.7	1.5	0.7	1.5	0.9	2.2

资料来源：《缴费确定型企业年金统计资料 2002 年 3 月末—2019 年 3 月末》，日本厚生劳动省官网，https://www.mhlw.go.jp/stf/seisakuni-tsuite/bunya/nenkin/nenkin/kyoshutsu/index.html。

DC 型企业年金规模从 2016 年的 10.8 万亿日元增加到 2019 年的 14.3 万亿日元，增加了 3.7 万亿日元，同比增加 34%（见图 32–7）。其中，企业型 DC 型计划贡献了 28%，个人型 DC 型计划贡献了 6%。两种 DC 型企业年金资产规模逐年上升，与 DB 型企业年金趋势恰巧相反。根据 OECD 统计，2017 年 DC 型企业年金收益率为 3.4%，2018 年为 4.4%①，与 DB 型企业年金收益率基本趋同。

① OECD Global Pension Statistics.

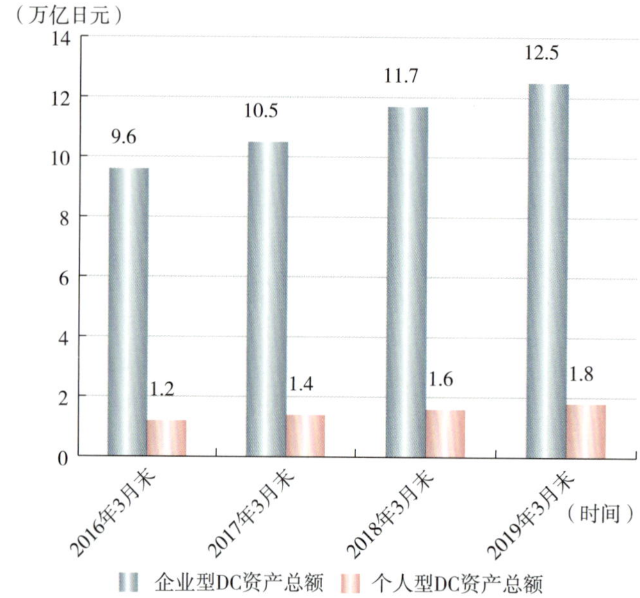

图 32-7 DC 型企业年金资产总额

资料来源：《缴费确定型企业年金统计资料 2002 年 3 月末—2019 年 3 月末》，日本厚生劳动省官网，https://www.mhlw.go.jp/stf/seisakun-itsuite/bunya/nenkin/nenkin/kyoshutsu/index.html。

三、日本养老基金与资本市场发展

（一）资本市场货币政策沿革

1. 1992 年 2 月至 2001 年 2 月：零利率政策（Easy Monetary Policy with Zero Interest Rate）

1985 年签订《广场协议》，美元的贬值使日元开始升值，严重削减了日本的出口，为了控制日元汇率飙升，日本开始采取宽松货币政策，却使日本经济出现脱实向虚，房地产和股票市场价格不断攀升，市场泡沫化程度加重。1989 年日本开始采取紧缩货币政策，最终使资产价格泡沫破裂，经济陷入严重萧条。随后 1997 年亚洲金融危机爆发，又一次严重打击了日本经济。自 1998 年 7 月开始核心 CPI 连续 10 个月同比下滑。日本于 1999 年 2 月宣布实施零利率政策，将隔夜拆借利率从 0.25% 下调到 0.15%[①] 及以下，以此来缓解当前经济的停滞不前。

2. 2001 年 3 月至 2004 年 1 月：量化宽松政策（Quantitative Easing Policy，QE）

零利率政策实施以后，1999 年名义 GDP 增长率仍为负数，随后 2000 年开始正增长，实际 GDP 增长率达到三年来的新高 2.9%，8 月宣布退出零利率政策，上调利率，继续实行低利率政策。但 2001 年，实际 GDP 增长率立即下跌至 0.2%，接近零增长。此时，低利率政策使利率已经接近零，传统的货币政策操作空间非常有限。可见，零利率政策只是起了暂时性的作用，并没有从根本上解决日本的经济萧条。

于是日本自 2001 年 3 月开始实施量化宽松货币政策，目标由无抵押隔夜拆借利率调整为商业银行在央行的超额准备金，目的是提高商业银行可贷款金额以及刺激商业银行发放贷款。从 2001 年实施以来，每年对超额准备金的目标都逐年上调，从 2001 年 5 万亿日元调至 2001 年的 30 万亿 ~35 万亿日元。同时，日本央行也增加了国债的购买量，向市场投入更多流动性。

3. 2008 年 10 月至 2013 年 4 月：质化量化宽松政策（Quantitative and Qualitative Monetary Easing，QQE）

实施量化宽松政策之后，银行惜贷问题并没有得到很好的改善，央行向市场投入的流动性也没有完全投入实体经济中，央行通过 2002 年推出的“金融再生计划”对银行不良债权问题进行整治，效果显著，2005 年核心 CPI 也明显转好，2006 年银行发放贷款金额转为正增长，随后 2006 年央行宣布退出量化宽松政策。

紧接着，2007 年的美国房地产泡沫破裂引发了全球性的次贷危机，随后 2009 年欧洲主权债务危机的爆发，又一次将日本经济陷入严重衰退中，使日本同时遭受内部

① 杨一力：《日本非常规货币政策案例研究》，硕士学位论文，辽宁大学，2018 年。

和外部双方面的经济压力，一方面，民众和商业银行对日本经济的悲观情绪，导致信贷紧缩，银行出于担心不良贷款而不愿意发放信贷，民众对经济增长的不乐观态度也不愿意借贷进行投资或者消费；另一方面，美元的贬值使日元汇率攀升，又一次限制了出口。

从 2009 年开始，核心 CPI 的增速再次出现负值。日本当局为防止经济进一步陷入通货紧缩，于 2010 年 10 月再度实施零利率政策，将无抵押隔夜拆借利率从 0.1% 调整为 0~0.1%，同时设置了资产购置计划，计划中包括中长期国债、公司债、商业票据、交易性开放指数基金及不动产投资信托等。随后 2013 年 4 月又推出更加宽松的质化量化宽松政策，购置总额度和退出时限均取消限制。

4. 2016 年 2 月至 2016 年 9 月：负利率政策 (QQE with a Negative Interest Rate，QQEN）

上一轮的质化量化宽松政策，日本中央银行共向市场投放了 200 万亿日元，而商业银行发放的贷款金额仅为 10 万亿日元，大部分的流动性停留在商业银行中并没有真正投入市场中。

日本央行开始实施负利率政策，将商业银行的存款准备金分为三个层次：第一层次是超额准备金，限额为 210 万日元，利率为 0.1%；第二层次是包含法定存款准备金、支援贷款准备金及其他支援计划准备金，限额为 40 万亿日元，利率为 0%；第三层次是除去第一、二层次外的全部准备金，利率为 -0.1%。负利率政策实施后，国债收益率跌至历史最低点，央行随后每三个月对政策做出一次调整，目标是将第三层次准备金限制在10万亿~30万亿日元。

5. 2016 年 9 月至今：配合收益率曲线控制的质化量化宽松政策（Quantitative Easing Policy with Yield Curve Control）

负利率政策实施以来，日本国内银行惜贷现象并未改善，主要是因为公众对市场预期的悲观情绪，国债收益率也跌为负值，商业银行利润严重受损。2017 年商业银行贷款金额出现负增长，负利率政策并没有改善信贷市场的问题。

2016 年 9 月，日本央行宣布推出配合收益率曲线控制的质化量化宽松政策，通过购买国债使国债收益率在 0 左右，同时取消了期限的限制。央行承诺会继续实行当前货币政策，直到实现通货膨胀率为 2% 的目标。政策实施以来，2017 年名义 GDP 增长率高于 2016 年，说明此次政策对刺激经济起到了一定作用。2020 年 5 月 2 日，日本央行会议决定将基准利率继续维持在 -0.1% 不变。

（二）日本养老基金与资本市场发展

根据历年养老基金年报披露，日本养老基金的投资是全球配置见表 32-15，其中，GPIF 在 2019 年债券市场投资占比为 46.74%，股票市场投资占比为 47.20%。DB 型企业年金 2017 年债券和股票市场分别占比为 39.10% 和 24.60%。DC 型企业年金 2019 年 3 月统计，投资债券和股票市场分别占比 10% 和 17%。因此，全球资本市场的变化对养老基金投资收益影响巨大。

表 32-15　日本养老基金资产配置分布

单位：%

类型	GPIF	DB 型企业年金	DC 型企业年金
	2019 年	2017 年	2019 年
境内债券	23.87	24.60	5.00
境内股票	23.30	11.10	13.00
境外债券	22.87	14.50	5.00
境外股票	23.90	13.50	4.00

资料来源：历年养老基金年报。

1. 日本养老基金与股票市场发展

日本经济多年陷入衰退的状态中，政府实施的宽松货币政策也在不断加码，对日本境内股票市场影响巨大。在 2013 年实施质化量化宽松货币政策后，股票市场明显转好，日经 225 指数从 12000 上升到 16000[①]，并保持了 6 年的连续增长。但是 2016 年实施负利率政策后，日经指数收益率从 2015 年的 9.07% 下跌到 0.42%。另外，对于银行惜贷的问题也没有得到改善，央行对市场释放的流动性也并没有完全流入实体经济中。

从全球来看，美欧等主要经济体的低通货膨胀水平已经持续多年，为刺激经济发展，各国也纷纷实行宽松货币政策，例如，欧洲实行负利率政策，美国也实行低

① 刘瑞：《日本负利率政策：理论及实践》，《日本学刊》2016 年第 6 期，第 38-63 页。

利率政策，在一定程度上刺激了股票市场发展。图 32-8 为标普 500 指数、日经 225 指数与 GPIF 实际收益率对比，可以明显看出 GPIF 的收益率变化与日经 225 指数收益率变化相似度极高，主要是由于 2014 年 GPIF 对投资策略进行改革，将股票投资占比从 12.5% 上调到 25%，所以 GPIF 收益率受股票市场影响也随之变大。2019 年 GPIF 境内股票收益率为 -9.71%，境外股票收益率为 -13.08%。

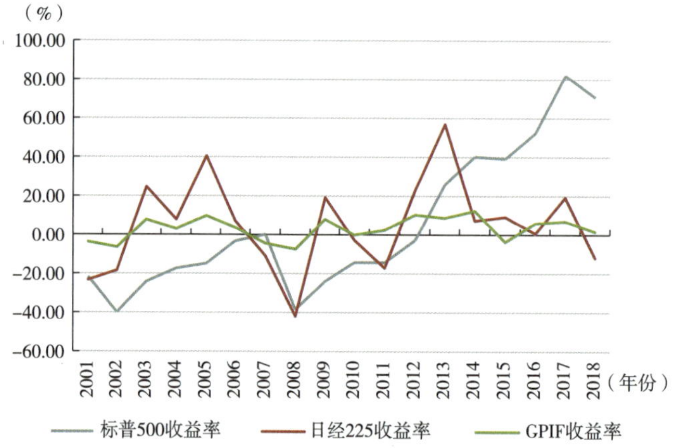

图 32-8　标普 500 指数、日经 225 指数与 GPIF 收益率对比

资料来源：Choice 金融终端。

2. 日本养老基金与债券市场发展

根据巴克莱全球债券指数显示，全球负利率债券规模从 2014 年起几乎为零，增长到 2019 年的 13.4 万亿美元，占全球债券总规模的 26%，比 2018 年增长了 79%①。从发行国家来看，主要是日本和欧洲。英国于 2020 年 5 月 20 日宣布发行 37.5 亿英镑 3 年期国债，收益率是 -0.003%，此次是英国首次发行负利率国国债。随着全球老龄化问题的加重和劳动力人口的下降，使劳动生产率增速下滑，外加受到此次新冠疫情的影响，负利率的大环境预计将继续持续一个阶段。表 32-16 为 2019 年统计的各国债券收益率。

表 32-16　各国债券收益率

单位：%

国家	3 个月	1 年	3 年	5 年	10 年	30 年
瑞士	-0.78	-0.93	-0.87	-0.81	-0.65	-0.24
奥地利	-0.61	-0.62	-0.59	-0.49	-0.14	0.50
德国	-0.64	-0.63	-0.73	-0.66	-0.43	0.10
日本	-0.28	-0.27	-0.28	-0.29	-0.16	0.39
法国	-0.60	-0.59	-0.63	-0.47	-0.14	0.66
英国	0.73	0.62	0.43	0.43	0.64	1.12
美国	1.65	1.64	1.55	1.55	1.73	2.21

资料来源：Wind 资讯。

日本境内的债券市场规模在 2017 年高达 1148.01 万亿日元，居亚洲第一，其中国债占比最高 81.99%。随着日本央行不断购买国债以及负利率政策的实施，之前利率相对较高的长期国债收益率一度下跌到 0.05%，也极大地影响了日本养老基金的收益率，图 32-9 为美国 10 年期国债收益率、日本 10 年期国债收益率与 GPIF 收益率曲线对比。2019 年 GPIF 境内债券收益率为 -0.36%，境外债券收益率为 3.55%。

① 雒雅梅：《全球负利率的前世今生》，Wind 资讯，2016 年 10 月 19 日。

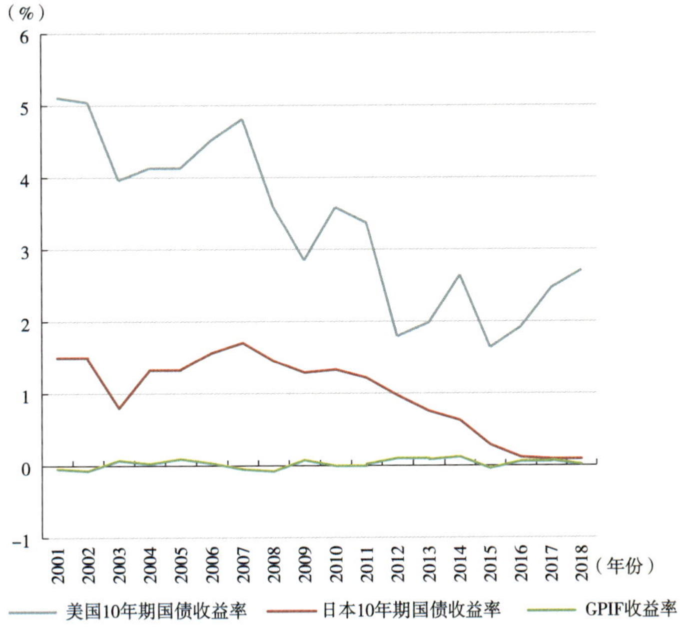

图 32-9　美国 10 年期国债、日本 10 年期国债收益率与 GPIF 收益率对比

资料来源：英为财经。

分报告三十三
新加坡中央公积金投资运营模式与资本市场的关系

一、中央公积金制度概况

新加坡的中央公积金制度（Central Provident Fund，CPF）建立于英国殖民统治时期。1955 年 7 月，《中央公积金法》正式颁布，同时成立了中央公积金局（CPFB），标志着新加坡公共养老金个人账户制度的正式建立，实行雇主和雇员共同缴费并存入个人账户之中，由政府主导进行基金的投资运营，为退休老人提供收入保障。在制度建立之初，中央公积金制度旨在为本国年满 55 岁的会员提供一次性全额支付的养老金，仅是一项简单的储蓄型养老保障制度。随着老龄化化程度的不断加深，社会经济的快速发展，为满足退休老年人的日益增长的需求，中央公积金根据不同时期不同阶段的具体情况，不断制定新的规定或补充办法，逐步扩大公积金的使用范围，进一步完善中央公积金制度体系。

（一）中央公积金制度的发展概况

1959 年 6 月，新加坡自治邦成立。其自治政府在 1960~1964 年的发展计划宣言中指出，应避免实行直接改善社会福利的计划，自 1965 年起，新加坡才开始大力发展中央公积金制度。1965 年新加坡 65 岁及以上老年人口在总人口中的比例仅占 2.5%，2019 年时这一比例已升至 14.4%，达 37.86 万人，大约一半的 65 岁新加坡人预期寿命将超过 85 岁[①]。在人口老龄化程度加深、预期寿命不断延长、经济发展波动变化的背景下，新加坡政府积极采取多项措施以保证储蓄资金的安全和收益，避免公积金陷入入不敷出的境地。

1968 年新加坡政府开始实行“居者有其屋”计划，中央公积金储蓄被允许用来购买政府组屋。自此，中央公积金制度开始引入各项退休前资产积累计划，资金的使用范围也被逐步拓宽。1987 年实施了“最低存款计划”（Minimum Sum Scheme，MSS），个人账户累积的储蓄不再被允许一次性全部提取，个人需要在 55 岁时累积满足最低存款标准的资金，才可在达到退休年龄后分期领取养老金[②]。同时，限制了那些账户余额低于最低存款标准会员的提款规模，并阶段性提高最低存款标准。尽管实行了各项措施来保障基金的储蓄积累，但是在最低存款计划下，公积金会员账户累积的储蓄最多可被领取 20 年，难以应对预期寿命延长带来的问题。2009 年新加坡引入了公积金终身入息计划（CPF LIFE），这是一项全国性年金计划，旨在为 CPF 成员提供终身收入。2013 年对 LIFE 计划内容进行了简化，将原来的四项计划缩减为标准计划和基本计划，这两项计划在每月支出和遗产数额方面的不同[③]。新加坡中央公积金制度的渐进式发展过程大约持续了 40 多年，由曾经单一的退休养老保障制度逐步发展为包括医疗保险、住房、子女教育费用、家庭财产保险及资产增值在内的综合性社会保障储蓄计划（见表 33-1）。

---

① Department of Statistics Singapore，Population Trends 2019，www.singstst.gov.sg.

② 黄国琴：《新加坡养老金制度改革述评》，《中国劳动》2018 年第 3 期，第 77-85 页。

③ Kwong K S，Y. K. Tse and W S Chan，Enhancing Singapore’s Pension Scheme: A Blueprint for Further Flexibility，Risks 5，2017.

表 33-1　新加坡中央公积金制度下的主要计划

类型	计划	引入年份
房产权	特准住房计划	1968 年
	特准居住物业计划	1981 年
投资	新加坡巴士服务（1978）有限公司持股计划	1978 年
	特准投资计划（AIS）	1986 年
	特准非居住物业计划	1986 年
	股权补助计划	1993 年
	中央公积金投资计划（CPFIS）	1997 年
保险	家庭保障保险计划	1982 年
	家属保障保险计划	1989 年
	健保双全计划	1990 年
	乐龄健保计划	2002 年
	公积金终身入息计划	2009 年
其他	雇主缴费的公司福利计划	1984 年
	保健储蓄计划	1984 年
	最低存款计划	1987 年
	最低存款补充计划	1987 年
	新加坡高等教育贷款	1989 年
	中央公积金补充计划	1995 年

资料来源：Donghyun Park，Taylor & Francis Group，*Pension Systems and Old-Age Income Support in East and Southeast Asia: Overview and Reform Directions*，ProQuest Ebook Central，2011.

（二）中央公积金制度的结构概况

1. 资金来源

中央公积金制度自成立时就是 DC 型计划，强调个人责任，雇主和雇员每月共同缴纳强制性公积金，因此，公积金储蓄总额与个人工作期间的努力有关。缴费率水平及其分配到不同账户的比例随年龄而定，并受工资上限的限制，还会随着宏观经济的调控、其他计划的引入等情况而进行调整。目前，年龄在 55 岁及以下 CPF 缴费率为雇主 17%，雇员 20%，合计为月工资的 37%。缴费率随雇员年龄的增加而降低，分别为 26%（55~60 岁）、16.5%（60~65 岁）和 12.5%（65 岁以上）（见表 33-2）。截至 2019 年底，共有 14.9 万名雇主为其雇员累积缴纳了 389 亿新元[①]。

表 33-2　中央公积金缴费率及进入各个子账户的分配比率（2016 年 1 月 1 日起）

年龄组	缴费率（工资的百分比）			进入子账户的比率（工资的百分比）		
	雇主	雇员	总计	OA	SA	MA
35 岁以下	17	20	37	23	6	8
35~45 岁	17	20	37	21	7	9
45~50 岁	17	20	37	19	8	10
50~55 岁	17	20	37	15	11.5	10.5

① Central Provident Fund: Annual Report 2019：21.

续表

年龄组	缴费率（工资的百分比）			进入子账户的比率（工资的百分比）		
	雇主	雇员	总计	OA	SA	MA
55~60 岁	13	13	26	12	3.5	10.5
60~65 岁	9	7.5	16.5	3.5	2.5	10.5
65 岁以上	7.5	5	12.5	1	1	10.5

资料来源：Central Provident Fund: Central Provident Fund Board Annual Report 2018.

2. 个人账户

雇主雇员共同缴费的资金存入个人账户中，并按比例分配到不同的指定子账户中，以满足个人在住房、医疗保健和日常生活开支等方面的需求。个人账户分成三个子账户：一是普通账户（Ordinary Account，OA），创建于 20 世纪 70 年代，其账户储蓄用于住房、保险和投资，储蓄额约占中央公积金存款的 75%。二是特别账户（Special Account，SA），创建于 1977 年 7 月，其账户储蓄主要用于老年和退休相关的金融产品，储蓄额约占中央公积金存款的 10%。三是保健储蓄账户（MediSave Account，MA），创建于 1984 年 4 月，其账户储蓄用于住院开支和获得批准的医疗保险等方面，储蓄额约占中央公积金存款的 15%。当会员年满 55 岁时，其普通账户和特别账户中的储蓄金将被转移到新的退休账户（Retirement Account，RA）中以构成退休金总额，并不再向其特别账户进行缴费[①]。

3. 待遇支付

个人账户中积累的储蓄完全属于个人，不参与二次分配，资金用于支付个人的终身退休收入，以保障老年人的晚年生活。在公积金终身入息计划（CPF LIFE）或退休存款计划（Retirement Sum Scheme，RSS）下，退休金总额将为个人从支付资格年龄（Payout Eligibility Age，PEA）开始的整个寿命存续期间提供每月的定期付款，每月可领取的额度取决于 RA 中积累的储蓄总额。自 2016 年 CPF LIFE 制度改革后，规定对于年满 55 岁的会员在达到 PEA 的六个月前，若其 RA 中拥有至少 6 万新元的储蓄金，则自动加入 CPF LIFE，未被自动纳入 CPF LIFE 的会员可以在 80 岁之前申请加入年金计划。2012 年 PEA 从 62 岁提高到 63 岁，到 2018 年提高到 65 岁，如果想获得更高的每月付款额，可以将 PEA 推迟到 70 岁。会员也可以在达到 PEA 之前，在留出全额退休金（FRS）后一次性提取其 OA 和 SA 的储蓄额，而无法留出 FRS 或拥有其他资产的会员可以从其基本退休金（BRS）中最多提取 5000 新元。对于希望获得更高月度提款额的会员，则可以将其增加其 RA 中的储蓄额，直至增强退休金（ERS）。2020 年，BRS 为 18.1 万新元，ERS 为 271500 新加坡元。而对于有资格一次性提取更多储蓄的会员，最多可提取 9.05 万新元[②]。

二、中央公积金的投资运营模式

中央公积金完全储蓄积累的特点决定了其需要通过在资本市场进行投资获得收益，以实现保值增值的目标。而作为保障老人退休后生活水平的养老金制度，必须要以保证基金的安全稳定为中心，因此需要选择符合养老保险基金投资运营要求的投资机制和投资策略。为保证公积金的安全性，由中央公积金局（CPFB）决定投资策略，进行公积金的汇集、结算、使用和储存等方面的统一管理，而单独核算、自负盈亏独立于新加坡的财政之外。为保证投资效率，中央公积金的具体投资运营是由新加坡金融管理局（Monetary Authority of Singapore，MAS）和新加坡政府投资管理公司（Government of Singapore Investment Corp，GIC）负责，MAS 负责中央公积金对国债和银行存款的管理，GIC 负责将基金投资于住房、基础设施建设以及部分国外资产上。国家财政无权动用公积金资产，却负有担保偿还的义务[③]。

新加坡中央公积金的投资主要在两个方面：第一部分是固定利率的模式，以确保资金安全性为主，规定了给付不低于 2.5% 的记账利率。第二部分是中央公积金投资计划（CPFIS），该计划面向追求更高收益的公积金参与者，可以将 OA 和 SA 中超过一定比例的公积金投资于资本市场，个人有一定的投资选择自由，但需要自担风险，投资产品的供应商必须经由 CPFB 批准通过[④]。2019 年，中央

① Central Provident Fund: Central Provident Fund Board Annual Report 2018:32.

② Central Provident Fund: Retirement Booklet.https://www.cpf.gov.sg/Assets/members/Documents/RetirementBooklet-Chi.pdf.

③ 吴鋆、张烁：《养老基金投资管理国际比较的启示——以智利、新加坡和中国香港为例》，《价格月刊》2011 年第 5 期，第 82-86 页。

④ 李志明：《新加坡的中央公积金制度》，《学习时报》2014 年第 6 期，第 16 页。

公积金的总结余增长了 8.7%，达到 4251 新元。公积金会员个人账户的提款额达 214 亿美元。

（一）固定收益模式

1. 基本概况

个人账户的储蓄结余根据具体的子账户类别，按不同的固定利率进行收益，以保证安全无风险为主要目标。OA 的利率规定为 2.5%~3.5%，而 SA 和 MA 的利率则规定为 4%~5%。账户中的公积金由 CPFB 投资于由新加坡政府发行和担保的特殊新加坡政府证券（Special Singapore Government Securities，SSGS），SSGS 是专门发行给 CPFB 以投资公积金的非流通债券。无论资本市场条件如何，SSGS 的票面利率与公积金规定的利率相匹配，确保了公积金的安全。SSGS 发行的收益与政府的其余资金汇集一起通过 MAS 和 GIC 进行投资，政府的其余资金主要包括新加坡政府证券（SGS）的收益、政府盈余以及出售土地的收益。这些组合资金首先以政府存款的形式存入 MAS，MAS 则通过外汇市场将这些资金转换为外国资产。由于这些资产中有很大一部分具有长期性质，因此一同移交给 GIC 进行长期管理。新加坡政府被国际信用评级机构评为 AAA 级，财政实力被评估为"非常高（+）"，这表明 SGS 成为持有的最安全投资，具有很强的信誉度，违约的可能性极小[①]。同时，固定收益也被普遍认为是"无风险"的。

2. 利率的确定

普通账户（OA）获得的利率是按照新加坡四家主要银行一年期定期存款利率（80% 的权重）和活期存款利率（20% 的权重）进行加权求和计算的，OA 账户的法定最低年利率为 2.5%，或者为当地主要银行的三个月平均利率，以较高者为准。SA、MA 和 RA 合并资金（SMRA）获得的利率以当前最低年利率为 4% 或 10 年期新加坡政府证券（10YSGS）的 12 个月平均收益率加上 1%，以较高者为准。通过这种方式保证了一个安全的最低名义收益，同时提供了市场利率上升时的上行潜力。为了帮助 CPF 成员进一步提高退休储蓄收益，新加坡政府对 55 岁以下会员 OA 和 SA 账户合并资金的前 6 万新元（其中来自 OA 账户的资金限额为 2 万新元），每年支付 1% 的额外利率；而对 55 岁以上会员账户余额的前 3 万新元支付每年 2% 的额外利率，之后的 3 万新元支付每年 1% 的额外利率。OA 账户所赚取的额外收益金进入 SA 或 RA 中以增加退休储蓄。鉴于新加坡近年来持续的低利率环境，政府决定在 2020 年将 OA 的最低利率保持在 2.5%，SMRA 的最低利率保持在 4% 的水平[②]。

3. 效益评估

在固定利率收益模式下，基金的投资风险转移给了新加坡政府，个人账户获得低风险且有保证的收益。由于利率是经过"管理的"，而非真实的资本市场的回报率，中央公积金实际上近乎变成了一种"名义待遇确定型"（NDB）的现收现付制[③]。名义的利率受经济影响较小，政府通过积极调控将其控制在一定的范围内。2017~2019 年，新加坡银行固定存款利率均低于 2%，而通过政府实时调控有效保障了养老基金的安全和收益。因此，名义的固定利率必然产生更多的惯性，大部分 CPF 会员都选择将其储蓄继续留在公积金账户中获得复利收益。

公积金会员所获得的利率明显高于目前的同等无风险市场工具。SMRA 利率与 10 年期 SGS 加 1% 的收益率挂钩，而根据新加坡退休年龄及预期寿命可知，30 年是 SMRA 资金的普遍持有期限，所以 SMRA 的利率目标本应等于 30 年 SGS 的收入。目前未广泛交易的 30 年期 SGS 的当前收益率约为 3%，这远低于目前在 SMRA 账户上支付的 4%~5% 的最低利率，1% 的利差也实际上高于国际债券市场为 30 年期债券支付的价差[④]。

但是固定利率的方式也会面临利率风险和通货膨胀风险。十几年前，新加坡的通货膨胀率曾一度高于中央公积金的收益率。2008 年，新加坡的通货膨胀率为 6.5%，而利率则在 2.5%~4%[⑤]。此外，如果 10 年期 SGS 的 12 个月平均收益率不断下降，那么公积金会员也需要更灵活地将其账户储蓄部署到收益更高的替代投资中去[⑥]。

（二）CPF 投资计划（CPFIS）

1. 基本概况

1986 年新加坡引入了特准投资计划（Approved Investment Scheme，AIS），CPFB 开始将公积金投资于有

① James Chen，Government of Singapore Investment Corporation（GIC），2020.

② Central Provident Fund: CPF Interest Rates，https://www.cpf.gov.sg/Members/AboutUs/about-us-info/cpf-interest-rates.

③ 郑秉文：《中央公积金投资策略的经验教训》，《辽宁大学学报（哲学社会科学版）》2004 年第 1 期，第 107-121 页。

④ 新加坡财政部（Ministry of Finance，MOF）：https://www.mof.gov.sg/policies/reserves/is-our-cpf-money-safe-can-the-government-pay-all-its-debt-obligations.

⑤ Ashe M G，"Pension Reform in Southeast Asia，Presented at ADB Regional Conference on Enhancing Social Protection in Asia"，Manila，2010.

⑥ Gee C，Ryan-kane P，Whatley M and Rainey W，The Investment Risks in Singapore's Retirement Financing System，Institute of Policy Studies Working Papers No. 24，2014.

风险的金融资产，增加了对中央公积金的投资选择。CPFB批准了新加坡证券交易、单位信托、互惠基金等投资工具，允许公积金会员将高于最低门槛的账户资金投资于股票。1993年，政府将AIS转换为基本型投资方案和增强型投资方案，在基本型投资方案下会员可选择的投资项目范围较狭窄，只被允许选择风险较小的产品。2001年，这两个计划被合并为中央公积金投资计划（CPF Investment Scheme，CPFIS），包括CPFIS-OA和CPFIS-SA两项计划，按照资金的来源账户类型进行划分。在CPFIS下，会员分别在OA账户和SA账户中留出2万新元和4万新元后，将剩余的账户储蓄投资于定期存款、新加坡政府债券和国库券、法定委员会债券、年金、养老保险、投资连结保险、单位信托和交易所交易基金等投资产品。大多数会员的账户余额超过了参与CPFIS的储蓄门槛。值得注意的是，会员自行行使选择权的风险和交易成本较高。个人在CPFIS投资中获得的任何收益都将自动转至其账户中，在年满55岁时，个人需要在账户中预留出CPFB规定的退休金，才可以提取其CPFIS的投资余额。规定的退休金主要用于退休储蓄，受通货膨胀的影响而随着时间的推移而增加，2003年金额为8万新元，2009年为11.7万新元[①]。

2. 投资产品的选择

加入CPFIS的行政程序相当简单且便宜。使用OA储蓄金进行投资的会员可以在三家本地代理商银行免费开设CPF投资账户，直接与CPFIS批准的产品供应商联系。使用SA储蓄金进行投资的会员不需要创立投资账户，可以直接向产品提供商提出投资申请。CPFB一直在积极探索和扩大CPFIS的投资项目范围。原先成员只能单一地投资于在当地上市的股票。自1995年起，会员被允许通过CPFIS下提供的集体投资计划购买外国股票和债券。外国资产投资起初只占共同基金市场价值的20%，在1999年提高到50%。目前，可供CPFIS参与者使用的投资产品范围是多种多样的（见表33-3）。在CPFIS-OA计划下，会员可以将可投资储蓄的35%投资于股票、公司债券和房地产基金，同时可以将10%投资于黄金和黄金交易所交易基金。此外，可投资的OA储蓄金还可以投资到基金管理账户中[②]。由于SA余额专用于退休目的，因此针对CPFIS-SA的投资产品范围较窄，不包括股票、房地产基金和公司债券，并且不可投资于单位信托和投资性连结保险的高风险产品。计划内的所有投资产品必须满足CPF董事会提出的标准，但是政府没有特别批准任何的投资产品，会员需要自行做出决定。CPFIS投资产品的多样性、各种产品相关管理费用以及会员需要自担风险，使CPFIS参与者的潜在收益具有不确定性。参与者是否能够做出增进收益的有利选择，关键取决于他们选择的CPFIS投资产品、投资控股范围以及投资时机。截至2019年底，CPFIS拥有237只基金，包括88个单位信托和149个投资连结保险产品[③]。

表33-3 CPFIS投资产品项目

CPFIS下的投资产品	
CPFIS-OA	CPFIS-SA
• 单位信托 （UTs） • 保险产品： 投资连结保险（ILPs） 年金 人寿保险 • 新加坡政府债券（SGBs） • 国库券（T-bills） • 交易所交易基金（ETFs） • 基金管理账户 • 定期存款（FDs） • 法定董事会债券 • 新加坡政府担保的债券	• 选择性项目，不包括高风险项目： 单位信托（UTs） 投资连结保险（ILPs） • 年金 • 人寿保险 • 新加坡政府债券（SGBs） • 国库券（T-bills） • 交易所交易基金（ETFs） • 定期存款（FDs） • 法定董事会债券 • 新加坡政府担保的债券
最高35%的可投资资金可投资的项目：	

① Central Provident Fund Board，CPFB，CPF Investment Schemes: How Much CPF Savings Can I Invest?，2019.

② Central Provident Fund: Central Provident Fund Board Annual Report 2018:34.

③ Lipper: Fourth Quarter 2019 Performance & Risk-Monitoring Report For CPFIS-Included Unit Trusts & Investment-Linked Insurance Products，2019:2.

续表

<table>
<tr><th colspan="2">CPFIS 下的投资产品</th></tr>
<tr><td>CPFIS-OA</td><td>CPFIS-SA</td></tr>
<tr><td>• 股票
• 房地产基金
• 公司债券</td><td rowspan="3"></td></tr>
<tr><td>最高 10% 的可投资资金可投资的项目：</td></tr>
<tr><td>• 黄金 ETFs
• 其他黄金产品（如金币流通券，实物黄金）</td></tr>
</table>

资料来源：Central Provident Fund: Investment Products Included Under CPF Investment Scheme（ https://www.cpf.gov.sg/Assets/Members/Documents/CPFISInvestmentProducts.pdf）.

3. 效益评估

根据表 33-4 中 2015~2019 年的数据计算平均值，参与 CPF 的总会员中大约有 24% 的人选择 CPFIS-OA 投资计划，而只有 8% 的会员选择参与 CPFIS-SA，更多的人选择固定利率的投资收益模式。参与 CPFIS-SA 计划的会员不到 1/10，可能主要源于该计划的投资限制较多。此外，参与 CPFIS 投资还需要向代理银行或者投资产品提供商缴纳相关费用，以及个人对高风险投资的抵触心理也是导致 CPFIS 参与者人数规模不够庞大、近年来该计划的投资规模扩大速度逐渐放缓的原因之一。

表 33-4　CPF 重要指标

<table>
<tr><th colspan="3"></th><th>2015 年</th><th>2016 年</th><th>2017 年</th><th>2018 年</th><th>2019 年</th></tr>
<tr><td rowspan="13">指标</td><td rowspan="2">CPFIS-OA</td><td>参与者数量（万人）</td><td>91.10</td><td>91.70</td><td>93.00</td><td>94.10</td><td>94.10</td></tr>
<tr><td>投资净额（亿新元）</td><td>13.23</td><td>11.80</td><td>14.73</td><td>5.72</td><td>13.35</td></tr>
<tr><td rowspan="2">CPFIS-SA</td><td>参与者数量（万人）</td><td>36.80</td><td>34.40</td><td>32.40</td><td>31.10</td><td>29.40</td></tr>
<tr><td>投资净额（亿新元）</td><td>3.34</td><td>3.52</td><td>2.89</td><td>2.07</td><td>2.64</td></tr>
<tr><td colspan="2">CPF 会员总数（万人）</td><td>369</td><td>376</td><td>384</td><td>391</td><td>398</td></tr>
<tr><td colspan="2">总缴费额（亿新元）</td><td>320.49</td><td>358.52</td><td>86.67</td><td>88.62</td><td>93.36</td></tr>
<tr><td colspan="2">总提取额（亿新元）</td><td>187.24</td><td>185.25</td><td>198.60</td><td>211.13</td><td>214.25</td></tr>
<tr><td rowspan="5">总结余额（亿新元）</td><td>OA</td><td>1109.67</td><td>1181.06</td><td>1258.24</td><td>3911.18</td><td>1438.40</td></tr>
<tr><td>SA</td><td>749.55</td><td>838.35</td><td>922.39</td><td>1342.26</td><td>1086.48</td></tr>
<tr><td>MA</td><td>766.30</td><td>829.44</td><td>895.20</td><td>1001.67</td><td>1030.07</td></tr>
<tr><td>RA</td><td>369.70</td><td>440.09</td><td>519.31</td><td>961.50</td><td>696.15</td></tr>
<tr><td>总计</td><td>2995.22</td><td>3288.95</td><td>3595.15</td><td>3911.18</td><td>4251.10</td></tr>
</table>

资料来源：Central Provident Fund: CPF Statistics. 网址：https://www.cpf.gov.sg/Members/AboutUs/about-us-info/cpf-statistics，由笔者自行整理。

参与 CPFIS 投资的个人账户储蓄分配比例也很低。个人账户缴费结余中选择投资于 CPFIS-OA 的资金平均比例只有 6%，而投资于 CPFIS-SA 仅有 0.15%。同时，可以看出由于 CPFIS-SA 的限制较多，即使在是近年来缴费总额呈现下降的趋势下，其投资净额也较为稳定，而CPFIS-OA则相对更为被动。在现行监管体制及投资选择的限制下，个人对投资对象的选择和策略尚不明确，依靠第三方评估机构也难以实现最优决策，因为与CPF相关的投资分配和收益、现金资产等在内的数据都属于公共部门管理，新加坡政府并未完全公开透露。

与固定的最低收益率相比，CPFIS投资收益效果也未呈现足够的优势。根据CPFB公布的最新统计报告表明，在CPFIS-OA投资计划下，2019年约有24.4万名会员的公积金账户收益超过了固定年利率2.5%的水平，占2019年CPFIS-OA投资者总数的46%；约11.9万名会员账户的总收益等于或低于2.5%的利率，占比22%；约17.1万名会员投资亏损，占比32%①。

三、中央公积金投资运营与资本市场的关系

（一）CPF资金规模与资本市场的关系

新加坡自1965年独立后，从低收入国家迅速崛起，GDP增长一直位居世界前列，迅速成为亚洲最发达的国家之一，被誉为亚洲“四小龙”。在新加坡快速的经济增长背景下，它与全球主要经济体和地区建立了重要的经济伙伴关系。在2008年金融危机之前的十年，新加坡的GDP平均增长了6%。尽管2008年经济暴跌，但在2010年后经济又迅速恢复并保持可持续增长。2011~2013年，新加坡的GDP平均增长了4.1%。根据OECD的数据，新加坡中央公积金总资产占GDP比例逐年增长，2015年占比71%，到2018年占比80.1%②。新加坡中央公积金规模的不断扩大在很大程度上得益于新加坡繁荣发展的经济环境，与其资本市场的快速稳定发展有关。养老保险基金具有数额巨大、来源稳定、收支间隔时间长等特点③，因此，中央公积金储蓄被投资于国债、房产以及基础设施建设，为新加坡经济建设发展直接提供了充足稳固的资金，有力地推动了新加坡经济的持续发展。

在目前全球经济不确定性加剧，总体投资和贸易流量持续下降，世界经济增长疲软的背景下，2019年新加坡经济增速已跌至0.7%，远低于2018年的3.1%。2020年受新冠肺炎疫情的影响，国际货币基金组织预计其经济2020年将整体萎缩3.5%。2018年的新加坡通货膨胀率为0.4%，到2019年上升至0.6%④。尽管如此，相较于全球总体经济形势，新加坡总体经济水平却得到了肯定，在世界经济论坛发布的《2019年全球竞争力报告》中，新加坡的竞争力在全球141个经济体中排名提升为第一位⑤。这不仅归因于新加坡稳定的政策、较强的政府行政能力、可靠的基础设施等方面，在很大程度上还得益于新加坡稳固的资本市场环境。受宏观经济的影响，储蓄型养老金的保值增值压力增加，但是在新加坡相对良好的资本市场环境下，中央公积金总体效益并未减弱。在墨尔本美世全球养老金指数2019年报告中，新加坡依旧排名七位，保持稳定的地位⑥。中央公积金规模不断扩大，增加了资本市场上可供投资的资金总额，这促进资本市场更深入、更有效的发展。而另外，更为良好的资本市场又促进更优的资本配置，从而提高整体经济效率和经济增长速度。

（二）CPF投资运营模式与资本市场的关系

新加坡拥有较好的流动性资本市场，其债券市场、股本资本、外汇和场外交易市场（OTC）都很强大。根据2020年全球金融中心指数（GFCI）的排名，新加坡是全球第五大金融中心。新加坡交易所（SGX）是一个较为成熟的证券市场，是亚太地区首家集证券及金融衍生产品交易于一体的企业股份制交易所，该交易所产品丰富，交易度活跃，充分发挥了资本市场的作用⑦。新加坡债券市场是亚洲最发达的债券市场之一，它由新加坡政府证券（SGS）、准政府债券、公司债券和结构性证券组成，面向全球的发行人和投资者发行。其股本资本市场高度国际化，新交所上市公司中40%是外国公司。新加坡还是仅次于伦敦和纽约的世界第三大外汇交易中心。新加坡的资本市场与其他金融部门紧密相连，金融机构在非新加坡元债券发行中占很大比例，基金管理公司和保险公司在新加坡长期债券发行中占约1/3。

① Central Provident Fund: CPF Investment Scheme（CPFIS）The Total Profits/Losses for Investments Held Under CPFIS-OA For The Period Ended 30 September 2019.

② OECD: Pension Markets In Focus 2019.

③ 林义：《养老基金与资本市场互动发展的制度分析》，《财经科学》2005年第4期，第90-96页。

④ Asian Fund Managers: Singapore Economy – Attractive Financial Climate for Investors，2020.

⑤ World Economic Forum: The Global Competitiveness Report 2019.

⑥ Melbourne Mercer Global Pension Index 2019.

⑦ 周玉渊：《从东盟自由贸易区到东盟经济共同体：东盟经济一体化再认识》，《当代亚太》2015年第3期，第92-112页、第158-159页。

1. 在固定收益模式下

一般来说，尽管政府担保的名义利率具有极大稳定性和安全性，但是它会随着本国资本市场的波动、通货膨胀和资产收益率而变化。根据图 33–1 可以看出，无论是在 2008 年经济危机的情况还是近年经济衰退、通货膨胀率上升的情况下，CPFB 都能给出一个固定的最低利率值，并且明显高于其他无风险工具的利率。这主要得益于新加坡政府实施了财务效率较高的投资收益组合，很好地分散了风险、降低了成本，以及其良好的政府信誉下的稳固资本市场。

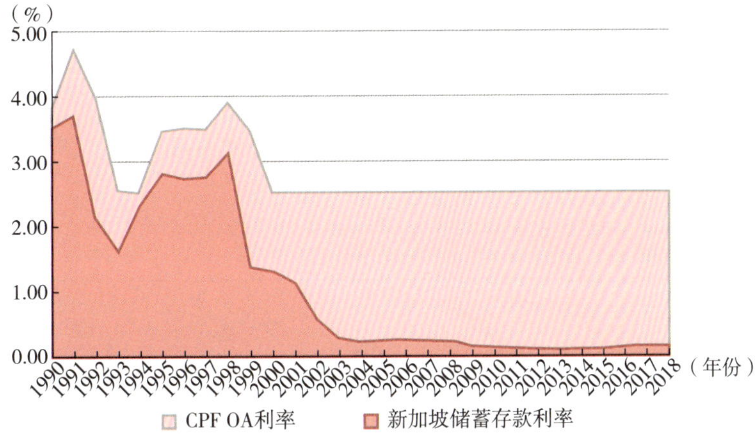

图 33–1　CPF OA 利率 vs 储蓄存款利率

资料来源：CPFB，Department of Statistics Singapore.

CPFB 通过新加坡政府投资公司 GIC 将 SSGS 收益与其他资产一起投资。GIC 任务是长期维护和管理储备金的国际购买力，以取得良好的长期回报，并承担投资风险。作为长期投资，其收益在短期内可能很弱甚至为负。而新加坡政府之所以能够承担这一投资风险，是因为其拥有大量的净资产缓冲，即资产远远高于负债，其资产负债表使其能够承担风险，因此可以从其净资产中赚取可观的投资收入，这也是新加坡政府获得国际 AAA 信用评级的体现。政府通过实行多元化的投资组合和战略性的成本管理，使无论在任何时期，无论投资回报情况如何，都能给付一个固定利率以保证公积金的收益。GIC 投资绩效的主要指标是年化滚动 20 年期实际回报率。根据图 33–2 表示，GIC 滚动 20 年期实际回报率总体较为稳定，但是在经济危机或者经济出现下行风险时，回报率有所下降但是并未显示较大的变动。截至 2020 年 3 月 31 日，GIC 投资组合的实际年回报率为 2.7%，该数字低于 2019 年的长期回报率 3.4%，是自 2008~2009 年全球金融危机 2.6% 以来的最低水平[①]。

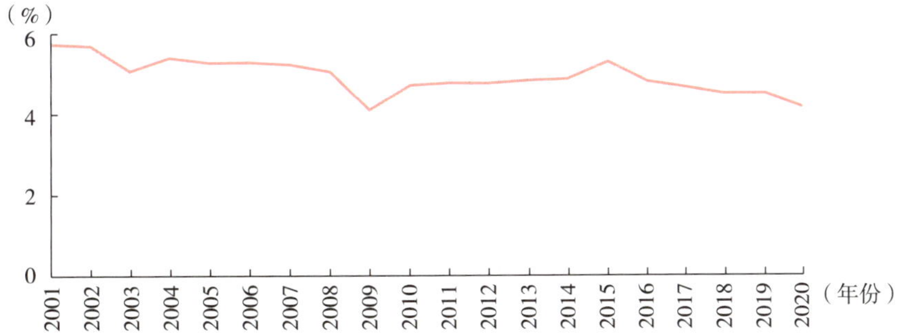

图 33–2　自 2001 年以来 GIC 投资组合的年化滚动 20 年期实际回报率

注：截至 2020 年 3 月 31 日。

资料来源：GIC：Overview: Long–term Investment Performance，https://report.gic.com.sg/.

① GIC: Overview: Long–term Investment Performance，https://report.gic.com.sg/investment–report.html.

2020 年第一季度，由于疫情的影响，全球经济增长骤减，全球股票市场急剧下跌，但新加坡多元化的投资组合方法缓解了对 GIC 投资组合的影响，分散和降低风险以更好地应对市场动荡。从图 33-3 中看出，2020 年 GIC 投资组合相较 2019 年，进行了适时调整。将其对风险相对较高的投资对象份额进行削减，同时提高了投资组合中安全系数较高的资产份额，投资组合中发达和新兴市场股票占投资组合的比例下降，而私人产权分配的比例增加，债券和现金的份额也相对增加。

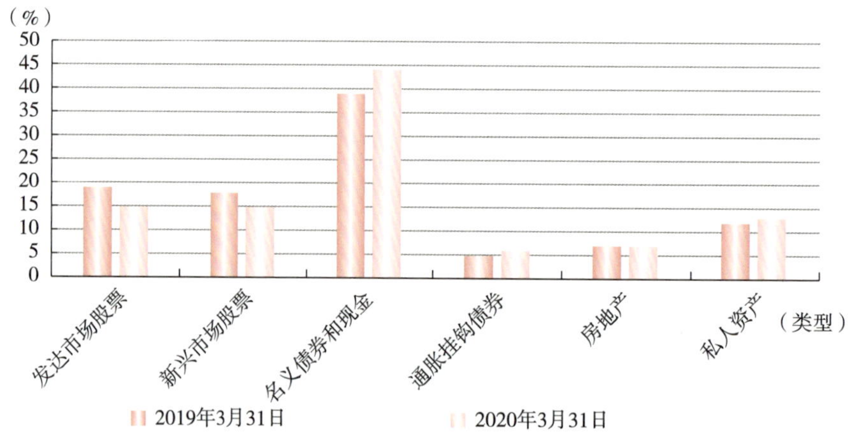

图 33-3 GIC 投资组合，2019 年 vs 2020 年

资料来源：GIC：Investment Report: The GIC Portfolio，https://report.gic.com.sg/investment-report.html#long-term-investment-performance.

截至 2018 年底，GIC 管理的资产管理份额（AUM）从 2017 年的 53% 上升到 2018 年的 58%，总资产同比增长 5%，达到 3.4 万亿新元，高于 2017 年的 3.3 万亿新元。过去五年，该行业的资产管理规模增长了 14%。这进一步反映了新加坡是安全可靠的金融中心，也是其稳定的政治和经济环境的体现。根据韦莱韬悦旗下非营利机构 Thinking Ahead Institute 于 2018 年发布的世界 300 强养老基金资产管理规模（AUM）的研究报告，新加坡中央公积金排名全球第九位。2018 年，全球 300 家最大的总体养老金的资产管理规模下降了 0.4%，而 CPF 资产管理规模却一直保持逐年稳定的增长①。

新加坡养老基金的资产管理规模（AUM）不断扩大，中央公积金制度也在其经济快速发展的背景下不断改革，以适应不断增长的需求，并保证公积金获得稳定长足的收益。在 CPF 制度制定后，AUM 在短期内得到快速增长，而当时良好的经济环境和不断发展扩大资本市场满足了这一不断增长的需求。如前文所述中央公积金规模逐年增长，因此 AUM 也在不断扩大。这就需要资本市场有数量庞大且种类充足的资本市场投资产品，如果供需失衡并日益加剧，便会产生资产定价严重扭曲、风险敞口集中等问题②，因此政府必须实行策略进行调控和监管，并积极促进新加坡资本市场的发展，这同时也会利于实现中央公积金的保值增值目标和推进中央公积金制度的完善。

2. 在 CPF 投资计划下

中央公积金在资本市场的投资兼顾了基金的安全性、收益性和流动性原则。基于新加坡良好稳定的资本市场，公积金会员可以选择风险高于政府证券但是收益更高的投资产品。由于新加坡的投资范围并不局限于国内，而是经常地投资于海外，因此也需要对全球宏观经济趋势进行讨论，以了解基金的总体表现。2009~2018 年，新加坡年度复合通胀率为 1.76%，同一时期的新加坡主要证券指数海峡时报指数（STI）的年度复合收益率为 9.2%（占股利再投资和资本增长）③。因此，新加坡强劲的股票市场极大地刺激了 CPFIS-OA 的参与者选择股票作为投资对象的倾向。已有研究表明人寿保险和股票是 CPFIS-OA 中的热门投资产品④。

① Thinking Ahead Institute: Emerging Market Pension Funds Grow in Prominence on the World Stage，2019.

② Jorge E Roldos，Pension Reform，Investment Restrictions，and Capital Markets，International Capital Markets Department，2004.

③ The Straits Times，Annualised total returns of 9.2% over 10-year period for STI，2019，https://www.straitstimes.com/business/ companies-markets/annualised-total-returns-of-92-over-10-year-period-for-sti.

④ Koh B S Mitchell O S Fong J H，"Collective Investments for，Pens ion Savings: Lessons from Singapore's Central Provident Fund Scheme"，Pensions Int J，15（2）：100-110.

在2019年，CPFIS计划下资金整体呈现为平均14.89%的正回报，其中单位信托平均上涨15.97%，ILPs平均上涨14.21%。2019年全球大多数股票市场形势上涨，MSCI世界指数上涨26.67%，而富时罗素WGBI仅上涨4.47%。同时，在CPFIS计划下，股票的年平均回报率为17.92%，表现优于多元资产基金平均回报率（13.45%）、债券基金平均回报率（5.86%）以及货币市场的平均回报率（1.46%）。此外，自2017年初至2019年底的这三年期间，CPFIS计划下资金平均回报率为22.33%，其中单位信托的平均回报率为22.65%，ILPs的平均回报率为22.13%。股票回报率也是涨幅最大的，平均回报率26.79%，债券组合在此期间的平均回报率为9.60%[①]。

中央公积金追求稳定安全收益而进行风险分散化投资的特性，有助于资本市场资金的良性流动和资源的有效配置，同时还可以有效压制金融资产价格的上扬，从而进一步促进金融市场尤其是股票市场的发展。此外，资本市场的规模越大，其规避风险的能力就越强，也更适合中央公积金为追求收益而进行风险性投资的需要。但是，CPFIS计划下个人承担了一定的风险和投资成本，个人也难以对金融和资本市场的规模有充分的了解，因此谨慎的个人可能无法比较和评估不同的投资项目，也难以形成规模投资效益。

① Lipper，Fourth Quarter 2019 Performance & Risk-monitoring Report 2019.

分报告三十四
智利养老基金与资本市场的互动发展 *

2020 年是智利社保制度改革 40 周年。作为私营化积累制养老金制度的典型代表，智利养老基金在过去 40 年内快速积累，与资本市场发展呈现良性互动关系，并对宏观发展带来影响。本报告分析“智利模式”养老金改革与资本市场发展的基本经验。

一、智利养老金制度改革历程回顾

（一）三轮养老金改革历程

智利是西半球最早建立社保制度的国家之一，传统的社会养老保险计划采用现收现付制，它广泛覆盖了社会各个阶层，并且在部门和行业之间条块分割。20 世纪 70 年代皮诺切特的军政府上台后，开始实行开放的自由市场经济政策，以私有化为基本特征的养老金改革方案是其中的重要组成部分。1980 年 11 月，智利政府公布新的养老金制度法案，它废除原现收现付制，引入了个人账户养老金计划。针对转轨成本问题，政府采取了发行认购债券（Recognition Bonds）的方式予以解决。新制度自 1981 年 5 月起开始正式实施，它的基本特征为：①为每个雇员建立养老金个人账户，雇员 10%（占工资）的缴费全部存入个人账户；②成立单一经营目标的养老金管理公司（AFPs，Pension Fund Managers），负责养老金账户管理；③雇员自由选择 AFPs，退休时养老金给付由账户积累资产转化为年金或按计划领取；④成立养老基金监管局（SAFP），对 AFPs 进行市场监管，并由政府提供最低养老金担保[①]。

1981 年的私有化改革使智利建立起了单一支柱的完全积累个人账户养老金制度。基于市场化投资运营的养老基金体系，虽然提高了管理效率，降低了政府负担，但经过 20 多年的发展后也开始出现了一系列难题，突出表现在制度覆盖面窄、参保人储蓄不足以及养老金待遇水平低等方面。近十年来智利先后酝酿了两轮的养老金改革，第一轮发生于 2008 年，第二轮目前正在讨论之中。2008 年改革最主要的一项内容是引入社会团结养老金（Sistema de Pensiones Solidarias）支柱，其主要目标是针对 60% 的低层收入老年人。社会团结养老金是非缴费型的零支柱养老金，待遇分为两类：一是基础性共济养老金（Pensión Básica Solidaria，PBS），受益群体是 65 岁以上、没有参加缴费型养老保险的老年人。二是补充性共济养老金（Aporte Previsional Solidario，APS），受益群体为个人账户积累不足以支付最低水平养老金的缴费型养老保险参保人[②]。2014 年巴切莱特总统在第二任执政期内成立了以经济学家 David Bravo 为主席的“总统养老金咨询委员会”，研究新一轮的养老金改革方案。该委员会提出了 58 条具体的改革建议措施，主要内容有：一是扩大社会团结养老金支出范围，将其待遇水平继续提高 20%，并至少覆盖到 80% 的底层老年人。二是将私营养老金体系的缴费率提高至 14%，增加的 4% 完全由雇主负担。三是加大 AFP

* 本报告内容是笔者主持的 2020 年国家社科基金项目“加快建立基本养老保险全国统筹制度的改革路径研究”的部分研究成果。

① 郑秉文、房连泉：《社保改革“智利模式”25 年的发展历程回眸》，《拉丁美洲研究》2006 年第 5 期，第 3–15 页。

② Social Security Administration（2010），Social Security Programs throughout the World：The Americas–2009：82.

公司之间的竞争，引入政府设立的养老基金管理公司。四是延迟退休年龄，男性和女性都提高到65岁，对延迟退休给予奖励。五是改革待遇阶段的规则，包括强制年金化支付，加强年金竞拍机制等。可以看出，这些措施主要目标是提高养老金待遇水平①。

2018年3月，来自中右翼执政党联盟的瓦斯蒂安·皮涅拉总统上台，巴切莱特总统提出的改革方案被搁置。到10月时，皮涅拉总统陈述了新一届政府拟定的养老金改革法令的主要内容：一是增加雇主4%的缴费率；二是加强社会团结养老金支出，总成本由GDP的0.8%上升到1.12%；三是对中产阶级提供资助，为他们提供一个新的养老金缴费来源；四是为妇女群体缴费提供更多补贴；五是对延迟退休提供奖励②。总体来看，皮涅拉的养老金改革方案与之前巴切莱特总统咨询委员会的方案有很多相似之处，核心的两点仍然体现在提高养老金缴费率和加大社会团结养老金支出两个方面。因此，近十几年来，智利养老金改革的方向是强调政府责任的回归，建立多支柱养老金体系，弥补单一积累制养老金制度的不足。

（二）养老基金积累情况

自1981年积累制养老金制度实施以来，养老基金积累规模快速增长，图34-1显示了历年末养老基金的资产余额规模，至2019年底，养老基金总额积累达到2153亿美元，占当年GDP的72%。在过去39年内，养老基金投资累计年化收益率达到7.58%（剔除通货膨胀因素），历年的实际投资回投率如图34-2所示③。

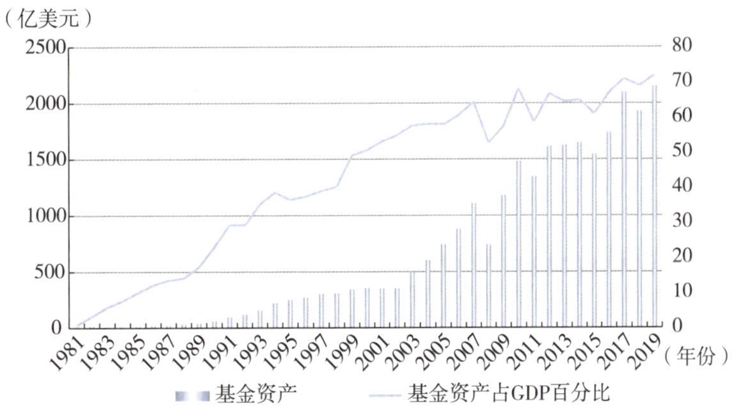

图34-1　智利历年养老基金资产

资料来源：FIAP，https：//www.fiapinternacional.org/en/estadisticas/.

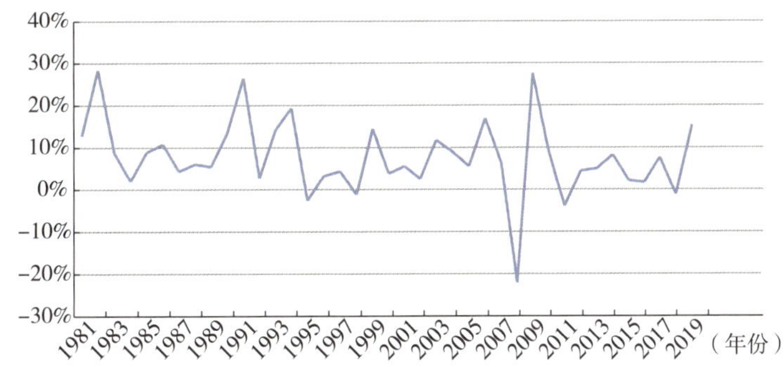

图34-2　智利历年养老基金投资回报率（扣除通胀率）

资料来源：FIAP，https：//www.fiapinternacional.org/en/estadisticas/.

① 以上内容参见：Chile Presidential Advisory Commission on the Pension System（Comisión Asesora Presidencial sobre el Sistema de Pensiones）（2015），Resumen Ejectivo，Santiago，Chile，http：//www.comision-pensiones.cl/Documentos/GetResumen，2019-01-10.

② GOL.CL，President of Chile presents main points of pension reform bill，https：//www.gob.cl/en/news/president-chile-presents-main-points-pension-reform-bill/，2019-01-10.

③ Chile AFP Association，Annual Report 2004.www.afp-ag.cl，2004.

二、养老金投资与资本市场发展的关系

（一）智利资本市场发展状况

1. 20 世纪 70 年代以来的改革发展历程

自 20 世纪 70 年代以来，智利资本市场发展经历了一个自由化改革、危机调整以及稳定发展的过程，大致可划分为三个阶段：第一阶段为 1974~1981 年的金融自由化改革阶段。在此阶段，军政府采取了一系列激进的自由化改革举措，资本市场快速膨胀发展，结束了在此之前长达 30 年的金融萧条期。第二阶段为 1982~1990 年的金融危机及调整恢复期。70 年代激进的自由化政策导致 1982~1983 年金融借贷出现高峰，高通货膨胀带来资产泡沫，出现了严重的金融危机，以商业银行为主的大量金融机构被破产兼并。从 1984 年开始金融市场进入改革调整期，政府开始转向审慎的金融监管方式，到 1989 年金融资产才恢复到 1982 年的水平①。第三阶段为 90 年代以来金融市场的稳定发展和改革深化期。90 年代以来，政府采取了审慎约束与自由化并举的金融发展策略，资本市场进入稳步发展的轨道。表 34–1 提供了三个阶段期间金融市场的主要改革措施。

表 34–1　20 世纪 70 年代以来智利金融市场发展基本历程

阶段	1974~1981 年 自由化改革阶段	1982~1990 年 危机及调整恢复期	90 年代以来 改革深化期
历程	利率自由化	解散或接管破产金融机构	允许境外投资基金进入
	取消信贷限额以及对特殊部门的强制性贷款政策	对私营部门和企业进行债务重组	为机构投资者提供更多的投资工具
	减少银行储备金要求	1986 年出台新的中央银行法和银行破产法	1994 年、1997 年修改资本市场法
	银行部门改革政策： · 国有银行私有化 · 放开银行业准入 · 成立相关金融监管部门	1987 年改革保险法和证券法，实行养老基金投资风险评估制度	《银行法》《保险法》等金融市场法修订
	部分放开资本账户	大量国有企业私有化	引入证券托管制度

资料来源：Vittorio Corbo，“Development of the Development of the Chilean Capital Markets”，March 26，2004；笔者整理。

2. 资本市场规模和结构

在过去 30 多年来，智利的金融市场规模快速扩大，1980 年末金融资产占 GDP 的比重为 65%，到 2010 年末已上升到 208% 左右，智利的金融市场已发展成为一个以市场机制为基础而不是单纯依赖银行业为主的金融体系，成为拉丁美洲地区金融市场最为发达的国家之一。在各类金融中介、银行、私营管理的养老基金以及与之相联系的保险行业成为资本市场中最重要的三支力量（见表 34–2）。从国际比较情况看，智利国内居民的金融资产是高度分散化的，分布在养老基金、银行储蓄、保险产品、股票以及债券投资等各类投资产品中，这是私营养老基金行业高度关联在一起的②。

表 34–2　2010 年智利金融市场结构

金融机构	家数	资产占比（/ 全部金融资产）(%)	资产 /GDP（%）	家数	资产占比（/ 全部金融资产）(%)	资产 /GDP（%）
银行	26	50.5	92.7	25	49.4	102.8
其中：国内银行	13	22.6	41.5	11	21.7	45.2
国外银行	12	19.2	35.2	13	19.1	39.7
银行子公司	6	16.5	30.3	8	18.8	39.1
分支机构	6	2.7	4.9	5	0.3	0.7
国有银行	1	8.7	16	1	8.6	17.9
保险公司	51	11	20.1	57	9.7	20.1

①② Juan Yermo，The Contribution of Pension Funds to Capital Market Development in Chile，Oxford University and OECD，September 2005.

续表

金融机构	家数	资产占比（/全部金融资产）(%)	资产/GDP（%）	家数	资产占比（/全部金融资产）(%)	资产/GDP（%）
其中：财产和灾害保险公司	22	0.6	1	26	0.8	1.6
人寿保险公司	29	10.4	19.1	31	8.9	18.5
养老基金	6	31.7	58.1	6	30.6	63.7
其他基金管理机构	43	6.9	12.6	43	10.3	21.4
合计	126	100	183.5	131	100	208.1

资料来源：International Monetary Fund，Chile：Financial System Stability Assessment，IMF Country Report No. 11/261，August 2011.

3. 养老金成为重要的机构投资者

20世纪80年代以来，智利国内的机构投资者发展基本情况如下：第一，养老基金逐步发展成为金融市场上最重要的机构投资者，过去近40年间养老基金快速增长，目前已达到GDP的70%以上规模。第二，保险公司也是养老金制度的一个重要参与者，作为伤残、遗属保险以及退休年金的提供者，它们积累了一定规模的资产，但由于年金业务尚处于市场发展初期，保险资金与养老基金相比，在规模上仍有较大差距。第三，基金业（包括开放基金和封闭基金）在过去20多年中，发展速度并不快。第四，境外投资基金不能直接投资智利国内资本市场，它们的投资要通过国外投资贸易公司（FICEs）的特殊投资工具来完成，自1987年开始引入，到1998年智利国同共有22个这样的FICEs[①]。

图34-3说明了1990年以来养老基金、保险资金和共同基金资产的增长趋势，养老基金的增长速度和规模远高于保险资金和共同基金。从图34-3中可以看出，养老基金在建立几年之后，积累规模就已超过保险资金和共同基金，其增长速度要远快于保险资金和共同基金。到2000年末，养老基金资产大约是保险资金的3.2倍，全部共同基金资产的7倍左右。

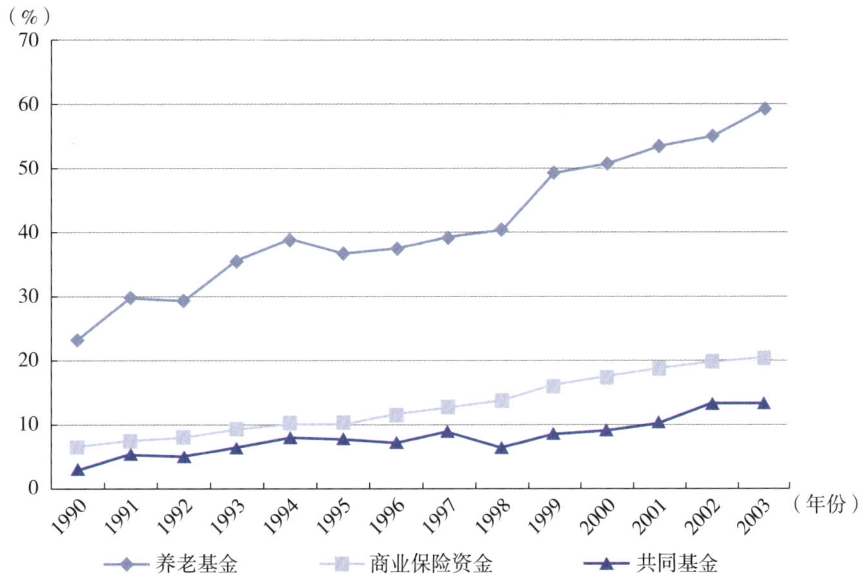

图34-3　养老基金占GDP比重与其他机构投资者比较

资料来源：Juan Yermo，The Contribution of Pension Funds to Capital Market Development in Chile，Oxford University and OECD，September 2005.

① Juan Yermo，The Contribution of Pension Funds to Capital Market Development in Chile，Oxford University and OECD，September 2005.

（二）养老金制度改革对金融市场条件的要求

养老金制度改革不可能发生在封闭的金融市场环境中，一方面，其他金融措施要与养老金改革相配合，以增进改革的实施效果；另一方面，如果缺乏其他方面的金融市场环境，养老金投资也不可能会成功地促进资本市场的发展。在积累制养老金体制下，养老基金投资对金融市场条件提出了相应的要求：

1. 稳定的宏观金融环境

宏观金融环境的稳定是养老金投资的基础条件，它要求金融市场具有良好的信用环境、有序的价格形成机制，在物价水平、实际利率和实际汇率等方面都要具备稳定的市场条件。智利自 20 世纪 70 年代以来就致力于金融系统的市场化改革，在经历了 80 年代初的金融危机后，开始加强金融监管，在过去 20 多年中，金融市场总体上呈现出稳定增长的态势，从而为养老金投资提供了良好的市场环境。其中，智利一个成功的做法是指数化通货单位的应用，使养老在投资固定收益类投资工具时，可以免受通货膨胀的影响，这在很大程度上促进了债券市场的发展，为养老金长期投资提供了条件。

2. 金融市场基础设施的现代化

养老金基金进入资本市场前，一些金融市场的关键性因素，例如风险评估、托管、经纪服务等都需要达到现代化的要求水平。尽管这些因素对于每个金融市场部门来说都是不可或缺的，但养老金投资对这些条件要求更高。在完善金融市场基础设施方面，智利的做法有两点是比较突出的：一是风险评估制度在很大程度上保障了养老基金投资的安全性。智利从 80 年代中期开始实施这项制度，经过 90 年代的发展，风险评级已扩展到所有金融部门的投资工具，对于资本市场的稳定性起到了很大促进作用。二是证券交易系统的提高。1989 年，智利建立了一家由圣地亚哥证券交易所管辖的专业管理机构，从事证券产品的清仓和交易安排，实现了金融工具的发行与交易的同步①。

3. 建立相应的金融市场监管规则

在建立养老基金的市场监管规则方面，智利的改革措施是比较成功的。一是证券市场的监管措施。1994 年资本市场法改革的主要目标之一就是为养老基金等机构投资者提供投资条件，为保障养老金投资的安全性，政府专门制定了防止基金投资利益冲突（内部交易）的监管规则。在近几年的资本市场法规修订过程中，对养老基金等大股东的利益保护得到了进一步增强。二是银行业的监管措施。自 80 年代的债务危机以来，智利银行业经营监管得到了很大改善，1986 年出台的《银行法》在资产多元化、资产负债匹配以及相关机构交易等方面都提出严格的要求条件；1997 年底的改革又要求商业银行在资产储备上达到巴塞尔协议要求（BASEL）标准，并建立了新的进入登记制度。这些监管措施都提高了养老金投资银行信贷产品的安全性。三是保险业改革措施。保险公司负责提供退休、伤残和遗属年金产品，因此，它的改革对于养老金制度运营至关重要。自 80 年代以来，智利商业保险业监管已基本建立了与国际保险业标准一致的规则。

4. 税收改革

税收政策是决定养老金投资效果的一个前提条件。在许多国家，由于股票投资税负较高（较债券投资），从而限制了养老金投资资本市场的份额。智利与养老金制度相伴随的税制改革是非常及时的。1984 年，智利将养老金收益再投资的税率从 46% 降到了 10%，对 AFP 公司利润收入再分配的征税比例从由 43.35% 降到了 31.5%。Uthoff 的研究认为，在过去 20 年中，税收改革是智利储蓄增加的重要因素之一，与其做法形成鲜明对比的是墨西哥，由于在墨西哥私营部门投资证券必须支付资本利得税，而投资政府债券则不必征税，税后利润的差异造成了养老金和其他一些投资机构投资策略的扭曲②。

5. 国有企业私有化改革

国有企业的私有化改革对资本市场发展有重要的影响作用。首先，企业的融资从中央政府分配转向债券和股票市场。其次，私有化过程实现了产权的分散化，加大资本市场的交易量。智利在 80 年代中期，将许多大型国有企业进行了私有化改革，在此过程中，养老基金进行了参与，其最初的股票投资对象就集中在这些国有企业身上。

（三）养老金制度改革对资本市场的影响作用

在智利，养老基金与资本市场以及监管部门间的关系可总结为图 34-4。

经过 20 多年的快速发展，智利资本市场已成为拉丁美洲乃至世界发展中国家中最为发达的市场之一。分析其中的原因，可以说，智利私营养老金体制改革在资本市场的兴起中起到了基础性的促进原因，它对金融系统的影响是广泛而又深刻的，这一点已被许多经济学家和社保研究

① Juan Yermo, The Contribution of Pension Funds to Capital Market Development in Chile, Oxford University and OECD, September 2005.

② Uthoff Andras, Pension Funds, the Financing of Transition Costs and Financial Markets Development : Lessons from the Chilean Privatization Reform, Santiago, Chile : CEPAL/ECLAC, 1998.

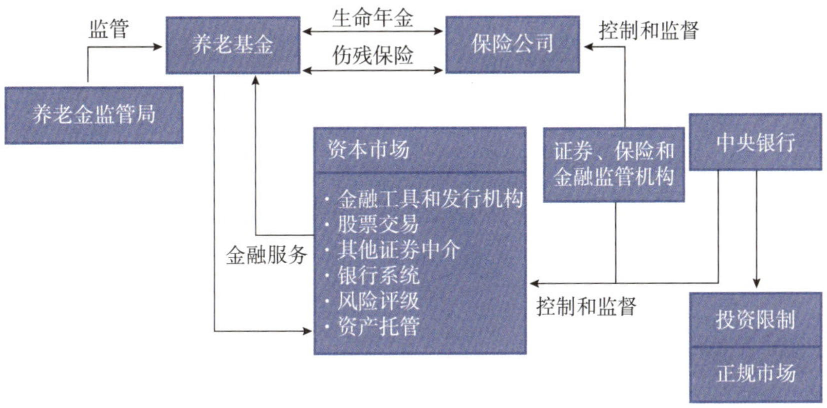

图 34-4　智利养老基金与资本市场监管

资料来源：Supnerintendency of Pensions：The Chilean Pension System 2010：160.

专家所认可[①]。总结起来，可以从以下几个方面进行分析：

1. 加快金融市场立法进程

20 世纪 80 年代以来，智利资本市场监管政策一直处于不断的改进过程中，其中有多项法规的出台与养老金投资有关。作为主要的机构投资者，养老基金行业促进了整个资本市场的立法进程，有时它还直接参与新的立法。例如，在 1994 年的《资本市场法》修订过程中，养老基金行业的专家和监管当局共同协作，决定了立法的最终结果。在过去 20 多年中，资本市场重要的法规修订主要发生在 1980~1981 年、1986~1987 年以及 1994~1995 年三个阶段，期间涉及有关证券市场、私营养老金、保险业以及投资基金等方面立法的多次修改过程。已有的统计表明：到 1990 年，有 15 项关于资本市场的主要法规改革与养老金改革有关，到 1999 年，涉及养老金投资的立法修改有 25 项[②]。

2. 创新金融产品

分析养老基金投资渠道的发展历程，可以发现许多资本市场新兴投资工具的产生与养老金投资有直接或间接的关联：第一，在 80 年代初，可抵押债券和公司债券是市场上新出现的投资工具，养老基金从一开始就占据了可抵押债券市场的大部分份额，就公司债券市场而言，到 90 年代它已逐步发展成为养老基金重要的投资渠道之一。第二，从 1985 年开始许可养老基金投资股票，作为长期的投资者，养老基金促进了股票市场的稳定性。第三，1989 年资本市场上开始建立封闭式投资基金，当时市场唯一有分量的投资者就是养老基金。自此以后，市场上出现了三类基金：实业投资、证券基金以及公司发展基金（类似于风险投资，但相对保守）。到 1998 年大约有 3% 比例的养老基金投资于这些工具。第四，认购债券是政府发行的专门用于养老金制度转轨需要的指数化债券，1987 年法律许可个人可以将认购债券出售给保险公司，1990 年又许可背书转让，到 1994 年 AFPs 也可以购买认购债券，自此认购债券开始正式的市场交易。第五，90 年代初开始许可养老基金境外投资，其后国外证券产品的投资渠道得到了不断拓展。第六，对风险投资行业的影响。养老金不允许直接进行风险投资或实业投资。通过购买投资基金和共同基金的股份，养老金可以间接投资于这些领域。目前在智利养老金投资于风险基金（企业发展基金）的比例少于 2%。房地产投资也是很少的。可以预测，随着条件的成熟，养老金为中小企业和一些基础设施项目提供融资的份额将来会有所增加。

3. 改善公司治理结构

养老基金在公司治理中的作用体现在：第一，监管规则要求养老基金投资人参与独立董事的选举，并有责任提高公司财务的透明度。独立董事在监督大股东和小股东之间的利益冲突时起着重要的作用，并参与公司的内部审计活动。第二，养老基金投资人在参与公司治理时，还负有一定的信息披露责任，对于养老金投资公司一切有可能损害养老基金利益的事件或交易行为，要进行及时披

① 关于智利养老金改革对金融市场的影响作用分析参见：Holzmann R. Pension Reform, Financial Market Development, and Economic Growth：Preliminary Evidence from Chile, IMF Working Paper WP/96/34, Washington, D.C, 1997；Lefort F and Walker E, Pension Reform and Capital Markets：Are There Any (Hard) Links?, Social Protection Discussion Paper Series, World Bank, February 2002；Corbo V and Schmidt-Hebel K, Macroeconomic Efects of of Pension Reform in Chile, September 2003.

② Lefort F and Walker E, Pension Reform and Capital Markets：Are There Any (Hard) Links?, Social Protection Discussion Paper Series, World Bank, February 2002.

露。在这方面智利的一个经验做法是：当公司中出现违规时，由智利养老基金协会（Chilean AFP Association）将违规情况通报给管理当局和公众，从而起到一定的警报职能（Whistle-Blowing Role）。第三，有利于建立新的公司治理平衡结构。按照 Lefort 和 Walker 的论述，当其他大股东准备收购或对公司进行控股时，它们需要向公众解释对养老基金股权的发展计划，并将养老基金作为有影响力的股东来吸收意见。因此，养老基金帮助公司建立了一种新的治理结构平衡[①]。第四，保护小股东权益。智利的许多大公司主要由一个大的集团或财团控制，这些机构往往受一个处于"金字塔"顶的家族主人掌控。养老基金以及美国存款凭证（ADRs 持有者）是市场上最大的散户。而 ADRs 的特点是它的持有者是分散的，并且相互之间缺乏联系。养老基金则与之不同，它的投资者有着相类似的目标，并且投资策略相近。因此，对于散户的股东权利来说，养老基金代表着一种"集体的、有影响力的声音"[②]。

4. 加强金融监管，提高市场信息透明度

智利对养老基金采取了严格的金融监管措施，用以建立公开透明的市场交易规则。第一，自 1985 年开始实施养老基金投资工具风险评估制度，政府成立的风险评估委员会出台相应的风险参数标准，这意味着证券发行者、监管部门和养老基金之间建立了一个不断的信息交换过程，从而增强了市场的透明度。第二，到 1994 年，风险评级制度得到了改进，独立的市场评估机构可以形成自己的评估意见，风险评估委员会的角色也发生了转变，它的组成成员增加了来自私营养老基金管理的职业阶层，从而增强了评估信用。第三，除少数情况，法律要求养老基金交易要在透明的二级市场上进行。第四，严格管制养老基金投资过程中存在的利益冲突行为。第五，以市场价来衡量养老基金的价值变化。

5. 提高专业化和信息技术水平

首先，养老基金行业是投资与管理专业化水平非常高的金融服务行业，AFPs、托管银行以及提供年金的商业保险公司之间有着明确的市场分工。规模巨大的养老金资产为这些行业的发展提供了机遇，市场竞争压力促使金融机构聘用职业化的经理阶层，运用最新的信息服务和应用技术来管理养老基金，从而来达到降低交易成本、提高服务水平的效果。其次，就作为养老基金投资对象的证券发行者而言，它们需要具备一定的市场信用条件，并在交易时，需要同养老基金和保险公司之间进行多轮谈判，就费用价格、投资策略等方面的问题进行协商。因此，养老基金行业间接促进了其他证券行业职业化服务水平的提高。最后，养老金投资的国际化实现了基金管理技术由境外部门向国内的转移过程。

6. 对金融文化的影响

养老金制度改革对金融文化的影响是深刻的。首先，工人通过个人账户实现了对养老金投资的自主控制权利，奠定了自由化金融市场文化的基础。正如 Jose Pinera 所讲的那样："对于智利公民来说，他们的个人账户现在代表着真实看得见的财产权利，它是退休保障的来源；一个工人的主要财产已不再是他的汽车或房子，而是个人账户的资本；新的社保体系赋予公民个人一个经济资本；工人不会再对资本市场或利率漠不关心，他知道一个坏的经济政策会有损他的退休金待遇；当工人们感觉到拥有国家财产的一部分份额时，但这项资产并不是通过政党首领或政治机构来获得的，他们会更多地依附于自由市场和这个自由社会制度。"[③]

其次，改革促进了养老金投资信托制度的培养。受殖民地文化的影响，智利传统的法律基础为欧洲大陆法，历史上它是缺乏信托精神的。但是养老金制度改革却在一定程度上改变了这种状况，DC 型完全积累制养老金计划建立了一种依赖于养老基金财产信托的投资制度安排，经过 20 多年的发展，AFP 行业已成为金融系统中最为重要的部门之一，这种投资信托精神的形成对金融市场文化的影响是深远的。

（四）养老基金投资对金融产品市场结构的影响

1. 对长期债券市场的影响

历史上困扰拉丁美洲国家的难题之一就是由于政府财政缺乏刚性造成的债券市场不稳定性问题。解决这方面的难题，智利的做法是突出的。80 年代智利成功地避免了外债危机，从此以后成为拉丁美洲国家中财政稳定性最好的样板国家。

智利长期债券市场的健康发展得益于两方面的改革措施：一是 UF 通胀指数化政策的实施保证了养老金投资的稳定性。智利是继巴西之后拉丁美洲国家中第二个引入金融证券指数化政策的国家。UF 是一种经过通胀指数化的

① Lefort F and Walker E, Pension Reform and Capital Markets：Are There Any（Hard）Links?, Social Protection Discussion Paper Series, World Bank, February 2002.

② Catalán M, Pension Funds and Corporate Governance in Developing Countries：What Do We Know and What Do We Need to Know?Pension Primer Paper, World Bank, Washington, D.C.

③ Jose Pinera, Empowering Workers：the Priviation of Social Security in Chile, http：//www.josepinera.com.

金融产品衡量单位，于1967年引入，从1984年开始作为参考指数广泛应用。目前一半以上的金融资产以及所有中长期固定收益类证券和金融中介产品都要通过UF来定价[①]。20世纪80年代以来，智利的通胀指数一直呈下降趋势，2000年已低于4%。指数化政策保证了实际利率的稳定性，并使实际汇率围绕均衡价格浮动的目标得以实现。银行中介产品和政府融资债券的指数化政策消除了通货膨胀预期的不利影响，为宏观经济稳定创造了条件。二是宏观金融政策和中央银行的债券管理政策促进了债券市场的发展，证券市场流动性的加强为机构投资者提供了充足的债券投资工具。智利政府债券发行的平均期限在拉丁美洲国家中是最长的，介于90天至20年。这些方面的成功，再加上政府紧缩性财政政策的实施，为一个健康的政府债券市场创造了条件，从而使智利避免了出现类似于阿根廷那样的金融市场危机。

关于养老基金对长期债券市场发展的影响作用可以从以下两个方面来分析：

第一，对债券市场产品的影响。综上所述，历史上，养老基金一直是政府债券、可抵押债券最重要的投资渠道之一；20世纪80年代初发行成熟期较长的认购债券；80年代中期养老基金开始投资于企业债券。作为债券市场上重要的机构投资者，养老基金在提供债券融资来源、丰富债券产品工具、稳定市场交易秩序等方面都发挥了重要作用。

第二，对长期债券回报率的影响。从理论上讲，养老基金作为机构投资者引入金融市场，会导致金融资产投资组合相对于资产价格的反应趋势发生变化，从而影响金融产品长期回报曲线（相对于预期利率变化）。就养老基金投资政府债券而言，其持有的债券占市场存量的份额越高，政府债券回报率相对于市场利率的变化敏感性就会越低。不同于其他投资者，养老基金投资的风险偏好较低，流动性需求较高，因而它会更多地考虑债券的长期投资策略。从长期趋势看，养老基金投资会降低债券的回报率水平，但是会提高债券的额外回报（Excess Return）或风险溢价（Risk Premium）（相对于短期债券）。从智利养老基金的实际情况分析，它有以下几个特点：一是养老基金是强制性的，由缴费形成的市场份额是既定的（直到退休后个人才能赎回资金），而且养老基金在不同AFP之间的交易转换频率是非常低的。因而，基金管理人不必太担心在短期内失去客户，因而，可以把主要精力放在长期的投资决策上。二是在实际投资过程，基金经理会受到一系列监管政策的限制，例如，要求最低收益率达到行业平均水平，资产组合的数量限制，投资工具的信用性条件等。这些监管规则会促使基金经理采取短期内的保守性投资策略，因而养老基金回报率的变化更多地反映了投资策略的变化，而较少受到利率预期变化的影响。上述实际情况使养老基金对长期债券市场的影响作用复杂化。

Yermo（2005）运用计量分析模型分析了智利养老基金对长期债券回报水平的影响作用，他的研究结果表明：养老基金对长期债券（智利中央银行发行的政府债券，PRC）的持有量与债券价格之间呈正向关联性，而与债券回报率之间是负向关系；同时，养老基金确实提高了长期债券的风险溢价，使长期债券的投资价值上升；但研究结论并不能说明养老基金相对于其他机构投资者，对于长期成熟性的投资产品具有更强的偏好性[②]。

2. 对于银行信贷发展的影响

第一，为银行业发展提供融资来源。1981~2000年，M7货币以年均10%的速度增长，在银行业的融资来源中，养老金占15%，主要的形式为银行抵押债券和定期存款[③]。抵押债券是以一些房地产投资作为抵押品，由商业银行担保后发行的债券，发行期限一般为8年、12年或20年。智利1977年开始发行抵押债券，之后得到了快速发展，成为拉丁美洲国家中最为发达的市场，在此过程中，养老基金发挥了关键性作用。80年代以来，养老基金一直是抵押债券最为重要的投资者，投资份额超过了养老金资产的13%，投资量达到了抵押债券市场规模一半以上[④]。

① Walker（1998）指出智利指数化政策的成功实施得益于几方面的政策：一是指数化单位是可靠的，它基于消费价格指数，由国家统计研究所来制定，避开了政府的操纵；二是立法要求中长期的金融工具都要按UF单位进行指数化，包括保险公司的资产和负债；三是存在一个有深度，流动性较好的中央银行债券市场，为其他金融工具的交易提供了风险评估条件；四是税收监管政策与经济指数化政策保持了一致性；五是UF单位以每天市场价格变化为基数，起到了一个准完全指数化机制的作用。参见Walker E，The Chilean Experience Regarding Completing Markets with Financial Indexation，Chilean Central Bank Documents No. 29，April 1998。

② 参见Juan Yermo，The Contribution of Pension Funds to Capital Market Development in Chile，Oxford University and OECD，September 2005。

③ Lefort F and Walker E，Pension Reform and Capital Markets：Are There Any（Hard）Links?，Social Protection Discussion Paper Series，World Bank，February 2002.

④ Indermit S Gill，Truman Packard and Juan Yermo，Keeping the Promise of Social Security in Latin America，World Bank，2004：77.

第二，在提高银行效率和稳定性方面的作用。一是养老基金投资有利于降低证券发行的费用，从而降低银行的市场控制力，在竞争压力下，银行的边际利率可能会下降。二是养老基金改善了银行业面临的市场信用环境。通过刺激资本市场尤其是股票市场的发展，养老基金对信息披露和市场监管提出了更高的要求，从而减少银行业面临的信用风险。三是养老基金融资会影响银行贷款的成熟性。在为金融机构提供融资方面，养老基金和银行贷款两者之间可能存在着补充性作用，也可能存在着替代性作用，这种关系会影响银行贷款的平均期限的长短。Levine 的研究认为，在发展中经济国家中，股票市场和银行之间的作用倾向于是相互补充的，而不完全替代的，因此，贷款的期限一般会延长。Impavido 等的研究进一步确认了银行业和机构投资者之间的互补关系，运用智利、阿根廷、巴西以及墨西哥四个国家的样本数据，他们的研究结果表明，随着养老基金和保险公司的加入，银行业的赢利水平和贷款期限都得到了提高，银行经营业绩的提高在很大程度上得益于信用风险的降低，不同国家银行效率的差异与养老基金资产规模水平存在着关联性[①]。四是养老基金对银行业金融中介作用的影响。Iglesias（1998）的研究认为，智利养老金改革后，金融系统对银行中介的依赖作用下降，养老金为企业提供了长期的融资来源，特别是对于大企业。[②] 例如，Lefort 和 Walker（1993）将 1978~1981 年和 1988~1991 年两个阶段的企业平均负债率进行了比较，得出企业的资产负债率呈下降趋势，特别是长期负债在企业融资中占据更加重要的位置，而银行短期负债的地位下降，这说明了养老金改革后，银行业的“非中介化现象”（Disintermediation）确实在一定程度上发生[③]。

3. 对股票市场流动性的影响

第一，对资本市场交易量的影响。Iglesias 指出，在智利养老基金开始投资私营部门证券后，证券市场的交易费用呈下降趋势。1985 年，圣地亚哥股票交易所的市场交易费用变动区间为 0.015%~0.5%，到 1994 年则下降为零至 0.12%。Holzmann 的研究发现了智利养老金资产的增加与每月股票市场的交易量存在着正向关联。Lefort 和 Walker 的研究表明 1985 年以来智利养老基金投资对资本市场交易量增加起到了积极作用。[④]

第二，股票市场市场流动性差的问题。流动性是反映资本市场发达程度的一个重要指标。与市场规模相比较，智利资本市场的流动性还远未达到应有的水平，目前的流动性指标甚至低于 15% 的最低门槛[⑤]。流动性差的原因在于：一是智利国内的公司控制权高度集中少数机构手中；二是对境外投资者资本流入的控制以及较高的税负限制了市场的交易范围[⑥]；三是在信息披露以及小股东权益保护等方面仍有差距。

世界银行的研究结果表明：1985 年以来，智利养老金证券投资的快速增长并没有显著地提高证券市场的流动比率（交易量 / 资本市场规模），原因在于：一是养老基金投资倾向于选择“购买并持有”的投资战略，即使养老基金在打算出售持有证券时，市场上往往并没有如此大的投资机构；二是养老基金对于资本市场流动性的作用在很大程度上是通过每月缴费资金的注入，而不是每天交易量的增加来实现的；三是对证券发行者和养老基金投资工具等方面严格的数量限定政策也限制市场流动性的提高[⑦]。

三、养老金制度改革与宏观经济发展的关系

（一）养老金制度改革对国内储蓄水平的影响

1. 已有的研究结论

养老金制度改革对储蓄的影响作用取决于养老金制度改革和国内经济的诸多因素：一是如何解决向新制度转轨的过渡成本问题；二是强制储蓄对自愿性储蓄造成的“挤出效应”；三是代际转移因素动机的大小；四是不同边际

① Impavido G，Alberto R Musalem and Tressel T，Contractual Savings Institutions and Banks’ Stability and Efficiency，Policy Research Working Paper 2751，World Bank，Washington，D.C.

② Augusto Iglesias，“The Regulation of Pension Fund Investment in Latin America”，in Pension Funds Investment，http ://www.fiap.cl/p4_fiap_eng/antialone.html?page=/p4_fiap_eng/site/edic/base/port/articles.html.

③④ Lefort F and Walker E，“Pension Reform and Capital Markets : Are There Any（Hard）Links?”，Social Protection Discussion Paper Series，World Bank，February 2002.

⑤ Demirgu-Kunt A and Levine D，Bank-Based and Market-Based Financial Systems : Cross-Country Comparisons，Policy ResearchWorking Paper 2143，1999，World Bank，Washington, D.C.

⑥ 智利的证券市场流动性要远低于巴西和墨西哥，这两个国家的证券交易量占整个拉美地区的 90% 以上，其中一个原因在于它们的国内市场上有大量的外国机构投资者。智利的资本控制政策以及对境外投资较高的税负限制了境外投资者在市场上作用的发挥。

⑦ Indermit S Gill，Truman Packard and Juan Yermo，Keeping the Promise of Social Security in Latin America，World Bank，2004 : 80.

储蓄率的群体之间存在再分配作用；等等[①]。

来自不同专家的研究结果表明，智利养老金制度改革对国内储蓄的影响作用是不确定的。在 Schmidt Hebbel（1999）给出的 19 项调查研究中，关于社保改革对国内储蓄水平的影响作用，有 8 项报告认为提高了国内储蓄水平，3 项报告认为降低了国内储蓄水平，另外 8 项报告则指出没有显著的影响[②]。

从已有的研究证据中，可以得出如下三个基本结论：

一是自 20 世纪 80 年代养老金制度改革以来，统计表明到 2000 年国民储蓄水平有了大幅度的增长（见图 34–5），从 80 年代的 5%（占 GDP）左右上升到 2000 年以来 20% 以上的水平。二是尽管不同专家的研究结果是矛盾的，但无论是从理论争论上还是从实际经验数据上看，都可以说明养老金制度改革确实对私营部门的自愿储蓄（包括个人和公司）行为具有正的影响效果。三是毫无疑问，智利采用国家财政承担旧制度下养老金支出负担的做法是养老金制度改革后国民储蓄增长的一个重要解释原因。

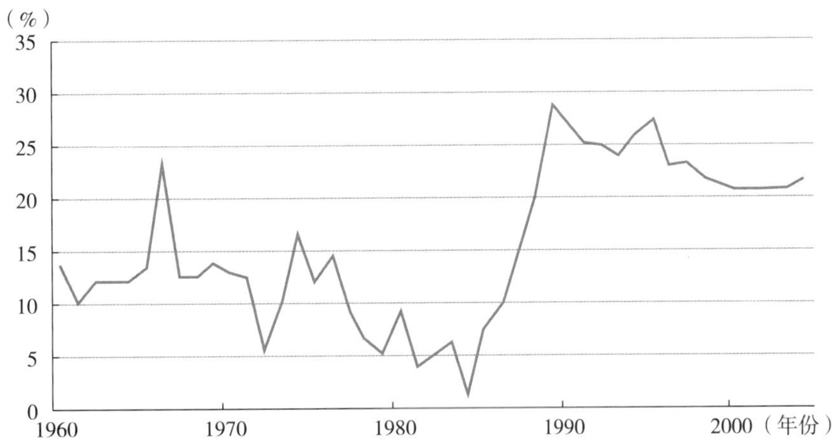

图 34–5　1960~2000 年智利国内储蓄水平变化趋势（占 GDP 百分比）

资料来源：IMF Country Report for Chile，Prepared by the Staff Representatives for the 2004 Consultation with Chile，No. 04/291，July 2004.

2. 对储蓄增长的影响估算

为了衡量养老金制度改革对国内储蓄的影响，Schmidt–Hebbel（1999）将 1961~1997 年与 1990~1997 年两段时期的国内储蓄水平进行了对比，分析表明：养老金制度改革确实提高了储蓄水平，来自以下几方面的原因：首先，由于养老金制度改革带来的财政亏空部分更多是靠税收而不是财政支出来承担的，因而，公共储蓄水平得到了提高。其次，家庭储蓄水平提高了，因为社保缴费是强制性的，强制储蓄水平要高于自愿性水平。再者就是养老金制度改革带来的经济增长间接带动了储蓄水平的提高。其研究结论为：在 1961~1974 年，智利平均每年的储蓄水平为GDP的12.6%，而1990~1997年则达到了GDP的24.8%，在此期间，约有3.8个百分点的储蓄增长率可以解释为养老金制度改革的结果[③]。

Schmidt–Hebbel 和 Corbo 的研究结果表明：1981~2001 年，养老金制度改革对国内平均储蓄率增长的贡献为 GDP 的 2.3%，占储蓄增长的 47%（见图 34–6），对投资的贡献为 GDP 的 1.2%，占投资增长的 57%[④]。

（二）养老金制度改革对劳动力市场的影响

1. 劳动力市场改革概况

智利的劳动力市场改革开始于 20 世纪 80 年代初期。1979 年，在国际社会的压力下，军政府开始改革智利劳动就业法规。政策的主要目标是：一是改革《劳动就业保障法》，限制解雇遣散费政策的运用；二是通过分散集

① Rodrigo Acuña R，Augusto Iglesias P，Chile's Pension Reform after 20 Years，World Bank Social Protection Discussion Papers No. 0129，December 2001.

②③ Klaus Schmidt–Hebbel，Chile's Pension Revolution Coming of Age，Paper Prepared for the DIA Project，1999，http：//schmidt–hebbel.com/pdf/SH99PR.pdf.

④ Klaus Schmidt–Hebbel，Vittorio Corbo，Macroeconomic Effects of Pension Reform in Chile，http：//www.fiap.cl/p4_fiap_eng/antialone.html?page=/p4_fiap_eng/site/edic/base/port/articles.html.

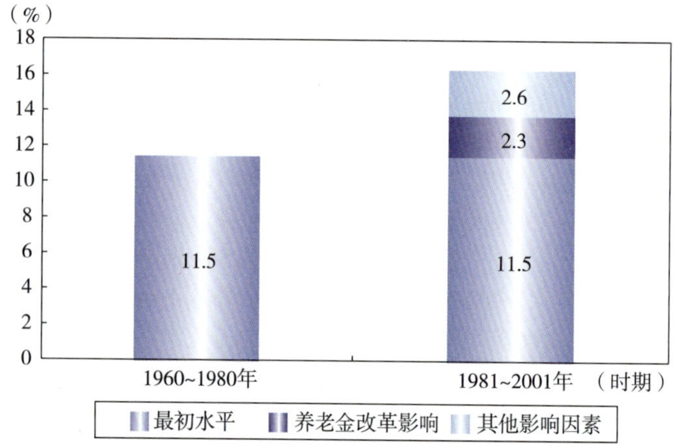

图 34-6 养老金制度改革对储蓄水平的影响（储蓄占 GDP 百分比）

资料来源：Klaus Schmidt-Hebbel，Vittorio Corbo，Macroeconomic Effects Of Pension Reform In Chile，http：//www.fiap.cl/p4_fiap_eng/antialone.html?page=/p4_fiap_eng/site/edic/base/port/articles.html.

体协商制度来限制工会联盟的力量，取消传统上的“商店关门”（Close Shop）做法；三是通过社保改革来降低税负[①]。80 年代到 90 年代，随着经济的稳定增长，智利的劳动力就业状况得到了很大改善，失业率从 80 年代初的 17% 下降到 90 年代中期的 5% 左右，然而实际工资上升却超过了 5%[②]。

与一些工业化国家不同，智利劳动力市场有大量的非正式就业部门。目前养老保障计划覆盖的劳动力人口仅为 60% 左右，原因之一就是大量非正式就业部门的存在。就目前的劳动力市场结构看，劳动力市场是分割的，分为两种：一是“现代”或“正式覆盖”的部门，它建立了最低工资制度，加入社会保障计划中；二是“非正式的”或“不受保护的”部门，这些部门未加入社会保障计划，工资完全由市场竞争决定。

2. 养老金制度改革对劳动就业的促进作用

从理论上讲，养老金制度改革对劳动力市场的影响要通过两个渠道来实现：一是改革降低了税率，减少劳动成本，增加净工资，因此，会激励就业参加，提高劳动参与率，最终提高劳动力市场的就业均衡数量；二是通过个人资本化账户制度，缴费和给付之间的关联得到加强，因此，改革会降低作为税收因素的社保缴费率。

改革后养老金缴费率从原制度下平均缴费工资的 19%

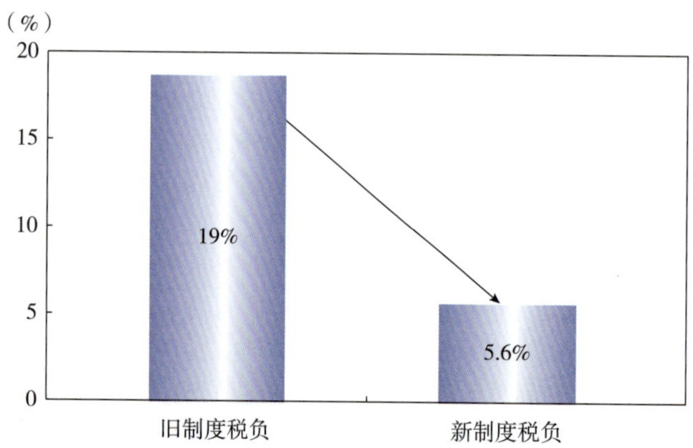

图 34-7 改革后的养老金税负下降（缴费占工资收入百分比）

资料来源：Klaus Schmidt-Hebbel，Vittorio Corbo，“Macroeconomic Effects Of Pension Reform In Chile”，http：//www.fiap.cl/p4_fiap_eng/antialone.html?page=/p4_fiap_eng/site/edic/base/port/articles.html.

①② Sebastian Edwards，Alejandra Cox Edwards，Social Security Privatization Reform and Labor Markets：the Case of Chile，http：//www.nber.org/papers/w8924.

下降到12.2%，由于12.2%的缴费是具有回报收益的，如果将回报收入进行折算，内含的养老金缴费率为工资的5.6%（见图34-7）[①]。

Sebastian Edwards 对社保改革对智利劳动力市场、失业率和工资的影响进行了研究，计量模型的结果表明，社保改革减少了正式部门养老金缴费的税率，非正式就业部门的工资增长率上升了 2%，同时，社保改革对降低失业起到了积极作用，但是效果并不是很显著[②]。

（三）养老金制度改革与宏观经济发展的关系

1. 改革对经济增长作用的促进机制

就养老保障改革对一个国家经济增长的作用而言，不少经济学家进行了研究。Barr 指出，“经济增长是任何一种养老金制度显而易见的核心任务之一，因为养老金代表着未来的产出水平（而不是现在）”。[③] 理论研究表明：养老金制度改革主要通过三个基本渠道来促进经济增长：一是刺激储蓄和投资；二是对劳动力市场的作用，通过劳动就业和提高劳动生产率来促进增长；三是通过资本市场发展来更好地分配资源，提高全要素生产率。图 34-8 说明了养老金制度改革对经济增长促进作用的发生机制和过程。

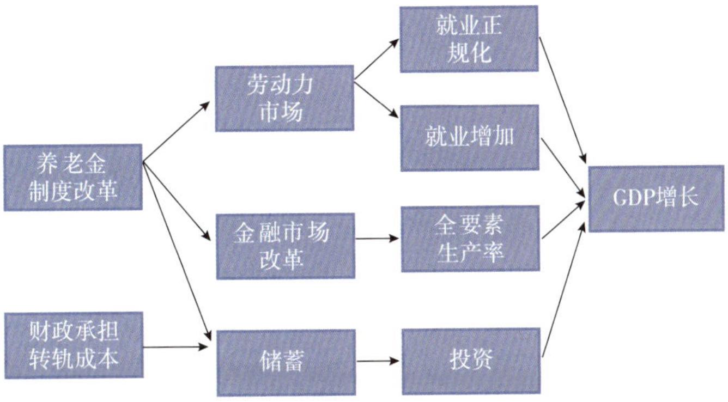

图 34-8　养老金制度改革的经济增长效应

资料来源：Klaus Schmidt-Hebbel，Vittorio Corbo，Macroeconomic Effects Of Pension Reform In Chile，http：//www.fiap.cl/p4_fiap_eng/antialone.html?page=/p4_fiap_eng/site/edic/base/port/articles.html.

世界银行在 1994 年出版的《防止老龄危机：保护老年人和促进经济增长的政策》一书中，重点指出第二支柱带来的预期增长收益：“为老年保障提供的一个强制性多支柱制度，可以帮助一个国家提高长期内的储蓄水平，深化资本市场并且促进经济增长，这些作用要通过完全积累和分散化控制的第二支柱来实现。”[④]

2. 对经济增长促进作用的估算

Corbo 和 Schmidt-Hebbel（2003）对智利养老金制度改革促进经济增长的作用进行全面分析。在既定其他改革条件的情况下，这两位专家用 1981~2001 年的系列数据通过计量回归方程测算了养老金改革对资本市场、劳动力市场以及全要素生产率的影响作用，并利用 Cobb-Douglas 生产函数估计了养老金制度改革对经济增长的影响作用。他们的计算结果表明：改革通过影响储蓄和投资、劳动力市场和全要素生产率等因素导致平均每年的经济增长率提高 0.49 个百分点，大约占到这 20 年期间经济增长率（4.63）的 1/10（见图 34-9）。他们指出：尽管假设排除其他改革因素的作用，但养老金制度改革对经济发展的影响作用在很多方面是通过与其他一些改革措施的相互作用来实现的。他们还指出：随着制度在长期内的成熟以及经济进入稳定状态，养老金制度改革对增长的作用会逐步降低到零。尽管这项研究在计量计算方法是严密的，但它要依赖于养老金制度改革和经济发展的一系列假设条件，这些条件的实际变化会有很大的不确定性。因此，该成果仅可以作为一

① Klaus Schmidt-Hebbel，Vittorio Corbo，Macroeconomic Effects of Pension Reform in Chile，http：//www.fiap.cl/p4_fiap_eng/antialone.html?page=/p4_fiap_eng/site/edic/base/port/articles.html.

② Sebastian Edwards，Alejandra Cox Edwards，Social Security Privatization Reform and Labor Markets：The Case of Chile，http：//www.nber.org/papers/w8924.

③ Barr Nicholas，Reforming Pensions：Myths，Truths and Policy Choices，Working Paper WP/00/139，Development Issues Division，International Monetary Fund，Washington，D.C. 2000.

④ World Bank：Averting the Old Age Crisis，Policies to Protect the Old and Promote Growth，1994.

种养老金制度改革对经济发展作用的研究参考。

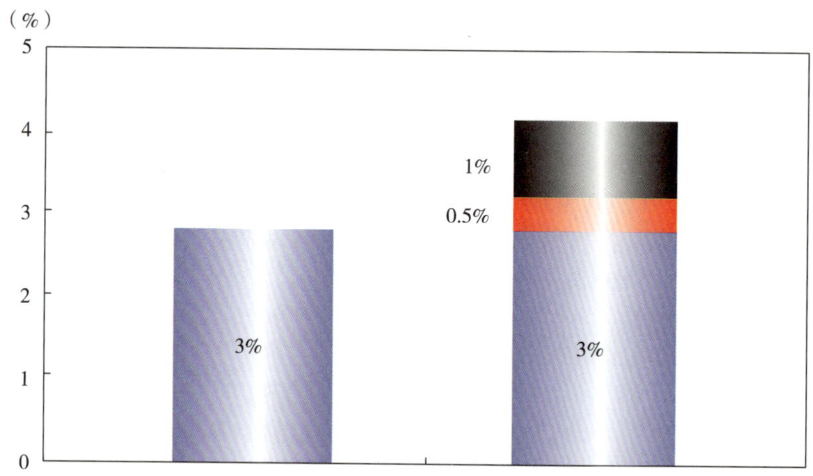

图 34-9 养老金制度改革对 GDP 增长率的贡献

资料来源：Klaus Schmidt-Hebbel，Vittorio Corbo，"Macroeconomic Effects Of Pension Reform In Chile"，http：//www.fiap.cl/p4_fiap_eng/antialone.html?page=/p4_fiap_eng/site/edic/base/port/articles.html.

3. 养老基金投资在经济各部门的分布

作为经济各部门重要的资金来源渠道，养老基金投资对推进智利国内基础产业和公共设施建设起到了重要作用。表 34-3 说明了 1994 年、2009 年和 2012 年养老基金资产在经济各部门和行业的分布情况。从中可以看出，养老基金主要投向了电力、通信、服务业、产业、基础设施、自然环境等重要产业领域建设，对国民经济各部门产生重要影响。随着经济成长的养老基金行业的发展，养老基金投资开始逐步由基础产业向服务业和自然资源行业转向。

表 34-3 养老基金资产在经济各部门的分布（占全部资产百分比）

单位：%

产业部门	1994 年	2009 年	2012 年
电力	59.4	31.6	28
通信	15.8	4.9	2
服务业	2.9	34.3	46
工业	11.3	9.6	6
自然资源	9.6	19.6	17
房地产	1.1	0	0
合计	100	100	100

资料来源：Guillermo Arthur，Pension Reform in Chile after 25 years，29 March 2006，http：//www.iopsweb.org/document/28/0，2340，en_35030657_35030420_35970908_1_1_1_1，00.html. SP 网站，http：//www.safp.cl/safpstats/stats/.

分报告三十五
俄罗斯养老基金的投资管理

一、俄罗斯养老体系的构成

（一）混合养老体系的建立

俄罗斯在市场化经济转轨的过程中，其养老体系也从现收现付制向混合养老体系转变。1995~2001 年是养老改革的准备阶段，其间成立了负责管理养老缴费及发放的国家机构“俄联邦养老基金”（Пенсионный фонд Российской федерации）[①]，参照世界银行建立多支柱养老体系的改革建议提出了养老改革构想，明确了建立以国家保障、社会保险和个人积累相结合的混合养老体系的改革方向，着手建立个人账户积累制，同时为形成自愿养老积累和养老储蓄的非国家养老保险体系，颁布了成立非国家养老基金等一系列相关法律。在此条件下，2001 年底至 2002 年初，当俄罗斯基本实现社会政治稳定，经济也开始快速恢复增长，改革的经济社会条件已经具备，俄罗斯进行了养老制度的重大改革，建立起由国家养老保障体系、强制性社会保险及自愿补充养老制构成的现代混合养老体系[②]。

其中，国家养老保障体系是属于非缴费型的、由国家财政负担的养老保障体系，享有这部分养老保障的人群是国家公务员、军人、特殊群体（包括参加过“二战”的老战士、放射性或泄漏事故的受害者、残障、孤儿、高龄孤寡老人等）[③]。这一保障体系内的养老人员不足 200 万人，约占养老总人数的 5%。国家养老保障的资金来源于俄联邦财政，根据物价指数进行指数化调整。

国家养老保险体系是俄罗斯养老体系的核心和关键部分。建立之初称为“劳动养老体系”，2015 年起称强制性养老保险体系，它覆盖绝大部分退休人员，截至 2020 年 1 月 1 日强制性养老保险体系的参加人数为 3730 万[④]。起初劳动养老金由三部分组成：基本劳动养老金、保险劳动养老金和积累劳动养老金，2010 年基本养老金部分并入保险部分，其数额与缴费挂钩，称养老金的保险部分或者是保险养老金，实行的是有条件积累制（условно-накопительная система），即名义账户制[⑤]。这样，俄罗斯现行国家养老保险体系由保险部分（名义账户）和积累部分（实账积累）两个部分组成。

国家养老保险体系的缴费规定是：由雇主缴纳（雇员

---

① “俄联邦养老基金”相当于中国的人力资源与社会保障中心。

② 2002 年至今的养老改革措施包括：2008 年实施自愿养老积累国家资助计划，以刺激养老积累或者养老储蓄的发展；2010 年取消统一社会税并恢复养老缴费形式即费改税改革；2010 年取消强制性养老保险中的基本养老金，不再单列，而是将其并入名义账户部分，其数额将与劳动工龄挂钩，称养老金的保险部分或者是保险养老金，因此，俄罗斯养老金体系中的第一部分即均等的、覆盖所有劳动养老人员的最低退休金保障已被取消。

③ 具体内容参见 Федеральный закон № 166-фЗ от 15 декабря 2001 г. “О государственном пенсионном обеспечении в Российской Федерации”（《俄罗斯联邦国家养老保障法》）。

④ 俄罗斯央行官网，https：//cbr.ru/RSCI/。

⑤ 俄罗斯称有条件积累制（условно-накопительный счет）是介于现收现付制与实账积累制之间的一种中间过渡形式，即名义账户制。

不缴纳），保险部分缴费费率为工资额的 16%，积累部分的缴费费率为 6%。从 2015 年至今，积累部门的缴费暂停，其主要原因是：2014 年俄罗斯受到西方经济制裁后陷入经济危机，财政出现赤字、居民收入持续下降，俄罗斯政府希望以此集中财力解决经济社会中的眼前现实问题。

除上述国家保障（非缴费型）和社会保险（强制性缴费型）之外，俄罗斯还形成了自愿补充养老保险体系，称非国家养老保障 НПО（негосударственное пенсионное обеспечение），包括个人自愿积累和储蓄，例如把“母亲资本”[①] 用于养老储蓄，或是企业为职工建立的职业年金。为刺激自愿积累制的发展，2008 年俄罗斯实施了自愿积累的国家资助计划，即为个人积累储蓄做相应的补充。截至 2020 年 1 月 1 日参加非国家养老保障的人数达到了 610 万[②]。

（二）养老积累制的建立和发展

1. 积累制的建立

从现收现付向积累制过渡是俄罗斯早在 20 世纪 90 年代转型初期就明确的养老改革目标。1995 年俄罗斯颁布了《养老保障制度的改革构想》，明确逐年提高积累部分的缴费费率，以逐步向积累制过渡[③]。该构想的重点是提出建立补充养老保险体系，该体系既包括企业、经济部门或地区的职业年金计划，也包括公民在保险公司和养老基金办理的个人养老保险计划。该构想提出，“建立和发展职业年金是养老改革的首要任务”[④]，并颁布了一系列法律，奠定了账户制的法律基础[⑤]。

为建立积累制，俄罗斯公民每人要在“俄联邦养老基金”开立一个终身个人账户，这个账户包括三个部分：个人总账户（индивидуальный лицевой счет ИЛС）、个人账户的专门部分（специальная часть ИЛС）和个人账户的职业部分（профессиональная часть ИЛС）。总账户是记录关于参保人全部信息的账户，包括姓名、出生日期、出生地、性别、地址、保险登记日期、工作年限、保险年龄及在特殊地区或行业的工作年限；工资或收入情况；雇主为该参保人支付的缴费总额；该参保人的缴费额和到账的缴费总额；核算养老金资本[⑥]，包括其指数化调整情况等。个人账户的专门部分记录个人实账积累的有关信息，例如，进入劳动养老金积累部分的缴费总额称养老积累；有关参保人投资选择（管理公司或非国家养老基金）的情况；有关保险储蓄部分投资运营的情况等。个人账户的职业部分记录的是职业养老金保险缴费的有关情况，包括特殊劳动条件工作人员的保险缴费、投资收入、养老金的支付等信息。

为建立和发展非国家养老保障体系即自愿养老保险体系，俄罗斯政府在 1998 年 5 月 7 日通过了《非国家养老基金法》，建立了非国家养老基金（Негосударственный пенсионный фонд НПФ）。非国家养老基金是非营利性的养老金运营机构，可选择从事一种养老保险业务，如非国家养老保障业务、强制性国家养老保险业务，或者职业养老保险业务。按照《非国家养老基金法》的规定，非国家养老基金独立核算，政府不承担基金的责任，同样基金也

① “母亲资本”是为2007年1月1日后生二胎及二胎以上的母亲（或者领养第二个或更多孩子的父亲及23岁以下的孤儿）提供的特殊津贴。母亲在生完第二个孩子的三年后将获得“母亲资本”。也就是说，“母亲资本”的首次支付将发生在 2010 年。到 2010 年，联邦财政用于第二个孩子出生的补贴支付将达到 1310 亿卢布。“母亲资本”的数额为 25 万卢布，并每年根据物价的上涨速度进行指数化调整 。建立“母亲资本”的资金来源于联邦财政向“俄联邦养老基金”的转移支付。有关组织管理工作由“俄联邦养老基金”及其地方分支机构负责完成，首先是从 2007 年 1 月 1 日起，对全国符合上述条件的母亲和父亲进行登记，然后发放“母亲资本”证书。“母亲资本”不以现金形式支付，其支付形式为：以还债或贷款方式用于购买住房；支付孩子的教育费用；用于建立补充劳动养老金的积累部分。具体的支付方式可由母亲（或父亲）自行选择。参见 Федеральный закон от 29 декабря 2006 года № 256-ФЗ “О дополнительных мерах государственной поддержке семей，имеющих детей”，http：//www.pfrf.ru/index2.php?option=com_content&id=3942。

② Банк России：“Обзор ключевых показателей негосударственных пенсионных фондов”（3-тий квартал 2019 года）. 俄罗斯银行《非国家养老基金主要指标总览》（2019 年第三季度）。

③ Виктор Дубровский：Влияние состояния государственной пенсионной системы на пенсионную реформу в Российской Федерации. “Пенсионная реформа в России”，под редакцией .Н.Баскакова，А.С.Орлова，www.actuaries.ru/lib/detail.php?ID=1993.

④ Малева Т М，Синявская О В，Пенсионная реформа в России：история，результаты，перспективы. Независимый институт социальной политики，М.，Поматур2005.ISBN5-86208-179-8.

⑤ 为了进一步落实《构想》中提出的改革目标，在 1996~1998 年，俄罗斯通过了三部重要的养老金改革法律：《强制性养老保险体系中的个人（实名）账户 [индивидуальный（персонифицированный）учет] 制度法》、《关于组建个人（实名）账户制度国家养老保险体系措施的决定》和《非国家养老金基金法》。1996 年 4 月，俄罗斯政府通过了《强制性养老保险体系中的个人（实名）账户制度法》，明确了建立个人账户制度的有关原则及具体程序。Федеральный закон № 27-ФЗ от 1 апреля 1996 г. Об индивидуальном（персонифицированном）учете в системе обязательного пенсионного страхования，http：//xn-7sbbnfqbeoclxmttgsq4dg0jla6am.su/Zakon/Pesion.pr/pen.

⑥ 养老基金中记录的参保人全部保险缴费及其他缴费，这是确定劳动养老金保险部分额度的基础。

不承担政府义务[①]。

2. 强制性与自愿性积累相结合的养老积累制

俄罗斯的养老积累包括强制性养老积累和自愿补充养老积累两个部分。

第一，强制性养老体系中的养老积累制。强制性的保险积累养老是个人实账积累的养老金。参保人员为1953年以后出生的男性和1957年后出生的女性；其缴费进入"俄联邦养老基金"中个人账户的专门部分。其待遇计算公式为：积累保险养老金 = 参保人的养老储蓄总额 / 预期积累养老金支付的总月数。积累养老金每年根据物价指数进行指数化调整。

强制性积累保险养老金的缴费资金及其管理权归个人，即个人自行选择由国家管理公司即"发展与外经银行"或非国家养老基金管理公司进行投资管理。为此，俄罗斯成立了由各方代表参与的养老储蓄资金投资"社会委员会"，对养老积累的建立和投资进行社会监管[②]。

第二，自愿补充养老积累制。利用超额石油收入建立"国家福利基金"[③]并抽取部分资金用于补充自愿性养老储蓄，这是俄罗斯总统普京在2007年总统国情咨文中提出的改革设想，即"利用'国家福利基金'的资金形成'公民养老资本'（пенсионный капитал граждан）"。[④] 2008年4月，俄罗斯政府颁布了《劳动养老金积累部分补充保险缴费及国家资助法》，规定：如果补充养老缴费额不低于每月2000卢布，则国家资助的额度为不超过每年12000卢布；如果参保人已达到退休年龄，但继续工作且并未领取任何劳动养老金，则政府为其追加相当于其补充保险缴费额三倍的资助，但总额不能超过每年48000卢布[⑤]。养老储蓄国家资助的对象为：自2008年10月1日到2013年10月1日期间向劳动养老金的积累部分缴纳补充保险缴费的参保人。补充保险储蓄属于自愿性质，可自愿参保。补缴额度由参保人自行决定，可采取固定额度或者按照其强制性保险缴费额的一定比例缴纳，缴纳数额可更改。补充养老储蓄的资金由管理公司（如选择"俄联邦养老基金"管理则委托管理公司投资管理）和非国家养老基金进行投资管理。

（三）混合养老金体系的运营结果

2017年，强制性养老保险体系中的保险养老金支付金额为6.378万亿卢布，国家养老保障支付（军人、国家公务员、社会养老金）为4330亿卢布，非国家养老保障体系中的私人养老金为600亿卢布[⑥]。养老赤字是俄罗斯自2002年改革以来始终面临的问题。2017~2019年由于养老交缴费优惠及提前和优惠退休金措施，养老赤字金额增加，2017年养老财政赤字超过2000亿卢布，之后随着俄罗斯反制裁措施逐步见效，油价有所恢复，俄罗斯财政危机有所缓解，养老赤字也随之减少，但依然超过1500亿卢布（见图35-1）。自2016年以来，每年用于保险养老金支付的财政转移支付超过2万亿卢布（见图35-2）。

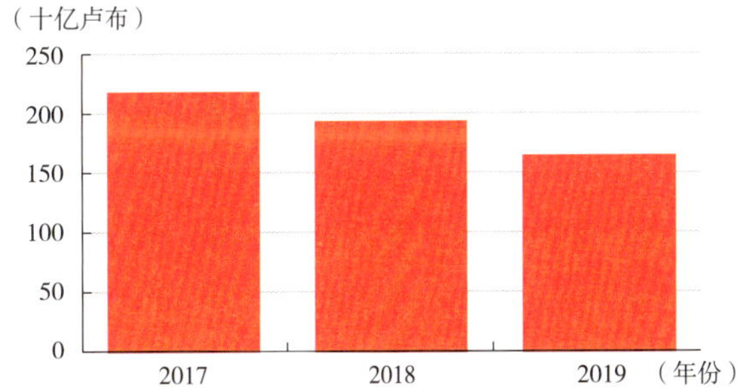

图 35-1　"俄联邦养老基金"财政赤字

资料来源：俄罗斯TACC塔斯社。

由于养老金赤字不断加剧，2018年在进行多年的争议之后，俄罗斯最终决定通过提高退休年龄以缓解养老财

---

① Федеральный закон от 07.05.1998 N 75–ФЗ（ред. от 20.07.2020）. О негосударственных пенсионных фондах，http ://www.pfrf.ru/info/order/sofinansirovanie/~2310.

② "社会委员会"每三年选举一次，其成员人数为12~30人不等，均是来自全俄工会联合会及全俄雇主联合会的代表。其成员也可以是其他人士，如证券市场的专业人士或组织，但国家公职人员以及非国家财政基金中任职的人员不得加入该"委员会"。"社会委员会"任期一年，不得连任，参见 Положение об общественном совете по инвестированию средств пенсионных накоплений.24 июля 2003 г. www.president，ru。

③ "国家福利基金"（Фонд национального благосостояния，the National Wealth Fund）成立于2008年2月1日，由原稳定基金拆分而来。关于"国家福利基金"详见殷红：《俄罗斯〈国家福利基金〉的建立及意义》，《俄罗斯中亚东欧研究》2008年第3期。

④ Послание Федеральному Собранию Российской Федерации Президента России Владимира Путина，https ://rg.ru/2007/04/27/poslanie.html.

⑤ Федеральный закон от 30 апреля 2008 г. № 56–ФЗ О дополнительных страховых взносах на накопительную часть трудовой пенсии и госу–дарственной поддержке формирования пенсионных накоплений.http ：//www.pfrf.ru/content/view/3793/125.

⑥ Н.П.Дементьев，Пенсионная система в современной России：реформа за реформой.ЭКО.2019. № 8.С.9–30.

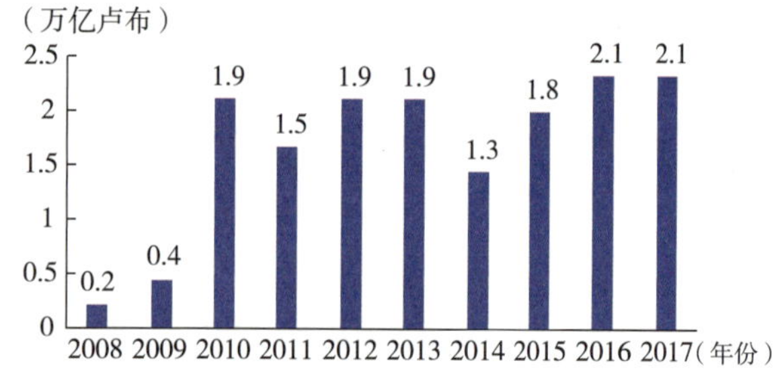

图 35–2　用于保险养老金支付的财政转移支付

资料来源：“俄联邦养老基金”。

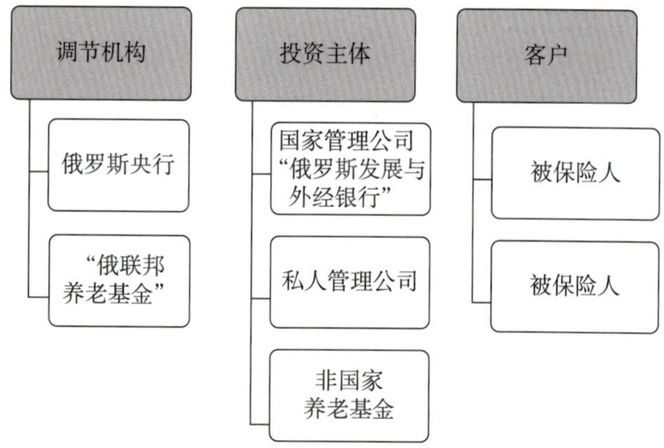

图 35–3　俄罗斯养老金投资管理体系构成

资料来源：Г.Ф.Фатхлисламова, Конкуренция на сегменте коллективного инвестиро–вания средств пенсионных накоплений, ЭКО, 2019, № 8, С.32.

政赤字问题，自 2019 年 1 月 1 日起，男性退休年龄从 60 岁升至 65 岁，女性退休年龄从 55 岁升至 60 岁[①]。

与此同时，为刺激个人自愿养老储蓄并提高其安全性，2013 年俄罗斯颁布了养老积累担保法[②]，由俄罗斯保险储蓄协会成立了养老积累担保基金，所有参加担保体系的养老基金（公司）每年向该担保基金支付缴费。自 2016 年 7 月 1 日未通过养老积累担保体系审核的非国家养老基金将被取消强制性养老保险体系的养老积累的投资资格。

除了这些补救措施，事实上，决定养老储蓄健康发展的主要是其资金的管理与投资效率，这是本报告要关注的重点内容。

二、养老金投资市场的构成

俄罗斯可用于投资的是养老积累资金，其来源包括：用于强制性养老保险积累部分的养老缴费（工资的 6%），国家养老积累资助计划的资助缴费“母亲资本”（部分或全部）、投资收益。

（一）养老积累投资市场的主体构成

俄罗斯养老积累投资制度始建于 2002 年，在强制性养老保险范围内，由“俄联邦养老基金”（ПФР）为每位被保险人建立了积累养老金（2015 年前称劳动养老金的积累部分），其资金来源于由雇主为职工缴纳的保险缴费。被保险人可将这部分资金的管理委托给三类专门机构（即投资主体）：国家或者私人管理公司，或者是非国家养老基金（见图 35–3）。

国家管理公司为“发展与外经银行”，其管理对象是默认或选择“发展与外经银行”作为养老积累投资人的被保险人。私人管理公司首先要参加“俄联邦养老基金”举办的公开竞标，中标之后，被保险人从该管理公司的投资组合中选定一种投资方式。非国家养老基金须在强制性养老保险的领域内进行投资并应具有相应的经营许可，值得注意的是，非国家养老金不能自行进行投资，需与管理公司签署协议，由管理公司进行投资。

允许进行养老积累投资的主体名单严格受到俄罗斯法律的限制，而且，有些养老积累投资方式不允许它们自行选择，例如，银行储蓄、投资基金或者共同投资基金。此外，根据俄罗斯现行法律规定，养老积累的所有权归俄罗斯联邦所有，被保险人只是受益人[③]。但被保险人死亡时其积累养老金未支付部分可以继承。

在 2004~2019 年俄罗斯养老积累投资市场发展的过程中，市场投资主体通过分化组合不断成熟，截至 2020 年 1 月 1 日，非国家养老基金数量达到 49 家。非国家养老基金 47 家，管理公司 269 家，共同投资基金 1531 家，26 家专门存托机构（специализированных депозитариев），另有 2 家股份投资基金[④]。

① 2019 年 1 月 1 日至 2020 年 12 月 31 日男满 60 岁、女满 55 岁的退休年龄提前 6 个月。参见 Федеральный закон о страховых пенсиях, Список изменяющих документов（в ред. Федеральных законов от 29.06.2015 N 173–ФЗ, от 07.03.2018 N 56–ФЗ, от 27.06.2018 N 164–ФЗ, от 03.10.2018 N 350–ФЗ, от 12.11.2018 N 409–ФЗ, от 27.12.2018 N 536–ФЗ。

② Закона от 28 декабря 2013 года № 422–ФЗ “О гарантировании прав застрахованных лиц в системе обязательного пенсионного страхования Российской Федерации при формировании и инвестировании средств пенсионных накоплений, установлении и осуществлении выплат за счет средств пенсионных накоплений”, Пенсионный фонд Российской Федерации.

③ 2002 年 7 月 24 日第 111–ФЗ 号《关于俄罗斯联邦积累养老金资金的投资法》。

④ 资料来源：俄罗斯银行（央行）官网：https：//cbr.ru/RSCI/。

（二）养老积累投资市场分割

截至 2019 年第三季度，养老基金积累总投资组合数额为 6 万亿卢布，占俄罗斯 GDP 的 5.6%。其中，非国家养老基金（非国家养老积累 + 非国家养老储蓄）拥有 4.2 万亿卢布，占 70%，国家养老基金拥有 1.8 万亿卢布，占 30%[①]。

在吸收养老积累资金的阶段，竞争是在两个保险人——“俄联邦养老基金”与非国家养老基金之间展开，但在养老积累的投资阶段，竞争的主体则是国家管理公司“发展与外经银行”、私人管理公司与非国家养老基金[②]。

经过 15 年的发展，养老积累投资主体的市场份额发生了很大变化，其特点有两个：一是从初期的单一寡头演变为双寡头的市场结构；二是非国家养老基金的市场份额超过国家管理公司“发展与外经银行”，形成了强有力的市场竞争者。

2005 年，96% 的养老积累归国家管理公司“发展与外经银行”所有，私人管理公司和非国家养老基金的市场份额仅为 3% 和 1%（见图 35–4）[③]。而从 2016 年起，非国家养老基金拥有的养老积累资金超过了国家管理公司“发展与外经银行”，形成了国家管理公司“发展与外经银行”与非国家养老基金双头垄断的市场分割局面（见图 35–5）。之后非国家养老基金的市场份额继续增加，至 2019 年第三季度非国家养老基金的市场份额达到了 70%。

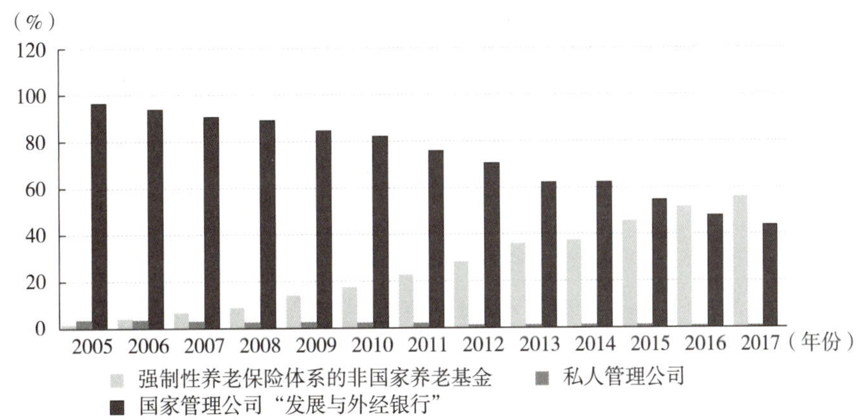

图 35–4　2005~2017 年养老积累投资市场主体的份额分配

资料来源：Г.Ф.Фатхлисламова，Конкуренция на сегменте коллективного инвестирования средств пенсионных накоплений，ЭКО，2019，№ 8，С.35.

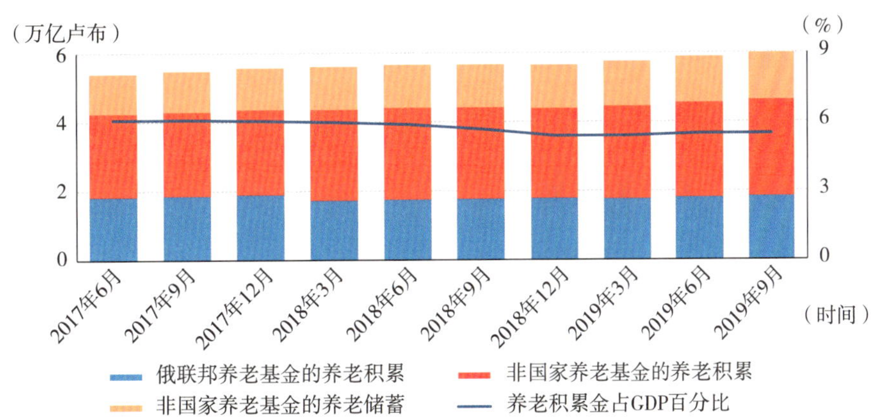

图 35–5　2017~2019 年养老金的市场分割

资料来源：俄罗斯央行。

① Банк России：Обзор ключевых показателей негосударственных пенсионных фондов（3–тий квартал 2019 года）. 俄罗斯银行《非国家养老基金主要指标总览》（2019 年第三季度）。

② Г.Ф.Фатхлисламова，Конкуренция на сегменте коллективного инвестирования средств пенсионных накоплений，ЭКО，2019，№ 8，С.31–50.

③ Г.Ф.Фатхлисламова，Конкуренция на сегменте коллективного инвестирования средств пенсионных накоплений，ЭКО，2019，№ 8，С.35.

三、养老金投资渠道与投资收益

（一）“俄联邦养老基金”的投资渠道

“俄联邦养老基金”的积累资金的投资工具有：国家债券、公司债券、存款、地方政府债券、外国证券、公司股票。图 35-6 显示，2018 年 6 月 30 日，用于国家债券的投资比例为 39.6%，公司债券占 37.2%，存款占 11.0%，其余为市政债券、外国证券、公司股票及现金账户，占 12.2%。至 2019 年 9 月 30 日，这一结构发生变化，俄罗斯国家债券的投资比例占 37.7%，公司债券的比例占 33.7%，存款比例 25.5%，其余占 3.1%，存款的比例大幅增加。

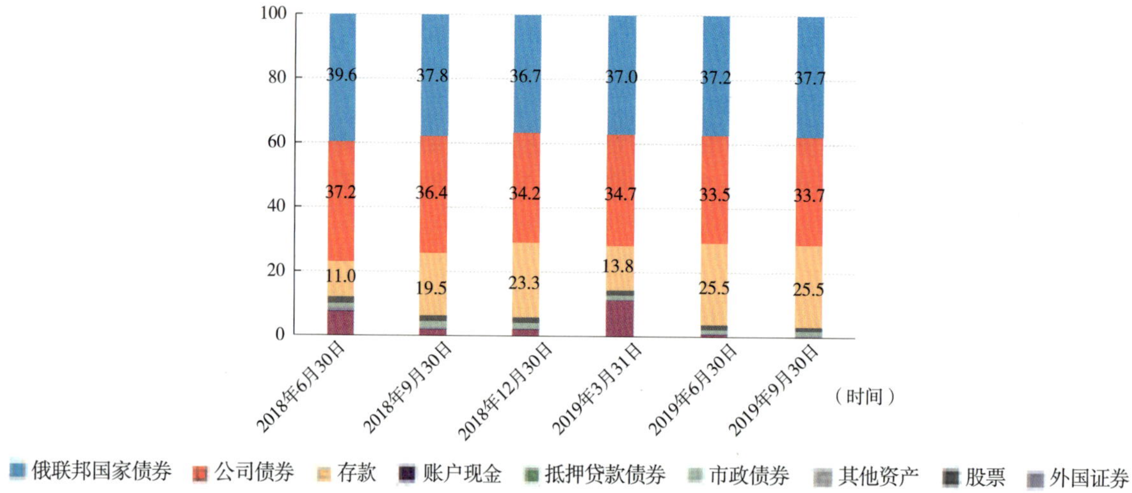

图 35-6　2018~2019 年“俄联邦养老基金”的养老积累的投资结构

资料来源：Банк России. Обзор ключевых показателей негос-ударственных пенсионных фондов（3-тий квартал 2019 года）. 俄罗斯银行《非国家养老基金主要指标总览》（2019 年第三季度）。

（二）非国家养老基金的投资管理

1. 非国家养老基金的市场构成与资金分配

2019 年非国家养老基金数量达到了 49 家，拥有 4.2 万亿卢布养老积累资金，其中，2.8 万亿卢布为非国家养老基金积累资金，占 67%，1.4 万亿卢布为非国家养老基金储蓄，占 33%。该市场具有高度集中的特点，占前 20 位的非国家养老基金拥有该市场养老金的 96.5%，目前该市场依然在兼并整合中。

图 35-7 显示，从 2017 年至 2019 年，从事养老积累投资的非国家养老基金的数量在减少，其原因是领取养老金的退休人员增加了；另外，参加自愿补充养老积累的人数未发生变化。

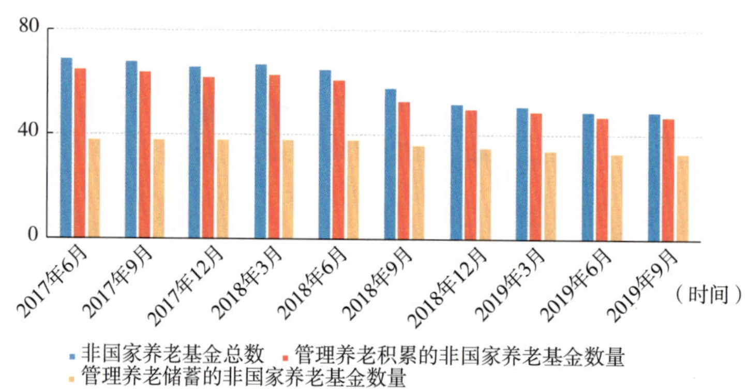

图 35-7　2017~2019 年非国家养老基金数量的变化

资料来源：Банк России, Обзор ключевых показателей негосударственных пенсионных фондов（3-тий квартал 2019 года）. 俄罗斯银行《非国家养老基金主要指标总览》（2019 年第三季度）。

2. 投资的部门与金融工具

非国家养老基金资金的投资包括养老积累资金和养老储蓄资金两部分，其投资的部门包括实体部门和金融部门，金融工具有国家债券、公司债券、公司股票、存款、银行和专门经纪账户上的现金①。养老积累和养老储蓄资金的投资选择不同，而且会根据市场行情做出调整。例如 2019 年总体趋势是债券投资比例增加，股票投资比例减少。

（1）养老积累资金的投资结构。养老积累资金主要投资于实体部门，较上一年，2019 年实体部门的投资有所减少，原因是石油天然气、机械制造和运输公司的投资减少；同时，金融工具的投资有所增加，例如银行储蓄②。反之，2019 年非国家养老基金的养老储蓄资金向实体部门（石油天然气、机械制造和运输公司）和国有部门的投资增加，而金融性投资，无论是向金融公司还是银行的投资比例都有所减少。

由于股票价格下跌，股票投资的比例明显下降，2019 年第三季度股票的投资比重仅为 5.8%。这一变化表明，非国家养老基金不希望承担额外风险，这可能使其无法实现五年养老投资无亏损的要求。值得注意的是，非国家养老基金不允许购买莫斯科交易所最高报价名单中公司的股票，养老积累资金投资无法进入该领域。2019 年 1 月俄罗斯央行颁布命令，限制非国家养老基金的投资组合价值的 10% 用于投资一位股票发行人，而且股票的比例超过签约时投资组合价值的 5% 的股票也禁止交易。2019 年第三季度，因为央行降息投资公司债券的比例增加了 1.2%，达到了非国家养老基金养老积累的 52.8%；投资国家债券的比重几乎超过了投资组合的 1/3，公司债券与国家债券的收益差在减小（见图 35–8）。

2019 年第三季度报告显示，养老积累的股票投资比例为 11.6%，公司债券投资比例为 42.6%，国家债券的投资比例为 19%，共同投资基金的投资比例为 17%（见表 35–1）。

表 35–1　2019 年第三季度非国家养老基金养老积累的金融投资结构

单位：%

类型	公司股票	公司债券	国家债券	共同基金
百分比	11.6	42.6	19	17

资料来源：Банк России, Обзор ключевых показателей негосударственных пенсионных фондов（3–тий квартал 2019 года）；俄罗斯银行《非国家养老基金主要指标总览》（2019 年第三季度）。

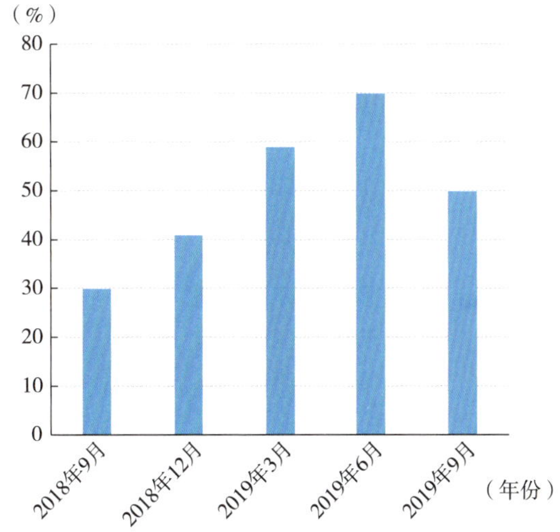

图 35–8　2018~2019 年公司债券和国家债券收益率差

资料来源：Банк России, Обзор ключевых показателей негосударственных пенсионных фондов（3–тий квартал 2019 года）；俄罗斯银行《非国家养老基金主要指标总览》（2019 年第三季度）。

2019 年 6 月 30 日非国家养老基金的养老积累资金的 38% 用于投资实体部门，35% 投资于国家部门，27% 投资于金融部门，到 2019 年 9 月 30 日，投资于实体部门的比重减少了 1%，投资于金融部门的比重相应增加了 1%（见图 35–9）。

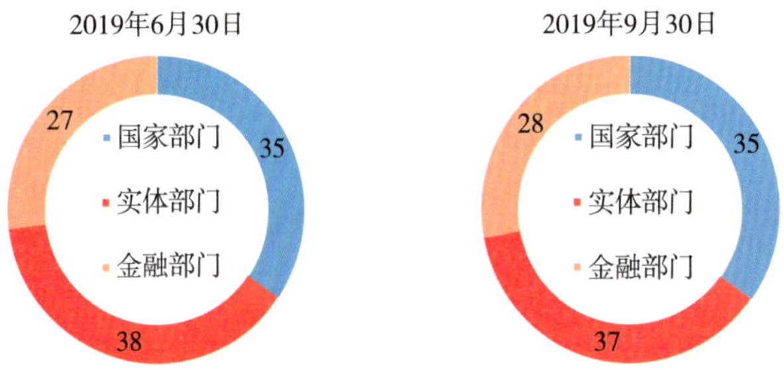

图 35–9　非国家养老基金养老积累资金按经济部门的投资结构

资料来源：Банк России, Обзор ключевых показателей негосударственных пенсионных фондов（3–тий квартал 2019 года）；俄罗斯银行《非国家养老基金主要指标总览》（2019 年第三季度）。

从金融投资工具看，2018 年公司债券的投资比重占 44.7%，俄罗斯联邦国家债券的投资比重占 27.8%，公司股票投资的比重为 10.1%，现金、存款、抵押贷款证券、外国债券、其他资产和债务占 17.4%（见图 35–10）。

①② Банк России, Обзор ключевых показателей негосударственных пенсионных фондов（3–тий квартал 2019 года）；俄罗斯银行《非国家养老基金主要指标总览》（2019 年第三季度）。

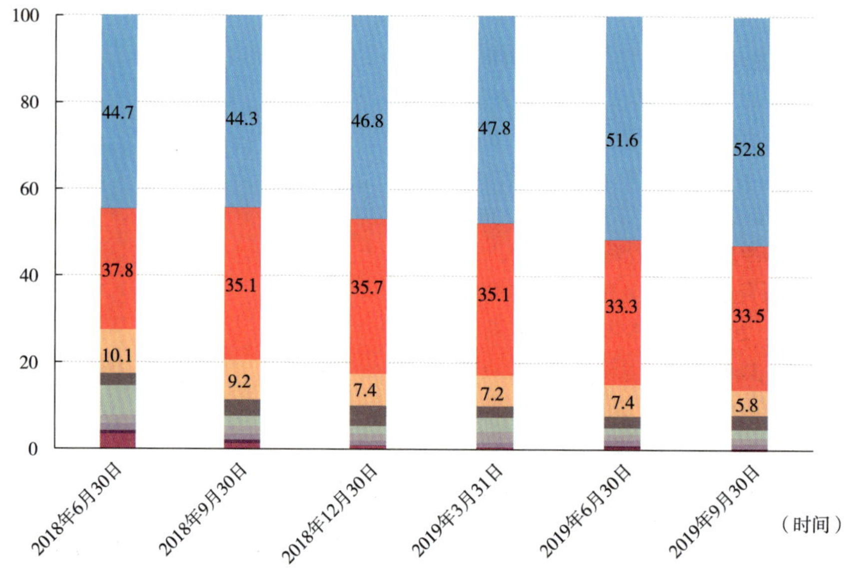

图 35-10　2018~2019 年非国家养老基金养老积累的投资结构变化

资料来源：Банк России, Обзор ключевых показателей негосударственных пенсионных фондов（3-тий квартал 2019 года）；俄罗斯银行《非国家养老基金主要指标总览》（2019 年第三季度）。

（2）养老储蓄资金的投资结构。养老储蓄的投资结构与养老积累的投资结构有很大不同，2019 年 6 月 30 日至 9 月 30 日用于金融部门的投资比重占 53（51）%，实体部门占 29（30）%，国家部门占 18（19）%（见图 35-11）。

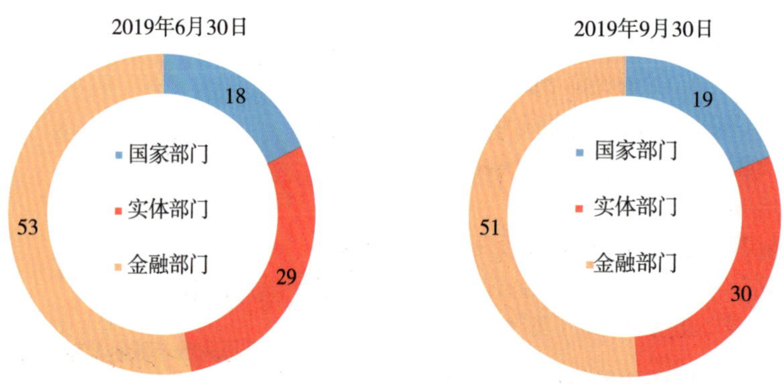

图 35-11　2019 年 6 月 30 日、9 月 30 日养老储蓄的投资结构

资料来源：Банк России, Обзор ключевых показателей негосударственных пенсионных фондов（3-тий квартал 2019 года）；俄罗斯银行《非国家养老基金主要指标总览》（2019 年第三季度）。

由图 35-12 可见，非国家养老基金的养老储蓄资金的投资渠道更广、更加灵活。其中，公司债券占比最高，而且不断增加，从 2018 年的 36.8% 增至 2019 年的 42.6%；其次为共同投资自基金投资，2018 年第二季度至 2019 年第三季度的占比分别为 18.4% 和 17.0%；再次为俄联邦国家债券，占比从 2018 年第二季度的 11.1% 升至 2019 年第三季度的 15.4%；之后是公司股票，从 2018 年第二季度的 18.3% 降至 2019 年第三季度的 11.6%；存款从 2018 年第二季度的 6.6% 降至 2019 年第三季度的 5.5%，其他为地方政府债券、抵押贷款债券、外国证券、现金和不动产。

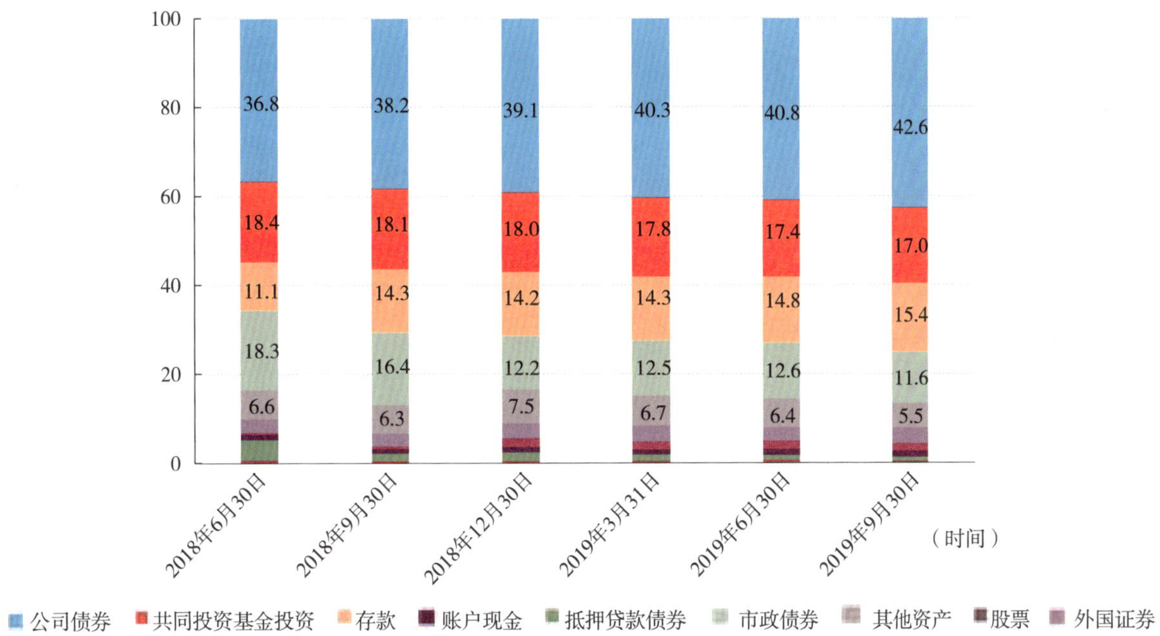

图 35-12　非国家养老基金的养老储蓄的金融投资结构变化

资料来源：Банк России，Обзор ключевых показателей негосударственных пенсионных фондов（3-тий квартал 2019 года）；俄罗斯银行《非国家养老基金主要指标总览》（2019 年第三季度）。

（3）养老金投资收益比较。从 2019 年第三季度指标看，非国家养老基金的养老资金的投资收益同比明显增加，其收益率超过"俄联邦养老基金"扩大投资组合（占"俄联邦养老基金"养老积累的 97%）收益率。"发展与外经银行"作为"俄联邦养老基金"的主要投资管理公司的收益率同样增加了，扩大投资组合的年收益率为 8.4%，其中国家债券投资组合的收益率为 11.6%。养老储蓄投资的平均收益率为 8.2%，低于养老积累的投资收益率 10.1%，其原因应该是前者债券类投资比重较小，而该类投资近年发展动态较好（见图 35-13）。

表 35-2 为各种养老积累投资的指数变化，其中，保守型养老指数（RUPCI）2019 年前 9 个月增长 13.4%，平衡型养老积累指数（RUPMI）增长 13.7%，积极型养老积累指数（RUPAI）增长 15%。

2019 年 1~9 月所有养老基金的投资都是盈利的，收益率均超过了通胀指数（而一年前均为负盈利）。前五大养老积累基金的收益率为 7.7%~12.8%；有三家非国家养老基金的养老储蓄投资是负收益率，其养老积累资金占比不足总养老储蓄的 2%。前五大养老积累储蓄的投资收益率在 7.3%~11.4%。超过 80% 的非国家养老基金的养老积累金的投资收益要超过"发展与外经银行"扩大投资组合的收益率；1/3 的非国家养老基金的养老积累金的投资收益率要高于"发展与外经银行"的国家债券的投资收益。非国家养老基金的收益率的增长得益于国债市场行情的好转，其 88% 的养老积累和 61.5% 的养老储蓄都投资于国家债券、地方政府债券市政和公司债券（增加了 6.4%）。

表 35-2　2019 年 1~9 月养老积累投资指数变化

单位：%

养老积累指数类型	增加的百分比
保守型养老积累指数	13.4
平衡型养老积累指数 ***	13.7
积极型养老积累指数 ****	15.0

注：http：//moex.com/ru/index/stat/dailyhistory.aspx?code=RUPCI.

*** http：//moex.com/ru/index/stat/dailyhistory.aspx?code=RUPMI.

***** http：//moex.com/ru/index/stat/dailyhistory.aspx?code=RUPAI.

资料来源：Банк России，Обзор ключевых показателей негосударственных пенсионных фондов（3-тий квартал 2019 года）；俄罗斯银行《非国家养老基金主要指标总览》（2019 年第三季度）。

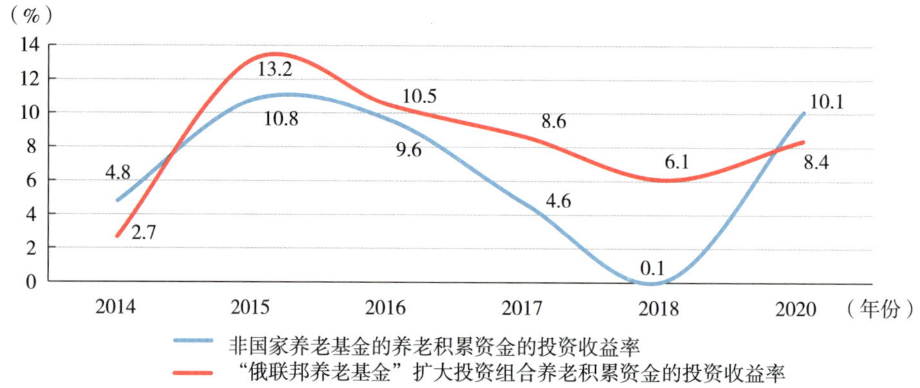

图 35-13 2014~2019 年非国家养老基金和“俄联邦养老基金”养老积累资金扩大投资组合的收益率变化

资料来源：俄罗斯央行《非国家养老基金主要指标总览》（2019 年第三季度）。Банк России, Обзор ключевых показателей негосударственных пенсионных фондов（3-тий квартал 2019 года）.

表 35-3 显示了 2014 年“俄联邦养老基金”与非国家养老基金的市场份额，其比值为 63%：37%，自 2016 年起，非国家养老基金的市场份额超过 50%，之后不断增加，至 2019 年非国家养老基金的市场份额达到了 60%。

表 35-3 2014~2019 年养老积累的市场份额

	2014 年	2015 年	2016 年	2017 年	2018 年	2019 年
“俄联邦养老基金”的养老积累份额	63	54	48	44	41	40
非国家养老基金的养老积累份额	37	46	52	56	59	60

资料来源：Банк России, Обзор ключевых показателей негосударственных пенсионных фондов（3-тий квартал 2019 года）；俄罗斯银行《非国家养老基金主要指标总览》（2019 年第三季度）。

表 35-4 是非国家养老基金按投资收益率的养老基金的分割情况。2014 年，负收益率的基金养老积累的份额为 5%，收益率小于俄罗斯发展和外经银行（“俄联邦养老基金”的投资管理公司）扩大投资组合收益率的基金的养老积累的份额为 28%，收益率大于发展和外经银行扩大投资组合收益率的份额为 67%。2015~2016 年，收益率高于发展和外经银行收益率的非国家养老基金的份额骤降，2015 年为 22%，2016 年为 31%。自 2017 年起，重新增加至 54%，并不断提高，2019 年，投资收益率超过“发展与外经银行”的养老积累份额高达 81%。

表 35-4 2014~2019 年非国家养老基金按投资收益率的养老基金的构成

	2014 年	2015 年	2016 年	2017 年	2018 年	2019 年
投资收益率为负的基金的养老积累的比例	5	0	0	33	40	0
投资收益率不低于“发展与外经银行”扩大投资组合的收益率的基金的养老积累的比例	67	22	31	54	56	81
投资收益率低于“发展与外经银行”扩大投资组合的收益率的基金的养老积累的比例	28	78	69	13	4	19

资料来源：Банк России, Обзор ключевых показателей негосударственных пенсионных фондов（3-тий квартал 2019 года）；俄罗斯银行《非国家养老基金主要指标总览》（2019 年第三季度）。

表 35-5 显示了 2018 年第三季度至 2019 年第三季度养老金投资的收益率的变化。养老积累的投资收益率从 1.8% 升至 10.1%，养老储蓄的投资收益率从 4.3% 升至 8.2%，"俄联邦养老基金"扩大投资组合养老积累的投资收益率从 5.9% 升至 8.4%，"俄联邦养老基金"国家债券养老积累投资收益率从 7.0% 升至 11.6%。

表 35-5　养老金投资的收益率比较

单位：%

	2018 年第三季度	2019 年第二季度	2019 年第三季度
养老积累的投资收益率	1.8	10.4	10.1
养老储蓄的投资收益率	4.3	8.3	8.2
"俄联邦养老基金"扩大投资组合的养老积累的投资收益率	5.9	8.4	8.4
"俄联邦养老基金"国家证券投资组合的养老积累的投资收益	7.0	12.6	11.6

资料来源：Банк России, Обзор ключевых показателей негосударственных пенсионных фондов（3-тий квартал 2019 года）；俄罗斯银行《非国家养老基金主要指标总览》（2019 年第三季度）。

四、主权养老基金"国家福利基金"的运营与绩效

2008 年由石油超额收入组建的"国家福利基金"的重要职能是提供自愿补充养老国家资助计划所需资金并弥补养老财政赤字，因此可视其为主权养老基金。国家福利基金的资金来源：一是石油天然气收入，包括石油、天然气（可燃天然气及冷凝气）的矿产开采税；原油和天然气的出口关税；石油制品的出口关税[①]。二是其资金的投资收入。国家福利基金的管理运营由俄罗斯财政部负责，部分业务由俄罗斯银行负责。

（一）"国家福利基金"资金的投资渠道

"国家福利基金"的管理方式有两个：一是购买外汇并置于其央银的账户内，央行为此支付利息；二是投资允许额度的外汇及其他金融资产，前一种购买外汇的资金管理由财政部负责，具体投资结构如表 35-6 所示。

表 35-6　"国家福利基金资金"的投资结构

单位：%

允许投资的金融渠道	规定的比例限制	外汇的额定比例外汇	卢布的额定比例
外国国债	0~100	90	0
外国国家代理机构和央行发行的国债	0~30	0	0
国际金融组织发行的债券，包括证券	0~15	0	0
银行信贷组织账户上的存款和余额	0~40	10	100
俄罗斯央行账户上的存款和余额	0~100		
法人债券	0~30	0	0
法人股票和共同投资基金股份	0~50	0	0

资料来源：俄罗斯财政部，https：//minfin.gov.ru/ru/perfomance/nationalwealthfund/management/。

① 根据 2007 年 12 月 17 日颁布的《关于石油天然气收入的支付和使用的规定》，所有的石油天然气收入一分为三，从 2008 年初开始，来自石油天然气的收入首先计入联邦财政的"石油天然气转移支付"，2008 年其额度确定为 GDP（估计值）的 6.1%（2009 为 5.5%，2010 年为 4.5%，自 2011 年起为 3.7%），完成这一支付后的石油天然气收入转入"储备基金"，2008 年"储备基金"的额度为 GDP（估计值）的 10%，当达到这一数额时，其余的石油天然气收入计入"国家福利基金"。但是，2010 年 1 月 1 日至 2015 年 1 月 1 日期间，石油天然气收入并未用于财政转移支付，也为转入储备基金及国家福利基金，而是用于联邦预算财政支出；而且，这个期间国家福利基金的投资收入也用于确保联邦财政支出，未存入国家福利基金。参见俄罗斯财政部官网，https：//www.minfin.ru/ru/perfomance/nationalwealthfund/accumulation/。

《俄罗斯联邦国家福利基金的资金管理条例》[①] 做出了如下具体投资规定[②]：

第一，对投资外国国债的规定。允许“国家福利基金”投资的外国国债、外国国家代理机构和央行的国家名录包括：奥地利、比利时、英国、德国、丹麦、西班牙、加拿大、卢森堡、荷兰、美国、芬兰、法国、瑞典。外国债券发行人应具有《惠誉国际评级》或《标准普尔》评级机构的不低于“AA-”的长期信用等级，或者具有《穆迪投资服务公司》评级机构的不低于“Aa3”的等级；对俄罗斯债券发行人的要求则相应为：不低于“BBB”及“Baa3”。国际金融组织债券发行人包括：亚洲发展银行、欧洲委员会发展银行、欧洲复兴开发银行、欧洲投资银行、国际金融公司、国际复兴开发银行、北方投资银行。

允许投资的外国政府代理机构（提供政府服务、管理政府资产或经济部门贷款业务的政府组织）的具体名录为：奥地利进出口银行、西班牙国家贷款代理公司、奥地利汽车工业和高速公路财政代理公司、德国建设和发展银行集团、加拿大出口发展代理公司、荷兰公共银行、英国铁路网络中期贷款公司、德国农业租金银行、美国住房抵押贷款联邦公司、美国联邦国家抵押协会、美国住房贷款联邦银行、美国农业贷款联邦银行、法国市政贷款基金、法国社会保障体系债务服务基金、法国抵押贷款基金。

对购买外国国债的比例要求是：不能超过外国国债发行总额的 25%，其他最高为 5%。

第二，对投资股票的规定。对于股票发行人的要求是：股票应进入至少一家交易所的报价名录；外国发行的公司股票应是进入摩根士丹利世界股票指数及富时环球股票指数统计的证券名单的股票；俄罗斯发行的公司股票应是进入俄罗斯 RTS 或者莫斯科指数统计的证券名录的股票。对“国家福利基金”存款的银行及信贷机构的要求是：应具有《惠誉国际评级》或《标准普尔》评级机构的不低于“AA-”的长期信用资质，或者具有《穆迪投资服务公司》评级机构的不低于“Aa3”的资质。

第三，对置于“俄罗斯发展和外经银行”账上的存款的规定。存款可以是卢布、美元、欧元和英镑。卢布存款的最高允许总额为 9550 亿卢布，具体存款数额、利率和期限由俄罗斯政府做出具体规定。

第四，“国家福利基金”总额中卢布的最高比例为 40%，外汇为 100%。名义外汇结构（нормативная валютная структура）即规定的持外币币种及比例为：45% 美元、45% 欧元、10% 英镑。

（二）“国家福利基金”的投资收益

截至 2020 年 7 月 1 日，“发展与外经银行”存款的“国家福利基金”的投资情况如表 35-7 所示。“国家福利基金”总额为 1735.4 亿美元（12.134 万亿卢布）[③]，相当于俄罗斯 GDP 的 10.7%（见表 35-8）。

表 35-7 截至 2020 年 7 月 1 日“发展与外经银行”存款的“国家福利基金”的投资情况

投资方向	允许投资的最高总额	实际投资额	存款返还的期限	利率（%）	支付利率的期限
给俄罗斯贷款机构的次级贷款	4100 亿卢布	291.8 亿卢布	2023 年 12 月 31 日	7.25	每季度
未做规定	1750 亿卢布	500 亿卢布	2028 年 6 月 8 日	4.75	每半年
		159.8 亿卢布	2020 年 12 月 24 日	7.19	每季度
中小企业贷款	300 亿卢布	300 亿卢布	2017 年 12 月 31 日	6.25	每季度
“俄罗斯之家”公司贷款	400 亿卢布	400 亿卢布	2048 年 7 月 1 日	6.25%，通胀率 +1，不少于 1%	每季度
“发展与外经银行”自有资金（资本）充足率保证	59.66 亿美元	（22.62亿美元）	2034 年 9 月 26 日	伦敦银行间拆借利率 +2.75，0.25，2.86	每年
		1975.8 亿卢布（35.04亿美元）	2034 年 9 月 26 日	伦敦银行间拆借利率 + 3.009，0.2510，2.861	每年

① Правила управления средствами Фонда национального благосостояния РФ от 19 января 2008г. www1.minfin.ru.

② 以下所有资料如未做特别说明，则均来自俄罗斯财政部官网：https ://minfin.gov.ru/ru/perfomance/nationalwealthfund/management/。

③ 俄罗斯财政部：https ://minfin.gov.ru/ru/perfomance/nationalwealthfund/statistics/。

续表

投资方向	允许投资的最高总额	实际投资额	存款返还的期限	利率（%）	支付利率的期限
未做规定	X	162.4 亿卢布（2.88亿美元）	2034 年 9 月 26 日	伦敦银行间拆借利率 + 3.809，0.2510，2.8611	每年
“发展与外经银行”的实体经济项目拨款	3000 亿卢布	220.1 亿卢布 52.1 亿卢布 360.2 亿卢布	2030 年 12 月 30 日 2028 年 12 月 30 日 2035 年 12 月 30 日	6% 通胀率 +1% 通胀率 +1%	每年
共计	9550 亿卢布	5810.4 亿卢布	X	X	X

资料来源：俄罗斯财政部，https：//minfin.gov.ru/ru/perfomance/nationalwealthfund/statistics/。

表 35-8　2008~2020 年“国家福利基金”数额

日期	美元（亿）	卢布（亿）	占 GDP 的比重（%）
2020 年 7 月 1 日	1735.4	121396	10.7
2020 年 1 月 1 日	1255.6	77730.6	6.8
2019 年 1 月 1 日	581.0	40360.5	3.7
2018 年 1 月 1 日	651.5	37529.4	3.6
2017 年 1 月 1 日	718.7	43591.6	4.7
2016 年 1 月 1 日	717.2	52271.8	6.1
2015 年 1 月 1 日	780.0	43880.9	5.3
2014 年 1 月 1 日	886.3	29006.4	4.0
2013 年 1 月 1 日	885.9	26906.3	4.0
2012 年 1 月 1 日	867.9	27944.3	4.6
2011 年 1 月 1 日	884.4	26955.2	5.8
2010 年 1 月 1 日	915.6	27690.2	7.1
2009 年 1 月 1 日	879.7	25844.9	6.3
2008 年 2 月 1 日	320.0	7833.1	1.9

资料来源：俄罗斯财政部官网：https：//minfin.gov.ru/ru/perfomance/nationalwealthfund/statistics/。

中国社会科学院世界社保研究中心 / 社会保障实验室年度学术活动和成果一览

《快讯》（2020）

第 364 期：《中国养老金发展报告 2019》发布式集萃（上），2020 年 1 月 6 日。

第 365 期：《中国养老金发展报告 2019》发布式集萃（下），2020 年 1 月 10 日。

第 366 期：郑秉文受邀出席“2019 养老金融行业发展峰会暨中国养老金融 50 人论坛年会”并发言，2020 年 1 月 15 日。

第 367 期：郑秉文应邀赴泰国参加“第二届中国泰国联合智库论坛”，2020 年 1 月 20 日。

第 368 期：社保新政的关键在“精准执行”，2020 年 2 月 20 日。

第 369 期：应对疫情，社保减免力度超乎预期，中央调剂需大步快走，2020 年 2 月 27 日。

第 370 期：弘扬优良传统，开展新时期下的爱国卫生运动，2020 年 3 月 6 日。

第 371 期：加强危机期间社保制度的调节支撑作用，2020 年 3 月 12 日。

第 372 期：郑秉文应邀参加“2019 年中国经济社会论坛”并做大会发言，2020 年 3 月 19 日。

第 373 期：郑秉文应邀到杭州参加“第二届全国养老金峰会论坛”并发言，2020 年 3 月 26 日。

第 374 期：郑秉文应邀赴全国社保基金进行专题讲座，2020 年 4 月 2 日。

第 375 期：郑秉文参加全国政协第十次重点关切问题情况通报会，2020 年 4 月 9 日。

第 376 期：新中国 70 年社会保障的一部历史画卷——读《新中国社会保障发展史》有感，2020 年 4 月 16 日。

第 377 期：积极应对老龄化需要“六个高度重视”，2020 年 4 月 23 日。

第 378 期：探索建立长护险制度应先认清其内在逻辑，2020 年 4 月 30 日。

第 379 期：长护险第二批试点在即，如何评估首批试点成效，2020 年 5 月 7 日。

第 380 期：扩大试点在即，长护险制度思路要统一，2020 年 5 月 14 日。

第 381 期：关于发挥失业保险作用、尽快修订《失业保险条例》的提案，2020 年 5 月 19 日。

第 382 期：关于将网络互助行业应尽快纳入监管的提案，2020 年 5 月 20 日。

第 383 期：关于改革住房公积金制度的提案，2020 年 5 月 21 日。

第 384 期：关于将贫困地区 3 岁以下婴幼儿照护入户指导项目纳入“十四五”扶贫工作规划的建议，2020 年 5 月 22 日。

第 385 期：我主张保全住房公积金的理由及其四个改革选项，2020 年 5 月 23 日。

第 386 期：关于将 9 月 1 日设立为全国就业促进日的提案，2020 年 5 月 24 日。

第 387 期：谁能领到失业保险金？,2019 年 5 月 25 日。

第 388 期：住房公积金制度再成“两会”热点，改革势在必行，2020 年 5 月 26 日。

第 389 期：2035 年养老金用完了？郑秉文：现行养老金制度不可持续，急需改革，2020 年 5 月 27 日。

第 390 期：郑秉文再谈公积金为何不应取消：95% 贷款人是中低收入群体，2020 年 5 月 28 日。

第 391 期：郑秉文：用好用活失业保险金对拉动经济意义重大，2020 年 5 月 29 日。

第 392 期：全国政协委员郑秉文：非刚需行业发放消费券更具乘数效应，2020 年 6 月 1 日。

第 393 期：全国政协委员郑秉文：降低门槛，让失业者能领到失业金，2020 年 6 月 2 日。

第 394 期：郑秉文：就业是政府工作报告中摆在第一位的民生问题，2020 年 6 月 3 日。

第 395 期：专访中国社科院世界社保研究中心主任郑秉文：公积金制度应加快改革，最保守也能提高收益率，2020 年 6 月 4 日。

第 396 期：郑秉文：2 亿人缴纳失业保险，仅 230 万人领取，建议向所有失业者发失业金，2020 年 6 月 9 日。

第 397 期：失业保险基金“家底”骤降千亿，高失业风险群体亟待全覆盖，2020 年 6 月 11 日。

第 398 期：两万亿基本医保基金只获低收益，该如何保值增值，2020 年 6 月 12 日。

第 399 期：郑秉文对“6 亿人每月收入也就 1000 元”的理解及其对河南的政策建议，2020 年 6 月 15 日。

第 400 期：郑秉文：如何看待政府工作报告中关于养老金、就业率、失业保险的提法，2020 年 6 月 16 日。

第 401 期：郑秉文应邀参加《中国发展报告 2020：中国人口老龄化的发展趋势和政策》线上发布会并发言，2020 年 6 月 18 日。

第 402 期：强化阶段性减免，优化制度性安排，2020 年 6 月 23 日。

第 403 期：让所有失业人员都能领到失业金，2020 年 6 月 24 日。

第 404 期：商业保险：如何“叫好”又“叫座”，2020 年 6 月 28 日。

第 405 期：数字消费券的模式在下一轮中应升级更新，2020 年 6 月 30 日。

第 406 期：大病网络互助平台正成为多层次医保体系的重要补充，2020 年 7 月 2 日。

第 407 期：“65 岁 +”5 年后将破 2 亿，应对老龄化最重要窗口期开启，2020 年 7 月 7 日。

第 408 期：逾 50 城调整住房公积金缴费基数，2020 年 7 月 9 日。

第 409 期：对 2020 年宏观经济形势和政策的几点思考，2020 年 7 月 13 日。

第 410 期：不设经济增速目标实际上“隐含”着增长目标——学习《政府工作报告》体会之一，2020 年 7 月 15 日。

第 411 期：不设经济增速目标实际上“隐含”着增长目标——学习《政府工作报告》体会之二，2020 年 7 月 16 日。

第 412 期：不设经济增速目标实际上“隐含”着增长目标——学习《政府工作报告》体会之三，2020 年 7 月 17 日。

第 413 期：社保减免期限延长，最受益的是他们，2020 年 7 月 23 日。

第 414 期：保就业组合拳　企业社保减免预计达 1.6 万亿元，2020 年 7 月 30 日。

第 415 期：郑秉文：政策要帮扶六大特殊就业群体，2020 年 8 月 6 日。

第 416 期：防疫抗汛，三大举措打赢就业保卫战，2020 年 8 月 13 日。

第 417 期：全国政协委员、中国社科院世界社保研究中心主任郑秉文：人口逆转态势需“多策发力”，2020 年 8 月 14 日。

第 418 期：建立失业补助金制度补齐“短板”，2020 年 8 月 28 日。

第 419 期：我国 6 亿人月均收入 1000 元专家建议这样“进阶”，2020 年 9 月 3 日。

第 420 期：郑秉文：网络互助应该纳入监管，2020 年 9 月 10 日。

第 421 期：网络互助的性质、风险与监管研讨会在京召开，2020 年 9 月 17 日。

第 422 期：聚焦“慈善公益与脱贫”2020 上海慈善论坛日前举行，2020 年 9 月 24 日。

第 423 期：激辩医保个账“缩水”：参保人利益受损了吗？，2020 年 9 月 30 日。

第 424 期：多地暂停“社保入税”郑秉文称税务征收仍是大势所趋，2020 年 10 月 15 日。

第 425 期：郑秉文赴云南省人社厅做讲座，2020 年 10 月 22 日。

第 426 期：郑秉文提出放开人口政策的另类原因并提出“十四五”期间社保 10 大改革，2020 年 10 月 29 日。

第 427 期：长期护理保险独立建制，我国扩大试点“社保第六险”，2020 年 11 月 5 日。

第 428 期：郑秉文：如何理解“十四五”规划提出的渐进式延迟退休年龄？，2020 年 11 月 13 日。

第 429 期：“十四五”时期养老保险制度改革路在何方——访中国社会科学院社会发展战略研究院研究员房连泉，2020 年 11 月 19 日。

第 430 期：郑秉文：养老保险制度改革应驶入“快车道”，健全多层次养老保障体系，2020 年 11 月 26 日。

《工作论文》2020

WP No.098 郑秉文：《个人税收递延型商业养老保险试点存在的问题与改革的方向》

WP No.099 郑秉文：《应对危机的良性循环市场化改革新路子：不设增速目标与保就业——学习〈政府工作报告〉体会》

WP No.100 郑秉文：《非缴费型养老金："艾伦条件"下农村养老保险制度变迁与改革出路》

WP No.101 郑秉文：《从"税收楔子"看抗击疫情社保降费的制度改革趋势》

WP No.102 郑秉文：《"多层次"医疗保障体系：三大亮点与三大挑战——学习解读〈中共中央国务院关于深化医疗保障制度改革的意见〉》

WP No.103 郑秉文、吴孝芹：《中国养老金税式支出测算及其结果评估》

WP No.104 郑秉文：《住房公积金不应取消的理由与尽快改革的四个选项》

WP No.105 张盈华、于萌：《城乡居民基础养老金最低标准调整机制与方案——基于充足、公平和可负担的综合分析》

WP No.106 高庆波：《非缴费型养老金制度选择：起源、发展与展望》

WP No.107 王小丹、高庆波：《保险与福利的冲突与融合：爱尔兰国家养老金制度探析》

WP No.108 齐传钧：《非缴费型养老金的历史、现状及启示》

WP No.109 刘桂莲、房连泉：《典型国家的非缴费型与缴费型养老金制度融合设计研究》

WP No.110 齐传钧：《巴西非缴费型养老金的发展历程及对中国的启示》

WP No.111 李清宜、房连泉：《发展中国家社会养老金兴起原因和实施效果分析》

WP No.112 张盈华：《荷兰 AOW 制度发展轨迹及其对中国的借鉴》

WP No.113 房连泉、John B. Williamson、Esteban Calvo：《中国农村养老金十年改革评估及未来选择：可资借鉴的国际经验》

WP No.114 高庆波：《基本养老保险基金投资：规模、约束与政府选择》

WP No.115 房连泉、王念琛：《法国养老储备基金》

WP No.116 张盈华、卢昱昕：《我国职业年金投资体制的特征和潜在风险》

WP No.117 房连泉、闫化海：《从 2013 年以来"养老金产品"引入绩效看年金投资改革趋势》

WP No.118 房连泉：《国际上混合型养老金计划的发展趋势及启示》

WP No.119 孙永勇、施蓓：《供给侧视角下我国企业年金的分选效应研究》

WP No.120 张盈华：《我国长期护理保险制度的可持续评价与趋势分析》

WP No.121 房连泉：《大数据在国际公共卫生监测中的应用及启示》

WP No.122 房连泉：《国外建立长效脱贫机制的做法及启示》

WP No.123 房连泉、郝若涵：《划分养老保险事权亟待体制机制改革》

WP No.124 郑秉文：《医疗保险个人账户改革的动因、方向与步骤》

编后记

《中国养老金发展报告 2020》即将面世，这是由中国社会科学院世界社保研究中心编制的第 10 部年度养老金发展报告。十年弹指一挥间，这是国内最早的研究养老金的发展报告，作为一项研究事业，贵在坚持。

今年报告的主题为“养老基金与资本市场”，这是一个融合社保与金融研究的课题。养老基金与资本市场的互动关系长期被学界所关注，国际上有大量文献研讨这方面的内容。自 20 世纪 90 年代以来，中国社保制度建立已有近 30 年历程，多层次养老金体系快速发展，各类养老基金（社保储备、基本养老保险基金、企业和职业年金以及个人商业养老保险等）积累规模已超 10 万亿元规模，投资问题越来越重要。2020 年恰逢中国资本市场建立的“三十而立”之年，将这两个主题放在一起研讨意义重大，也是我们中心扩大社保研究领域的一次尝试。

受疫情影响，今年报告的组织撰写工作主要在网上进行，中期研讨会和多次小范围内部研讨也都是线上进行的。年初确定基本框架后，我们联合了来自政府部门、高校科研机构和业界的 30 多位专家学者参与课题写作。在此首先对他们的辛苦劳动表示感谢：全国社保基金理事会养老金部非常重视这项工作，专门贡献了关于基本养老保险基金投资的一篇报告；几家来自业界的公司部门研究同行也十分敬业，分享了业内研究成果；有些高校机构的作者第一次参与写作这个主题，耗费大量时间阅读，几易其稿完成写作。

令我们备受鼓舞的是，来自监管部门的领导高度重视这项研究，并亲自参与写作。博鳌亚洲论坛副理事长、中国金融学会会长周小川为本报告撰写了“导读”；证监会原主席肖钢为本书提供了特稿“新形势下中国资本市场变革与养老金发展”；重庆市副市长、中国经济 50 人论坛成员李波提供了特稿“提升养老金制度的财富储蓄性质　助力长期资本形成”。这几篇文章高屋建瓴，见地深刻，提升了今年发展报告的理论高度。在此，我们对各位领导同志给予的关心支持，表示敬意和感谢。

长江养老保险股份有限公司连续两年资助报告的编写、出版和发布会工作，今年还专门成立课题组参与写作，对公司的敬业和奉献精神表示衷心感谢。

多年来报告一直由经济管理出版社发行出版，他们高效辛苦的工作保障了报告的顺利出版。如同往年一样，我们对杨世伟社长、张永美副总编以及责任编辑梁植睿等同志的帮助，表示感谢。

《中国养老金发展报告 2020——养老基金与资本市场》的作者分工如下：

分报告序号	题　目	作者及单位
前言	—	房连泉，中国社会科学院社会发展战略研究院研究员，中国社会科学院世界社保研究中心秘书长
导读	—	周小川，博鳌亚洲论坛副理事长、中国金融学会会长

续表

分报告序号	题　　目	作者及单位
特稿（一）	新形势下中国资本市场变革与养老金发展	肖钢，全国政协委员、证监会原主席
特稿（二）	提升养老金制度的财富储蓄性质　助力长期资本形成	李波，重庆市副市长、中国经济 50 人论坛成员；陈安弟，清华五道口金融学院博士；郑秉文，中国社会科学院世界社保研究中心主任
主报告	夯实应对人口老龄化社会财富储备与构建“资产型”养老金制度	郑秉文，中国社会科学院世界社保研究中心主任
上篇		理论篇
分报告一	养老基金与资本市场发展互动关系的文献综述	刘桂莲，首都师范大学管理学院讲师
分报告二	养老基金分类	都闪闪，中国社会科学院大学博士研究生
分报告三	养老基金投资与经济增长	刘珍，中国社会科学院大学博士研究生
分报告四	主权养老基金外部管理人的公司治理问题探析	齐传钧，中国社科院社会发展战略研究院副研究员，中国社科院世界社保研究中心副秘书长
分报告五	低利率对养老基金资产配置影响几何?	王慧，博时基金管理有限公司多元资产管理部投资经理；彭一夫，中国国际金融股份有限公司研究部高级经理
分报告六	强制性企业年金投资特征及其对金融发展的影响 ——澳大利亚、冰岛和瑞士三国案例分析	孙守纪，对外经济贸易大学保险学院副教授；刘明婉，对外经济贸易大学硕士研究生
中篇		中国篇
分报告七	中国养老基金与资本市场发展互动	杨帆，中信证券首席政策分析师
分报告八	公募基金、养老金与中国资本市场	郑秉文，中国社会科学院世界社保研究中心主任；李昆，中国社会科学院大学博士研究生
分报告九	证券投资基金行业与中国养老基金的互动发展	毛羽，清华大学老龄社会研究中心学生；朱瑶琪，中欧基金管理有限公司机构业务部副总裁
分报告十	我国基本养老基金投资管理现状与发展方向	陈向京，全国社会保障基金理事会养老金管理部主任；潘更，养老金管理部副处长；黄潇洒，养老金管理部副主任科员
分报告十一	基本养老保险基金投资：规模、约束与政府选择	高庆波，中国社会科学院社会发展战略研究院副研究员，中国社科院世界社保研究中心执行研究员
分报告十二	养老保险基金投资监管：制度变迁与模式选择	高庆波，中国社会科学院社会发展战略研究院副研究员，中国社科院世界社保研究中心执行研究员
分报告十三	企业年金养老金产品投资管理分析	房连泉，中国社会科学院社会发展战略研究院研究员，中国社会科学院世界社保研究中心秘书长；闫化海，中国养老金融 50 人论坛特邀研究员
分报告十四	职业年金市场发展与投资管理	刘扬，长江养老保险股份有限公司战略行政部经理；华琦，资产管理与监督部总经理助理；柯磊磊，职业年金部董事；丁杰文，年金投资部副总经理；杨胜，权益投资部总经理助理；施仕，研究部高级分析师

续表

分报告序号	题　目	作者及单位
分报告十五	我国职业年金基金“记账运行”的机会损益与投资规模	张盈华，中国社会科学院社会发展战略研究院副研究员，中国社会科学院世界社保研究中心执行研究员；卢昱昕，江西省人力资源和社会保障厅职工养老保险处处长
分报告十六	我国职业年金基金投资体制的特征、“短板”和对策	张盈华，中国社会科学院社会发展战略研究院副研究员，中国社会科学院世界社保研究中心执行研究员；卢昱昕，江西省人力资源和社会保障厅职工养老保险处处长
分报告十七	自愿性个人养老金市场开拓的局限性思考	齐传钧，中国社会科学院社会发展战略研究院副研究员，中国社会科学院世界社保研究中心副秘书长
分报告十八	第三支柱养老目标基金投资	张弢，中欧基金管理有限公司机构业务部 业务董事
分报告十九	中国养老目标基金资产配置的探索与实践	王立新，银华基金管理股份有限公司总经理；肖侃宁、熊侃、张竞竞，银华基金管理股份有限公司 FoF 投资部
分报告二十	基金业参与养老金投资：博时案例	王德英，博时基金管理有限公司副总经理；王晓远，博时基金养老金业务中心总经理；周宵，博时基金养老金业务中心副总经理；何伟，博时基金养老金业务中心高级业务总监
分报告二十一	智能投顾参与养老金融的经验、现状与建议	朱海扬，天弘基金总经理助理；李洁，天弘基金养老金业务产品负责人；刘智，天弘基金养老金产品市场部产品经理
下篇	国际案例篇	
分报告二十二	OECD 国家养老保险基金参与资本市场基本情况	金刚，辽宁大学公共管理学院（人口研究所）研究员；宋经翔，辽宁大学公共管理学院博士研究生
分报告二十三	美国养老金投资公募基金的历史经验	郑秉文，中国社会科学院世界社保研究中心主任；李昆，中国社会科学院大学博士研究生
分报告二十四	美国养老金投资与管理	董登新，武汉科技大学社会保障系教授
分报告二十五	澳大利亚强制积累型养老金基金与资本市场	李亚军，山东工商学院讲师
分报告二十六	德国养老基金与资本市场	朱俊生，清华大学五道口金融学院中国保险与养老金研究中心研究员；邹琼，中国社会科学院大学硕士研究生
分报告二十七	瑞典竞争性养老基金投资与资本市场发展	吴孝芹，山东工商学院讲师
分报告二十八	法国养老金构成及投资情况	沈澈，中央民族大学管理学院讲师；陈虹企，中央民族大学管理学院学生
分报告二十九	英国养老基金投资管理	马艺方，中国社会科学院大学博士研究生
分报告三十	爱尔兰养老金投资与资本市场	刘桂莲，首都师范大学讲师
分报告三十一	丹麦养老基金投资	于环，北京体育大学讲师
分报告三十二	日本养老基金与资本市场	牟瑾瑾，中国社会科学院大学博士研究生

续表

分报告序号	题　　目	作者及单位
分报告三十三	新加坡中央公积金投资运营模式与资本市场的关系	马源，中国社会科学院大学博士研究生
分报告三十四	智利养老基金与资本市场的互动发展	房连泉，中国社会科学院社会发展战略研究院研究员；郝若涵，中国社会科学院大学硕士研究生
分报告三十五	俄罗斯养老基金的投资管理	殷红，辽宁大学国际经济政治学院教授
中国社会科学院世界社保研究中心 / 社会保障实验室年度学术活动和成果一览		董玉齐，中国社会科学院世界社保研究中心秘书

中国社会科学院世界社保研究中心主任　郑秉文

中国社会科学院世界社保研究中心秘书长　房连泉

2020 年 12 月 6 日